기독교문서선교회 (Christian Literature Center: 약칭 CLC)는 1941년 영국 콜체스터에서 켄 아담스에 의해 시작되었으며 국제 본부는 미국 필라델피아에 있습니다. 국제 CLC는 59개 나라에서 180개의 본부를 두고, 약 650여 명의 선교사들이 이동 도서차량 40대를 이용하여 문서 보급에 힘쓰고 있으며 이메일 주문을 통해 130여 국으로 책을 공급하고 있습니다. 한국 CLC는 칭교도적 복음주의 신학과 신앙 서적을 출판하는 문서선교기관으로서, 한 영혼이라도 구원되길 소망하면서 주님이 오시는 그날까지 최선을 다할 것입니다.

본서는 세계 최초의
스코틀랜드 정통 장로교와 개혁신학의 원조인
언약도에 관한
박사학위(Ph.D.) 논문이다.

1994년 12월,
세계적인 영국의 대영(국립)도서관(British Library)은
필자의 창의적인 학문성을 인정하여
본 논문에
별도의 코드를 부여하였다.

향후
언약도에 관한 연구를 위하여
필자의 학위 논문 원본(영문)을 원하시는 분들은
아래의 코드를 이용하시기 바란다.

DX
183379

추천사 1

서요한 박사의 학위논문이 우리말로 번역되어 출판하게 된 것을 진심으로 축하하며, 그가 심혈을 기울여 연구한 『언약사상사』를 한국교회 목회자들과 신학생들 그리고 기독교 역사를 공부하고자 하는 사람들에게 추천하게 된 것을 기쁘게 생각한다.

서요한 박사는 총신대학교와 합동신학교를 졸업한 후 영국의 런던신학교와 스코틀랜드 에든버러 프리처치칼리지(Free Church College)에서 연구했고, 애버딘대학교에서 석사학위(Th.M.)를 그리고 웨일스 복음주의신학대학과 글라모르간대학교 공동학위 과정을 이수한 후 글라모르간대학교에서 철학박사(Ph.D.) 학위를 받았다. 서 박사는 추천자가 신학교 시절부터 오랫동안 교제하며 관찰한 대로 주님을 향한 뜨거운 경건과 학문에 대한 깊은 열정을 겸비한 훌륭한 제자이다.

서 박사는 학위논문의 원제목인 "스코틀랜드 언약사상이 웨스트민스터 총회에 미친 공헌과 그 언약사상이 마로우 논쟁까지 미친 계속된 중요성에 관하여"에서 교회사에 나타난 가장 중요한 문제의 하나인 언약사상을 학문적으로 다루었다.

서 박사가 이 논문에서 지적한 대로 17, 8세기 스코틀랜드의 언약도들은 하나님의 주권과 은혜를 강조하며 하나님이 주권적으로 또는 일방적으로 그의 백성들과 맺은 언약에 의해 구원이 주어짐을 강조했다. 그 언약의 백성들은 하나님이 풍성하게 베푸신 은혜에 대한 반응으로 그 주어진 언약에 절대 복종해야 하며 감사함으로 하나님께 영광을 돌려야 함을 강조했다.

교회 정치 문제에서 영국 성공회와 달리 교회의 머리가 오직 예수 그리스도이심을 강조했고 그래서 교회가 국가에 예속되는 대신 교회를 통한 그리스도의 통치가 국가까지 미쳐야 함을 강조하는 "신정정치"(Theocracy)의 이념을 확립하였다. 결국, 스코틀랜드의 언약도들은 로마가톨릭의 교황정치 제도는 물론 영국 성공회의 감독제도를 반대할 뿐만 아니라 회중교회와 독립교회의 개 교회 정치제도까지 반대하고, 회중에 의해서 선출된 목사와 장로로 구성된 당회와 노회 및 총회 조직의 장로교 정치제도를 성경적 교회 정치제도로 받아들이고 이를 정착시켰다.

스코틀랜드의 언약도들은 그들이 내세운 언약사상과 교회 정치체제 때문에 국교 수호자들로부터 박해를 받았을 때 『웨스트민스터 신앙고백서』에 나타난 언약사상을 그들의 신앙과 행위의 원리로 받아들이고 국교 수호자들과 왕에게 항서하는 서항운동을 선개하였다. 결국, 은혜와 구원 중심적 언약사상이 교회와 국가의 불가분적 관계와 적극적인 정치 참여를 강조하게 되었다. 그러나 지나친 정치 참여가 언약사상의 본디 관심사인 하나님의 은혜와 경건의 밀접한 관계를 약화하는 결과를 초래했음을 인식하고 스코틀랜드의 언약도들은 마로우 논쟁을 통해서 언약사상의 가장 중요한 원리인 하나님의 언약과 은혜,

구원과 하나님과 만남, 교제 및 경건 생활을 재강조하는 본래의 언약운동으로 돌아갔다.

　언약사상의 한 부분을 역사적으로 깊이 연구하고 분석하고 배우는 일은 신학과 교회관이 혼란한 오늘날 한국교회의 상황에서 매우 긴박하게 요청되는 일이다. 이는 또한 교회와 국가와의 관계를 정립하는 데도 매우 중요한 교훈을 제공해 준다. 그리고 스코틀랜드 언약도들의 삶은 무엇보다도 하나님의 은혜를 받은 그리스도인들이 하나님과 만남과 교제를 바탕으로 하는 그리스도인 경건의 삶과 하나님께 영광을 돌리는 삶이 어떠해야 하는지를 보여 주는 가장 좋은 예라 하겠다.

　서 박사는 결국 언약사상에 기초한 개혁신학이 가장 올바른 신학이며, 그 신학에 따라서 사는 경건의 삶이 오늘 우리가 추구하고 지향해야 할 것을 강조했다. 많은 수고를 기울여 귀중한 연구를 이룬 서요한 박사에게 다시금 감사와 축하를 드리며, 이 연구논문을 읽는 이들에게 밝은 깨달음과 올바른 실천이 있기를 바라는 바이다.

1994년 11월 11일
前 합동신학대학원대학교 역사신학 교수
김 명 혁 박사

추천사 2

개혁신학의 중심 사상 중에 하나는 언약사상이다. 하나님과 인류가 언약을 맺어 인류는 하나님의 백성이 되고, 하나님은 그들의 왕이 되셨다. 이것은 성경이 가르치는 언약 구조와 체결의 근본 요체이다. 개혁신학은 이 언약사상을 행위언약과 은혜언약으로 대립시키고, 하나님의 은혜로 구원에 이름을 순종의 의무를 이행하여 영생에 이르는 행위언약에 대비시켰다.

언약사상이 스위스의 개혁자 츠빙글리와 그의 후계자인 불링거에 의해 시작되고 발전되었으며, 코케이우스의 언약신학에 따라 체계화되었다. 이 언약사상이 영국, 특히 스코틀랜드에 전파되므로, 이 언약사상에 기초하여 교회를 개혁하고, 교회의 정치 형태를 정부의 지배에서 독립시켜 교회 자체에 두려는 노력을 개진하였다. 이 때문에 16세기와 17세기 스코틀랜드 장로교회가 큰 어려움과 핍박을 당하면서도 언약사상을 분명히 세움으로 영국교회의 개혁을 함께 도우며, 1643-1648년 동안 진행된 웨스트민스터 총회에서 언약사상을 확립하고, 교회 정치가 장로제도여야 함을 확정하였다.

이와 같은 역사적 전개와 귀결에 이르는 과정을 16세기 종교개혁부터 18세기까지 언약주의자들에 의한 교회 개혁과 바른 신학의 정립을 잘 전개하고 있는 것이 서요한 박사의 "스코틀랜드 언약사상이 웨스트민스터 총회에 미친 공헌과 그 언약사상이 마로우 논쟁까지 미친 계속된 중요성에 관하여"란 논문이다. 이 논문으로 서요한 박사는 1994년 영국 남웨일스의 글라모르간대학교에서 철학박사 학위를 취득하였다.

이 책을 읽으면 스코틀랜드와 영국교회에 언약사상이 어떤 영향을 미쳐 어떻게 교회를 개혁하고, 『웨스트민스터 신앙고백서』라는 종교개혁의 최선의 신앙고백서가 태동하였는지를 일목요연하게 알 수 있다. 널리 일독을 권하는 바이다.

1994년 11월 8일
前 총신대학교 신학대학원 조직신학 교수
서 철 원 박사

언약사상사

정통 장로교, 스코틀랜드 언약도들의 신학전통

The History of Scottish Covenant Thought
Written by Yohahn Su
All rights reserved.
Korean Edition Copyright ⓒ 1994, 2020 by Christian Literature Center, Seoul, Korea

언약사상사: 정통 장로교, 스코틀랜드 언약도들의 신학전통

1994년 12월 10일 초판 발행
2020년 1월 28일 개정증보판 발행

지은이	|	서요한
편집	|	곽진수
디자인	|	전지혜
펴낸곳	|	(사)기독교문서선교회
등록	|	제16-25호(1980.1.18.)
주소	|	서울특별시 서초구 방배로 68
전화	|	02-586-8761~3(본사) 031-942-8761(영업부)
팩스	|	02-523-0131(본사) 031-942-8763(영업부)
이메일	|	clckor@gmail.com
홈페이지	|	www.clcbook.com
송금계좌	|	기업은행 073-000308-04-020 (사)기독교문서선교회

ISBN 978-89-341-2072-8(93230)

이 도서의 국립중앙도서관 출판예정도서목록(CIP)은 서지정보유통지원시스템 홈페이지 (http://seoji.nl.go.kr)와 국가자료공동목록시스템(http://www.nl.go.kr/kolisnet)에서 이용하실 수 있습니다. (CIP제어번호: 2019051237)

이 책의 저작권은 저자와 (사)기독교문서선교회가 소유합니다. 신저작권법에 의하여 한국 내에서 보호받는 저작물이므로 무단 전재와 무단 복제를 금합니다.

정통 장로교, 스코틀랜드 언약도들의 신학전통

언약사상사

서요한 지음

영국 대영 도서관 인증 박사논문

CLC

목차

추천사   1
김 명 혁 박사(前 합동신학대학원대학교 역사신학 교수)
서 철 원 박사(前 총신대학교 신학대학원 조직신학 교수)

헌정사   12
한국어판에 부쳐   13
초판 저자 서문   16
개정판 저자 서문   21
본서의 요약   22
약어표   26

서론   29
  1. 본서의 제목, 목적 그리고 구조   29
    1) 제목과 연구 분야   29
    2) 연구 목적   37
    3) 본론의 구조   39
  2. 이 시기의 일반적 상황   41
    1) 이 시기 유럽의 일반적 상황   41
    2) 이 시기 스코틀랜드의 일반적 상황   45

제1부   언약 개념의 기원과 발전   49
제1장   스코틀랜드의 언약사상—그 배경과 역사적 발전   50
  1. 언약 개념의 중요성   50
    1) 언약의 성경적 개념   51
    2) 언약의 사회-정치적 측면들   54
  2. 언약 개념의 역사적 발전   55
    1) 종교개혁 이전의 개괄적 이해   56
    2) 종교개혁기 및 종교개혁 이후의 시기   62
  3. 스코틀랜드교회에서의 언약 개념의 중요성   80
  4. 요약   90

제2장　교회와 국가와의 갈등: 언약도들의 신학적 선언과 주요한 공헌들　94
  1. 교회와 국가의 갈등: 주요 요인들　94
    1) 왕권신수설이냐, 그리스도의 왕권이냐?　95
    2) 데오도레 베자(Theodore Beza)와 장로교　104
    3) 존 낙스와 종교개혁의 원리　108
  2. 이 기간에 스코틀랜드 국왕들의 통치　115
    1) 제임스 6세와 찰스 1세의 통치　117
    2) 찰스 2세와 제임스 7세의 통치　125
    3) 국왕 윌리엄 3세와 앤 여왕의 통치　131
  3. 언약사상에 대한 언약도들의 신학적 선언　137
    1) 참된 종교와 기독교인의 자유　139
    2) 교회 정치에 대한 언약도들의 견해　148
    3) 전통에 대한 언약도들의 견해들　159
  4. 요약　161

제2부　언약사상의 역사적 발전과 신학적 강조점의 변화(1643-1723)　163
제3장　엄숙 동맹과 언약 및 웨스트민스터 총회　164
  1. 엄숙 동맹과 언약(1643)　166
    1) 역사적 배경　166
    2) 국가 언약(National Covenant, 1638)과의 관계　169
    3) 엄숙 동맹과 언약의 내용과 신학　170
  2. 웨스트민스터 총회(1643-1648)　175
    1) 웨스트민스터 총회의 역사적 개괄　175
    2) 웨스트민스터 총회 기간 중의 신학적 논쟁　181
    3) 『웨스트민스터 신앙고백서』(*The Westminster Confession of Faith*)　191
    4) 『웨스트민스터 신앙고백서』와 언약 개념　210
  3. 요약　220

제4장 언약사상에 대한 언약도들의 논쟁과 선언(1648-1688년 명예혁명) 227
1. 언약도들과 국가 간의 논쟁기에 언약사상의 발전(1647-1661) 228
   1) 1647-1648년 "약정"을 둘러싼 논쟁 228
   2) 계급법들(1649-1650) 230
   3) 결의파(교회파)와 항의파(저항파) 간의 논쟁(1651-1653) 233
   4) 찰스 2세와 제임스 7세 때의 언약사상의 발전(1660-1688) 234
2. 역사적 문헌들 속에서의 언약사상의 발전 238
   1) 1679년 5월 29일의 루터글렌 선언(Rutherglen Declaration) 238
   2) 1680년 퀸스페리 문서와 샌퀴아르 선언 240
   3) 스코틀랜드교회의 참된 장로교인들의 변론적 선언(1682년 1월) 246
   4) 밀고자들과 고발자들에 대한 스코틀랜드의 참된 장로파들의 변증 선언과 훈계적 변호(1684년 11월) 249
3. 대중적 문서 속의 언약사상 및 정당한 반역 교리에 대한 상호 관계 251
   1) 사무엘 루더포드(Samuel Rutherford, 1600-1661) 251
   2) 도날드 카길(Donald Cargill, 1627-1681) 263
   3) 리처드 카메론(Richard Cameron, 1648-1680) 273
   4) 제임스 렌윅(James Renwick, 1662-1688) 277
4. 요약 288

제5장 1688-1690년 명예혁명과 1717-1723년의 마로우 논쟁 292
1. 역사적 상황의 변화와 언약사상의 발전(1688-1723) 292
   1) 장로교 체제 정착 시기의 문헌들 295
   2) 앤 여왕 때의 언약사상의 발전(1702-1714) 298
2. 마로우 논쟁과 언약신학(1717-1723) 318
   1) 마로우 논쟁의 기원과 배경 318
   2) 『현대신학의 정수』(The Marrow of Modern Divinity)에 대한 논쟁 323
   3) 마로우 논쟁과 그 교리적 문제들 342
3. 요약 357

제3부	결론 및 평가	**362**
제6장	결론 및 평가	363
	1. "그리스도의 왕권과 언약을 위하여"	367
	1) 교회와 국가에 대한 그리스도의 머리 되심	367
	2) 교회 정치와 그리스도인의 삶	370
	3) 그리스도인과 양심의 자유	372
	4) 스코틀랜드 국민과 언약신학	373
	2. 적용과 평가의 몇 가지 요점들	376

부록 1	스코틀랜드 자유교회의 신학적 전통 소고	
	-1834년부터 1843년까지, 그 10년간의 투쟁-	386
부록 2	토마스 찰머스의 생애와 신학사상 소고	417

참고문헌   444

헌정사

필자의 유학 시절 동안 물심양면으로 후원해 주시고 보살펴 주신 은혜와 사랑에 감사하여, 필자의 영적 아버지 윌리엄 스틸 목사님께 본서를 드립니다.

To the Rev. William Still,
the Minister of the Gilcomston South Church, Aberdeen:
a true and orthodox minister, Bible teacher
and expositor,
a man of prayer, counsellor, a great leader and
a true Christian gentleman, above all, shepherd of souls,
whose life has been devoted to the
ministry of the Lord.

I affectionately
dedicate this dissertation and
tender my deepest appreciation to him
on the 50th anniversary of his fruitful ministry at the Church; and for his
love,
encouragement and practical help as a spiritual father in
Christ to me, during my studies at E.T.C.W.,
in the University of Glamorgan,
Pontypridd, South Wales.

"I will praise the Lord, who
counsels me; even at night my heart
instructs me. I have set the Lord always before
me. Because he is at my right hand, I shall not be shaken.
Therefore
my heart is glad and my tongue rejoices; my body also will
rest secure … You have made known to me the path of life; you will
fill me with joy in your presence, with
eternal pleasures at your right hand"
(Psalm 16:7-9, 11).

한국어판에 부쳐

본서는 필자가 1993년 9월, 영국 남웨일스의 글라모르간대학교(웨일스복음주의 신학대학)에 제출한 학위논문(Ph.D., 교리사 전공)을 번역하고 수정·보충하여 출판한 것이다. 원제목은 "스코틀랜드 언약사상이 웨스트민스터 총회(1643-1648)에 미친 공헌과 그 언약사상이 마로우 논쟁(1717-1723)까지 미치는 계속된 중요성에 관하여"였으나 본서의 제목을 『언약사상사』(The History of Scottish Covenant Thought)로 하였다.

필자가 이처럼 서둘러 본서를 출판하게 된 것은, 우리 교회가 지나치게 현실주의적이고 물량주의적이며, 교회 성장에 편승하여 도덕성과 윤리의식을 상실했고, 무엇보다도 신앙의 정통성과 신학 부재 현상을 목격해 왔기 때문이다. 이렇듯 절박한 상황에서 필자는 우리 교회, 특히 보수교회(정통 장로교, 칼빈주의와 개혁신학)가 새로워져야 할 필요성을 절감하며, 오늘 우리가 공동으로 지향해야 할 신학적 좌표는 무엇인지를 함께 나누고 싶어서였다. 본서에서 필자가 선배 동역자들과 함께 나누고 싶은 것은 개혁주의 언약사상 혹은 역사적 언약신학에 관한 것이다.

주지하는 바와 같이 신학의 다양한 분야에서 언약사상은 개혁신학의 진수 중의 진수이다. 그런데 이 신학사상은 성경신학에서 취급되고 때로 조직신학이나 역사신학에서 다루어지지만, 실천(목회)신학과 선교신학에서는 거의 취급되지 않고 있다. 이러한 현실을 보면서 필자는 바로 지금이 우리 신학의 재정립을 이룩할 때라고 믿는다. 이 신학의 바른 정립을 위해서 과거 기독교 역사에 대한 깊은 사색과 탐구가 불가피하게 요청된다. 이런 사색과 탐구 없이 어떻게 보수신학을 고수(固守)하며 확립할 수 있겠는가?

따라서 필자는 개혁신학의 진수를 채광(採鑛)하기 위해서는 과거 개혁자들의 신학을 살펴야 한다고 생각한다. 그중에서도 특별히 마틴 루터, 존 칼빈, 울리히 츠빙글리, 존 낙스 그리고 그들의 전통을 계승한 자들의 신학사상이다. 왜냐하면, 이들이 향후 기독교에 끼친 영향은 단순히 신학사상의 정립만이 아니라 사회 전반에 실천적 종교개혁을 성취했기 때문이다.

그렇다면 이들이 후대에 남겨준 신학을 어떻게. 무엇으로 규명할 수 있을까? 필자는 그들의 신학이 언약신학을 통해서 집대성되었기 때문에 그 언약사상을 이해함으로써 개혁신학을 정립할 수 있다고 믿는다. 그러나 언약사상을 통한 개혁신학의 연구는 학위논문의 성격상 제한적일 수밖에 없었다. 따라서 필자는 세계에서 유일한 장로교 국가인 스코틀랜드의 교회사에 나타나는 몇몇 특징들을 규명함으로써 우리의 신학을 재정립하였다. 이것을 위해 필자는 먼저 성경의 언약 개념과 초대와 중세 교회의 역사 및 종교개혁과 이후 역사 속에서 언약사상의 발전과 적용점을 상고하였다. 특별히 존 낙스의 주도하에 성취된 1560년 스코틀랜드의 종교개혁으로부터 1723년의 마로우 논쟁까지의 언약사상의 전개와 발전을 집중적으로 연구하고, 이 언약 개념이 어떻게 태동, 발전하였으며, 역사의 격변기에 어떻게 적용되었는지를 고찰하였다.

사회, 정치적으로 그리고 문화, 종교적으로 격동하던 16-18세기의 스코틀랜드의 종교를 집중적으로 연구함으로써 장로교 개혁신학의 특징들을 심도 있게 취급하였다. 예를 들면, 종교개혁자들의 신학적 전통, 『웨스트민스터 신앙고백서』에 나타난 신학적 쟁점들과 언약 개념, 성직 임명과 출교 문제, 『공 예배 지침서』, 바람직한 교회 정치체제에 대한 성경적 규명과 장로교 신학자들의 주장, 시민혁명 당시 영국의 청교도들과 스코틀랜드 장로교 신학자들 간의 신학 논쟁, 정부의 종교 탄압과 박해에 대한 기독교인들의 태도와 역할, 그리스도인의 자유 의미, 구원에서 언약(예정)의 역할과 상급문제, 스코틀랜드 장로교 신학의 특징과 청교도사상, 율법주의와 복음주의의 성경적 정의와 적용, 그리고 개혁주의적 교회와 국가관 등이다. 그리고 필자는 결론에서 언약사상의 특징, 장단점을 통하여 우리가 선택해야 할 삶의 지침이 무엇인지를 제시하였다. 이처럼 필자는 철저히 역사적 개혁주의, 칼빈주의적 언약사상과 신학에 기초하여 한국교회의 장로교, 정통신학을 새롭게 조명하였다. 따라서 본서는 언약신학을 통하여 기독교 역사와 개혁주의를 이해하려는 신학자들과 목회자들, 신학도들 그리고 신학에 관심 있는 평신도들에게 큰 도움이 되리라고 믿는다.

바쁘신 중에도 본서의 출판을 위해서 귀한 추천사를 써 주신 합동신학대학원

대학교의 역사신학 교수이신 스승 김명혁 박사님과 총신대학교 신학대학원의 조직신학 교수이신 서철원 박사님께 심심한 감사드린다. 무엇보다도 본서의 출판을 위해 독려해 주신 한국 기독교문서선교회(CLC)의 대표 박영호 박사님께 감사의 말씀을 드린다. 박 박사님의 권유와 적극적인 격려가 없었다면 본서의 출판은 거의 절망적이었을 것이다. 그리고 본 논문의 번역에 심혈을 기울이신 전의우 목사님, 편집과 교정, 제본과 전산, 표지와 디자인으로 수고해 주신 기독교문서선교회의 윤재석 목사님과 이승현 목사님, 그리고 장미영, 박소연, 최규식, 백승혜 님의 수고를 기억하며 심심한 감사의 말씀을 드린다.

  끝으로 필자의 논문이 귀국과 동시에 사랑하는 조국에서 우리말로 출판된 것을 기쁘게 생각한다. 앞으로 본서가 한국교회의 내실 있는 성장과 청교도적 개혁신학, 칼빈주의적 보수신학의 발전을 위한 도구로서 사용되기를 간절히 소망한다. 오직 주님께 영광을!

1994년 11월 15일
창 너머 서산에 지는 태양을 아스라이 바라보며
서 요 한

초판 저자 서문

　기독교 신앙은 자기 백성과 언약을 맺으신 하나님께 절대적으로 의존한다. 이 원리에 따라서 언약신학은 학문적 전통과 기독교인의 생활 속에서 신앙의 중심이 되어야 할 것이다. 왜냐하면, 언약신학은 성경의 궁극적 주제인 창조주 여호와 하나님의 주권과 은혜를 강조하기 때문이다. 그런데도 이 기독교의 신학과 신앙의 핵심 원리는 오늘날 우리의 강단과 삶의 현장에서 얼마나 간과됐는가는 필자의 오랜 고민이었다. 이러한 배경에서 본 연구는 우리가 스코틀랜드 언약도들 (Scottish Covenanters)의 증언을 통하여 과거에 그들이 들었던 하나님의 음성을 직접 듣고 우리의 신학을 올바로 정립했으면 한다.

　필자가 본 연구를 해야겠다는 영감을 얻은 것은 1987-1988년에 에든버러(Edinburgh)의 자유교회대학(Free Church College)에서 공부하던 때였다. 그곳에서 필자는 이 대학의 교수님들로부터 깊은 감명을 받았다. 그들은 역사적 개혁주의적 칼빈주의 신학(Reformed and Calvinistic theology)에 기초하여 학문으로서 신학뿐 아니라 그것이 실제로 목회 현장에서 적용되게 교수하셨다. 그러나 필자가 다시 애버딘 대학교(University of Aberdeen)와 글라모르간 대학교(University of Glamorgan)에서 본 연구를 결정하고 본격적으로 논문을 준비하는 과정에서 이 주제를 탐구한다는 것은 필자의 능력을 넘어선 것이었으며, 정상에 오른다는 것은 사실 너무나 큰 모험이었다. 이때는 참으로 힘든 시기였으며 절망하기 일쑤였다. 말하자면 필자의 끝 모를 광야 생활은 영국이라는 낯선 땅에서 방황하는 일로 시작된 것이다.

　그러나 언약도들(Covenanters)의 하나님의 영광을 위한 지칠 줄 모르는 불굴의 신앙은 이 연구를 진행하는 동안 필자에게 커다란 용기를 제공하였다. 필자는 스코틀랜드 언약도들(Scottish Covenanters)의 개혁주의적 칼빈주의 신학(Reformed and Calvinistic theology)이 스코틀랜드에서 얼마나 풍성하게 축적됐는지 알 수 있는 좋은 기회라고 생각하였다. 따라서 필자는 이 주제를 탐구하면서 더욱더 많은 관심을 가지게 되었다. 그리하여 필자는 언약도들의 저술과 간증을 읽으면서 하나님의 임재를 느꼈고 하나님과 그분의 뜻을 따르는 데서 더욱더 큰 기쁨을 경험하였다. 결국, 이 연구는 필자에게 말로 할 수 없는 기쁨과 즐거움이 되었다.

필자가 이 연구를 진행하는 동안 신앙과 격려로써 도와주신 분들에게 먼저 마음 깊이 감사드린다. 필자는 필자의 전체 논문 계획에 대단한 성의를 보여 주신 여러 교수님과의 대화에서 많은 유익을 얻었다. 필자는 다음의 지도 교수님들께 감사드린다. 웨일스복음주의신학대학(Evangelical Theological College of Wales)의 신학연구소(Theological Studies) 책임자이며 조직신학 및 교회사 교수이신 Rev. Dr. Neol Gibbard, 웨일스 복음주의신학대학 학장 겸 조직신학 및 현대신학 교수이신 Rev. Dr. Eryl Davis, 스코틀랜드 글라스고우성서대학(Glasgow Bible College, 전에는 B.T.I.)의 조직신학 교수이신 Rev. Dr. A. T. B. McGowan, 글라모르간대학교의 교회사 교수이신 Rev. J. Hefin EIias, 방고르(Bangor)의 북웨일스대학교(University of College of North Wales)의 교회사 교수이며 학장이신 Dr. T. Tuder Jones에게 감사드린다.

필자에게 특별한 도움을 주신 스승 중에서 필자에게 주님을 섬기는 법을 가르쳐 주신 자랑스런 스승님들께 감사드린다. 전 합동신학원의 주경신학 교수이셨던 박윤선 박사님, 현재 합동신학원의 조직신학 교수이신 신복윤 박사님, 합동신학원의 역사신학 교수이신 김명혁 박사님, 합동신학원의 구약신학 교수이신 윤영탁 박사님, 합동신학원의 신약신학 교수이신 박형용 박사님, 개혁신학연구원의 원장이시며 구약신학 교수이신 이진태 박사님께 감사드린다.

또한, 다음 분들에게도 감사드린다. 에든버러의 자유교회대학의 조직신학 교수이신 Rev. Dr. Donald Macleod, 이전에 자유교회대학의 교회사와 교회훈련학(Church Discipline) 교수이셨던 故 Rev. Douglas MacMillan, 이분은 필자에게 이 주제를 연구하도록 맨 처음 용기를 북돋아 주신 분이셨다. 이전에 필자의 지도 교수셨으며 애버딘대학교의 킹스칼리지(King's College) 교회사 교수이신 Rev. Dr. Henry R. Sefton과 Rev. Prof. Dr. W. P. Stephens, 세인트앤드루스대학교(University of St Andrews)의 세인트메리스칼리지(St. Mary's College) 스코틀랜드사 교수이신 Dr. David Stevenson, 글라스고우대학교(University of Glasgow)의 스코틀랜드사의 역사학 교수이셨던 故 Dr. Ian B. Cowan, 미국 필라델피아의 웨스트민스터신학교(Westminster Theological Seminary)의 조직신학 교수이신 Rev. Prof. Dr. Sinclair. B. Ferguson, 글라스고우대학교 신과대학의 교회사 교수이신 Dr. W. Ian. Hazlett, 에든버러대학교(University of Edinburgh)의 뉴칼리지(New College) 학감이면서 교회사 교수이신 Dr. David F. Wright, 영국 옥스퍼드대학교의 그린칼리지(Green College) 조직신학 및 기독교 윤리학 교수이며 현재 옥스퍼드의 휫필드신학연구소(Whitefield Institute) 소장이신 Rev. Dr. David Cook, 옥스퍼드의 위클리프홀(Whycliff Hall) 역사신학 및 조직신학 교수이신 Rev. Dr. Alister E. McGrath, 노팅엄대학교(University of Nottingham)의 조직신학 및 종교개혁사(Reformation Studies) 교수이신 Dr. Carl R. Trueman 께 감사드린다. 이분들은 각각 격려와 충고와 통찰력으로 필자를 도와주셨다. 그리고 이분들은 어떤 경우에는 필자의 신학적 이해와 해석의 심각한 오류들을 바로잡아 주셨다.

필자는 또한 다음 기관의 직원들에게도 감사를 표하고 싶다. 에든버러에 있는 스코틀랜드국립도서관, 에든버러에 있는 스코틀랜드기록보관소(Scottish Record Office), 에든버러대학교 도서관, 에든버러에 있는 뉴칼리지 도서관, 글라스고우대학교 도서관, 애버딘대학교의 킹스칼리지 도서관, 세인트앤드루스대학교 도서관, 폰티프리드(Pontypridd)에 있는 글라모르간대학교 대학도서관, 런던의 대영박물관(the Library of the British Museum), 런던의 Dr. William's Library, 에버리스트위스(Aberystwyth)에 있는 웨일스국립도서관(the National Library of Wales), 카디프대학교(Cardiff University) 대학도서관, 케임브리지에 있는 케임브리지대학교 도서관, 옥스퍼드에 있는 보들리안도서관(Bodleian Library), 옥스퍼드에 있는 휫필드신학연구소 도서관 등이다.

필자는 또한 다음 분들에게 이 기회를 통하여 감사의 말을 전하고 싶다. 이전에 필자에게 강의를 해 주신 런던신학교(London Theological Seminary)의 학장이신 Rev. Dr. Hywel R. Jones, 에든버러에 있는 Scottish Reformation Society의 총무(General Secretary) A. Sinclair Horne 목사님, 전에 글라모르간대학교의 부총장이셨으며 지금은 스완지(Swansea)의 마운트플레즌트침례교회(Mount Pleasant Baptist Church)의 Clement Roberts 목사님께 감사드린다.

많은 분들이 본서가 논문으로 받아들여지기 이전에 그리고 이후에 이 글을 읽고 논평해 주셨다. 그래서 필자는 이 모든 분들에게 감사드린다. 이분들의 제안 중 몇몇은 탈고에 포함되지 않았다. 이 논문을 교정해 준(proof-read) 동료들의 노고도 빼놓을 수 없다. 이 논문의 초고에 대해 논평을 아끼지 않은 John Lewis 씨에게, Chippenham의 Stephen Hodgetts와 Bridgend의 Edmund T. Owen 목사님에게 감사드린다. 또한, 여러 방면으로 필자를 위해 기도하며 격려해 주고 도와준 애버딘에 있는 길콤스톤사우스교회(Gilcomston South Church)의 교우들께도 심심한 감사드린다.

또 다른 면으로 필자는 애버딘과 웨일스에서 공부하던 지난 6년 동안 필자에게 지속적인 관심과 무엇보다도 희생적인 사랑을 베풀어 주심으로 필자가 이 연구에 집중할 수 있도록 해 주신 애버딘에 있는 길콤스톤사우스교회의 당회장이신 필자의 영적 아버지 Rev. William Still 목사님께 특별한 감사드린다. 윌리엄 스틸 목사님은 필자와 필자의 가족이 광야에서 방황하고 있을 때 가장 가까이에서 보살피며 격려하고, 물질로 도와주신 분이시다. 그분의 영육 간의 지원이 없었다면 이 연구는 끝나지 못했을 것이다. 따라서 필자는 이 논문을 사랑과 존경의 마음과 더불어, 결코 갚을 수 없는 빚의 일부로서 그분께 헌정한다.

필자의 귀여운 세 자녀들, 에덴, 아론 그리고 샤론에게 고마움을 전한다. 이들은 필자가 애버딘과 웨일스에서 공부하는 동안 무슨 일이 벌어지고 있는지도 모르면서 한마디 불평도 없이 정말 훌륭하게 잘 참아 주었다. 그러나 필자는 이들이 머지않아 아버지가 한 일을 이해해 줄 수 있으리라 기대한다!

필자는 부모님들에게 큰 빚을 지고 있다. 이분들은 여러 해 동안 가족을 대신하여 희생을 아끼지 않으셨고 언젠가 기쁨으로 만날 때를 위하여 기도로 헌신하셨다. 필자는 본서를 통하여 조금이나마 두 분의 희생에 보답할 수 있었으면 한다. 그리고 '멍에를 함께 맨 진실된 친구' 필자의 아내 은순에게도 감사를 전하고 싶다. 그녀는 여러 해 동안 때로는 무거운 중압감에 사로잡히기도 하며, 작은 연구실에서 나올 줄 모르는 남편을 잘도 참아 주었다. 필자의 지속적인 지지자로서 그녀가 보여 준 사랑과 인내가 없었다면 필자는 그 모든 시간을 이 연구에 쏟아 붓지 못했을 것이다. 따라서 필자의 가족은 뭐라고 표현할 수 없는 무한의 감사를 받을 자격이 있으며 이보다 더 큰 희생과 헌신은 있을 수 없다고 생각한다.

마지막으로, 처음부터 끝까지 필자를 일으켜 세우시고 지탱시켜 주신 분은 바로 하나님이셨다. 그러므로 주님께서 지속적인 힘을 주셨다는 것을 반드시 인정해야겠다. 왜냐하면, 어쨌든 이 논문은 당신의 종에 대한 그분의 사랑과 성실하심을 나타내고 있기 때문이다.

"사람이 무엇이 관대
주께서 저를 생각하시며
인자가 무엇이 관대
주께서 저를 권고하시나이까"
(시 8:4).

"여호와의 자비와 긍휼이 무궁하시므로
우리가 진멸되지 아니함이니이다
이것이 아침마다 새로우니 주의 성실 크도소이다
내 심령에 이르기를 여호와는 나의 기업이시니
그러므로 내가 저를 바라리라 하도다"
(애 3:22-24).

서 요 한
University of Glamorgan
Pontypridd, South Wales
July, 1993

개정판 저자 서문

본서는 필자가 영국에서 귀국한 1994년 겨울에 출간되었다. 이후 지금까지 그간에 일어난 학문적 변화를 교육 현장에서 직접 목도하면서, 필자는 다음 세대를 위하여 본서의 일부 내용을 수정하고 보완하였다. 따라서 필자는 수정 재판에 세 가지 역점을 두었다.

첫째, 독자들을 위하여 논문 전체의 내용을 언약신학적 관점에서 학문적으로 재정리하였다.

둘째, 따라서 본서의 주제와 관련하여 초판에 표현된 "계약"을 "언약"으로 통일하였다. 그 이유는 스코틀랜드의 언약도들은 초지일관 선민 이스라엘처럼 되기를 열망하여 자신들이 믿는 바 야훼 하나님의 주권적 은총을 역사 속에 실현했기 때문이다.

셋째, 본서의 학문적 완성도를 위하여, 이후 매우 급박하게 전개된 역사적 상황에서 웨스트민스터 4대 표준문서에 기초하여 역사적 칼빈주의와 개혁신학을 계승한 "스코틀랜드 자유교회의 신학적 전통"과 그 교단 설립에 결정적으로 기여한 "토마스 찰머스의 생애와 신학사상"을 부록에 첨가하였다. 향후 한국 장로교, 역사적 개혁교회는 스코틀랜드 자유교회(the Free Church of Scotland, Edinburgh)의 신학적 전통을 수호하고 계승하기 위하여 피 흘리기까지 싸워야 할 것이다.

끝으로 필자는 본서를 마무리하면서, 특별히 존경하는 강기원 목사님(의학박사, 강남중앙교회 담임), 소강석 목사님(새에덴교회 담임), 문태순 박사님(백석대학교), 라은태 목사님(서울성약교회 담임), 정대운 목사님(삼송제일교회 담임), 그리고 현종필 국장님의 베푸신 사랑과 호의에 심심한 감사의 말씀을 전한다.

2019년 12월 20일
개혁신학의 요람, 총신대학교 신학대학원 연구실에서
中甫 서 요 한

본서의 요약

"스코틀랜드의 언약사상(Covenant Thought)이 웨스트민스터 총회(1643-48)에 미친 공헌과, 그 언약사상이 마로우 논쟁(1717-1723)까지 미치는 계속적인 중요성에 관하여"

"The Contribution of Scottish Covenant Thought to the Discussions of the Westminster Assembly(1643-1648) and its Continuing Significance to the Marrow Controversy(1717-1723)"

서요한
University of Glamorgan, 1993

본서는 17세기와 18세기에 일어난 투쟁의 와중에 스코틀랜드교회에서 언약신학이 어떻게 발전했으며 또한 어떤 중요성이 있는지를 살피는 목적에서 기록되었다. 이러한 발전을 정치적, 역사적, 사회적, 신학적 그리고 교회론적 상황에서 살펴볼 것이다.

언약사상은 성경, 구약과 신약의 핵심이다. 언약사상은 대부분 세상에 대한 하나님의 관계와 확연히 구분되는 당신의 백성들에 대한 하나님의 관계를 나타낸다. 언약도들(Covenanters)에게 언약사상은 성경을 바르게 이해하는 데서 해석학의 중심 열쇠였다. 언약신학은 얼마 동안 스코틀랜드교회에 친숙한 것이었다. 스코틀랜드의 언약도들(Scottish Covenanters)은 언약신학을 받아들이고, 이를 그들의 삶과 그들이 처한 상황에 열심히 적용하였다. 이들은 언약에 기초하여 스코틀랜드가 종교적인 문제뿐 아니라 정치적인 문제에서 자유로워야 한다고 믿었다. 교회 지도자들은 전체 국가를 하나님과의 언약 관계 아래 두려고 하였다.

언약 개념은 1643년부터 1723년까지 스코틀랜드교회의 주된 신학적 관심사였으며, 1560년 존 낙스(John Knox)가 스코틀랜드에서 종교개혁을 일으킨 후 16세기 동안에 열심히 선포되었다. 언약 개념은 프로테스탄트 운동을 증진하고 공고히 하는 데 강력히 영향을 미쳤다. 하지만, 이 언약사상은 스코틀랜드교회의 내적 갈등을 일으켰다. 1643년부터 1723년까지 80년은 논쟁의 중심 시기였으며, 이 기간은 다시 세 시기로 구분된다.

첫 번째 시기는 1643년부터 1648년까지로 은총 교리들의 성격과 부분적으로는 언약신학과 관계된 시기였다. 이 기간에 언약도들은 또한 이렇게 주장하였다. 즉, 장로교회 정치 형태만이 성경이 보증하는 유일한 정치이며, 따라서 장로교 정치만이 교회 내에서 그리스도의 권위를 올바르게 행사할 수 있다. 이들은 언약신학으로부터의 모든 이탈은 교회와 국가의 관계를 포함하여 이와 관계된 다른 교리들뿐만 아니라 죄인들의 구원, 그리스도의 머리 되심의 교리, 그리고 교회 정치에 관한 교리에 대한 심각한 암시들을 가져다준다고 주장하였다.

이것을 위해 웨스트민스터 총회에서의 스코틀랜드 신학자들이 지향한 한 가지 목적은, 하나님의 백성들이 이 하나님의 은혜언약 속에 있다는 것이 얼마나 중요한가를 강조하는 것이었다. 언약에는 두 가지 중요한 요소들, 다시 말해서 은혜언약과 행위언약이 있었다. 이들은 하나님께서 인간에게 아낌없이 부어주신 명확한 은혜에 대한 인간의 반응에 관심을 가졌다. 따라서 이들은 영국의 청교도들(English Puritans)과 우위권을 놓고 한바탕 전투를 벌인 후에, 스코틀랜드의 총회 파견 위원들은 웨스트민스터 총회에서 돌아와 자국에서 장로교 정치체제를 공고히 하였다. 웨스트민스터 총회에서 이들이 끼친 공헌은 『웨스트민스터 신앙고백서』와 『대소요리 문답서』, 『공 예배 지침서』와 『장로교 정치 규례』라는 4대 표준문서에 잘 나타나 있다.

두 번째 시기는 1649년에서 1688년까지로 여기에는 박해와 순교의 시대가 포함되었다. 언약도들은 하나님께 드리는 예배와 교회의 치리를 위한 형식적인 문서들을 승인하였다. 그러나 이들은 언약에 대한 확신 때문에 그들의 교회와 가정에서 쫓겨났다. 따라서 이들은 정부의 비밀법령(Conventicle Acts)에도 불구하고, 외딴곳에 모여서 비밀 예배를 드렸고, 이 기간에 언약에 관한 여러 선언문을 내어놓았다. 이러한 다양한 선언들을 통하여, 이들은 언약에 대한 자신들의 견해를 분명히 밝혔으며, 여기에는 그리스도인들의 정치적 행동을 위한 암시들이 포함되었다.

언약도들은 "언약"이라는 용어를 왕에 대한 합법적 저항에 관한 정치적 원칙들로 급진적으로 적용하였으며, 이 용어를 더욱 급진적으로 그들이 직면한 시련과 박해에 적용하였다. 언약이라는 말은 또한 하나님과의 개인적 언약과 교회적 언약 그리고 통치자와 백성 사이에 함축된 언약의 서술에도 사용되었다. 이 시기에 언약이라는 말은 교회와 국가 문제에 광범위하게 적용되었으며, 특히 정치적으로 더 큰 의미를 갖는다.

세 번째 시기인 1688년부터 1723년까지 은혜의 교리에서 교회의 구조 및 교회와 국가와의 관계에 관한 교리로 교회의 관심이 전환되었다. 이후 이러한 관심의 전환이 미친 영향에 초점을 맞춘 몇 가지 문제가 제기되었다. 그중에 심슨 사건(Simson affair)과 자연신학(Natural Theology)에 대한 논쟁은 종교개혁자들이 주창한 확고한 은혜 교리로 돌아갈 필요성을 보여 주었다. 이것이 바로 개인적인 신앙과 헌신, 그리고 영적인 삶을 강조하던 초기의 상태로 돌아가자고 외친 마로우 맨(Marrow Men, 신학의 정수를 주장하는 자들)의 노력의 핵심이었다. 마로우 맨은 비록 수적으로는 매우 적었지만, 그들의 반대파와 달리 이 기간에 줄곧 언약사상을 고수하였고, 향후 여러 해 동안 그들의 사역 속에서 언약사상을 발전시켰다.

이들은 하나님께서 값없이 주시는 은혜와 당신의 백성들을 죄로부터 구원하는 하나님의 구원 문제를 놓고 치열하게 반대자들과 싸웠다. 이들은 대담하게 하나님의 주권과 하나님께서 복음을 주셨다는 것, 그리고 그리스도를 믿는 믿음으로 구원받는다는 것을 강조하였다. 이러한 사상들은 언약사상이 교회와 국가 문제 및 교회 정치에서 구원의 교리로 옮겨갔을 때 더욱 명확해졌다. 하나님의 은혜언약의 주된 특징들이 지금 마로우 맨들에 의해 재강조 되었다.

결론적으로 스코틀랜드 언약도들의 신학과 이들의 신앙, 그리고 이들이 스코틀랜드교회와 국가에 미친 영향에 대한 평가를 정리하였다. 먼저 기억할 것은 언약도들도 연약한 인간으로 뜻밖의 상황에서 상호 갈등과 대립, 반목과 분열을 피하지 못한 실수를 범하였다. 그중에 하나는 이들이 때때로 언약과 계약(contract)이라는 말을 혼동한 것이다.

그럼에도 불구하고 스코틀랜드의 역사, 특별히 언약신학에 대한 언약도들의 공헌은 심오하고 지속적인 것이었다. 언약 은혜(covenant grace)의 복음에 대한 이들의 열심이 그 한 본보기였다. 그들은 단순히 굳어진 신학에 동의하는 대신 언약신학을 삶의 현장에서 매우 귀중한 것으로 취급하였다. 그리하여 이들은 어떠한 방법이든지, 이를 양보하거나 부인하는 대신 로마 제국하의 초대교회의 성도들처럼 기꺼이 고난을 받으며 박해에 순교로 맞서게 되었다. 마로우 맨들은 자신들이 교회와 국가를 언약신학의 기초 위에 수립하며 그 정당성을 부여하는 은혜교리에 대한 새로운 인식과 이에 대한 위임으로 초대하였다.

약어표

AGACS	The Acts of the General Assembly of the Church of Scotland.
APC	The Acts of the Privy Council.
APGA	The Acts and Proceedings of the General Assemblies.
APS	The Acts of the Paliament of Scotland.
BFER	The British & Foreign Evangelical Review.
BIHR	The Bulletin of the Institute of Historical Research.
BRPR	The Biblical Repertory and Princeton Review.
BSTR	Bibliotheca Sacra & Theological Review.
BTT	The Banner of Truth Trust.
CH	American Society of Church History.
CP	Catholic Presbyterian.
CTJ	Calvin Theological Journal.
EMW	Evangelical Magazine of Wales.
EQ	The Evangelical Quarterly.
FD	Foundation.
HI	Historian.
HTR	Harvard Theological Review.
JBS	Journal of British Studies.
JEH	The Journal of Ecclesiastical History.
JHI	Journal of the History of Ideas.
NBD	The New Bible Dictionary.
ODCC	The Oxford Dictionary of the Christian Church
PR	Presbyterian Review.
PRTJ	Protestant Theological Journal.
RSCHS	Record of the Scottish Church History Society.

SBET	Scottish Bulletin of Evangelical Theology.
SCHS	The Scottish Church History Society.
SCJ	Sixteenth Century Journal.
SHR	Scottish Historical Review.
SJT	Scottish Journal of Theology.
THB	The Tyndale House Bulletin.
TSPRC	Theological School of the Protestant Reformed Churches.
WCP	The Westminster Conference Paper.
WTJ	The Westminster Theological Journal.

서 론

1. 본서의 제목, 목적 그리고 구조

1) 제목과 연구 분야

본서의 목적을 상세히 논하기 전에, 필자는 먼저 본서의 제목과 연구 범위에 대해서 언급할 것이다. 그것은 앞으로 혹시 일어날지도 모르는 가능한 질문과 반대를 예상하기 때문이며, 보다 적극적으로는 필자가 연구를 하는 이유를 밝히기 위함이다.

1560년 스코틀랜드의 종교개혁 이후 지금까지 수많은 사람들에 의해서 개혁의 다양한 측면에 관한 광범위한 연구가 끊임없이 있어 왔다. 그리고 그 후 스코틀랜드 교회사에서 종교개혁과 이후뿐 아니라 이전의 초기 역사에 관한 연구도 활발히 전개되었다. 그러나 언약사상의 성격과 스코틀랜드 교회사에서 언약사상이 차지하는 중요성을 심도 있게 다룬 연구는 매우 미미하였다. 좀 더 정확히 말하자면, 아직도 많은 연구가 요청되는 분야가 언약사상이다. 스코틀랜드의 개혁주의적 프로테스탄트 교회와 국가에 대한 관계 속에서 언약사상이 서로 어떤 관계를 가지는가에 관한 것과 특별히 신학적인 면과 정치적인 면, 역사적인 면과 실천적인 면에서 이 언약사상의 다양한 의미들을 규명해 주는 것이다.

이 주제를 둘러싸고 지금까지 나온 연구와 저술들이 때로 유익하지만,[1] 이것

---

[1] 필자는 여기에서 자료들을 세 부류로 구분하였다. 즉, 단행본들(books), 학위 논문들(dissertations), 그리고 소논문들(articles)이다.
  (a) 단행본들은 더욱 의미 있는 것들로 학문적 기준에 맞으며 유익한 책들만을 선별하였다.

들은 대 주제 언약신학 혹은 사상을 전체적으로 충분히 다루지 못하거나 이 기간의 언약사상을 세밀히 취급하지 못하였다. 따라서 필자는 본서에서 1643년부터 1723년까지, 웨스트민스터 총회부터 마로우 논쟁까지, 이 기간 전체를 통하여 언약신학과 관계된 다양하고 새로우며[2] 추가적인 자료들을[3] 고찰할 것이다.

Gordon Donaldson, *Scotland: Church and Nation Through Sixteen Centuries* (London: SCM Press, 1964); Andrew L. Drummond, *The Kirk and the Continent* (Edinburgh: The Saint Andrew Press. 1959); Richard L. Greaves, *Theology and Revolution in the Scottish Reformation Studies in the Thought of John Knox* (Michigan: Grand Rapids, Christian University Press, 1980); David Stevenson, *The Covenanters: The National Covenant and Scotland* (The Saltire Society. 1988); *The Scottish Revolution 1637-1644: The Triumph of the Covenanters* (David & Charles: Newton Abbot, 1973); *Revolution and Counter-Reformation in Scotland 1644-1651* (London: Royal Historical Society, 1977); I. B. Cowan, *The Scottish Covenanters 1660-1688* (London: Victor Gollanez LTD, 1976); Walter. R. Foster, *The Church before the Covenanters* (Edinburgh. 1975); G. D. Henderson, *Religious Life in 17th Century Scotland* (Cambridge, 1937); Hector Macpherson, *The Covenanters Under Persecution* (Edinburgh, 1923); *Scotland's Battles for Spiritual Independence* (London: Hodder and Stoughton. 1905); Walter Makey, *The Church of the Covenant 1637-1651* (Edinburgh: John Donald Publishers LTD, 1979): Norman Macdougall (ed.), *Church, Politics and Society: Scotland 1408-1929* (Edinburgh: John Donald Publishers LTD., 1983); G. Marshall, *Presbyteries and Profits: Calvinism and the Development of Capitalism in Scotland 1560-1707* (Oxford: Clarendon Press. 1980); William Law Mathieson, *Politics and Religion: A Study in Scottish History from the Reformation to the Revolution* (Glasgow, James Maclehose and Sons, 2 vols., 1902); C. G. M'Crie, *Scotland and the Revolution 1688* (Edinburgh: Andrew Elliot, 1888); John Morrill (ed.), *The Scottish National Covenant in its British Context 1638-1651* (Edinburgh University Press, 1990); T. M. Parker, *Christianity and the State in the Light of History* (London: Adam and Charles Black, 1955); Ducan Shaw (ed.), *Reformation and Revolution* (Edinburgh: The Saint Andrew Press, 1967); Hugh Watt, *Recalling the Scottish Covenants* (London: Thomas Nelson and Sons Limited, 1946). 웨스트민스터 총회에 관한 가장 최근의 연구서들로는 다음과 같은 것들이 있다. R. S. Paul, *The Assembly of the Lord: Politics and Religion in the Westminster Assembly and the "Grace Debate"* (Edinburgh, 1985); J. B. Rogers, *Scripture and the Westminster: Reformed Theology in the Making* (Atlanta, 1978); G. S. Hendry, *The Westminster Confession for Today* (London, 1960).

(b) 학위 논문들(dissertations): David Stewart. *The 'Aberdeen Doctors' and the Covenanters*, Th. M. Thesis (Aberdeen University, 1978); David Alexander Weir. *Foedus Naturale: The Origins of Federal Theology in Sixteenth Century Reformation Thought*, Ph. D. Thesis (St. Andrews University, 1984); Andrew A. Woolsey, *Unity and Continuity in Covenantal Thought: A Study in the Reformed Tradition to the Westminster Assembly*, Ph. D. Thesis (Glasgow University, 1988); Douglas H. Worthington, *Anti-Erastian Aspects of Scottish Covenanter Political Thought 1637 to 1647* (Ph.D., University of Akron, 1978); Yohahn Su, *A Study of the Scottish Covenanters on Church Government from 1638 to 1648*, Th. M. (Aberdeen University, 1990); John L. Carson, *The Doctrine of the Church in the Secession*, Ph. D. (Aberdeen University, 1987). 마로우 논쟁(Marrow Controversy)에 관해서는: David C. Lachman, *The Marrow Controversy 1718-1723: A Historical and Theological Analysis* (Edinburgh: Rutherford House, 1988); Andrew A. B. McGowan, *The Federal Theology of Thomas Boston*, Ph. D. thesis (Aberdeen University, 1990).

(c) 소논문들, 수많은 소논문이 쏟아져 나왔다. 그러나 좀 더 오래된 것들에 신뢰성을 두어야 할 것이다. 여기서는 지면상 저서 뒷면의 참고문헌을 참고하기 바란다.

이러한 자료들은 언약사상의 성격과 그것이 스코틀랜드교회와 국가에 대해

---

2   "새로운 원자료들"(new original sources)이란 단행본들, MSS, 학위논문 및 소논문들을 가리킨다. 예를 들면, 단행본들은 지금까지 보존됐고 도서관을 통해 이용할 수 있지만, 언약신학이 1643-1723년 사이에 교회 정치 및 교회와 국가 관계에 어떻게 적용되었는지를 세밀히 밝히려는 목적에는 그렇게 중요하게 이용되지 않았다. 따라서 필자는 가능하면 직접 원자료를 본 연구에 사용하였다. 예를 들면, 필자는 에든버러에 있는 New College 도서관에서 Donald Cargill과 James Renwick의 원저들을 발굴하였다. 하지만, 필자가 보기에 지금까지 이러한 원저로부터 언약사상을 규명하며 연구해 온 사람은 지금까지 없었다. 이와 함께 필자는 Erskine 형제들과 1712년의 Auchinsaugh Declaration에 관해서도 필자는 원자료들을 사용하였다. 그리고 필자가 본서에서 취급하는 주제와 관련하여 지금까지 수많은 자료에 관한 광범위한 연구는 전혀 없었던 것을 밝힌다. Robert Baillie, *A Dissuasive from the Errours of the Time: wherein the Tenets of the Principal Sects, especially of the Independent, are drawn together in one Map, for the most part, in the words of their own Authours, and their main principles are examined by Touch-Stone of the Holy Scripture, Authority* (London, November, 1645); *An Historical Vindication of the Government of Church of Scotland: From the Manifold base calumnies which the most Malignant of the Prelats did invent of old, and now lately have been published with great industry in two Pamphlets at London* (London: Samuel Gellibrand, 1646); Henry Bullinger, *The Decades of Henry Bullinger* (ed.), by Thomas Harding (Cambridge: The Parker Society, 4 vols., 1848-1851); *Sermon of the Sacraments* (Cambridge University Press. 1840); Richard Cameron, *Some Remarkable Passages of the Life and Death of these three famous Worthies. Signal for Piety and Zeal, whom the Lord helped and honours to be faithful unto the Death, viz Mr. John Semple, John Welwood, Mr. Richard Cameron, Ministers of the Gospel, according as they were taken off the Stage: who were all shining Lights in this Land, and gave Light to many, in which they rejoiced for Season* (Edinburgh, 1927): *An Essay to Discover who are the true Fools and Fanaticks in the World* (1708); Donald Cargill, *A few of the many remarkable Passages of the Long life (Being past sixty years) and at his bloody Death, of Mr. Daniel Cargill, a Man greatly beloved indeed, who was born in the North, and was eldest son of a Singular Godly Gentleman, and Heritor in the Parish of Rattray, some miles from Dunkeld.* 그는 일반적으로 Donald라고 불렸으나, 1660년 5월 그가 세례를 받았을 때 그의 세례명은 Daniel이었다. *The Last Word of Mr. Donald Gargill, when on the Scaffold July 27, 1681* (Edinburgh, 1719); *Lectures and Sermons Preached at Different Times by Mr. D. C, concerning Jehosaphat, his Association with Achab, and Difficulty where to make Recourse, en staged before the Tribunal of God* (Edinburgh, 1681); *A Letter ... to his Parish of the Barony-Kirk in Glasgow, to which are added two Letters by Mr. John Dickson* (Edinburgh, 1734); *... Passages in the Life and Death of Donald Cargill* (Edinburgh, 1732); *Being the Lecture and Discourse going before, and the afternoon sermon following: which the Action of Excommunication itself, pronounced at Torwood September 1680 upon King Charles II* (Edinburgh, 1741); *A Collection of Lectures and Sermons, Preached upon Several Subjects, mostly in the time of the Persecution, wherein a Faithful and Doctrinal Testimony is Transmitted to Posterity for the Doctrine, worship, Discipline and Government of the Church of Scotland, against popery, Erastianism* (Kilmarnock, 1809); *Some Remarkable Passagies in the Life and Death of that Singular Exemplary holy life, zealous and faithful unto the death, Mr. Daniel Cargill* (Edinburgh, 1732); Ebenezer Erskine, *Being the Substance of three Sermons preached jn the New Church of Bristow, at Edinburgh, at and after, the Celebration of the Sacrament of the Lord's Supper there*, October. 10, 11 and 17, 1742 (Glasgow, 1743); *The Whole Works of the late Rev. Mr. Ebenezer Erskine, Minister of the Gospel at Stirling Consisting of Sermons and Discourses on the most important and interesting Subjects* (Edinburgh, 3 vols., 1798); Ralph Erskine, *The Sermons and Other, Practical works of the Late Rev. Ralph Erskine*, 7 vols., reprinted (Aberdeen, 1991); *Beauties of the Rev. Ralph Erskine*, ed. Samuel McMillan, 2 vols. (Glasgow, 1840; E. Fisher, *The Marrow of Modern Divinity: Touching both the Covenant of works and the*

Covenant of Grace ... in a Dialogue (London. 1645); *George Gillespie, Presbyterian's Armoury*, vol. I (1844); "A Dispute Against the English Popish Ceremonies," *The Presbyterian's Armoury*, vol. I (Edinburgh: Robert Ogle and Oliver and Boyd, 1846); "A Brotherly Examination," *Presbyterian's Armoury*, vol. I (Edinburgh: Robert Ogle, and Oliver and Boyd, 1844; *"Nihil Respondes," Presbyterian's Armoury* (Edinburgh: Robert Ogle, and Oliver and Boyd, 1844); "The Ordinance of Parliament Calling the Assembly which met at Westminster," *Notes of Debates and Proceedings of the Assembly of Divines and other Commissioners at Westminster, The Presbyterian's Armoury*, vol. II (Edinburgh, 1846); *Notes of the Debates and Proceedings of the Assembly of Djvjnes and other Commissioners at Westminster, February 1644 to January 1645* (ed.), David Meek (Edinburgh: Robert Ogle and Oliver and Boyd, 1846): "Aaron's Rod Blossoming," *The Presbyterian's Armoury*, vol. II (Edinburgh, 1846); James Hadow, *The Antinomianism of the Marrow of Modern Divinity Detected* (Edinburgh, 1721); Alexander Henderson, *The Government and Order of the Church of Scotland* (London, 1641); *The Covenant: with a Narrative of the Proceedings and Solemn manner of Taking it by the Honourable House of Commons, and Reverent Assembly of Divines, the 25th day of September, at Saint Margaret in Westminster* (London, 1643); *A Solemn League for Reformation, and defence of Religion* (London, 1643); *Reformation of Church Government in Scotland, cleared from some mistakes and prejudices, by the Commissioners of the General Assemblv of the Church of Scotland* (London, 1644); *Sermons, Prayers, and Pulpit Addresses* (Edinburgh, 1638); John Maclaren (ed.), R. Thomson (Martin, 1867); James Hog, *Abstract of Discourses on Fsalm XLI. 4* (Edinburgh, 1716); *The Memories of the Public Life of Mr. James Hog, and of the Ecclesiastical Proceedings of his Time: Previous to his Settlement at Carnock* (Edinburgh, 1798); John Howie, *A Collection of Lectures and Sermons* (Glasgow, 1779); James Kerr. *Sermons delivered by Times of Prosecution in Scotland* (Edinburgh: Johnstone, Hunter, and company, 1880); *The Covenants and The Covenanters: Covenant, Sermons and Documents of the Covenanted Reformation* (Edinburgh, 1895); *The National Covenant and Solemn League and Covenant with the A Solemn Acknowledgement of Public Sins, and Breaches of the Covenant and A Solemn Engagement to all the Duties contained therein, namely these which do in a more special way relate unto the dangers of these times* (March, 1689); *The National Covenant, and Solemn League and Covenant, with the Acknowledgement of Sins and Engagement to Duties: as they were Renewed at Auchinsaugh, Near Douglas, 24th July* (1971); *Alexander Peden, Some Remarkable Passages of the Life and Death, of Mr. Alexander Peden* (Glasgow: James Ducan, 1734); James Renwick, *A Prophecy Concerning the Lord's return to Scotland, by a Plentiful out-pouring of the Spirit upon his Church and Land, in these Prophetical Sermons* (Edinburgh: W. Gray, 1746); *An Informatory Vindication of a poor, wasted, misrepresented Remnant of the suffering ... Presbyterian Church of Christ in Scotland* (1687); *The Church's choice, or, a sermon on Canticles*, ch. 1 (Glasgow, 1743); *A Choice Collection of Very Valuable Prefaces, Lectures, and Sermons, preached upon the mountains and muirs of Scotland, in the hottest time of the late persecution* (Glasgow, 1776): *The Last Speech and Testimony of the Reverend Mr. James Renwick, Minister of the Gospel, who suffered in the Glass-Market of Edinburgh February 17th 1688, emitted from his own hand the day before his suffering, printed from the Original Secession May, 1888* (ed.), D. Hay Fleming (Glasgow, 1888); *Antipas; or, the Dyjng Testimony of Mr. J. R.* (Edinburgh, 1715): *The Saint's Duty in evil times, in two Sermons preached from Ishiah XX, 20* (EdinburRh: D. Duncan, 1745); *Some Notes or Heads of a Preface and Sermon at Lintoch-Steps in the Parish of Stenous in Clydsdale by that great man of God, and now glorifled Malytr, Mr. James Renwick*,(General Assembly Library, September, 1687); *A Sermon Concerning the Lord's return to Scotland* (General Assembly Library, 1729); *Some Notes or Heads of a Sermon preached in Fyfe, Psalm 45:10* (Jan. 24 1688); *The Testinomy, of some persecuted Presbyterian Ministers of the Gospel, unto the covenanted Refermation of the Church of Scotland, and the present experiences of containing to preach the Gospel in the Fields, and against the present Antichristian Toleration in*

갖는 함축적인 의미들을 더욱 자세히 밝혀 줄 것이다. 이러한 사실에 비추어 볼 때, 스코틀랜드 언약사상이 웨스트민스터 총회(1643-1648)에서 어떠한 공헌을 했는지와 1660년부터 1688년까지 억압과 박해의 시기에 그들의 신앙적 활동상황을 자세히 살펴볼 것이다. 하지만, 여기에 머물지 않고 이 시대의 교회와 국가에 관해서 스코틀랜드 언약신학이 마로우 논쟁(Marrow Controversy, 1717-1723)에 미친 영향을 추적하고 평가해 볼 것이다. 필자가 1643년부터 1723년까지 약 80년을 연구 범위로 선택한 것은 다음과 같은 몇 가지 이유에서이다.

its nature of design (Edinburgh Jan. 17, 1688); *Alexander Shield, Some Notes of Head of a Preface and of a lecture*. 1688년 4월 Glasgow 교구의 Distinckorn-Hill에서 복음의 증거자 Mr. Alexander Shields이 설교한 것들이다. *The History of Scottich-Presbytery: Being an Epitome or the Hind let loose* (London, 1642); *An elegy upon the death of Mr. James Renwick, 1688* (reprinted 1723); *An iniquity into Church-Communion or, a Treatise against Separation from the Revolution-Settlement of this national Church, as it was settled anno 1689 and 1690* (Edinburgh. 1747); *A History of the Scotch-Presbyterians from the year 1570 to the year 1692* (London); *A Letter Concernjng the due Boundaries of Christian Fellowship...written to the Prisoners for Conscience, in Dunnottar-Castle, who then were many, in Summer 1685* (Edinburgh, 1726); *The Scots Inquisition: Brief Description of the Persecution of the Presbyterians in Scotland* (Edinburgh, 1745); *A hind let loose, or an historical representation of the Testimonies of the Church of Scotland, for the interest of Christ, with the true State thereof in all its periods* (Glasgow, 1770); *The Life and Death of that eminently pious, free, and faithful minister and martyr of Jesus Christ, Mr. James Renwick: with a Vindication of the heads of his dyrng testimony* (Glasgow, 1806); *Some Considerations Contributing unto the Discovery of Dangers that threaten Relegion, and the work of Reformation in the Church of Scotland* (Glasgow: William Duncan, 1738); *A Solemn League and Covenant for Reformation and Defence of Religion, The Honoured and Happjness of the King and Peace and Safety of the Three Kingdomes of England, Scotland and Ireland* (London, 1643); (ed.), *A Compendium of the Laws of the Church of Scotland* (Edinburgh: Robert Buchanan; 1830); *A Testimony to the Truths of Christ, agreeably to the Westminster Standards, as Received by the Reformed Church of Scotland, and in Opposition to Defections from the Reformation Sworn to in Britain and Ireland: together with an Act for Renewing the Covenants, and a Formula* (Paisley: J. and R. Parlane, 1877).

3   "추가적인 자료들"이란 교회 정부 정치에 대한 언약신학의 실제적 적용에 초점을 맞추지 않았거나 이를 깊이 있게 취급하지 않은 글들을 말한다. Robert Baillie, *Letters and Journals of Robert Baillie*, 3 vols. (ed.), David Laing (Edinburgh: Bannatyne Club, 1841-1842); Thomas Boston, *The Works of Thomas Boston*, 12 vols. (ed.), Samuel McMillan, Aberdeen, 1848-1853, reprinted by Richard Owen Roberts Wheaton (1980); *A Few of the Covenant of Grace from the Sacred Records wherein the Farties in that Covenant, the making of it, its parts, conditionary and promissory, and the administration there of are distinctively considered together with the trial of a Saving Personal In being in it, and the way of instating sinners therein, unto their eternal salvation* (Focus Christian Ministries Trust, 1990); The Marrow of Modern Divinity (Still Waters Revival Books, 1991. 여기에는 Thomas Boston이 단 특별 관주가 실려 있다); Robert Browne and Robert Harrison, *The Writings of Robert Harrison and Robert Browne*, Peel, Albert and Carlson. Leland H (ed.) (London: George Allen and Unwin LTD); *John Calvin, John Calvin on God and Political Duty* (ed.), John T. McNeill (New York: The Liberal Arts Press, 1950); *The Institute of the Christian Religion*, 4 vols. (Edinburgh, 1865); *Concerning the Eternal Predestination of*

첫째, 언약신학과 같은 특별한 신학이 이 80년 동안 스코틀랜드 역사에서 어떻게 발전하였으며, 또한 영향을 끼쳤는지 그 자취를 추적해 보는 것은 매우 가치 있는 일이다. 이 기간에 우리는 언약신학의 발전과 변화, 그리고 서로 다른 적용들을 깊이 있게 추적해 볼 것이다.

둘째, 지금까지 이 80년 동안에 언약신학이 교회 정치와 국가에 적용된 자취와 흔적을 추적해 본 어떠한 시도도 없었기 때문이다. 사실 스코틀랜드 언약도들

God, trans. J. K. S. Reid (London: James Clarke & Co. LTD., 1961); John Foxe, *The Acts and Monuments of the Church, Containing the History and Sufferings of the Martyrs wherein is set forth at large the whole race and course of the Church, from the primitive age to these later times, with a preliminary dissertation, on the difference between the church of Rome that now is, and the ancient Church of Rome that then was* (ed.), M. Hobart Seymour, London: printed for Scott, Webster, and Geary (revised), M. Hobart Seymour, 12 vols., in one (1838); John Howie, *The Scots Worthies, containing a brief historical account or the most eminent noblemen, gentlemen, ministers, and others, who testified of suffered for the cause of reformation in Scotland, from the beginning of the sixteenth century, to the year 1688* (Glasgow and London, 1858); John Jumsden, *The Covenants of Scotland* (Paisley: Alexandrl, Gardner, 1914); John Knox, *The Works of John Knox* (ed.), David Laing, 6 vols. (Edinburgh: Wodrow Society, 1846-1848); John Lightfoot, *The Journal of the Proceedings of the Assembly of Divine, from January 1st, to December 31, 1644, and Letters to and from Dr. Lightfoot* (ed.), John Roberts Pitman (London: J. F. Dove. 1824); *The Whole Works of Lightfoot*, 13 vols. (ed.), J. R. Pitman (London, 1822-1825); *The Martyrs and Wrestlers: their Testimony and declarations at Rutherglen, Sanquhar and Lanak, together with the bond of mutual defence which was found upon Mr. Cameron at Airdsmoss after, he was killed also the Queensferry Paper, for the Truth and royal prerogatives of Jesus Christ King of Saints and Nations* (Glasgow, 1770); Martin Luther, The Works of Martin Luther (ed.), J. Pelikanand, H. T. Lehman (St. Louis and Philadelphia, vol. 25 and 35, 1963); Thomas M'Crie. *Life of Andrew Melvlle* (Edinburgh: William Blackwood and Sons, 1855); Alex. F. Mitchell and John Struthers(co-eds.), *Minutes of the Secessions of the Westminster, Assembly or Divines, while engaged in writing their Directory for Church Government, Confession of Faith, and Catechism* (Edinburgh: William Blackwood and Sons, 1874 Robert Pitcairn (ed.), *The Autobiography and Diary of Mr. James Melville* (Edinburgh: The Wodrow Society, 1842); Samuel Rutherford, *The Presbyterian's Armoury*, 3 vols. (Edinburgh, 1846); "*Lex Rex*, or The Law and the Prince," *The Presbyterians's Armoury*, vol. iii (Edinburgh: Robert Ogle, Olivel, and Boyd, 1846); *The Due Right of Freshyteries or a Peaceable Plea for the Government of the Church of Scoland* (1644); *Summaly of the Testimony of The Reformed Presbyterian Church of Scotland* (GIasgow James Heddelwick & Sons, LTD., 1932); John H. Thomson, *A Cloud of Witnesses for the Royal prelogatives of Jesus Christ: Being the Last Speechs and Testimonies of those who have Suffered for the Truth in Scotland since the year 1680* (Edinburgh: Johnstone, Hunter, and Company, 1871): Patrick Walker, *Six Saints of the Covenant*, 2 vols. (London: Hodder and Stoughton, 1901); Herman Witsius, *The Economy of the Covenants between God and Man Comprehending a Complete Bady of Divinity*, 2 vols. (Utercht, 1693). 이는 William Crookshank가 라틴어를 영어로 번역하여 세밀히 수정한 것이다. (London, 1822; Robert Wodrow), Wodrow's Correspondence, 3 vols. (Wodrow Society, 1841); *The History of the Sufferings of the Church of Scotland from thee Restoration to the Revolution*, 4 vols. (Glasgow, 1841); Huldrych Zwingli, Zwjngli and Bullinger (ed.), G. W. Bromiley, *The Library of Christian Classics*, vol. XXIV. (London: SCM Press LTD., 1953); *Writings*, 2 vols., trans. E. T. Furcha and H. W. Pipkin. Allison Park, Pa. 1984).

과 마로우 맨들에게 이 80년은 출애굽 한 이스라엘 백성들이 광야 생활 40년을 거치며 약속의 땅 가나안에 들어가기까지의 파란만장한 굴곡진 역사의 확장이었다. 실제로 스코틀랜드 개혁자들은 자긍심 하나로 자신들의 교회를 이스라엘과 동일시하였다.[4]

셋째, 후론하겠지만 스코틀랜드에서 1643년의 언약신학과 1723년의 언약신학 사이에는 여러 차이점이 있지만, 여기에는 중요한 사상적 연결 고리들이 발견된다. 그러면 이러한 연결 고리들과 유사성은 무엇인지, 이 기간 전체를 통하여 언약신학이 얼마나 다르게 해석되고 적용되었는지, 이 기간에 "언약"이라는 용어가 어떻게 사용되었고 그 사용이 어떻게 발전되었는지, 과연 어느 정도까지 서로 다른 역사적, 신학적 및 정치적, 사회적 환경들이 스코틀랜드 언약신학의 이해와 적용에 영향을 미쳤는지에 대한 질문들을 충분히 고찰하기 위해서는 많은 시간이 요청될 것이다.

넷째, 또 다른 이유는 스코틀랜드 장로교 역사에서는 웨스트민스터 총회(1643-1648)와 살육의 시대(1685-1688), 그리고 마로우 논쟁(1717-1723)의 세 사건은 각각 중요한 역사적, 신학적, 정치적, 그리고 실제적 의미가 있는 사건들이기 때문이다. 게다가 이 사건 간에는 교회와 국가, 그리고 개인에게 영향을 미친 언약 개념의 중요한 변화들이 역사 속에 일정한 간격을 두고 일어났기 때문이다. 그러므로 스코틀랜드에서의 이 80년이 언약신학을 평가할 수 있는 시기로 취급되는 것은 당연하다. 왜냐하면, 특별히 언약신학이 이 기간에 일어난 중요한 사건들에 크게 영향을 미쳤기 때문이다.

다섯째, 이 기간에 언약사상은 스코틀랜드에서 장로교(Presbyterianism)가 기초를 다지는 데 중요한 역할을 하였다. 스코틀랜드의 언약도들(Scottish Covenanters)[5]

---

4   Edwin Nisbet Moore, *Our Covenant Heritage* (Scotland: Christian Focus Publication Ltd., 2000), 18-19, 32.
5   이것은 일반적으로 1638년의 국가 언약(National Covenant)과 1643년의 엄숙 동맹과 언약(Solemn League and Covenant) 서명자들과 지지자들을 가리키는 말로 사용된다. 그러나 이 말은 특별히 1660년의 왕정복고(Restoration Settlement)를 수용하지 않는 사람들을 가리킨다. 왕에 대한 언약도들의 반대는 감독제도의 부활, 교회에 대한 국가의 통제 그리고 이전의 언약들에 대한 거부에 집중되었다. 언약사상은 16세기 종교개혁 이후 스코틀랜드 국민의 삶에 크게 영향을 미쳤고, 1661-1688년 사이의 언약 기간(covenanting period) 전체를 통해서 급진적으로 발전하였다. 그런데 이 사상은 그 후 언약신학을 정립한 마로우 맨(Marrow men)의 신학 속에 농축되었다. 그러므로 필자는 1638년부터 1690년까지 자신들의 신앙에 따라 언약문서들을 믿고 이에 서명하고 받아들였으며, 마침내 마로우 맨-자신들의 신앙에

과 마로우 맨(Marrow Men)들은[6] 도덕적으로 언약사상을 그들이 처한 특별한 상황에 적용하였다. 따라서 이 두 그룹의 사람들은 언약을 그들 각자의 신학적 중심이자 기초로 발전시켰다는 것은 결코 과장이 아니다. 언약도들이건 마로우 맨들이건 간에 이 두 그룹의 사람들에게 언약신학은 교회의 정치 참여와 개인의 그리스도인 제자도(Christian discipleship), 이 둘 모두를 위한 기초와 자극을 제공하였다. 바로 여기에서 우리는 언약도들과 마로우 논쟁 사이의 80년을 연구 범위로 삼은 정당성을 확인하게 된다.

여섯째, 스코틀랜드 언약도들과 마로우 맨은 16세기 종교개혁자 마틴 루터(Martin Luther), 울리히 츠빙글리(Huldrich Zwingli), 존 칼빈(John Calvin), 테오도레 베자(Theodore Beza), 그리고 존 낙스(John Knox) 같은 16세기 종교개혁자들로부터[7] 신학적 및 정신적 영향을 받았다. 이러한 사실은 스코틀랜드 언약도들과 복음주

언약신학을 받아들이고 『웨스트민스터 신앙고백서』 속에서 이를 구체적으로 표현한 복음주의적 장로교인들-으로 알려진 사람들을 확연히 구분시켜 주는 것으로 이 용어를 사용한다. 『웨스트민스터 신앙고백서』에 기초한 언약신학에 대해 스코틀랜드 언약도들과 복음주의적 장로교인들 사이에는 공통된 기반과 분명한 연결 고리들이 있다. 그 연결 고리는 『웨스트민스터 신앙고백서』였는데, 이런 점들은 우리가 앞으로 함께 살펴볼 것이다. 그러므로 언약사상의 대 주제 아래서 우리는 스코틀랜드식 사고, 즉 신학적, 역사적, 실천적 형태를 살펴볼 것이다. Ian Donnachie and George Hewitt, *A Companion to Scottish History: from the Reformation to Present* (London: B. T. Batsford Ltd., 1989), 51-52; Julia Buckroyd, *Church and State in Scotland, 1660-1681* (Edinburgh: John Donald Publishers Ltd., 1980); Ian B. Cowan, *The Scottish Covenanters, 1660-1688* (London: Victor Gollancz Ltd., 1976); Gordon Donaldson, *Scotland: James V to James VII* (Mercat Press, 1987); David C. Lachman, *The Marrow Controversy 1718-1723* (Edinburgh: Rutherford House, 1988), 1; Gordon Donaldson and Robert S. Morpeth, *A Dictionary of Scottish History* (Edinburgh: John Donald Publisher's Ltd., 1988); John L. Carson, *The Doctrine of the Church in the Secession*, Ph.D. thesis (Aberdeen University, 1987), 13-63.

6 스코틀랜드교회를 16세기 종교개혁의 개혁주의적 전통으로 복귀시키기를 갈망하면서, 12명의 스코틀랜드교회 목사들은 하나님의 값없이 주시는 은총의 교리(*sola gratia*)를 강조하였다. 이들은 이후 복음주의자들, "마로우 맨"(Marrow men)으로 불리었다. 왜냐하면, 이들의 신학은 Edward Fisher의 『현대신학의 정수』(*The Marrow of Modern Divinity*)에서 영향을 받았기 때문이다. 이들은 마로우(Marrow)를 당시 자신들이 직면한 『율법적 설교』(*Legal preaching*)에 대한 교정으로 보았다. 이러한 주제들은 당시의 교단 내의 교리정화위원회(The Committee of the Doctrine of Purity)에 의해 현대적인 것으로 밝혀졌다. 왜냐하면, 이 위원회의 위원들(Purity men)에 의하면 마로우는 현대신학을 담고 있으며, 『웨스트민스터 신앙고백서』에 반함으로 수용할 수 없었기 때문이다. 더 자세한 내용은 본서 제5장을 참고하기 바란다.

7 예를 들면, James Kirk, "The Calvinist Contribution to the Scottish Reformation," *Patterns of Reform* (Edinburgh: T & T Clark 1989), 70-95; G. Donaldson, "The Example of Denmark," *in the Scottish Reformation* vol. xxvii (Scottish Historical Review), 57-64; B. A. Gerrish, "The Lord's Supper in the Reformed Confession," *Theology Today*, vol. XXIII (1966), 224-243.

의적 장로교인들이 17세기 초부터 18세기 초까지 개혁자들의 신학적 전통, 일종의 종교개혁 신학적 전통을 충실히 따른 것을 보여 준다. 그러나 이 신학은 그들 자신의 특별한 정치적, 교회적 상황에서 발전되고 적용되었다. 그러므로 필자는 이 80년을 고찰함으로써 언약신학이 어떻게 발전하였으며, 다른 문제들과 다른 상황들에 어떻게 적용되었는지를 추적할 것이다.

일곱째, 스코틀랜드 언약도들의 언약신학에 관한 연구 가치는 이 신학이 미래 세대에 상당한 영향을 끼쳤기 때문이다. 언약도들이 교회 정치에서 감독교회(Episcopalianism)의 전복과 스튜어트 왕조가 고집한 절대주의의 거부, 그리고 영국의 독립주의자들(English Independents)과 개혁신앙(Reformed faith)의 형성을 포함한 현대신학, 예를 들면, 율법주의(legalism)에 관한 논쟁에서 쟁취한 역할은 매우 강력한 것이었다. 그러므로 이 주제는 스코틀랜드교회에서 언약사상의 형성과 발전을 개혁주의 관점에서 강력히, 일목요연하게 밝혀줄 것이므로 연구할 가치가 높은 것이다. 또한, 이 연구는 스코틀랜드에서의 개혁을 위한 점진적인 투쟁의 역사뿐만 아니라 또한 스코틀랜드 교회사의 다양한 특징들도 밝혀 줄 것이다.[8]

2) 연구 목적

본서의 연구 목적은 네 가지이다.

첫째, 필자는 스코틀랜드 언약신학의 발전을 추적하는 중에 웨스트민스터 총회(Westminster Assembly, 1643-1648)와 마로우 논쟁(Marrow Controversy, 1717-1723) 사이의 형성기 동안에 차이점들이 어떻게 출현하고 발전했는지를 살펴볼 것이다.

둘째, 이 언약신학이 스코틀랜드에서 교회 정치와 국가에 어떻게 적용되었는지를 살펴보는 것이다. 지금까지 적절히 연구되지 못한 분야가 바로 스코틀랜드 교회사와 관련된 언약신학의 이 분야이기 때문이다.

셋째, 이러한 방법으로 언약사상의 발전과 적용을 추적하면서, 필자는 이 80년 동안 교회와 국가의 관계라는 복잡한 영역에서 언약신학이 정치적으로 다르게 적용된 방법들과 정도들을 비교할 것이다. 다음의 간단한 설명이 이러한 차이점들을 잘 보여 준다.

---

8 각주 23번을 참조하라.

『웨스트민스터 신앙고백서』(1643-1648)

제한적이기는 하지만 박해를 포함하여 찰스 1세와 대주교 윌리엄 라우드(William Laud) 아래서 스코틀랜드에 실행된 감독교회의 위협으로[9] 스코틀랜드의 많은 장로교인들은 자신들이 선호하는 교회 정치와 교회와 국가 관계의 바람직한 형태의 추구에서 그들이 마음에 품고 있던 언약신학적 꿈과 이상을 드러내지 않을 수 없었다. 따라서 『웨스트민스터 신앙고백서』는 『대소요리 문답서』, 『공 예배 지침서』, 『장로교 정치 규례』와 함께 이들의 신앙적 표현이었을 뿐만 아니라 신앙과 행위의 모든 영역에서 삶의 기준과 좌표, 원동력이었다.

살육의 시대(1685-1688)

이것은 지난 수십 년간의 언약적 사고와 적용의 절정이었다. 이것은 주로 국가의 압제자들에 의해 행해졌다. 언약도들은 국가의 간섭에 맞서 그들이 추구하는 새로운 형태의 교회 정치를 세우기 위하여 적극적으로 정치에 참여하였다. 이들은 신정(神政)의 정착을 위해 싸웠고, 스튜어트 왕가의 전제 정치에 맞서 교회의 독립을 강력히 추구하였다. 이들 중에 많은 사람들이 피(血)와 죽음, 일사 각오와 순교 정신으로 자신들의 신앙을 인증하였다. 필자는 후에 이에 대한 다양한 역사적 문서들, 대표적으로 루터글렌 선언, 퀸스페리 문서와 샌퀴아르 선언과 이를 이끈 네 명의 지도자들의 기록들을 살펴볼 것이다.

마로우 논쟁(1717-1723)

1688년 명예혁명 후 1689-1690년 사이에 장로교가 정착되었으나 정치적 상황은 급변하였다. 그러나 이때 스코틀랜드 장로교인들, 소위 언약도들 사이에서 분열이 발생하였다. 총회(General Assembly)는 점차 타협적이고[10] 자유주의화 되었으며, 국가의 정책에는 더욱 관용적이었다. 자신들의 안전과 편익을 위하여 당시 상황을 선호하였다. 그러나 마로우 맨(Marrow men)들은 교리적인 이유로 총회로부터 축출되었다. 당시 집권자인 앤 여왕(Queen Anne)은 총회를 지지하는 감독교회 교인이었다. 이것은 후에 불가피하게 탈퇴자들(Seceders, 1733)을 낳았으며, 이후 이들은 지금까지 스코틀랜드의 개혁장로교회(Reformed Presbyterian Church)로 남아 있다.[11] 이 기간에

---

9   W. M. Hetheringston, *History of the Westminster Assembly of Divines* (Edinburgh: John Johnstone, 1843), 67.

10 18세기의 온건한 움직임은 종교에서 이성과 상식의 위치 상승으로 특징되었다. 다시 말하면 자연적인 것이 초자연적인 것을 대신하였으며 윤리적인 가르침이 교리적인 가르침들을 대신한 것이다. "온건주의자들은…. 상식과 양질의 양육, 좋은 교제와 문화, 그리고 진리에 대한 지적 추구가 지배하는 사회 질서를 갈망하였다." Hector Macpherson, *Scotland's Battle for Spiritual Independence* (London: Hodder And Stoughton, 1905), 138.

언약사상의 적용이 한층 교리적이었지만 기본적이며 실제적인 문제들은 여전히 남아 있었다. 그러나 마로우 맨들은 언약에 대하여 더욱 영적으로, 성경적 및 경험론적 이해로 되돌아가고자 하였다.

넷째, 필자의 마지막 목적은 다음의 역사적 상황 속에서 언약신학이 어떻게 적용되었는지를 고찰하는 것이다.

① 16세기 종교개혁자들과의 관계로 이것은 매우 중요하다. 왜냐하면, 스코틀랜드의 언약도들은 당시 종교개혁자들 수하에서 훈련을 받았으며, 이들로부터 크게 영향을 받았기 때문이다. 스코틀랜드의 개혁자들처럼 스코틀랜드 언약도들은 개혁자들의 개혁주의적 칼빈주의 전통(Reformed Calvinistic tradition)에 기초하여 장로교 교회 정치(Presbyterian Church Government)뿐만 아니라 하나님의 말씀(Word of God)과 예배에서의 영적 자유(Spiritual Liberty of Worship), 세례 의식들(Sacraments of Baptism), 그리고 주의 만찬(Lord's Supper) 교리들을 완전히 수용하였다.
② 17세기와 18세기 스코틀랜드의 정치와 종교적 상황이다.
③ 스코틀랜드의 이러한 역사적 상황에서 필자는 언약신학의 영향과 더불어 이 기간에 통치자들 아래서 발생한 교회와 국가 간의 갈등의 주된 원인을 논할 것이다. 언약도들은 언약사상 교리를 자신들의 신앙생활과 특별히 신학적 저술들 전반에 걸쳐 광범위하게 적용하였다. 그러나 실제적인 방법에서 언약사상은 이들의 정치사상과 정치 참여에 많은 영향을 주었다.
④ 그러므로 우리는 이러한 것들을 규명하기 위하여 간략히 언약 개념의 성경적, 신학적, 사회적, 정치적 배경을 살펴볼 것이다.

3) 본론의 구조

내용의 개괄에서 보는 바와 같이 필자는 스코틀랜드 언약사상(Covenant Thought)이 웨스트민스터 총회(1643-1648)에 미친 공헌과 그 언약사상이 마로우 논쟁

11　Matthew Hutchison, *The Reformed Presbyterian Church in Scotland, 1680-1876* (Paisley. 1893); Gordon J. Keddie, "The Reformed Presbyterian Church of Scotland and the Disruption," *Scottish Bulletin of Evangelical Theology*, vol. 11, No. 1 (1993), 31-49.

(Marrow Controversy, 1717-1723)까지 미치는 계속된 중요성(The Contribution of Scottish Covenant Thought to the Discussions of the Westminster Assembly [1643-1648] and its Continuing Significance to the Marrow Controversy [1717-1723])에 관하여 세 부분으로 나누어 고찰할 것이다.

첫 번째 부분은 언약사상의 기원과 발전을 취급한다. 이 부분은 간략하게 이 용어가 성경(구약/신약) 시대로부터 종교개혁까지, 루터와 츠빙글리, 불링거와 칼빈, 특히 낙스와 스코틀랜드에서 그(낙스)의 계승자들을 포함한 개혁자들 사이에서 어떻게 발전되었는지에 초점을 맞추고 있다. 이러한 역사적 상황 속에서 우리는 이 시대(1643-1723)의 통치자들 아래서 발생한 교회와 국가 간의 투쟁의 주된 이유를 고찰할 것이다. 우리는 또한 기독교 정치 및 신학과 관련된 언약신학에 대해서 언약도들이 취한 신학적 선언도 살펴볼 것이다.

두 번째 부분에서는 웨스트민스터 총회(1643-1648)의 몇몇 문헌들, 살육의 시대(1661-1688)에 언약도들이 기록한 몇몇 문서들, 1688-1689년의 명예혁명에 관한 자료들, 그리고 마로우 논쟁(1717-1723)에 대한 특별한 언급과 더불어 이 기간 전체를 통해 발전된 신학적 개념으로서의 언약이 취급된다. 이 기간에 언약도들은 "언약"이라는 말을 매우 급진적으로 정치에 적용하였다. 그것도 특별히 국가의 교회 생활의 간섭에 맞서 성경적 기초위에서 합법적인 저항을 통해 급진적으로 적용하였다. 이들은 자신들이 직면한 대결 상황에서 언약사상을 철저히 적용하였다. 이와 달리 마로우 논쟁에서는 언약사상이 개인의 구원과 더 밀접한 관계를 맺었으며, 구원론적 교리의 중심이 되었다. 대체로 언약도들의 종교적 사고는 널리 인정되는 바와 같이 다양하게 적용되었다.

세 번째 부분은 결론으로 여기서 필자는 스코틀랜드 언약도들의 신학 사상을 그들 자신의 교리적 신앙들 및 이러한 신앙들이 스코틀랜드교회와 국가에 영향을 미친 범위와 관련하여 정리하고 평가하였다. 이러한 평가는 스코틀랜드 언약도들이 자신들의 교회와 국가뿐 아니라 하나님의 나라와 그분의 영광을 위해 그들의 대적들과 싸웠고, 고난과 박해를 당하였으며, 온갖 타협을 거부한 채 기꺼이 죽을 준비가 되어 있었다는 것을 논하였다. 그러나 이것을 살피기 전에 우리는 먼저 당시 유럽과 스코틀랜드가 처한 일반적인 상황을 구분하여 살펴볼 것이다.

2. 이 시기의 일반적 상황

1) 이 시기 유럽의 일반적 상황

16세기 초 루터의 종교개혁부터 18세기까지 유럽은 여러 면에서 중요한 변화의 시기였다. 예를 들면, 전 서부 유럽에는 세속 문화의 출현을 알리는 여러 징후들이 나타났다. 당시 교육받은 사람들, 소위 지성인들의 사고에는 자연과학과 근대 철학이 무소불위의 중세 1,000년의 신학을 대신하였다. 신학적 논쟁과 교회의 오만무례한 태도에 진력이 난 많은 사람들이 교황의 권위로부터 등을 돌렸다. 그리고 이성을 모든 진리의 규범으로, 심지어 종교적 진리의 규범으로 만들고자 하였다.

이러한 움직임 아래 영국에서는 케임브리지 플라톤주의자들(Cambridge Platonists)[12]이 선봉에 있었고, 그 뒤를 이어 곧바로 더욱 큰 자유주의(Latitudinarians) 집단[13]이 등장하였다. 교리(dogma)에서는 존 로크(John Locke)와 샤프테스버리(Shaftesbury)가 자연 종교 또는 이성의 종교를 주창하였다. 그리고 18세기에는 더욱더 급진적인 사상가들이 이신론(Deism)과 단일신론(Uniterianism)[14]을 주장하였다. 이러한 사상적 동요 속에서 당시 스코틀랜드교회 내부에 온건주의(Moderatism)가 출현하여 반작용을 가져왔다.[15] 하지만, 이러한 동요의 시대에 유럽에서 무슨 일이 일어났는지를 간략히 탐구하는 것은 매우 유익할 것이다.

사회, 경제적으로 이 시기는 16세기와 매우 유사하였다. 그리고 특별히 기근이 급습하여 당시 대부분의 유럽인들의 생명을 위협하였다.[16] 새롭게 일어난 지

---

[12] H. R. Mcadoo, *The Spirit of Anglicanism* (Charles Scribner's Son: New York, 1965), 1-155.
[13] 이것은 17세기 말과 18세기 초 영국교회 내에 풍미한 사상적 경향을 모욕적으로 칭하는 명칭이다. 이 래티튜디나리아니즘은 기독교의 교리적 내용을 무시하고 소홀히 하였으며, 특별히 죄와 은혜의 교리를 도외시했으며, 종교 정책들(예를 들면, 교회 조직, 예배 형식, 신조 등)은 폭넓고 매우 관용적이었다. 물론 그들의 관용적 정책과 평화주의는 일면 17세기 초의 신학적 투쟁과 교회 간의 분쟁에 대한 반발이었으나, 래트튜디나리아니즘 주장자들이 전파한 냉소적인 도덕주의는 신약성경의 복음에 전적으로 반하였다. 이들의 사상은 하지만 복음주의적 부흥 운동이 일어나기 전 영국 사회의 형편과 그에 대한 교회의 반응을 충분히 설명해 준다. 이후 이들의 신앙은 케임브리지 플라톤주의로 알려진 철학적이고 이지적인 유력한 신학 학파와 제휴하여 19세기의 광 교회적 노선과 자유주의적 신학 사조의 기초가 되었다. H. R. Mcadoo, 156-315.
[14] J. H. S. Burleigh, *A Church History of Scotland* (Edinburgh: Hope Trust, 1983), 287.
[15] Heiko A. Oberman, *The Dawn of the Reformation* (Edinburgh: T. & T. Clark, 1986), 16.

주들뿐 아니라 오래된 어떤 지주들은 부동산을 더욱 생산적으로 이용하였다. 산업과 무역의 규모가 급속히 신장 되었다. 자본의 축적이 이전보다 쉽고 안전해졌다. 그러나 이용할 수 있는 식량과 상품 양의 증가는 그렇게 대단하지 않았다. 스페인과 이탈리아 그리고 중부 유럽의 가장 피해가 큰 곳에서는 1700년대의 일반적인 번영 수준이 1600년대보다 낮았다. 프랑스에서조차 결코 믿을 수 없는 발전이 몇몇 분야에 한정되었다.

이러한 확연한, 심지어 혁명적이기까지 한 경제 성장은 몇몇 지역에서 식량과 상품의 점차적인 생산이 증가했으나 여타 다른 곳에서는 침체와 절망, 한숨뿐이었다. 권력과 부는 극히 소수 사람의 전유물이었다. 당시 대지주들은 자신들의 이익을 위하여 국가의 통제에 맞서거나 도전하는 일에는 무관심하였다. 사실은 그럴만한 능력도 점차로 축소되었다. 비록 이들의 권위가 자주 과거 어느 때보다 더 큰 것처럼 보였을지라도, 이것은 대체로 군주를 통해 행사되었을 뿐, 이에 맞서 행사되지는 않았다. 이들의 소작인들과 이들에게 의존하는 사람들로 구성된 사병들은 상당수 감축되었다. 많은 사람들이 면세 특권을 상실하였다.

거의 모든 지역의 대규모 부동산은 시골 지역에서만 볼 수 있는 주요한 특징이었다. 그러나 이러한 대규모 부동산들도 이제는 그 소유주들에게 안전한 부를 제공하지 못하였다. 이러한 변화 속에서 당시 크게 확장된 몇몇 도시들은 부의 축적에서 이전보다 한결 쉽고 쉽게 거래하는 등 다양한 방법과 전망을 제공하였다.

공동체 속에서는 권력으로부터 부동산을 분리하려는 움직임이 일어났다. 이 시대는 공직 매매가 성행한바, 각국의 왕들은 "사람의 사회적 신분(지위)은 왕을 섬기는 것과 관계되어야 한다"는 원칙을 강요하였다. 상류 계층에서 출생하지 못한 사람들이 빠른 신분 상승을 위해서는, 지방이건 중앙이건 할 것 없이 정부 관직을 획득하는 것이었다. 이러한 상황에서 지배 계급은 이 큰 갈등기에 그들 나름대로 급속히 변모하였다. 이 같은 변모는 그들에게 생존을 위한 불가피한 선택이었다.

상속된 부, 가족 관계 그리고 관직은 여전히 필수적인 성공수단이었다. 이러한 변화 속에서 일부 문화인들은 새로운 과학이론과 과학적 발전, 자국 밖의 동

---

[16] D. H. Pennington, *Europe in the Seventeenth Century* (London: Longman, 1989[2nd ed.]), 28; Henry Kamen, *European Society 1500-1700* (Routledge: London, 1992), 35-40.

향과 해외여행 정보에 관심을 기울였다. 따라서 이들은 당연히 경제 성장의 동향과 소식을 열렬히 갈망하였다. 그러나 교회는 신앙적 열정과 향후 전개될 유럽 정복의 희망을 상실하였다. 사람들은 급속히 변하는 생활양식, 소위 세속화에 심취하는 만큼 영적 생활에는 무지하고 무관심하였다. 귀족들과 왕족들은 그들이 활용할 수 있는 베르사유 최고의 모방품들을 요청하였다. 당시 오페라는 최고의 오락이었다. 이와는 대조적으로 결혼 연령은 높아졌고, 식량부족으로 유아 사망률이 증가하였다. 페닝턴(D. H. Pennington)은 이것을 다음과 같이 묘사하였다. "한 통계에 의하면 당시 식량 가격이 오른 후에는 황량하게 여기에 상응하는 사망률이 증가하였다."[17]

유럽 각국의 민족 언어(National languages)의 출현은 각국의 독립을 고무시켰다.[18] 또한, 나라마다 이농 현상, 농촌에서 도시로의 이주가 확대되었다. 정치적으로 그리고 지정학적으로 볼 때 유럽은 세 개의 큰 영토적 단일체 중의 하나였다. 이 단일체 중의 하나인 오토만 제국(Ottoman Empire)은 반 유럽적이며 반기독교적인 성향이었다. 30개의 왕국이 술탄[19]을 그들의 대 군주로 인정하였다. 게다가 1618년부터 1648년까지 계속된 유럽의 30년 전쟁은 로마 가톨릭 신도들과 프로테스탄트 신도들 사이의 관계를 한층 더 복잡하게 만들었다. 이 전쟁 종식 후 많은 나라가 자국의 독립을 쟁취하기 위하여 노력하였다. 이러한 상황에서 정치와 종교를 개혁하려는 새로운 시도들이 실패하였다. 대표적으로 반동 종교개혁

---

17 *Ibid.*, 24-25
18 Heiko A. Oberman, *op. cit.*, 19-20
19 이 용어는 이슬람 세계에서 세습 군주제로 통치하는 국가 또는 지역의 군주를 가리키는 말이다. 아랍어로 "권위"와 "권력"을 의미하며, 황족을 지칭하기도 한다. 이슬람교의 경전 꾸란은 술탄을 "알라에서 유래된 권위"로 정의하였으며, 11세기 아바스 왕조의 칼리파의 비호자로서 세력을 확장한 셀주크 왕조 투그릴이 칼리파로부터 이 칭호를 받았다. 셀주크 왕조의 쇠퇴 후에는 룸술탄국이나 호라즘 왕국 등 셀주크 왕조로부터 자립한 이슬람 왕조들이 군주 칭호로 채용하여 이슬람 세계에서 정착되었다. 이후 아이유브 왕조와 맘루크 왕조 등이 아바스 왕조의 칼리프 승인 아래, 마치 신성로마제국의 황제가 로마 교황에 의해 즉위하듯이 술탄의 권위를 인정하여 군주로 불렸다. 한편 오스만 왕조에 이 칭호를 최초로 사용한 사람은 제2대 오르한이다. 1453년 그의 콘스탄티노플 입성 전까지는 유럽의 프린스(Prince)에 해당하는 명칭이었으며, 메흐메트 2세 이후에는 황제라는 의미의 파디샤(Padishah), 샤한샤(Shahanshah), 술탄 에스 셀라틴(Sultan-es-selatin, 술탄 중의 술탄) 및 로마 황제의 칭호가 사용되었다. 제정(帝政) 메흐메트 2세 이후 이 칭호는 황태자, 황녀로 지칭되었다. 따라서 오스만 제국의 역대 군주를 술탄으로 호칭하는 것은 잘못된 것이다. 19세기 술탄-칼리파 제의 출현으로 오스만 제국의 군주는 세속 권력과 종교 권위를 겸하였다.

(Counter-Reformation)은 중세적 유럽을 회복하고 되찾는 데 실패하였다. 그뿐만 아니라 터키인들도 중부 유럽의 정복에는 실패했으나 그들의 제국은 다행히 유지되었다. 이와 유사하게 영국의 군주제는 일련의 반역으로 인하여 국가의 대 사회 관계에서 여러 차례 위기를 맞았으나 전복되지는 않았다.

한편 영국은 청교도 지도자인 올리버 크롬웰(Oliver Cromwell, 1599-1658)의 승리에도 불구하고, 그동안에 정착된 국가의 기존 통치 체제는 존속되었다. 특별히 크롬웰의 내란은 기대와 달리 정치와 경제 분야에 결정적이고 영구적인 변화를 제공하지 못하였다. 많은 반역 중에서 스페인으로부터 독립한 왕국 포르투갈만이 성공을 이루었다. 스웨덴은 자신의 영토를 발틱 해변 전체로 확장하지 않았으며, 단지 프랑스만이 동부 전선에서 약간의 개가를 올렸을 뿐이다. 러시아는 안팎으로 계속되는 커다란 위협에도 불구하고 분열하지 않고 하나로 통합되었다.

최근에 1680년부터 1715년 사이에 유럽이 전반적인 위기에 직면했었다는 주장이 제기되었다. 이 기간에 서부의 큰 두 나라 독일과 스페인에서 세습 군주가 저항을 받았다. 그러나 유럽의 거의 모든 지방 군주들과 그들과 가까운 부하들이 이전과 같이 중앙 정부의 강한 통제를 받았다. 스튜어트 왕조의 제임스 6세, 찰스 1세와 2세, 그리고 제임스 7세 치하에서 스코틀랜드는 결코 평화를 누리지 못하였다. 이 시기에 왕을 지지하는 왕당파와 그를 반대하는 의회파들 사이에 항상 충돌이 발생하였다.

17세기 유럽 역사의 상당 부분이 왕권에 맞서는 폭력적 저항으로 점철되었으며, 이러한 저항은 교회와 국가 간의 언약 관계와 깊이 연관되었다. 모든 수준의 사회에서 반란은 기근, 질병, 전쟁만큼이나 교회 생활이 한 부분을 차지하였다. 당시 "반란"(Rebellion) 용어는 지역적 봉기(riot)에서부터 내란에 이르기까지 각각의 사건들에 적용될 수 있으나, 그 용어들을 엄격한 범주로 한정하려는 노력은 강력한 논쟁을 일으켰을 뿐 어떤 결론도 얻지 못하였다. 반란을 가장 단순히 분류하는 방법은 처음에 참여한 사람들과 주된 참여자들로 구분하는 것이다. 종교는 자연스럽게 반란(revolt)을 위한 가장 효과적인 기폭제 중의 하나였다. 그리고 격렬한 저항은 상류층에서 하층, 즉 공작(duke)에서 거지(beggar)에 이르기까지" 모든 사람이 종교를 구심점으로 하나로 통합되었다.

대표적으로 프랑스 위그노들(Huguenots, 1572, 1598, 1789), 러시아의 옛 신도들

(Old believers, 1648-1650, 1667), 영국의 청교도들과 보헤미아의 프로테스탄트들(1618)은 매우 다양한 갈망과 불만을 가진 종교적 소수자들을 결합하는 통합된 저력을 보여 주었다. 그리하여 지역적 충성심이 종교적 충성심만큼 크게 영향을 끼쳤다. 그러나 언약사상이 각각의 지방 특권들에 관한 주장과 분리주의자들의 도전 속에서 발흥한 것은 비단 외국의 통치 아래 있었던 곳에서만은 아니었다. 이 기간에 언약사상은 사회 전반에 걸친 여러 문제 중의 하나였으나 신학에서는 결코 소홀히 할 수 없는 매우 중요한 주제였다.[20]

2) 이 시기 스코틀랜드의 일반적 상황

1560년 스코틀랜드가 처한 상황은 같은 시기 영국과는 판이하였다. 정치적으로 서로 독립적인 이 두 나라는 각각 서로 다른 영향을 받고, 서로 다른 모델에 기초하여 자신들의 영적인 삶을 재정비하였다. 이를 근거로 스코틀랜드교회는 칼빈의 제네바 전통, 즉 기독교 강요에 기초한 장로교주의를 따랐다. 반면에 영국교회는 이와 확연히 구분되는 로마 가톨릭의 노선을 따랐다.

그 결과 영국은 영국 국교회주의, 성공회(Anglicanism)가 되었다. 1603년 영국의 여왕 엘리자베스 1세의 사후, 스코틀랜드의 제임스 6세는 영국과 왕위를 통합(the Union of the Crowns)했으나 영국의 지배를 벗어나지 못하였다. 그러나 그들은 자신들의 종교적 및 정신적 독립을 유지하기 위해서 모든 에너지를 쏟았다. 그리고 1707년에는 의회 연합(the Union of the Parliaments)이 세운 법안에 따라서 장로교회를 간섭하지 않겠다는 조건하에서 양국의 연합이 수용되었다.

스코틀랜드에서 1643년부터 1648년까지, 1660년부터 1688년까지, 그리고 1717부터 1723년까지, 언약사상이 영향을 미친 지적, 윤리적, 사회적, 정치적, 경제적 요인들은 널리 인정되었다. 하지만, 종교적 문제들이 그 어떤 요인과 상황보다도 주도적인 역할을 하였다. 헨리 헨더슨(Henry F. Henderson)에 따르면 "스코틀랜드는 신학의 고향이요 격전장이었다."[21]

이러한 상황은 심지어 19세기까지 계속된바, 당시 교회와 국가 간의 관계 및

---

20 D. H. Pennington, *op. cit.*, 26-27.
21 Henry F. Henderson, *The Religious Controversies of Scotland* (Edinburgh: T. & T. Clark, 1905), 2-3.

교회 정치 문제가 논쟁거리였다. 하지만, 스코틀랜드 내부에서 발생한 갈등에는 두 가지 측면이 있었다. 하나는 왕당파들(Royalists)과 스코틀랜드 장로교 총회(Presbyterian Assembly)의 구성원이었으며, 다른 하나는 언약도들(Covenanters)과 마로우 맨들(Marrow men)이었다. 이들은 신학을 종교와 정치에 적용하는 문제뿐 아니라 경쟁자들과 동맹자들 간에 서로 얽혀 있었다. 각각의 그룹들은 자신들의 세력을 중앙집권화를 하느냐 아니면 분산하느냐에서 철저히 분리되었다. 다시 말해서 이들은 각기 다른 형태의 프로테스탄트 기독교를 지향했으며, 그리하여 이들은 좋지 않은 감정으로 서로를 적대시하였다.

교회 정치와 관련하여 감독제를 주장하는 사람들과 장로제를 주장하는 사람들 사이에, 그리고 형식을 중요시하는 사람들과 더욱 자유로운 예배 형태와 교회정치를 추구하는 사람들 간에 마찰이 발생하였다. 언약도들에게 언약사상은 다른 어떤 문제보다도 중요한 문제였다. 그리하여 이들은 국가의 간섭에 대한 응답으로 언약사상을 강조하였다. 이들은 모든 문제를 전반적으로 신학적인 것으로 취급하였다. 이들의 종교적 목적은 언약에 기초하여 백성들의 자유와 국가의 개혁을 이루는 것이었다.

이 기간에 스코틀랜드교회 내의 다양한 집단들 사이에 언약사상에 관한 서로 다른 여러 의견이 존재하였다. "언약"이라는 용어는 다른 어떤 것들보다, 그러니까 정치적 및 종교적인 의미보다 훨씬 더 중요하였다. 결국, 이때부터 스코틀랜드의 역사는 서로 복잡하게 얽혔다. "언약" 또는 "언약사상"이라는 용어 이해는 역사 전체를 통하여, 특별히 16세기와 17세기의 종교개혁 이후에 매우 복잡하였다. 그러므로 이 용어의 성경적 배경과 역사적 배경 모두에게 역사적 및 신학적, 그리고 실제적인 이해가 요청된다.

대륙과 영국으로부터 밀어닥친 여러 영향이 스코틀랜드에 강력히 침투하였다. 그리하여 합리적 이성과 과학운동에 관한 지적 탐구가 전통을 무시하는 새로운 경향을 낳았다. 스코틀랜드 외부로부터 여러 도시와 대학들에 밀려온 이러한 "오염들," 즉 이러한 지적 탐구가 크게 영향을 미쳤으나 교회를 병들게 한 직접적인 원인은 아니었다. 이 같은 외부에서 밀어닥친 영향으로부터 비교적 자유로웠던 작은 마을과 시골 교구의 목회자들은 이보다 심각한 문제가 있음을 감지하였다. 이것은 18세기 초의 신학적 정설(Theological orthodoxy), 즉 정통성에 무엇인가 잘못

되었음을 보여 주는 것이다.

그동안 학자들 사이에서 언약적 주제(covenant theme)를 둘러싸고 의견이 서로 대립하였다. 그중에 하나는 어떻게 언약신학이 스코틀랜드에서 혼란의 시기에 적용되었는가 하는 문제이다. 언약도들이 언약이라는 주제를 역사적으로, 신학적으로 그리고 실제로 그들의 저술에 적극적으로 채용하였으며, 그리하여 그들의 정치적 응답과 참여에 영향을 미쳤음을 분명히 증거로 제시하였다. 예를 들면, 이들의 몇몇 저술에 의하면, 이들은 언약 개념을 자신들의 신학적 기초와 실제적 적용으로 사용했을 뿐만 아니라 스코틀랜드 국가는 물론, 특별히 교회 생활에서 강력한 언약적 전통을 수립하기 위한 수단으로 사용하였다. 그런데 18세기 중엽에 분위기가 바뀌었다.

언약도들이 자신들의 열정을 쏟아 맞선 국가만능주의(Erastianism: 교회는 국가에 종속된다는 토마스 에라스투스의 주장)가 총회 측이 주도하는 온건파(Moderate party)에 의해 승인되자, 결국 언약도들의 언약적 이상들은 호응을 받지 못하고 거부되었다. 하지만, 19세기 중엽, 복음주의자들(Evangelicals)의 승리 및 자유교회(Free Church: 비 국교과 교회를 지칭)의 출현과 더불어 여론은 다시금 언약도들을 지지하였다.[22] 그런데 19세기 중엽에 설립된 스코틀랜드 자유교회(the Free Church of Scotland)가 16세기 종교 개혁자 존 낙스와 그의 사상을 계승한 17세기의 언약도들, 그리고 18세기 마로우 맨들의 신학사상과 전통을 계승하여 오늘에 이르렀다.[23]

대체로 이 모든 것들은 장로교회와 독립교회, 그리고 감독교회 간의 역사적,

---

[22] Ian B. Cowan, "The Covenanters." *The Scottish Historical Review*, vol. 47 (Aberdeen University, 1968), 36.

[23] 본서에서 필자가 주장하는 1643년부터 1723년까지 약 80년 동안 매우 급하게 전개된 스코틀랜드교회의 언약신학은, 16세기 종교개혁 이후 18세기 초엽의 마로우 논쟁까지, 스코틀랜드교회와 국가 간의 관계를 포함하여 개개인의 신앙적 삶과 사회적 실천을 위해 국가 권력의 압력에 맞서 싸운 1834-1843년, 10년간의 치열한 투쟁 속에서 기득권을 버린 채 기존의 국가교회, 스코틀랜드 장로교회(the Church of Scotland)로부터 분리된 교단을 가리킨다. 1843년 5월, 토마스 찰머스(Thomas Chalmers)의 주도 아래 새롭게 설립된 스코틀랜드 자유교회(the Free Church of Scotland)는 언약도들의 신앙 전통, "그리스도의 왕권과 언약을 위하여"(For Christ's Crown and Covenant)와 "그리스도의 영광과 그분의 말씀을 위하여"(For the Glory of Christ and His Word)를 지금까지 계승, 발전시켜 왔음을 밝힌다. 이에 대한 논문으로는 Yohahn Su, *A Study on the Theological Traditions of the Free Church of Scotland - 10 years conflict from 1834 to the Disruption of 1843* - (Chongshin Review, 2013); 서요한, "제5장 스코틀랜드 자유교회의 신학적 전통 소고" 『스코틀랜드교회와 한국 장로교』(서울: 그리심, 2015), 117-147과 "제6장 토마스 찰머스의 생애와 사상," 『개혁신학의 전통』(서울: 그리심, 2014), 189-217을 참조하라.

신학적 논쟁과 더욱 근본적으로 언약사상의 성격과 중요성에 초점이 맞추어진 현대신학의 정수를 둘러싼 논쟁보다 이를 더 잘 설명해 주는 것은 없다. 이 논쟁은 길게는 16세기 후반, 존 낙스의 개혁에서부터 18세기 초의 마로우 논쟁까지, 짧게는 17세기 중반, 웨스트민스터 총회부터 18세기 초반까지 계속되었다. 스코틀랜드의 몇몇 지역과 교회, 그리고 교파에서는 이 논쟁이 현재까지 계속되고 있다.

제1부

언약 개념의 기원과 발전

제1장　스코틀랜드의 언약사상—그 배경과 역사적 발전
제2장　교회와 국가와의 갈등: 언약도들의 신학적 선언과 주요한 공헌들

제1장

스코틀랜드의 언약사상—그 배경과 역사적 발전

1. 언약 개념의 중요성

언약은 성경적 개념으로서 그리스도인들에게 그들의 구원이 절대적으로 하나님께 의존한다는 것을 분명히 보여 주는 말이다. 구약과 신약에 기초한 이 언약이라는 용어는 인간들 가운데서 이루어지는 하나님의 구원 활동을 나타내는 탁월한 표현이다.[1] 그런데 이 언약 개념은 그리스도인 개개인의 삶뿐만 아니라 신자들의 공동체 전체의 삶을 위한 기초이다. 다른 말로 하면 언약 개념은 사회적, 문화적, 법적, 종교적, 정치적 면들을 가지며, 특별히 신학적으로 전체적인 틀을 형성하는 핵심 용어 중에 하나이다.

그러나 이 개념은 초대교회 이래 교부시대와 중세 시대에 이르는 수백 년 동안 그렇게 완전하게 전개되거나 조직화되지는 않았다. 이러한 언약 개념의 골격은 대륙에서 일어난 16세기 종교개혁과 그 후 약 2세기 동안 스위스와 네덜란드, 영국과 스코틀랜드 등 여러 곳에서 개혁신학의 중심으로서 조직적으로 발전하였다. 특별히 16세기 종교개혁자들, 예를 들면, 울리히 츠빙글리(Huldrych Zwingli, 1484-1531), 하인리히 불링거(Heinrich Bullinger, 1504-1575), 존 칼빈(John Calvin, 1509-

---

1 Jakob Jocz, *The Covenant: A Theology of Human Destiny* (Grand Rapids, Michigan: William B. Eerdmans P.C., 1968), 9, 40-41; Thomas Edward McComiskey, *The Covenants of Promises: A Theology of the Old Testament Covenant* (Grand Rapids: Baker Book House, 1989), 179; Jaroslaw Pelikan, "The History of the Covenant," *The Christian Tradition: History of the Development of Doctrine* vol. 4, *Reformation of Church & Dogma (1300-1700)* (The University of Chicago Press, 1984), 368; *Dictionary of Biblical Theology* (ed.), Geoffrey Chapman (London, 1973), 93-98; Denis Sutherland, "The Interface between Theology and Historical Geography," *Scottish Bulletin of Evangelical Theology*, vol. 11. no. 1. (1993), 17-30.

1564), 존 낙스(John Knox, 1514-1572), 자카리아스 우리시누스(Zacharias Ursinus, 1534-1583), 그리고 요한 코케이우스(Johannes Cocceius, 1603-1669)와 같은 개혁자들의 신학적 기초를 형성하였다.

이들에게 있어서 언약 개념은 성경의 주석이나 신학적 숙고를 위해 중심적인 역할을 하였다. 예를 들면, 츠빙글리와 마찬가지로 칼빈도 그의 저술 전반에 걸쳐 언약 개념을 사용하였다. 언약 개념은 특히 그의 기독교 강요에서 사용되었으며, 하나님의 주권과 관련하여 그의 사상적 중심을 이루었다. 우르시누스와 코케이우스에게 있어서도 이와 유사한 언약에 대한 강조가 발견된다. 이들에게 언약은 강조점이 달랐으나 종합적으로는 구원론이었다. 따라서 이들 개혁자의 언약사상은 궁극적으로 하나였다. 그 결과 종교개혁자들의 사상은 이후 프로테스탄트 신학의 발전에 지대한 영향을 끼쳤다. 스코틀랜드 언약도들과 이들의 계승자들은 이 개념을 그들의 신학적, 역사적, 교회적, 정치적 사상의 축으로 삼았다.

이제 우리는 본격적으로 스코틀랜드 언약도들의 다양한 저술을 통해서 그들의 언약 개념을 살펴볼 것이다. 하지만, 우리는 먼저 언약 개념이 16세기 종교개혁 당시 유럽 본토와 스코틀랜드의 역사 속에서 어떻게 발전되었는지를 고찰하고, 그뿐만 아니라 언약 개념의 신학적, 사회적, 정치적 측면들 및 이와 더불어 언약 개념의 중요한 성경적 특징들을 살펴볼 것이다.

1) 언약의 성경적 개념

성경은 매우 다양한 수많은 기독교 신학의 주제들을 포함하고 있는 책이다. 그중에는 하나님과 삼위일체, 그리스도의 본성과 인간의 본성, 예정과 은총, 타락과 심판, 사랑과 구원, 경배와 찬양, 전쟁과 평화, 재림과 영원한 안식 등과 같은 것들이 포함된다. 그런데 성경에서 이 언약은 아주 오랜 역사를 가지는바, 우리는 그 역사를 구약에서 고대 이스라엘까지 거슬러 올라가야 한다. 비록 언약이라는 말과 언약사상이 최근에 힛타이트 및 다른 외교적 계약들과 관련하여 부지런히 연구되고 있지만, 일반적인 시선은 여전히 구약에 맞추어져 있다.[2]

---

[2] C. van der Waal, *The Covenantal Gospel* (Alberta, Neerlandia: Inheritance Publications, 1990), 1; Dale Patrick, "Law and Covenant," *Old Testament Law* (SCM Press Ltd., 1985), 223-246.

성경에 기록된 구약의 "베리트"(Berith) 히브리어와 이에 해당하는 신약의 용어는 신구약에서 약 300회 이상 발견된다. 이 말의 뜻은 견고한 결속이나 상호 간의 자발적인 협약 혹은 쌍방 간의 동등한 조약 혹은 계약으로 사용되었다. 이 말은 신인(神人) 언약과 사람들 사이의 언약을 가리키는 두 가지 의미로 사용된다. 구약에서는 이런 사례들이 자주 등장하는데 그 모습들은 개인과 개인, 그룹과 그룹, 그리고 공동체와 공동체 및 국가와 국가 사이에 맺어졌다.

그런데 이러한 성경의 기록들을 연구해 보면, 하나님과 인간 사이의 언약 개념이 유대 신학에서뿐만 아니라 그리스도인에게도 매우 중요한 위치를 차지한다는 것과 그 밖에 사회-정치적인 의미로도 폭넓게 사용되어 진 것을 보여 준다. 그러나 맺어진 언약은 일시적이고 특별한 시기 동안에만 유용할 수도 있고 영구적일 수도 있다. 이러한 면은 특별히 하나님께서 그의 백성 이스라엘과 언약을 맺으신 종교적 협약 관계가 잘 가르쳐 준다. 이것은 전통적으로 하나님의 주권과 인간의 확신에 대한 욕구를 조화시킬 수 있도록 하였다.

한편 구약과 신약을 잇는 중간기의 묵시 문학에서는 언약 개념이 대개 의의 왕이나 메시아에 대한 기대와 소망 같은 것을 통하여 은유적으로 표현되었다. 구약의 히브리어 "베리트"는 신약 헬라어에서 "순테케"(suntheke)와 "디아테케"(diatheke)로 번역되었다. 전자는 당사자들이 서로 동등한 관계에서 거래하는 계약과 회합, 또는 협정을 가리키는 일반적인 용어이다. 이들은 어떤 미래적 행위나 결과를 산출하기 위해 상호 조건들 속에 스스로 묶는다. 때문에, 서로에 대한 의무는 조건적이다. 결국, "순테케"의 사용 용례는 대개 상업적 의미의 계약적 의미를 강하게 보여 준다.

반면 70인경은 시종일관 히브리어 "베리트"를 "디아테케"로 번역 하였다. 일상적인 용례 속에서 이 말은 법률(statute: 이 말은 일정한 절차를 거쳐서 발효된 법률을 가리킨다)이나 법령(ordinance)의 일반적인 의미가 있다. 그러나 구체적으로 유언(last will and testament)은 사후 재산 처분에 대한 용어이다. 이는 곧 하나님의 주도권을 강조하며, 하나님의 주권과 하나님의 섭리의 은혜로우신 그분의 권위적 성격을 강조한다.[3]

---

[3] Robert D.Brinsmead, "Covenant," *Present Truth* (California, Nov. 1976), vol. 5. no. 7, 13-57; vol. 5. no. 8., 6-20; Leon Morris, *The Apostolic Preaching of the Cross*, 97; Thomas Edward McComisky, *op. cit.*, 62-63; G. H. Kersten, *Reformed Dogmatics: A Systematic Treatment of Reformed Doctrine* (Netherland

다시 말하면 종교적 의미로서 신적 계약의 의미를 강하게 나타낸다. 또한, 이것은 하나님께서 죄인인 인간을 부르시는 구원 사역과 관련하여 자주 사용되었다. 부연하면 하나님이 타락한 인간과 체결하는 구속 사건의 묘사에서 일방적인 의미를 부여하는 과정에서 "디아테케"가 사용되었다. 이러한 배경에서 신약성경에서 언약은 개인이나 집단에 주시는 하나님의 조건 없는 선물이다. 이 언약은 분명히 하나님의 약속에서 비롯되며 성경 역사의 중심이다. 그런데 새 언약과 관계하여 사용되는 "디아데케"는 대체로 고대 헬라어 역의 언약과 같은 의미이며, 약속들 뿐만 아니라 요구 조건들까지도 포함한다.

비록 고대 근동에서 이 언약 개념이 당시 세속 사회에서 일상적인 생활 습관에 깊이 뿌리를 두고 있다 해도 성경은 이 개념을 종교적 의미로 하나님의 인간에 대한 구속 사역에 독특하게 사용하였다. 그러나 "베리트"라는 말의 어원은 사실 명확하지 않다. 하지만, 이 말이 두 가지 상호 간의 관계 개념들, 즉 당신의 백성들에 대한 하나님의 특별한 관계의 개념들을 가리키며, 이러한 관계 개념들은 그 의도에 있어서 거의 상반된다는 것에 주목해야 할 것이다.

종종 언약신학이 하나님과 인간 사이의 관계를 단순한 상거래 계약의 수준으로 격하시킨다는 주장이 제기되는데 이는 조금도 놀라운 것이 아니다. 그러나 하나님의 언약은 두 계약 당사자들이 동등한 인간의 협정과는 성격이 매우 달랐다. 즉, 하나님의 언약에서 하나님은 언제나 주권자이셨으며 그분이 자유롭게 맺으시는 언약은 곧 그분의 은혜의 행위였다. 이것은 인간과 맺으시는 하나님의 언약이 그분으로서는 거저 주시는 약속이지만, 일반적으로 인간에 의한 일정한 조건 충족에 달려 있음을 의미한다. 달리 말하자면 언약에는 상호 간의 책임이 뒤따르기 때문이다. 예를 들면, 하나님께서는 인간이 순종하면 그들의 생명을 지속시키시고 은혜를 베풀어 주시겠다고 약속하셨다. 이와 더불어 불순종 시에는 내리실 징벌에 대한 말씀도 주셨다(창 2:16-17).[4]

Reformed Book & Publishing Committee, 1980), vol. I, 192-196. Cf. J. Guhrt, "Covenant," *The New International Dictionary of N.T.Theology* (ed.), Colin Brown (The Paternoster Press, 1975), vol. I, 367-368; Sinclair B. Ferguson, *John Owen on the Christian Life* (Edinburgh: The Banner of Truth Trust, 1987), 20-36.

[4] William J. Dumbrell, *Covenant and Creation: A Theology of Old Testament Covenants* (New York: Thomas Nelson Publishers, 1984), 16, 33; New Westminster Dictionary of the Bible, 188-189; A. B. Van Zandt, "The Doctrine of the Covenants considered as the Central Principle of Theology," *The Presbyterian Review* (New York, 1882), vol. III, 28-39.

다른 한편, 역사적으로 볼 때 언약 개념은 하나님이 성경에서 언약의 형식을 활용하기 이전에도 사용되었다. 때문에, 우리가 언약 개념을 좀 더 잘 이해하기 위해서는 언약의 구약적 배경에 대한 이해가 선행되어야 한다. 이와 같은 언약 개념은 구약에 깊이 뿌리를 두고 있기 때문이다. 그러므로 언약도들은 그들의 언약 교리를 신약보다는 주로 구약에 기초하여 그들이 직면한 상황에 맞서 신앙 활동을 정당화하였다.

2) 언약의 사회-정치적 측면들

성경, 특히 구약에서 발견되는 하나님의 언약은 중요한 사회-정치적 측면들을 갖는다. 이러한 측면의 언약 사용은 개인들, 집단들 그리고 국가들 사이에서 효과적인 상호 협정(treaty)이나 계약(contract)으로서 행동을 규제하는 주요한 수단이었으며, 특별히 국가적 관계의 영역에서 그러했다.[5] 이것은, 어네스트 루카스(E. C. Lucas) 박사가 주장한 것처럼, 고대 근동의 법전들이나 협정 형식에서 영향을 받은 언약 관계가 이스라엘 백성의 생활에서는 일반적인 것으로 수용되었다.[6]

하나님과 인간 사이(신 12:24-31; 24:14-15; 25:13-16), 그리고 인간과 인간 사이의 상호 관계에 대한 이러한 강조(호 4:1-2; 6:3; 8:12; 10:4)는 의무 법으로 묘사될 수 있다. 하지만, 하나님은 여기서 어떤 구체적인 의무도 갖지 않으셨다. 그러나 인간 쪽 파트너들은 특정한 조항들을 지키겠다고 맹세했다. 그리고 불순종할 때에 주어지는 징벌은 공동체에 대한 참혹한 저주, 그리고 궁극적으로는 그 공동체 구성원들로부터 국외로 추방되는 것이었다. 단지 하나의 사상에 불과한 것이 아니라 때때로 사회적, 정치적 실체였던 이러한 종교적 언약 개념이[7] 유일하신 하나님께 충성을 다하며 사회 속에서 상호 간의 중요한 책임을 이행할 것을 요청하였다. 소위 그 책임이란 개인의 생명과 재산 그리고 사회 정의 등을 존중하는 것이었다. 그러므로 언약은 국가 조직을 위한 강력한 힘, 즉 신학적 및 역사적 추상물

5　Leon Morris, *The Atonement: Its Meaning and Significance* (I.V.P, 1983), 14-42; T.M.Lindsay, "The Covenant Theology," *The British & Foreign Evangelical Review* (London, 1879), vol. 28, 524-525.

6　E. C. Lucas, "Covenant, Treaty, and Prophecy," *Themilios* (ed.), David Wenham (September 1982), vol. 8, no. 1, 19-23. Cf. K. A. Kitchen, *Ancient Orient and Old Testament* (London: The Tyndale Press, 1966), 87-111.

7　Jacob Jocz, *op. cit.*, 32; William J. Dumbrell, *op. cit.*, 17; *The Interpreter's Dictionary of the Bible* (Abingdon Press, 1862), vol. I, 714.

이 아니라 실제로 작용하는 원리(operative principle)였다.

특히 언약의 사회-정치적인 개념은 서로 다른 지파들이나 집안 간의 결혼 계약들에서 아주 잘 드러났다. 그래서 이러한 집단들을 결혼 제도에서 필수적인 패턴들을 유지하였다.[8] 이것이 가정 및 정치적 영역들 모두에서 견고한 유대 관계, 즉 양쪽 사회를 위한 사회적 정치적 질서에 대한 기본적인 동의를 만들어 냈다. 따라서 이스라엘에게 책임 언약(covenant of obligation)은 그들의 사고의 중심이며 지배적인 위치를 차지하였으며, 이로써 하나님의 은혜와 도덕적 책임을 졌다. 그리고 하나님께 대한 충성과 이웃에 관한 관심이 한곳에 엮어졌다. 결국, 언약사상은 여호와와 그의 백성들 사이에 관계가 빈번하게 "언약"으로 묘사된바, 구약에서 신약, 그리고 기독교로 계승되어 개인적 이스라엘이나 이스라엘 민족 전체로 침투되었다. 이러한 언약에 함축된 중요한 의미들을 다음과 같이 규정할 수 있다.

① 언약은 인간의 기원에서부터 현재에 이르기까지 인간의 구원사 속에서 계속성을 입증해 주었다.
② 이러한 언약은 율법을 보충했으며, 때로는 율법을 대신했다.

인간은 타락 후 율법 아래 놓였다. 그러나 은혜언약을 통하여 탈출구를 줬다. 언약의 첫 번째 측면, 즉 동의의 측면이 언약의 두 번째 측면, 즉 언약의 역사적 계속성의 측면과 더불어 종교개혁자들의 신학 속에 잘 보존되었다.[9]

2. 언약 개념의 역사적 발전

비록 기독교회가 구약과 신약을 신성한 성경으로 가지고 있었고 그래서 언약사상을 계속 알고 있었다는 것이 확실하다 할지라도, 기독교회 신학자들의 관심

---

8 Jacob Jocz, *Ibid.*, 35; James T. Johnson, "The Covenant Idea and the Puritan View of Marriage," *Journal of the History of Ideas* (1971), vol. 32, 107-116; Seock-Tae Sohn, *Yhwh, The Husband of Israel: the Metaphor of Marriage between Yhwh and Israel* (Eugene, Oregon: Wipf and Stock Publishers, 2002), 1-143; 손석태, 『여호와, 이스라엘의 남편』 (서울: 솔로몬, 2006), 9-191..

9 Peter E. Golding, "The Development of the Covenant: An Introductory Study in Biblical Theology," *Reformed Theological Journal* (Belfast, Northern Ireland, 1993), vol. 9, 46-61.

과 이들의 다양한 조직 형태들이 고대 이스라엘의 언약에 대한 어떤 심오한 관심도 유발하지는 못했다. 이것은 곧 언약 개념이 계속되는 기독교 신학에서 현저히 눈에 띄는 것이 아니었음을 의미한다. 이러한 상태는 16세기에 일어난 종교개혁이 평범한 삶의 새로운 형태들과 신구약 모두에서 새로워진 관심으로 인도하는 문을 열 때까지 계속되었다. 이러한 일은 16세기 종교개혁 이후에 이루어졌으며, 특별히 칼빈과 그의 계승자들에 의해 이루어졌다. 이들은 주요한 신학적 논쟁 중의 하나인 언약 개념으로 프로테스탄트 기독교 역사에 계속 영향을 미쳤다.

이때부터 신학자들은 동맹신학(Federal theology) 또는 언약신학으로 알려진 체계 속에서 언약을 빈번히 사용하였다.[10] 이후 언약은 역사 전체를 통하여 언약은 신학적, 역사적, 문화적, 정치적 그리고 교회적으로 함축적인 의미를 가져왔다. 그것은 언약을 강조함으로써 기독교의 무시간적 예정론을, 역사적으로 계시 되고 정치적으로 성취되는 구원 계획으로 바꾸려는 시도였다.[11] 그러므로 우리는 간략하게나마 역사적 및 신학적으로 언약 개념의 발전을 추적해 보고 이 언약 개념을 신학의 중심 이슈로 이해하기 위해서 초기 교회에서부터 종교개혁에 이르는 기간을 개괄해 볼 것이다.

1) 종교개혁 이전의 개괄적 이해

이 기간을 특징짓는 신학적 문제들은 하나님, 인간 본성, 인간과 하나님의 연합, 교회에서의 그리스도와 교황의 권위에 대한 교리들을 어떻게 이해하느냐에서 출발한다. 종교개혁이 있기 전 몇백 년 동안 신학은 세 부분에서 공식화되었다. 즉, 속사도 교부들과 변증가들의 신학 그리고 중세 신학이 그것들이다. 이 기간의 초기에 교회 교부들과 신학자들은 로마 정부를 포함하여 이단과 여러 분파에 맞서 교회에 관한 자신들의 교리들을 적극적으로 방어하였다. 이를 위해 이들은 모든 가능한 방법을 동원하여 호의적인 관점에서 기독교를 그 시대의 최선의 사고 및 실천을 이끌었다. 그뿐만 아니라 자신들의 기독교를 드러내는 가운데,

---

10 O. Palmer Roberston, *The Christ of the Covenants* (New Jersey: Presbyterian Reformed P. Co. 1980), 54-57. Cf. *The Westminster Confession of Faith*, vii, 1-6; *The Westminster Larger Catechism*. Question 30-35; *The Westminster Shorter Catechism*, Question 20.
11 송영재, 『더 뉴커버넌트 신학』 (서울: CLC, 2017), 24-463.

특별히 교부들은 복음에 담긴 지적이며 함축적인 의미들에 관심을 나타냈다.[12]

한편 철학 및 신학에서 중세는 아리스토텔레스의 재발견을 통해 나타난 "스콜라주의"로 특징되었다. 이때까지 기독교는 오랫동안 유럽에서 제1 종교(majority religion)였다. 그러나 이 시기는 정치적, 문화적 그리고 지적 전환기였다. 철학이 학문의 여왕인 신학의 시녀로 취급되었다. 이 기간에 스콜라 사상이 신학에, 특별히 철학적, 신학적 사상들을 결합하는 새로운 그리스도인의 교제(Christian communion)와 사상을 형성하는 데 크게 영향을 미쳤다.[13] 신학자들은 자신들의 기독교를 설명하는 가운데, 복음에 담긴 지적 의미와 함축에 깊은 관심을 표하였다. 그러나 이 시대의 신학적 이슈들은 "하나님의 성품"과 "인간의 상태" 그리고 "인간과 하나님의 연합" 등과 관련되었다.[14]

중세 시대에 어거스틴을 계승한 몇몇 기독교 사상가들이 이러한 교리들에 관심을 집중시켰음에도 불구하고, 이들은 자신들의 저작들 속에서 "언약"에 그렇게 주의를 기울이지 않았다. 종교개혁 이전 시기에 대한 이러한 일반적인 개괄은 3명의 중요한 신학자들, 즉 이레니우스(Irenaeus), 어거스틴(Augustine), 옥캄의 윌리엄(William of Ockham)을 통해 보다 심도 있게 설명되었다.

(1) 이레니우스(Irenaeus, fl.130-200경)

프랑스 남부 고울(Gaul)에 있는 리용(Lyons)의 주교 이레니우스(Irenaeus)는 초기 교부시대 동안 지도적 위치를 차지했던 인물이다. 이레니우스는 자신의 저작들 속에서 영지주의의 견해에 맞서서 성육신의 실재뿐 아니라 다른 것들 가운데서 하나님의 목적과 사역의 통일성을 숙고했다.

그런데 이레니우스는 언약 개념을 주로 세 가지 상황에서 사용하였다. 즉, 그는 세례와 성경의 정경론(biblical canon), 그리고 대속(atonement) 가운데서 언약 개념을 사용하였다. 그는 특별히 성경의 정경론에서 언약사상을 구원 교리의 중요한 부분으로 간주했다. 인간이 하나님 앞에 타락하고 죄를 범했듯이, 하나님께서는 당신의 백성을 은혜로운 언약을 통해 구속하신다. 그러므로 구원은 그리스도의 보혈로 그리고 언약의 중심된 성취로서의 성찬의 빵과 포도주를 통하여 양분

12　서요한, 『초대교회사』(서울: 그리심, 2010), 225-281, 345-375, 467-524.
13　서요한, 『중세교회사』(서울: 그리심, 2010), 461-529.
14　A Scholastic Miscellany: *Anselm to Ockham* (Philadelphia: The Westminster Press, 1956), 31.

때문에 주어지는 구속 사역과 불가분리의 관계에 있다.[15]

(2) 어거스틴(Augustine, 354-430)

"중세의 설립자 중 한 사람으로서"[16] 히포(Hippo)의 주교인 어거스틴은 사도 바울 이후 종교개혁 이전까지 기독교 역사에서 가장 탁월한 위치를 차지하는 인물이다.[17] 그런데 그가 사용한 "언약"은 많은 신학적 용어 중에 하나로 주로 교리적으로 사용했지만, 정치적 상황 속에서도 사용되었다.

맨 처음 이 용어가 등장한 것은 그의 저서 『고백록』에서이다. 여기서 어거스틴은 자신의 회심과 죄로 가득한 자신의 삶, 그를 향하신 하나님의 크신 사랑을 말한다.[18] 이것은 만세 전에 하나님이 그의 아들 예수 그리스도 안에서 예정 가운데 이루신 언약의 결과였다.

그리고 언약이라는 말은 펠라기우스와의 논쟁 기사에서 발견된다. 이 논쟁에서 어거스틴은 아담의 죄가 그의 모든 후손에게 전가(imputation)되었다고 주장한다. 여기서 그는 자신이 언약 교리에 대해 전혀 낯선 자가 아니었음을 보여 준다.[19] 또한, 어거스틴은 도나티스트들에 맞서서 기독교 성례들(Christian sacraments)이 예수 그리스도 바로 그분에게서 비롯된 것이지 성직자나 교회에서 비롯된 것이 아님을 보여 주었다. 이 성례들의 가치는 결코 이를 집행하는 사람(officiating minister)이 누구냐에 따라서 좌우되지 않는다는 것이다.[20]

---

[15] Irenaeus, "Irenaeus: Against Heresies," vol. V, 526-567; *The Ante-Nicene Fathers: Translations of the writings of the Fathers down to A.D. 325* (ed.), Alexander Robert and James Donaldson (Michigan, Grand Rapids: Eerdmans Publishing Company, 1979).

[16] T. S. K. Scott-Craig, "On Christian Instruction," *A Companion to the Study of St. Augustine* (ed.), Roy W. Batternhouse (Michigan, Grand Rapids: Baker Book House, 1979), 127; Colin Brown, *Chritianity and Western Thought: From the Ancient world to the Age of Enlightenment* (Illinois: I. V. P., 1990), vol. 1, 93-99.

[17] 서요한, "제17장 어거스틴의 생애와 신학사상," 『초대교회사』 (서울: 그리심, 2010), 497-524.

[18] "The Confession of St. Augustine," *A Select Library of the Nicene and Post-Nicene Fathels of the Christian Church* (ed.), Philip Schaff (Edinburgh: 1886, Reprinted in 1988), vol. III (T. & T. Clark), 114-115, 129-141.

[19] *A Select Library of the Nicene and Post Nicene Fathers of the Christian Church* (ed.), Philip Scaff (Edinburgh: 1866(Reprinted in 1988), vol. III. (T. & T. Clark), 175; vol. IV, 20-24, 55-57, 69-76; *St. Augustine's City or God*, 13:14, 14:15; Gerald Bonner, *St. Augustine of Hipo: Life and Controversies* (London: SCM Press, 1963), 312-393; Larry D. Sharp, "The Doctrine of Grace in Calvin and Augustine," (ed.), F. F. Bruce (*The Evangelical Quarterly*, 1980), vol. LII, 84-96.

더 나아가 어거스틴은 지상에 있는 언약 조직체(covenantal institution)로서 교회는 하나님의 예정된 언약(predestined covenant) 아래 있는 두 가지 주요한 집단 곧 "가시적"(visible) 집단과 "비가시적"(invisible) 집단으로 구성되었다고 주장하였다. 여기서 전자는 지상 영역에 속하며, 후자는 천상의 영역에 속한다. 그는 우리가 가현적, 즉 지상 교회에서만 그리스도를 통한 구원을 발견할 수 있다고 하였다.

그러나 어거스틴은 자신의 저서 『신의 도성』(De Civitate Dei)에서 언약 사상을 더욱 자세히 하나의 구체적인 주제로 취급하였다. 이 책은 우리에게 하나님의 역사 그리고 빛의 창조로부터 최후의 심판까지, 소위 전 세대를 통해 주어지는 예언들의 점진적인 진행 과정(progressive line)에 대해서 말하였다. 여기서 어거스틴은 두 원칙 사이의 갈등에 주목하였다.[21] 이 원칙들은 그가 두 "도성들"과 "국가들," "사회들"이라고 부르는 것들에 실현되었다. 하나님께 대항하는 첫 번째 반역이 있고 난 뒤, 줄곧 이 두 "도성들" 즉 천상의 도성과 지상의 도성이 존재해 왔다. 그리고 각 도성은 하나님의 사랑과 자신에 대한 사랑에 의해 유지되었다.[22]

지상의 도성은 가인으로부터 바벨론과 로마 제국에 이르기까지 지상의 속된 삶을 살아온 사람들의 공동체를 가리킨다. 천상의 사회는 어떤 세대에 속했건 간에 이 땅에서 자신들이 나그네들이며, 순례자들임을 고백하는 사람들로 대표된

---

20 St. Augustine's De Baptismo, vol. IV, 1, 27, VII, 102; Answer, II, 5, III, 67-68; "Letters of St. Augustine," *A Select Library of the Nicene and Post-Nicene Fathers of the Christian Church* (ed.), Philip Schaff, vol I, 1886 (Reprinted in 1988) (Edinburgh T. & T. Clark), 408-410, 526-530, 532: "St. Augustine's City of God and Christian Doctrine," *A Select Library of the Nicene and Post-Nicene Fathers or the Christian Church* (ed.), Philip Schaff, vol. II (Edinburgh: 1866, Reprinted in 1988), T. & T. Clark), 248, 255, 467, 472-473; T. S. K. Scott-Craig, Ibid., 199-200.

21 St. Augustine's De Baptismo, vol. XVIII, 54; St. Augustine's City of God, 196, 205, 284-287, 396, 412, 509-511; Gerald Bonner, op. cit., 257-283, 270.

22 St. Augustine's City of God, 282-283. St. Augustine은 이렇게 기록하였다. "두 도성은 두 사람에 의해 건설되었다. 지상의 도성은 하나님을 경멸하는 자애(love of self)에 의해 건설되었다. 반면에 하늘의 도성은 심지어 자신을 경멸하는 하나님의 사랑에 의해 건설되었다. 한마디로 전자는 그 자체 안에서 영화롭게 되고, 후자는 여호와 안에서 영화롭게 된다. 왜냐하면, 전자는 인간으로부터 영화를 구하지만, 후자의 가장 큰 영광은 하나님. 곧 양심의 증인이기 때문이다. 전지-는 자신의 머리에 자신의 영광을 느낀다. 그러나 후자는 그의 하나님께 '당신은 나의 영광이시며, 내 머리를 드시는 자이십니다." 전자에게는 그들이 복종하는 왕들과 나라들이 통치에 대한 사랑에 의해 지배된다. 후자에게는 왕들과 백성들이 사랑 안에서 서로를 섬긴다. 전자는 모든 것을 소유하려 하나, 후자는 순종하려 한다. 전자는 자신의 힘을 기뻐하며 그 통치자들의 인격 속에서 나타난다. 후자는 그의 하나님에게 "나의 힘이 되신 여호와여 내가 당신을 사랑하나이다"라고 말한다. 서요한, "제17장 어거스틴의 생애와 신학사상," 『초대교회사』(서울: 그리심, 2010), 497-524.

다. 어거스틴에게 있어서 모든 역사는 이러한 두 도성 사이의 작용과 반작용으로 이루어진다. 지상의 도성이라고 해서 전적으로 악한 것은 아니다. 왜냐하면, 지상의 도성은 자체적인 규범을 따라 악을 억제하고 공적 질서(civil order)를 유지하기 때문이다. 그러므로 일정한 양의 선이 없다면 지상의 도성은 결코 존재할 수 없다. 그러나 지상의 도성은 그 죄악 된 본성 때문에 영원하지 못하며 일시적으로 운명지어졌다. 따라서 하나님의 나라 즉 천상의 도성만이 영원성을 갖는다.

하지만, 어거스틴에게 언약 개념은 교회와 국가를 규합시켜 준다. 하나님께서는 세상을 창조하시고 통치하셨으며 지도자들을 지명하셨다. 그러나 이와 동시에 하나님께서는 당신의 교회를 지으시고 돌보아주신다. 어거스틴은 언약을 하나님의 은총 안에서 자신의 삶과 자신이 처한 상황 전체에 적용하였다.[23]

게다가 어거스틴은 도덕적 상황에 언약사상을 적용하면서 이렇게 주장하였다. 모든 자녀는 그들 모두의 조상인 아담이 죄를 범하여 언약을 파괴한 것과 똑같은 방법으로 언약을 파괴해 왔다. 어거스틴은 인간 본성 속에는 그것에 의해 인간이 하나님으로부터 독립적으로 자신의 자유의지로 살 수 있는 질서(order)가 있다고 주장하였다.

그러나 이 자연의 질서(order of nature)는 하나님과 반대되며, 하나님 바로 그분에 의해서만 회복될 수 있다. 인간을 죄로부터 끌어내어 생명으로 인도하는 과정에서 그 주도권은 하나님께 있다. 의로운 삶을 살려는 모든 인간적인 노력은 언약을 지키시는 하나님의 행동 때문에 가능하다. 하나님께서 당신의 은혜를 베풀지 않으신다면 인간은 하나님의 은혜를 받을 수 없다.[24] 이러한 하나님의 은혜는 사실 인간의 삶 속에서 불가항력적이다. 하지만, 그 근원인 하나님의 언약적 사랑으로 우리에게 소망이 있다.

(3) 옥캄의 윌리엄(William of Ockham, 1280-1349)

영국 출신으로 중세 철학 유명론의 대가인 옥캄의 윌리엄은 자신의 소책자 『교황의 권력에 관한 여덟 가지 질문으로부터의 인용』(*An Excerpt from Eight Questions on the*

---

[23] St. Augustine's City of God, 409-411, 413: Aeneid, vol. VI, 175-279. Cf. Gerald Bray, Creeds, Councils and Christ (IVP, 1984), 128-144.

[24] St. Augustine's City of God, 278-279, 285-286; G. H Kerston, *Reformed Dogmatics: A Systematic Treatment of Reformed Doctrine* (Netherlands Reformed Book & Publishing Committee, 1980), vol. 1, 192.

Power of Pope)이라는 소책자에서 "언약"을 정치적 용어로 사용하였다.[25] 여기서 그의 주된 관심은 확립된 교황권의 기원과 범위에 집중되었다. 교황권의 기원에 관해 옥캄은 교황권이 하나님에게서 나왔다는 것을 전혀 의심하지 않았다.[26]

그러나 옥캄에게 교황권은 또한 현세의 일은 물론 영적인 일까지 영향을 미쳤으나 모든 인간에 대한 심판권까지는 포함하지 않았다.[27] 옥캄은 야당적인 기질을 발휘하여 교황의 권위를 제한하고 대신 지상적 군주의 권한을 증대하였다. 그리고 그는 교회에서의 최고 권위는 교황이 아니라 종교회의라고 하였다. 교황에게는 세속적 권위가 없으며 황제가 교황을 폐위시킬 수 있다.

또한, 오직 성경과 보편 교회만이 오류를 범할 수 없으므로 교황도 이 권위들에 자신을 굴복시켜야 한다. 그에 의하면 세속적인 세계는 교권에서 해방되어 왕권에 속해야 했다.[28] 이는 마치 영계가 교황에게 있듯이 지상계의 권위는 제국에 있으며 왕권에 속했기 때문이다. 그런데 교황은 여전히 월권행위를 하고 있으며 군주와 기독교도의 영원한 법을 침범하여 "신의 하인들의 하인"이어야 할 자가 폭군으로 군림하고 있다고 주장하였다.[29] 따라서 옥캄은 자신의 신학에서 세 가지 요점을 뒷받침하기 위하여 언약 개념을 도입하였다.

① 최고의 권위는 하나님에게서 오지만 그것은 항상 동일한 언약적 상황 속에서 온다.
② 이러한 하나님의 언약은 최고의 권위가 하나님 바로 그분의 통제하에 있음을 확증해 주었다.
③ 절대 권력이 가지는 세속적, 영적 성격과 교황에 의한 오용(誤用)은 분명히 구분되어야만 한다는 것이다. 이렇듯 옥캄은 절대적인 교황권을 거부하고 하나님 앞에서 모든 사람의 평등을 주장하였다.

---

25 "An Excerpt from Eight Questions on the Power of the Pope," *A Scholastic Miscellany: Anselm to Ockham* (ed.), Eugene R. Failweather (Philadelphia: The Library of Christian Classics: Ichthus Edition, The Westminster Press, First Published 1656), 437-442.
26 Ibid., 437-442. Cf. David Ogg, *The Reformation* (London: Ernest Benn Ltd., 1927), 10.
27 Ibid., 438-440.
28 동경대학출판회, 『철학사강의』(서울: 한울, 1984), 194.
29 Ibid., 194; Tony Lane, *The Lion Concise Book of Christian Thought* (England: A Lion Book, 1987), 100.

2) 종교개혁기 및 종교개혁 이후의 시기

어거스틴으로부터 루터까지 천 년 동안에 중세 신학의 주요한 조류는 어거스틴의 교리(doctrine)에 집중되었다. 어거스틴의 교리란 인간의 전적 타락, 생명을 얻을 자와 영원한 사망에 이를 자가 예정되었다는 이중적인 쌍방 견해를 말한다. 그런데 종교개혁의 지도자들은 어거스틴에게서 많은 영향을 받았다. 이들 종교개혁자들은 어거스틴의 "언약" 개념을 두 가지 관점에서 사용하였다.

첫째, 이들은 언약이라는 말을 구원과 관련하여, 특별히 거룩하신 하나님 앞에서 믿음을 통한 죄인의 개인적 칭의(personal justification)와 관련하여 사용하였다. 이러한 칭의는 그리스도의 사역과 하나님의 값없이 주시는 언약적 은혜에 기초한다.

둘째, 종교개혁자들은 "언약'이라는 말이 갖는 모든 정치적 함축과 더불어 교회와 국가 사이의 관계와 관련하여 사용하였다. 하지만, 언약의 성격에 관한 종교개혁자들의 이해는 서로 매우 달랐으며, 특별히 세례와 성례들 그리고 혼돈된 교회와 국가와의 관계에 있어서 언약을 적용하는 문제에 있어서 그러했다. 따라서 필자는 당시 상황을 명확히 이해하기 위하여 우선 16세기 초반의 유럽 대륙 및 영국 종교개혁자들의 언약 관을 개괄적으로 살펴보고자 한다. 그런 다음 16세기부터 18세기까지 대륙 및 스코틀랜드에서 이들의 계승자들이 가졌던 언약 개념에 대해 논할 것이다.

(1) 대륙의 종교개혁자들에게 있어서의 언약 개념

① 울리히 츠빙글리(Huldrych Zwingli, 1484-1531)

16세기 초에 언약의 통일성과 발전 개념은 취리히의 개혁자 츠빙글리에 의해 처음 제시되었다.[30] 이 용어는 츠빙글리가 1525년 11월 5일에 저술한 『후브마이어에 대한 응답』(*Reply to Hubmaier*)에 언급되었다. 1527년 7월 31일에 츠빙글리는 보통 『논박』(*Elenchus*)으로 불리는 그의 저서 『재세례파의 속임수들에 대한 논박』

---

[30] J. Wayne Baker, *Heinrich Bullinger and the Covenant: The Other Reformed Tradition* (Ohio University Press, 1980), xxiii.

(*Refutation or the Tricks of the Anabaptists*)을 출판했다. 여기서 츠빙글리는 언약에 대한 자기 생각들을 가장 명확하게 표현하였다.

트린트루드(Trinterud), 묄러(Moller) 그리고 그리브스(Greaves) 같은 학자들에 따르면, 츠빙글리는 "언약"을 하나님의 은혜에 대한 인간의 순종과 관련하여 조직적으로 사용하였다. 그런데 이 은혜언약에는 신적인 측면과 인간적인 측면이 있다. 이 중에 구약의 할례와 신약의 세례는 약속과 성취라는 면에서 보면 구약에까지 거슬러 올라가며 그래서 구약의 백성들과 신약의 백성들 사이의 통일성을 표현하는데 유사점이 있다.[31]

그러나 로버트 레탐(Robert W. A. Letham)에 따르면 츠빙글리는 결코 "하나님의 구원 축복들이 인간 편의 일정한 조건 충족에 좌우되는 식의 언약 관계를 주장하지 않았다."[32] 츠빙글리에게 언약은 상호 간의 쌍무적인 협정(mutual, bilateral agreement)으로 사용되었다는 증거도 없다. 그러므로 츠빙글리에게 있어서 언약은 조건적인 것이 아니었다. 오히려 언약은 하나님의 자유롭고 영원한 선택에 전적으로 기초하였다. 하지만, 츠빙글리는 여호와의 언약적 사랑에 대한 우리의 반응은 믿음으로 표현되는 자발적인 순종의 사역이어야 한다고 주장하였다.

츠빙글리는 이것을 그의 후기 저작인 『믿음에 대한 해설』(*Exposition of Faith*)에서 피력하였다. 여기에서 츠빙글리는 할례가 하나님과 아브라함의 씨 사이의 언약적 표징이라고 말하였다.[33] 보증으로서의 언약은 궁극적으로 약속으로서의 언약에 의존한다.[34] 하나님께서는 당신의 은혜에 대한 언약, 즉 계약의 반응으로서 우리에게 순종을 기대하신다. 츠빙글리에게 있어서, 하나님에 대한 우리의 사랑과 경외는 그분의 신적인 호의의 결과이다. 츠빙글리의 말로 표현하자면 이러한 결과들은 가시적인 "선택의 표징"이다.[35]

---

[31] *Ibid.*, 2; W. P. Stephens, *The Theology of Huldrych Zwingli* (Oxford, 1986), 181.

[32] Robert W. A. Letham, *Saving Faith and Assurance in Reformed Theology, Zwingli and the Synod of Dort.*, Ph.D. Thesis (Aberdeen University, 1979), 17-29; Lyle D. Bierma, "Federal Theology in the Sixteenth Century" (*WTJ*, 45, 1983), 307-311; Kenneth Hagen, "From Testament to Covenant in the Early Sixteenth Century" (*Sixteenth Century Journal*, 1972), vol. III, no. 1, 15-20.

[33] Zwingli and Bullinger, *Selected Translations with Introductions and Notes* by G. W. Bromiley, The Library of Christian Classics, vol. 24. (London: SCM Press Ltd., 1953), 138; W. P. Stephens, *The Theology of Huldrych Zwingli* (Oxford, 1986), 196-216.

[34] W. P. Stephens, *Ibid.*, 186: Geoffrey W. Bromiley, *Historical Theology, An Introduction* (Edinburgh: T. & T. Clark Ltd., 1978), 276-277.

[35] Zwingli's Works, vol. 8., 738.

첫째, 이러한 언약적 상황 속에서 츠빙글리는 언약사상을 유아세례를 거부하는 재세례파에 맞서 우선, 유아세례 및 외적인 표징들인 성례에 대한 방어책으로 사용하였다. 이러한 표징들은 "기독교인들의 내적, 외적 연합"으로 알려졌고,[36] 신자들에게 은혜의 수단 역할을 했다.

둘째, 언약은 하나님 앞에서의 인간의 책임을 강조했다. 츠빙글리에게 있어서, 세례 언약(baptismal covenant)에는 하나님과 인간 양쪽 모두에 의해서 주어지는 보증(맹세)이 포함되었다.[37]

세례의 궁극적 기초는 우리가 하나님의 봉사(God's service)를 기꺼이 받아들이는 데 있는 것이 아니라 오히려 하나님께서 우리를 당신의 종들로 기꺼이 받아들이시는 데 있다.[38] 츠빙글리는 세례는 초보적인 의식(initiary ceremony)이나 보증에 지나지 않는다고 주장하였다. 그러므로 언약 속에서 유아에게 주어지는 성례가 적절하게 시행되기 위해서는 하나님의 자발적 의지(willingness)가 인간적 의지에 선행한다.[39] 츠빙글리는 선택의 교리 때문에 유아세례를 확고히 믿었으며 또 이의 시행을 강력히 주장하였다.

그러나 그에게 세례는 중생을 가져다주는 도구적 원인은 될 수 없었다. 왜냐하면, 중생은 그리스도께서 십자가에서 죽으신 대속의 죽음으로 최종적으로 성취되었기 때문이다. 츠빙글리가 세례에 관해 주장한 것은 성령으로부터 직접 주어지는 은혜의 직접성(immediacy)이다. 츠빙글리에게 있어서, 물세례보다 성령 세례가 개개인들이 하나님의 구원 궤도에 오를 수 있는 수단이었다.[40] 이러한 연결 속에서 츠빙글리에게 세례와 자녀의 선택(이는 하나님께서 이스라엘을 당신의 자녀로 택하신 것을 말한다)은 믿음의 역동적 중심인 그리스도에게 초점이 맞추어져 있었다. 츠빙글리는 신구약에 기초한 언약적 통일성(covenant unity)의 맥락에서 유아세례의 객관성을 보증하였다.

---

36 W. P. Stephens. *op. cit.*, 181.
37 Zwingli and Bullinger, *op. cit.*, 131, 139. Cf. Mark W. Karlberg, *op. cit.*, 7-8.
38 *Ibid.*, 127, 141, 145-146.
39 Zwingli's Works, vol. VI, 155-172. Cf. Mark W. Karlberg, "*Reformed Interpretation of the Mosaic Covenant*"(*Westminster Theological Journal*, 1980), vol. 43., 1-57.
40 Timothy George, *Theology of the Reformers* (England: Apollos. 1988), 138-144; Bernard M. G. Reardon, *Religious Thought jn the Reformation*, 99.

② 하인리히 불링거(Heinrich Bulinger, 1505-1575)

언약사상은 불링거에 의해서 보다 조직화되었다. 언약사상은 그가 1549년에서 1551년에 행한 일련의 설교를 모아놓은 『열 편의 설교』(Decades), 기독교 신앙 해설집에서 자신의 핵심적인 사상을 구체적으로 기술하였다.[41] 그는 성경에 기록된 언약 개념은 매우 분명하다고 믿었다. 하지만, 스승 츠빙글리와 달리 불링거는 두 서판들(십계명)에[42] 기록되어 있는 언약이 조건적이라고 믿었다. 그는 구약을 약속으로 신약을 성취로 보았다. 그리스도는 신약뿐 아니라 구약의 목표요 중재자였다. 불링거는 신약과 구약을 이 둘의 구원론적 통일성의 빛 가운데서 연결했으며, 이러한 사상은 그를 본능적으로 언약신학으로 인도하였다.

불링거에 따르면 하나님께서 아담이 타락한 후에 그와 언약을 맺으실 때 그리고 이후에 계속해서 아브라함, 모세와 언약을 맺으실 때, 하나님께서는 그들 모두와 함께 우리를 참가자(partakers)로 부르셨으며, 우리에게 당신의 선하신 하늘의 복들과 더불어 언약들을 주셨으며(창 17:7; 22:18), "믿음과 마땅한 순종 안에서 우리를 당신에게 매어 놓으셨다."[43] 불링거는 인간의 책임은 아브라함 언약에서 더욱 명료하게 나타났다고 주장하였다. 왜냐하면, 여기에서 하나님께서는 당신 앞에 행하여 흠이 없도록 하라고 우리에게 공개적으로 명령하셨기 때문이다.[44]

할례든 세례든 주의 만찬이든 간에 은혜로운 언약의 표징들조차 모두 어떤 것을 증언해 준다. 그것은 "그들을 도우시는 하나님의 사랑을 받기 위해 순전한 생활로써 스스로 최선을 다하려고" 헌신한 사람들의 확고한 결심을 증언해 준다.[45]

불링거는 구약 언약의 성도들에 대해 다음과 같이 말하였다. "만일 할례자들이 인간과 언약을 맺으신 여호와 하나님께 충실했다면 모든 선한 것들의 축복과 몫이 그들에게 주어졌을 것이다."[46]

---

[41] David Alexander Weir, *Foedus Naturale: The Origins of Federal Theology in Sixteenth Century Reformation Thought*, Ph.D., Thesis (St. Andrew University. 1984), 12-14; 서요한, "제7장 하인리히 불링거의 생애와 신학사상 소고," 『개혁신학의 전통』 (서울: 그리심, 2014), 221-258 참조.

[42] *The Decades of Henly Bullinger*, vol. 2., 193; Mark W. Karlberg, *op. cit.*, 9-10; Robert W. A. Letham, *op. cit.*, 45-47, 57-64; "The Foedus Operum: Some Factors According For Its Development" (*Sixteenth Century Journal*, vol. XIV, 4, 1983), 462-463.

[43] *The Decades* (ed.) (Thomas Harding. Cambridge: The Parker Society, 1850), vol. 3., 169; Henry Bullinger, *Sermons on the Sacraments* (London: John William Paker, 1840), 105-106, 108. 116, 127-128.

[44] *Bullinger's Sermons, op. cit.*, 171-172.

[45] *The Decades*, vol. 5., 321, 399-430; *Ibid.*, 178.

이것은 우리의 언약적 책임이 하나님을 인정하고 그분만을 의뢰하며, 그에게 구하며, 그를 존경하며, 그를 예배하고, 그에게 충실하고 그를 순종하는 것임을 보여 준다. 불링거는 또한 하나님의 축복은 인간이 어떤 반응을 보이느냐에 달려 있다고 주장하였다.[47] 그에게 있어서 언약의 본질은 모든 세대에 있어 똑같이 존재한다.[48]

더욱이 불링거는 할례와 세례가 언약에서의 인간의 책임을 분명히 증언해 준다고 주장하였다. 하지만, 이것들은 또한 백성들 속에서 그리고 백성들을 통하여 이 책임을 성취하시는 분은 바로 하나님이심을 증언한다. 할례와 세례는 하나님께서 "우리로부터 당신과 우리 사이의 상호 언약과 우호 관계를 가로막는 모든 것들을 당신의 영으로 끊어버리신" 그리스도를 통해 죄인들을 의롭고 거룩하게 하시기 위해 오직 당신의 은혜와 선하심으로 스스로 언약에 얽어매셨음을 보여주는 징표들이다. 모두 그리스도께서는 영원한 생명 안에서 우리를 하나님께 얽어매기 위해 믿음 안에서 우리에게 희망과 자비를 베푸시고, 우리 안에서 이것들을 증대시키신다.[49]

불링거는 성례에 관한 설교들 가운데서 언약 의식에 대해, 여호와께서는 성례들 가운데서 명령하셨다고 주장하였다. 불링거는 "Second Helvetic Confession"(16.2)에서 "믿음은 그의 택자들에게 주시는 하나님의 순전한 선물이다"라고 썼다.[50] 믿음은 "우리 자신의 본성의 산물도 아니며, 우리들의 덕행의 산물도 아니다. 믿음은 우리 가슴 속에 주어진 성령을 통하여 하나님의 은혜에 의해 우리에게 부어지는 것이다."[51] 그리고 우리 속에서 하나님의 법을 향한 사랑과 그 법에 대한 순종의 삶을 살게 하는 분은 바로 우리 안에 내주하시는 성령이시다.[52] 그러므로 불링거는 믿음과 하나님의 법에 대한 반응 가운데서 주어지는 순종은 불가분의 관계가 있음을 확증했다.

츠빙글리와 마찬가지로 불링거는 유아세례의 옹호를 위하여 언약 개념을 사용

---

46 *The Decades*, vol. 5., 321.
47 *The Decades*, vol 3., 170.
48 Robert Letham, *op. cit.*, 460-461.
49 *The Decades*, vol. 3., 174.
50 Philip Schaff(ed.), *The Creeds of Christendom* (New York: Harpel & Brothers, 1878), vol. 3., 268.
51 *The Decades*, vol. 3., 251; Mark W. Karlberg, *op. cit.*, 1-57.
52 *The Decades*, vol. 3., 251.

하였다. 그리고 성례에 관해서는 언약 개념을 한층 더 확장했다. 그는 다음과 같이 주장하였다.

> 유아들은 세례를 받아야만 한다. 이는 그들의 마음에서 우러나오는 신앙이나 입을 통한 여호와께 대한 고백 때문이 아니라 은혜와 자비의 하나님께서 그리스도의 보혈로 그들을 정결케 하사 영원한 생명의 상속자들로 받아들이셨기 때문이다.

그러므로 그는 유아들이 믿을 수 있다고 말한다.[53] 따라서 유아세례는 기독교 신앙의 지식과 판단으로 성례의 경축 속에서 실행되어야 한다.[54] 그러나 불링거는 언약이 전적으로 일방적이라고 주장하지 않았다. 오히려 언약은 쌍무적으로 우리에게 주시는 하나님의 약속과 그분에게 반응해야 하는 우리의 책임이 포함된다.[54]

③ 마틴 루터 (Martin Luther, 1483-1546)

루터는 성경의 언약들을 언급하고 또 논했다. 그러나 그는 이신칭의의 교리를 그의 신학의 초석으로 강조하였다.[55] 루터는 『히브리서 강의』(1517-1518)에서 언약을 다름 아닌 구약과 신약, 율법과 복음 그리고 언약이 언급되는 성경 말씀의 각각의 의미를 구분하는 데 관심을 가졌다. 그리하여 루터는 성경에 통일성과 다양성이 함께 존재함을 깨달았다. 그에게 통일성은 그리스도 안에서 자신을 계시하신 하나님께 있으며 다양성은 율법과 복음의 대조 사이에 있었다. 그러나 1523년의 『구약 서론』(Preface to the Old Testament)에 요약된 것처럼 지배적인 요소는 바로 이 둘 사이의 대조였다.

> 신약의 근거와 증거는 무시되어서는 안 된다. 그리고 구약은 높이 평가되어야 한다.[56] 신약이 복음, 즉 은혜의 책이며, 율법을 성취할 힘을 얻기 위해 무엇을 해야 하는지를 가르쳐 주는 것과 마찬가지로 … 구약은 율법들의 책이며, 인간에게 무엇을 해야 하며, 무엇을 하지 말아야 하는지를 가르쳐 준다. 이제 신약 속에는 율

---

53 *Bullinger's Sermons*, 96, 132, 180-181.
54 *Bullinger's Sermons*, 99-102.
55 J. Wayne Baker, *Heinrich Bullinger and the Covenant: The Other Reformed Tradition* (Ohio University Press, 1980), 181.
56 *Luther's Works*, vol. 35. (ed.), E. Theodore Bachmann (Philadelphia: Fortress Press, 1989), 236.

법들이며 계명들인 많은 다른 가르침들이 주어져 있다. 이와 유사하게 구약에도 역시 약속들과 은혜의 말들이 있다. 그런데도, 신약의 주된 가르침이 그리스도 안에서 죄의 용서를 통한 은혜와 평안인 것과 마찬가지로 구약의 주된 가르침은 율법들의 가르침 즉 죄를 드러내고 선을 요구하는 것이다.[57]

더 나아가 루터는 두 개의 언약이 있었다고 주장한다. 이중 옛 언약은 쌍무적 행위언약(bilateral covenant of works)이었고, 새 언약은 전적으로 하나님의 자비에 근거한 일방적 언약(Unilateral Covenant)이었다.[58] 모세로부터 그리스도까지, 이 새 언약은 율법의 옛 언약과 나란히 존재했다. 그런데 그리스도께서 새 언약을 성취하시고 옛 언약을 폐기하셨다. 구약은 성례적 표징들과 예언들과 모형들 속에 새 언약의 약속을 포함하고 있었다. 신약은 믿음과 은혜의 언약(testament)이다. 루터의 믿음의 새 언약은 그의 언약신학의 주요한 개념이었다. 그리고 이것은 그 성격에 있어서 어거스틴적이었다.

루터는 또한 세례를 가리켜 그 속에서 하나님께서는 죄의 비 전가(non-imputation)를 약속하시며, 인간은 성령의 은혜를 통하여 죄에 대해 죽을 것을 맹세하는 언약이라고 말하였다. 루터에게 있어서 이러한 언약은 그리스도인들에게 위안(comfort)을 가져다준다. 그 이유는 "하나님께서는 언약 가운데서 인간을 위하여 당신의 아들을 죽이시겠다고 스스로 약속하셨기 때문이다."[59]

『의지의 속박』(Bondage of the Will)과 『로마서 강해』에서, 루터는 선택 교리 속에서, 그리고 선택 교리와 예정 교리의 밀접한 관계 속에서, 언약의 역할에 대한 자신의 주장을 한층 더 자세히 피력하였다.[60] 이러한 관계를 뒷받침하기 위해 루터는 네 가지 논증들을 반박하였다. 네 가지 논증들은 다음과 같다.

① 인간은 자유의지를 가지고 있으므로, 선이나 악을 자유롭게 선택할 수 있다.
② 디모데전서 2:4에 근거하여 모든 인간은 구원받을 것이다.

---

[57] *Luther's Works*, vol 35, 236-237.
[58] J. Wayne Baker, *op cit.*, 182-183: Kenneth Hagen, *op. cit.*, vol. III. no. 1. 124; Kenneth Hagen, "The Problem of Testament in Luther's Lecture on Hebrews" (*Havard Theological Review*, vol. LXIII., 1970, January), 61-90.
[59] *Luther's Works*, vol 35., 33-37.
[60] *Luther's Works*, vol. 25 (ed.), Hilton C. Oswald (Saint Louis Concordia Publishing House, 1972), 362-389.

③ 인간은 자신의 죄에 관해 책임이 없으므로, 죄에 대한 어떤 징벌이 내려지는 것은 옳지 않다.
④ 인간의 의지를 강퍅하게 하는 이도 역시 하나님이시므로 인간은 비난받을 수 없다.

이에 대해 루터의 대답은 다음과 같은 본문에 기초하였다.

① 로마서 8:28에서 "뜻"(purpose)은 하나님의 예정을 가리킨다.
② 로마서 9장에서 이삭과 이스마엘 그리고 야곱과 에서의 이야기들은 하나님의 선택을 가리킨다.
③ 로마서 9:15, 17-18에서 사도는 출애굽기 33:19로부터의 유추를 보여 준다.
④ 요한복음 10:29은 하나님의 주권에 대한 더 큰 증거를 보여 준다.
⑤ 요한복음 13장과 6:33은 똑같은 선택의 교리를 재차 강조한다.
⑥ 시편 115:3과 디모데후서 2:29은 인간의 지혜를 능가하며, 대립되는 하나님의 전지(全知)에 대해 말한다.

루터의 관심은 하나님의 정해진 목적이 어떤 피조물에 의해서도 위협받을 수 없음을 분명히 보이는 것이었다. 세례에 관하여, 루터는 하나님께서 구원을 약속하신 언약임을 확신하였다. 헤겐(Hegen)이 지적했듯이, 선택은 여기서 분명히 설명된다.[61] 루터에게 있어서, 자신에 대한 절망은 그리스도에 대한 믿음으로 인도하였다.

④ 존 칼빈 (John Calvin, 1509-1564)

칼빈의 저술에서 "언약"이라는 말은 탁월한 특징을 이룬다. 그는 『기독교 강요』(Institute of Christian Religion)에서 세 장을 은혜언약의 전개에 할애하였다. 『기독교 강요』에서[62] 칼빈은 주권자 하나님의 위엄과 그분의 언약이 그리스도 안에서

---

[61] *Luther's Works*, vol., 25, 373-375. Cf. J. Wayne Baker, *op. cit.*, 181-182; Kenneth Hagen, *A Theology of Testament in the Young Luther: The Lectures on Hebrews, Studies in Medieval and Reformation Thought*, vol. 12. (Leiden: E. J. Bill), 5-10.
[62] John Calvin, *Institutes of the Christian Religion*, vol. II., ch. 9-11 (Edinburgh, 1865). Cf. Willem VanGemeren, "Systems of Continuity," *Continuity and Discontinuity: Perspectives on the Relationship*

이루어진 하나님의 구원 은혜보다 더 큰 의미가 있다.[63] 이것은 예정 교리가 강조하는 하나님의 영원한 언약을 통한 무조건적 선택과 더불어 칼빈의 신학에서 중요한 위치를 차지한다는 것을 입증한다.[64] 하지만, 칼빈은 언약을 여러 곳에서 조건적인 의미로 사용하였다. 예를 들면,

> 나는 이스마엘에서 그리고 그런 부류의 사람들이 그들 자신의 결함과 죄로 인해 선택(adoption)에서 제외되었음을 인정한다. 왜냐하면, 그들이 하나님의 언약을 충실히 지켜야 했던 조건들이 무시되었기 때문이다. 이들은 불성실하게 하나님의 언약을 파기시켰다.[65]

이러한 성경적 정황에서 죄 많은 인간에게 은혜가 주어졌으며 그에게 구원을 위한 믿음의 연습과 행위로 언약을 지킬 수 있게 해 주었다.[66] 믿음과 순종의 행위는 우리 노력의 열매가 아니다. 그것은 우리 안에 내주하시는 성령의 새롭게 하시는 능력의 열매이다.[67] 우리가 언약 가운데서 우리의 책임을 다할 수 있는 것은 다만 성령께서 우리로 그렇게 하시도록 촉구하시기 때문이다.

칼빈에게 이러한 언약은 아브라함과 맺어졌다. 이 언약에는 오실 구속자에 대한 약속을 비롯한 하나님의 약속들이 포함되었다. 칼빈이 분명히 말한 것처럼 이 언약에는 인간이 수행해야 할 윤리적 조건들만 포함되어 있지는 않다. 여기에는

---

between the Old and New Testaments (ed.), John. Feinberg, Crossway Book (Illinois, 1988), 39-40; David Alexander Weir, op. cit., 77, 82, 88; Robert W. A. Letham, Saving Faith and Assurance in Reformed Theology; Zwingli to the Synod of Dort, op. cit., vol. 1., 44-47; Jens C. Moller, "The Beginnings of Puritan Covenant Theology." (The Journal of Ecclesiastical History, 1963), no. 13., 46-54; Alan P. F. Sell, The Great Debate: Calvinism, Arminianism and Salvation, Studies in Christian Thought and History (H. E. Walter Ltd., 1982), 3: Wilhelm Niesel, The Theology of Calvin. translated by Harold Knight, Lutterworth Library, vol. XLVII. (London: Lutterworth Press, 1956), 159; Anthony A. Hoekema, "The Covenant of Grace in Calvin's Teaching." (Calvin Theological Journal, no. 2., 1967), 133-161.

63 Calvin's Institute, 2. 10 8-9; 3. 15-18.
64 Calvin's Comm, Gan. 9:4 (The Banner of Truth Tm.st, London, 1966), 146-149.
65 Calvin's Comm, Gen 17:9, vol. I., trans. John King (Edinburgh: Printed for the Calvin Translation Society, 1847), 451-453; J. wayne Baker, "Covenant and Testament in Calvin's Thought," op. cit., 195; Everett H. Emerson, "Calvin and Covenant Theology" (Church History, 1956), vol. 25., 140-141.
66 Calvin's Comm, Ps 103:18, vol. IV., trans. James Anderson (Edinburgh: Printed for the Calvin Translation Society, 1847).
67 Calvin's Institute, III 17. 6; Sermons upon Deuteronomie, 1175, 32, 44-47. Cf. Everett H. Emerson, op cit., 141; Paul Helm, "Calvin and the Covenant: Unity and Continuity," The Evangelical Quarterly (ed.), I. Howard Marshall, 1983, vol. LIV., 65-81.

하나님께서 인간과 맺으신 언약에서 가지시는 주권과 언약의 함축적 의미가 포함되었다.[68] 옛 언약과 새 언약은 기본적으로 하나이며 같다. 영원한 축복들이 각 언약의 목적으로, 하나님의 은혜와 자비가 공통된 기초이다. 이 표징들은 똑같으며 그리스도가 공통된 중재자이다.[69]

칼빈은 『기독교 강요』에서 언약 교리가 성경을 통합하는 통일성의 열쇠이다. 따라서 구약 시대가 신약 시대와 전혀 다르지 않다는 것을 분명히 하였다.[70] 그는 구약과 신약의 차이점들을 인정한다. 그러나 성경의 통일성을 해치지 않는 한에서 인정하였다. 그리고 이 모든 차이점은 실체(substance)의 차이이기보다는 하나님의 섭리 방법의 차이이다.[71] 따라서 그는 율법과 복음의 관계를 구원론적 용어 속에 나타나는 언약의 한 측면으로 이해했다. 그는 이렇게 말하였다.

> 비록 율법 아래서 유대인들에게 알려지기는 했지만, 그리스도께서는 오직 복음에서만 자세하고 분명하게 계시되셨다.[72] 모든 족장과 맺어진 언약은 그 실체(substance)와 실재(reality)에 있어서 우리들의 언약과 너무나 같다. 그래서 이 둘은 실제로 하나이며 똑같은 것이다. 첫째, 육체적 번영(carnal prosperity)과 행복은 유대인들 앞에 놓여 그들이 열망하는 목적(goal)을 구성하지 않았다. 오히려 이들은 불멸의 희망에 몰두했다. 둘째, 그에 의해 이들이 여호와께 얽어매어진 언약은 그들 자신의 장점들에 의해서가 아니라 전적으로 이들을 부르신 하나님의 자비에 의해 지지되었다. 셋째, 이들은 그리스도를 중재자로 가졌고 알고 있었다. 그리스도를 통하여 이들은 하나님과 연합되었으며 그의 약속들에 참여할 것이다.[73]

칼빈의 견해에서 두 세대 사이 언약의 계속성은 유아세례, 곧 믿는 자들의 자녀들 위에 임하는 언약 표징의 기초가 되었다. 그는 다음과 같이 말한다. "그들에게 할례가 우리에게는 세례로 대치되었다."[74]

또한, 언약 개념이 구원사의 열쇠로 강조되었다. 칼빈은 성경에서 하나님이

---

68 *Calvin's institute*, IV. 2. 11.
69 *Calvin's institute*, II. 10. III. 4. 5. 2; Geoffery W. Bromiley, Historical Theology, *op. cit.*, 248-253.
70 *Calvin's institute*, II. 1O. Cf. W. Stanford Reid, "Justification by Faith according to John Calvin" (*WTJ*, 1980). vol. 42., 290-307.
71 *Calvin's institute*, II. 111
72 *Calvin's institute*, II. 9. title.
73 *Calvin's institute*, II 10. 2
74 *Calvin's institute*, IV. 16. 6. Cf. Willem VanGemeren, "Systems of Continuity," *op. cit.*, 34-36.

인간과 언약적 관계를 세우실 때 그분이 주도권을 가지신 것을 깨달았다(창 6:18; 9:9-11, 16). 그래서 우리는 칼빈에게서, 특별히 민수기 7:7-10의 설교에서 그가 이처럼 언약을 통해 하나님의 주권을 강조하는 것을 발견한다.

> 그러므로 이 말씀을 마음에 새깁시다. 그리고 곰곰이 생각해 봅시다. 모세는 이렇게 선언합니다. 하나님께서 우리와 맺으신 언약은 절대적으로 그분의 선하심에서 비롯된 것이다. 그것은 다른 어떤 곳에서 비롯된 것도 아니다. 그리고 마치 우리가 그러한 혜택을 누릴 수 있는 자격이 있다는 어리석은 생각에서 우쭐대지 말아야 한다.[75]

칼빈은 언약은 무조건적이며 그래서 은혜의 섭리라는 점을 강조하였다. 어떤 사람이 그리스도인이 되고자 한다면 그것은 하나님의 언약 때문이다. 그 사람은 하나님의 언약에 따라 하나님의 자녀가 되도록 예정되고 선택되었다. 더 나아가 칼빈은 신약뿐만 아니라 구약에 관한 관심을 새롭게 하였다. 이 사상은 이후 그의 계승자들의 교육적 가르침의 중심이 되었다. 이것은 후기 영미 청교도들과 특별히 17세기 스코틀랜드 언약도들(Scottish Covenanters)을 통해 계승되었다. 이들에게서 언약사상의 추가적 발전은 언약에 해당하는 라틴어 '포에두스'(foedus)에서 온 동맹신학("Federal" theology)으로 알려졌다.[76]

⑤ 자카리아스 우르시누스(Zacharias Ursinus, 1534-1583)

대륙의 개혁교회의 언약신학자 중에는 『하이델베르크 요리 문답』(Heidelberg Catechism)의 저자 자카리아스 우르시누스(Zacharias Ursinus, 1534-1583)와 카스파르 올레비아누스(Caspar Olevianus, 1536-1587)가 있다. 먼저 우르시누스는 하나님과 인간 사이의 언약 관계를 그의 신학 체계의 확고한 기초로 삼았다. 그는 오직 하나의 언약

---

[75] John Calvin. *The Sermons of M. John Calvin upon the Fifth Book of Moses called Deuteronomy*: 이것은 Calvin이 공개 강단(open pulpit)에서 설교한 자료들을 모아놓은 것이다. 여기에는 Minister of the Church of Geneva의 서론과 제네바에서 Deacons에게 준 권고가 포함되었다. trans. by Arthur Golding. (London: Henry Middleton. 1583, reprinted by (Banner of Truth Trust in Edinburgh, 1987), 317.
[76] 현대신학자들 사이에 동맹신학(federal theology)은 제네바의 Calvin에게서 영향을 받았느냐 그렇지 않으면 취리히 Zwingli의 영향을 받았느냐는 문제를 두고 교리적 논쟁이 진행되고 있다. 많은 학자들은 언약이 Calvin에 의해서 일면적으로(unilaterally) 사용되었기보다는 Zwingli에 의해 양면적으로(bilaterally) 사용되었다고 본다. 그런데 필자는 원래 여기에는 실재적 의미의 적용에서 특별한 구별이 없었다고 생각한다. Lyle D. Bielma, "Federal Theology in Sixteenth Century," *WTY*, 45 (1983), 304-321. Cf. J. Wayne Baker, *op. cit.*, 193.

곧 신약의 은혜 약속만이 있다고 확신하였다. 그것은 은혜에 의해 구원받았고 성령을 통하여 믿음을 받은 신자들과 맺은 언약이다. 성례들은 이들을 위한 언약의 표징들로서 제정되었다. 선한 행위들은 하나님께 영광을 돌리며 이 땅에서 인간의 증인이 되어주는 감사의 행동들이다.[77] 우르시누스의 교리적 견해들은 『하이델베르크 요리 문답』의 구분을 따라 행한 그의 주석에 잘 나타나 있다.[78]

올레비아누스(Olevianus)도 또한 언약을 그의 신학의 중심 주제로 채용 하였다. 칼빈과 마찬가지로 올레비아누스는 은혜언약이 전적으로 믿는 자에 대한 그분의 자비에서 비롯된 무조건적이며 값없이 주시는 약속이라고 믿었다.[79] 그는 언약을 상호 간의 약속 체결을 통해 신자의 삶 속에서 이루어지는 화해 약속의 실현으로 이해하였다. 하나님은 우리의 아버지가 되시겠다는 맹세 가운데서 스스로 우리에게 얽어매신다. 그뿐만 아니라 우리도 또한 그의 호의를 받아들이겠다는 맹세 가운데서 우리 스스로 그분께 얽어맨다. 올레비아누스에게 있어서, 죄인들의 구원은 인간들을 향하신 하나님의 자비에 전적으로 달려 있다. 인간은 언약의 조건을 충족시킬 수 없다. 오히려 이 조건을 충족시키시는 분은 하나님이시다.

최초는 아니지만 가장 잘 알려진 대륙의 언약신학자는 요하네스 코케이우스(Johannes Cocceius, John Koch, 1603-1669)이다. 하나님의 언약들에 대한 그의 연속적인 강의는 인간의 구원을 하나님의 행동에 기초한다는 점에서 특별히 칼빈주의자들에게 의존하였다.[80] 그 시대의 스콜라주의를 공격하면서, 코케이우스는 성경이 완전하며 전체가 조화를 이룬다는 사실을 발견하였다.[81] 코케이우스에 따르면 하나님의 말씀(the Word of God)의 계시는 그리스도 안에서 이루어진 구속 행위에 초점이 맞추어져 있다. 오직 그리스도를 믿는 믿음을 통해서만 성경은 계시가 된다.

코케이우스에게 있어서 언약의 파괴자인 타락한 인간이 구원을 얻기 위해 할 수 있는 것이란 아무것도 없다. 그러므로 그에게 있어서 신학의 중심점은 하나님께서

---

[77] Derk Vissel, "The Covenant in Zucharias Ursinnus," *The Sixteenth Century Journal* (1987), vol. 18., no. 4, 531-544.
[78] Zacharias Ursinus, *The Commentary of Dr. Zacharias Ursinus on the Heidelberg Catechism*, trans., G. W. Williard (Grand Rapids, Eerdmans, 1954), 98. Cf. Mark W. Karlberg, *op. cit.*, 17-18.
[79] Caspar. Olevianus, *An Exposition of the Symbole of the Apostles*, trans. John Fielde (London, 1581), 122.
[80] James Hastings, *Encyclopaedia of Religion and Ethics*, T. & T. Clark, vol. IV., 221.
[81] Charles S. McCoy, "Johannes Cocceius: Federal Theologian" (*Scottish Journal of Theology*, 1963), vol. 16., 360.

죄인을 사랑하셔서 그에게 구속을 제공하신다는 것이다. 그러므로 구원은 오직 그리스도를 믿는 믿음을 통해 하나님을 믿는 자들에게 적용될 수 있다. 하나님께서 당신의 구속 의지를 성경에 계시해 오셨다.

우리는 오직 성경을 통해서만 하나님께 접근할 수 있다.[82] 하나님과 인간 사이의 이러한 관계는 언약적 책임 아래 놓여 있다. 은혜언약에서 당사자가 되기 위해, 우리에게는 그 자체가 하나의 선물, 즉 그를 통해 언약이 드러나는 선물인 믿음의 반응이 필요하다. 하나님과 언약 관계에 있게 된다는 것은 그분의 교제와 화평 가운데 거하며, 우정과 사랑의 관계 속에 거하는 것을 의미한다. 행위언약들과 은혜언약들은 이 점에 있어서 서로 다르지 않다. 그러나 이 둘은 하나님의 사랑을 지각하는 두 가지 다른 방법들이다.[83]

네덜란드의 신학 교수인 헤르만 위트시우스(Herman Witsius, 1636-1708)는 『하나님과 인간 사이의 언약 경륜: 신체(神體)에 대한 완전한 이해』(*The Economy of the Covenants between God and Man: Comprehending A Complete Body of Divinity*)에서 자신의 언약 신학을 펼쳐 보였다.[84] 그는 네덜란드 교회 전체에게 개인적이며 신학적인 풍요를 가져다주는 네 권의 책을 저술하였다. 그 네 권의 책들에는 다음과 같은 내용이 담겨 있다. 1권은 행위언약, 2권은 구속 언약, 3권은 은혜언약, 4권은 서로 다른 시대들의 언약적 조례이다. 이 저술에서, 위트시우스는 은혜언약이 무조건적이라는 입장에 동의하였다. 그는 믿음과 거룩의 길을 거치지 않고는 누구도 구원에 이를 수 없으며, 많은 사람이 이러한 이유로 믿음과 새로운 삶을 언약의 조건들이라고 불러왔다고 주장하였다. 그러나 그는 계속해서 다음과 같이 말하였다. "이것들은 언약의 조건이 아니라 우리가 하나님의 언약 안에 계속 머물러 있게 될 것이며, 그가 우리의 하나님이 될 것이라는 확신에 대한 조건이다."[85]

위트시우스는 하나님의 불변하는 의도, 즉 언약에 기초하며 유언자의 죽음으

---

82 Ibid., 358; Harold O. J. Brown, *Heresies: The Image of Christ in the Mirror of Heresy and Orthodoxy from the Apostles to the Present* (Grand Rapid, Michigan: Bakel. Book House. 1988), 353-354.
83 Charles S. McCoy. *Ibid.* 363.
84 Herman Witsius, *The Economy of the Covenants Between God and Man: Comprehending A Complete Body of Divinity* (Utrecht, 1693); William Crookshank가 라틴어로부터 세밀하게 번역 수정하였다 (London, 1822), 2 vols. Cf. T. M. Lindsay, "The Covenant Theology," *The British and Foreign Evangelical Review* (London, 1879), vol. 28., 521-538. Cf. John Murray, "Covenant Theology," *The Encyclopaedia of Christianity*, vol. III. (Marshallton. Delaware, U.S.A, 1972), 199-216.
85 *Ibid.*, vol. I., 389.

로 비준된 하나님의 영원한 목적 속에 자리 잡은 "언약의 유언적 성격"에 호소하였다.[86]

(2) 영국의 개혁자들과 영국 및 뉴잉글랜드의 청교도들

영국에서의 이러한 발전의 전경(前景)에는 언약 개념을 광범위하게 활용해야 한다는 그리스도인의 책임을 강조한 윌리암 틴델(William Tyndale, 1494-1536)이 있었다. 켄달(R. T. Kendall) 박사에 따르면, 틴델의 언약신학은 매우 탁월한 것이며, 행위언약과 은혜언약에 대해 말하는 신학이 아니라 하이델베르크 신학자들이 그들의 동맹신학(federal theology)에서 보여 준 것과 유사한 것이다.[87]

1530년 이후 틴델의 저술에서 언약이라는 말이 더욱 빈번하게 등장한다. 그는 "언약"이라는 말을 하나님의 은혜를 인간의 책임에 연결하는 친밀하고 궁극적인 결속 접착제(bond of union)와 강제력의 쌍무적 위임(a bilateral commitment of compelling force)의 의미로 사용하였다. 틴델은 1527년에 『사악한 맘몬에 대한 비유』(Parable of the Wicked Mamom)과 1532-1533년에 출판된 『산상설교』(Sermon on the Mount), 그리고 1534년 그의 신약성서 번역판 서문(N.T. unto the Reader)에서 언약이라는 용어를 수용하였다. 틴델은 하나님께서 당신의 백성과 맺으신 언약은 영원하며 그래서 모든 사람이 반드시 율법의 준수를 훈련받아야 한다고 믿었다. 틴델은 자신의 저술에서 하나님의 약속을 도덕법으로 규정하고, 언약의 조건적 성격을 강조하였다.[88] 마태복음의 개정판 서문에서 그는 윤리적 의미를 긍정하였다.

> 그 속에 모든 다른 것들이 포함된 일반 언약(general covenant)은 이러하다. 우리가 그리스도의 본을 받아 하나님께 유순하고 그의 모든 법을 지키면 하나님께서는 … 우리가 지금부터 하나님의 법을 사랑하고 그 안에서 행하며 그것을 준행한다는 우리에 대한 당신의 조건과 언약에 기초하여 스스로 우리에게 묶으시며 모든 성경을 통하여 그리스도 안에서 약속된 모든 자비를 유지하시며 유효하게 하실 것이다.[89]

---

[86] Ibid., vol. I., 386.
[87] R. .T. Kendal, *Calvin and English Calvinism to 1649* (Oxford University Press, 1981), 42.
[88] Mark W. Karlberg, *op. cit.*, 20-22; L. J. Trinterud, "A Reappraisal of William Tyndale's Debt to Martin Luther" (Christian History, 1962), vol. 39., 39; William A. Clebsch, *England's Earliest Protestants 1520-1535* (Yale University Press. 1964), 154-195.
[89] William Tyndale, *Doctrinal Treatises and Introductions to Different Portions of the Holy Scriptures* (ed.), Henry Walter (Cambridge: The Parker Society, 1848), vol. l., 470(403, 469), vol. II. Cf. Michael

1534년 신약성경 서문에서 틴델은 다음과 같이 말하였다.

> 신약은 새 언약으로서 말할 것이 많다. 그러나 새 언약(new testament)은 그리스도를 믿은 믿음을 통해 그리고 그리스도의 공로에 기초하여 하나님의 자녀들에게 주어진 영원한 언약이다.[90]

틴델은 새 언약을 하나님의 언약에 기초한 조건적인 관계 문제로 생각했다. 그는 오경의 서언에서 이 개념을 다시 언급하면서 다음과 같이 말하였다.

> 성경의 열쇠는 하나님의 모든 약속이 조건적이라는 사실에서 발견되어야 한다. 하나님의 약속들은 하나님께서 인간들이 당신의 율법들을 지킬 때 특정한 축복들을 약속하신 언약을 구성한다. 이러한 언약은 타락 후 아담과 가장 먼저 맺어졌다. 이제 이러한 언약은 사람들에 의해 세례에서 맺어진다.[91]

라일 비에르마(Lyle D. Bierma)가 말한 것처럼 최초의 청교도 신학자인 틴델은[92] 계약 신학(contracts theology)과 매우 밀접한 관계가 있는 언약에 대한 츠빙글리적 이해에서 영향을 받았다.[93]

이후 엘리자베스 시대에 청교도들은 그들의 신학적 저술들에서 언약 교리에 커다란 주의를 기울였다.[94] 이들은 언약 개념을 받아들이고 이를 잘 다듬었다.

McGiffert, "William Tyndale's Conception of Covenant (*Journal of Ecclesiastical History*, 1981), vol. 32., no. 2., 167-184.

[90] Tyndale's Works, *The Parable of the Wicked Mammon*, vol. I., 105; Tyndale은 testament와 promise라는 말을 그의 저서에서 많이 사용했다. *Table Expounding Certain Words in Genesis*, vol. l., 409; vol. ll, 166, 323. Cf. Robert Williams, "Patterns of Reformation in the Theology of William Tyndale," in *Christian Spirituality Essay in Honor of Gordon Rupp* (ed.), Peter Brooks (London: SCM Press Ltd., 1975), 133. Cf. Marvin W. Anderson, "William Tyndale: A Martyr For All Seasons" (*The Sixteenth Century Journal*, 1986), vol. 17., 338-340.

[91] Ibid., 39.

[92] *Westminster Theological Journal*, 1983, vol. 45, 304-321; Leonard J. Trinterud, "The Origins of Puritanism" (*Church History*, 1951), vol. 20., 37-57; Jens Moller, "The Beginnings of Puritan Covenant Theology" (*JEH*, 1963), vol. 14., 46-67.

[93] Mark W. Karlberg, op. cit., 20-22; Robert W. A Letham, op. cit., 240-242; Richard Greaves, "The Origins and Early Development of English Covenant Thought" (*The Historian*, 1968), vol. 31, 21-35; J. C. Moller, "The Beginnings of Puritan Covenant theology" (*Journal of Ecclesiastical History*, 1963), vol. 14., 51-52.

[94] John Owen, Works, vol. IV., *The Everlasting Covenant the Believer's Support under Distress*": and Salus

이들은 "자연 언약"(covenant of nature, "율법 언약"으로도 불린다)에 대해 말했으며, 이 것은 또한 행위의 언약을 구성하였다. 윌리엄 퍼킨스(William Perkins, 1558-1602), 존 프레스톤(John Preston, 1587-1628), 윌리엄 에임스(William Ames, 1576-1633), 존 오웬(John Owen, 1616-1683) 그리고 존 볼(John Ball, 1585-1640) 같은 청교도 설교가들은 개인적인 경건과 공적인 도덕성을 증진하기 위하여 평범한 회중에게 이것을 가르쳤다.[95] 이들은 오랫동안 그들의 공동체 안에서 경건한 사람들에게 관심을 가졌다. 16세기 말에 몇몇 목회자들이 그들의 교구에서 은혜언약에 맹세한 성도들로 소그룹을 구성하였다. 이와 동시에 목회자들은 "언약"을 행위언약의 형태로 사람들의 일상적인 삶 속에서 사용하였다.[96] 제임스 존슨(James T. Johnson)의 주장처럼, 언약사상이 그리스도인의 결혼 관계를 잘 나타내 준 것이다.[97]

언약사상은 1620년 11월 11일, 미국의 플리머스(Plymouth)[98] 항구에 도착한 순

Electorum, Sanguis Jesu: or, the Death of Death in the Death of Christ, Goold's edition, vol. X., 168; John Preston, *Treatise on the New Covenant; or, the Saint's Portion* (London, 1629); John Ball, *Treatise of the Covenant of Grace* (London, 1645); William Perkins, *A Golden Chain or the Description of Theology* (ed.), Ian Breward (Courtenay Library of Reformation Classics, England: The Sutton Courtenay Press, 1970), 170-259; Stephen Charnock, *Discourse of God's Being the Auther of Reconciliation* (Nichol's edition of the Puritans), vol. III, 371.

[95] Master Dering, "A Sermon Preached Before the Queen's Majesty," M. Dering's Works (London, 1597), 7, 13. 22-23, 28; Leonard J. Trinterud가 서론과 함께 재판. (ed.), Elizabethan Puritanism (New York, 1971), 131-161; Richard A. Muller, "*Covenant and Conscience in English Reformed Theology*": "*Three Variations on a 17th Century Theme*" (WTJ, 1980), vol. XLII. no. 2., 308-334; Collinson, *The Elizabethan Puritan Movement* (Berkeley, 1967), 2, 17, 31; M. M. Knappen. *Tudor Puritanism: A Chapter in the History of Idealism* (Chicago, 1936), 219-240; A. F. Scott Pearson, *Thomas Cartwright and Elizabethan Puritanism, 1535-1603* (Cambridge, 1925), 115.

[96] Theodore Dwight Bozeman, "Federal Theology and 'the National Covenant: An Elizabethan Presbyterian Case Study" (*The American Society of Church History*, vol. 61, no 4., December 1992), 394-407; Michael McGiffert, "Covenant, Crown, and Commons in Elizabethan Puritanism" (*Journal of British Studies*, Chicago: University of Illinois, 1980), vol. 20., 32-33.

[97] James T. Johnson, "The Covenant Idea and the Puritan View of Marriage" (*Journal of the History of Ideas*, 1971), vol. 32., 107-116.

[98] 오늘날 미국의 플리머스 항구는 청교도들이 맨 처음 발을 디딘 돌에 '1620년'이라는 글자를 새겨 기념을 위하여 박물관에서 소중히 보관하고 있다. 1776년 독립전쟁 중에 이 바위가 애국주의의 상징이 될 수 있다고 판단하여 광장으로 옮기던 중에 바위가 둘로 깨어지자 사람들은 이것을 미국이 반드시 영국에서 분리될 것이라고 해석하였다. 그 후 깨진 바위 위쪽 반만을 광장으로 옮겨 전시되다가, 1830년 건축된 박물관 전시실로 옮겨졌다. 메이플라워호를 타고 온 이주민들은 첫해 겨울에 영양실조와 질병으로 반이 죽었다. 그런데 이들은 전혀 믿기지 않을 정도로 생존법에 무지했다. 고기잡이에 큰 기대를 걸었으면서도 필요한 도구 하나 없었고 심지어 고기 잡는 방법도 몰랐다. 뉴잉글랜드 바다에서는 10여 척의 영국 배가 대구(cod)를 무더기로 잡았지만, 이들은 굶어 죽었다. 그런데 1621년 3월 16일 이들에게 기적이 일어났다. 이전에

례자들이 서약한 메이플라워 협약(Mayflower Compact, 영국교회 로부터 독립한 분리주의자들인 필그림 순례자들이 작성하였다)에서 발견된다.[99] 당시 이 협약은 메이플라

[99] 영국의 탐험대에 동행한 덕분에 영어를 배운 인디언 사모세트(Samoset, 1590-1653)가 나타났다. 그는 이틀 후에 스페인과 영국 런던에 거주했던 스콴토(Squanto, 1585-1622)라는 인디언을 데리고 왔다. 이들은 청교도들이 부근 왐파노아그(Wampanoags) 인디언들과의 우호적인 관계를 맺는 데 결정적인 역할을 하였다. 그 후 인디언들이 물고기를 잡고 옥수수 재배법을 가르쳐 준 덕분에 백인들이 연명하였다. 1621년 10월 첫 번째 추수 후 정착민들은 추수감사절 파티를 열고 원주민들을 초대하였다. 참석자는 정착민 53명, 원주민 90명이었다. 겨울에 사망한 카버 후임으로 새 지사가 된 William Bradford(1590-1657)는 이날을 '감사의 날'(thanksgiving day)로 선포하였다. 이것이 바로 오늘날 미국의 최대 명절인 추수감사절의 기원이다. 1789년 11월 29일 George Washington(1732-1799) 초대 대통령이 처음으로 추수감사절을 국경일로 선포했으며, 남북전쟁(1861-1865)이 벌어지고 있던 1863년 Abraham Lincoln(1809-1865) 대통령은 매년 11월 마지막 목요일을 추수감사절로 정례화하였다. 추수감사절은 1939년 11월 셋째 주 목요일로 변경되었다가 1941년 의회에서 법률을 통해 11월 넷째 주 목요일로 확정해 오늘에 이르렀다.
1603년 Elizabeth 여왕의 사후 James 1세(1566-1625)는 왕의 권위는 신에게서 나온다는 왕권신수설(the divine right of kings)을 주장함으로써 청교도들을 탄압하였다. 이에 스크루비(Scrooby) 마을의 분리주의자들이 1608년부터 조용히, 불법으로 한 번에 몇 명씩 종교의 자유를 찾아서 네덜란드의 레이든(Leiden)으로 이주하였다. 그러나 이들의 레이든 생활은 간단하지 않았다. 그 이유는 청교도들이 레이든에서 망명 생활을 한 10여 년 동안이 알미니안주의(Arminianism)의 전성기였기 때문이다. 당시 폴란드 출신의 네덜란드 신학자 Jacobus Arminius(1560-1609)는 인간의 구원이 그리스도를 통한 하나님의 은총에 의한 것임을 인정하면서도, 그 은총에 대한 인간의 응답은 인간의 자유의지에 의존한다고 주장함으로써 Calvin의 예정론을 거부하였다. Calvin의 신학을 추종한 당시 청교도들은 반 알미니우스를 지지함으로 처지가 난처하였다. 이러한 상황에서 당시 망명 집단 내부에서 인쇄사업으로 성공한 William Brewster(1566-1644)가 영국 국교회, 성공회를 비판하는 인쇄물을 제작했는데, 이것이 영국의 James 1세를 분노케 하였다. 즉시 체포령이 내려지고 이에 네덜란드 당국이 협조하자 브루스터는 도피했으나 청교도들의 불안감이 증대되었다. 게다가 평소 청교도들이 네덜란드 문화에 동화되는 것을 염려하던 차에 새로운 돌파구가 요청되었다. 그리하여 대서양을 건너는 것밖에는 다른 길이 없다는 쪽으로 의견이 모였다. 설상가상 1618년 발생한 30년 전쟁(1618-1648)의 와중에서 종교적 박해에 대한 공포도 영국의 청교도들에게 이주의 자극을 주었다. 그런데 1607년에서 1609년까지 미국의 버지니아 제임스타운(Jamestown)에 영국의 첫 번째 식민지 정착촌을 건설하고 돌아온 John Smith(1580-1631)가 다시 탐사 여행을 떠났다. 그는 1616년 자신이 본 지역을 열광적으로 소개하는 소책자를 출간하고, 자신이 탐사한 지역을 뉴잉글랜드(New England)라고 명명하였다. 지도가 포함된 Smith의 소책자는 분리주의자들을 자극하였다. 특히, 이들의 관심을 끈 건 대구(cod)라는 물고기였다. Smith는 이미 대구를 잡아서 부자가 되었으므로, 분리주의 청교도들도 대구로 얻게 될 기대감에 들뜨게 되었다. 1618년 가을 약 200명에 달하는 일부 성급한 청교도들이 아메리카행을 시도하였다. 이들은 버지니아와의 공식 협상이 끝나기 전에 무심코 아메리카 대륙으로 떠나는 돌출행위를 저질렀다. 준비 없는 무모한 행위의 대가는 가혹했다. 이들이 6개월 만에 겨우 버지니아 해안에 도착했을 때 생존자는 단지 50여 명이었다. 1620년 스크루비 그룹은 버지니아 회사로부터 그곳에 정착할 수 있는 허가를 받았고, James 1세로부터 "만약 조용히 떠나 준다면 그들을 괴롭히지 않으리라"라는 언질을 받았다. 그해 7월 22일 30여 명이 스피드웰(Speedwell) 호를 타고 영국으로 향했다. 생각보다 수가 적자 동행할 사람을 모집하였다. 그리하여 1620년 9월 6일 35명의 '신도'(saints: 분리주의 청교도)와 67명의 '이방인'(strangers: 그들의 교파에 속하지 않은 사람들) 등 102명을

위에 승선한 41명의 성인 남자들에게 서명이 요구되었던바, 그 주된 내용은 하나님과 사람 간의 상호 결속을 위한 언약 관계를 밝히고 있다. 특별히 영국의 시민으로서 영국 왕실과 국가에 충성을 표시하고, 하나님의 영광과 기독교 신앙의 확장을 위한 식민지 건설을 위해 활동하는 동안 개인의 자유와 권리를 위해 정의롭고 평등한 법을 제정하고 실천할 것을 밝혔다.

청교도들은 개인의 자유보다도 하나님의 주권을 강조하고 개인의 이익보다는 공공의 유익을 더 앞세웠다. 따라서 이 협약은 한 거대한 "시민 정치 단체"(civil body politic)를 형성하였고 이후 일반적인 선(general good)을 위한 제반 법과 직무들을 제정하고 정비하였다.[100]

태운 메이플라워(Mayflower)호가 영국 플리머스(Plymouth) 항구를 출발하였다. 그 후 이들은 John Smith가 뉴잉글랜드를 탐험하는 동안 그린 지도에 '플리머스'라고 명명한 지역에 도착하였다. 당시 플리머스는 버지니아 회사의 영역 밖이었기에 정착민들은 회사의 법칙에 복종할 필요가 없었다. 하지만, 청교도들이 버지니아 회사의 권한 밖에 있는 육지로 상륙을 결정하자 '이방인들'은 청교도 지도자들의 명령을 받지 않겠다고 선언하였다. 그런데 사실 청교도와 이방인들은 신앙적 갈등으로 이미 항해 중에 통합할 수 없다는 것을 알고 있었다. "배 위에서는 수시로 목소리를 높여 찬송가 부르며 큰 소리로 기도하는 '성도'들은 '이방인'들을 곱지 않은 눈초리로 바라보았다. 그러나 '성도'들은 자기들의 신앙을 함께 탄 국교도들에게 기어이 전수하겠다는 기세였다. 반면에 '이방인'들은 전체의 3분의 1밖에 되지 않는 이 '성도'들이 너무 극성스럽게 베디적으로 행동하는 것을 용납하지 않았다. 심지어 그들은 이 소수 '성도'들의 과격한 행위 때문에 하나님의 진노로 배가 무사히 목적지까지 도착할 수 있을지 염려하였다." 메이플라워호는 길이 30미터, 무게 180톤짜리 노르웨이 목조 범선으로, 본래는 화물수송선이었다. 당시 이 배는 고기 썩은 냄새와 기름 냄새 등의 악취가 진동했다. 청교도들은 66일간의 위험한 항해 끝에 1620년 11월 11일 육지, 즉 현재의 케이프 카드(Cape Cod) 해안에 도착하였다. 그곳은 그들의 최종 목적지가 아니었지만, 더 이상의 항해가 어려운 상황에서 정착지를 이곳의 북부지역으로 결정하였다.

100 거친 양피지에 기록된 메이플라워 계약서의 전문(全文)은 다음과 같다. "하나님의 이름으로 아멘. 여기에 서명한 우리들 곧 하나님의 은혜로 영국과 프랑스와 화란의 왕이시며 신앙의 수호자가 되시는 우리의 경외하는 주권자이신 James 왕의 충실한 신민인 우리는 하나님의 영광과 기독교 신앙의 융성과 우리의 왕과 조국의 영예를 위하여 버지니아 북부에 최초의 식민지를 건설하기 위해 항해를 감행하였노니, 본 계약서에 의하여 하나님과 서로의 앞에서 엄숙하게 서로 계약을 맺고 우리 자신을 하나의 정치체(政台體)로 결속시키는바, 이는 우리를 좀 더 잘 규율하고 보전하며 앞서 말한 여러 목적을 잘 달성하기 위함이며, 이로써 기본적 규약을 정하고 식민지의 공공복지에 가장 합당하고 유리하다고 생각하는 법령과 공직을 때에 따라 제정이나 설치하기 위함이니 우리는 이에 합당한 모든 복종을 아끼지 않기로 약속하노라. 그 증거로 우리는 이 아래에 우리의 이름을 기재하노니 이는 케이프 카드에서 주후 1620년, 곧 우리의 주권자 되시는 James 왕이 영국과 프랑스와 화란의 왕이 된 지 18번째 되는 해 스코틀랜드의 왕이 된 지는 54년째 되는 해 11월 11일의 일이라." 그 후 이 문서는 북아메리카 영국 식민지 자치에 관한 최초의 문헌이 되었으며, 이 서약에 따라서 청교도 지도자 존 카버(John Carver, 1584-1621)가 만장일치로 정착지 첫 초대 민선 지사로 선출되었다. 그 후 이들은 몇 차례에 걸쳐 무장 선발대를 통하여 인근 지역을 탐사한 뒤 한 달여 만인 12월

3. 스코틀랜드교회에서의 언약 개념의 중요성

16세기 유럽의 여러 국가들처럼 당시 스코틀랜드 또한 봉건제가 무너지고 후기 르네상스의 왕권신수설(the Divine Right of Kings)이 대두 되었다. 이로써 신앙의 자유를 위한 투쟁은 피할 수 없었다. 이러한 상황에서 스코틀랜드인들은 자신들의 종교개혁이 다른 어떤 지역에서보다 더 철저하다고 생각하였다. 또한, 이들은 당시 스위스의 몇몇 캔톤(Cantons)을 제외하고 스코틀랜드 장로교회가 국교가 된 유일한 나라임을 잘 알고 있었다. 확신컨대 이들의 종교개혁은 성경에 따른 종교개혁이었으며, 하나님께서 "언약들"의 지시 아래서 당신의 성품과 은혜로 인간을 어떻게 다루시는가를 보여 주었다.

당시 유럽처럼 "결속"(band)과 "유대"(bond)라는 용어는 "동의"(agreement)가 뜻하는 광범위한 말로 사용되었다. 그러나 스코틀랜드에서는 이 말이 특별히 개인들, 일반적으로 지주 계급에 속한 사람들 사이의 관계를 규정하는 말과 관련되었다. 우리는 사람들이 자신들의 자유를 지키며, 국가의 주권에 대한 백성들의 권리와 자기 백성들에 대한 통치권을 보존하기 위해 "계약들"(contracts), "결속들"(bands), "협정들"(pacts), "언약들"(contacts), "정치적 동맹들"(political leagues)을 맺는 사람들을 본다.[101]

스코틀랜드와 대륙 사이의 분명한 관계가 항상 맺어질 수 있었던 것은 아니지만. 언약사상이 성경에 기초했다는 점에서는 유사했다. 이것은 종교개혁 여명기에 살았던 스코틀랜드의 세 명의 개혁자들을 살펴 볼 때, 특히 명확해진다. 이들은 공통으로 대륙으로부터 신학의 영향을 적지 않게 받았다.

20일 보스턴에서 동남쪽으로 60킬로미터 떨어진 플리머스 록(Plymouth Rock) 해안에 내렸다. 그리하여 이들은 2,000년 기독교 역사 속에 최초로 필그림(pilgrim: 순례자)이 되었다. Sydney E. Ahstrom, *A Religious History of the American People* (New Haven and London: Yale Univ. Press, 1972), 136f; CF. Allen Carden, *Puritan Christianity in America: Religion and Life in Seventeenth-Century Massachusetts* (Michigan: Grand Rapids: Baker Book House, 1990), 25-31; Joseph Gaer and Ben Siegel (The Puritan Heritage: America's Roots in the Bible U. S. A: Mentor Books, 1964), 13-104.

[101] J. B. Torrance, "The Covenant Concept in Scottish Theology and Politics and its Legacy" (*The Scottish Journal of Theology*, 1981), vol. 34., 1-4; "Covenant or Contract?" (*The Scottish Journal of Theology: A Study of the Theological Background of Worship in Seventeenth Century Scotland*, 1970), vol. 23., Number. 1. 53.

① 페트릭 하밀톤(Patrick Hamilton, 1503-528)

페트릭 하밀톤은 대륙에서 루터교의 교리를 배운 후,[102] 1527년에 스코틀랜드로 돌아왔다. 이때부터 그의 목회와 복음선포는 로마교회를 강하게 자극하였다. 그는 구원이 믿음을 통한 은혜만으로 가능하다고 선포하고, 형식적이며 외형적인 의식과 종교적인 관습들을 반대하여 박해를 받았다. 그는 이후 세인트앤드류(St. Andrew)에서 스코틀랜드교회의 대주교인 제임스 비톤(James Beaton)에 의해 이교적인 것을 가르쳤다는 혐의로 고소되었다.

페트릭 하밀톤은 『믿음과 행위에 관해 성경에 집합된 다양한 열매』(*Dyvers Fruiful Gatheryngs or Scripture Concerning Fayth and Workes*)라는 제하의 글에서 "모든 사람은 죄로 말미암아 전적으로 부패했으며 이러한 사실은 유아들에게서조차 발견된다. 그러므로 인간은 자신의 구원에 대해 스스로 아무것도 할 수 없다"[103]라고 말하였다. 페트릭 하밀톤은 진정한 그리스도인은 자신이 하나님 앞에서 은혜의 상태에 있다는 것을 아는 것이며, 구원을 얻기 위해서는 하나님의 은혜가 필수적이라고 주장하였다.[104] 하밀톤은 마지막으로 세인트앤드류에서 화형당할 때 다음과 같이 자신의 견해를 변호하였다.

"사악한 인간아, 너는 내가 이교도가 아니라는 것을 알고 있다. 그리고 나는 지금 하나님의 진리 때문에 고난을 겪고 있다."[105]

하밀톤은 기독교 신학의 과정에서 하나님과 인간 사이의 언약 관계를 확고히 믿었다. 그에게 있어 믿음은 여호와의 약속과 언약에 의지하는 것을 의미한다. 낙스(Knox)는 "하나님의 은혜에 의해 그의 가슴에 심어진 참 빛"에 대해 말하였다. 그리고 이 빛은 비밀스럽게뿐만 아니라 공적으로 온 세상에 풍부하게 나타났다.[106]

---

102 William Garden Blaikie, *The Preachings of Scotland from the Sixth to the Nineteenth Century* (Edinburgh: T. & T. Clack. 1888), 49.
103 John Fox, *The Acts and Monuments of the Church: Containing the History and Sufferings of the Martyrs.* 여기에는 초대교회부터 지금까지 기독교 역사의 전체, 즉 현재의 로마교회와 고대 로마교회의 차이점이 예비적 논문과 함께 기록되어 있다. (London: Printed for Scott, Webster, and Geary. (revised) M. Hobart Seymour, 1838), vol. 8., 500-501. Cf. James Edward McGoldrick, "*Patrick Hamilton, Luther's Disciple*" (The Sixteenth Century Journal, vol. 18., no. 1., 1987), 84-88.
104 John Spottiswood, *History of the Church of Scotland Beginning the Year of Our Lord 203, and Continued to the end of the reign of King James the VI* (Edinburgh: Printed for the Spottiswoode Society, 1847), vol. I., 124-127; Alexander F. Mitchell, *the Scottish Reformation: Its Epoch, Episodes, Leaders, and Distinctive Characteristics* (ed.), D. Hay Fleming (Edinburgh: William Blackwood and Sons, 1899), 31.
105 *Ibid.*, 126-127.
106 *Knox's Works*, vol. 1., 15; *John Knox's History of the Reformation in Scotland* (ed.), William Croft

② 조지 위샤르트 (George Wishart, 1513-546)

1539년 6월 헨리 8세에 의해 소위 "피의 법"(Bloody Statute) 또는 "여섯 개의 끈이 달린 채찍(Whip with Six Cords)이 선포되었다.[107] 그리하여 당시 비정통적인 종교관을 가지고 있던 위샤르트는 외국으로 망명하지 않을 수 없었다. 이 망명 기간에 위샤르트는 스위스의 종교개혁자들과 접촉하였다. 유럽 본토에 머문 결과 위샤르트는 성경의 보증, 즉 성경적이지 않은 모든 신앙 전통과 행위를 거부하였다. 그런데 이러한 가르침은 이후 스코틀랜드 개혁자들의 신앙적 중심이 되었다. 그는 1543년 스코틀랜드로 돌아오기 전에 잠시 영국의 케임브리지에서 지냈다.

스코틀랜드로 돌아온 후 위샤르트는 앵거스(Angus), 파이프(Fife), 에어셔(Aryshire) 그리고 이스트 로티안(East Lothian), 몬트로스(Montrose)와 던디(Dundee) 등지에서 소위 그의 이단적 교훈을 가르쳤다. 이곳에서 그의 급진적인 견해들은 상당히 지지를 받았다.[108] 그는 예수 그리스도의 사역만이 죄인들을 구원하기 위한 하나님의 구원 방법임을 굳게 믿었다. 1543년 그는 성경에 나타나는 여러 하나님의 명령과 신조의 12개 조항, 주님의 기도 그리고 로마서를 설교하였다. 던디(Dundee)에서 한 고소자가 "너는 이단자, 배교자, 반역자, 도둑이다. 설교하는 것은 네게 적합하지 않다. 너는 지금껏 교회의 아무런 권위도 없이 그 힘을 네 손에 움켜쥐었다"라며 그를 비난하였다.[109]

그러나 위샤르트는 로마교회의 굳어진 악습과 부패를 비판하면서 "우리는 인간보다는 하나님을 섬길 것이다"(행 5:29)라고 하였다.[110] 그는 로마교회의 성례 중에 몇몇, 예를 들면, 미사나 고해성사 같은 것들은 미신적이라고 보았다. 이것들은 성경의 보증을 전혀 받지 못했기 때문이다.[111] 그는 하나님께서 당신의 언약적 자비와 약속에 따라서 그와 함께 계신다는 믿음을 확고히 가졌다. 1546년 초에 그는 이스트 로티안(East Lothian)의 오미스톤(Ormiston)에서 추기경 데이빗 비톤(David Beaton, 1494-1546)의 명령에 체포되어 곧 에든버러 성으로 이송되었으며,

---

Dickinson (London: Thomas Nelson and Sons Ltd, 1949), vol. I, 12.
107 D. P. Thomson, George Wishart: *The Man who roused Scotland* (Edinburgh), 8.
108 Ian Donachie and George Hewitt, *A Companion to Scottish History: From the Reformation to the Present* (B. T. Batsford Ltd, 1989), 207; William Garden Blaikie, *op. cit.*, 51.
109 Foxe's Acts and Monuments, vol. 8., 624.
110 *Ibid.*, 624; Thomson's, 14에서 인용
111 Foxe's Acts and Monuments, vol. 8., 625.

1546년 세인트앤드류에서 순교하였다.

③ 존 낙스(John Knox, 1514-1572)

위샤르트의 사망 후 낙스는 1550년부터 언약 개념을 발전시켰다. 성례에 대한 설교에서 낙스는 언약을 "상호 간 사랑의 연합"을 가리킨다고 역설하였다.[112] 1553년 그는 메리 튜터(Mary Tudor)의 왕위 계승에 맞서 동맹(League) 사상을 주창하였다.[113] 1554년 1월 출판한 『런던, 뉴캐슬, 버윅의 성도들에게 주는 권면 혹은 경고의 편지』(A Godly Letter of Warning or Admonition to the Faithful in London, New Castle and Berwick)에서 개신교도들의 금세에서나 내세에서 하나님의 심판을 피하려면 육신적으로나 영적으로 우상 숭배자들의 의식과 가톨릭 미사에 참여해서는 안 된다고 하였다. 이 편지에서 낙스는 처음으로 언약사상을 주장했는데, 이렇게 정의하였다.

> (언약은) 하나님만이 우리 하나님이 되시고, 우리는 그의 백성이 된다는 맹약이다. 그는 우리에게 그의 은혜와 선하심을 베푸시고, 우리는 몸과 마음으로 그분을 섬긴다. 그는 죽음과 저주로부터 우리의 보호자가 되시고 우리는 그분을 찾고 모든 이방 신들을 피하고 대적한다. 이 맹약을 맺음에 있어 우리는 하나님께서 자신의 말씀을 통해 인정해 주신 종교 밖의 어떤 종교와도 관련을 맺지 않기로 엄숙히 서약한다.[114]

낙스는 하나님과 그의 백성들 사이의 이 언약 때문에 영국의 개신교도들이 로마 가톨릭에 동화되지 말아야 한다고 하였다. 그리고 3년 후인 1557년 12월과 1560년 4월에 낙스는 "경건한 연합 또는 언약"과 "리쓰에서의 최후 연합"(the Last Band at Leith)을 소집하였다.[115] 그리하여 이 "마지막 연합"의 주요 관심사는 로마 가톨릭의 도그마로부터 그리스도의 복음의 자유였으며, 이 연합은 스코틀랜드에서 이미 오래전부터 빈번하게 승인되어 온 것이다. 그 표현이 암시하는 것처럼 이 연합은 점차 발전하였고, 이 사상은 낙스가 영국, 스코틀랜드 그리고 심지어는 그가 추방

---

112 *Knox's Works*, vol. III., 74; Richard L. Greaves, "John Knox and the Covenant Tradition" (*Journal of Ecclesiastical History*, vol. 24., no. 1., January 1973), 23.
113 *Ibid.*, 23-24.
114 *Knox's Works*, vol. III., 190-191.
115 John C. Johnston, *Treasury or the Scottish Covenant* (Edinburgh: Andrew Elliot, 1887), 27; Thomas M'crie. *Life of John Knox, Containing Illustrations of the History of the Reformation in Scotland* (Edinburgh: William Blackwood and Sons, 1885), 88.

당한 유럽 대륙에서 사역할 동안에 널리 실행되었다. 특별히 이 사상은 스코틀랜드에서 그의 계승자들뿐만 아니라 영국의 청교도들에게 영향을 끼쳤다.

낙스는 사역 초기와 달리 언약 개념을 주로 정치적 상황에서 발전시켰다.[116] 그에 의하면 언약의 의무를 성실히 이행하기 위해서는 단지 가톨릭의 미사에 참여하지 않는 것으로는 충분하지 않았다. 그 보다 적극적인 그 무엇이 요청되는데, 그것은 우상숭배 자들에 대한 그들의 적개심을 공개적으로 표현하는 것이었다. 그리하여 낙스는 교회의 즉각적인 개혁 요구로부터 곧바로 교회와 그 목회자들은 통치자들이 백성들을 대신하여 하나님의 법 아래 있고 또한 말할 수 있는 권위를 가지라고 요구하는 데까지 나아갔다. 1561년 낙스는 메리 여왕에게 다음과 같이 말하였다.

> 그들의 왕들이 하나님께서 금하신 것을 명령할 때에는 언제나 힘을 가진 백성들은 그들에게 저항할 수 있다. 왜냐하면, 이러한 왕들은 자신의 자녀들을 죽이려는 부모들과 같기 때문이다. 이들은 마치 미친 것과 같다. 그렇기에 이들에게서 칼을 빼앗고, 그들의 손을 결박하고, 그들을 감옥에 넣는 것은 왕들에 대한 불순종이 아니라 올바른 순종이다. 왜냐하면, 이렇게 하는 것이 하나님의 말씀과 일치하기 때문이다.[117]

또한, 낙스는 자신의 회중이 로마 가톨릭을 공공연히 비난할 것을 촉구함으로 수동적 불순종의 경계선을 넘어섰다. 그리고 『제네바 공 기도서』(Geneva Book of Common Prayer), 『요리 문답』(Cathechism) 그리고 언약에 관련된 다른 개혁 문헌을 받아들이고 사용할 준비가 되어 있었다.[118]

1557년과 1560년의 언약에는 로마주의를 포기하고 예수 그리스도의 복음의 참된 설교를 지속하려는 신자들 사이의 엄숙한 동의가 포함되었다. 결국, 낙스는 하나님을 매우 현실적으로, 종교적 및 정치적으로 이해하고, 만약 신자들이 소수에 불과할 경우 콘스탄티누스 이전 교회도 받아들일 수 있는 한 모델임을 인정하였다. 그러나 그리스도인들이 충분한 수가 되면 구약을 모델로 삼아 기독교 공화국을 건설해야 한다고 믿었다. 이러한 그의 사상은 언약 개념의 공동체적 표현으

---

[116] Richard L. Greaves, *op cit.*, 26-27. Cf. J. W. Allen, *A History of Political Thought in the Sixteenth Century* (London: Methuen & Co. Ltd., 1941), 103-120.
[117] William Haller, *Liberty and Reformation in the Puritan Revolution* (Columbia University Press, 1963), 5.
[118] *Knox's Works, op. cit.*, vol. II., 86; III., 190-197; IV., 123-125, 434, 489, 500, 505-506; VI., 234, 239, 307, 487.

로 설명되었다. 참으로 그의 신학은 그의 저술에 표현된 것처럼 언약사상에 기초하였다.

④ 스코틀랜드교회에서의 언약 개념의 발전

이 시점에서 어떻게 그리고 왜 언약 개념이 스코틀랜드에서 발전했는지에 대하여 두 가지 질문이 제기될 수 있다. 이 질문의 이해를 위하여 당시 스코틀랜드의 역사적인 상황의 이해가 요청된다. 1556년, 1557년 그리고 1559년 스코틀랜드의 귀족들과 백성들은 공적인 언약들을 서로 수용해 왔다.[119]

이러한 행동의 근저에는 스코틀랜드에서의 로마 가톨릭에 대한 두려움과 프로테스탄트에 대한 정부의 암묵적 위협이 있었기 때문이다. 이들의 두려움은 스코틀랜드의 메리 여왕이 독실한 가톨릭 신자였기에 고조되었다. 이 세 경우에서 본 것처럼 언약을 공적으로 수용한 사람들이 가진 또 다른 확신은 모든 공적 권위는 하나님에게서 온다는 것이다. 그러나 이러한 확신은, 예를 들면, 로마 가톨릭이나 감독교회에서 발견되는, 대주교들에 대한 반대를 함축하였다. 낙스의 사망 후 얼마 되지 않은 1581년에 제임스 6세는 한 계약(covenant)을 선포하였다. 이로써 그는 단호한 행동으로 부정고백서(Negative Confession, 혹은 "왕의 고백서"로 불림)에 의해 프로테스탄트 운동에 대한 자신의 결부를 증명하려던 소망을 달성했다.

이는 스코틀랜드 최초의 국가적 언약(national covenant)으로, 이는 이스라엘의 고대 언약들에 대한 모방이었다. 여기에서 왕, 제사장 그리고 백성들은 참된 하나님에 대한 공통된 충성을 맹세하였다. 부정고백서(Negative Confession)는 가톨릭 교리를 버리고, 엄숙한 맹세로 비준된 프로테스탄트를 지지하겠다는 엄숙한 약속이었다. 그러므로 이 첫 번째 국가 언약은 프로테스탄트의 안전과 성장 그리고 감독교회와 로마 가톨릭에 대한 확고한 반대와 깊은 관련이 있다.

---

[119] J. Lamsden은 그의 책에서 약 80년의 기간에 많은 종교적인 언약들(covenants) 또는 결속들(bond)이 있었다고 주장하였다. 몇몇 학자들은 이 기간에 31건의 언약늘과 결속늘이 1556년과 1638년 사이에 체결되었음을 보여 준다. *The Covenants of Scotland* (Paisley: Alexander Gardner, 1914), 11-12; John C. Johnston. *Treasury of the Scottish Covenant, op. cit.*, 23-26; Thomas M'crie, *Skethches of Scottish Church History* (Edinburgh, 1846), vol. I., 105; David C. A. Agnew, "Presbyterian Covenanting" (Catholic Presbyterian. June, 1881), 445-451; G. D. Henderson, "The Covenanters," *Religious Life in Seventeenth Century Scotland* (Cambridge University Press, 1937), 158-189.

1588년에, 로버트 하위(Robert Howie)는 언약사상을 그의 신학의 주요 원리로 삼기 시작했다. 그가 이렇게 한 것은 로마 가톨릭에 대한 두려움이기도 했다. 그러나 그것은 교회에 대한 자신의 견해를 바꿀 수는 있었지만, 하나님의 모든 말씀이 그것과 관계있다는 헤르본(Herborn)에서의 생각을 변호하면서 감독교회를 더 선호하는 스코틀랜드의 왕 제임스 6세 때문이기도 했다.[120] 1591년에도 그는 시민 행정(civil administration)이 언약적이라고 가르쳤는데,[121] 이것은, 모든 통치자가 하나님에 의해 정해졌으므로 교회 조직과 시민행정에 있어서 하나님을 존경해야 한다는 것을 의미하였다.

1596년의 스코틀랜드 장로교 총회(General Assembly)에서 언약 개념의 새로운 발전이 있었다. 프레스토판스(Prestopans)의 존 데이비슨(John Davidson)은 총회에 모인 모든 부형(Fathers and Brethern)들로 하여금 교회와 국가에 팽배해 있는 부패에 대한 개혁의 필요성에 주목할 것을 요청하였다. 그는 참석한 모든 사람에게 아주 진실된 말로 죄의 고백과 회개를 요구했다.

그 결과 죄에 대한 엄숙한 고백과 언약의 갱신, 총회의 많은 회원이 "하나님의 위엄 앞에 엄숙히 약속하며, 하나님을 더 잘 섬기기 위해 그분과 새 언약을 맺으며, 자신들의 사역을 충실히 이행하자고" 동의하였다.[122] 언약 개념에서의 이러한 새로운 발전은 국가적인 개혁에서 부터 사적인 개혁에까지 진행되었다.

1596년 이후, 이러한 언약의 발전된 사용은 "일반적인 언어상으로 선택된 자들과 하나님의 계약(compact)의 정교한 표현이 아니 하나님과 스코틀랜드 국민 사이의 특별한 신적인 결속(divine bond)을 위한 논거가 되었다."[123] 이것을 설명하

---

[120] J. K. Cameron (ed.), *Letters of John Johnston and Robert Howie* (Edinburgh: Oliver & Boyd, 1963), xxlv-xxv.

[121] Robert Letham, "The Foedus Operum: Some factors according for its Development" (The Sixteenth Century Journal, 1983), vol. XIV., 464.

[122] D. Calderwood, *The History of the Kirk of Scotland* (ed.), T. Thomson. (Edinburgh; Wodrow Society. 1842-1849), vol. V., 404-407; *The Booke of the Universal Kirk or Scotland. 1560-1618* (ed.), A. Peterkin (Edinburgh, 1839), 426-429; Robert Pitcairn, *The Autobiography and Diary of James Melville* (Edinburgh: The Wodrow Society. 1842), 350-368; Thomas M'Crie, *Life of Andrew Melville, 176-178.* Cf. David Stevenson, *The Covenanters: The National Covenant and Scotland* (The Saltire Society, 1988), 32-33; G. D. Henderson, "The Idea of the Covenant in Scotland," *The Burning Bush* (The Saint Andrew Press, 1957), 62; G. D. Henderson, *Religious Life in 17th Century Scotland* (Cambridge, 1937), 162.

[123] D. Calderwood, *Ibid.*, 404-407; Thomas M'Crie, *Ibid.*, 178; W. M. Hetherington, *History of the Church of Scotland: from the Introduction of Christianity to the Period of the Disruption* (Edinburgh: Johnstone and Hunter, 1843), vol. I., 193-208; Sidney A. Burrell, "The Covenant Idea as a

는 가운데, 세인트앤드류의 데이비드 블랙(David Black) 목사는 에스겔 13:34과 시편 5:12을 연계하여 언약의 성경적 교리에 대하여 설교하였다. 여기서 그는 언약의 본질적 특징으로서 자기 점검과 고백, 회개와 하나님에 대한 믿음, 개혁을 위한 불타는 결의 그리고 그로부터의 지속적이며 성실한 노력에 주의를 기울였다. 그 결과 총회는 예수 그리스도 안에서 그들의 하나님과 다시 언약을 맺게 되었으며, 개인과 가족 그리고 회중 생활에 관해 극도로 실제적인 요구들이 제시되었다. 예를 들면, 구걸 금지, 언약 백성으로서 하나님과 깨어진 관계의 재건을 의미하는 "다리 수리" 등이 언급되었다. 비록 언약의 갱신이 상대적으로 지방화되었지만, 교회와 국가의 상호 관계와 프로테스탄트의 발전에 대한 광범위한 문제들도 또한 총회원들의 관심사였다.

언약 개념에 대한 한층 큰 발전은 스코틀랜드 사람들이 언약(즉, 하나님의 이스라엘과의 동맹)을[124] 확대하여 장로교 교회 정치체제뿐만 아니라 근본적인 성경적 교리들을 포함하는 참된 종교의 신정정치 수호를 포함시킨데서 발견된다.

하지만, 본질적으로, 스코틀랜드 언약들(Scottish Covenants)은 1581년, 1592년 그리고 1596년에 일어났던 것들이 반복된 것이다. 나라, 백성 그리고 통치자들이 장로교 체제를 포함하는 종교개혁의 신앙을 수호하기 위해 모두 다 같이 서로 언약(계약)을 맺었을 뿐만 아니라 하나님과 언약을 맺었다. 이들의 공통된 확신은 장로교 체제는 하나님에게서 비롯되었다는 것이었다. 때문에, 이들은 장로교 체제가 자신들을 위한 하나님의 언약의 특별한 상징으로 믿어왔기 때문에 신앙의 법이 되어야 한다는 것이다.

에든버러대학교의 주임 사제 로버트 롤록(Robert Rollock, 1555-1599)은 1597년 출판된 그의 책 『유효한 소명에 관한 논문』(Tractatus de Vocatione Efficaci)에서 언약신학에 대한 스코틀랜드 최초의 주요한 작품으로 "언약" 신학 또는 "동맹" 신학(federal theology)을 분명히 표현하였다. 이후 이 책은 서부 유럽의 개혁 공동체 전체를 통해 널리 읽혔다.[125] 롤록에게 있어서 하나님의 언약은 행위언약과 은혜언약으로 이루어졌다. 그런데 그는 하나님께서 인간을 다루시는 모든 행위를 언약적 판

Revolutionary Symbol: Scotland 1596-1637" (*Church History*, 1958), vol. 27., 342.
[124] Paul T Fuhrmann, *An Introduction to the Great Creeds of the Church* (Edinburgh: The Saint Andrew Press, 1960), 111.
[125] Robert W. Letham, *Saving Faith and Assurance in Reformed Theology*, op cit., vol. I., 44-47.

점에서 보았다. 여기서 롤록은 "행위언약"(Foedus operum)에 새로운 관심을 두고 더욱 구체적으로 성실히 다루었다. 롤록은 다음과 같이 말하였다.

"하나님의 모든 말씀은 언약의 한 부분이다. 왜냐하면, 하나님께서는 언약을 통하지 않고는 인간에게 아무것도 말씀하지 않으시기 때문이다."[126]

1599년 롤록의 사망과 1638년의 국가 언약(National Covenant) 사이에 많은 목회자들은 스코틀랜드 종교개혁이 유럽과 달리 독특하며, 이 나라와 하나님과의 관계는 언약적으로 특별하다는 믿음을 빈번하게 설교하였다.[127] 이렇게 하여 언약 개념의 형식적인 발전이 스코틀랜드 전역의 설교자들에 의해 온 세상에 널리 알려졌다. 하지만, 언약사상은 여전히 이들의 신학의 중심이었다.

그런데 언약 시대 16-17세기에 스코틀랜드에서 일어난 사건들과 문헌들을 해석하는 데는 세밀한 주의가 요구된다. 예를 들면, 1638년 국가 언약 이전에 스코틀랜드 내의 여러 연합체들(Scottish bands)이 매우 활동적이었다. 이러한 연합체 중에 상당수가 로마 가톨릭에 적대적이었으며, 여기에 로마 가톨릭 신자인 메리 여왕도 포함되었다. 이러한 연합체들은 프로테스탄티즘, 즉 신교를 원했으나, 그것은 모든 통제와 간섭으로부터 자유로운 프로테스탄티즘이었다. 이들은 좀 더 독립적이고 자유로운 기독교 신앙생활을 갈망하였다. 어떤 연합체들은 그 접근방법이 한결 더 영적이었으며, 자신들의 확신들에 대한 충성심을 표현하기 위해 엄숙한 맹세들을 사용하였다. 그러므로 언약 개념에 대한 한층 더한 발전을 여기서 찾아볼 수 있다. 연합체들에 의한 언약들과 맹세들의 사용은 스코틀랜드에서 언약의 종교적, 정치적 측면들의 융합에 중요한 이바지를 하였다.

1638년에 언약 개념은 대중적인 개념으로써 국가적 전통, 스코틀랜드 종교개혁과 장로교 조직의 부활과 발전에 대한 희망을 포함하는, 종교적 측면과 정치적 측면이 결합되었다. 1638년 2월의 스코틀랜드 국가 언약(Scottish National Covenant)은 이후 반세기 동안의 이곳 역사에서 아주 중요한 위치를 차지했다. 왜냐하면, 이것은 외적으로 "언약"(또는 계약, covenant)이라는 용어가 담긴 첫 번째 공식 문

---

[126] Robert Rollock, *Tractatus de Vocatione Efficaci* (Edinburgh, 1957), English translation: "A Treatise of God's Effectual Callings," *Selected Works of Robert Rollock* (ed.), W. Gunn (Edinburgh: The Wodrow Society, 1849), vol. I., 5-288.

[127] I. B. Cowan, "The Apocalyptic Vision of the Early Covenanters (*The Scottish Historical Review*, 1964), vol. XLIII., No. 135., 13: John H. Leith, *Assembly at Westminster, Reformed Theology in the Making* (Virginia: John Knox Press, 1973), 92.

서였기 때문이다.

이후 엄숙 동맹과 언약 아래서 작성된 1643년의 엄숙 동맹과 언약(Solemn League and Covenant)은 영국과 스코틀랜드의 국가적 상호 안전을 꾀하였다. 1643년부터 1648년까지 런던에 소집된 웨스트민스터 총회는 영국, 아일랜드 그리고 스코틀랜드에 장로교를 정착시키기 위하여 다음과 같은 문서들을 작성하였다. 『웨스트민스터 신앙고백서』(Westminster Confession of Faith), 『공 예배 지침서』(The Directory for Public Worship), 『장로교 정치 규례』(The Form of Presbyterian Church Government), 『대소요리 문답서』(The Lager and Shorter Catechisms)이다. 이것은 후에 스코틀랜드뿐 아니라 지금까지 전 세계 개혁교회와 장로교회의 신앙적 이정표가 되었다.

『웨스트민스터 신앙고백서』는 의회에 의해 합법적인 국가적인 종교 문서로 승인되었다. 이 고백서는 창조주 하나님께서 인간을 당신의 주권과 은혜로 언약적으로 다루신다는 것을 나타냈다. "인간의 타락, 죄와 그로 인한 징벌에 관하여"(Of the Fall of Man, Of Sin and the Punishment thereof)라는 제목의 장 바로 다음에 "하나님의 인간과의 언약"(God's Covenant with man)이라는 중요한 장이 이어진다. 여기서 하나님의 언약은 두 가지로 간주된다.

① 행위언약으로 완전하고 개인적인 순종의 조건 아래 아담과 그의 후손들에게 생명이 주어졌음을 보여 준다.
② 일반적으로 은혜언약이라고 불리는바, 하나님께서는 죄로 타락한 인류의 구원을 위해 예수 그리스도를 믿는 믿음을 요구하고, 그로 말미암아 죄인들에게 생명을 값없이 주셨음을 말한다.[128]

그 후 28년간의 살육의 시기(1660-1688)를 지나 1690년 명예혁명이 정착되었을 때, 언약사상은 너무나 대중적이고 혁신적으로 발전하여 반대와 대항, 불복종 그리고 종국적으로는 저항 및 신앙인의 적극적인 정치 참여를 위한 길을 열었다. 그러나 곧 목고 된 총회는 다음과 같은 법령을 결정하였다.

---

[128] 『웨스트민스터 신앙고백서』, 『대소요리 문답서』에는 구원하는 지식에 대한 요약과 더불어, 성경적 증거들도 함께 제시되었다. (Edinburgh: Printed by D. Hunter Blair and M. T. Bruce, 1836), ch. 7., i-iii and xix., i.

교리의 건전성과 통일성의 유지를 위하여, 설교 자격을 부여받은 모든 견습생과 목회에 입문한 모든 신입자, 그리고 교회 안에서 우리와 교제하고 있는 다른 모든 목사와 장로는 『웨스트민스터 신앙고백서』에 승인하는 서명을 해야 하였다.[129]

이 같은 혼란의 와중에서 1720년 『현대신학의 정수』(The Marrow of Modern Divinity)는 언약사에서 또 다른 이정표였다.[130] 그 표제가 암시하듯이 『현대신학의 정수』는 "행위언약과 은혜언약에 대한 논의," "구약과 신약 모두에서 이들의 사용 및 목적과 더불어"(Touching both the Covenant of Works, and the Covenant of Grace; with their use and end, both in the time of the Old Testament, and in the time of New Testament)로 알려진 언약사상의 신기원을 이룩한 책이다.

이 책의 내용을 따라서 스코틀랜드 편집자들이 여러 장으로 나누었을 때, 이들은 제1장의 제목을 "율법 혹은 행위언약에 관하여"(Of the Law of Covenant of Works), 제2장은 "믿음의 법 또는 은혜언약"(The Law of Faith. or Covenant of Grace), 그리고 제3장은 "그리스도의 법에 관하여"(Of the Law of Christ)라고 붙였다. 결국, 『현대신학의 정수』에서는 참된 언약이 하나님의 주권과 은혜에 기초한 것임을 강조하고, 이것이 그의 기쁘신 뜻대로 그의 자녀들에게 베풀어짐을 보여 주었다.

4. 요약

지금까지 우리는 언약의 성경적 개념을 그 역사적 발전과 더불어 개괄해 봄으로써, 16세기 개혁자들이 은혜와 언약을 특별히 강조한 어거스틴의 신학을 어떻게 부활시키고 채용하였는지를 살펴보았다. 종교개혁자들은 언약 개념을 성경적 배경에 기초하여 두 가지 관점으로 사용하였다.

① 하나님의 주권과 관련하여 타락한 인간의 구원이라는 상황 속에서 사용하였다.

---

[129] *Acts of the General Assembly*, 225.
[130] Thomas Boston, *The Marrow of Modern Divinity* (U. S. A: Still Waters Revival Books, Reprint edition of 1991); J. I. Ainslie, *The Scottish Reformed Church and English Puritanism* (1942). vol. 8., 92.

② 교회와 국가의 관계 속에서 정치적으로 사용하였다. 16세기의 성경적 언약신학의 이러한 회복과 함께, 언약신학은 한결 더 조직적인 발전을 가져왔다.

그런데 스코틀랜드의 개혁자들은 유럽보다 스코틀랜드가 최소한 두 가지 측면에서 독특하다고 주장하였다.

① 스코틀랜드에서는 종교개혁이 더 광범위하게 이루어진 것으로 생각되었다.
② 스코틀랜드는 국가교회가 장로교 형태를 띤, 즉 언약의 원칙 위에 세워진 최초의 국가였다는 것이다.

그런데 어떻게, 왜 언약 교리가 이처럼 스코틀랜드에서 발전했는가?
우리가 지금까지 고찰한 것처럼 대륙의 종교개혁자들과 페트릭 하밀톤(Patrick Hamilton), 조지 위샤르트(George Wrhart), 그리고 존 낙스(John Knox)와 같은 스코틀랜드의 지도적 종교개혁자들 사이에는 직간접적인 연결들이 있었다는 것이다. 그러나 스코틀랜드의 내적인 여러 상황도 또한 이곳에서의 언약사상의 발전과 적용을 고무시켰다. 스코틀랜드의 메리 여왕은 종교적으로 철저히 가톨릭을 신봉하는 신자였으나 그의 아들 제임스 6세(영국의 제임스 1세)는 장로교인으로 후에 영국의 성공회, 감독교회를 선호하였다.
이런 제임스 6세의 태도에 대해서 스코틀랜드 프로테스탄트들은 모든 공적, 영적 권위는 하나님으로부터 온다고 믿었다. 이 원리 위에서 로마 가톨릭의 대주교와 감독교회가 교회 문제에 국가의 간섭을 비난하는 것으로 이해하였다. 스코틀랜드에서 언약신학의 새로운 발전은 1596년 3월 개인적 개혁이 모든 프로테스탄트에게 촉구되었을 때였다. 이것은 국가 및 교회 개혁에 기초가 되었다. 스코틀랜드에서 이 언약 개념은 곧 진정한 종교, 즉 프로테스탄티즘, 더욱 구체적으로 말하자면 장로교에 대한 변호의 수단으로 사용되었다. 이것은 언약을 지키시는 하나님과 스코틀랜드 국민 사이에 특별한 관계가 획득되었다는 대중적인 견해를 낳았다. 발전된 언약신학에 대한 이 모든 견해와 해석들은 교회 목사들에 의해 국민들 가운데서 대중화되었다.
1638년이 되었을 때 스코틀랜드에서 언약 교리는 종교개혁의 원리들을 촉진하고 장로교 체제를 보존하려는 확고한 결심 속에 간절한 신학적, 정치적 측면들을 결합했다. 여기에 기초한 언약적 확신들은 또한 28년간의 살육의 시기 이후 1690년의 혁명체제 정착의 기초가 되었다.

이 시점에서 우리는 이 기간에 언약 개념이 사용되고 발전한 다양한 방법들을 좀 더 정확하게 정리하는 것이 필요하다고 생각한다. 앞에서 이미 제시된 것처럼 "언약"이라는 용어는 성경적, 신학적 개념이지만, 이것이 각기 다른 상황들 속에서, 비록 서로 연관이 있기는 하지만 각기 다른 목적으로 다양하게 사용되었다.

첫째, 언약 개념의 주된 의미와 사용은 전통적으로 칼빈주의적 개혁신학에서 주장하듯이 일차적으로 하나님 곧 하나님의 언약과 관계가 있다. 이것은 두 가지로 생각되는바, 행위/자연 언약과 은혜/믿음 언약이다. 의심할 바 없이 언약의 사용은 1643-1723년 전 기간에 신앙과 행위의 기본적인 틀을 형성하였다. 『웨스트민스터 신앙고백서』는 이러한 언약의 이해를 고조, 강화, 고무시켰다. 하지만, 교회의 신학적 체제와 국가적, 정치적 일들을 위한 언약의 적절성에 더 큰 강조가 주어지던 때는 수십 년이 지난 후에 마로우 맨(Marrow men)들로, 이들은 그리스도인의 경험과 교회 생활을 위한 은혜언약의 중요성을 재확인해 주었다.

둘째, 언약 개념은 개인적 경건과 도덕성의 증진을 목적으로 한 개인적 언약과 관련하여 사용되었다. 여기에서는 은혜언약이 개인적인 삶에 실제적이고 진지하게 적용되었다. 언약의 사용에 대한 이러한 새로운 발전은 예를 들면. 1596년에 총회원들이 개인적으로 죄를 고백하고 자신들의 생활 속에서 죄를 버리기로 언약함으로써 국가적 개혁을 위한 요구에 응답했을 때 이루어졌다. 그와 같은 많은 개인적 언약들이 뒤 이어서 수십 년 동안에 이루어졌다.

셋째, 언약이라는 말은 교회 쪽에서 하나님을 경외하고 교회의 언약적 책임들을 완수하여야 한다는 동의를 표하기 위해 사용되었다. 예를 들면, 1596년에 스코틀랜드교회 총회(the Assembly of the Church of Scotland)는 스코틀랜드에서 자신들의 사역을 더욱 충실히 수행하기 위해 "새 언약"(new covenant)에 동의했다. 이것이 후에 여러 번 반복된 구체적인 교회 언약이었다.

넷째, 언약이라는 말은 또한 더욱 분명히 정치적, 국가적이지만 종교적 중요성과 더불어 사용되었다. 이러한 용례에 대한 여러 가지 예들이 인용될 수 있다. 일찍이 스코틀랜드 사람들은 스코틀랜드에서 프로테스탄티즘을 보호하기 위해 귀족들과 더불어 1556년, 1557년 그리고 1559년에 언약들을 받아들였다. 프로테스탄트 곧 개신교 신앙의 보호가 이러한 언약 형태의 주요한 이유였다.

그런데 그 절정은 1638년의 스코틀랜드 국가 언약(Scottish National Covenant)과 1643년의 알렉산더 헨더슨(Alexander Handerson)의 엄숙 동맹과 언약(Solemn League and Covenant)이었다. 위의 두 언약은 감독교회를 큰 위협으로 느꼈는데, 이는 감독교회가 군주에게 친근감을 보였기 때문이었다. 그러나 이러한 언약들은 로마 가톨릭에 대해서는 한결 더 적대적이었다. 우리는 이러한 언약 개념의 사용이 국민의 국가적, 정치적 그리고 종교적 관심의 중복과 상호 영향으로 인해 복잡하다는 사실을 덧붙여야만 하겠다.

다섯째, 언약이라는 말의 다섯째 용례는 매우 복합적이다. 스코틀랜드에는 국민의 두려움을 가라앉히기 위해 왕들에 의해 시작되고 체결된 언약들이 있었다. 제임스 6세와 찰스 1세, 찰스 2세 그리고 오렌지의 윌리엄 3세(William III of Orange)와 같은 왕들은 이러한 왕적 언약들을 통하여 스코틀랜드 국민에게 프로테스탄트 종교뿐만 아니라 프로테스탄트 체제에 대한 자신들의 충절을 심어 주고 재확인시키려고 노력하였다. 언약의 이러한 다섯 가지 용례와 발전을 인정하더라도 본서에서, 특별히 스코틀랜드에서의 교회 언약들과 영향력 있는 정치적, 종교적 언약들과 더불어 중요한 것은 하나님의 언약과 관계된 첫 번째 용례이다. 따라서 우리는 이 언약적 용례를 기초로 신중하게 언약 개념의 발전과 함께 이 용어가 어떻게 사용되었는지, 그 방법을 고찰하는 것이 중요하다.

혼란과 위험, 끝없는 도전과 박해 속에서 80년 동안 자신들의 언약신학을 수호하기 위해서 스코틀랜드 언약도들은 자신들의 국가적 프로테스탄트 신앙을 위해 싸우며, 고난을 겪고 심지어 순교하였다. 이 기간에 스코틀랜드에 내재한 교회와 국가 간의 갈등의 원인과 언약사상에 대한 언약도들의 신학적 선포의 중요성이 무엇인가에 대해서는 다음 장에서 심도 있게 살펴볼 것이다.

제2장

교회와 국가와의 갈등: 언약도들의 신학적 선언과 주요한 공헌들

우리는 지금까지 언약 개념에 대한 성경적, 신학적, 사회적 및 정치적 배경을 추적하였다. 그리고 제1장 결론에서 언약이 사용되고 발전되고 적용된 다섯 가지 방법들을 살펴보았다. 이제 우리는 1643-1723년의 80년 동안 스코틀랜드에서 교회와 국가 간의 갈등을 일으킨 핵심 쟁점들을 살펴볼 것이다. 특별히 우리는 여기서 언약이라는 용어가 거의 절대적인 신적 상황(divine context)으로부터 스코틀랜드에서 국가와 교회 간에 갖는 정치적 및 종교적 의미의 전 과정을 평가해 볼 것이다. 이를 위하여 우리는 먼저 이 갈등의 배경을 이해할 필요가 있다. 즉, 스코틀랜드에서의 교회와 국가, 다른 말로 하면 감독교회와 장로교 사이에 야기된 근원적인 문제들을 구체적으로 정확히 밝히기 위함이다.

이와 관련하여 스코틀랜드 언약도들의 신학적 선언과 의미를 자세히 고찰할 필요가 있다. 왜냐하면, 이것은 언약사상과 깊이 관련되었기 때문이다. 기본적으로 교회와 국가의 갈등은 왕권신수설(the Divine Right of Kings)과 그리스도의 신적 권리(the Divine Right of Christ)라는 상반된 견해에 집중되었다.

1. 교회와 국가의 갈등: 주요 요인들

16세기 서부 유럽의 종교개혁 이후 사람들의 물질적, 종교적 관심사들은 현저히 변하였다. 이 시기는 사상적 전환기로, 특별히 조직된 공동체의 성격과 구조 및 통치자들과 백성들의 전통적 의무에 관한 총체적 격변기였다.[1] 이러한 상황에서 영국은 세속적 관심이 교회와 종교에 관한 관심보다 더욱 중시되었다. 결국, 영국은 로마 가톨릭과 단절하고 독자적인 종파, 성공회를 창설하였다. 네덜란드에서는 16세기 내내 종교 전쟁과 박해가 쉴 새 없이 계속되었다.[1]

그러나 17세기 네덜란드는 국력이 번창하는 무역국이었다. 그리고 17세기 후반 프랑스의 루이 14세는 교회에 강력한 통제권을 행사하였다. 동시대 독일에서는 17세기 중반부터 시작된 세속화 과정이 대단한 기세로 동세기 말엽과 그 후까지 계속되었다. 한편 이 시기 스코틀랜드에서는 그리스도의 왕권(Crown Right of Christ)을 지키려는 필사적인 투쟁이 정기적으로 일어났다.[2] 대체로 국가와 교회 간의 갈등은 다음과 같은 두 가지 문제, 하나는 1560년 스코틀랜드 의회가 수용한 장로교 제도에 관하여, 다른 하나는 지상의 절대 권력, 소위 세속 통치자에게 복종해야 할 의무로, 두 문제 모두 언약적 관계에 대한 신학적 이견(異見)에서 야기되었다.[3]

1) 왕권신수설이냐, 그리스도의 왕권이냐?

언약사상이 스코틀랜드에서 발전하고 탁월한 위치를 점하게 된 것은 왕권신수설(the Divine Right of Kings)을 옹호하고, 가능한 한 모든 영역에 이 원리를 적용하려 한 스튜어트 왕가의 군주, 통치자들에 대한 반동에서였다.[4] 그런데 이 언약사상은 긴 역사를 가지는바, 부분적으로는 이 사상을 대중적으로 표현한 『신의 도성』(The City of God)의[5] 저자 어거스틴(Augustine) 같은 초기 지도자들의 가르침뿐만

---

1 D. H. Pennington, *Europe in the Seventeenth Century* (London and New York: Longman, 1989), 210-211.
2 Donald MacLean, *Aspects of Scottish Church history* (Edinburgh: T. & T. Clark, 1927), 37.
3 17세기에서 18세기 초엽에 이르는 언약 기간(covenanting period) 동안, "언약"이라는 말은 스코틀랜드 장로교인들에 의해 광범위하게 사용되었다. 이 시기에 언약도들(Covenanters) 또는 장로교인들(Presbyterians)이라는 말은 그들의 대표자들을 나타내는 데 번갈아 사용되었다.
4 스튜어트 왕들은 "하나님이 자신들을 왕으로 세우셨으므로 하나님의 보좌에 앉아있다. 그러므로 이들은 하나님께만 책임이 있다"라고 생각하였다. J. D. Douglas, *Light in the North* (The Paternoster Press, 1964), 13-14; Francis Lyall, "Methaphors, Legal and Theological," *Scottish Bulletin of Evangelical Theology*, vol. 10., no. 2 (Winter, 1992), 94-112; James Dodds, *The Fifty Years' struggle of the Scottish Covenanters 1638-l688* (Edinburgh: Edmonston and Douglas, 1860), 1-10, 15-18; James Cossar, *Contending for the Faith* (The Annual Lecture of the Evangelical Library, 1959), 4-5.
5 Augustine, *The City of God*, trans., Marcus Dods, vol. II, in A Select Library of the Nicene and Post-Nicene Fathers of the Christian Church (ed.), Phillip Schaff (Grand Rapids, 1977) 참조.

아니라 로마서 13:1-8[6]과 같은 신약의 몇몇 구절들, 예를 들면, 에베소서 6:5-9[7]와 로마서 12:18[8]에 기초하였다.

어거스틴에 따르면, 이 세상에는 자신에 대한 사랑으로 특징지어지는 지상의 도성과 하나님께 대한 사랑으로 특징지어지는 천상의 도성이 있다. 지상의 도성에 사는 현자들은 인간의 생각을 따라 생활하고 세상의 유익을 추구한다. 반면에 천상의 도성에 사는 성도들은 사회에서 영적 경건과 이를 위한 적절한 경배와 보상이 더해진다. 이 두 나라는 각자의 원칙에 따라 각각의 필요를 추구하며 끝없이 갈등하고 대립한다.[9] 그런데 애버딘대학교의 법과대학의 프란시스 라일(Francis Lyall) 교수는 다음과 같이 보았다.

> 중세 시대 내내 존재한 '두 권세에 대한 겔라시안 이론'(The Gelasian theory of the Two Powers)은 겔라시우스(Gelasius) 교황이 교회 일들에 대한 제국의 간섭은 불법이라는 자신의 논쟁을 정당화하기 위해 A.D. 494년 비잔틴 제국 황제에게 보낸 편지에서 비롯되었다.[10]

---

[6] "각 사람은 위에 있는 권세들에 복종하라 권세는 하나님으로부터 나지 않음이 없나니 모든 권세는 다 하나님께서 정하신 바라. 그러므로 권세를 거스르는 자는 하나님의 명을 거스름이니 거스르는 자들은 심판을 자취하리라. 다스리는 자들은 선한 일에 대하여 두려움이 되지 않고 악한 일에 대하여 되나니 네가 권세를 두려워하지 아니하려느냐 선을 행하라 그리하면 그에게 칭찬을 받으리라. 그는 하나님의 사역자가 되어 네게 선을 베푸는 자니라 그러나 네가 악을 행하거든 두려워하라 그가 공연히 칼을 가지지 아니하였으니 곧 하나님의 사역자가 되어 악을 행하는 자에게 진노하심을 따라 보응하는 자니라. 그러므로 복종하지 아니할 수 없으니 진노 때문에 할 것이 아니라 양심을 따라 할 것이라. 너희가 조세를 바치는 것도 이로 말미암음이라 그들이 하나님의 일꾼이 되어 바로 이 일에 항상 힘쓰느니라. 모든 자에게 줄 것을 주되 조세를 받을 자에게 조세를 바치고 관세를 받을 자에게 관세를 바치고 두려워할 자를 두려워하며 존경할 자를 존경하라. 피차 사랑의 빚 외에는 아무에게든지 아무 빚도 지지 말라 남을 사랑하는 자는 율법을 다 이루었느니라"(롬 13:1-8).
[7] "종들아 두려워하고 떨며 성실한 마음으로 육체의 상전에게 순종하기를 그리스도께 하듯 하라, 눈가림만 하여 사람을 기쁘게 하는 자처럼 하지 말고 그리스도의 종들처럼 마음으로 하나님의 뜻을 행하고, 기쁜 마음으로 섬기기를 주께 하듯 하고 사람들에게 하듯 하지 말라 이는 각 사람이 무슨 선을 행하든지 종이나 자유인이나 주께로부터 그대로 받을 줄을 앎이라, 상전들아 너희도 그들에게 이와 같이 하고 위협을 그치라 이는 그들과 너희의 상전이 하늘에 계시고 그에게는 사람을 외모로 취하는 일이 없는 줄 너희가 앎이라"(엡 6:5-9).
[8] "할 수 있거든 너희로서는 모든 사람으로 더불어 평화하라"(롬 12:18).
[9] Augustine, *Ibid.*, 205, 282-283, 285; J. N. Figgis, *The Divine Right of Kings* (Cambridge, 1896), 94-112; "The Great Leviathan," *Churches in the Modern State* (London. 1913); 서요한, "제17장 어거스틴의 생애와 신학사상,"『초대교회사』(서울: 그리심, 2010), 497-524.
[10] 그에 따르면 멜기세덱과 그리스도는 왕과 제사장이었으나 그리스도 이후에는 왕만 존재한다고 하였다. Francis Lyall, *Of Presbyters and Kings: Church and State in the Law of Scotland* (Aberdeen University Press, 1990), 3; 김영재,『기독교 교회사』, 267; 롤란드 베인톤,『세계교회사』, 163.

교황과 그 아래 교회 직원들(lesser church officers)은 천상의 도성의 인간적 권위들을 가지지만, 왕과 그 아래 시민 행정관들은 지상의 도성에서 권위들을 가지는 것으로 주장되었다. 두 영역 모두에서 정부(교회 정부와 국가 정부)의 권위는 하나님을 대신하는 두 통치와 함께 하나님으로부터 직접 주어지는 것으로 간주되었다. 그런데 교황은 최후 심판 때 하나님 앞에서 국왕에 대해 해명을 해야 했기 때문에 교황의 거룩한 권세가 왕의 권세보다 더 중요하다. 이론의 이유로 통치자들은 교황에게 복종해야 하였다. 이 이론은 교회와 국가의 분리를 강조하며, 많은 교회가 주장하는 이론이다.

가톨릭의 주교들은 마태복음 16:16-19에 기초하여 자신들이 신약의 사도적 전통을 계승하였다고 주장한다. 로마교회는 이러한 주교들에 의해 집전되는 성례로서의 성직 수임에 관해 자신들만이 하나님을 대신하여 인간들에게 성직을 수여할 수 있는 독립적 권리를 가진다고 주장한다. 그리고 자신들의 이러한 권리를 지상 권세들의 간섭으로부터 철저히 보호하였다.[11]

결국, 로마가 가르친 사도적 계승론은 성경과 다양한 전통들을 판단하고 해석하는 독립적인 권리 주장이었다. 그뿐만 아니라 이 이론은 성경과 기록된 전통들이 "마치 손에서 손으로 전승된 것처럼" 그리스도로부터 사도들을 통해 로마 가톨릭교회에 전승되었다고 주장한다. 그리하여 이 이론은 교황과 그 아래 교회 직원들의 권위를 한층 증대시켰다. 로마는 "순전한 자연법"(the law of pure nature)에 따라 "정부의 권세가 하나님으로부터 직접 주어진다"라고 가르쳤다. "이차적인 국가법"(secondary law of nations)에 따르면, 왕들의 권위는 그 기원에 있어서는 신적이지만 "한 통치자 또는 그 이상의 통치자들에게 그들의 권세를 위탁한" 공동체의 동의를 통해 중재되었다.[12]

---

[11] "The Canons and Decrees of the Council of Trent" 1563, in vol. II., *of The Creeds of Christendom* (ed.), Phillip Schaff (London, 1877), 189. 성직 수임에는 국가 관리(civil magistrate)나 국민의 권위 또는 동의가 요구되지 않았다. 트랜트 공의회(The Council of Trent)는 1546년에 처음 모였고, 1663년에 끝났다. Cf. James L Ainslie, *The Doctrines oF Ministerial Order in the Reformed Churches of the 16th and 17th Centuries* (Edinburgh: T. & T. Clark, 1940), 199-228.

[12] Samuel Rutherford, *Lex, Rex* (London 1644, Harrisonburg, Virgina. 1982), 1-3. Cf. 1. "자연의 빛의 지시로 보증되는 것은 자연법으로 보증되나, 결과적으로는 하나님의 법으로 보증된다. 자연법이 하나님의 법(divine law)임을 부정할 수 있는 사람이 어디 있겠는가? 그리고 모든 공권력(civil power)은 직접 그 근원은 하나님으로부터 비롯된다. 거기다가 첫째로 신은 인간을 사회적 피조물로 만들었다. 그러므로 인간에 의해 통치되는 경향이 있는 인간은 이 힘을 인간의 본성에 두었음이 틀림없다. 우리는 좋은 이유로 아리스토텔레스에게서 이렇게 배웠다. 둘째, 하나님과

이와 대조적으로 교황은 이렇게 주장하였다. "왕들과 국가들에 관해 간접적이지만 지배적이며 강제적인 권세를 가지므로 자기 뜻대로 왕자들을 왕으로 세우고 폐위할 수 있다."[13]

역사적으로 로마교회가 이러한 주장으로 크게 유익을 얻은 것은 교황의 위치가 강력했던 중세 1,000년이었다. 종교개혁 이전에, 유럽은 최소한 로마의 영향 하에 인상적인 통일체를 형성하였다. 교회와 국가 모두에서 신성 로마 제국은 그들의 통제하에 있는 나라들에 강력한 영향력을 행사하여야 한다고 주장하였다. 그러나 모든 나라에 대해 그렇게 할 수 있었던 것은 아니었다. 신성 로마 제국은 여러 왕이 충성을 바치는 황제가 통치하였다. 그러나 황제와 교황 사이에 불화가 빈번히 발생하였다. 때문에, 이 둘 사이의 제휴는 항상 위험에 노출된바, 불가피하게 실패할 수밖에 없었다.

종교개혁은 국가와 교회의 영향이 미치는 영역들에서 새로운 민주적 사상들의 변화, 가르침, 적용, 그리고 발전을 가속했다.[14] 종교개혁 시대에 교회의 독재에 대한 항거는 종교개혁자들이 공적 지도자들(civil leaders)에게 보호를 호소하지 않을 수 없는 처지까지 몰아넣는 경우가 많았다. 때때로 공권력은 이러한 그들의 봉사에 대해 지나친 대가를 요구하기도 했다. 예를 들면, 스코틀랜드에서는 1560년에 장로교회가 세워지고 종교개혁이 완수되었다. 그러나 얼마 되지 않아 스튜어트 왕가의 왕들(제임스 6세, 찰스 1세와 2세, 제임스 7세)은 하나님으로부터 교회의 수장으로서 지상의 최고 통치 권한을 부여받았다고 생각하였다. 따라서 이들은 의회라 할지라도 그 권한은 임시방편일 뿐이며 의회원들은 통치자가 부여한 특별한 권한에 의해 임무를 수행할 뿐이라고 확언하였다.

왕은 이전에 교황과 황제가 공유했던 권세들을 자신에게 귀속시키기 시작했다.[15] 따라서 교회와 국가에 신적 권리(divine right)를 적용하는 문제가 스코틀랜드의 스튜어트 왕조의 치세 기간에 일어난 투쟁의 주된 요인이었다. 그중에 1584년 제임스 6세가 선포한 암흑법(the Black Acts)은 자신이 국가뿐 아니라 교회의 머리라고 선언하였다. 게다가 이 법은 스코틀랜드교회는 왕이 임명한(crown-appointed) 주

자연은 인간의 정책과 평화를 의도했다. 그렇다면 하나님과 자연은 인류에게 이 목적을 이루는 힘을 주셨음이 분명하다. 그리고 이것은 정부의 힘임이 틀림없다." 12. 16도 참조하라.
13　Samuel Rutherford, *Ibid.*, 205.
14　르네상스 시대에 로마에서 시행된 것과 같은 것들.
15　Francis Lyall, *op cit.*, 5.

교가 있어야 하며, 목사들은 공적인 일을 논함으로 "주께서 임명하신 자"에게 맞서는 반역죄를 범하지 않아야 한다고 선언하였다. 이러한 방법으로 왕은 종교회의(synod)에 대한 수장권(supremacy)과 목사 재판권을 주장하였다. 왕은 만일 자신이 이러한 권세를 주장하지 않았다면 자신은 하나님께 잘못을 범하였을 것이라고 선언하였다.[16]

영국의 청교도 로저 맨워링(Roger Manwaring)은 1620년대에 선포된 설교를 인용하면서 펜닝톤(D. H. Pennington)은 구원을 얻기 위해서는 통치권자의 뜻이 "하나님의 법에 명확하게 위배되지" 않는 한 반드시 복종해야 한다고 하였다. 이와 관련하여 펜닝톤은 "프랑스에서는 왕들에 대한 그리스도인의 복종 의무를 가르치는 설교가 매우 일반적"이었음을 보여 주는 증거들을 제시하였다.[17]

널리 알려진 바와 같이 왕은 법 처벌을 받을 수 없으며 백성들에 의해 강요될 수도 없다. 그러나 왕은 권력뿐만 아니라 덕성에서도 최고여야 했다. 왕의 덕목에는 백성들에게 자신의 정의로운 법에 순종하는 모범을 보이는 일도 포함되었다. 국가 통치자와 법과의 관계는 하나님께 대한 그의 관계 문제보다 더 많은 논쟁을 불러일으켜 왔다. 그러나 왕은 자신이 반드시 순종해야 하는 법은 단순히 하나님의 법만이 아니라는 사실을 이해하지 못하는 경향이 있었다. 거기에는 이 세상의 법도 포함되었다.

의미심장하게도 독일 하이델베르크의 의사였던 토마스 에라스투스(Thomas Erastus, 1524-1583)는 국가가 종교적 문제들에서도 최고의 권위를 가진다고 주장하였다. 이러한 주장은 종교의 자유를 위험에 빠뜨리고, 정치적 편의에 종속된 신념들을 만들어 내며, 교회 의식들에의 참여 허용과 배제 결정권을 교회로부터 박탈하려는 의도가 내포되었다. 모든 정부는 그것이 공적 정부든 교회 정부든 간에 신적인 권위에 의해 세워진 것이며 공적 행정관들(civil magistrate)의 손에 주어진 것이다. 그 때문에 출교 치리는 교회가 실행서는 안 된다. 왜냐하면, 기독교 국가에서 범법자들을 징벌할 수 있는 권한은 오직 공적 행정관들에게만 있기 때문이다. 에라스투스는 국가로부터 독립된 어떤 교회 정부도 있을 수 없다고 주장하였다. 교회는 단순히 국가의 일반적 기능 중 하나에 불과하므로, 교회의 모든

---

[16] *The Acts of the Parliaments of Scotland* (Edinburgh, 1585), 17, 19; Thomas M'Crie, *The Life of Andrew Melville* (Edinburgh: William Blackwood and Sons, 1855), 92-128.

[17] D. H. Pennington, *op. cit.*, 213.

것들은 공권력에 절대복종해야 한다. 에라스투스에게는 목회 직무(pastoral office)만이, 교수가 그의 학생들에게 가지는 것과 같은 설득력이 있지만, 그것은 직접적이지 못한 힘일 뿐이다.

에라스투스는 또한 국가는 모든 국민이 동일한 교회의 구성원들로 동일한 진리를 믿어야 한다고 주장하였다.[18] 에라스투스의 이러한 주장은 결과적으로 모든 교회의 영적 권한들을 완전히 제거해 버리는 것으로, 교회의 모든 통치권을 박탈하고 교회를 단순히 "국가의 피조물"로 만들었다.

결과적으로 에라스티안(Erastian)의 주장을 따른 왕들은 의회와 교회의 구성원들을 가능한 한 자신의 통제권 아래 두려고 했다. 이들은 자신들의 권위로 임명한 주교들을 통해 이 일을 도모했다. 그리고 그 다음으로 이 주교들은 다른 목회자들을 다스렸다. 이 이론은 철학자 토마스 홉스(Thomas Hobbes)[19]에 의해 수용되었으며 대부분의 국가교회를 통해 호의적인 반응을 얻었다.

스코틀랜드는 자신이 교회와 영적 운동들에 있어서 최고 통치권자라고 주장하는 통치권자들과 법적, 교회적으로 결별하였다. 그러나 에라스투스의 이론은

---

[18] R. W. Dale, History of English Congregationalism (London: Hodder and Stoughton, 1906), 265; James Moir Porteous, The Government of the Kingdom of Christ (Edinburgh: Johnstone, Hunter & Co., 1873), 178-179.

[19] 절대 권력에 대한 Hobbes의 표현은 그의 저서 Leviathan(1651)에 잘 나타나 있다. 그에 의하면 절대 권력은 왕권신수설(jure divino)을 주장하는 절대 주권에서 비롯된다. 왕권신수설은 왕이 누리는 권력이 법-자연법과 실제적인 관습법-과 의회의 통제를 받지 않는다. 왕권에 대한 이러한 강조는 16세기 정치체제에 관해 글을 쓴 영국의 작가들에게서 비롯되었다. 홉스는 주권자(왕)에게 어떤 교리를 백성들에게 가르칠 것인가를 결정할 수 있고, 목회자들에 대해 다음과 같이 말하는 힘을 부여한다. "모든 기독교 국가에서는 국가의 주권자(civil sovereign)가 최고 목회자(supreme pastor)이다. 그의 모든 양 떼 곧 그의 모든 백성은 그의 책임 아래 있다. 따라서 다른 모든 목회자는 바로 이 국가의 주권자로부터 만들어지며 다른 모든 목회 직무를 행할 권한을 부여받는다. 그리고 또한 모든 다른 목회자들을 가르치고 설교하며 목회자의 직무에 속하는 다른 모든 기능을 수행할 권한을 바로 이 국가의 주권자로부터 받는다. 그러므로 이들은 단지 그의 사역자들일 뿐이다. 그러므로 만일 누가 어떤 목회자에게 그의 직무 수행에 관해 마치 대제사장들과 백성의 장로들이 우리의 구원자에게 "네가 무슨 권세로 이런 일을 하느뇨, 누가 이 권세를 주었느뇨"(마 21:23)라고 물은 것처럼 묻는다면 그는 다만 국가의 권위, 곧 왕이나 왕을 대표하는 회에 의해 그에게 주어진 권위에 의해 그렇게 한다고 대답할 수밖에 없다. 홉스는 이렇게 결론짓는다. "최고 목회자를 제외한 모든 목회자는 국가의 주권자, 다시 말해서 jure civili의 권위에 의해 주어진 권리에 의해 자신들의 책임을 행한다. 그러나 왕과 다른 모든 주권자는 하나님으로부터 주어지는 직접적인 권위에 의해, 다시 말해서 하나님의 권리, 즉 jure divino에 의해 자신의 최고 목회자(supreme pastor)의 직무 행한다." 주교들은—civil servants와 같이—"그의 주인을 섬기는 일에" 채용되었다. Thomas Hobbes, Leviathan (London, 1962), 375ff. Cf. Paul D. L. Avis, The Church in the Theology of the Reformers (London: Marshall Morgan & Scott. 1981), 142-143; A. Taylor Innes, Church and State (Edinburgh: T. & T. Clark, 1870), 189.

1534년 헨리 8세의 수장령(Act of Supremacy)에서 영국법에 체현되었으며,[20] 에드워드 6세와 엘리자베스 1세에 의해 갱신되어[21] 지금까지 여전히 영국의 법으로 남아 있다.

에라스투스주의자들과 달리 독립주의자들(Indenpendents)은 하나님께서 세우신 두 가지 서로 다른 제도가 교회와 국가에 있다고 주장하였다. 독립주의 신학자들(Indenpendent theologians)에 따르면, 교회와 국가 각자는 자신의 정부와 행정 조직이 있다. 따라서, 한쪽이 다른 한쪽에 대해 통제권을 행사할 수 없고 상호 독립적이다. 국가는 교회와 교회의 일들을 통제할 수 없으며, 교회도 국가를 통제할 수 없다.

교회 정치를 책임지는 어떤 더 높은 사람이나 집단이나 직무는 없다. 이는 하나님의 언약 안에서는 모든 회중이 동등한 권리를 가지기 때문이다. 그러므로 어떤 회중도 다른 회중을 통제할 권리를 가지지 못한다. 회중들은 각각 독립적이며 개별적으로 완전하다.[22] 이것은 각 회중이 그 회중의 지방 정부와 교회 구성원들에게 자신들의 회중 가운데 장로와 집사와 더불어 교회 일을 처리할 수 있는 권한을 위탁했음을 말한다. 따라서 교회는 조언이 필요할 경우를 제외하고는 그 통치에 있어서 지역적이며 독립적이다.

이런 이유로 독립주의자들은 일관성이 없다고 비난받았다. 왜냐하면, 이들은 사람들에게 교회를 구성할 수 있는 권한을 주었지만, 각 회중에는 적어도 다섯 명의 장로가 있어야 한다고 했기 때문이다.[23] 하지만, 독립주의자들의 일관성에 의문이 제기되는 것은 다음과 같은 이유 때문이다. 이들은 주장한다. "스스로 교회를 구성할 수 있는 신자들의 권한은 남자들만이 행사할 수 있다. 즉, 여자들과

---

[20] G. R. Elton, *The Tudor Constitution: Documents and Commentary* (Cambridge, 1972), 356. 하지만, 왕의 수장권(Royal Suremacy)은 Thomas More와 같은 가톨릭 학자와 Thomas Cartwright 같은 청교도들의 반대에 부딪혔다. 이들이 반대한 이유는 왕의 수장권이 평신도를 교회의 머리로 만들기 때문이다. 제한된 의미에서 왕의 수장권을 수용하려고 했을 뿐인 Cartwright가 구약의 왕들이 교회의 사법권(ecclesiastical jurisdiction)을 행한 것은 이들이 왕이였기 때문이 아니라 하나님의 선지자였기 때문이다—또는 설령 이들이 스스로 선지자늘이 아니라 하너라도 선지자들을 통하여 특별한 위임을 받았기 때문이다—라고 주장하는 것은 참으로 흥미롭다. Cf. Paul D. L. Avis. *op. cit.*, 136, 151-163. 그리고 다음도 보라 A. F. Scott Pearson, *Church and State: Political Aspects of Sixteenth Century Puritanism* (Cambridge, 1928), 12.

[21] Paul D. L. Avis, *Ibid.*, 72. 136.

[22] R. W. Dale, *op. cit.*, 107-111.

[23] Patrick Gillespie, *An Assertion of the Government of the Church of Scotland* (Edinburgh. 1641), 200.

아이들은 제외되어야 한다."²⁴

대체로 독립주의자들은 회중들 속에 본래 적절히 갖추어진 권한을 존중한다는 점에서 상호 간의 의견이 하나로 통일되었다. 그러나 이들은 교회의 당회(Kirk Session), 노회(Presbytery), 대회(Provincial Synod), 또는 총회(General Assembly)처럼 장로교와 관계된 단체들, 즉 어떤 종류의 교회 조직도 거부하였다.²⁵ 그래서 이들에게 있어서 감독권은 주교 개개인들이나 감독들에게 부여되는 것이 아니라 성직자교회의 조직체인 당회, 노회, 총회가 속하는 종교회의들(courts 또는 councils)에게 주어진다. 독립주의자들은 공통된 관심사들을 논의할 필요성이 있음을 기꺼이 인정하였으며,²⁶ 언약도들과 마찬가지로 같은 칼빈주의적 전통에 이중적 언약 구조를 공유하였다. 그러나 이들은 교회 정치와 관계된 장로교 원칙들을 무조건 거부하였다. 장로교 정치에는 각 지역 회중의 구성원에 의해 선출된 장로들에 의한 통치가 포함되었다. 이러한 장로들은 노회라는 단체 속에서 다른 유사한 회중들에 속한 장로들과 목사들과 제휴한다.

장로교의 특징은 각 노회가 목사들을 준비시키고, 임명하고 치리하며, 지역 회중을 설립하고, 통합하고 분리하며, 자치권을 갖지 못하는 지역 교회를 다스리며, 회중의 모든 구성원을 대신하여 재산을 관리하며, 대회(노회들로 구성되는 지역적 회합들) 및 총회(지역 회합들의 대표하는 국가적 단체)와 같은 상회(上會)의 대표들을 선출할 수 있는 권한을 가지는 것이다. 교회 생활과 관계된 모든 영역에서, 상소 제도는 노회로부터 대회를 거쳐 최종 결정을 내리는 총회에 이르게 된다.

그러므로 장로교 조직은 주교나 교황 또는 감독과 같은 개인에게 그 권한이 부여된 것이 아니라 교회의 단체들, 즉 지역 교회 회의(local kirk session)와 당회(consistory of elders), 지역 노회(area presbytery), 좀 더 넓은 지역 대회(synod)와 국가적 총회에 부여되었다. 이러한 통치의 정치 형태는 광범위한 통일성과 확고한 지시 원칙뿐 아니라 개인적, 지역적 자유의 원칙들을 결합한다. 장로교에서 장로의 직무는 목사와 교사의 직무와 더불어 지역 교회의 네 가지 사역 중의 하나이다. 즉, 목사와 장로는 다 같이 노회의 구성원들이다. 네 번째 직무는 집사이며, 장로의 직무

---

24 Ibid., 27.
25 James Moir Porteous, *op cit.*, 190-205; W. M. Hetherington, *History of the Westminster Assembly of Divines* (Edinburgh: John Johnstone, 1843), 199-200.
26 E. G. Matthews, *The Savoy Declaration*, Chap xxvi.

에는 설교와 가르치는 일, 성례의 집행과 정치가 포함된다. 반면에 집사는 교구의 재정 문제를 관할하며 가난한 자와 병든 자들을 돌보는 일을 한다.

여기서 스코틀랜드의 언약도들(Covenanters)이 주의 깊게 취급되고 정의되어야 한다. 이 용어는 1648-1690년 사이에 영국의 성공회, 즉 감독교회에 적극적으로 저항했을 뿐만 아니라 예수 그리스도의 신적 권리를 지키기 위해 왕권신수설에 강력히 맞선 앤드류 멜빌(Andrew Melville)과 사무엘 루더포드(Samuel Rutherford), 알렉산더 핸더슨(Alexander Henderson), 조지 길레스피(George Gillespie) 같은 장로교인들을 가리키는 말로 사용되었다. 이들은 장로교 정치와 제도, 그 밖의 어떤 형태도 수용하지 않았다. 그리하여 멜빌과 루더포드, 핸더슨과 길레스피는 좁은 의미에서 언약도들로 알려졌다. 하지만, 이 기간에 타협을 감내했지만, 그들 중에는 언약신학을 고수한 결의파들(Resolutionists)로 알려진 또 다른 부류의 사람들도 있었다.

1690년 명예혁명의 정착 이후 교회와 국가의 체제 확립 과정에서 양자의 존립(Revolution settlement)을 거부한 소위 카메로니안들(Cameronians)은 보다 급진적인 언약도들이었다. 1648-1690년 기간에 초기, 특히 1650년대의 크롬웰 치하에서 국가의 교회 문제의 간섭을 반대하는 자들이 항의파(Protesters)로 불렸다. 이 항의파들은 모두 언약도로 당시에 이 용어들이 혼합적으로 사용되었다. 그리스도의 언약 교회(the Covenantal Church of Christ)와 관하여 종교개혁자들과 그 계승자들인 언약도들은 성경이 장로교 정치 형태를 보증해 준다고 믿었다.

그런데 스코틀랜드 언약도들이 주장한 것은 하나님께서 이 세상에 세우신 두 제도는 교회와 국가이다.[27] 그에 의하면 이 두 제도의 안전을 위해서는 상호 협력이 요청된다. 즉, 교회는 국가를 위해 기도하고, 국가는 교회를 지지하고 보호해야 한다. 하지만, 언약도들은 교회 정치와 조직을 보다 강조하고, 그리스도의 교회는 목사보다 높은 어떤 직무도 있을 수 없다고 주장하였다.[28] 이들은 또한 언약 안에서 모든 목사는 하나님 앞에서 지위와 특별히 영적인 문제에서 동등하다고 주장하였다. 목사들은 교회를 성령으로 친히 다스리시는 예수 그리스도의 통일된 지체이다.[29] 따라서 언약도들은 목사가 단순히 한 교회의 회중을 책임지

---

[27] 더 자세한 것은 제5장의 1. 2) "(2) 교회와 국가에 관한 교리"를 보라.
[28] James Kirk, *The Second Book of Discipline* (Edinburgh: The Saint Andrew Press, 1980), 43-45: G. D. Henderson, *The Claims of the Church of Scotland* (Hodder and Stoughton 1951), 81-85.

기보다 전체 교회를 책임지고 있다고 하였다.

이들은 한 걸음 더 나아가 하나님의 계시된 말씀을 전파하고, 하나님 앞에서 자신들이 책임지고 있는 영혼을 돌아보며, 성례, 즉 세례와 주의 만찬을 집행하며, 장로들과 함께 성도를 위해 기도하고, 성 삼위 하나님의 이름으로 이들을 축복하며, 교회를 다스리며 치리를 시행하는 것들이 목사의 직무에 속하는바, 목사는 예수 그리스도를 대신하여 실행하는 것이라고 주장하였다. 그러므로 장로교인들은 목사가 목회를 통해 시행하는 모든 권세는 절대적으로 영적일 뿐 현세적인 것이 아니라고 확신하였다. 목사의 가장 중요한 직무 중에 성례의 시행이 있다. 장로교인들은 세례가 목사에 의해서만 집행되어야 한다는 규칙을 특별히 강조하였다. 이들이 이렇게 한 것은 종교개혁자들의 관점에서 성례가 한결 느슨하게 의식적으로 집행되는 것으로 비쳤기 때문이다.

한편 교회는 질서의 유지를 위하여 엄격한 치리를 시행할 필요가 있으나 그 통일성은 공적 행정관들(civil magistrate)과 확연히 구분되는 교회 직원들에 의해 유지되며, 반면에 교회 정치는 백성들의 자유와 그 통치자들의 권위 아래 존재한다. 하지만, 교회의 모든 구성원이 이를 바르게 집행하지 않을 때는 정부의 비난을 받게 되었다. 노회의 신적 권위 이론(the theory of the Divine Right of Presbytery)은 국가적인 문제(civil affair)와 교회 문제를 명확히 구분 지은 앤드류 멜빌(Andrew Melville)의 주장이었다. 결과적으로 장로 교인들과 후대의 언약도들은 새로운 운동의 주요 방해물이었던 감독교회의 주교들(Episcopal Bishops)을 몹시 싫어하였다. 이들은 특별히 주교들이 고위 성직자로서 가지는 자만심으로 지상 교회(Earthly Church) 지도자들의 모습과 너무나 대조되는 세상의 소유욕을 경멸하였다.

2) 데오도레 베자(Theodore Beza)와 장로교

장로교의 창시자가 칼빈이라는 사실에는 일반적으로 다들 동의한다. 하지만, 제네바 아카데미(the Academy of Geneva)에서 칼빈의 계승자로 일한 데오도레 베자(Theodore Beza, 1519-1605)는 세계적인 장로교의 개척자로 널리 인정받고 있다. 1548년에 심한 질병을 앓고 난 후 베자는 제네바의 칼빈을 찾아갔다. 일 년 후에

---

29 James L. Ainslie, *op. cit.*, 91-123.

베자는 제네바 아카데미에서 헬라어 교수가 되었으며, 1549년에서 1558년까지 이곳에서 지냈다. 그는 한때 빼이드 보(Pay de Vaud)에서 젊은 사람들과 함께 내실 있는 목회를 하였다.[30]

종교개혁 이후 당시 제네바는 유럽의 다른 대부분 지역처럼 많은 문제가 산적해 있었다. 사회적 및 정치적 지위는 사람들에게 어떤 특권은 물론 세상의 안락과 여러 방면에 걸친 사치와 도덕적 타락을 가져다주었다. 이와 동시에 교회에서는 성만찬 예식과 교회 정치체제에 관한 논쟁이 일어났다. 이러한 상황에서 베자는 칼빈 신학의 발전을 위해 노력하였으며, 유럽 전역에 칼빈주의를 계속 확산시켰다.[31] 베자는 스스로 칼빈의 상속자로 간주하고, 스승의 신학적 순수성을 유지하기 위해 노력하였다. 그러므로, 베자는 비록 교회의 치리와 권위에 대한 엄격한 순종을 한층 더 강조했음에도 불구하고 대부분 칼빈의 견해를 그대로 수용하였다.

하지만, 베자가 칼빈의 모든 견해를 그대로 따른 것은 아니었다. 사실 베자는 『관원의 법에 대해서』(De jure Magistlatum, 1574)에서 모든 국가 권위(civil authority)에 순종하라는 초기 칼빈의 교리를 뒤집었다. 이후 이 사상은 칼빈주의의 주요한 정치적 선언이 되었다. 베자에 의하면 국왕, 즉 군주는 백성을 위해 세운 바 되었으며, 백성들이 국왕을 위해 형성된 존재는 아니라고 생각했다. 계약적 요소를 도입한 베자는 군주와 백성 간에는 상호책임이라는 끈(bond)이 존재한다. 그러므로 군주들이 하나님의 법과 언약을 불순종하면, 백성들은 그들의 대표자를 통해 국왕에 맞설 수 있다고 하였다.

베자는 존 낙스(John Knox)에게 이 언약에 기초하여 주교제의 거부를 주저하지 말라고 경고하였다. 왜냐하면, "주교제는 쾌락주의(Epicureanism)를 수용하는 것"

---

30 Beza's Icones, *Contemporary Portraits of Reformers of Religion and Letters, Int. C. G. M'Crie* (London: The Religious Tract Society, 1909), 3-32; Francis Coxon, *Christian Worthies*, vol. II. (Zoal. Publications, 1981), 133-145; R. D. C. Robbins, "Life and Character of Theodore Beza," *Bibliotheca Sacra & Theological Review*, vol. 7., no, 7. (Andover, 1850), 501-533.

31 Jill Raitt, "Beza, Guide for the Faithful Life," *Scottish Journal of Theology*, 1986, vol., 39, 83-107; *The Person of the Mediator: Calvin's Christology and Beza's Fidelity in Occasional Papers of the ASRR*, 1. December (1977), 53-80; Michael Jinkins, "Theodore Beza: Continuity and Regression in the Reformed Tradition," *Evangelical Quarterly* (ed.), I. Howard Marshall. vol. LXIV. no. 2. (April. 1992). Cf. Ralph Keen, "The Limits of Power and Obedience in the Later Calvin," *Calvin Theological Journal*, vol. 27. (1992), 252-276.

이기 때문이다. 이 제도의 주창자인 "에라스무스(Erasmus)는 주교를 가리켜 키케로 (Marcus Tullius Cicero, B.C. 106-43년)[32]보다 에피큐러스(Epicurus, B.C. 342-270년)를[33] 더 좋아하는 자들이라고 말했기 때문이다." 여기서 베자의 의미는 주교들이 심미적 지혜(aesthetic wisdom)보다는 자기 방종(self-indulgence)을 더 좋아한다는 것이다. 그는 또한 주교를[34] 성직자의 책략(priest craft; 이것은 속세에서 세력을 넓히려는 성직자

---

[32] 로마 공화국을 무너뜨린 내전 당시 공화정의 원칙을 지키려고 노력하였다. 키케로는 '공화'의 개념을 공공의 안녕을 추구하는 것이라고 보았다. 이것은 공동체주의적인 시각에서 또한 자연법사상에서 자연스럽게 파생된 개념이다. 키케로는 공화주의의 본질은 상호성에 있는바, 신뢰를 중시하였다. 키케로는 시민의 자유는 누구의 지배를 받지 않는 자연법으로 통치를 주장하였다. 저술로는 수사법 및 웅변에 관한 책, 철학과 정치에 관한 논문 및 편지 등이 있다. 이후 지금까지 그는 역사상 가장 위대한 로마의 웅변가이자 수사학의 혁신자로 알려졌다. 키케로는 아르피눔의 부유한 집안의 아들로 태어나 로마와 그리스에서 당시 최고의 교육을 받고 법조계에서 명성을 떨쳤다. 그리고 B.C. 75년 시칠리아섬 서부 콰이스토르(재무관)에서 공직생활을 시작하여 집정관이 되었다. 철학사에서 키케로는 고대 그리스 철학의 전달자였다.

[33] Knox's Works, vol. IV., 614. Cf. James L. Ainslie. op. cit., 117-118; G. D. Henderson, Presbyterianism (Aberdeen, The University Press, 1955), 42. 고대 헬레니즘 시대의 4대 철학, 견유학파(Cynics), 회의학파(Skeptics), 스토아학파(Stoics), 에피큐로스학파(Epicurions) 중에 하나로 쾌락은 축복된 삶의 처음이자 나중이다. 우리가 만일 미각에서 오는 쾌락이나 청각과 시각의 쾌락을 경험할 수 없다면 선의 참된 의미를 알 수 없다. 쾌락은 모든 선의 시초요 근원이다. 하지만, 쾌락주의의 이상은 육체적인 욕망을 추구하되 지혜로 쾌락을 지배하는 상태에 이르는 것이다. 한편 스토아학파는 인간이 최고의 행복에 이르기 위해서는 금욕을 추구해야 한다고 하였다. 헬레니즘 시대는 주로 이성적인 것을 강조하여, 사상적일 뿐 실제 상황은 무질서하고 부도덕한 사회였다. 그리하여 스토아학파는 에피큐로스에 맞서 금욕 생활을 강조하였다. 참고로 견유학파는 사유체계보다는 일상의 관습에서 벗어난 생활방식으로 자연과 일치된, 자연스러운 삶을 추구하였다. 소크라테스의 제자 안티스테네스가 창시했으며, 대표적 인물은 시노페의 디오게네스이다(디오게네스). 디오게네스는 '자연 그대로'의 삶을 실천하기 위하여 가족생활을 포함한 사회관습을 파괴하려고 힘썼다. 이를 위하여 그는 공공건물에서 자고 음식을 구걸하면서 방랑자(거지)로 살았다. 회의주의는 구체적인 삶과 마주하여 대상의 자립성을 부정하고 그 안에 자신의 의지를 관철함으로써 자신의 주인 됨을 확인하는 사상이다. 이 사상은 최초의 소피스트 중 한 명이었던 프로타고라스가 주창하였다. 그에 따르면 어떤 것에 대한 완전한 기준이란 존재하지 않으며, 모든 것은 상대적이기에 완전한 판단이란 존재할 수 없다고 주장하였다. 한편 동양의 회의주의는 도가의 노자가 시조이다. 그 또한 프로타고라스처럼 완전한 기준은 없고 세상은 크고 거대하다. 그러므로 짧은 생애에 묶여 있는 인간은 너무 많은 것을 바라면 안 된다. 서요한, "제5장 로마의 기원과 역사적 발전," 『초대교회사』 (서울: 그리심, 2010), 146-152 참조.

[34] Beza에 의하면 주교들은 세 부류로 구분되는바, 하나님의 주교. 사람의 주교 마귀의 주교이다. 그리고 이 책은 일반적으로 De Triplici Episcoupatu, 즉 위장된 거룩한 치리에 관한 연구(1593)로 알려졌다. 베자에 따르면 하나님의 주교(Divinus Episcopatus)는 단순히 목회자(pastor) 또는 목사(minister), 하나님께서 세우신 장로이다. 인간의 주교(Humanus Episcopatus)는 (전체 정치를 막는 안전장치와 더불어) 그의 동료들에 대한 어떤 권세(power)를 받은 목회자이다. 마귀의 주교(Satanus Episcopatu, 로마 성직자들)는 다시금 "인간에 의해 세워진 주교의 타락에서 싹터" 스스로 성직자에 대한 전적인 권리를 부여했고, 이 땅의 통치자 영역을 침범했으며, 교회의 재산을 탕진해 버렸다. 이러한 주교들은 야수의 형상이며, 이들의 성직권은 적그리스도의 수장이다. Cf. Gordon Donaldson, "Lord Chancellor Glamis and Theodore Beza," Scottish Church

의 책략을 가리킨다), 즉 세속적 상징으로 보았기 때이다. 따라서 그는 이 세상의 교회는 장로교 모델이어야 한다고 주장하였다. 칼빈과 마찬가지로 베자는 장로교의 목적은 교회를 사도 시대의 본래 전통과 순전함으로 돌이키는 것이라고 주장하였다.[35] 그러나 베자는 말하였다.

> 우리는 단순히 사도들이 행한 것만을 보아서는 결코 안 되며 오히려 사도들의 목적, 그리고 이 목적들이 가장 잘 수행될 수 있도록 사도들이 사용한 방법과 형식들을 존중해야 한다.[36]

칼빈은 벌게이트 역의 디모데전서 4:14에 나오는 "*presbyterium*"("장로의 회")을 언급하면서, 이 말씀은 "장로들의 무리를 가리키는 집합적인 이름"이라고 하였다. 그리고 베자는 고린도 장로회(*Corinthiorum presbyterium*)를 인용하고 기독교 장로회가 그것을 계승한 교회 원로회에 대하여 말하였다(*ecclesiasticum Synedrium ... cui Christianum presbyterium successit*). 그는 여기서 교회 회중(*coetum ecclesiasticum*)이라는 표현을 쓰고, 나아가 노회(*seniorum collegium*)를 유대의 원로회 혹은 공회(*synedrion*) 및 기독교의 장로의 회(*presbyterium*)와 동일시하였다.[37]

모든 위그노들(Huguenot)이 그러했듯이 베자는 의회(Estates General)에 의해 최고 권이 행사되는 동맹 개념을 선호했는데,[38] 여기에 기초하여 이후 그는 자신의 동맹신학(federal theology)을 발전시켰다. 베자는 성경에 의해 보증된 유일하게 적절한 형태의 교회 정치는 대표제 정부(representative government)임을 확고히 주장하였다. 그는 감독교회에 맞선 지적 및 영적 전투를 자신의 책임이자 사명이라고 생각하였다. 결국은 그의 영향으로 장로교 정치 형태가 개혁교회(reformed Church)를[39] 위한

History (Scottish Academic Press, 1985), 122-136; Paul D. L. Avis, *The Church in the Theology of the Reformers* (London: Marshall Morgan & Scott. 1981), 123-124.

[35] G. D. Henderson, *op. cit.*, 45.
[36] *Ibid.*, 117.
[37] *Ibid.*, 92-111.
[38] A. F. Scott Pearson, *Church and State: Political Aspects of Sixteenth Century Puritanism* (Cambridge University Press. 1928), 87.
[39] John S. Gray, *Theodore Beza's Doctrine or Predestination, Bibliotheca Humanistica & Reformatorica*, vol. 12. (1975), 9. 베자의 주장은 토마스 카트라이트(Thomas Cartwright)에 의해 취해졌다. 카트라이트는 성경이 기독교인의 삶의 모든 부분에 관한 규정이라고 주장하였다. "하나님의 말씀은 교회에 속한 모든 것들에 대한 지시를 담고 있다. 그뿐만 아니라 인간 생활의 모든

보증이 되었고, 그리하여 개혁교회, 특별히 장로교가 스코틀랜드에서 확고한 형태로 자리 잡게 되었다. 따라서 칼빈의 사후 베자의 신학이 장로교에 강력히 영향을 끼쳤다는 사실이 전 세계 개혁교회로 인정되었다.

3) 존 낙스와 종교개혁의 원리

스코틀랜드에서 교회 정치의 성격에 관한 언약도들의 확신 중의 상당 부분은 망명 시절의 존 낙스에게서 비롯되었다. 존 낙스는 원치 않게 프랑크푸르트와 제네바에 잠시 망명 중에 그곳에서 시행되고 있던 장로교 정치제도에 강한 인상을 받았다. 낙스 자신이 기술한 것처럼 특별히 제네바에서 지낸 날들은 그의 사역 기간에 그에게 가장 크게 영향을 미친 시기였으며 또한 가장 평화롭고 행복한 시기였다.[40] 하지만, 스코틀랜드에서의 장로교의 발전이 과연 낙스의 공헌 때문인가, 그렇지 않으면 앤드류 멜빌(Andrew Melville)의 공헌 때문인가 하는 것은 여전히 논쟁점이다.[41]

낙스가 종교개혁 때 주장한 원칙은 하나님의 말씀이 당신의 언약 백성들에게 절대 권위를 가진다는 것이다. 말씀은 개인은 물론 교회와 국가가 반드시 절대 순종해야 하는 법이다. 그것은 또한 하나님의 언약에 결코 풀릴 수 없도록 매여 있는 모든 신자의 책임이기도 하다.

그런데 이 언약은 기본적으로 인간들 사이의 우정으로부터 하나님과 인간 사이의 관계로 옮겨졌다. 언약의 조항들은 신자들이 하나님의 백성이 되며 하나님

부분에 적용될 수 있는 모든 것을 담고 있다." 그리고 교회에서 치리와 통치는 구원과 관계된 "신앙"의 문제라고 하였다. Albert Peel and Leland H. Carlson (eds.), Cartwrightiana (London: George Allen and Uwin LTD., 1951), 22-25, 63-75. Cf. Paul D. L. Avis, *op. cit.*, 124.

[40] Knox's Work, vol. IV., 240. Cf. G. D. Henderson, *The Church of Scotland* (Edinburgh: The Church of Scotland Youth Committee), 48. Knox는 Calvin을 하나님의 유일하신 도구라고 불렀으며(Knox called Calvin "tat singular instrument of God"), 그가 설립한 제네바 학술원에 대해서는 사도시대 이후 그리스도께서 이 땅에 세우신 가장 아름다운 학교라고 하였다.

[41] James Kirk, *Patterns of Reform: Continuity and Change in the Reformation Kirk* (Edinburgh: T. & T. Clark. 1989), 334-367. Cf. J. H. S. Burleigh, "The Presbyter in Presbyterianism," vol. 2. (Scottish Journal of Theology, 1949), 293-309; "What is Presbyterianism," vol. 23. (The Evangelical Quarterly, 1951), 8-18; Peter. A. Lillback, "The Reformers' Rediscovery of Presbyterian Polity," *Pressing Toward the Mark* (eds.), Charles G. Dennison & Richard C. Gamble (Philadelphia: Orthodox Presbyterian Church. 1986), 63-81.

께서는 신자들의 하나님이 되실 것이라는 내용이다. 하나님께서는 선과 은총을 내리시며, 인간은 봉사와 경배로 이에 화답한다. 이 언약에 기초하여 하나님께서는 인간을 저주로부터 보존하실 것이다. 그러므로 인간은 다른 신들을 섬기지 말아야 하며 우상 숭배자들과 교제하지 말아야 한다.[42] 낙스는 그 어떤 개신교인도 결코 미사에 참여해서는 안 된다고 말하였다. 왜냐하면, 낙스는 미사 참여를 우상숭배로 간주했기 때문이다.

교회와 국가의 언약적 관계에 대하여 낙스는 이 두 제도는 서로에 대한 인간의 도덕적 책임뿐만 아니라 은혜언약 아래 있는 구원사의 계속성도 포함되어야 한다는 점을 강조하였다. 낙스는 이렇게 강조했다. "우리는 제국들과 왕국들, 통치 영역들, 그리고 도성과 도시들이 하나님에 의해 구별되고 지명되었다."[43]

낙스는 교회에 대한 국가 정부(civil government)의 책임을 다음과 같이 표현하였다.

> 더욱이 왕들과 왕자들, 통치자들과 행정관들에게, 우리는 종교적 부속물들의 개혁과 정화를 최우선으로 촉구한다. 이는 이들이 국가 조직(civil polity)을 위해 유지될 뿐만 아니라 참된 종교를 유지하며, 어떤 것이든 간에 다윗과 여호사밧, 히스기야와 요시아 그리고 다른 사람들의 경우처럼 그들의 열정을 극도로 유발한 모든 우상과 미신의 타파를 위한 방안을 모색할 수 있도록 하기 위해서이다.[44]

낙스는 다음과 같이 주장하였다. "어떤 통치자가 자신은 하나님에 의해 임명되었다고 고백하거나 맹세하지 않고 하나님의 법을 어길 때는 백성들은 최고 권력자에게 저항할 수 있다."[45]

그는 불경스럽게 우상을 숭배하는 왕들이 하나님의 백성들을 압제할 경우, 이들에 맞서 저항하는 것은 하나님의 법을 어기는 것이 아니라고[46] 주장하였다. 이것은 왕들과 통치자들이 비록 그들의 직무를 아주 조심스럽게 수행할지라도 저

---

42 *Knox's Works*, vol. III., 190-191. Cf. James L. Ainslie, *op. cit.*, 117-118.
43 John Knox, "The Book of Discipline," *The History of the Reformation of Religion in Scotland* (ed.), Cuthbert Lennox (London: Andrew Melrose. 1905), 361; William Crift Dickinson, *John Knox's History of the Reformation in Scotland* (London: Thomas Nelson & Sons Ltd., 1949), vol. II., 287.
44 *Knox's Works*, vol. II., 118; William Crift Dickinson, *Ibid.*, 271.
45 William Crift Dickinson, *Ibid.*, 361. Cf. Robert M. Healey, "John Knox's 'History': 'A Compleat Sermon on Christian Duty'," *Church History*, vol. 62. No. 3. (1992), 319-333.

항자들은 이들의 도움과 격려 그리고 위안을 거부할 수 있음을 의미한다. 교회 지도자들의 문제에 관해서 낙스는 다음과 같이 주장하였다.

> 회중이 장로와 집사 같은 교회 직분자들을 선출할 때, 생활의 순전함과 성실, 정직과 같은 기준을 적용해야 한다. 교회 직분자들은 지역 회중의 자유의사에 의해서 선출되어야 한다.[47]

그러나 이것은 노회나 대회의 감독 아래서 이루어져야 한다. 이것은 성경적으로 교회(정부)가 평신도의 책임을 인정하는 것이며, 특별히 교회의 질서를 유지하기 위해 치리하는 과정에서 평신도의 위치를 인정하는 것이다. 존 낙스와 그의 동료들은 이 원칙을 목사들의 아내들과 가족들뿐 아니라 집사들에게도 적용하였다.[48] 더욱이 낙스는 언약 안에 머물기 위해서는 우상숭배, 보다 구체적으로는 가톨릭을 떠나야 한다고 믿었다.

> 이것은 하나님과 우리 사이의 동맹, 즉 그분만이 우리의 하나님이 되실 것이며, 우리는 그의 백성이 될 것이다. 그분은 당신의 은혜와 선하심으로 우리와 대화 하실 것이다. 우리는 몸과 영으로 그분을 섬길 것이며, 모든 낯선 신에게서 벗어나 하나님께서 당신의 명확한 말씀으로 우리에게 확증해 주신 종교 외에는 다른 어떤 종교도 따르지 않을 것이라고 엄숙하게 맹세하였다.[49]

이와 관련하여 1560년 8월 소집된 스코틀랜드 개혁의회(the Scottish Reformation Parliament, Edinburgh)는 스코틀랜드 신앙고백서(the Scottish Confession of Faith)를 비준하였으며, 이 문서에 담긴 기독교 신앙에 따라 나라를 다스리기로 결의하였다. 그리하여 이 의회는 프로테스탄트 신앙을 확고히 세우고 교황의 권위를 무너뜨렸다. 그러나 이 의회가 교회 정치의 결정적인 형태를 규정한 것은 아니었다. 비록 이 의

---

[46] J. W. Allen, *A History of Political Thought in the Sixteenth Century* (London: Methuen & Co. Ltd., 1941), 113.

[47] John Knox, "The Book of Discipline," *The History of the Reformation of Religion in Scotland* (ed.), Cuthbert Lennox (London: Andrew Melrose, 1905), 401.

[48] *The First Book of Discipline* (ed.), James K. Cameron. (Edinburgh: The Saint Andrew Press, 1972), 179; Ivo Macnaughton Clark, *A History of Church Discipline in Scotland* (Aberdeen. 1929), 56.

[49] *Knox's Works*, vo. Ⅲ., 190-191.

회가 감독제 주교직(episcopal bishop)을 반대하는 목소리를 냈지만, 이 직책을 폐지하지는 않았다. 따라서 주교들은 1561년에 발표된 새로운 신앙고백서에 강제로 서명할 필요를 느끼지 않았다.

실제로 강제적인 서명이 불가능했으므로 설득만이 유일한 방법이었다. 따라서 설득 작업이 다각적으로 시도되었으나 결과는 신통치 않았다. 그리하여 의회는 많은 실제적인 문제들을 미해결 상태로 남겨 두었다. 그 이유는 많은 의회원이 각각 여기에 연루되는 것을 두려워했기 때문이다.

이렇듯 복잡한 상황에서, 1572년 1월, 머톤 백작(Earl of Morton, 1516-1581)의 주도하에 리쓰(Leith)에서 회의가 소집되었다. 이 회의는 스코틀랜드 국민에게 지금까지 너무나도 해로운 것으로 입증된 주교 체계의 기초를 의도적으로 마련하였다.[50] 머톤 백작이 비록 한발 양보하여 주교들이 총회에 복종할 수 있다고 허락했으나 사실은 스코틀랜드교회가 영국 국교회처럼 구성되기를 바랐다. 따라서 타협 방안이 제시되어, 몇몇 교회는 감독교회의 명칭을(Episcopal titles) 사용하였고 또한 의무들이 결정되었다. 그러나 모든 것은 총회의 통제하에 있었으며 현재 시행되는 장로교 체제를 어떤 방법으로도 배제 시킬 수는 없었다.[51] 하지만, 이 회합에서 가장 중요한 것은 영국처럼 스코틀랜드교회가 왕의 최고 권위와 권력에 복종해야 한다는 것이었다.

당시 이 회의에 참석하지 않은 귀족들과 지주들은 섭정(Regent)과 추밀원(Privary Council, 영국 왕의 지문기관)에 자신들의 제안들을 보냈다. 이 제안 중에 하나는 공적 고행(public humiliation) 의식, 즉 금식을 11월의 마지막 8일 동안에 스코틀랜드 전역에서 시행하자는 것이었다. 또 다른 제안은 스코틀랜드의 개신교도들이 확고한 결속을 다져 모든 상황에서 대적에 맞설 수 있도록 해야 한다는[52] 것이다. 결과적으로 더욱 열정적이고 용감한 장로교 목사들이 왕실의 공격과 침입에 맞서 계속 저항하였다. 그런 가운데 1603년 3월 영국 여왕 엘리자베스가 갑자기 후손 없이 서거하면서 스코틀랜드의 제임스 VI세(James VI)가 영국 왕실의 가장 가

---

50 George R. Hewitt, *Scotland under Morton 1572-1580* (Edinburgh: John Donald Publishers Ltd., 1983), 19-22.
51 lexander Tylor Innes, *The Law of Creeds in Scotland* (Edinburgh: William Blackwood and Sons. 1867), 30-36, 49-50; John Lee, *Lectures on the History of the Church of Scotland* (Edinburgh: William Blackwood and Sons, 1860), vol. I., 307-309.
52 D. Hay Fleming, *The Story of the Scottish Covenants in Outline* (Edinburgh, 1904), 17-19.

까운 종손(宗孫, 직계 손)으로 제임스 1세(James I)⁵³의 명칭과 함께 영국 왕실의 새 주인이 되었다. 그 후 제임스 1세는 영국교회의 감독제를 급진적으로 선호하였고, 1610년 글라스고우에서 열린 총회에서 장로교 치리와 교회 정치의 옛 형태를 대부분 폐지하였다. 그리고 제임스 6세는 스코틀랜드에 장로교 대신 감독제(Episcopacy)를 도입하였으며, 2년 후에는 의회법(Act of Parliament)으로 감독제를 확증하였다.⁵⁴

1574년 제네바에서 돌아온 앤드류 멜빌(Andrew Melville, 1545-1622년)은 스코틀랜드에서 개혁교회를 재조직하고, 아울러 교회와 국가의 언약 교리의 세밀한 부분들을 완결지었다. 1592년 5월 22일 에든버러에서 개최된 장로교 총회는 멜빌을 총회 의장으로 선출하고, 왕에게 바치는 탄원서를 작성하였다. 총회의 이 탄원서가 6월에 소집된 의회에 상정되었을 때 총회는 이 탄원서를 "황금 법"(Golden Act) 또는 "장로교의 대헌장"(The Magna Carta of Presbyterianism)으로 알려진 이 법안을 통과시켰다.⁵⁵

그리하여 이 법안은 멜빌이 작성한 『제2 치리서』(The Second Book of Discipline)의 가장 본질적인 부분을 합법화하였다. 그리고 법정에서 사법적 판결로부터의 교회의 자유를 비준하여 교회의 영적 독립을 확증하였다. 따라서 이 법안은 1592년 스코틀랜드교회에서 가장 탁월한 장로교 정치 형태로 채택되었다.

1584년의 법들은 1581년 제임스 6세 자신이 인준한 일명 『왕의 고백서』(King's Confession or Covenant) 혹은 스코틀랜드의 『제2 신앙고백서』(The Second Scottish Confession)에서 고백한 종교와 이단, 출교 문제에 있어서 기존의 장로교회의 권위와 충돌하였으며,⁵⁶ 이후부터는 성직 추천권이 주교들이 아니라 그들과 경계선에 있

---

53 맨 처음 영국 국기는 잉글랜드 국기였으나 1606년 James 1세가 영국의 국왕이 된 것을 계기로 스코틀랜드 국기와 통합되어 최초의 영국 국기가 탄생하였다. 또 James 1세가 왕위에 오른 후 1607년 5월 14일 영국 인이 배를 타고 북아메리카 신대륙에 건너가서 그곳에 제임스타운을 건설하였다. 이것은 바로 James 1세의 이름을 딴 것이다. 그리고 제임스타운을 포함한 당시 미국의 동부 13주가 영국의 식민지에 속했기 때문에 그래서 줄무늬가 13개로 된 비공식 국기가 탄생하였고 이는 곧 미국 국기의 유래가 되었다.

54 David George Mullan, *Episcopacy in Scotland: The History of an Idea 1560-1638* (Edinburgh: John Donald Publishers Ltd., 1986), 95-113.

55 David Calderwood, *The History of the Kirk ol Scotland* (Edinburgh: The Wodrow Society, 1844), vol. V., 162-170; W. M. Hetherington, *History of the Church of Scotland from the Introduction of Christianity to the Period of the Disruption. May 18. 1843* (Edinburgh: Johnstone and Hunter, 1843), 176-178; James Rankin, *The Church of Scotland* (Glasgow), vol. II., 469.

는 빈(무임) 성직 자리들의 노회에 주어지기 때문에 폐지되었다. 멜빌은 감독교회의 주교가 아니라 목사들과 장로들로 구성된 총회에 의한 목사와 교회 정치의 동등권, 그 과정에서 하나님이 세우신 교회와 국가, 두 왕국의 분리를 주장하였다. 이와 관련하여 멜빌은 지상 교회의 최고 권위는 국왕에게 있는 것이 아니라 교회 당회(Kirk sessions), 즉 총회는 물론 노회와 대회에 모인 전체 회중의 목소리에 있다고 주장하였다.[57]

앤드류 멜빌은 자신이 작성한 『제2 치리서』(the Second Book of Discipline)에서 교회는 국가의 권위(civil authority)로부터 독립되었다고 주장하였다. 그에 의하면 교회의 힘과 권위는 하나님에게서 비롯되었다. 그는 또한 교회는 국가 권력에 양심과 종교에 관해 가르칠 권리와 의무를 지며, 참으로 국가 군대(civil arm)에 하나님의 말씀에 따라 공권력을 어떻게 사용할 것인지를 말할 권리가 있다[58]고 주장하였다.

멜빌은 교회의 직무 및 사역과 국가의 직무 및 사역을 분명하게 구분하였다. 1596년 스코틀랜드 동부 파이프 주(Fife county)의 쿠팔(Cupar)에 소집된 스코틀랜드 장로교 총회에서 멜빌은 제임스 6세에게 이 주제에 관해 다음과 같이 충고했다.

> 폐하, 스코틀랜드에는 두 왕과 두 왕국이 있습니다. 이 나라의 왕인 제임스 국왕이 계시고, 교회의 왕이신 예수 그리스도가 계십니다. 제임스 6세께서는 예수 그리스도의 백성이실 뿐이며, 이 분 왕국의 왕도, 주도, 머리도 아니십니다. 폐하는 다만 예수 그리스도, 이분의 왕국의 한 구성원이실 뿐입니다. 하지만, 우리는 국왕의 위치에 있는 폐하께 순종할 것입니다. 그리고 폐하께 합당한 복종을 바칠 것입니다. 그러나 거듭 말씀드리지만, 폐하께서는 교회의 머리가 아니십니다. 폐하께서는 우리가 찾고 있는 영생을 이 땅에서 우리에게 주실 수 없으십니다. 그리고 폐하께서는 우리에게서 이 영생을 빼앗아가지도 못하십니다. 그러므로 우리에게 그리스도의 이름으로 자유로이 모이며, 폐하께서 주요한 구성원이신 교회의 일들에 참여할

---

56 서요한, "제1장 존 낙스의 생애와 신학사상," 『개혁신학의 전통』 (서울: 그리심, 2014), 11-47.
57 James Kirk, *The Second Book of Discipline*, op cit., 146-151; Gordon Donaldson, "Lord Chancellor Clamis and Theodore Beza," *op. cit.*, 122; James Dodd, *The Fifty Years' Struggle or the Scottish Covenanters 1638-1688*, *op. cit.*, 11-13; Thomas M'Crie, *Life of Andrew Melville*, *op cit.*, 56-61. Cf. G. D. Henderson, *The Claims of the Church of Scotland* (Hodder and Stoughton), *op. cit.*, 9-10.
58 John Kennedy, *Presbyterian Authority and Discipline* (The Saint Andrew Press, 1960), 44; George Grub, *An Ecclesiastical History of Scotland* (Edinburgh: Edmonston and Douglas, 1861). vol. II., 217-225.

수 있도록 허락해 주시기 바랍니다.⁵⁹

이와 같은 진술이 담긴 글이 또 하나 있다.

> 폐하, 폐하께서 기저귀를 차고 계실 때 그리스도 예수께서는 자유로이 이 땅과 당신의 목사들과 종들을 다스리시고, 당신의 이름으로 이들이 행해야 할 바를 자유로이 행하셨습니다. 그러니 이제 폐하께서 이 왕국에 들어오시려 하실 때 이 왕국의 침략자가 되시겠습니까?⁶⁰

이 총회가 열린 기간은 참으로 기념비적인 날들이었다. 1560년 스코틀랜드 개혁교회의 미래가 비록 불안정하고 불확실하게 보였으나 1638년에는 『제1 치리서』와 『제2 치리서』에 담긴 많은 약속과 조직체들이 안전하게 세워졌다. 이렇듯 스코틀랜드 종교개혁은 하나님의 나라와 영광을 위하여 왕과 교황의 세력에 맞서 싸운 언약의 사람들에 의해서 성취되었다.

J. D. 더글라스(J. D. Douglas) 박사는 16세기 독일과 영국, 프랑스와 스코틀랜드에서 일어난 종교개혁의 사례들에서 왕과 교회 사이의 정치적 및 신학적 관계들을 이해하는 두 가지 서로 대립되는 주요한 이해 방법이 있었음을 보여 주었다. 그 두 가지 방법은 모두 스코틀랜드에서 갈등이 극도로 고조된 과정에서 나타났다.⁶¹ 각 집단은 교회 정치 문제에서 자신들의 방법을 원했다. 국왕은 주교들이 교회를 다스리기를 원했으며, 언약도들은 이를 거부하고 총회 산하 노회가 교회를 다스려야 한다고 주장하였다.

존 낙스와 그의 동료들은 개혁의 과정에서 그리스도의 선지자적이며 제사장적인 직무를 요구하였다. 이들 이후의 개혁자들은 주로 왕적 특권을 위해 투쟁하였다. 마틴 루터(1483-1546), 츠빙글리(1484-1531), 불링거(1505-1575), 그리고 칼빈(1509-1564)을 계승한 16세기 스코틀랜드의 종교개혁자들은 "오직 그리스도만이 구원하신다"(None but Christ saves)를 그들의 구호로 삼았다. 이에 반해 17세기 스코

---

59 Patrick Walker, *Six Saints of the Covenant*, vol. I., 303; *The Authority and Diary of James Melville* (Edinburgh: Wordrow Society, 1842), 370-371; Thomas M'Crie. *Life of Andrew Melville, op. cit.*, 181.
60 Melville's Diary, *Ibid.*, 371; Thomas M'Crie, *Life of Andrew Melville, Ibid.*, 181-182.
61 J. D. Douglas, *op. cit.*, 14-16. Cf. Gordon Donaldson, "Church and Community," *Scottish Church History* (Scottish Academic Press. 1985), 232-238.

틀랜드의 종교개혁자들은 정치적 발전에 영향을 받아 한 단어를 더 추가하여 "오직 그리스도만이 다스리신다"(None but Christ reigns)를 그들의 구호로 삼았다.[62] 이 구절과 표제는 후기 언약 기간에, 1660-1688년의 살육의 시기(Killing Times)에 중심 쟁점이 되었다. 그리고 이러한 사상은 마로우 맨(Marrow men)에게 한층 자극을 주었으며, 이들은 사람의 구원에 있어서 하나님의 주권적 은혜를 강조하였다.

2. 이 기간에 스코틀랜드 국왕들의 통치

스코틀랜드 국왕들(Scottish sovereigns)의 통치기 동안, 1560년부터 1688년까지 스코틀랜드에서는 교회와 국가가 긴밀히 연결된 상황에서 교회의 영적 생명력은 점차 쇠퇴하고 퇴락하였다. 1560년 존 낙스를 중심으로 한 집단에 의해 성취된 개혁이 느슨해지는 것은 어찌할 수 없었다. 케임브리지대학교의 역사신학 교수인 R. B. 낙스(R. Buick Knox) 박사가 지적했듯이 잇따른 몇 년 동안에 스코틀랜드교회 체제는 일련의 변화와 발전 그리고 동요가 지속하였다. 그리하여 스코틀랜드는 감독교회와 장로교회를 오가며 서로 다른 색깔의 종교적 견해들을 수용하였다.[63]

그 과정을 보면 1560년에 장로교회에서 1572년에 감독교회로, 1580에는 장로교회로, 1584년에는 감독교회로, 1592년에는 장로교회로, 1610년에는 감독교회로, 1638년에는 장로교회로, 1655년부터 1658년까지는 크롬웰의 독립교회 통치와 더불어 1660년에는 감독교회로, 1690년부터 1733년까지는 장로교회로 정리된다.

하지만, 상기한 기간 중, 특별히 1638-1690년의 중요한 자료들에서 "언약"이라는 말이 어떻게 이해되고 적용되며 발전되었는지를 좀 더 자세히 규명해야 할 것이다. 제1장에서 고찰했듯이 언약 개념은 성경적, 신학적이며 동시에 사회적, 정치적이었다. 언약에 대한 이러한 근본적인 이해와 발전은 이 기간 내내 계

62　J. D. Douglas, *Ibid.*, 13.
63　R. Buick Knox, "A Scottish Chapter in the History of Toleration," *Scottish Journal of Theology*, 1988, vol. 41., 49-74; T. C. Smout, *A History of the Scottish People 1560-1830* (Collins/Fotana, 1973), 57-66; William Haller, *Liberty and Reformation in the Puritan Revolution* (Columbia University Press, 1963), 104.

속되었다. 그러나 그 적용과 강조점은 계속해서 변하였다. 1638년의 국가 언약 (National Covenant)과 1643년의 엄숙 동맹과 언약(Solemn League and Covenant)의 서명 자들은 대체로 이러한 결속들이 영구적인 책임이 될 것이라고 믿고 어떤 타협도 거부하였다. 그리고 이들은 상기 문서에 기록된 언약의 기초 위에서 연합된 스코틀랜드 만이 하나님께서 스코틀랜드 군대와 지도자들에게 내리시는 축복을 기대하였다.

이 시기에 "언약" 용어는 로마 가톨릭교회와 감독교회를 거부한다는 의미로 이해되었다. 여기에 대해서는 대부분의 스코틀랜드인이 동의하였다. 하지만, 찰스 2세가 왕위를 계승한 후, 왕위 계승을 둘러싸고 언약도들이 둘로 갈라져 그 수가 급속히 줄어들었다. "언약"에 대한 이해는 매우 좁아져 주로 항의파들(Protesters)에게 초점이 맞추어졌으며 반대의 다른 집단은 배제되었다. 그리하여 언약도들 사이에서 언약에 대한 이해와 실천을 둘러싸고 긴장이 고조되었다.

결의파들(Resolutioners)[64]은 공적 결의들(Public Resolutions)을 선호했지만, 반면에 항의파들(Protesters)[65]은 결의파에 맞서 공적 결의들을 비준한 총회의 적법성을 부정하였다. 이러한 상황에서 기존의 계약들(Covenants)을 받아들인 일부 사람들이 감독제도(Preracy)를 수용하였다. 결과적으로 두 집단 간의 대립과 분열로 언약도들의 수가 현격히 감소하였다.

1660년 찰스 2세의 왕정복고 이후 28년간의 박해 동안에, 이러한 언약 원리는 일반적으로 스코틀랜드교회와 국가에 의해 수용되지 않았다. 그러나 1690년 국왕 윌리엄 3세(William of Orange III)[66]는 장로교와 감독교회 모두를 인정하였다. 그러나

---

[64] 1649년 1월 23일의 계급법(the Act of Classes)의 배타적 체제를 무효로 한 결정들을 지지한 온건파 언약도들. 이 법은 가장 엄격한 언약도들을 제외한 모두를 직무로부터 배제하기 위해 창안되었다. 결의파들의 지도자들은 David Dickson과 Robert Baillie였다. Gordon Donaldson and Robert S. Morpeth, *A Dictionary of Scottish History* (Edinburgh: John Donald Purishers Ltd., 1988), 181.

[65] 그들의 소수파였던 1650년과 1651년 총회에 항거한 극단파 언약도들. 항의파들(Protesters)의 지도자는 James Guthrie, Patrick Gillespie, Wariston의 Johnston, 그리고 Samuel Rutherford였다. *Ibid.*, 176.

[66] 영국을 정복한 네덜란드 출신의 역사상 최후의 정복자로 한때 네덜란드 공화국 내 7개 주의 총독 겸 영국과 스코틀랜드, 그리고 아일랜드를 다스렸다. 네덜란드 출신의 William 3세는 1650년 11월 14일 네덜란드의 헤이그에서 오라녜 공 빌럼 2세와 영국의 국왕 Charles 1세의 장녀 Mary의 아들로 태어났다. 그러나 부친 William 2세는 William 3세가 태어나기 직전 천연두로 사망했고, 그의 모친 또한 10세 때 사망하였다. 당시 그의 위치는 공화파에게 밀려난 상황이어서 그의 부친이 가지고 있었던 총독직을 계승하지 못할 상황이었다. 그러나 아이러니하게도 이러한 상황은 그의 외가인 영국에 의해 반전되었다. 그의 외삼촌인 Charles

1638년(국가 언약)과 1643년(엄숙 동맹과 언약)의 두 계약에 대해서는 아무런 말이 없었다. 따라서 언약도들이 다 같이 이러한 무언을 비판하긴 했지만, 1690년 장로 교의 정착(Presbyterian Settlement) 이후 언약도들의 영구적인 책임과 역할을 주장한 것은 오직 카메론파(Cameronians)뿐이었다. 이후 카메론파와 개혁 장로교회는 이 전통을 계속 이어가는 중에 스코틀랜드교회와 국가는 예수 그리스도의 단일 통치, 머리 아래 있어야 한다고 믿었다.

1) 제임스 6세와 찰스 1세의 통치

스코틀랜드에서 메리 여왕(Queen Mary of Scots)과 제임스 6세(James VI)의 통치 이래로 교회의 정치 형태에 관한 문제가 계속 제기되었다. 1584년 제임스 6세가 제정한 "암흑법"(Black Acts)은 존 낙스의 가르침에 맞서 국왕이 교회와 국가의 머리

2세가 프랑스의 Louis 14세와 도버밀약을 체결하면서 네덜란드를 위협하였고, 결국 Charles 2세와 Louis 14세는 1672년 네덜란드를 침공하였다(제3차 영란전쟁). 따라서 네덜란드의 많은 주가 약관 22세의 그를 총사령관으로 임명하여 총독이 되었다. 1674년 Charles 2세가 본국에서 비밀협정 내용이 드러나 재정적 압박을 받게 되어, 곧바로 전쟁에서 발을 빼게 되었다. 한편 Louis 14세 또한 전쟁을 지속해서 이끌지 못하였다. 1678년 네덜란드는 프랑스와 휴전을 맺었으나 양국 관계는 긴장의 연속이었다. 1677년 불과 몇 년 전 전쟁을 펼친 William III세는 외삼촌 Charles 2세의 정치적인 고려를 통해 그의 작은 외삼촌 요크 공 James의 딸 Mary와 결혼하여 그의 사위가 되었다. 이것은 Mary 2세와 William이 부부지만 동시에 사촌 간이었다. 하지만, 이들의 결혼은 행복하지 않았다. 당시 Mary는 15살이었고 William은 20대였으나 William이 이른 나이에 총사령관으로 네덜란드의 총독이었기 때문에 Mary에 관한 관심이 덜했기 때문이다. 그런 가운데 1685년 William의 장인이자 작은 외삼촌 요크 공 James가 Charles 2세를 이어 James 2세로 왕위에 올랐다. 그런데 James 2세가 친 가톨릭 정책을 펼치면서 당시 국교도와 청교도가 주도한 영국 의회를 불안하게 하였다. 그러던 중에 James 2세가 아들을 낳자, 그 아들이 장차 가톨릭 왕자로 성장하면 다시금 피의 Mary 1세의 시대가 될 것을 우려한 영국 의회가, 토리파(보수당)와 휘그파(자유당) 할 것 없이 프로테스탄트였던 James 2세의 딸 Mary와 그의 남편 William 3세를 주목하였고, 결국 그에게 군대를 요청하였다. 1688년 11월 5일 William 3세는 영국 의회의 요청으로 군대를 이끌고 잉글랜드에 진입하여 명예혁명을 주도하였다. 이 혁명으로 장인 James 2세가 쫓겨나자, 아내인 Mary 2세와 함께 공동 국왕 William 3세로 즉위하였다. 그리하여 그의 치세 때 네덜란드는 영국과 동맹 연합군을 이루었다. 부인 Mary 2세가 1694년에 사망하자 William은 1702년까지 단독으로 세워가다. 그는 즉위의 동시에 권리장전을 승인하였다. 권리장전에 따라서 영국은 의회가 조세와 군대 조직 등을 관리하는 입헌체제를 확립하였다. 또한, 1689년 5월 비국교도를 포함한 개신교 교도들에게 예배의 자유를 허용하는 관용법의 승인이었다. 이것은 그동안 가톨릭교도의 국왕 즉위를 극히 꺼린 영국 의회와 개신교도였던 William의 영향력 때문이었다. William 3세는 20대의 나이에 총사령관이 되어 영국과 프랑스 연합군과 대적했을 정도로 타고난 장수였으나 영국 내의 산적한 문제들을 용기 있게 군사적으로 해결하였다.

이다. 따라서 스코틀랜드교회는 왕이 임명한 감독 주교들(episcopal bishops)이 있어야 하고, 목사들은 단지 공적인 문제들을 논의함으로 반역죄를 범해서는 안 된다고 선언하였다. 그 후 제임스 6세는 장로교 총회 산하 노회들이 주교를 대신하여 자신들의 권위를 점차 확대하는 것을 허용하였다. 그러나 교회의 재산을 왕에게 귀속시킨 1587년의 교회 재산 폐기법(Act of Revocation)은 국왕에게 막대한 자원을 제공하였다.

1597년 제임스 6세는 자신이 스코틀랜드교회와 국가의 수장임을 천명하기 위하여 자신의 왕권을 사용하였다. 그리고 그는 스코틀랜드에 강제로 영국의 감독제를 세우려고 하였다. 다시 말하면 장로교 체제 위에 감독제를 부가하려 하였다. 그는 공개적으로 "왕권신수설"(Divine Right of Kings)을 주창하며, "이 땅에서 자신과 대등한 권위"의, 곧 교회(Kirk)와 장로교 체제를 없애려고 결심하였다. 총회 산하 노회와 대회에서는 영구 의장인 감독제 교구의 주교들이 주도권을 장악하였다. 제임스 6세의 목적은 영적 귀족인 주교제를 재도입하여 스코틀랜드교회의 장로교 정치를 전복하고 국왕의 통제하에 의회를 구성하는 것이었다.

1603년 영국 여왕 엘리자베스 1세(Queen Elizabeth I)의 타계 후 제임스 6세는 왕위를 계승한 후에 그에게 잘 어울리는 교회, 감독제를 확립하였다. 그리하여 그는 자신의 모국 스코틀랜드에 영국교회의 감독제의 유익을 제공하는 위치를 점하였다. 이것을 달성하기 위하여 제임스 6세는 1604년에 소집될 총회를 연기하였다.

그러나 뜻과 달리 1605년 7월 애버딘에서 총회가 개최되었으며, 9월에 재소집을 다짐한 목사들은 자신들의 행동을 해명하도록 추밀원(Privy Council)[67]에 소환되었다. 하지만, 이 목사들은 추밀원의 사법권을 부정했기 때문에 반역 혐의로 해외로 추방되었다. 1606년 두 명의 멜빌(Melville)과 다른 여섯 형제가 런던에 소환되어 감독교회의 장점들을 증명하려는 몇몇 탁월한 성공회 신학자들의 설교를

---

67 추밀원은 한때 강력한 권한을 갖고 있었지만 17세기 중엽 이후 사법 기능과 정치기능을 상실한 뒤에 오랫동안 활동을 하지 못했다. 추밀원이 이처럼 위축된 것은 주로 국왕이 정치적 결정에 책임을 지지 않게 되었기 때문이다. 그리고 국왕이 어떤 쟁점에 관심이 있으면 정치적으로 더욱 강력한 내각과 비공식 회의를 소집하였다. 그러나 오늘날에는 형식적인 결정을 내릴 때 추밀원 회의가 열린다. 대체로 추밀원은 위원회를 통해 기능을 발휘하는데, 가장 중요한 위원회인 추밀원 사법위원회는 법령으로 설치되어 있으며, 종교재판소와 전시포획심판소, 그리고 영연방의 일부 자치령과 식민지 법정에서 들어오는 상소를 처리한다.

들었다. 주교 교구들은 이제 국왕 제임스가 임명한 사람들로 급속히 채워졌다. 그리고 1587년의 합병법(the Act of Annexation)을 폐지하는 의회법(Act of Parliament)으로 교구들의 재산이 회복되었다.

이러한 변화 속에서 1610년 장로교가 스코틀랜드에서 자리를 잡았고, 제임스 6세는 자신이 장로교를 유지하겠다고 맹세하였다. 그러나 제임스는 교회의 자유를 박탈하기 위하여 자신이 할 수 있는 모든 수단을 동원하였다. 국왕의 집요한 뇌물과 협박 공세로, 1610년의 장로교 총회는 국왕 편이 되었다. 따라서 1610년 런던에서 임명된 주교들이 스코틀랜드에 올라와 스코틀랜드에서 일할 다른 주교들을 임명하였다. 그 후 주교들은 이제 성직 수임과 교회 법정을 장악하였다.

그러나 이들은 행동을 자제하였다. 이들은 노회에서 성직 임명을 받은 사람들에게 감독교회의 성직 수임을 받으라고 요청하지 않았다. 감독제이자 에라스티안적(erastian)인 색채를 띤 것은 단지 교회의 외형적 구조뿐이었다. 이러한 변화는 여전히 종교개혁의 원칙들과 장로교를 선호하는 대부분의 스코틀랜드 국민에게는 몸서리쳐지는 것이었다.[68] 그러나 1610년에서 1637년에 이르는 기간 동안 스코틀랜드에서 감독교회는 실체보다는 단지 그 이름만 존재했다고 해야 할 것이다.[69]

하지만 1617년 11월 세인트앤드류에서 열린 총회에서 주교들은 국왕 제임스 6세가 의도한 일치(조화)를 도출하는 데 실패하였다. 따라서 일치를 도모하려는 그 다음 시도는 1618년 8월 25일 퍼스(Perth)에서 일어났고, 당시 제임스 6세는 5개의 조항을(Five Articles) 제정한 후 장로교 총회를 해산하였다. 당시 제정된 5개 조항은 즉시 교회의 혼란을 일으켰으며 매우 심각한 결과를 제공하였다. 그 5개 조항은 다음과 같다.

① 성찬(communion) 시에 무릎을 꿇는다.
② 특정한 공휴일들, 즉 성탄절과 성금요일, 부활절과 승천일 그리고 오순절을 지킨다.
③ 영국의 성공회, 감독교회식의 견진성사(Episcopal confirmation)를 거행한다.

---

[68] John C. Johnston, *The Treasury of the Scottish Covenant* (Edinburgh, 1887), 66.
[69] Ibid., 44; R. Buick Knox, "The Presbyterianism of Samuel Rutherford," *Irish Biblical Studies*, vol. 8. (July, 1986), 143-153.

④ 필요한 경우에 개별적으로 세례(private baptism)를 베푼다.
⑤ 병자에게 개별적으로 성찬(private communion)을 실시한다.[70]

이것은 1625년에 부왕 제임스 6세의 왕위를 계승하고, 왕의 수장권(royal supremacy)에 대한 믿음을 가진 찰스 1세(Charles I)의 통치 시에 더욱 복잡해졌다. 또한, 찰스 1세는 주교들을 통하여 교회와 국가를 지배하려고 하였다. 주교들은 이전에 벌써 '감독교회'를 비성경적이라고 거부한 스코틀랜드의 장로교에 대해서 특별히 공격적이었다. 그리하여 찰스 1세는 제임스 6세가 감내한 궁정에서의 혼란을 제거하였다. 그리고 누구든지 그와 협상하고자 하는 자는 "뒷문이나 비밀문으로 들어와서는 결코 안 된다"고[71] 선언하였다. 궁극적으로 찰스 1세는 스코틀랜드에서 절대 왕정을 계속 주장함으로써 부왕보다 한 걸음 더 나아갔다.

그러나 찰스 1세에게는 부왕에게 있었던 재치와 분별력이 없었다. 그리하여 그는 총회와 의회의 재가 없이 1636년 1월 스코틀랜드 장로교회에 『규범집』(Book of Canons)[72]을 부가하였다.

1637년, 찰스 1세는 자신의 권위로 캔터베리의 대주교 윌리암 라우드(William Laud, 1573-1645, 1633-1645 재임)의 지원을 받아 라우드 의식서(Laud's Liturgy)[73]로 알려진 기도서를 스코틀랜드에서 사용하도록 선언하였다. 이것은 1603년 이후 통일된 왕국 전체에 예배와 종교의 일치를 꾀함으로 영국의 청교도들과 스코틀랜드의 언약도들에 맞서 공동 전선을 펼치려는 목적 때문이었다.

---

70 Ibid., 67-70; Thomas M'Crie, *The Story of the Scottish Church from the Reformation to the Disruption* (London, 1875), 113-115; J. H. S. Burleigh, *A Church History of Scotland* (Oxford University Press, 1960), chap. III.
71 J. D. Douglas. *op. cit.*, 23; James Cossar, *Contending for the Faith, op. cit.*, 4-5.
72 1636년 Charles 1세는 캔터베리 대 주교 William Laud의 주도 아래 부왕 James 6세가 선포한 1618년 8월 퍼스의 5 조항(Five Articles of Perth)을 보강한 『규범집』(Book of Canons)을 작성하여 스코틀랜드교회에 부가하였다. 이는 스코틀랜드 장로교회를 제거하려는 의도였다.
73 기도서의 세세한 부분들은 확실히 William Laud가 쓰지 않았으며, Gilbert Burnet의 지적처럼 "모든 것은 서너 명의 야심적인 주교들 곧 Ross, Galloway. Dunblane, 그리고 애버딘의 주교들인 Maxwell. Sidserfe, Whitford, 그리고 Banautine이 작성하였다 (Robert Baillie는 이들을 "캔터베리파"(Canterburian faction)라고 불렀다). 하지만, Laud가 최소한 최종적으로 승인을 한 것은 확실하다. *Robert Baillie's Letters,* vol. I., 162; Mathieson William Law, *Politics and Religion in Scotland 1550-1695* (James Maclehose and Sons, 1902). vol. I., 357; Sheriff. R. L. Orr, *Alexander. Henderson-Churchman and Statesman* (Hodder and Stoughton. 1919), 60, 76-78; William D. Maxwell, *A History of Christian Worship: An Outline of Its Development and Forms* (Michigan: Baker Book House. 1982), 154-155.

다른 한편, 주교들은 스코틀랜드적인 요구가 담긴 책이 스코틀랜드에서 더 평화스럽게 수용될 확률이 크다고 주장하였다. 기도서(Prayer Book)의 출판 이후 중요 마을의 시장 네거리에서는 "우리 모든 백성은 … 유일한 예배 형식인 소위 공적 예배 형식(Public Form of Worship)을 따르며, 그리하여 이것이 이 나라에서 하나님의 공적 예배 시에 사용되도록 해야 한다"라고 명령하는 국왕의 선포가 있었고 혹 이를 어기는 자들은 처벌되었다. 그리고 각 교구는 기도서(Prayer Book)가 일반적으로 사용되는 부활절 이전에 적어도 두 권의 기도서 사본을 준비해야 하였다. 따라서 당시 대다수 목사가 주교들에 의해 성직 수임을 받고 임지를 허락받았다.

에어셔(Ayrshire)의 킬위닝(Kilwinning)의 목사 로버트 베일리(Robert Baillie)[74]를 포함한 몇몇 사람들과 "애버딘 박사들"(Aberdeen Doctors)[75]로 알려진 단체, 그리고 다른 두 소도시, 예를 들면, 크레일(Crail)과 세인트앤드류스(St. Andrews)가 이 방법을 지지하였다. 강압적인 명령으로 반감을 일으킨 기도서(Prayer Book)에 담긴 "교황주의"(poppishness; 이 말은 가톨릭에 대한 경멸적 표현이다)라는 찰스 1세의 감독교회적인 정책 반대자들에 의해 더욱 확대되면서 종교적 관심이 심화하였다.

찰스 1세는 1637년 6월 셋째 일요일, 에든버러의 성 자일스(St. Giles)성당에서 이 책을 최초로 사용하라는 명령을 내렸다. 이 명령으로 성 자일스는 물론 다른 지역에서 폭력적 저항이 일어나 급속히 전국으로 확산되었다. 결국, 찰스 1세는 1638년 2월 국가 언약(National Covenant)에 서명하기를 거부하지 못하였다. 이렇듯 폭넓게 확산된 이 언약은 스코틀랜드교회를 재조직, 재구성하려는 영국의 시도에 맞서는 국민적 분노의 표출이었다. 이 언약은 본질적으로 영국 성공회, 감독교회의 기도서(Service Book)를 거부하고, 나아가 의회와 총회가 동의하지 않는 그 어떤 혁신적인 조치에도 강력히 맞서겠다고 맹세하였다.

---

[74] F. N. McCOY, *Robert Baillie and the Second Scots Reformation* (London: University of Califonia Press, 1974), 27-45.
[75] 애버딘 박사들은 Patrick Forbes 주교의 제자들로 여섯 명의 목회자들로 구성되었다. Forbes 주교의 아들이자 애버딘 King's College의 신학 교수인 John Forbes, 애버딘의 Marschal College의 신학 교수인 Robert Baron, King's College의 학장 William Lesile, St. Machar'성딩의 목회자인 Alexander Scroggie, St. Clement's Footdee의 목회자인 Alexander Ross, 애버딘의 St. Nicholas의 목회자 James Sibbald 등이다. 이들은 모두 애버딘대학교에서 신학박사 학위(Doctor of Divinity)를 받은 후, 학식과 경건을 갖추고 원칙에 충실한 왕당파였다. G. D. Henderson, "The Aberdeen Doctors," *The Burning Bush* (Edinburgh: The Saint Andrew Press. 1957), 75; *Gordon's Scots Affairs 1637-1641* (Second Book, Aberdeen, 1861), vol. I., 50, 153-154. vol. III., 203-205, 209-210; David Stewart, *The "Aberdeen Doctors" and the Covenanters*, Th. M. thesis (Aberdeen University, 1978), 24.

그러나 1638년 2월, 스코틀랜드 전역에서 국가 언약이 서명되었을 때 "애버딘의 박사들"(Aberdeen Doctors)은 이 언약을 저지하기 위해 모임을 결성하였다. 이들이 이 언약에 반대한 이유는 다음과 같았다. 이들에 따르면 왕권은 직접 하나님으로부터 비롯된 것이다. 따라서 국민은 군대의 강제력으로 자신들의 불만을 제어할 권리가 없다. 그런데 이들과 대조적으로 언약도들은 왕권은 자신들의 궁극적인 자유의 수호와 회복을 위한 저항권을 가진 백성들에게서 비롯된다고 주장하였다.

이들은 또한 교회와 국가의 성격에 관해서도 매우 폭넓고 다양한 견해를 주장하였다. 애버딘 박사들은 교회와 국가는 국왕이 그 머리인 한 공동체 국가(commonwealth)의 두 구성요소라고 믿었다. 바로 이러한 이유로 찰스 1세는 교회와의 합의를 통해서 교회의 체제와 기도서를 결정할 수 있는 권한을 소유했다는 것이다. 하지만, 언약도들은 그러한 권한을 국왕에게 절대 허락하지 않았다고 역설하였다. 언약도들은 원칙적으로 그리스도인의 양심의 자유를 강조하였다.[76]

한 걸음 더 나아가 교회와 국가 간에 현존하는 관계에 대한 애버딘 박사들과 언약도들의 견해는 근본적으로 달랐다. 박사들은 반역이란 결코 정당화될 수 없다고 생각했다. 반면에 언약도들은 불경스러운 왕에게는 반드시 저항해야 한다고 생각했다. 교회 정부에 관한 한 양립될 수 없는 서로 다른 두 견해가 여기서 정면으로 충돌하였다.[77] 이 논쟁은 1638년 7월과 10월 사이에 박사들과 언약도들이 쓴 일련의 소책자들(pamphlets)을 통해 이루어졌다.[78] 1638년 12월, 1618년 폐지 후 20년 만에 글라스고우에서 열린 장로교 총회는 영국 성공회의 감독제와 기도서(the Service Book), 법전(『규범집』[the Book of Cannons]), 그리고 1618년 공포된 퍼스의 5개 신조(the Five Articles of Perth)를 폐지하였다. 찰스 1세는 다음과 같이 믿었다. "자신은 정당하게 지명된 그들의 국왕이기에 그가 그들의 힘을 축소하는 것을 그의 백성들이 아무런 반감 없이 받아들일 것이다."[79]

그러나 사실 찰스 1세는 자신이 스코틀랜드를 다스릴 방법을 찾아야 한다는 것

---

[76] G. D. Henderson, *Ibid.*, 76. Cf. Yohahn Su, *A Study of the Scottish Covenanters on Church Government from 1638 to 1648*, Th. M., thesis(Aberdeen University, 1990), 30-39, 61-64, 85-89, 102-107.
[77] Gordon's Scott Affairs, *op. cit.*, 87-90.
[78] *Ibid.*, 87-90; John Row, *The History of the Kirk of Scotland from the Year 1558 to August 1637m* (ed.), John Row(his son)(Edinburgh, 1867), 496-497). Cf. David Stewlart, *op. cit.*, 121.
[79] Maurice Lee, Jr, "Scotland and the 'General Crisis of the "Seventeenth Century,'" *Scottish Historical Review*, vol. LXXIII., no. 176 (1984), 147; James Dodds, *The Fifty Years' Struggle of the Scottish Covenanters 1638-1688, op. cit.*, 22-32.

과 그의 재위 첫 18개월 동안 한 것처럼 단순히 부왕(父王)의 회의제 정부(conciliar government) 체제를 무너뜨릴 수 없으며, 트위드(Tweed) 강(江) 북부를 생각하는 사람들에게 영향을 미치지 않고, 다름 아닌 불만을 가진 지방들과 백성들의 한 충고로 이 회의제 정부를 대체할 수 없다는 것을 깨닫지 못하였다.[80]

찰스 1세는 강력한 왕권신수설의 신봉자였다. 그러므로 그는 자신의 권위가 도전받는 것을 용납하기보다는 오히려 그 권위에 도전하는 사람들에게 무력행사를 결심하였다. 그리하여 1639년 5월, 국왕의 군대는 스코틀랜드 국경에 주둔한 언약 군대(Covenanting troops)와 싸웠으나 실패하였다. 그 결과 동년 6월, 양국 간에 버윅 협정(The Pacification of Berwick)이 체결되었다. 그러나 이때 국왕 찰스 1세는 스코틀랜드와의 전쟁에 필요한 자금을 마련하기 위해서 서둘러 영국 의회를 소집하였다. 하지만, 이것은 영국 의회가 국왕에 맞서는 전쟁의 시작이었다. 1640년 4월 13일 소집된 이 "단기 의회"(Short Parliament)는 국왕에게 너무나 비협조적이었다. 그리하여 1640년 5월 찰스 1세는 이 의회를 해산하였다.

이때 스코틀랜드는 영국 의회파들(Parliamentarians; 이는 찰스 1세 시대의 장기 의회파들을 가리킨다)과 청교도들의 협력에 고무되었으나(encouragement) 모두 찰스 1세에게 기습적으로 침략을 당하였다. 국왕 찰스 1세는 우둔함과 어리석음으로 침략을 감행하였다. 그 결과 영국의 의회파와 청교도들이 강력히 저항했을 때 그는 어떤 타협과 양보도 거부하였다. 그리고 막상 그가 양보하고자 했을 때는 너무나 늦은 상황이었다. 만약 당시에 찰스 1세가 그의 부왕 제임스 6세처럼 통치하고 스코틀랜드를 좀 더 민주적인 방법으로 다스렸다면, 제임스 6세의 치세 후반의 상대적인 평온이 증명하듯이 스코틀랜드와 어떤 갈등과 대결이 필요 없었을 것이다.[81]

그러나 찰스 1세는 자신이 스코틀랜드를 통치할 임무를 처리할 필요성을 전혀 인식하지 못하였다. 찰스 1세는 자신이 스코틀랜드에서 불필요하게 초래한 반역에 맞설 지혜와 능력이 없었다. 따라서 이러한 그의 무능력은 결국 장기 의회를 소집하게 했으며, 이러한 지병석인 결정 후 아일랜드에서 스트리포드(Strafford)가 떠난 후 폭동이 발생하는 결과를 초래하였다.

---

80 Maurice Lee, *Ibid.*, 147; James Dodd, *Ibid.*, 33-37; Marcus L. Loane, *Makers of Religious Freedom* (I.V.F, 1960), 16-19.

81 Maurice Lee, *Ibid.*, 151.

이렇게 시작된 스코틀랜드 혁명은 결국 영국의 시민전쟁(Civil War; 1642-1646, 1648-1652년 사이 찰스 1세와 국회 사이에 일어난 전쟁)을 유발한 결정적인 동기였다. 스코틀랜드 국민은 이제 국왕에 맞서서 투쟁하는 일에 영국 의회와 공동 전선을 구축하였다. 이러한 양국 간의 공동 전선은 마침내 1643년 8월 17일 엄숙 동맹과 언약(the Solemn League and Covenant)을 체결하였다. 그리고 이 협약에 따라서 영국 의회는 스코틀랜드의 군사적 도움에 대한 보답으로 영국(Britain) 전체에 통합된 교회 구조를 이루기 위하여 영국교회의 개혁을 약속하였다. 이 개혁은 점차 하나님의 말씀에 합당한 방법으로 이루어질 것이었다. 그리하여 당시 스코틀랜드 전 국민은 이 개혁으로 영국이 장로교가 될 것으로 생각하였다.

그러나 무엇이 진정 하나님의 말씀에 합당한 것이냐는 문제가 이후 첨예한 논쟁거리였다. 시민전쟁으로 권력을 장악한 올리버 크롬웰이 영국의 국가적 장로교 체제를 구축하는 것과 모든 국민이 이를 따르게 하려는 희망을 순식간에 박살 냈을 때 스코틀랜드 총회의 모든 노력은 무기력해 보였다.

스코틀랜드 국민은 자신들이 영국과 맺은 엄숙 동맹과 언약이 배반당한 것으로 간주하였다. 그리하여 스코틀랜드 국민은 영국 군대에 붙잡혀 있는 자국의 왕에게 행해진 처사로 더욱 혼란에 빠졌다. 이러한 상황에서 1648년 한 스코틀랜드 단체가 찰스 1세를 구출하여 복위시키려고 협상(Engagement)하였다. 그 결과 찰스 1세는 엄숙 동맹과 언약을 받아들이고 장로교 정치와 예배에 3년간의 사용 기간을 주는 데 동의하였다.

그러나 여기에는 누구도 언약(Covenant)에 서명하도록 강요되어서는 안 된다는 단서가 뒤따랐다. 몇몇 스코틀랜드인들은 찰스 1세와 협상(Engagement)을 맺었다. 그 내용은 그들이 찰스 1세의 왕권의 회복을 지원하는 대신 국왕은 언약(Covenant)에 서명하고 영국에서 장로교에 3년간의 사용 기간을 준다는 것이었다. 하지만, 사무엘 루더포드(Samuel Rutherford, 1660-1661)를 비롯한 다른 스코틀랜드인들은 찰스 1세의 말을 믿지 않았다. 따라서 스코틀랜드 장로교 총회는 이 협상에 어떤 지지도 보내지 않았다.

그러나 하밀톤의 마르퀴스(Marquis of Hamilton)가 이끄는 협상파들(Engagers)의 군대가 영국을 침공했으나 준비가 미숙하였다. 그리하여 1648년 프레스톤(Preston) 전투에서 영국의 올리버 크롬웰(Oliver Cromwell, 1599-1658)에게 패퇴하였다.

이후 영국 의회는 1658년 9월, 호국경(Lord Protector) 크롬웰의 사망 시까지 그의 지배 아래 놓였다. 1649년 1월 찰스 1세는 크롬웰에 의해 화이트홀에서 반역죄[82]로 처형되었다.

2) 찰스 2세와 제임스 7세의 통치

스튜어트 왕가의 찰스 2세(Charles II)와 제임스 7세(James VII)의 통치는 일반적으로 언약도들에게 매우 강경한 태도를 보였다는 것을 제외하고는 찰스 1세와 그렇게 다르지 않았다. 1649년 1월, 찰스 1세의 화이트홀(Whitehall) 처형 엿새 후 스코틀랜드 의회원들(Scottish Estates)이 네덜란드에서 찰스 2세로 선포된 찰스 1세의 아들을 스코틀랜드로 소환하였다. 그는 스코틀랜드 국민에게 폭넓은 환영을 받았으며, 그의 스코틀랜드 입국은 영국에 대한 도전을 유발하였다.

그리하여 크롬웰은 바로 군대를 이끌고 스코틀랜드를 진격하여, 1650년 9월 3일 던바(Dunbar)에서 언약군(Covenanting army)을 패배시켰다. 스코틀랜드는 좀 더 북쪽에서 다시 전력을 규합하였다. 찰스 2세는 스코틀랜드 국민이 그에게 요구한 모든 조항과 언약 조건을 수용하고 1651년 스콘(Scone)에서 왕위에 올랐다.[83]

---

[82] 1642년 내란으로 영국은 왕당파와 의회파로 나뉘어 투쟁하였다. 귀족 세력과 성직자들은 왕당파를 지지했고, 신흥 상공업자와 자영농은 의회파를 지지했다. 이후 1649년까지 8년에 걸친 내전이 '청교도 혁명'이다. 당시 의회는 청교도를 주축으로 구성되었기 때문이다. 당시 의회파의 지도자는 Oliver Cromwell이었다. 그는 청빈한 청교도로 '철기군'을 엄격한 규율로 다스려 기병들을 정예군으로 만들었다. 초기의 전투는 왕당파에 유리했으나 찬송가를 부르며 적진으로 돌진한 철기 군의 활약으로 점차 전세는 의회파가 주도하였다. 1645년 네이즈비 전투에서 의회파는 왕당파에게 결정적으로 승리를 거두었다. Charles 1세는 스코틀랜드로 도망쳤지만, 곧 체포되었고, 스코틀랜드는 40만 파운드를 받고 Charles 1세를 의회파에게 넘겨주었다. Charles 1세는 한 나라의 국왕에서 죄수가 되었다. 의회는 왕의 처리를 놓고 투표를 시행하여, 68 대 67, 단 한 표 차로 사형이 결정되었다(단 한 표 차이로 왕의 목숨이 결정된 것은 프랑스 대혁명도 마찬가지였다. 1793년 1월 Louis 16세가 형장의 이슬로 사라졌을 때 국민의회는 361대 360, 단 한 표 차로 사형을 결정하였다). 1649년 1월 Charles 1세는 반역죄로 화이트홀에서 처형되었다. 국민이 국왕의 목을 직접 자른 일은 세계 역사상 처음이었다. Charles 1세는 죽는 순간까지 국왕으로서의 품위를 잃지 않았다. 왕의 목이 떨어지는 순간 처형대 주위에 몰려든 군중들 사이에서 흐느끼는 소리가 터져 나왔다. 역사상 전무후무한 국왕의 처형은 국민에게도 충격이었다.

[83] 그는 왕위에 오르자 이렇게 선언했다. "짐은 모든 계약을 지키기로 맹세하노라." Charles 2세는 그가 스코틀랜드교회 정치를 법률에 따라 세워진 대로 유지하겠다고 약속한 사실을 인정했다. 그러나 문제가 발생하기 시작하여 의회가 거짓 의회의 모든 법안을 폐기시킨 것을 보고 Charles 2세는 숙고 끝에 1638년 이전에 존재한 대로 교회 정치의 회복을 결심하였다. Charles 2세의

그러나 일부 스코틀랜드인들은 국왕의 정책을 불신하였다. 신적 계약(Covenant)에 대한 충성과 국왕에 대한 충성 간의 긴장이 스코틀랜드의 언약적 통일성(covenanting unity)을 삐걱거리게 했다. 크롬웰에 맞선 투쟁에서도 스코틀랜드인들은 결의파들(Resolutioners)과 항의파들(Protesters)로 양분되었다. 결의파들은 모든 스코틀랜드인이 관심을 두는 국가 생존에 우선권을 두었다. 그러나 이들이 더 중시한 것은 감독교회의 수용 준비였다.

한편 항의파들은 성경에 기초한 1638년과 1643년의 두 언약에 대한 충성을 주장하며 어떠한 타협도 거부하였다. 이들은 오직 이 두 언약의 기초 위에서 하나로 통합된 스코틀랜드만이 스코틀랜드 군대와 지도자들에게 내리시는 하나님의 축복을 기대하였다.

이러한 상황에서 결의파들은 자체 군대를 조직하고 그들의 왕을 위해 왕좌를 회복하기 위해 영국을 침략하였다. 그러나 이들은 1651년 9월 3일 우스터(Worcester) 전투에서 크롬웰에게 패배하였다. 올리버 크롬웰은 이것을 하나님의 최고의 자비로 간주하였다. 그 후 국왕 찰스 2세는 네덜란드로 도주하였으며, 몽크 장군(General Monk)이 스코틀랜드를 정복하였다. 항의파들은 크롬웰 정권이 강요한 정책으로 인해 괴로움을 당했다. 그리고 이들은 또한 너무나 많은 사람이 스스로 이러한 상황에 기꺼이 적응시키는 데 대해 두려움을 느끼기도 했다. 이들은 정부에 맞서 격렬히 반대할 수도 없었다.[84]

따라서 글라스고우대학(Glasgow College)의 학장인 페트릭 길레스피(Patrick Gillespie)와 같은 글라스고우의 항의파 지도자들은 우세한 정책을 가진 결의파들(Resolutioners)을 따돌리려는 희망에서 크롬웰 정권과 얼마간 협력하려는 경향이 있었다. 1655년이 되었을 때, 몽크 장군(General Monck)은 모든 저항을 분쇄하였다.

스코틀랜드가 크롬웰의 치하에 있는 동안, 파이프(Fife)에서의 대회가 1655년에 해산되고 에든버러에서는 목사들의 회합들이 정권에 대한 불만과 불신의 중심지가 되는 것을 막기 위해 금지되었다. 그렇지만 장로교 목사들과 이들을 지원하는 장로들은 일반적으로 방해를 받지 않고 노회들과 대회들에서 모임을 할 수

의도는 스코틀랜드 감독을 종교와 정치적으로 영국을 단순히 의존하게 하는 것이었다. 감독제 형태를 선호한 그는 이 형태가 국왕 자신의 지위를 유지하는 데 유용하다고 판단했기 때문이다.

[84] 이들의 계승자들은 Charles 1세와 James VII세 치하에서 "살육의 시대"(The Killing Times)를 거치며 혹독한 고난을 이겨낸 언약도들의 영웅적인 남은 자요 추종자들이었다.

있었다. 스코틀랜드 추밀원(Privy Council), 신분 의회(the Estates) 그리고 교회 법정(the Court of Session)이 폐지 되었다.

하지만, 영국 판무관들(commissioners; 지방, 식민지 등지에서 정부나 주권을 대표하는 사람)은 "경건한 삶을 살며 대화를 나누고 의회에 호감을 느끼고 있어서 복음을 설교하고 사람들을 교훈하기에 가장 적절한 목사들과 사람들"을 보존하기 위한 준비를 하였다. 목사들은 교구 교회들을 이용하여 그들에게 의지하기로 선택된 사람들에게 목회 활동을 할 수 있도록 허용되었다. 그러나 교구 제도 외부에서 회중들을 구성하는 데에는 어떤 장애물도 없었다. 이러한 새로운 질서는 국가적이며 강력한 조화를 바라는 장로교의 희망들과는 반대되는 것이었다.

1660년까지 교구들은 거짓 충성을 바치거나, 외딴 지역들에서 목회하거나, 이러한 어려운 시대에 상당한 영향력을 가질 수 있었던 강력한 지방의 보호자들로부터 보호를 받거나 하는 많은 감독교회 교인들뿐 아니라 일련의 장로교인들 독립주의자들(independents) 그리고 얼마간의 침례교도들이 그 책임을 맡았다. 1660년 5월 8일, 영국 의회원들은 네덜란드의 브레다(Breda)에서 찰스 2세가 1215년의 대헌장, 마그나 카르타(Magna Carta)[85]와 1628년의 권리청원(Petition of Right)[86]을 수용하는 조건으로 국왕 옹립을 결정하였다. 1660년 5월 14일 에든버러에서는 찰스 2세가 세 왕국(영국과 스코틀랜드, 그리고 아일랜드)의 국왕으로 선포되었다. 성 밖에서 대포

---

[85] "마그나 카르타"(Magna Carta, 대헌장)는 영국 역사에서 빼놓을 수 없는 중요한 문서 중에 하나이다. 여기에는 영국의 자유와 법, 무엇보다도 민주주의의 초석이 되는바, 이후 전 세계에 크게 영향을 끼쳤다. 본래 "마그나 카르타"는 존 왕(King John)의 통치기에 신하들과의 분쟁, 정치적 위기를 해결하기 위하여 작성된 것이다. 여기에는 법적 원칙에 관한 규범이 포함되었는데, 총 63개 조항에서 단 3개 조항만이 현재까지 유효하다. "마그나 카르타"의 중요성은 과세와 봉건적 권리, 사법 분야에서 왕의 권위를 문서를 통해 처음으로 제재(sanction)를 가한 것이다. 또한, 왕의 부당성과 독단적인 행동을 제한하기 위한 관례를 재천명한 것이다. 본질적으로 왕은 법 위에 군림하지 않고 법안에서 통치해야 한다는 원칙이 바로 대헌장이다. 1215년 6월, 영국 의회가 전역에 "마그나 카르타" 사본을 보냈지만, 현재 이 중에서 4부(영국 대영박물관에 2부, 링컨(Lincoln)대성당과 솔즈베리(Salisbury)대성당 문서보관소에 각각 1부씩 남아 있다. 역사적으로 "마그나 카르타"는 1216년, 1217년, 1225년, 1265년에 재선포되었고, 1297년 에드워드 1세(Edward I) 때 다시 선포되었다. 이것은 모두 법령집에 수록되었다.

[86] 1628년 영국 의회가 Charles 1세의 승인을 얻어 발표한 선언으로 국민의 인권에 관한 선언이다. 여기에는 국민의 자유를 보장하는 선언으로, 누구도 함부로 체포나 구금될 수 없으며, 국민의 군법에 의한 재판을 금지하고, 의회의 동의 없이는 어떠한 과세와 증여도 부과하지 않을 것을 담고 있다. 이 문서는 1215년의 마그나 카르타와 1688년의 권리장전과 함께 영국 헌법의 중요한 기초가 되었다.

가 발사되었고 군중들이 환호하였다. 그리하여 5월 29일, 찰스 2세는 8년의 네덜란드 망명을 청산하고 마침내 런던에 도착하였다. 이렇듯 찰스 2세를 처음으로 국왕에 선포한 것은 스코틀랜드였으며, 그를 위해 크롬웰과 싸워 피를 흘린 것도 스코틀랜드였다. 스코틀랜드인들은 찰스 2세에게 특별한 기대를 품고 그를 옹립한 것이다.

그러나 스코틀랜드인들은 정작 찰스 2세 자신이 전혀 다른 생각을 하고 있다는 사실을 깨닫지 못하였다. 당시 찰스 2세가 기억하는 스코틀랜드는 바로 스코틀랜드 출신인 부왕 찰스 1세를 돈 받고 영국에 팔아넘긴 배신자였고, 부왕의 죽음을 무기력하게 지켜보았을 뿐 아니라 무엄하게도 왕위를 둘러싸고 자신을 협박한 이들이었다. 무엇보다도 굴욕적인 조건을 받아들여 스코틀랜드로 귀환한 후에는 자신을 꼭두각시로 만들려 한 그들이었다. 따라서 찰스 2세는 이런 스코틀랜드로 가고 싶은 마음이 조금도 없었다. 실제로 돌아가지도 않았으나 물론, 영국 내의 원수들도 절대 잊지 않았다. 다른 한편 당시 찰스 2세는 영국 성공회의 강력한 보복에 대한 두려움도 간과할 수 없었다.

이러한 상황에서 1661년 9월 6일, 찰스 2세는 영국의 의회원들과 신앙의 자유를 약속했으나 파기하고 감독교회의 재건에 주력하였다. 교회와 국가를 다스리는 절대 왕정/정부(absolute government)의 설립은 왕정복고(Restoration)로부터 명예혁명(Glorious Revolution)까지—더 가혹할 뿐 아니라 더 온건한—모든 정부의 확고한 정책이었다. 이것은 영국 성공회의 성직 계급제도(hierarchial system; 중세 로마 가톨릭의 오랜 전통)에 따라서 구성되었으며, 상당한 관료 정치적 요소가 포함되었다. 따라서 왕의 통치권(royal headship)이 여기에 안성맞춤이었다.

이제 주교들은 왕의 임명으로, 그 결과 왕의 영향권 아래 놓였다. 그러므로 주교들은 목사들과 장로들이 동등한 투표권을 가지는 매년 소집되는 교회 총회보다 더욱 쉽게 통제되었다. 이후 찰스 2세는 교회(총회)의 동의 없이 청교도 혁명기에 의회와 추밀원(Privy Council)이 법제화한 다양한 법령들과 선언들, 맹세들과 협약들을 직권으로 무효하였다.

1662년 후원법(Patronage Act; 이것은 감독제를 거부한 채 후원자에 의해 후원을 찾는 모든 목사가 자신들의 교회를 포기해야 한다는 내용이다)이 선포되었으며, 1669년 공포된 주장법(Assertory Act)은 국왕이 천성적으로 모든 사람과 모든 운동에서 최고권자(supreme)라고 선언한 것이다. 이러한 조치의 외형상 목적은 모임을 하는 언약도들을 국가법과 교회법 모두를 어기는 상황에 몰아넣고, 투옥과 처형 형식으로 이들에게 가해지는 모든 조치를 정당화하려는 것이었다. 게다가 1670년 7월에는 영국의 비국교도(nonconformists; 이는 국교도가 아닌 신교도를 가리킨다)와 의무적 교회(Compulsory Church; 단지 등록상의 교인들) 출석자들을 포함한, 특별히 언약도들을 겨냥한 비밀 집회 금지법(Coventicle Act)이 통과되었다.

그리고 1669년, 1672년, 1681년에는 신교도 자유령(Indulgences; 로마 가톨릭교도 및 비국교도를 위해 찰스 2세와 제임스 2세에 의해 선포되었다)과[87] 시험법령(Test Act; 가톨릭교도 등 비국교도를 배제할 목적으로 정부의 관리가 되려는 사람들에게 국교 신봉과 충성을 선서케 하는 규정)이[88] 의회에서 통과되었다. 1685년 2월, 형 찰스 2세의 사망으로 요크의 공작이자 로마 가톨릭교도인 제임스 7세(James VII, 1633-1701)[89]가 왕위를 계승하였다.

그러나 언약도들을 대하는 기존 정책에는 어떠한 변화도 일어나지 않았다. 제임스는 정부에 자유를 승인하고 추밀원에게 교회와 국가와 국민의 자유 유지를 약속하였다. 그리하여 의회원들(Estates)은 "신성하고 가장 영광스러운 그들의 국왕에게, 그리고 자신들을 군주의 첫 궁극적인 법률에 따라 임명한 확고한 절대적인 권위에" 자신들이 받은 축복에 감사를 표하였다. 제임스 7세는 국왕들은 그들의 왕권(royal power)을 전능하신 하나님으로부터만 받는다고 선포하였다.

제임스 7세의 첫 의회는 한 걸음 더 나아가 1685년에 "시험법령"(Test Act)을 선포하였다. 그런데 이 법은 다음과 같은 의무 조항을 포함하였다.

---

[87] 이것은 장로교의 불만을 누그러뜨리려 1669년, 1672년, 1679년, 1687년에 제정된 법령이다. (a) 1662년에 면직당한 목사들은 그들의 교구가 비어 있으면 그곳으로 다시 돌아갈 수 있다. (b) 등록된 수많은 목사가 설교할 수 있는 자격을 받았다. (c) 빈번한 회합을 금지하는 법들이 Bothwell Bridge 이후 정지되었다. (d) James 7세는 일반적인 허용에 동의했다. R. Buick Knox, "Establishment and Toleration during the Reigns of William, Mary and Anne," 332.
[88] 이것은 공직에 나서는 모든 자에게 1560년의 신앙고백에 규정된 대로 개신교 신앙을 고수하고 왕의 수장권을 받아들인다는 맹세를 하도록 규정한 법률이다.
[89] 영국 스튜어트 왕조의 국왕(재위 1685-1688)으로 Charles 1세와 Henrietta Maria of France 사이에서 형 Charles 2세의 동생으로 태어났다. 청교도 혁명 중에 잠시 프랑스로 망명했다가, 1660년 왕정복고 때 귀국하였다. 형 Charles 2세가 사망하자 곧 왕위를 계승, 전제 정치를 펼치며, 영국의 종교개혁으로 성공회 태동 이후 탄압받던 로마 가톨릭교회의 신앙 회복에 주력하였다. 이로써 종교개혁의 전통을 강조하는 청교도, 즉 개신교 신도 의원들이 다수인 의회와의 갈등과 대립이 심화되어, 1688년 명예혁명 후 프랑스로 망명하였다. 그 후 프랑스 Louis 14세의 지원을 받아 아일랜드에 상륙했으나 참패하고 프랑스에서 죽었다.

누구든지 관리가 되고자 하는 자는, 추밀원 의원에서부터 소비세 징수원에 이르기까지 1560년의 신앙고백서(Confession of Faith)에 기록된 대로 자신이 참된 개신교(true Protestant religion) 신자임을 맹세해야 한다. 그는 국왕이 국가와 교회는 물론 그 밖에 모든 것들과 모든 사람의 수장(supreme)임을 인정해야 한다. 그는 자신의 주인(Majesty), 통치자의 즉각적인 허락과 명령이 없이는 어떤 국가적인 문제에 대해서 논의해서는 안 된다. 그리고 국가 정치를 변경하려는 어떤 노력을 해서도 안 된다.

게다가 이 법은 비밀 집회에서 설교하는 사람이나 여기에 참가하는 사람들은 신분 고하를 막론하고 처벌을 받을 것이며 사형에 처할 수도 있고 또한 재산을 몰수당할 수 있다고 규정하였다. 벌리히(J. S. H. Hurleigh)의 지적과 같았다.

> 그(제임스7세)는 국가의 공직과 추밀원, 법조계와 군 명령권자들, 심지어 지역 의회 원들(town councils)에서 조차 개신교도들을 추방하였다. 그러나 로마주의자들(Romanists)에게는 시험법령(Test Acts)을 면제시켜 주고 이들로 개신교도들을 대체하였다.[90]

그러자 로마 가톨릭교도들(Papists)과 장로교도들이 즉각적으로 시험법령을 거부하는 행동을 하였다. 제임스 7세는 언약도들을 비롯한 비국교도들을 겨냥하여 더 많은 법령을 선포하였다. 그 법령에는 1687년의 화해법령(Toleration Acts), 1688년의 신교도 자유령(Declaration of Indulgence)이 포함되었다. 스튜어트 왕조의 국왕들은 자신들보다 못한 자들에게 한 약속에 대해서는 어떤 방법도 자신들을 얽매이게 할 수 없다고 생각할 정도로 왕권신수설을 신봉하였다. 제임스 7세가 선포한 법령에 대한 반응은 너무나 강력했다. 심지어 스코틀랜드의 대주교와 일곱 명의 영국인 주교들까지도 이를 반기기보다는 수용을 거부하였다. 오히려 이들은 국왕에게 이 문제와 관련하여 탄원서를 제출하였다.

주교들은 법원의 결정에 따라서 런던탑에 감금되었으며, 웨스트민스터에서 "거짓되고 악하며, 사람들을 미혹시키는 중상적인 언사"를 퍼뜨렸음을 시인할 때까지 감금하였다. 그러므로 스튜어트 왕들의 통치 기간에 언약도들과 국가 사이의 갈등은 불가피하였다. 이들은 존 낙스(John Knox)와 앤드류 멜빌(Andrew Melvlle)이 국교회의 자유를 수호한 자들이라고 하였으며, "첫 언약도들"(First Cov-

---

90　J. H. S. Burleigh, *A Church History of Scotland* (Edinburgh: Hope Trust, 1983), 252.

enanters)의 투쟁과 성공에 대해서도 말하였다. 언약도들은 자유 총회와 장로교 체제의 신적 기원, 소위 "장로교 체제의 신적 기원"(Divine Right of Presbyterianism)이라는 장로교의 주장을 확고히 견지하였다.

3) 국왕 윌리엄 3세와 앤 여왕의 통치

제임스 7세의 폐위 후 7명의 영국 의회 대표가 1688년 6월, 당시 네덜란드에 체류하던 오렌지의 윌리엄 3세(William of Orange III) 왕자와 그의 아내 메리(Mary of Orange)를 영국에 초청하였다. 그리고 그해 11월 윌리엄과 메리가 군대를 이끌고 영국에 상륙하였으며, 1689년 2월 13일 공동 왕으로 옹립되었다.[91] 그 후 오렌지의 윌리엄 3세는 곧바로 권리장전(Bill of Rights)[92]에 서명함으로 종교의 관용 시대를 열었다. 이로써 중앙집권적 절대 왕정이 무너지고 의회 중심의 입헌군주제가 확립되었다.

그 후 스코틀랜드 의회원들(Estates)은 스코틀랜드의 종교와 법률, 자유가 침해 당하는 것을 막기 위하여 1689년 3월 14일 윌리엄의 오렌지 3세와 메리를 스코틀랜드의 국왕에 옹립하였다. 이들의 왕위 등극은 국가적 위기를 극복하는 매우 중대한 해결책이었다.

하지만, 당시 윌리엄이 견지한 타협적 태도는 언약도들의 불만을 초래했다.[93]

---

[91] William 자신은 스코틀랜드를 독재와 교황주의로부터 구출하기 위해 왔으며, 자신과 Mary가 왕위를 목적으로 온 것이 아니라는 선언을 재강조하였다. 그러나 William은 자신이 박해자가 되지는 않겠다는 조건에서 이렇게 맹세하였다. *Ibid.*, 253

[92] 1689년 1월 22일 소집된 국민협의회가 William of Orange 3세를 국왕으로 추대하면서 "왕관과 기존의 자유와 권리를 옹호하고 주장하기 위하여"라는 권리선언을 의회에 제출하여 승인을 받았다. 이 권리선언에 기초하여 동년 12월에 권리장전이 제정되었다. 이 법률은 이후 영국의 의회정치 확립의 기초가 되었으며, 영국의 절대주의를 종식하는 데 큰 역할을 하였다. 이 법률은 후에 1779년 미국의 독립과 1789년 프랑스 혁명에 크게 영향을 끼쳤다. 주 내용은 먼저 영국 국왕의 존재를 절대 전제 군주로 규정하고, 국왕에 충성을 맹세하는 영국 의회와 영국 국민만이 누릴 수 있는 권리와 자유를 규정하였다. 비록 국왕이라 해도 부정할 수 없는 영국 국민이 고대로부터 계승해 온 제반 권리를 재확인하였다. 너불어 의회의 동의를 거치지 않은 법률의 적용, 면제, 집행, 정지를 금지하였다. 의회의 동의 없는 과세와 평상시의 상비군을 금지한다. 선거의 자유와 의회 발언의 자유, 국민 청원권을 보장한다. 그리고 의회를 정규적으로 소집한다. 그리고 국민의 청원권, 의회 의원의 면책 특권, 신체의 자유에 관한 제반 사항이 규정되었으며, 끝으로 왕위 계승자에서 로마 가톨릭교도를 배제하다가 포함되었다.

[93] 이들은 Richard Cameron의 추종자들로 교회의 명예혁명 체제 정착(Revolution settlement)을 반대하고 자신들의 정체성을 잃지 않음으로써 후에 개혁장로교회 (Reformed Presbyterian

교회적으로 그리고 신학적으로 볼 때, 명예혁명은 영국과 스코틀랜드의 국교회의 단일 체제를 무너뜨리는 극히 제한된 정도의 허용이었기 때문이다. 당시 국교회를 따르지 않는 독립교회들은 각각의 총회를 구성하고 기존 교회 밖에서 명맥을 유지하였다. 이러한 상황은 신앙의 완전한 자유와 거리가 멀었으며 아직은 로마 가톨릭교회까지 미치지는 못하였다. 그러나 국민은 이제 절대 국교회의 관습이나 치리를 따르지 않아도 되었다. 이제는 국왕도 전적으로 신적 권리(the divine right of kings)에 의해 통치한다고 할 수 없었다.

하지만, 세습 원칙과 대관식 복장에는 여전히 신적 위임(divine commission)의 관습과 흔적이 남아 있었다. 그러나 국왕은 이제 법적 테두리 안에서 통치권을 행사하되, 모든 것은 두 왕국의 의회가 책임을 졌다. 하지만, 1707년 5월 1일, 스코틀랜드와 영국이 통합된[94] 이후에 영국(United Kingdom) 의회가 책임을 졌다. 1688

Church)를 설립하였다. 이들의 대다수는 1876년에 자유교회(Free Church)에 들어가 이후 남은 자들로 활동하였다. Gordon Donaldson and Robert S. Morpeth, *A Dictionary of Scottish History* (Edinburgh: John Donald Purishers Ltd., 1988), 34.

[94] 1707년 5월 1일을 기점으로 스코틀랜드는 법적으로 영국과 한 나라로 통합(Act of Union)되었다. 그리하여 스코틀랜드는 독립 국가에서, 2019년 9월 현재까지 "그레이트 브리튼 왕국," 영국의 일원이 되었다. 그런데 2016년 6월 23일, 영국이 유럽연합(EU)을 탈퇴하는 브렉시트(Brexit, 'Britain'의 'Br'과 탈퇴를 의미하는 'exit'가 합쳐진 용어)가 이루어졌다. 그 이유는 2008년 금융위기 이후 영국의 EU 재정 분담금이 늘어나고 EU의 과도한 규제로 자국의 경제 성장이 지체되자, 영국 내 EU 회의론이 확산하였다. 이러한 상황에서 2016년 6월 23일, 영국 총리 테리사 메이는 영국이 EU 관세동맹과 EU 단일시장에서 깔끔하게 동시 탈퇴하겠다고 선언하였다. 그러나 같은 해 12월 1단계 협상을 도출한 데 이어 2018년 11월 25일 브렉시트 협상을 마무리하고 합의안을 도출했지만 계속 부결되었고, 내각 불신임안까지 제출되었다. 2019년 1월 15일 영국 하원의 1차 투표에서 230표 차로 부결되었고, 3월 12일 2차 투표에서 149표 차로, 3월 29일의 3차 투표에서도 58표 차로 부결되었다. 영국의 주된 브렉시트의 이유는 (i) 경제적인 이유이다. 유럽연합에 가입된 국가는 각자 분담금을 내는데, 국가의 경제 규모가 클수록 더 많은 분담금을 내야 한다. 영국은 독일, 프랑스 등과 함께 유럽연합에서 가장 많은 분담금을 지급해 왔다. 이처럼 많은 돈을 내는데도 불구하고 경제적으로 영국이 얻는 이득은 크지 않다는 것이다. (ii) 난민의 유입을 막기 위해서이다. 북아프리카와 중동의 여러 지역에서 수많은 난민이 유럽으로 이주하고 있다. 유럽연합은 인도적인 차원에서 난민을 보호하고 받아들이도록 했으나 반대하는 여론도 만만치 않다. 이유 중에 하나는 범죄율의 증가와 실업률의 증가 때문이다. 끊임없이 영국으로 난민이 이동하는데, 이것에 부담을 느낀 영국 국민 사이에서 EU 탈퇴 여론이 급속히 확산한 것이다. 이러한 상황에서 스코틀랜드 의회는 영국과 달리 유럽연합의 잔류를 희망하고 있다. 만약 영국이 브렉시트를 확정하면 자신들은 EU에 남겠다는 것이다. 만약 브렉시트가 현실화되면 그 여파는 영국과 EU뿐 아니라 세계 경제에도 영향을 미칠 것이다. 무엇보다도 영국이 탈퇴하면 다른 EU 회원국들까지 연쇄적으로 탈퇴하게 될 것이며, EU가 해체될지도 모른다는 것이다. 특별히 2014년 9월 독립 국민투표를 시행했으나 부결되었고, 2019년 1월, EU 탈퇴 국민투표에서 주민 62%가 잔류를 희망한 스코틀랜드는 영국의 브렉시트를 명분으로 독립 논의를 재점화할 것이다. 또한, 유권자 다수가 EU 잔류를

년의 명예혁명(Glorious Revolution) 당시, 대부분의 목사가 감독교회로 성직 수임을 받았으나 감독교회에 강하게 결속되지는 않았다 해도 감독교회와 화해한 상태였다. 그러나 정부의 움직임을 따르는 옛 전통과 관습이 다시 고조되는바, 이들 중 대부분이 장로교회의 변화를 수용하였다. 이러한 움직임은 지역에 따라서 쉽기도 또한 어렵기도 하였으며 매우 다양하였다. 당시 윌리엄 국왕은 몇몇 감독교회의 교인들을 공직에 포함하고 싶었다. 그러나 그는 감독제도를 "크고 지지할 수 없는 불만거리"라고 부르는 장로교 지지자들을 거스를 수는 없었다.

1689년 5월 11일, 윌리엄 국왕은 총회로부터 "하나님께 올리는 참된 예배의 대적들, 소위 모든 이교도 곧 하나님의 참된 교회에서 유죄 판결을 받은 모든 이교도를 척결하겠다"라고 맹세하라는 요청을 받았다.

그러나 윌리엄 국왕은 이를 거부하며, "나는 결코 박해자가 되어야 한다는 의무를 스스로 지지 않을 것이다." "노회는 사람들이 수용할만하다"라는 그 이상의 말을 하지 않았다. 그는 국교회를 저지하는 쪽으로 교회를 이끌려고 하였다. 7월에는 장로교회 정치만이 유일한 성경적 정치라는 확신 속에서 감독제를 폐지하는 법안을 통과시켰다.[95] 그러나 윌리엄 국왕은 이 법안이 국교를 분쇄하는 요청이라는 것에는 동의하지 않았다. 이처럼 국왕과 총회는 서로의 이권 다툼에 조금도 양보가 없었다.

하지만, 우리는 이 시점에서 1690년에 무엇이 성취되었는지를 물어야 할 것이다. 그해 10월, 윌리엄은 오랜 망설임 끝에 지역 의회(town councils)를 제외한 다른 곳들의 서임권(patronage)을 폐지하였다. 이것은 이제 노회의 강력한 목사 관리자들과 더불어 더 많은 권력이 노회에 주어졌음을 가르친다. 그리고 윌리엄 국왕은 처리가 너무나 혹독하다는 불평이 나오지 않게 하는 방법을 촉구하였다. 1560년 존 낙스의 종교개혁과 함께 시작되어, 이후 앤드류 멜빌(Andrew Melville)과 언약도들에 의해 계속된 교회와 국가 간의 길고 긴 대립과 갈등, 온갖 고통과 복

선택한 북아일랜드와 영국령 지브롤터에서도, 영국으로부터 분리 독립할 가능성이 고조되고 있다. 이러한 상황에서 "EU Exit" 도미노가 우려되고 있다(예를 들면, 덴마크, 체코, 프랑스, 이탈리아, 독일, 스웨덴, 네덜란드, 헝가리 등도 브렉시트 이후 "EU Exit" 가능성이 예상되는 나라들이다). cafe.daum.net/dgbudongsantech/Rdg4/2207 참조.

95 이것은 이미 권리청원(the CIaim of Right)에 언급되었다. "감독제와 교회에서 어떤 직책이 노회 위에 있다는 것은 이 나라에서 지지를 받지 못할 큰 슬픔이며 국민의 일반적 경향에도 모순된다. 이것들은 노회에 의해 교황제로부터 개혁되었기 때문에 폐지되어야만 한다." *Ibid.*, 253.

잡한 투쟁, 살인과 살상을 종식한 것은 다름 아닌 명예혁명의 정착(The Revolution Settlement)이었다.

이것은 28년간의 전제 독재와 박해를 일순간에 종식하였으며, 동시에 스코틀랜드교회와 국가에 장차 도래할 새 시대를 약속하였다. 스코틀랜드 의회는 자국에서 감독제(Papacy)를 퇴치할 목적으로, 보다 적극적으로 개신교와 장로교회를 안전하게 유지할 수 있게 교회를 지원하였다. 이들은 법적으로 교회의 권위는 왕이신 예수 그리스도로부터 기원하며, 당신이 친히 피로 값 주고 사신 교회의 유일한 머리이다. 또한, 교회는 주님으로부터 질서와 장로교 정치를 부여받았다고 주장하였다. 이것은 사람들의 다양한 제도나 그 어떤 법칙과 규범에 선행하는 스코틀랜드교회의 유일한 정치제도와 전통으로 간주되었다.

더구나 1690년, 윌리엄의 오렌지 3세가 수장령(The Act of Supremacy)을 선포하였다. 윌리엄은 감독제를 선호했지만, 선서를 거부한 자들(nonjurors)[96] 때문에 감독제가 불가능하다는 것을 발견하였다. 이제 그에게는 장로교만이 선택 가능한 유일한 길이었다. 따라서 그는 장로교 체제를 확고히 하고, 1653년 이후 폐지된 장로교 총회를 다시 소집하였다. 그리고 『웨스트민스터 신앙고백서』(Westminster Confession of Faith)를 교회의 공적인 고백서로 승인하였다. 그리고 1592년에 수립된 교회 정치 형태는 당회(kirk sessions)와 노회, 지역 대회 그리고 총회로 승인되었다.

그런데 당시 선포된 법령에는 두 언약(Covenants), 1638년의 국가 언약과 1643년의 엄숙 동맹과 언약이 제외되었다. 여기에 언약이 빠졌다는 것은 곧 노회의 신적 권리(divine right)를 거부하는 것으로, 이러한 사실은 많은 감독교회 교인들이 믿고 따를 수 있도록 하는 바람이 내포되었다. 그러나 『웨스트민스터 신앙고백서』를 교리의 기초와 표준으로 채택함으로써 교회를 칼빈주의 전통에 확고히 자리 잡게 하였다. 그리고 이것은 많은 장로교인들, 심지어 엄격한 장로교인들(위에 언급한 두 언약을 전적으로 지지하는 언약파들)까지도 쉽게 동의할 수 있게 하였다.

1690년 후반기에, 야코바이트(Jacobites)[97]로 알려진 사람들에 의해 움직이던 국

---

[96] 이들은 1688년 명예혁명 당시 William 3세와 Mary 여왕에게 충성을 거부한 400여 명의 장로파 목사들로 모반을 꾀하지 않는 한 관용을 얻게 되었다. 그리고 국회는 1661년 이후 추방된 모든 장로교 목사가 복직되고 장로교주의를 공식 교회 형태로 선포하였다. 1707년 영국과 스코틀랜드가 하나의 대영 제국으로 통합되었으나 스코틀랜드 장로교의 독립적 권리는 보장되었다. Alexander Smellie, *Men of the Covenant* (London: Andrew Melrose, 1903), 176; 월터 스콧, 『스코틀랜드 역사 이야기』, 이수잔 역 (서울: 크리스챤다이제스트, 2005), 42.

왕 윌리엄은 감독교회와 장로교회의 모든 목사가 자신과 메리를 이 땅의 유일한 합법적인 주권자임을 인정하여 그들에게 충성을 맹세하며, 이미 타계한 제임스 국왕과 그의 지지자들로부터 자신들의 권리와 정부의 보호를 소망하였다. 따라서 그렇게 한 모든 목사는 생계를 보장받았다.

하지만, 이러한 제안으로 국왕은 장로 교인들로부터 강한 반발을 받았다. 1694년 총회 소집 시에 장로교회(Presbyterian Church)와 국왕 사이의 결별은 거의 불가피하였다. 1701년 총회는 『웨스트민스터 신앙고백서』와 장로교 교회 정치를 스코틀랜드교회의 영원한 상징으로(marks) 삼겠다는 결의에 국왕이 동의한 것에 대해 고마움을 표하였다.[98]

1702년 3월, 오렌지의 윌리암 3세의 타계로 앤(Queen Anne, 1665-1714)[99]이 왕위를 계승하였다. 그리고 그녀는 1703년 장로교 총회에서 개혁주의적 개신 교회(The Reformed Protestant Religion)를 유지하며 로마 가톨릭의 확장을 막는 데 주의를 기울일 것을 촉구하였다. 그러나 여왕은 비록 교회의 체제와 형태가 다르지만 다른 개혁파 개신교회들과 평화스럽게 지낼 것을 총회(Kirk)에 요구하였다. 따라서 앤 여왕의 통치하에서 장로교인들과 감독교회 교인들 사이는 물론 교회와 국가 간의 관계는 결코 안정적이지 못하였다.

그런 가운데 1710년 강력한 토리당(Tory)[100]과 성공회 정부(Anglican government)의 등장, 성공회의 감독제에 대한 앤 여왕의 지지가 사람들을 경악케 하였다. 그리고 1702년 스코틀랜드에서는 감독교회(episcopal communion)의 예배가 방해받아

---

97 영국의 명예혁명 당시, 프랑스에 망명한 스튜어트 가의 폐위된 James 2세와 그 자손을 정통 영국 군주로 지지하고 추종한 일단의 정치 세력을 가리킨다.
98 *Act of the General Assembly*, 231.
99 1665년, 요크 공작 James(나중에 James 2세)와 그의 아내 Mary 사이에서 Anne의 차녀로 태어났다. 언니는 Mary 2세로 William of Orange 3세의 아내이다. 영국의 국교 성공회 신자로 자랐지만, 교육은 잘 받지 못하였고, 독서나 예술보다 스포츠와 승마를 좋아하였다. 1694년 언니 Mary 2세가 사망한 후, 1702년까지 단독 통치를 계속하던 William 3세가 타계하면서 Anne이 영국과 스코틀랜드, 아일랜드 여왕이 되었다. 즉위식 때 "나의 모든 정성을 오로지 영국을 위해 바치겠노라"라고 선언함으로 국민의 갈채를 받았다. 부군 덴마크의 George와의 사이에 자식이 없자, 스튜어트 왕조를 계승할 개신교도인 James 1세의 외손녀 Sophia(하노버 선제후 왕비 Sophie, Anne 여왕에게는 친척 되는 5촌 아주머니)의 자손이 계승자가 되어야 한다고 정한 의회의 법률에 따라서 하노버가가 계승하였다.
100 James 1세를 지지하는 무리로부터 시작된 보수당으로, 2019년 9월 현재 영국 보수당의 전신이다. 지주 계급을 배경으로 왕권과 구 교회를 지지하여, 진보적인 휘그당(당시에 자유당, 2019년 현재의 노동당)과 대립해 왔다.

서는 안 되며, 영국 국교회(Church of England; 이는 곧 성공회를 말한다)의 『공동 기도서』(The Book of Common Prayer)의 형식에 따라 집행되어야 한다는 법이 통과되었다.

그러나 이 법은 강력한 저항에 직면하였다. 특별히 1712년의 화해법령(Toleration Act)이[101] 장로교인들을 경악시켰다. 이는 장로교가 스코틀랜드에서 더 유일한 장로교 정치제도나 형식, 종교 예배가 아닐 수 있기 때문이다. 장로교인들은 영국 국교회의 의식을 사용하는 감독교회처럼 스코틀랜드교회에서 이 의식의 사용 허락을 요구받았다. 이 화해법령은 또한 옛 공직 임명권(patronages)을 회복시킴으로, 향후 1세기 반에 걸쳐 스코틀랜드교회에 크고 작은 좋지 못한 결과를 제공하였다.

영국의 모든 공직자가 영국 국교회를 따라야 하듯이, 스코틀랜드의 모든 공직자에게 스코틀랜드교회(Kirk)를 따르는 수정안이 제시되었으나 거부되었다. 공식 교구의 목사로 입후보할 수 있는 권리는 개신교 상속인들과 장로들에게 부여되었고, 회중은 이를 승인하거나 거부할 수 있었으며, 노회가 최종적 결정권을 갖게 되었다. 카메로니안 언약도들(Cameronian Covenanters)[102]은 고위 성직자 중심의 영국(Prelatic England) 교회와의 연합은 두 언약(Covenants, 1638년의 국가 언약과 1643년의 엄숙동맹과 언약)으로부터의 심각한 이탈로 간주하였다. 1719년 맹세라는 용어가 수정되었으며, 1715년 발발한 반란 동안에 하노버 왕가의 스코틀랜드 국왕에

---

[101] 법령에서 Anne 여왕은 두 개의 법안을 통과시켰다. 하나는 감독 주의를 널리 허용하는 것이고, 다른 하나는 국왕과 영주들이 장로교 목사들을 낯선 교구에 강제로 임명할 수 있다는 것이다. 이는 이후 지속해서 쌍방 간에 분쟁을 일으켰다. 그런데도 스코틀랜드에서는 장로교가 국가의 공식 종교가 되었고, 『웨스트민스터 신앙고백서』가 교리적 규범으로 확정되었다.

[102] Cameronian Covenanters는 Richard Cameron(1648-1688)의 추종자들로 스코틀랜드의 진정한 장로교회의 남은 자들이다. Cameron은 고향에서 교장으로 일하던 중에 하든의 William Scott 경(卿)의 지도신부와 가정교사가 되었다. 1673년 언약과 John Welch의 영향으로 야외에서 설교를 시작했고, '언약에 동의하지 않는 자'들에 대한 Charles 2세의 통치를 거부하였다. 다시 말하면 비국교도들을 탄압하는 법령들을 보류한 왕의 관용령을 거부하였다. 1679년 보스웰 브리지 전투에서 패한 뒤 많은 사람이 그와 함께 네덜란드로 망명했으나 추종자들이 급격히 감소하였다. Cameron은 그해 말 귀국하여 1680년 6월 22일 친구 Donald Cargill과 Thomas Douglas, David Hackston과 함께 Charles 2세에게 전쟁을 선포하고 로마 가톨릭교도인 요크의 공작 James의 추방을 요청하는 '생퀴아르 선언'을 발표하였다. 그의 추종자들이 소수였기에 1680년 여름 에어셔의 에어즈모스에서 국왕의 군대에 붙잡혀 처형되었다. 그는 처형 직전 '주여, 푸른 것은 남겨 두시고 익은 것은 거두시옵소서'라고 기도했는데 언약도들의 노래가 되었다. Cameron의 사후 그의 추종자들은 그리스도의 언약에 기초하여 적극적으로 정치에 참여하였다. 그러나 1690년대 대다수의 장로교인들이 Cameron의 언약적 개혁을 포기하고 1712년 Queen Anne이 부여한 관용법을 받아들였다. Richard Cameron에 대한 자세한 논증은 본서 제4장 3. "3) 리처드 카메론"을 참조하라.

대한 장로교인들의 충성이 확인되자 이들에 대한 공격이 멈추었다.

그러나 앞에서 본 것처럼 1712년의 화해법령 공포 후 20년 동안 불확실성과 혼란이 지속하였다. 무엇보다도 국왕에 의한 임명법(the law of patronage)이 존재하는 한, 이 법률을 따라야 하며, 그리하여 스코틀랜드 총회 산하 노회들은 자신들의 의무를 피할 수 없었다. 그러나 임명권(the right of patronage)이 누구에게 속했는지는 여전히 명확하지 않았다.

3. 언약사상에 대한 언약도들의 신학적 선언

17세기 초엽에 일어난 핵심적인 신학적 과제는 국교회의 감독 체제와 언약도들의 하나님의 은혜와 주권에 관한 것이었다. 이 주제들은 스코틀랜드 국민의 지대한 관심사였다. 이것들은 17세기 동안 왕당파와 언약도들 간의 중심 과제였으며, 18세기에는 온건파들(moderates)과 복음주의자들(evangelicals) 간의 핵심 이슈였다. 쌍방 간의 갈등은 대결과 동맹으로 뒤얽혔으며, 양쪽 모두 권력의 집중과 분산 사이에서, 그리고 감정과 적대감을 유발한 개신교 기독교(Protestant Christianity)의 몇몇 변형 사이에서 심각하게 나뉘었다.

찰스 1세와 2세 치하의 혼란기 동안 영국의 세 왕국, 영국과 스코틀랜드, 그리고 아일랜드에서 1643년의 엄숙 동맹과 언약(The Solemn League and Covenant)의 수용, 1643-1648년의 웨스트민스터 총회, 그리고 1661년의 통일령의 회복(Restoration of the Act of Uniformity) 등 기념비적인 사건들이 일어났다. 이 기간에 언약사상은 그들이 발표한 다양한 공식 문서에서 형성되고 보존되었으며, 동시에 통치자들과 그의 백성들에 의해 실제로 구현되었다. 크레일(Crail)의 목사로서 지도적인 결의파(Resolutioner)의 지도자 중의 한 사람이었던 제임스 샤프(James Sharp)는 무엇이 구현될 수 있는지를 보기 위해 런던과 브레다(Breda)로 파견되었다.

제임스 샤프는 국왕으로부터 "스코틀랜드의 교회 정치가 법에 따라 세워졌으므로, 폭력을 사용하지 않고 보호, 보존하겠으며" 감독제로 돌아가려는 "몇몇 과격한 사람들"의 압력에 맞서겠다고 약속받았다. 그리고 국왕은 또한 총회의 소집을 약속하였다. 귀족들 다수가, 심지어 두 언약들(1638년의 국가 언약과 1643년의 엄숙 동맹과 언약)의 지지자 중에 다수가 스코틀랜드 국교회에서 성직 계급제도(hierarchy)가 사회 전체의 계급제도(stratified system)에 상응하는 것이라는 쪽으로 기울었다.

그러나 262명의 항의파(Protesters) 목사들은 이 체계가 장로교와 언약, 그리고 심지어는 기독교 신앙 자체에 대한 배신이라고 주장하였다. 그리하여 이들은 이의 추종을 거부하였으며, 회동을 금지하는 명령에도 불구하고 그들의 신앙 사수를 위하여 회중들을 모으며 무거운 징벌들을 감내하였다.[103]

1681년부터 1688년까지의 박해기 동안에 언약도들은 자신들의 언약사상을 다양한 저작을 통해서 공개적으로 표현하였다. 그리고 그들의 대적에 맞서 그들의 신앙적이며 정치적인 선언문들을 선포하였다. 또한, 1717-1723년 어간에 "언약도의 후손"[104]으로서 총회법(General Assembly's Act)에 의해 해고당한 마로우 맨(Marrow men)들은 자신들의 주장이 16세기 종교개혁자들의 신학적 전통을 계승한 것이라고 주장하였다. 그러므로 스코틀랜드교회는 이 시기 전체를 통하여 거의 평화를 누리지 못했다.

심지어 19세기(1834-1843년, 그 10년간의 투쟁)[105]에 이르기까지, 감독제를 추구하는 자들과 장로교를 추구하는 자들 사이에, 그리고 예배와 교회 정부에서 종교개혁의 전통을 사수하는 자들과 어떤 의식을 원하는 자들과 더 자유로운 형식을 원하는 자들 사이의 투쟁이 계속되었다. 언약도들과 마로우 맨에게 있어서 일반적으로 국가적, 종교적, 그리고 영적 문제들과 관련된 언약신학은 다른 어떤 이슈보다도 훨씬 더 중요하였다. 그래서 이들은 이 기간 전체를 통하여 자신들의 신학을 강조하고 다양한 문서들을 통해 구체화하였다. 이들은 본질상 모든 문제를 신학적으로 다루되 특별히 교회의 질서 확립과 안전에 주력하였다.

언약신학에 대한 언약도들의 신학적 선언을 고찰하면서 우리는 1560년과 1578년의 두 치리서, 그리고 1638년의 국가 언약(National Covenant)을 기독교 자유의 첫 공식 문서로 다룰 것이다. 우리는 또한 1581년의 왕의 고백서(King's Confession)와 자신들의 언약사상의 정착을 위해 1643-1648년에 런던에 소집된 웨스트민스터 총회에 참가한 스코틀랜드 신학자들의 몇몇 글들을 살펴볼 것이다. 1660년부터

---

103 R. Wodrow, *The History of the Sufferings of the Church of Scotland* (Glasgow, 1828-1830), vol. I., 189; R. Buick Knox, *op. cit.*, 59-60.
104 Hugh Watt, *Recalling the Scottish Covenants* (Edinburgh: Thomas Nelson and Sons Ltd., 1946), 68.
105 서요한, "제5장 스코틀랜드 자유교회의 신학적 전통 소고: 1834년부터 1843년까지, 그 10년간의 투쟁,"『스코틀랜드교회와 한국장로교』(서울: 그리심, 2015), 117-147.

1688년까지 살육의 시기에 몇몇 언약파 지도자들이 남긴 작품도 살필 것이며, 마로우 맨들의 언약사상 또한 고찰할 것이다. 특별히 마로우 맨에 관한 더욱 심도 있는 논의는 제5장을 참고하기 바란다. 이렇듯 이 연구가 중요한 이유는 언약 개념이 하나님 앞에서의 그들의 신앙을 확고히 하는 데 영향을 미쳤으며, 특별히 18세기 후반과 19세기 중엽 그들의 후손들에게 크게 영향을 미쳤기 때문이다.

1) 참된 종교와 기독교인의 자유

1560년 낙스의 종교개혁 이후 유럽의 여러 도시와 같이 스코틀랜드교회는 성경의 대중적 사용으로 커다란 자유를 성취하였다. 스코틀랜드 국민은 성경이 스코틀랜드의 하나님의 백성들에게 영적 자유를 제공하며, 그래서 모든 사람이 자신들의 영적 복지를 위해 인간적인 매개자 없이 직접 성경에 접근할 수 있다고 믿었다. 이러한 점들은 두 치리서(Two Books of Discipline)에 자세히 기록되었다.[106]

종교개혁 이후 스코틀랜드 국민 사이에는 자신들의 종교적 자유를 보장해 주는 "계약들"(Covenants)이 협정과 계약의 서명을 통해 체결되어 왔다.[107] 스코틀랜드 국민은 그들과 언약을 맺으시는 분은 하나님이심을 확신하였다. 『제1 치리서』(*The First Book of Discipline*)[108]는 정치가 불안정한 때에 등장하였다. 그러나 개혁

---

[106] *The First Book of Discipline* (ed.), James K. Cameron (Edinburgh: The Saint Andrew Press, 1972); *The Second Book of Discipline* (ed.), James Kirk (Edinburgh: The Saint Andrew Press, 1980).

[107] John Lumsden, *The Covenants of Scotland* (Paisley: Alexander Gardner, 1914), 12; John C. Johnstone, *Treasury of the Scottish Covenant* (Edinburgh: Andrew Elliot, 1887), 23-27, 48.

[108] The Works of John Knox (ed.), David Laing (The Wodrow Society, 1848), vol. II., 128; Thomas M'Crie, *Sketches of Scottish Church History* (Edinburgh: Johnstone & Hunter, 1841), vol. I., 74; James L. Cameron, "The Cologne Reformation and the Church of Scotland," *The Journal of Ecclesiastical History*, vol. 30., 1979, Cambridge: Cambridge University Press), 42-43; James K. Cameron(ed.), *The First Book of Discipline* (Edinburgh: The Saint Andrew Press, 1972), 3-209. *The First Book of Discipline*은 일련의 개혁자 집단들에 의해 구성되어 1560년 5월 Great Council of Scotland에게 주어졌다. The First Book of Discipline의 저자들은 1560년 4월에 총회의 위임을 받은 여섯 명의 목사들이었다. 그러나 이들의 이름은 현존하는 어떤 문서에도 기록되어 있지 않다. 하지만, J. K. Cameron에 따르면 이들은 그들의 최근 운동에서 the Lord of the Congregation을 수행한 사람 중에서 선출되었다. 이들 6명의 개혁자 중에서 John Knox와 John Willock이 가장 탁월했다. John Spottiswoode와 John Row가 포함되었다. 그러나 John Douglas와 St. Andrew 출신의 John Winram의 참석은 확실치 않다. 여섯 명의 "John"은 모두 교회의 정책과 치리서에 한몫을 했다. W. C. Dickinson, Knox's History of the Reformation in Scotland (Edinburgh, 1949), vol. I., 343; H. S. N. McFarland, "The Book of Discipline" (Aberdeen

의 지지자들은 정치적 승리를 쟁취 하였으며 그들은 자신들의 요구를 강력한 용어로 표현해야 할 것으로 생각하였다.[109] 『제1 치리서』는 총 9장으로 나뉘어 있지만, 주요하게는 모두 여섯 부분으로 구성되었다. 즉, 교리(Doctrine)와 성례들(The Sacraments), 목사와 그들의 합법적 선출(Ministers and their Lawful Election), 목사가 되기 위한 준비(Provision for Ministers), 교회의 치리에 관하여(Of Ecclesiastical Discipline), 그리고 교회 정치(Policy)가 그것이다.

이 중에 교구의 역할은 합당한 목사가 되기 위한 준비를 강조하였고, 이 분야에 상당한 성과가 이루어졌다. 이것은 말씀의 선포와 두 성례, 즉 세례와 성찬의 집행에 대한 제네바의 강조점과 일치하였다.[110] 이 책의 저자들은 역설하였다. "성경은 그들의 계획이 판단을 받고 수정이 필요한지를 가늠하는 궁극적인 권위이다." 이 치리서는 하나님의 말씀 선포가 교회 사역의 중심임을 강조함으로 시작된다.

> 그리스도 예수만이 하나님 아버지께서 그의 양들에게 그 음성을 듣고 따르라고 명령하신 분이시다. 그러므로 우리는 그분의 복음이 이 땅의 모든 교회와 모든 모임에서 참되게 공적으로 선포되어야 하며, 이에 모순되는 모든 교리는 인간의 구원을 가로막은 것으로 단호히 제어할 필요가 있다고 생각한다.[111]

그러므로 치리서는 세례는 오직 하나님의 말씀이 선포될 때만 시행 되도록 규정하였다. 혹 세례가 주일이나 주중 예배 때 집행되는 경우에는, 설교 후 집행되는 것이 "더 적절하다"라고 말한다.[112] 이 책은 최종 형태에서 9부까지 확대되었다. 치리서 최종 형태의 7부에서 9부까지는 주로 교회 정치와 교회 행정, 특별히 회중의 수준에서 스코틀랜드 국가 전체에서 이루어지는 공적, 사적 종교 행사의

University Press, 1959-1960, vol. 38., 246; G. D. Henderson, *The Burning Bush* (Edinburgh: The Saint Andrew Press, 1957), 42, 49; Robert Herbert Stoyed (ed.), *The Church of Scotland: Past and Present* (London: William Mackenzie), vol. II., 437; J. H. S. Burleigh, *A Church History of Scotland* (Edinburgh: Hope Trust, 1983), 163-164; Francis Lyall, *Of Presbyters and Kings: Church & State in the Law of Scotland* (Aberdeen University Press, 1980), 14; Janet G. Macgreger, *The Scottish Presbyterian Polity* (Edinburgh: Oliver and Boyd, Tweeddale Court, 1926), 25, 31-37.

109 James K. Cameron, "The Cologne Reformation and the Church of Scotland," 42.
110 R. Buick Knox, "A Scottish Chapter in the History of Toleration," *Scottish Journal of Theology*, vol. 4., 51-52.
111 John Knox, *op. cit.*, 363.
112 James K Cameron(ed.), *The First Book of Discipline, op. cit.*, 182; George Grub, *An Ecclesiastical History of Scotland* (Edinburgh: Edmonston and Douglas, 1861), vol. II., 93-99.

질서, 교회 건축물들의 보호 및 "합법적인 소명" 없이 목사 행세를 하려는 자들에 대한 징벌이 기록되었다.[113]

8부는 다음과 같은 내용으로, "회중이 교회의 직원들, 장로와 집사를 선출할 때, 교회는 생활의 정결함과 성실성, 그리고 정직과 같은 기준을 적용해야 한다." 게다가 "교회 직원을 뽑는 일은 전적으로 지역 회중들이 자율적으로 해야 한다"는 것이다. 특별히 교회 정치를 다룬 부분에서 "대감독에 관하여"(Of the Superintendents) 다음에 "학교에 대하여"(for the schools)는 학교의 다양한 운영 지침이 포함되었다.[114]

치리서는 스코틀랜드의 학제와 교육내용, 대학의 전공별 교과과정, 교사와 교수의 수, 재정과 교직원의 월급까지 교육에 대한 종합적인 계획을 담고 있다. 이것은 당시 유럽의 어느 국가의 종교개혁에서도 찾을 수 없는 매우 구체적인 내용으로 교회의 책임이 강조되었다. 말하자면 교구 학교는 교구 목회자가, 대학교육은 시찰감독이 전적으로 책임을 진 것이다.[115] 교육은 교회를 위한 봉사의 도구로 철저히 교회의 감독과 통제를 받았다.

국가 권력(civil power)과 교회에 관한 부분에서 치리서는 다음과 같이 기록하였다. 치리서의 저자들은 먼저 국가가 복음에 합당한 삶을 살려는데 동의하고, 이러한 확고한 신념에 따라서 공적, 종교적 삶을 살아야 한다고 가르친다. 그리하여 1560년 7-8월에 소집된 스코틀랜드 의회는 신앙고백서(The Confession of Faith)를 비준하고, 자국을 이 문서에 담긴 기독교 신앙에 따라 다스리겠다는 데 동의하였다. 존 낙스(John Knox)는 "우리는 제국들과 왕국들, 통치 영역의 모든 도시가 하나님에 의해 구분되고 운명지어진다는 것을 고백하고 인정한다"라는 점을 강조하였다.[116] 한편 국가 정부(civil government)를 향한 교회의 태도는 다음의 인용문에 잘 표현되었다.

> 우리는 종교의 개혁과 정화가 주로 그리고 가장 중요하게는 왕들과 방백들, 통치자들과 행정관들의 몫이라고 확신한다. 이들은 이것을 위해서 뿐만 아니라 참된

---

[113] *Ibid.*, 15; James K. Cameron, "*The Cologne Reformation and the Church of Scotland,*" *op. cit.*, 55; J. H. S. Burleigh, *op. cit.*, 166.
[114] James K. Cameron(ed.), *The First Book of Discipline* (Edinburgh: The Saint Andrew Press, 1972), 49-62.
[115] *John Knox, op. cit.*, 401; Thomas M'Crie. *Ibid.*, 75.
[116] *John Knox, op. cit.*, 361; William Crift Dickinson, *John Knox's History* (London: Thomas Nelson & Sons Ltd., 1949), vol. II., 287.

종교의 유지를 위하여, 그리고 다윗과 여호사밧, 히스기야와 요시야 그리고 다른 사람들에게서처럼 어떤 형태의 우상숭배와 미신이든 간에 그들의 열정을 사로잡은 것들을 제어하기 위하여 공직에 임명되었다.[117]

그리고 다시,

우리는 최고 권력에 대한 저항, 그 권력자에게 속한 것을 행하는 것, 그리고 하나님의 명령에 맞서는 저항 같은 것들, 그러므로 무죄할 수 없음을 여호와 앞에서 인정하고 고백하고 맹세해야 한다. 이것은 비록 왕들과 통치자들이 그들의 직무를 수행하기 위해서 크게 수고를 할지라도 우리는 그들의 도움과 지원 그리고 위로를 받아들이지 않을 수 있다는 것을 가리킨다.[118]

그러나 치리서는 교회 감독과 사찰과 같은 감독교회적 기능을 수행할 열 명의 시찰 감독들(superintendents)의 임명을 승인하였다. 그리하여 대주교들과 주교들의 문제는 여전히 풀리지 않은 채 남아 있었다. 왜냐하면, 대부분은, 오래된 교회의 고위 성직자들이 공적인 지위를 여전히 차지한 채 그들의 지위를 통해서 들어오는 수입을 챙겼기 때문이다. 클라크 박사(Dr. I. M Clark)는 "장로제도(Eldership)에 관하여"에서 "이것은 교회 정치에서 평신도의 책임, 특별히 교회의 치리와 질서에서 평신도의 위치가 인정되었음을 나타내 준다"[119]고 하였다.

1572년 11월 24일 존 낙스의 타계 후 스코틀랜드의 정치적 상황은 급변하였다. 당시 상황을 명확히 이해하기 위해서는 섭정자 머톤(Morton) 백작이[120] 자신의 권력을 공고히 하기 위하여 주교들을 이용했다는 사실을 인식하는 것이 중요하다. 16세기 스코틀랜드의 종교개혁 직후 충분한 수의 개신교 목회자들의 배출에 어려움이 많았다. 그리고 총회 산하 노회가 조직될 때까지 여러 목사가 큰 구역에서 임명받았다. 섭정자 머톤은 일부 목사들이 주교로서 따로 분리되기를 간절히 소원하였다. 그리고 그는 이들에게 주교 명칭을 부여하고 감독제가 제공하는 교회 수입을 확대하여 생활을 돕겠다는 타협안을 제시하였다.

---

[117] *Knox's Works*, vol. II., 118; William Crift Dickinson, *Ibid.*, 271.
[118] *Knox's Works*, *op. cit.*, 361.
[119] Ivo Macnaughton Clark, *A History of Church Discipline in Scotland* (Aberdeen, 1929), 289.
[120] 당시 James 왕의 섭정자(Regent) James Douglas로 불리었다.

사람들은 이러한 주교들에게 "툴찬 주교들"(Tulchan Bishops)이라는 별칭을 붙여 주었다. 여기 툴찬은 젖을 더 쉽게 짜낼 수 있도록 암소를 속이기 위해 사용되는, 짚으로 만든 송아지를 말한다(암소가 젖을 내지 않을 때 사람들은 송아지 가죽에 짚을 가득 채워 이것을 암소 앞에다 가져다 놓았다. 이것은 툴찬으로 불린다).[121] 이들은 귀족들을 위하여 교회의 수입이라는 젖을 짜 내기 위한 고안품을 시험해 보인 것이다.

1578년에는 『제2 치리서』(The Second Book of Discipline)[122]가 앤드류 멜빌(Andrew Melville)과 다른 사람들에 의해 출간되었다. 제2 기도서는 국가 권력으로부터의 교회의 독립, 하나님으로부터 비롯된 교회 권력과 권위에 대해 가르친다. 『제2 치리서』는 또한 교회는 양심과 종교 문제에 있어서 국가의 권위를 가르칠 권리와 의무가 있으며, 국가의 군대에게 그들의 특별한 공권력을 하나님의 말씀에 따라서 어떻게 사용할 것인가를 말해 줄 권리를 가진다고 주장한다.[123]

특별히 치리서는 교회 정치에서 필요한 네 가지 직무를 인정한다.

첫째, 목회하는 목사들과 장로들(presbyters)이다.

둘째, 박사들과 예언자들 또는 교사들이다.

셋째, 장로들(Elders)이다.

넷째, 집사(안수)들이다.

이 중에서 하나님의 말씀을 선포하고 성례를 집행할 수 있는 권한은 오직 목사들에게만 허용되었다. 하지만, 『제1 치리서』와 『제2 치리서』는 중요한 차이점이 있다. 예를 들면, 『제2 치리서』에서는 노회가 개인을 출교할 수 있는 권한을 가진다. 또한, 노회가 감독교회의 주교 기능들을 행한다. 그러나 『제1 치리서』에 의하면 회개하지 않는 자는 "목사의 말과 동의 그리고 교회의 명령에 따라 출교당한다."[124] 이러한 교회 정치의 원칙과 집행은 언약 기간 전체에 걸친 문제였다.

1580년 7월에 소집된 총회는 앤드류 멜빌의 영향력을 통하여 이해되는 것처럼 주교직은 성경의 어떤 보증이나 권위를 부여받지 못하며, 단지 인간의 고안품

---

[121] John Beveridge, op. cit., 12-13; N. L. Walker, Scottish Church History (Edinburgh: T. & T. Clark, 1882), 41; William Law Mathieson, Politics and Religion (Glasgow: James Maclehose and Sons), vol. I., 289.

[122] James Kirk(ed.), The Second Book of Discipline (Edinburgh: The Saint Andrew Press, 1980), 3-290; The Biblical Repertory and Princeton Review (Philadelphia, 1938), vol. 10., 1938; Pearson Madam Muir, The Church of Scotland (London, 1907), 36-37.

[123] Elizabeth Whitley, The Two Kingdoms (The Scottish Reformation society, 1977), 1-8; Francis Lyall, op. cit., 17; John Kennedy, Presbyterian Authority and Discipline (The Saint Andrew Press, 1960), 44; George Grub, op. cit., vol. II., 217-225.

으로 교회를 해치려는 의도를 가졌다고 선언하였다. 그러므로 그러한 직무를 가진 모든 사람에게 떠날 것을 요구하고, 또한 그들이 이 규칙에 복종을 표명하기 위해 언제 어디서 만날 것인지를 정한 법률을 통과시켰다.

1592년에 장로교의 대헌장(The Charter of Presbytery) 법안이 통과되었다. 이 법은 현재 스코틀랜드 내에 세워진 참되고 거룩한 교회에 주어진 모든 자유와 특권 그리고 면제를 확증하였다. 게다가 이 법은 총회가 국왕을 포함하여 차기 모임의 장소와 시간을 규정하는 국왕의 위임자 앞에서 일 년에 한 번, 때에 따라서 더 자주 모일 수 있는 권한을 부여하였다. 또한, 총회 산하 대회들과 노회들 그리고 다양한 특별 회의에 의한 교회 정치가 승인되었다. 감독교회의 사법권(episcopal jurisdictions)이 폐지되었으며, 노회들은 이전에 주교들이 부여받은 성직 추천권을 승계하였다. 그리고 그들의 지역 안에서 발생하는 모든 문제와 교회의 움직임을 조사하고 질서를 유지하였다.

1592년의 법안은 이렇듯 철저히 비타협적이었다. 그리하여 장로교 목사인 제임스 멜빌(James Melville, 1556-1614)[125]은 1592년 법안은 자신이 원하는 모든 것을 제공했기에 이 법을 인정하였다. 멜빌은 국왕과 교회가 서로 협력하면서 살기를 소원하였다.

그런데 1638년의 국가 언약(National Covenant)은 국교와의 깊은 관계 속에서 참된 종교의 선포와 기독교인의 자유를 강력히 지향한다. 이 문서는 워리스톤(Warriston)의 아키발드 존스톤(Archibald Johnston, 1611-1663)과 알렉산더 헨더슨(Alexander Henderson, 1583-1646)이 공동으로 작성하였고, 로테스(Rothes)와 루도운(Loudoun), 발메리노(Balmerino)등이 수정 보완하여 스코틀랜드의 국가적 법적 문서로서 계약사상이 폭넓게 확증되었다.[126] 이것은 스코틀랜드의 첫 번째 공식 계약문서였으며, 기독교인 자유에 대한 강력한 지지를 표명함으로 스코틀랜드의 정통 장로교 신학의 중심적 위치를 차지하였다. 휴 와트(Hugh watt)가 묘사한 것처럼 국가 언약은 스코틀랜드를 위하여 "단호한 결단력과 법적 명민(明敏)이 한데 어우러

---

[124] James Kirk, *op. cit.*, chap. ix, 210-211.
[125] James Melville, *The Autobiography and Diary of James Melville* (Edinburgh: Printed for the Wodrow Society, 1842), 3-804.
[126] George Grub, *An Ecclesiastical History of Scotland* (Edinburgh: Edmonston and Douglas, 1861), vol. III., 2.

진" 탁월한 문서였다.[127]

국가 언약은 세 부분으로 구성되었다. 첫 부분에는 1581년의 '왕의 고백서'(King's Confession)[128]가 포함되었다. 이 고백서는 다음과 같이 선언을 하였다.

> 하나님 앞에서는 하나님을 기쁘시게 하며 인간에게 구원을 베풀고 복된 복음을 전파하는 오직 참된 종교만이 있으며, 이러한 종교만이 존귀한 교회들(Kirks)과 인간들이 기독교 신앙이라고 선언한 영역들에 의해 수용되고, 믿어지고, 보호된다.[129]

따라서 이 고백서의 종교형식은 "오직 당신의 기록된 말씀에 기초한 하나님의 의심할 바 없는 진리"만을 의지해야 한다[130]고 가르친다. 한 걸음 더 나아가 왕의 고백서는 로마 가톨릭의 적그리스도가 성경과 교회, 시민 행정관 그리고 인간의 양심을 찬탈한 모든 권위를 거부하였다. 이 고백서는 또한 "기독교인의 자유에 반하는 그다지 중요하지 않은 것들, 예를 들면, 타락 교리와 다섯 가지 소위 조악한 성례들," "교회들과 제단들 그리고 특별한 날과 성일들에 바쳐진 성상과 성물, 십자가 숭배에 기초한 로마 가톨릭의 적그리스도적인 모든 전제적인 법률들"을 부정하였다.[131]

하지만, 이 고백서는 언약 교리, 말씀과 성령의 탁월성에 중요성을 부여하였다. 그리고 고백서는 교황제도를 의심할 여지 없이 폐기하고 개신교 신앙에 대한 모든 필요한 지지를 약속하였다. 이 고백서는 1590년과 1596년에 제임스 6세에 의해 재서명되었으며, 1638년의 국가 언약과 1643년의 엄숙 동맹과 언약의 가장 중요한 역사적 문서가 되었다.[132]

국가 언약의 두 번째 부분은 교황 제도(Popery)를 반대하고 개혁교회를 지지하

---

127 Hugh Watt, *Recalling the Scottish Covenants* (London: Thomas Nelson and Sons Limited, 1946), 14-15.
128 이것은 John Craig이 작성하여, James 국왕과 그의 가족들이 서명하였다. 본래는 1560년 신앙고백에 대한 일종의 보완으로 의도되었으며, 여기서 Craig은 로마 가톨릭의 오류를 구체적으로 나열하고 신랄히 비판하였다. 이 고백서는 1560년 John Knox의 고백서와 구별하기 위하여 부정 고백서(Negative Confession)라고 하였다. 고백서는 교황제의 단호한 거부를 통해 배교를 막는 방법으로 받아들여졌다. John C. Johnston, *Ibid.*, 48.
129 John Lumsden, *op. cit.*, 228.
130 *Ibid.*, 228.
131 *Ibid.*, 108-109.
132 1643년의 엄숙 동맹과 언약은 『웨스트민스터 신앙고백서』와 관련하여 다음 장에서 자세히 다루어질 것이다.

는 의회의 법률들을 열거함으로 이 언약의 합법성을 강조하였다. 따라서 모든 가톨릭 신자들과 사제들은 "이 지역(스코틀랜드)에서 전파되고 입법화된 하나님의 참된 종교의 적들"로 징벌 되어야 했다.[133] 또한, 교황의 권위와 사법권도 이곳에서 폐지되어야 했다.[134] 그리하여 국왕 제임스 6세의 이름으로 기존의 모든 로마 가톨릭의 예전들이 정죄되었다.

> 특별히 가톨릭의 여러 의식을 폐기하면서 이 의식들은 하나님께 대한 불경이자 종교에 대한 경멸이며, 사람들 가운데서 큰 잘못을 조장하는 것이라고 말하였다. 무엇보다도 이 두 번째 부분은 한 걸음 더 나아가 하나님의 참된 종교, 참된 교회의 교리와 성례의 순수성, 교회의 대회와 노회와 총회, 정치와 치리, 판결 등의 자유 보전을 강조하였다. 이러한 종교의 순수성과 교회의 자유가 이 지역에서 종교개혁을 따라 선언되고 시행되었으며, 선포되고 고백되었다.[135]

국가 언약의 마지막 부분은 주로 알렉산더 핸더슨(Alexander Henderson)이 작성한 것으로 본 언약의 가장 기본적인 부분이다. 앞의 두 부분에 기초하여, 이 부분은 서명자들에게 참된 종교를 고수하고 보호하라는 의무를 부여하였다. 이것은 예배와 정치 형태에서 혁신적인 변화를 수용하지 않으므로, 따라서 이러한 문제들이 교회의 자유로운 총회와 의회에서 논의되고 추인될 때까지는 주교들과 다른 목사들이 공적 직무(civil offices)를 위해 임명되는 것을 허용한다는 것이다. 그뿐만 아니라 국왕에 대한 강력한 충성 선언이 포함되었다.[136] 그러므로 이 언약은 다음과 같이 우리의 임무로서 우리가 해야 하는 바를 강조하였다.

> 하나님과 국왕과 조국, 스코틀랜드를 향한 우리의 의무에 대한 지식과 의식으로부터, 아무런 세상의 존경이나 자극과 관계없이, 인간의 나약함이 고통을 주는 한, 이러한 고통에 대해 하나님의 더 한 층의 은혜를 바라면서, 우리는 우리 주 하나님의 위대하신 이름으로 이러한 종교를 계속 고백하고 순종하기로 약속하고 맹세한다. 그리고 우리는 우리의 소명과 하나님께서 우리의 사는 모든 날 동안에 우리의 손에 놓아주신 능력을 최대로 발휘하여 바로 이 종교를 수호하되 이를 거역하는

---

[133] Alexander Peterkin (ed.), *Record of the Kirk of Scotland* (Edinburgh: Peter Brown, 1863), 232.
[134] *Ibid.*, 232.
[135] *Ibid.*, 233.
[136] *Ibid.*, 238.

모든 잘못과 부패에 저항할 것이다.[137]

1638년의 국가 언약은 기존의 언약사상과 전통을 참된 종교와 그 법칙, 자유와 왕의 권위를 견지하겠다는 동의와 더불어 "새 것"(New)으로 통합되었다. 이 문서는 갈등의 직접적인 원인뿐 아니라 내면에 깔린 원인까지도 반영하였다. 그 내적 원인이란 1637년의 『기도서』(Prayer Book)가 근본적으로 영국적인(성공회적) 것이었기 때문에 국민적 감정과 충돌했으며, 또한 이 기도서가 교회의 절차나 승인 없이 단지 왕의 칙령에 기초했기 때문에 종교적 감정과 충돌한 것이다. 이 기도서는 종교개혁 이후 국교회의 상당수 지도자에 의해 확고히 주장된 교리적 견해들과 충돌하며 결국은 로마주의가 되었다는 것이다.[138] 따라서 존 커닝함(John Cunningham)은 국가 언약을 다음과 같이 정당화하였다.

> 지금은 법칙이 무시되는 시대이다. 인간이 자신의 자연적 권리를 포기하는 시대이다. 국왕이 이 땅의 법률을 어겼다.
> 그러니 국민이 법률을 어기지 않아야 할 이유가 없지 않은가?
> 국왕은 헌법을 무시하고 혐오스러운 의식을 국민에게 강요하려 했다.
> 그러니 국민이 단결하여 국왕이 그렇게 하지 못하도록 해서는 안 될 이유가 없지 않은가?
> 국왕이 국민을 위해서 있는가, 그렇지 않으면 국민이 나라를 위해 있는가?
> 국민이 어떤 지위를 침범하고, 높은 위치에 있는 사람들에게 고통을 주는 것을 두려워하여 조용히 앉아 자신들의 종교와 자유가 짓밟히는 것을 보고만 있어야 하는가?
> 만일 국가 언약이 서명되지 않았다면, 국왕이 강요한 의식은 분명히 도입되었을 것이며, 규범들이 강요되었을 것이며, 전횡적인 권력의 발꿈치가 우리 조국의 목덜미를 짓눌렀을 것이다. 그러므로 국가 언약은 정당하다.[139]

이렇게 작성된 1638년의 국가 언약은 결국 영적 자유의 선언을 위한 법칙과 합법성에 대한 호소였다.[140] 그리고 국가 언약은 스코틀랜드가 하나님과 맺은 언

---

[137] *Ibid.*, 238.
[138] Robert Herbert Story, *op. cit.*, vol. II., 501.
[139] John Cunningham, *The Church History of Scotland* (Edinburgh: Adam and Charles Black, 1859), vol. II., 85.

약으로서 서명되고 적용되었다. 한 집단과 운동에서 그 이름을 딴 이 문서는 목적을 위한 단순한 수단이었다. 이 문서는 거의 보편적으로 이 공동체의 모든 계층을 포함한 채 서명되었다.

스코틀랜드의 목사들과 자유민들, 귀족들과 신사들, 그리고 평민들이 여기에 서명하였다. 곧바로 사본들이 스코틀랜드 전체 마을로 전달 되었으며 서명을 위해 모든 사람에게 제시되었다. 이때 애버딘과 하이랜드(Highland) 지역의 몇몇 지역들은 이 문서에 서명을 거부하였다.[141]

그러나 이 문서는 이전의 다른 어떤 문서보다도 진정으로 국민적이라는 찬사와 함께 수용되었다. 이 언약에 관한 서명의 결과로, 스코틀랜드 국민은 정치와 종교에 있어서 하나가 되었다. 향후 이 언약은 1643년의 엄숙 동맹과 언약(Solemn League and Covenant)으로 발전하였으며, 1643-1648년 어간에 작성된 『웨스트민스터 신앙고백서』의 교리적 배경이 되었다. 이 언약은 또한 후기 언약기(covenanting period), 1660-1688년, 소위 살육의 시기와 깊은 관계가 있다 할 것이다.

2) 교회 정치에 대한 언약도들의 견해

(1) 간단한 역사와 실행 원칙들

1644년 런던에서 개최된 웨스트민스터 총회에서 논의된 한 가지 핵심 쟁점은 교회 정치였다. 웨스트민스터 총회에서 영국 청교도들의 질문들에 답하면서, 알렉산더 핸더슨(Alexander Henderson, 1583-1646)[142]은 "스코틀랜드에서의 교회 정치의 개혁"(Reformation of Church Government in Scotland)이라는 제목하에 개혁교회들,

---

140 Hugh Watt, op. cit., 95-105.
141 George Grub은 국가 언약(the National Covenant)은 St. Andrew와 Aberdeen대학교에 의해 공공연히 비난받았다고 주장하였다. 따라서 지지를 얻기 위해 총회의 협상팀들은 여러 명의 위임자를 보냈다. 이들 중에는 Montrose의 백작이자 Cupar의 성주 Forbes의 계승자, Leys의 Thomas Burnet경, 그리고 다른 세 언약파 목사들 곧 Henderson과 Dickson, Cant가 포함되었다. 이 위임자들은 7월 20일 금요일에 애버딘에 도착했다. George Grub. op. cit., 3, 12-13; David Stevenson, *The Covenanter: The National Covenant and Scotland* (The Saltire Society, 1988), 2를 보라; John Macpherson, op cit., 188.
142 Creich(Fife)에서 출생했으며, 1612년 Leuchars에서 목회하였다. 1638년 국가 언약의 작성자 중 한 사람이자 그해 11월 속회 된 글라스고우 총회의 의장을 지냈다. 그는 Charles 1세와의 계속되는 협상에 참여했으며, 또한 1643년부터 1647년까지 웨스트민스터 총회의 임원을 지냈다.

특히 스코틀랜드교회의 질서 및 정치에 관한 증거와 역사를 간략하게 기록하였다. 이 글에서 그는 스코틀랜드교회는 그들의 교회 정치와 생활에 내려주시는 하나님의 놀라운 은혜로 하나님의 나라를 선도하고, 많은 영혼을 회심시켜 구원하며, 세상의 타락과 이단과 분열을 반대하고 저지하는 데 있어서 교회 정치의 개혁적 원칙에 충실했다고 찬사를 보냈다.

① 교회 정치에 관하여 (Concerning church government)

핸더슨은 개혁교회들의 질서 확립 및 정부의 존귀함과 능력을 칭송하였다. 이것은 세상 사람들의 눈에 공개적으로 선언되고 실행된 "지구상의 하나님 나라의 나라들"(the Nations of Kingdoms of the Earth)로 알려졌다.[143] 그는 "이것이 이미 오랜 시간의 자취와 경험 때문에 명령 되고 확증되었다"고[144] 확신했다. 이것은 또한 교리와 예배에서의 우상숭배와 타락들, 모든 종류의 분파와 분열 속에서 끊임없이 공격을 당해 왔지만, 이러한 것들에 적극적으로 맞서는 종교의 진리와 통일성의 보존과 더불어 하늘로부터 주어지는 지지와 축복을 받았다.[145] 따라서 핸더슨은 여호와께서 스코틀랜드교회를 개혁하실 때 사용하신 도구들은 단순히 지식을 갖춘 성별 된 사람들이 아니라 하나님의 영광을 위해 탁월한 은사와 열정을 갖춘 사람들이었다고 주장하였다.

한 걸음 더 나아가 핸더슨은 그들의 대적들은, 그가 선포하는 지혜와 영력에 전혀 저항할 수 없었다고 설명하였다. 그들 중에 얼마는 예언의 영을 가졌으며, 또 다른 사람들은 순교자로서 추앙받았다. 그러므로,

> 그들에 의해 회심한 하나님의 백성들 속에는 그리고 그들의 노고에 역사하신 하나님의 축복으로 이루어진 종교개혁에는, 초대교회 및 사도 시대의 모습들과 죽은 자로부터의 새로운 부활의 모습을 보여 주었다.[146]

---

[143] Alexander Henderson, Reformation of Church-Govenrment in Scotland, Cleared from Some Mistakes and Prejudices, by the Commissioners of the General Assembly of the Church of Scotland (London, 1644), 2.
[144] Ibid., 3.
[145] Ibid., 3.
[146] Ibid., 4.

핸더슨은 하나님께서는 이러한 개혁자들의 신앙을 계승한 스코틀랜드교회에 불타올라 밝히 비취는 많은 빛, 곧 똑같은 영감을 지녔으며 영혼을 회심시켜 그들과 같은 길을 걷게 하는 능력을 갖춘 사람들을 계속해서 세우셨다고 말하였다. 그는 좀 더 나아가 다음과 같이 말하였다.

> 그들은 서로 조언하며, 종교개혁과 교회 정치(Church Government)가 세워지는 시기에 영국교회의 가장 위대하고 순수한 빛을 비롯하여 다른 나라의 신학자들과 서신 왕래를 지속하였다. 당시에 이러한 것들은 그들의 일에 불행한 장애를 제공한, 소위 교회와 정치가 분열한 시대의 도래까지, 그들과 그들의 계승자들이 계속 유지한 두 진영의 공통된 연구의 결과였다.[147]

대체로 핸더슨에 따르면 스코틀랜드 종교개혁자들은 하나님의 말씀을 궁극적인 삶의 원리로 삼고, 이 땅에서 사도적 교회를 실행하는 것 외에 다른 어떤 개혁의 법칙이나 형태도 가지지 않았다.[148]

핸더슨은 다음과 같이 기록하였다.

> 하나님의 모든 책은 완전하다. 생명의 책, 자연의 책, 섭리의 책 그리고, 특히 성경 책이 그러하다. 이 책은 천지창조 후 그리스도의 재림 때까지 성령에 의해, 모든 교회에 주신 완전한 지침(directory)으로 수용되었다. 이를 위해 성경은 자연의 빛과 규범 또는 일반적 분별의 법칙들이 지역적이며, 순간적이며, 개인적인 환경과 사물에서 우리의 인도자라고 전제하였다. 그리고 교회의 정치는 시민 사회와 더불어 일반적인 것이지만 말씀은 보편적이며 지속해서 모든 시대 모든 장소에서 모든 사람이 지켜야 할 규범들을 제공해 준다.[149]

핸더슨은 교회가 받은 것은 혹 있을지 모를 억측에 근거한 것이 아니라 하나님 말씀의 보증에 근거하였으며, 믿음의 확신을 가르치시는 성령의 가르침에 의한 것임을 강조했다. 그러므로 교회는 이것을 굳게 붙잡기를 다짐하고 위배되는 모든 것들을 증오하였다.

---

[147] *Ibid.*, 4.
[148] *Ibid.*, 5.
[149] *Ibid.*, 5-6.

② 장로교 교회 정치의 실행에 관하여

핸더슨은 아리안주의자들(Arians, 250-336),[150] 소시니안주의자들(Socinians),[151] 그리고 기독교의 핵심 교리를 부정한 몇몇 분파와 이단을 예로 들었다. 핸더슨 자신은 그리스도의 인성과 직무에 관한 개혁교회의 교리를 전적으로 받아들였다. 핸더슨에 의하면 개혁 당시 주요 개혁자들은 무엇보다도 자신의 교회와 목회를 경험하였다. 이것이 스코틀랜드교회에 큰 도움과 유익이 되었음을 지적하였다.[152] 그는 종교개혁자들이 스코틀랜드교회에서 처음부터 지교회를 총회와 노회가 다스리도록 계획했으나 개혁 초기에는 이를 전혀 성취하지 못했다. 오히려 그들은 상황적 필요에 그 자리를 내어주었다고 주장하였다.

이런 가운데 개혁자들은 사도들에 의해 뿌리내린 교회의 모범과 실천을 따랐

---

[150] Arius는 당시 이집트 알렉산드리아 교회의 장로로 감독 알렉산더와 그리스도의 본성에 대한 교리적 논쟁을 벌였다. 이 논쟁은 향후 약 300년 동안 초대교회에서 일어난 신학 논쟁의 뿌리였다. Arius는 그리스도께서 하나님의 피조물 중에 최초이며 최고라고 가르쳤다. 신적 본질을 가진 것이 아니지만 하나님의 다른 피조물들처럼 무에서 만들어지지 않았다. 하지만, 예수님은 자신의 도덕적 고결성 때문에 하나님에 의해 하나님의 아들, 두 번째 하나님(secondary God)으로 선택되었다. 그로 말미암아 하나님은 세상을 창조하셨다. Arius는 그리스도께서 어떤 의미에서는 하나님이시라고 인정하면서도 두 번째이시고 조금 열등하신 하나님이시라고 하였다. 그리스도는 선석으로 하나님도 아니시고 전적으로 인간도 아니시지만, 하나님과 인간 간의 제3의 인물로 규정하였다. 성육신 때 그리스도는 인간의 육체를 입고 인간의 영과 이성을 취했다. 감독 Alexander는 이러한 견해에 강력히 맞서서 그리스도는 성부와 같이 영원하시고, 성부와 본질상 하나이시며, 전적으로 창조되지 않았다고 가르쳤다. 논쟁의 결과, Arius는 알렉산드리안 종교회의에 의해서 이단으로 정죄되었다. 그후 Arius는 자신의 견해를 지지하는 사람들과 함께 도피하였다. 이후 서방교회는 '로고스 기독론'에 기초하여 한 분이신 하나님께서 성부와 성자, 그리고 성령으로 구성된 삼위일체임을 역설하였다. 이것은 그리스도의 본성과 성부와의 관계를 가장 잘 표현한 교리이다. 보다 자세한 것은 서요한, "제14장 니케아 공의회와 삼위일체 논쟁," "제15장 칼케돈 공의회와 기독론 논쟁," 『초대교회사』(서울: 그리심, 2010), 409-438, 439-466을 참조하라.

[151] Faustus Socinus의 이름을 딴 기독교 교리체계로 16세기 종교개혁에 대한 합리주의적인 반동이다. 소시니안들은 성경의 영감된 요소들과 그렇지 않은 요소들로 구분하는 사상을 도입하여, 이후 이 방법이 알미니우스자들 특별히 Grotius와 Episcopius 등에 의해 발전되었으나 르클레크에게서 절정에 이르렀다. 그런데 르클레크의 사상이 영국에 도입되어 성경의 영감을 부분적으로 수용하였다. 17세기 독일에서는 Georg Calixtus가 성경 영감에 대한 부분 수용을 피력했는데, 18세기에 이르러 Baumgarten이 이 영감본을 수용한 이후 19세기부터는 폭넓게 확산하였다. 그리하여 자연적 이성으로는 발견할 수 없는 신앙의 신비들은 영감 되었으나, 그 밖에 다른 부분들의 영감을 부정하였다. 이런 배경 아래 비판적인 방법을 도입한 자들은 성경과 하나님의 말씀을 분리하여 성경 안에서 하나님의 말씀을 찾는 데 주력하였다. 대체로 이들은 구원에 관련된 부분은 하나님의 말씀으로 수용하지만, 성경이 하나님의 말씀이 되는 범위는 명확한 규범 없이 시대에 따라서 달라졌다.

[152] *Ibid.*, 10-11.

다. 그리하여 처음에는 그렇지 않았으나 후에는 한 도시 안에 지정된 장소에서 예배할 수 없을 정도로 사람들이 증가하였다. 그 결과 목회자들과 직원들이 많아져서, 이로 인해 전체를 통제하기 위한 공동의 노회가 구성되었다.[153] 따라서 이들은 교회 안에서 교회를 위해 필요한 자격자들을 직원으로 세웠다. 그들은 바로 목사들(pastors)과 교사들(박사), 치리 장로들(ruling elders)과 집사들이었다.

이들은 평신도들(직원으로 공인받지 않은)이 회중 앞에서 설교하거나 예언하는 것을 불허하였다. 그리고 이들은 또한 어떤 다른 치리 장로도 인정하지 않았으며, 오직 정식으로 선출되고 임명된 장로만을 인정하였다. 이들은 자신들만의 방법으로 교회를 유지했으며, 그들이 자신들의 직무에 합당한 자격이 있으면 필요한 경우 특별한 직무를 맡았다. 이것은 특별히 많은 사람이 지명하되 출석한 회중 전체의 숫자에 비례하여 합법적으로 지명된 사람들의 경우였다. 이들이 교회에서 직분을 맡을 때 목회자가 아닌 경우에는 별도의 숙고나 연구가 필요하지 않았다. 따라서 이러한 직분을 맡은 사람들은 자신의 사업과 가정에 소홀함 없이 직분을 충실히 수행하였다.[154]

③ 교회와 관헌(Magistrate) 간의 관계에 대하여

핸더슨은 다음과 같이 말한다.

> 시민 정부와 교회 정부 쌍방의 원칙이 성경에 잘 기록되었다. 그러므로 시민 정부와 교회 정부가 대립 될 수 없으며 이 둘이 또한 서로 적대적 일 수도 없다. 우리는 관헌의 힘을 장로교 정치의 원리에 의해서가 아니라 이 둘 모두가 말씀의 통제를 받는다. 따라서 우리는 하나님께서 관헌에게 주신 것을 부정하지 않으며, 더 나아가 우리는 우리 스스로 공언한 교회 정치에 대하여 감히 어떤 경의도 표하지 않는다.[155]

여기서 핸더슨은 영국과 프랑스뿐 아니라 스코틀랜드 종교개혁자들의 몇몇 사례를 인용하였다. 그러나 핸더슨은 스코틀랜드교회가 1618년부터 1638년까지 20년 동안 여러 모임과 총회에서 치리와 교회 정치 문제를 둘러싸고 논쟁을 벌여 왔다는 사실을 강조하였다. 이들은 관헌들과 세상의 사람들, 그리고 진리의 대적들,

---

[153] *Ibid.*, 12.
[154] *Ibid.*, 12.
[155] *Ibid.*, 13.

곧 감독교회파(Prelatical)와 분리주의자들(Separatists)의 집요한 반대를 저지하였다.

핸더슨은 분리주의자들을 한 손에는 감독제, 다른 한 손에는 대중적인 혼란으로, 당시 어정쩡한 상태에 있던 개혁교회를 자극하여 그들이 더욱 신중히, 그리고 자신들의 소명에 더욱 충실히 행한 부싯돌로 묘사하였다.[156] 그는 이 땅에 지금까지 존재해 왔으며 항상 존재할 가견적 교회들이 선한 사람들과 악한 사람들, 양과 염소, 밀과 가라지로 구성되기 마련이라고 말함으로써 영국교회에 용기를 불어넣었다. 핸더슨은 한 걸음 더 나아가 이 모든 것은 하나님의 뜻이었다고 말하였다. 하나님의 종들이 부지런히 진리를 찾고 전파할 때 이들은 자신들이 그 때문에 고백하고 고난을 겪으면서까지 믿고 선포해 온 진리를 확증하고 인증할 필요가 있었다. 그러므로 다른 모든 개혁교회와 마찬가지로 스코틀랜드교회는 열쇠(마 16:16-18)의 저력과 모든 유형의 교회 책망들, 특히 교회의 질서를 위하여 출교를 사용하였다.

무엇보다도 스코틀랜드교회가 이러한 것들을 아주 심하게 사용했으나 하나님의 이름이 더럽혀지지 않고 교회와 교인들이 속지 않게 세심한 주의를 기울였다. 혹 이를 게을리 행하는 자들은 파멸적인 책망을 받았다. 이것은 교회가 책망을 하는 중에 그들에 의해 제안된 결론이었다.[157] 핸더슨에 따르면 알미니안(Arminian)과 소시니안(Socmian)의 출교 교리는 오직 국가교회의 법적 권위에 호소하였다. 하지만, 이것은 모든 기독교인이 혐오하는 많은 실천과 잘못을 범하는 길을 열었으며, 결국 종교개혁의 전통에 반하는 행동이었다.[158]

핸더슨은 마지막으로 개혁교회의 질서와 정치의 원리들, 실행을 거부하는 두 가지 주된 반대 이론을 지적하였다. 그중에 하나는 출교로, 이는 노회나 대회의 권위가 불필요하며, 오히려 서로에 대한 개 교회의 훈계와 교회 간의 교제 중단이 효과적인 치료책이라고 하였다. 이것이 만약 사실일 경우에 관헌(Magistrate)이 비국교도의 입지를 강화하기 위하여 자신의 도움을 허락하고 자신의 권위를 부가하고자 할 때였다.[159] 다른 하나는 정부의 권위와 명령으로 어떤 한 교회가 다른 교회보다 우위의 권력을 가지며, 이것은 그리스도께서 당신의 교회에 부여하

---

[156] *Ibid.*, 13-17.
[157] *Ibid.*, 20.
[158] *Ibid.*, 21.
[159] *Ibid.*, 22-23.

신 자유와 평등에 위배되며, 그리스도의 교회에 반대로 나타난 새로운 감독제 통치에 지나지 않는다는 것이다. 이에 대해 핸더슨은 다음과 같이 대답하였다.

첫째, 우리는 어떤 한 특정 교회가 다른 교회 위에 있는 그러한 부수적인 어떤 권력도 결코 부가하거나 인정하지 않는다. 더욱이 가장 큰 교회, 가톨릭교회가 모든 면에서 가장 작은 교회 위에 있는 그런 권력도 인정하지 않았다. 왜냐하면, 하나님께서는 모든 교회를 평등하게 세우셨기 때문이다. 여기서 우리가 지지하는 권력이란 많은 회중이 선출한 임직 자들이 회중의 특정 구성원들에게 가지는 집합적인 권력을 가리킨다. 모든 개혁교회는 어떤 한 특정한 교회가 갖는 다른 교회에 대한 의존성을 물론 인정한다.

둘째, 노회와 감독 회의를 같이 비교하는 것은 엄청난 실수이다. 이것은 다음과 같은 이유 때문이다. 감독들의 회의는 그들이 다스리는 회중에 전혀 낯설고 외부적인 것으로 중앙(본부)교회(Metropolitan Church)가 다른 교회를 전제적으로 총괄한다. 그러나 노회의 권력은 내향적이고 자연스럽다. 왜냐하면, 노회는 특정한 회중들의 목회자와 장로들로 구성되기 때문이다. 따라서 이들 없이 다른 사람이 이들을 통치할 수 없다. 그러나 이들 모두는 공동의 동의로 모든 사람을 함께 다스린다. 이것이 바로 교회 정부의 가장 유순하고 자유로운 형태이다. 공동의 조직, 노회 또는 교회 의회(ecclesiastical Senate)에 의해 통치되는 것은 개교회의 자유에 위배되지 않는다. 오히려 자신이 뽑은 특정한 장로직(eldership)에 의해 다스려지는 것은 특정한 회중의 한 구성원을 위한 것이다.[160]

결국, 핸더슨의 주요 과제는 장로교의 정당성을 입증하는 것이었다. 그는 장로교가 하나님의 말씀 때문에 보증되며, 그리하여 독립파든 분파주의자들이든 간에 다른 모든 사람에 의해 정당한 것으로 입증되어야 한다고 생각하였다.[161]

(2) 장로교 교회 정치에 대한 언약도들의 변호

1646년 늦은 봄, 전에 로스(Ross)의 주교 존 맥스웰(John Maxwell)이 쓴 한 소책자가 런던에서 빛을 보았다. 이 책에서 맥스웰은 스코틀랜드 장로교 정치를 신랄하게 비판하면서 "잇사갈(Issachar)의 멍에"에 관해 상술하였다. 맥스웰은 영국을

---

[160] *Ibid.*, 24.
[161] 독립주의자들(Indenpendents)이나 분리주의자들(Sectarians)에 대한 Baillie의 자세한 비판은 "Dissuasive from the Errors of the Time"에서 찾아볼 수 있다.

두 멍에 사이에 웅크리고 있는 잇사갈에 비유했는데 하나는 노회이고 다른 하나는 의회였다.

맥스웰에 따르면 이 두 멍에는 감독제와 군주제보다 훨씬 더 무거웠다.[162] 맥스웰은 영국의 모든 패악은 노회 없이 어떤 합법적인 교회도 존재할 수 없는 감독제를 거부하고 법률을 제한하며 또한 법률 위에 군림하기 위해 군주의 권리를 거부하고 의회를 국왕 위에 올려놓았기 때문이다. 이러한 두 멍에—노회와 의회—아래서 영국은 비참한 운명을 맞이하였다. 맥스웰은 영국의 군주제와 감독교회를 분명히 찬양했다. 이에 대하여 로버트 베일리(Robert Baillie, 1602-1662)는[163] 맥스웰을 다음과 같이 인용하였다.

> 감독교회(Episcopacy)는 필요하며 하나님의 제도와 명령의 궁극적인 진리이다. 모든 감독교회의 사법권은 신적 권리(Divine Right)에 의해 주교들이 가지며, 어떤 사제(Presbyter; 영국 국교회(성공회)에서 이것은 bishop과 decon의 중간 계급을 가리킨다)도 지역회의 같은 곳의 구성원이 될 수 없다. 스코틀랜드에서 국왕이 감독교회를 폐지했다. 이것은 이후에 왕과 그의 백성들에게 일어난 모든 어려움을 일으킨 진짜 큰 원인이었다. 신적 권리에 따라서 교황은 참으로 참된 주교이다. 그래서 그는 다른 모든 사람보다 위대하다. 노회는 교황제(Popory)나 예수회주의(Jesuitism)보다 더 나쁘다. 그러므로 어떤 왕도 자신의 통치 영역을 교황과 예수회(Jesuites) 아래 두는 것이 노회들과 대회들 아래 두는 것보다 훨씬 더 낫다. 스코틀랜드와 프랑스, 네덜란드와 독일, 그 밖에 어디든지 개혁을 주도한 자가 최고 행정관이 아니었던 초기의 종교개혁은 무질서한 죄투성이였다. 또한, 사람들을 미혹하고 반란을 일으킬 수 있는 행위였으며, 그때부터 지금까지 교회에 도래한 모든 불행의 주범이었다. 종교에 대한 모든 논란은 교부들의 저작으로 결정되어야 한다. 외경을 거부한 것은 엄격한 청교도주의였다. 선택과 예정 문제에 참견하는 것은 당시 모든 사람을 위한 것이었다. 모든 필요가 의지로부터 자유를 제거한다. 학자들은 성례가 소위 연속 권력(supervenient power)으로 불리는 극단에 의해 은혜를 제공하며, 인간의 죄들은 참회로 씻어지고, 목회자들은 제사장이며, 의회를 지지하는 자는 모두가 분파주의자들 이자 미친 자

---

[162] Alexander Henderson, *op. cit.*, 54.
[163] 글라스고우에서 출생하였고, 1631년 Kilwinning에서 목회하였다. 1638년 언약도들의 반(反)감독제 정책을 달갑지 않게 수용하였다. 하지만, 이후 그는 Charles I세의 정책을 반대하는 글을 썼으며, 여기에는 편지들과 Journals들이 포함되었다. 그는 Glasgow University에서 1642년과 1660년에 교수와 학장을 지냈으며, 1643-1647년 웨스트민스터 총회의 스코틀랜드 장로교 총회 위원을 지냈다.

들이라고 바르게 가르친다.[164]

맥스웰은 한 걸음 더 나아가 언약도들의 새로운 정치 행태는 그들의 초기 이론에 부합하지 못했다고 지적하였다. 이전에 그들은 사회의 일반적인 지도자들에게 권위를 부여하였지만, 이제는 스코틀랜드의 모든 계층에게 호소함으로써 그들의 본래 종교적 기초로부터 이탈하였다.

국왕 지지자들(royalists)의 눈에 언약도들은 그들의 운동의 타고난 급진적이며 정치적인 경향을 구체적으로 증명해 보이는 것이었다. 결국, 잇사갈(Issachar)의 멍에는 언약도들의 신학적 위치에 대한 국왕 지지자들의 최후 공격이었다. 맥스웰에 대한 답변에서 로버트 베일리(Robert Baillie)는 켄터베리안들(Canterburians)과 스코틀랜드의 개혁자들, 그리고 이들의 교회와 정치 조직의 역사로부터 시작하였다. 그의 답변서, 소책자는 네 부분으로 구성되었다.

① 저자가 1638년 총회에서 면직, 출교당했기 때문에 저자의 진정성에 대한 도전이었다.
② "그가 공공연히 비난한 사람들," 즉 스코틀랜드 사람에 대한 설명과 더욱이 스코틀랜드에 대한 공격, 이것은 또한 영국에 대한 공격이었다. 왜냐하면, 엘리자베스시대 이후 영국은 스코틀랜드의 종교개혁을 "도와왔기" 때문이다.
③ 이 소책자가 그곳의 모든 사람의 총회에서 런던 의회와 스코틀랜드 사람들을 반대하는 패악한 자들(Malignants)로 알려진 "옥스퍼드 주교"가 출판했기 때문에 출판자들의 출판 동기에 관한 질문이었다.
④ 이 책이 스코틀랜드 개혁교회와 그 교회 직분의 분류, 교회의 법정과 조직, 끝으로 개혁자 존 낙스에서 앤드류 멜빌에 이르는 역사를 거슬러서 말한 그 간의 모든 비난에 대한 평가이다.

서론을 마친 다음 베일리는 다음과 같이 단언하였다. "우리의 모든 이단과 분파

---

[164] Robert Baillie, *An Historical Vindication of the Government of Church of Scotland*: 고위 성직자(Prelates)의 최고 악당이 예전에 썼으며, 최근에는 런던에서 두 소책자로 성황리에 출판된 다양하고 저속한 비방들에 대한 답변, Samuel Gellibrand, London, 1646, 2.

들은 감독교회의 날개 아래서 먹을 것을 얻는다."¹⁶⁵

베일리는 맥스웰의 실재하는 비난에 강력히 맞서 논박하였다. 그는 다음과 같이 설명하였다. "심지어 장로들도 스코틀랜드의 교회 회의들(kirk sessions, 당회)에서는 프랑스와 네덜란드 또는 뉴잉글랜드의 개혁교회 장로들에 비해 권력이 훨씬 미미하다."¹⁶⁶

특히 설교자들에 관해서는 자격증이 없는 설교자들은 노회 내에서 설교할 수 없다. 견습 목회자들(expectant ministers)은 노회에서 시험 기간을 거친다.¹⁶⁷ 그는 다음과 같이 물었다. "이러한 연습들이 노회 이상 적절하게 수행될 수 있는 곳이 어디에 있는가?"

견습 목사들은 정식 회원이 아니라 훈련을 위해 노회에 참석한다. 또한, 노회들은 무역과 상업을 간섭하지 않으며, 단지 교회 문제에만 관심이 있을 뿐이다.¹⁶⁸ 베일리는 이렇게 주장하였다.

> 당신은 우리의 대회 모임을 옛날의 지역 감독 회의에 비유하고, 그런 다음 어떤 지역회의도 주교가 그 머리가 되지 않고는 존재할 수 없다고 말한다. 그러나 우리는 감독제를 반대하기 때문에 당신의 논쟁은 아무런 의미가 없다.¹⁶⁹

맥스웰이 말한 총회(assemblies)에 관해서, 베일리는 총회(General Assembly)를 적극적으로 변호하였다.

> 우리는 의회가 총회에 허용한 권한 외에는 어떤 권한도 갖지 않는다. 우리는 총회가 시민법을 바꾸지 않는다고 말한다. 그러나 변화가 불가피하다면 국왕과 의회에 그렇게 하라고 탄원한다. 우리는 총회가 시민 법정을 간섭하지 않는다고 말한다.¹⁷⁰

이에 대하여 맥스웰은 그가 언약도들의 신조를 12조항으로 부른 것에 주저하

---

165 *Ibid.*, 4-5에서 인용.
166 *Ibid.*, 12-13. Cf. Iain Murray, "Rulling Elders-A Sketch of a Controversy," *The Banner of Truth Magazine* (Edinburgh: The Banner of Truth Trust, 1983), April. no. 235, 1-9.
167 *Ibid.*, 14-20.
168 *Ibid.*, 21.
169 *Ibid.*, 22-27.
170 *Ibid.*, 28.

였다. 그러나 베일리는 이러한 조항에 대한 자신의 마음을 기꺼이 말하였다.[171] 그는 언약도들은 하나님께서 인류에게 두 체제 즉 교회와 국가를 세우셨다는 것을 믿고 동의하였다. 이 둘은 서로 혼돈되어서도 안 되며 서로를 침범해서도 안 된다.

> 우리는 모든 목사가 평등하다는 것을 믿는다. 아니 우리는 각 교회의 독립성보다 각 교회 법정이 상위 법정에 필연적으로 종속되어 있음을 믿는다. 우리는 총회에 모든 신적인 진리들과 이단들을 심판할 권한을 부여한다. 우리는 반역을 설교하는 모든 목사가 관헌에게 복종해야 한다.[172]

베일리는 특별히 다음과 같은 점을 강조하였다.

> 언약도들은 국가의 관리들이 총회의 선언에 더 높은 제재(sanction)를 가한다고 주장하지는 않는다. 그것은 법과 양심과 관습의 문제이기 때문이다. 이들은 교회 내의 개혁은 오직 하나님께서 지시하신 말씀 때문에 허용된다고 역설하였다. 이들은 하급 관리들이 그들의 상급자들의 우상숭배 죄와 관계없이 합법적인 소명을 받지 않고는 한 나라의 공적인 개혁자들이 될 수 없다고 믿었다. 하급 관리들의 임무는 오히려 자신의 영혼을 개혁하는 것이다. 이들은 스코틀랜드의 모든 계약들(Covenants)은 의회의 법률로 보증받는다고 생각하였다. 이들은 그들의 총회가 "국가의 제반 문제에 간섭하지 않는다고 선언하였다.[173]

베일리는 다음과 같은 말로 결론을 맺었다.

> 모든 감독제는 인간의 고안이며, 하나님의 말씀에 기초하지 않았다. 그러므로 국왕을 추앙하여 왕의 특권이 모든 법률 위에 있게 한다. 게다가 모든 감독제는 맥스웰이 말한 가장 온건한 감독제일지라도 여전히 감독제이다. 그러므로 온건한 감독제에 관해 말하는 것은 온건한 교황권(Popedom), 곧 온건한 전제 정치에 관해 말하는 것과 같으며, 우리에게 순결한 창녀나 유순한 살인자 그리고 이와 같은 모순된 것들을 말하는 것이다.[174]

---

171 Ibid., 32-33.
172 Ibid., 33.
173 Ibid., 34.
174 Ibid., 34; Baillie, Letters, vol. II., 385-386; F. N. McCoy, op. cit., 108-110.

이 시기에 베일리는 알렉산더 헨더슨만큼 탁월한 장로교인이었다.

3) 전통에 대한 언약도들의 견해들

1644-1647년의 웨스트민스터 총회[175] 기간에 전통(Tradition)이 심도 있게 논의되었다. 신학자 중에 에라스티안들(Erastians)은 교회에서 성경에 언급이 없을 때 그들이 오랫동안 실천해 온 신앙적 기초는 바로 전통 이라고 주장하였다. 이에 맞서 행한 한 연설에서 로버트 베일리(Robert Baillie)는 다음과 같이 에라스티안들을 논박하였다.

> 당신은 성경은 그렇지 않음에도 불구하고 전통이 감독제의 충분한 기초라고 말하지만, 당신은 단지 당신의 형제 켄터베리안들(Canterburians)과 연합할 뿐이다. 이들은 이러한 근거 위에서 우리에게 이미 그들의 제단들과 십자가들, 성상들과 교황의 수위권, 그 밖에 많은 것들을 강요한다. 그리고 교회의 문으로 우리에게 적그리스도의 추태처럼 모든 음식이 들어오게 하려는 그들의 흑심을 보여 준다. 이때 그들은 제철을 만나며, 특히 당신이 직접 여기에서 실행과 치리로 정부에 관한 특정 문제에 대해 공언할 때 그러하다. 전통에 대한 당신의 이러한 잘못은 매우 일반적이며, 가톨릭적인 것으로서 프로테스탄트 개혁의 초석을 단지 한둘이 아니라 전체를 흔들어 놓는다.[176]

또 다른 책에서 베일리는 고위 국교도 성직자들(Churchmen)이 로마 가톨릭의 잘못을 지지했다는 사실을 새롭게 제기하였다.
"항상 우리가 주장하는 바는 개신교도들의 공통된 울타리 안에서 이단을 위한 가장 큰 로마적 실수들이 가톨릭의 진리를 위해 켄더베리안들에 의해 자행된다는 것이다."[177]
베일리는 이러한 비난을 전통의 경우에 직접 적용하였다.

---

[175] 자세한 것은 본서의 제3장을 참고하라.
[176] Robert Baillie, *The Unlawfulness and Danger of Ljmited Episcopacie, Whereunto is Subioyned a Short Reply to the Modest Advertiser and Calme Examinator of that Treatise, As Also the Question of Episcopacie Discussed from Scripture and Fathers* (London, 1641), 15; Jack Bartlett Rogers, *Scriptures in the Westminster Confession* (Michigan: Grand Rapid, 1967), 349.
[177] Robert Baillie, *The Life or William Lord Arch-Bishop of Canterbury, examined* (London, 1643), 64.

이를 분명히 하기 위해서는 Bellarmine의 책들을 던져버려라. 그리고 그의 가장 큰 주장이 그들에 의해 수용되었는지를 보라. 첫째, 성경의 불완전성, 교리적 전통에 관한 그의 잘못이 가장 심각해 보인다.[178]

그리고 고교회파(the high church party)에 의해 수용된 로마 가톨릭의 다른 잘못들을 나열한 후 베일리는 성경과 전통에 관한 문제를 더 자세히 고찰하였다.

성경과 전통들: 모든 개혁교회는 그들의 고백들의 조화 속에 서로 동의하는 한 가지 공통된 근거를 마련하였다. 즉, 성경은 어떠한 교리적인 전통의 도움 없이도 절대적으로 완전하다. 나는 일단 이 버팀목 위에 굳게 서 있지만 교황주의자들(Popists)은 두 수단(Engines)을 설치한다. 그중 하나는 다양한 사도적 전통과 고대의 전통들로 이들은 의식적이며 교리적이다. 그러나 이것은 성경 외에 신적 신앙으로 반드시 형식적으로 믿어야 한다. 또 다른 하나는 성경이 어떤 의미로든 우리에 의해 취해져서는 안 된다는 것이다. 그러나 고대 교회 교부들은 성경을 모든 다른 개혁교회들 위의 영광과 승리로 이해했으며 현재 교회들이 바로 그 성경을 받아들인다. 그리고 그들은 교리적 전통을 수용하지만, 성경은 그에 대한 어떤 근거도 제시하지 않는다.[179]

베일리(Baillie)는 인간적 전통에 대한 이러한 숭상은 곧 성경을 비하하는 것임을 지적하였다. 그는 이렇게 말한다.

(1) 그러는 중에 성경은 이교도들의 책에 의해 침묵하게 된다.
(2) 우리가 고대 교부들 또는 현대 교회의 동의로 성경으로부터 우리의 추론을 뒷받침할 수 있지 않은 한 성경은 어떤 논쟁에서도, 어떤 설교에서도 아무런 가치가 없다.[180]

따라서 베일리는 웨스트민스터 신학자들이 성경을 기초로 추론하는 행위는 곧 성경에 대한 존경이었다. 이와 동시에 그는 추론들이 성경으로부터 나오는 것을 반대하고 성경에 전혀 근거가 없는 인간적 전통들을 부가하는 고교회파(high church party) 구성원들을 강하게 공격하였다.

---

[178] *Ibid.*, 64.
[179] *Ibid.*, 65-67.
[180] *Ibid.*, 67.

4. 요약

제1장에서 우리는 언약신학을 성경적/신학적, 역사적/정치적으로 간략히 살펴보고 스코틀랜드에서 언약신학이 어떻게 발전했는지를 고찰하였다. 제2장에서는 스코틀랜드에서 교회와 국가 간의 갈등의 주요 요인들을 찾아내어 설명하는 데 논의를 집중하였다. 이 갈등의 중심에 언약 개념과 스코틀랜드 언약도들이 인지한 대로 이 개념을 교회와 국가 관계에 적용하는 문제였다. 주요 갈등은 스코틀랜드 국왕에 의해 강력히 옹호된 왕권신수설과 언약도들에 의해 주장되고 해석된 그리스도께서 교회의 유일한 머리라는 서로 대립되는 두 이론에 집중되었다. 이것이 핵심 논제였다. 후자의 경우 그리스도께서 교회의 머리 되신다는 주장에는 교회와 국가의 영역에 명확한 한계선을 긋는 노회의 신적 권리가 필연적으로 포함되었다. 이러한 교회 정치에 대한 견해는 유럽 본토에서 행해지는 장로교 교회 정치 형태에서 깊은 인상을 받은 존 낙스로부터 많은 영향을 받은 언약도들에 의해 주장되었다.

우리가 지금까지 살펴본 것처럼 스코틀랜드에서 교회와 정치의 언약 교리를 더욱 발전시킨 것은 존 낙스(John Knox)와 앤드류 멜빌(Andrew Melville)이었다. 특별히 멜빌은 언약 교리를 발전시키면서 교회에서 감독제 주교들(episcopal bishops)이 아닌 목사와 장로에 의한 목회(ministry)와 정치(government)의 평등성을 강조하였다. 멜빌은 또한 교회와 국가의 언약 이해를 명확히 구분하는 두 왕국 또는 영역들을 분명히 했다.

스코틀랜드 언약도들은 로마 가톨릭의 위협과 스튜어트 왕조의 국왕들의 감독제 옹호와 무엇보다도 감독제 교회를 스코틀랜드 국교회화 하려는 이들의 어리석은 시도들, 종교적 자유의 소멸 등에 분노를 느꼈다. 그리하여 스코틀랜드 언약도들은 1560년의 『제1 치리서』와 1578년의 『제2 치리서』, 그리고 『웨스트민스터 신앙고백서』의 교리적 근거를 제공한 1643년의 엄숙 동맹과 언약(The Solemn League and Covenant)에 자신들의 신학적 신념을 강하게 표현함으로써 이에 응수하였다. 그 후 본 장은 교회 정치의 언약적 견해들과 장로교 체제에 대한 이들의 확증을 더 자세히 설명함으로 정리되었다.

언약도들은 네 영역, 즉 영적, 종교적, 정치적, 개인적 영역에서 자신들의 신앙적 자유를 주장하였다. 언약도들은 자유에 대한 이와 같은 사중적 이해에서 출발하여, 민주주의와 입헌군주제를 선호하고 절대주의를 반대하였다. 이들은 또한 교회 정치에서 평신도들에게 탁월한 위치를 부여하였으며, 국민에 의한 목회자의 선출이 강력한 지지를 받는 요청이 확대되던 18세기에 교회 회의를 민주화했다. 기독교인의 자유는 언약도들에게 다른 여러 신학과 종교적 실행에 맞서 절대 용납할 수 없는 도전과 냉철함이 포함되었다. 그러므로 국가 언약에서 언약도들이 보인 언약사상과 장로교 교회 정치에 대한 신학적 선언은 두 가지 주요한 주제들 즉 신적 주권과 그리스도께서 그의 교회의 머리 되심, 그분의 교회에 대한 절대적 권위로 요약된다.

그리스도가 국가의 머리라는 것은 그리스도께서 목사와 장로 같은 교회 직무들뿐 아니라 국왕과 관헌들과 같은 직무들도 세우셨음을 의미한다. 따라서 예수 그리스도는 교회와 국가 위에서 당신의 교회와 국가의 왕이요, 유일하신 머리로서 당신의 직무를 행하신다. 그리고 교회의 자유와 권력은 그리스도로부터만 나온다. 이러한 선언은 스코틀랜드에서 성경을 보는 높은 시각과 함께 모든 칼빈주의자들의 신학적 초석이 되었다. 이들의 신앙과 행동은 성경으로부터 정당화되었으며, 따라서 이들이 선포한 언약들(Covenants), 1638년 국가 언약과 1643년의 엄숙 동맹과 언약은 철저히 성경적이었다. 이후 언약 개념은 정치적, 종교적 상황 속에서 구체적으로 광범위하게 발전하며 더욱 체계화되었다.

다음 장에서 우리는 1643년에서 1648년 사이의 언약신학의 발전에서, 특별히 1643년의 엄숙 동맹과 언약 및 웨스트민스터 총회가 차지하는 중요성을 고찰할 것이다.

제2부

언약사상의 역사적 발전과 신학적 강조점의 변화
(1643-1723)

제3장 엄숙 동맹과 언약 및 웨스트민스터 총회
제4장 언약사상에 대한 언약도들의 논쟁과 선언(1648-1688년 명예혁명)
제5장 1688-1690년 명예혁명과 1717-1723년의 마로우 논쟁

제3장

엄숙 동맹과 언약 및 웨스트민스터 총회

앞 장에서 우리는 언약사상에 대한 스코틀랜드 언약도들의 선언이 교회 조직과 관련하여 그들과 그들의 왕들 간에 존재하는 궁극적인 정치적, 종교적 문제들을 어떻게 고조시켰는지를 살펴보았다. 1643년에서 1649년까지 스코틀랜드 언약도들과 국가 사이에 벌어진 투쟁들은 대개는 교회 조직과 이 기간에 더욱 두드러지던 언약사상의 원칙적 교리들과 관계된 것이었다.

스코틀랜드 언약도들은 영국 의회파 의원들(English Parliamentarians)과 연합하여 국왕에 대항하였다. 스코틀랜드는 왕의 압제에 항거하는 영국 의회파를 지원한 것이다. 그리하여 이 두 나라는 국민적 감정과 종교에서 하나로 더욱 강력한 결속을 다지게 되었다. 이러한 두 나라의 동맹은 1643년 8월, 엄숙 동맹과 언약(the Solemn League and Covenant)으로 나타났다. 이 엄숙 동맹과 언약 때문에 영국과 아일랜드에 장로교주의(Presbyterianism)가 확립되었고, 스코틀랜드에서는 1560년 존 낙스의 종교개혁 이후 계속 유지되었다. 이 세 나라에서 당시 감독제도(Prelacy)는 전제 정치와 동의어가 되었다. 그리고 이후 의회가 국왕에게 저항함으로 많은 영국의 청교도들이 장로교를 받아들이고 스코틀랜드와 통합을 꾀하였다.

장로교주의(Presbyterianism)라는 용어는 엄숙 동맹과 언약에서는 발견되지 않는다. 그러나 언약서를 보면 스코틀랜드 국민이 그들의 마음속에 어떤 생각을 품고 있었는지를 분명히 알 수 있다. 이들에게 있어서 올바른 교회 개혁은 곧 장로교 교회 정치를 수립하는 것이었다. 그런데 이 언약을 맺는 과정에서 영국교회 지도자들이 이런 사실을 깨닫지 못했다는 것이 이상할 뿐이다. 결국, 이들은 엄숙 동맹과 언약에 동의하였다. 언약도들에게 이와 같은 새로운 교회 정치 질서는 "가장 잘 개혁된 교회들을 따라 성취될 수 있었다."[1] 그러므로 언약도들은 다음과 같은 점을 전혀 의심하지 않았다. 즉, 영국 정부는 우리가 "*Jure Divino*"(신적 권리, Divine Right)라고 생각하는 우리 총회의 장로교 조직을 그대로 모방할 것이다. 그리하여 여덟 명의 스코틀랜드 장로교 총회 대표들(Scottish Commissioners)[2]이 영국 의회가 소집한 웨스트민스터 총회의 참석을 위해 런던으로 내려갔다.

1643년 8월부터 1649년 2월까지 런던에서 열린 웨스트민스터 총회 기간에, 스코틀랜드 언약도들은 웨스트민스터 총회의 문서들(『웨스트민스터 신앙고백서』와 『대소요리 문답서』, 『공 예배 지침서』와 『장로교 정치 규례』)을 작성하는 데 중대한 공헌을 했다. 이들은 몇 명에 지나지 않았으나 그런데도 이들이 당시 총회와 이후 기독교 역사에 미친 영향은 엄청난 것이었다.

그러므로 이 문서들에는 장로교의 신권 사상(the Idea of the Divine Right of Presbytery), 즉 교회에서 그리스도의 권위에 대한 이들의 이해가 잘 논증되었다. 이것은 스코틀랜드 언약도들의 중심 교리 중의 하나였다. 그리하여 그들은 영국의 독립교회파(Independents), 재세례파(Anabaptists), 브라운파(Brownists), 감독교회파(Episcopalians) 같은 다른 견해와 분파들에 단호한 태도를 보였다. 이들은 웨스트민스터 총회 동안에 특별히 교회의 조직과 직제를 둘러싸고 감독교회파와 영국 독립교회파 청교도들(English Independent Puritans)과 격론을 벌였다.

언약사상은 웨스트민스터 총회 중에 특별히 교회의 조직과 직제 논쟁의 중심이었다. 언약사상은 이 기간 내내 스코틀랜드 언약 운동(covenanting movement)의

---

[1] *A Solemn League and Covenant For Reformation and Defence of Religion, The Honored and Happiness of the King and Peace and Safety of the Three Kingdom of England, Scotland and Ireland* (London. 1643), 2.

[2] 1643년 7월 스코틀랜드교회는 귀 총회를 대표하여 8명의 위원을 지명하여 엄숙 동맹과 언약에 서명하고 웨스트민스터 총회에 참석하게 하였다. 이들 가운데 다섯 명의 목사들은 Alexander Henderson과 George Gillespie, Samuel Rutherford와 Robert Douglas, Robert Baillie였다. 그리고 세 명의 평신도들은, John Earl of Cassilis, John Lord Maitland, 그리고 Warriston의 Archibald Johnston 경이었다. 그러나 Earl of Cassilis와 Robert Douglas는 웨스트민스터 총회에 한 번도 참석하지 않았다. 영국의 대표자들에 대해서는 각주 9)를 보라. The Confession of Faith (Edinburgh, 1836), 18-19; W. M. Hetherington, *History of the Church of Scotland from the Introduction of Christianity to the Period of the Disruptions. May 18, 1843* (Edinburgh: Johnstone and Hunter, 1842), 367; Thomas M'Crie, *op. cit.*, 200; James Rankin, *The Church of Scotland*, vol. II., 520; W. Stephen, *History of the Scottish Church* (Edinburgh: David Douglas, 1896), vol. II., 292-293. 스코틀랜드의 신학자들에 관해서는 Yohahn Su, *A Study of the Scottish Covenanters from 1638 to 1648*, Th. M., Thesis (Aberdeen University, 1990), 1-192; James Reid, *Memoirs of the Westminster Divines* (Edinburgh: The Banner of Truth Trust, 1982); W. M. Cambell, *The Triumph of Presbyterianism* (The Saint Andrew Press, 1958); Pearson M'Adam Muir, *Scottish Divines* (Edinburgh: Macniven and Wallace, 1833) 등을 참조하라.

핵심 이슈였으며, 종교 논쟁뿐만 아니라 정치 논쟁의 주제였다. 알렉산더 핸더슨(Alexander Henderson)과 로버트 베일리(Robert Baillie), 사무엘 루더포드(Samuel Rutherford)와 조지 길레스피(George Gillespie)는 웨스트민스터 총회가 승인한 문서들을 스코틀랜드 장로교 총회가 채택하는 데 결정적인 역할을 하였다.

본 장에서 우리는 1643년에 맺어진 엄숙 동맹과 언약에서부터 1643-1648년 영국 런던의 웨스트민스터 총회에 이르기까지, 스코틀랜드 언약도들의 사상적 발전이 어떻게 이루어졌는지를 살펴볼 것이다. 또한, 우리는 언약사상이 웨스트민스터 총회의 문서를 통해 스코틀랜드에서 어떻게 발전해 왔는지를 역사적 및 신학적으로 추적할 것이다.

1. 엄숙 동맹과 언약(1643)

1) 역사적 배경

1618년 스코틀랜드 장로교 총회의 해체 후 1638년 11월, 20년 만에 글라스고우에서 열린 속회 총회는 성공적이었다. 그러나 그 후 스코틀랜드 언약도들과 국가의 관계는 전혀 소통되지 못한 채 긴장이 고조되었다. 따라서 1641년 국왕 찰스 1세는 언약도들을 물리치기 위해서 군대를 소집하였다. 이에 맞서 언약도들도 자신들의 권리를 보호하기 위하여 군대를 모집하였다. 언약도들의 군대는 스코틀랜드 노섬벌랜드 주(County of Northumberland) 북부 국경선 던스 로우(Dunse Law)에 집결하였다.

당시 찰스 1세의 군대는 급조한 상황에서 훈련 부족, 설상가상 급여가 제대로 지급되지 않아서 신뢰할 수 없는 형편이었다. 따라서 찰스 1세는 협상을 좋은 해결책으로 간주하였다.[3] 협상 결과 국왕은 언약도들에게 자유로운 총회의 소집을 허락하였고, 그리하여 양국 군대는 피 흘리지 않고 전쟁을 종식하였다. 이것은 조지 그룹(George Grub)의 지적처럼 "언약도들의 놀라운 승리였다."[4]

---

3   Alex S. Morton, *Galloway and the Covenanters* (Paisley: Alexander Gardner, 1914), 71; J. H. S. Burleigh, *op. cit.*, 222.

4   George Grub, *op. cit.*, vol. II., 83: John Lumsden, *op. cit.*, 248-252; David Stevenson, *op. cit.*, 50.

한편 영국과 영국 의회는 이 일로 불만이 고조되었다. 찰스 1세의 독재 정치의 도전을 받은 것이다. 이에 맞서 찰스 1세는 1642년 의회와의 전쟁을 선포하였다. 영국 의회는 양 국가의 자유를 보존하는 데 필요한 첫 단계로 스코틀랜드 언약도들에게 도움을 요청하였다. 영국 의회는 이들과의 정치적 동맹 체결을 소원하였다. 그러나 스코틀랜드는 종교적 언약(religious covenant) 외에는 그 어떤 것과 동의하지 않았다.[5] 이러한 상황은 스코틀랜드 언약도들과 영국의 청교도들에게 상호 힘을 통합하지 않을 수 없게 하였다. 그런 가운데 스코틀랜드 언약도들의 마음속에는 신앙의 통일에 대한 꿈이 명확히 드러났다. 그리고 이들은 실로 진지하고 조심스럽게 "이 목적을 달성하기 위해" 모든 노력을 기울였다.[6]

1642년 스코틀랜드 총회는 찰스 1세에게 다음과 같이 촉구하는 탄원서를 제출하였다.[7] "그리스도의 영광과 국왕의 명예와 종교의 선에 대한 최고의 헌신으로서 그가 다스리는 모든 영토 안에서 종교를 통일하고 교회 정부의 통일성을 이루라."

언약도들은 스코틀랜드에서 그러한 교회 정부 형태를 이루었기 때문에 이것이 영국을 위해서도 동일하게 유익할 것으로 판단하였다. 하지만, 영국은 스코틀랜드 총회와 달리 단지 군사적인 협정만을 원하였다. 그 이름이 말해 주듯이 비록 그것이 두 국가의 협약(civil treaty)이지만 동시에 그것은 실제로 종교적 언약(religious Covenant)이었다. 그것은 하나님 앞에서 모든 계층의 사람들에 의해 엄숙하게 체결되어야 했다.

우리는 여기서 다음 사실에 특별히 주목해야 할 것이다. 1643년 이전에 영국의 개혁자들은 언약사상을 정치적 목적으로 사용하지 않았다는 것이다. 그리고 이때까지 영국 정부의 내부 개혁은 의회가 계속 국왕에게 가하는 경제적 압력을 통해 주로 이루어졌다. 예를 들면, 찰스 1세는 스코틀랜드 군대를 침공하기 위해 의회에 자금의 지원을 요청했지만, 의회는 그의 요청을 단호히 거절하였다.

---

[5] W. M. Hetherington, *History of the Westminster Assembly of Divines* (Edinburgh: John Johnston. 1843), 122; J. L. Ainslie, "The Scottish Reformed Church and English Puritanism," *The Scottish Church History Society* (1942). vol. VIII., 84; C. Russel, "The Scottish Party in English Parliament, 1640-1642," *Historical Research*, The Bulletin of the Institute of Historical Research, vol. 66., no. 159, February (1993), 25-52; W. D. J. McKay, "The Westminster Assembly and the Solemn League and Covenant," *Reformed Theological Journal*, 1993, vol., 9, 5-18.

[6] *Baillie's Letters*, vol. II., 8; Robert Shaw, *The Reformed Faith* (1845), XXV.

[7] John Lumsden, *op. cit.*, 260.

이 같은 절박한 상황에서 1643년 6월, 영국의 상하 양원이 웨스트민스터에 모여, 자신들이 국왕에 맞서 일으킨 의회 군(parliamentary army)을 지원하는 계약을 체결하였다. 이러한 조치가 취해진 것은 찰스 1세가 아일랜드의 반란군과 연합을 꾀하고 있다는 소식이 전해진 직후였다.[8] 따라서 1643년 8월, 영국의 장기 의회(Long Parliament, 1640-1648) 대표들(Commissioners)이 스코틀랜드를 방문하였다. 이때 영국 의회는 정치적 및 사회적인 문제들뿐만이 아니라 종교적인 문제들도 국왕에 맞서 싸우고 있었다.

영국 의회는 이러한 처지에서 스코틀랜드 군대를 동맹군으로 생각하였다. 영국의 장기 의회 대표들은[9] 세 나라의 공동 해방과 보전과 안전을 위한 유일한 수단으로 세 나라 간의 견고한 연합 동맹 체결을 제안하였다.

그러나 1643년 8월 17일, 에든버러의 성 자일스 교회(St. Giles Church)에서 소집된 총회에서 의장 알렉산더 핸더슨(Alexander Henderson)은 이 연합이 단순히 국가적 동맹(civil league)은 물론 종교적 언약(religious covenant)이어야 한다고 주장하였다.[10] 영국인들에게는 그들이 "이러한 교회와 국가의 평화"를 위하여 "두 교회에 하나의 신앙고백서, 하나의 『공 예배 지침서』, 하나의 요리 문답서(Catechism), 그리고 하나의 교회 정치 형태가 이루어지기를 간절히 바란다는 사실"이 상기되었다.

1643년 8월 28일, 이러한 열망에 따라서 "엄숙 동맹과 언약"(the Solemn League and Covenant)이 체결되었고, 내용은 종교의 개혁 및 보호, 국왕의 영예와 행복 그리고 스코틀랜드와 영국, 아일랜드, 이 세 나라의 평화와 안전을 위한 것이었다.[11] 그 후

---

8 Samuel R. Gardiner, *History of the Great Civil War 1642-1649*, 4 vols. (New York: AMS Press, Inc., 1965), vol. I., 148-149.

9 영국의 대표자들은 상원 의원(Lords)에서는 Earl of Rutland와 Lord Gray of Wark; 하원 의원(Commons)에서는 William Armyn 경, Harry Vane the younger 경, Hatcher와 Darley; 신학자 중에서는 Steven Marshall과 Philip Nye가 참석했다. 웨스트민스터 총회에서 스코틀랜드교회 총회 대표자는 귀족의 입장을 지지하는 Thomas Hope 경이었다. 그리고 왕의 대표자였으며 총회장이었던 Alexander Henderson이 있었다. 영국 대표자들과 스코틀랜드 총회는 엄숙 동맹과 언약에 서명을 합의하였다. W. M. Hetherington, *op. cit.*, 121. Thomas M'Crie, *The Story of the Scottish Church from the Reformation to the Disruption* (London: Black & Son, 1875), 194; W. Stephen, *History of the Scottish Church* (Edinburgh: David Douglas, 1986), vol. II., 292-293.

10 *Baillie's Letters*, vol. II., 90; *Historical Part of the Testimony of the Reformed Presbyterian Church in Scotland* (Glasgow, 1839), 96-99; Robert Shaw, *op. cit.*, xxv. Cf. William Haller, *Liberty and Reformation in the Puritan Revolution* (Columbia University Press, 1963), 100-104.

11 Alexander Henderson, *A Solemn League for Reformation, and Defence of Religion* (London, 1643), 1-3; John Lumsden, *op. cit.*, 260-261; Pearson M. Adam Muir, *The Church of Scotland* (London: A. & C.

엄숙 동맹과 언약은 조언을 위해 웨스트민스터 총회에 일임되었다. 엄숙 동맹과 언약은 이전의 계약들이 보여 주듯이 스코틀랜드의 권리를 철저히 보장하고 스코틀랜드 의회에서 통과되었다. 그러나 왕은 교회의 권리와 세 계급들(three estates)[12]의 정치적 권리를 결코 위협하지는 못했다. 결국, 엄숙 동맹과 언약에 따라서 영국과 아일랜드 교회들은 교리와 치리, 예배와 교회 정치에서 스코틀랜드교회처럼 하나님의 말씀으로 개혁되어야 했다.

2) 국가 언약(National Covenant, 1638)과의 관계

많은 사람이 동의하듯이, 1643년의 엄숙 동맹과 언약을 이전의 언약, 1638년의 국가 언약과 종종 혼동을 일으킨다. 하지만, 엄숙 동맹과 언약의 언어 구사는 이전의 언약에 비해 훨씬 더 공격적이다. 쉐리프 오르(Sheriff Orr)는 다음과 같이 말한다.

> 엄숙 동맹과 언약은 1638년의 국가 언약보다 짧은 문서이며 국가 언약이 가지는 언어의 장엄하고 지속적인 품위를 가지고 있지 못하다. 그러나 엄숙 동맹과 언약은 주목할 만한 도구였으며, 매우 다른 역사적 결과들을 낳았다.[13]

국가 언약이 1581년의 부정 고백서(Negative Confession)의 영향을 받은 것처럼 엄숙 동맹과 언약은 국가 언약의 영향을 크게 받았다. 따라서 이 두 언약 문서는 상호 밀접한 관련이 있다. 한편으로 거쓰리(C. J. Guthrie)은 다음과 같이 말한다.
"이 두 언약들(국가 언약과 엄숙 동맹과 언약)은 똑같은 기초 위에서 국가적(civil), 종교적 자유의 민주적 원칙을 달성하기 위해 강력히 독재에 맞섰다."[14]

Black, 1907), 41; John Conningham, *op. cit.*, vol. II., 135; A. A. Hodge, *The Confession of Faith* (1878), 15; W. M. Hetherington, *History of the Church of Scotland* (Edinburgh: Johnstone and Hunter, 1843), 363-367.

12 이것은 중세 유럽, 특별히 영국 귀족의 신분을 통칭하는바 (영) 상원의 고위 성직 의원(Lords Spiritual)과 귀족 의원(Lords Temporal)과 하원 의원(Commons)을 가리킨다.
13 Sheriff R. L. Orr, *Alexander Henderson: Churchmen and Stateman* (London: Hodder and Stoughton, 1919), 307-309.
14 Charles J. Guthrie, "The Solemn League and Covenant of the Three Kingdom of England, Scotland and Ireland," *The Scottish Historical Review* (Glasgow, 1918), vol. 15., 296; James Dodds, *The Fifty Years' Struggle of the Scottish Covenanters 1638-1688* (Edinburgh: Edmonston and Douglas, 1860), 42.

다른 한편으로 국가 언약은 국가적인 것이었다. 이것은 두 사람, 알렉산더 핸더슨(Alexander Henderson)과 워리스톤의 존스톤(Johnston of Wariston)이 작성하였다. 그리고 스코틀랜드에서 감독제(episcopacy)를 강제로 세우려는 찰스 1세의 시도에 맞서 스코틀랜드 국민을 하나로 결집하려는 목적에서 창안되었다. 반면에 엄숙 동맹과 언약은 국가 간에 체결된 국제적인 것이었다. 이것은 한 사람 알렉산더 핸더슨이 작성한 것이다. 그리고 엄숙 동맹과 언약은 "그 안에 모든 사람의 개인적 상황이 포함된, 두 나라 영국과 스코틀랜드의 진정한 공적 자유(public liberty)와 안전과 평화"가 그들의 목전에 있다고 선언하였다.[15]

사실 국가 언약은 국왕의 야심에 맞서는 스코틀랜드 국민을 보호하기 위해 작성되었다. 반면에 엄숙 동맹과 언약은 스코틀랜드와 영국의 국민적 자유(civil liberty)와 종교적 자유를 침범하는 왕당파(Royalist)의 공격에 맞서 영국과 스코틀랜드 간의 연합을 꾀하려는 목적에서 작성되었다. 이것은 또한 "교황제(popery)와 감독제(prelacy), 미신과 이단, 그리고 분열의 근절"이라는 목적도 아울러 가졌다.[16]

하지만, 1638년의 국가 언약은 1643년의 엄숙 동맹과 언약의 정치적, 신학적 상황에 크게 영향을 미쳤다. 그리하여 엄숙 동맹과 언약은 서명 후 곧바로 웨스트민스터의 성 마가렛 교회(St. Margaret Church)에서 영국의 상하 양원들, 귀족 의원들(Lords)과 평민 의원들(Commons)이 함께 맹세 후 서명하였다. 그리고 스코틀랜드교회 총회와 이때 시작된 웨스트민스터 총회의 회원들도 서명하였다. 이로 볼 때 국가 언약에서부터 웨스트민스터 총회까지의 언약사상의 전승은 종교의 자유에 기초한 바른 신학과 신앙이 상호 밀접하게 연관되었음을 알 수 있다.

3) 엄숙 동맹과 언약의 내용과 신학

1643년의 엄숙 동맹과 언약은 서론적 진술과 결론적 진술을 포함하여 모두 여섯 개의 주요 부분으로 구성되었다. 표제를 살펴보면 엄숙 동맹과 언약의 목적은 세 가지였다.

첫째, 언약도들은 종교의 개혁과 통일을 추구한 것이다. 이들은 하나님의 교

---

[15] James Kerr, *The Covenants and the Covenanters: Covenants, Sermons and Documents of the Covenanted Reformation* (Edinburgh: R. W. Hunter, 1895), 131.
[16] *Ibid.*, 132-133; James Dodds, *op. cit.*, 43-50.

회들을 세 나라, 즉 영국과 스코틀랜드, 아일랜드에 세워 하나님의 섭리와 한 나라의 왕(임금) 아래서의 삶, 그리고 개혁된 하나의 종교가 하나님의 영광과 우리의 주시며 구원자이신 예수 그리스도의 나라를 우리의 목전에 더 가까이 오게 할 수 있도록 영국은 감독제(episcopacy)를, 아일랜드는 교황제(popery)를 폐지할 것을 요청하였다.

둘째, 여기에는, "국왕 폐하의 영예와 행복 및 그의 후손에 관한 관심이 표명되었다. 이러한 사실은 정치적 통일 및 참된 국민적 자유를 수용하고, 참된 종교와 참된 교수들에 맞서는 하나님의 대적들이 한 행위를 모든 곳에서 분쇄하려는 강력한 열망을 보여 준다."[17] 이러한 개혁의 결과로 엄숙 동맹과 언약은 세 나라의 계속된 안전과 평화를 열망하는 희망을 잘 표현하였다.

셋째, 결론에서는 개혁신앙을 찬성하는 사회의 모든 계층이 거명되었다. 스튜어트 왕조 아래서 이루어진 두 나라 간의 단결, 그리고 개신교에 대한 서약에서 발견되는 스코틀랜드와 영국 간의 통일성은 두 나라에 더 넓은 협력을 요구하였다.

그러나 종교적 통일을 위한 제안에서는 심각한 문제들을 무시하였다. 다시 말해, 이것은 세 나라 모두에서 발견되는 것으로 가톨릭 교인들이 계속 배타 당하는 문제와 국왕과 웨스트민스터 의회 사이의 국내적 갈등의 심각성을 의미하였다. 사실 가톨릭교회의 계속된 의식의 시행과 영국 국가교회(성공회)에서 교회 정치 형태로 감독제(episcopacy)를 시행하는 문제는 이 언약의 성립에 일차적인 동기를 제공한 고위 성직자들(hierarchy of prelates)에게 달려 있었다.

결론에 의하면, "우리의 주요 구세주이신 예수 그리스도 나라의 전진,"[18] 국왕의 영예와 행복, 나라들 즉 영국과 스코틀랜드와 아일랜드의 공적인 자유와 안전과 평화, 이 모든 것들에 대한 위협은 하나님의 "원수들," 교황제와 감독제에서 비롯되었다. 이 "원수들"은 현재의 "통탄할" 영국교회의 상황을 일으켰고 스코틀랜드 교회의 안녕을 방해하였다. 더욱이 결론은 "애원과 충고, 저항과 고난"의 방법을 통하여 적절히 개혁을 이루지 못한 청교도들의 실망에 호소하였다. 그러므로 엄숙 동맹과 언약은 개혁의 시도에 힘을 실어주기 위해서 스코틀랜드와 영국이 연합 전

---

17 John Lumsden, *op. cit.*, 261.
18 이것은 스코틀랜드의 신정(Scottish Theocracy)에 대한 언약도들의 표현이다. 사실 스코틀랜드에서 하나님이 다스리는 나라라는 사상을 그 개념이 실제적이라기보다는 다소 이상주의적이었지만, 언약도들에 의해 더 확실한 믿음으로 받아들여졌다.

선을 형성한다는 것이 내포되었다. 결과적으로 스코틀랜드의 언약사상은 기존의 정치 권력에 저항하는 방식으로 이해되었다. 끝으로 언약은 하나님의 도움을 호소하며, 행동을 촉구하는 여섯 개의 구체적인 항목들의 배경과 필요를 갖추었다.

이제 웨스트민스터 의회는 군대의 강화를 절실히 필요로 했다. 그런데도 언약의 제1항은 교회들의 당시 상황을 말하는 데 할애되었고, 제안된 개혁 과정에 대한 어떤 질문도 분명한 답변이 이루어지지 않았다. 개혁 종교(reformed religion)는 스코틀랜드교회가 세운 그대로 오염되지 않은 채 보존되어야 했다. 게다가 영국과 아일랜드에서 교회는 다음과 같은 일을 해야 했다. 즉, 교회는 하나님의 은혜를 특별히 강조해야 했다. 그리고 교회는 교리와 예배, 치리 그리고 이 세 나라에서 공동의 대적에 맞서는 교회 정치 형태를 보존할 뿐만 아니라 아울러 새로운 모습을 갖추어야 했다. 여기서 특별히 강조되어야 할 사실이 있다. 즉, 장로교 스코틀랜드(Prebyterian Scotland)를 꿈꾼 이 언약은 하나님의 말씀과 그리고 최상의 개혁교회들,[19] 예를 들면, 프랑크푸르트와 취리히, 제네바의 교회들로부터 도출되었다.

제2항은 감독제 교회 정치와 관련하여 "교황제와 감독제, 미신과 이단, 분열 그리고 신성모독"의 직분자들을 거부하였다. 이것은 1638년의 국가 언약을 따른 것이다. 사실 제2항의 해설 부분은 감독제와 영국교회의 정치를 동일시하는 관점에서 감독제를 정의하였다. 일반적으로 경멸을 나타내는 미신(Superstition)이라는 말에는 성찬 시 무릎을 꿇음에서부터 청교도들의 마술적 증오에 이르기까지 다양한 종교적 의식들이 포함되었다. 관심은 이단과 분열, 불경과 건전한 교리, 신성한 권세(power of godliness)와 대립되는 모든 것들에 모였다.[20]

제3항에서는 그 주제가 교회 개혁에서 의회 군주제 내에서의 정치적 통일의 필요성으로 분명히 전환되었다. 여기서 우리는 참된 종교와 자유를 보전하기 위해 국왕의 인격과 권위를 보호하겠다는 내용이 담긴, 세 나라 자유에 대한 균형 잡힌 기술을 발견한다.

> 세상이 우리들의 충성심을 증거 할 수 있도록, 우리는 한결같은 진지함과 실제와 일관성을 가지고 우리들의 여러 소명들(Vocations) 속에서 우리의 물질과 생명을 바쳐 참된 종교와 이 나라들의 자유를 보존하고 보호할 것입니다. 그리고 우리는 의

19　John Lumsden, *op. cit.*, 262.
20　John Lumsden, *Ibid.*, 262-263.

회의 권리와 특권, 더 나아가 이 나라들의 자유를 서로 보전하고 폐하의 인격과 권위를 보존하고 보호하기 위해 노력할 것입니다."[21]

찰스 1세와 웨스트민스터 의회 간의 전쟁은 영국과 스코틀랜드에서 국왕의 힘을 효과적으로 억제하면서도 문제를 평화적으로 해결하려는 온건파들의 출현을 낳았다. 그러므로 이 항은 다음과 같은 맹세와 함께 끝을 맺는다.

"우리는 폐하의 정당한 권력과 위대함을 손상하려는 어떤 생각이나 의도도 가지고 있지 않다."

스코틀랜드는 왕으로부터 즉각적인 도발을 받지 않았으나 찰스 1세와 전쟁을 시작하였다. 이러한 이유로 스코틀랜드는 왕이 자신의 합법적인 권한과 범위를 넘어 모든 백성을 공격했다는 것을 보임으로 자신들의 행동을 정당화하였다.

제4항은 국왕에 대한 적극적인 저항을 다루고 있다. 그러면 국왕이 부적절한 충고를 받거나 적의 있는 영향을 받았는가?

제4항의 어투는 국왕이 국가의 갈등(civil conflict)에 전적으로 책임이 있는 것은 아니라고 말한다. 스코틀랜드 장로 교인들과 영국의 청교도들은 윌리엄 라우드(William Laud)가 엄격히 행한 종교적 규율로 많은 고난을 겪었다. 따라서 이들은 국왕이 보낸 대표자들을 "선동가들과 악한들 또는 악의 노구들"로 묘사하였다. 제4항은 이러한 부류의 사람들에게 "종교개혁을 방해하고 국왕을 그의 백성으로부터 또는 이 나라 중 한 나라를 다른 나라로부터 분리한" 혐의로 두 나라의 최고 법정에서 벌을 받게 될 것이라고 위협했다. 더욱이 앞으로 "이 동맹과 언약"에 반대하는 분파를 만들려는 모든 사람에게 그에 상응하는 조치가 취해질 것이라는 약속도 주어졌다. 언약파(covenanting faction)들은 비록 이 계약을 승인했다고 해서 자동으로 수많은 사람이 이 언약의 내용을 비준하게 되지는 않을 것을 잘 숙지하였다.

제5항과 6항은 서로 비슷한 주제를 다루고 있다. 그러므로 이 둘은 따로 떼어 놓을 수 없다. 이 두 항은 공동체의 통일성, 소위 동맹과 언약(League and Covenant)을 강조한다. 그리고 공동체에 허락된 하나님의 선하신 섭리를 상기시킨다. 그들은 "종교개혁을 방해하거나 왕을 그의 백성에게서 또는 한 나라를 다른 나라로부터 분리하는 모든 선동가와 악한들과 악의 도구들을" 찾아내어 재판대에 세우

---

21 *Ibid.*, 263; Alexander Henderson, *op. cit.*, 5-7.

겠다고 맹세한다. 따라서 사회 모든 계층이 이 언약에 참여했지만 "설득과 위협" 때문에 종교적, 정치적 개혁에서 벗어날지도 모르는 다른 사람들을 돕고 보호하도록 고무되었다.

특별히 제6항은 "이 나라들의 종교와 자유와 평화의 공통된 원인과 기대 속에서 그들의 생명의 약속들이 평화적으로 해결되는 것과 이 동맹과 언약에 참여하는 모든 사람을 돕고 보호하는 일"을 강조한다. 결론적으로 이 항은 이 언약이 선포되어야 하는 이유를 역설하였다.

> 우리가 현재 처해 있는 절망과 위험이라는 열매에서 분명히 드러나는 것처럼, 이 나라들은 하나님과 그의 아들 예수 그리스도를 거스르는 많은 죄를 범하였기 때문에, 우리 자신들의 죄와 이 나라의 죄에 대하여, 우리는 하나님과 세상 앞에서 스스로 낮추고자 하는 진실 된 소망을 고백한다. 그리고 우리가 전능하신 하나님, 곧 모든 자의 마음을 감찰하시는 분 앞에서 맺는 이 언약은, 그의 백성들에게 똑같은 해방과 안전을 제공해 주고, 적그리스도 압제의 멍에 아래서 또는 그 위험 가운데서 신음하는 기독교 교회에 용기를 불어넣으려는 참된 의도와 더불어, 똑같은, 또는 같은 연합과 언약에 참여하고, 하나님께 영광을 돌리며, 예수 그리스도의 나라를 확장하고, 그리스도의 왕국들과 나라들에 평화와 평안(고요)을 가져다주는 진정한 의도와 더불어 맺어진다.[22]

이처럼 엄숙 동맹과 언약은 두 국가의 전 국민이 서명해야 하는 맹세로 이루어졌다. 이 엄숙 동맹과 언약을 통해서 그들은 스코틀랜드교회를 개혁된 교회로 보존하는 데 스스로 헌신하였다. 그것은 하나님의 말씀에 따라서 그리고 가장 잘 개혁된 교회들의 전통과 의식에 따라서 스코틀랜드교회의 교리와 예배, 치리와 정치를 계속 개혁하는 것이었다. 이것은 16세기 종교개혁으로 형성된 집단들에게 표준화된 교회 정치를 강요하는 시도를 대표한다. 또한, 엄숙 동맹과 언약은 언약파(Covenanting Party)의 기대가 영국(Britain) 전체에 교회, 즉 신앙의 자유를 보장하는데 목표를 둔 신정 국가(national theocracy)의 건설을 명확히 하였다.

결과적으로 엄숙 동맹과 언약은 영국의 교회 지도자들 및 국가 지도자들의 삶과 태도에 영향을 미쳤다. 엄숙 동맹과 언약은 또한 국왕과 의회 간의 투쟁에 사

---

[22] *Ibid.*, 264-265.

로잡혀 있던 많은 일반 국민의 삶에도 크게 영향을 미쳤다.[23] 예를 들면, 의회는 엄숙 동맹과 언약의 조항들 때문에 야기된 문제들이 교회 정치와 치리에 관한 문제 때문에 정치적 논쟁의 시발점이 되게 하였다.

이와 동시에 왕당파들(royalists)에게 엄숙 동맹과 언약에 사용된 용어들은 의회파가 국왕과 국가교회 정치에 대한 관계에서 품은 목적들을 분명히 보여 주었다. 더 나아가, 의회의 통제하에 있는 지역의 수많은 거주민에게, 그리고 특히 의회군의 장교들과 병사들에게는 엄숙 동맹과 언약이 의회에 대한 충성심을 알아보려는 정치적 시험처럼 보였다. 게다가 이 엄숙 동맹과 언약은 또한 왕이 참된 종교, 그의 백성들, 그리고 이들이 즐길 수 있는 이들의 자유를 보호하는 일에 얼마나 충성 되었는지 알아보려는 시험으로 보였다.

2. 웨스트민스터 총회(1643-1648)

1) 웨스트민스터 총회의 역사적 개괄

(1) 웨스트민스터 총회의 교회적, 정치적 전망

1643년 장기 의회[24]의 명령으로 많은 영국의 신학자들(대부분 청교도)이 웨스트민스터 총회에 참석하였다. 이 회의를 소집한 의회는, "영국교회의 정치와 교회 의식을 결정하고, 무엇보다도 교회 교리의 정통성을 증명하며, 교회 교리로부터 알미니안(Arminian)과 펠라기안(Pelagian) 또는 로마 가톨릭의 영향을 받은 39개 신조(Thirty-Nine Articles)의 거짓된 부분들과 해석들을 제거하려는 목적에서였다."[25] 이러한 목적에서 1643년 1월 의회는 "감독제"(prelacy), 즉 영국교회의 현존

---

[23] Marvin Keith Achilles, *The Solemn League and Covenant: An Experiment in Religious Uniformity*, M. A. Thesis, Syracuse University (New York, 1970), 19-20.

[24] 이 명칭은 1640년 4월 13일 소집되어 같은 해 5월 5일 해산된 "단기 의회"(Short Parliament)와 대비하여 붙여진 것으로, 1640년 11월 3일 영국의 1세가 소집하여 1660년 3월 16일 해산되기까지 20년 동안 지속하였다. 이 기간에 국왕과 의회가 내전을 수행하였고, 또한 국왕 Charles 1세의 처형과 Oliver Cromwell의 공화정이 선포되었다.

[25] W. M. Hetherington, *History of the Westminster Assembly of Divines* (Edinburgh: John Johnstone. 1843), 118; Jack Bartlett Rogers. *Ibid.*, 117-118; John H. Leith, *Assembly at Westminster: Reformed Theology in the Making* (John Knox Press. Virginia, 1973), 4-5, 59-60; A. A. Hodge, *op. cit.*, 17-18.

하는 감독제(episcopal government)를 폐지하였다. 그러나 다른 어떤 교회 조직도 이를 대신하지 않았다.[26] 니콜스(R. H Nichols)는 다음과 같이 주장하였다.

> 의회는 한층 더 교회 개혁을 위한 토대를 깨끗하게 하고, 앞으로 진행될 개혁의 발전을 위하여 상원(the House of Lords)에서 우위를 차지하는 주교들이 그들의 권리를 침해하지 않기를 원했다.[27]

그러므로 의회는 웨스트민스터 총회가 신학자들로만 구성되어서는 안 되며 상원 의원(Lords)과 하원 의원(Commons) 중에서 선택된 회원들도 포함될 것이라고 하였다. 그 후 총회는 1643년 6월 12일 결정한 대로[28] 1643년 7월 1일 하원의장 윌리엄 트위세(William Twisse)의 요한복음 14:18의 설교와 함께 시작되었다.

그러나 의회는 1643년 여름 동안 국왕과의 전쟁을 잘 치르지 못하였다. 그리하여 영국 의회는 스코틀랜드의 지원을 받아야 하였다. 우리가 고찰한 대로 쌍방은 각각 두 나라의 안전을 위해 엄숙 동맹과 언약의 서명에 합의하였다. 이 합의의 결과 "엄숙 동맹과 언약"이 8월 17일 스코틀랜드 의회에서 승인되었고, 9월 22일에는 영국 의회가 승인하였다.

1643년 9월 25일 웨스트민스터 총회의 회원들, 하원과 상원 의원들 그리고 스코틀랜드교회의 대표자들 등 총 228명이 모였다. 그리고 웨스트민스터의 성 마가렛교회(St. Margaret Church)에서 엄숙 동맹과 언약에 서명하였다. 그런 다음 웨스트민스터 총회는 교회 정치에 주의를 돌렸다. 총회는 교회 교리를 발전시켜야

---

26 Robert Shaw, *op. cit.*, xxvi; John Macpherson, *The Confession of Faith* (T. & T. Clark. 1981), 12; Robert Hastings Nichols, "The Tercentenary of the Westminster Assembly," The American Society of Church History (ed.), Robert M. Grant, Martin E Marty, and Jerald C. Brauer, 1944, vol. XIII., 31; Peter Toon, "The Westminster Confession of faith," *Puritans and Calvinism* (Pennsylvania: Reiner Publications, 1973), 52-61.
27 Robert Hastings Nicholas. *Ibid.*, 31.
28 *Minutes of the Sessions of the Assembly of Divines: from August 4. 1643 to April 24. 1652* in three volumes, London. 필자는 런던에 있는 Dr. Williams Library에서 1643년-1652년의 웨스트민스터 총회의 회의록 원본들을 발견하였다. 그러나 그 기록 상태가 좋지 않아 읽을 수는 없었다. 그것은 에든버러의 New College에 보관된 원본을 마이크로필름으로 복사한 것이었다. 필자는 그 원본을 확인했으나 그 또한 읽을 수 없었다. 따라서 필자는 일반적으로 학계에서 인용되고 있는 W. M. Hetherington이 편집한 웨스트민스터 총회 회의록을 참고하였다. W. M. Hetherington, *op. cit.*, 92-95, 108; R. W. Dale, *History of English Congrégationalism* (London: Hodder and Stoughton. 1906), 257-304. Cf. Thomas Fuller, *The Church History of Britain, from the Birth of Jesus Christ until year MDCXLVIII* (London, 1842), vol. III., 446-448.

했으며, 이렇게 하는 중에 하나로 통일된 사회와 국가를 위해 일해야 했다.

(2) 총회의 구성과 구성원들

우리는 먼저 웨스트민스터 총회가 교회 법정(ecclesiastical court)이 아니었다는 사실을 알아야 한다. 오히려 웨스트민스터 총회는 의회가 소집하였다. 이 총회의 목적은 교회의 이름으로 행동할 뿐, 직접 사법적 기능들을 행하는 것이 아니었다. 이 총회는 아주 긴급한 시기에 교회 정치에 관해 의회에 조언하고, 시행을 위해서는 국가(civil authority)의 재가가 필요한 『신앙고백서』와 『요리 문답서』, 『공예배 지침서』를 마련하기 위해 소집되었고, 이 총회 회원들은 지역을 따라서 모두 의회에 의해 지명되었다.[29] 이들은 자신들이 소속된 지역들(counties)과 대학들, 그리고 의회를 대표하였다.[30]

웨스트민스터 총회는 121명의 신학자와 30명의 평신도 사정관들로 구성되었다. 그 밖에 영국 의회가 자국의 종교적 정착을 위해 도움을 받고자 초청한 8명의 스코틀랜드의 총회 대표들[31]과 다른 평신도 대표자들은 의회원 자격으로 참석하였다. A. A. 핫지(A. A. Hodge)는 당시 웨스트민스터 총회의 회원들은 "그 시대 교회의 꽃"이었다고 묘사하였다.[32]

이들은 의회의 명령에 따라서 10명의 상원 의원들과 20명의 하원 의원들이 평신도 회원 자격으로 그리고 121명의 신학자가 회원으로 지명되었다. 그리고 뒤이은 추

---

[29] *Baillie's Letters*, vol. II., 186. Baillie가 통탄한 것처럼 "그것은 결코 적절한 총회가 아니었으며, 의회가 조언을 구하기 위해 소집한 모임이었을 뿐이다." "그들은 한 사람의 이름도 자기 마음대로 기록할 수 없었으며, 다만 의회의 지시대로 해야만 했다." James S. McEwen, "How the Confession came to be Written," *The Westminster Confession in the Church Today: Papers Prepared for the Church of Scotland Panel on Doctrine* (ed.), Alasdair I. C. Heron(Edinburgh: The Saint Andrew Press, 1982), 13-14; *Historical Part of the Testimony of the Reformed Presbyterian Church in Scotland* (Glasgow, 1839), 93-97. Cf. William Haller, "An Assembly of Divines," *Liberty and Reformation in the Puritan Revolution* (Columbia University Press, New York, 1963), 100-142; Thomas Fuller, *Ibid.*, 446.

[30] Larry Jackson Holley, *The Divines of the Westminster Assembly: A Study of Puritanism and Parliament*, Ph.D. (Yale University, 1979) 참조.

[31] Ethyn Williams Kirby, "The English Presbyterians in the Westminster Assembly," *The American Society of Church History* (eds.), Robert M. Grant, Martin E. Marty, Jerald C. Brauer (1964), vol. 33., 422; George Gillespie, "Notes of Proceedings of the Assembly of Divines at Westminster," *The Presbyterian's Armoury* (Edinburgh: Robert Ogle and Oliver and Boyd, 1846), vol. II., xiii-xv; Jack Bartlett Rogers, *Ibid.*, 120.

[32] A. A. Hodge, *op. cit.*, 18.

가 지명은 빈자리를 채우기 위한 것이었다고 하였다.[33]

처음에 총회 회의는 헨리 7세의 채플(Henry VII's Chapel)에서 모였다. 그러나 추운 날씨로 이들은 10월 2일 예루살렘 실로 장소를 옮겼다. 왜냐하면, 여기는 난방시설이 잘 되었기 때문이다. 이 회의에는 다양한 형태의 교단 배경을 가진 교회의 조직 옹호자들이 참석하였다.

그러나 여기에 당시 캔터베리 대주교 윌리엄 라우드(Archbishop William Laud) 진영의 감독교회파는 포함되지 않았다. 왜냐하면, 이들은 문제를 초래한 자들로 취급되었기 때문이다. 게다가 이들은 아예 이 회의에 참석하려 하지도 않았다. 참석자들 가운데는 영국의 여러 지역과 대학을 대신한 에라스티안파(Erastians), 에피스코팔리안파(Episcopalians), 독립교회파(Independents), 장로교회파(Presbyterians), 그리고 스코틀랜드 대표자들(Scottish Commissioners)이[34] 포함되었다. 그러나 국왕의 집요한 방해와 이에 맞선 엄숙 동맹과 언약의 부가는 웨스트민스터 총회의 개원 때 참여한 몇몇 사람들이 후에 참여하지 않는 결과를 초래하였다.[35]

에라스티안파는 이 회의에서 그 수가 비록 얼마 되지 않았지만 모두 학식과 능력에서 매우 탁월하였다. 웨스트민스터 회의에서 에라스티안 주의를 대표한 주요 인물로는 존 라이트푸트(John Lightfoot)와 토마스 콜만(Thomas Coleman), 그리고 대담(table talk)으로 유명한 평신도 존 셀던(John Seldon)이었다. 독립교회파는 처음에는 그 수가 다섯 명이었으나,[36] 후에는 12명(신학자들)이었다. 이들은 모두 한결같이 유능하고 학식이 높았으며 자신들의 견해를 피력하는 데 매우 열정적이

---

[33] *Ibid.*, 18; W. M. Hetherington, *op. cit.*, 109-112; Robert Shaw, *op. cit.*, xxvi; W. Beveridge, *A Short History of the Westminster Assembly* (Edinburgh: T. & T. Clark, 1904), 20.

[34] 각주 2)를 보라.

[35] "Samuel Rutherford," *Scottish Divines: 1505-1872* (Edinburgh: Macniven and Wallace, 1883), 96.

[36] R. W. Dale, *History of English Congregationalism* (London: Hodder and Stoughton, 1906), 265, 277, 279, 287-288; Robert Shaw, *op. cit.*, xxvii. 그 다섯 명은 '다섯 명의 비국교도 형제들'(The Five Dissenting Brothers)로 불렸다. 이들은 숫자가 적었음에도 상당한 영향력을 행사하며, 특별히 웨스트민스터 총회가 국가적 교회 조직을 세우는 일을 저지하는 데 앞장섰다. 이들의 영향력은 의회 밖에서, 장기 의회와 군대의 동원을 주도한 Oliver Cromwell의 지지에서 기인하였다. A. A. Hodge, *op. cit.*, 18-19; John Nacpherson, *op. cit.*, 17; Thomas Fuller. *op. cit.*, 466, 480. 그러나 Geoffrey F. Nuttal은 이 집단에는 교회 정치 및 신학에 대한 상당한 강조점의 차이들이 있었다고 주장하였다. 하지만, 이들은 서로의 강조점이 달랐음에도 불구하고 웨스트민스터 총회에서 눈에 띄는 집단을 형성했다. 더 자세한 것은 다음을 보라. *Visible Saints: Congregational Way 1640-1660* (Oxford: Basil Blackwell, 1957), 11-14.

었다. 이들은 총회 이전에 벌써 올리버 크롬웰이 이끄는 군대에서 우위를 확보하였다. 독립교회파의 주요 지도자들은 토마스 굿윈(Thomas Goodwin)과 필립 나이(Philip Nye), 제레미아 버러스(Jeremiah Burroughs)와 윌리암 브릿지(William Bridge) 그리고 시드락 심슨(Sydrach Simpson)이었다. 이들은 노회의 치리 장로들, 성직 임명 및 사법권에 관한 장로교 교리에 대하여 매번 결사적으로 반대하였다.

한편 장로교회파는 이 총회의 절대다수를 구성하였다. 로버트 베일리(Robert Baillie)에 의하면 장로교회파가 영국에서 실제로 다수를 이루었다. 그러나 이들은 둘로 나뉘었다. 하나는 장로교가 신적 권위(the divine right)를 가진다고 주장하는 이들과 다른 하나는 장로교를 단순히 유용하며 적절한 것일 뿐이라고 주장하는 자들이었다. 전자에 속한 사람 중에는 이 총회에 참가한 스코틀랜드 대표가 포함되었다.[37] 그리고 후자에 속한 사람은 후에 노르윅(Norwic)의 주교로 『공동 기도서』(The Book of Common Prayer)에서 『총체적 감사』(General Thanksgiving)를 저술한 에드워드 레이놀즈(Edward Reynolds) 박사가 있었다.

웨스트민스터 총회의 구성원들은 먼저 영국교회의 39개 신조(Thirty-Nine Articles)를 개혁교회의 전통을 따라 수정하기 위하여 세 개의 위원회로 나뉘었다. 이들은 웨스트민스터 총회를 소집한 의회의 법령에 이름이 명기된 순서를 따라서 나뉘었다. 웨스트민스터 회의의 일정은 먼저 기초 위원회(Drafting Committee)에 위임되었고, 그런 다음 소위원회에 위임되었다. 총회 회의는 1643년 7월 1일 처음 소집되었고, 1649년 2월 22일까지 정기적으로 소집되었다. 그리고 1652년 3월 25일까지 올리버 크롬웰(Oliver Cromwell, 1599-1658)[38]의 공화정 아래서 회의가 간헐적으로 소

---

37 Baillie's Letters, vol. II., 96; Jack Bartlett Rogers, op. cit., 23. 로저스는 『웨스트민스터 신앙고백서』를 기초한 7명의 장로교인은 장로교의 교회 정치의 신적 권리를 믿지 않았다고 주장하였다. 그러나 이것은 아마도 스코틀랜드 위원들이 영국을 구하기 위해서 내려온 주된 이유인지 모른다고 했다. 그러나 필자는 결과적으로 이들이 장로교 정치체제를 확신한 사람들이었다고 믿었다. 본 장의 초 두를 참고 하라.

38 16-17세기 격동기 영국의 정치가요 군인으로, 특별히 1642년부터 1651년까지 청교도 혁명을 통해서 영국 최초로 공화국을 수립하였다. 1599년 4월 25일, 영국의 헌팅톤(Huntingdon) 귀족 가문에서 태어나 케임브리지의 시드니 서식스(Sidney Sussex College)에서 공부하여 청교도의 영향을 받았다. 이후 런던의 링컨즈 인(Lincoln's Inn)에서 법률을 공부했다. 1604년 케임브리지 대표 의원으로 활동하며 1642년 영국의 내전 발발 당시 기병대를 조직하여 전투를 승리로 이끌었다. 1653년 4월 의회를 강제로 해산하고 7월 4일 자신이 지명한 사람들로 의회(Barebone's Parliament)를 구성했다. 하지만, 12월 16일 지명의회를 해산한 후 통치 장전(Instrument of Government)을 제정(총 42장으로 구성되었으며, 정식 명칭은 잉글랜드와 스코틀랜드, 아일랜드 연방 호국경(Lord Protector of the Commonwealth of England, Scotland and Ireland)으로, 최고

집되었다. 이때 크롬웰은 장기 의회(Long Parliament)를 강제로 해산하였으며, 장기 의회가 그동안 마련한 장로교 신조와 예배 모범, 그리고 정치체제에 관한 모든 것들을 완전히 폐기하였다. 웨스트민스터 총회에 의해 소집된 전체 모임은 1163회였으며 총 기간은 5년 6개월 21일이었다.[39]

(3) 웨스트민스터 총회의 신학적 주제들

웨스트민스터 총회 참석자들의 주요한 신학적 논제를 논하면서 당시 그들이 어떤 정치적 압력을 받았다는 증거는 없다. 그러나 이들은 정치적, 사회적 위기에 무관심하지 않았다. 이것은 교회 정치와 예배가 이 기간에 중요한 신학적 논제였기 때문이다. 스코틀랜드교회에서 정착된 잘 알려진 치리 장로직은 신랄한 반대에 부딪혔으나 마침내 통과되었다. 존 커닝햄(John Cunningham)에 따르면,

> 스코틀랜드 대표자들은 그들의 사중적 단계, 즉 고전적(classical), 회중적(congregational), 지역적(provincial) 그리고 국가적(national) 단계에서 각각에 대한 성경적 증거를 인용하면서 자세히 설명하였다.[40]

커닝햄은 특별히 독립교회파가 정치체제에 장로교에 맞서 열심히 싸우며, 차일피일 논쟁을 끌었지만 결국은 그들의 근거지를 잃었다고[41] 지적하였다.

웨스트민스터 총회 기간에 언약사상이 언급된 "통일성의 네 가지 요점들" 또는 네 가지 표준 문서들, 즉『웨스트민스터 신앙고백서』(Westminster The Confession of Faith),『대소요리 문답서』(The Larger and Shorter Catechisms),『공 예배 지침서』(The Directory for the Public Worship), 그리고『장로교 정치 규례』가 논의되었다.[42] 의회원들이 비

통치권과 정부권을 호국경에게 위임하는 것을 규정한 헌법이자 영국의 유일한 성문법이다. 이는 의회가 아닌 장로교회의 아이디어였다)하여 왕정을 폐하고 호국경(Protectorate)에 올라 1658년 9월 사망(독감) 시까지 막강한 권력을 행사했으나 집권 5년 만에 병사하였다. 그 후 Charles 2세가 부관참시하였다. 그는 생전에 칼빈주의 신앙으로 무장하고 신앙의 자유와 가치를 인정하며 입헌민주주의 발전에 이바지했지만, 군사독재자라는 비판을 받았다. 그의 사후 곧바로 왕정이 복고 되어, 1660년부터 1688년 명예혁명까지 피의 역사, 살육의 시대가 전개되었다. namu.wiki/w/올리버 크롬웰 참조.

39 John Curmingham, op. cit., 150. 더 자세한 것은 Baillie's Letters and Jounals, vol. II., 108-109를 보라.
40 Ibid., 143-144.
41 Baillie's Letters and Jounals, vol. II., 144.
42 Minutes of the Sessions of the Westminster Assembly of Divines (ed.), Alex F. Mitchell (Edinburgh: William Blackwood and Sons. 1874), 484. 더욱이 웨스트민스터 총회 회원들이 의회와 대중에게 한

준한 신앙고백은 스코틀랜드에서 공적인 총회의 교리적 표준이 되었다.

웨스트민스터 총회는 이제 스코틀랜드가 이에 참여했다는 점에서 국제적인 회의가 되었다. 총회에서 스코틀랜드 언약도들은 "금상첨화"(錦上添花), 당시 제기된 현안들을 주도적으로 발의하여 문서를 완성하였다. 그런데 웨스트민스터 총회에서 막대한 영향력을 발휘한 스코틀랜드 대표들은 사실 이 총회의 정식 회원이 아니었다. 이들은 그들의 국가교회로부터 협정에 참여한 대표자들이었을 뿐이다. 엄숙 동맹과 언약은 단지 두 국가 간의 공식 협정이었기 때문이다. 하지만, 이 협정에 따라서 웨스트민스터 총회는 영국과 스코틀랜드, 아일랜드에서 통합된 일치성(uniformity)을 보장하는 교회 조직을 준비해야 하였다.

이와 같은 역사적 신학적 구조 속에서, 우리는 비록 소수였음에도 불구하고 웨스트민스터 총회 기간에 교리적 논쟁의 결과 스코틀랜드 언약도들의 사상이 웨스트민스터 총회의 4개 문헌에 어떻게 융합되었는지를 살펴볼 것이다.

결국, 『웨스트민스터 신앙고백서』는 스코틀랜드교회의 신앙고백이 되었으나, 사실은 스코틀랜드 대표들의 영향을 받은 영국의 신학자들이 최종적으로 작성하였다. 그런데도 이 신앙고백은 영국교회의 신앙고백으로 채택되지 못했다. 하지만, 여기서 우리가 웨스트민스터 문서들에 잠시 눈을 돌리면, 우리는 이 문서들 속에는 스코틀랜드 언약도들의 언약사상, 다시 말하면 장로교 신학과 개혁주의 전통이 폭넓게 반영되었음을 발견하게 된다.

2) 웨스트민스터 총회 기간 중의 신학적 논쟁

(1) 『공 예배 지침서』

『공 예배 지침서』(*The Directory for the Public Worship*)는 웨스트민스터 총회가 작성한 4개의 표준 문서 중에 하나로, 성경에 기초한 개혁주의 전통과 정통 칼빈주의적

설교에는 언제나 정치적, 종교적 적용 문제가 포함되었다. 웨스트민스터 총회원들은 그들의 시대에 발생하는 일들을 그들의 신학과 하나님의 섭리에 따라 이해하였다. 그리고 이들은 하나님께서 영국에서 당신의 목적을 개혁을 통해서 그렇지 않으면 묵시적 사건들을 통해서 성취하실 것이라고 믿었다. 따라서 이들은 미래의 삶과 영원한 구원에 대한 현재적 확신에 관심이 많았다. James C. Spalding, "Sermons Before Parliament(1640-1649) As a Public Puritan Diary," *The American Society of Church History* (ed.), Robert M. Grant, Martin E. Marty, and Jerald C. Brauer (1967), vol. 36., 24.

예배 규범을 정리한 것이다. 지침서 서문에 따르면, 다음과 같이 진술되었다.

> 하나님께서는 당신의 백성들에게 오류와 미신을 찾아내고, 신성(神性)의 신비 속에서 지식을 획득하며, 설교와 기도 중에 은사들을 발견할 수 있는, 좀 더 많고 나은 방법들을 보증하신다.[43] 우리는 하나님의 은혜로운 섭리에, 이번에는 우리에게 한층 더 개혁을 요구하는 섭리에, 어느 정도는 대답할 수 있을 것이며, 우리 자신의 양심을 만족시킬 수 있을 것이며, 다른 개혁된 교회들의 기대에 부응할 수도 있을 것이다. … 우리가 엄숙 동맹과 언약에서 약속한, 하나님께 드리는 예배의 일치를 이루려는 우리 노력의 공적인 증거를 보일 수 있을 것이다. … 우리는 열심히 그리고 빈번하게 하나님의 이름을 부른 후에, 그리고 많은 협의를 거친 후에, 혈과 육으로 하지 아니하고 그분의 거룩한 말씀에 따라서 이전에 하나님을 예배하는 데 사용되었던 많은 의식들(rites)과 예식들(ceremonies)과 함께 이전의 예배의식(Liturgy) 폐기를 결정했다고 말한다.[44]

이러한 기초 위에서, 예배 모범은 로마 가톨릭의 성직 위계 제도와 미사 교리를 집중적으로 공격했다. 그 이유는 다음과 같다.

① 로마 가톨릭의 교회론은 성경적으로 정당화되지 못한다.
② 미사 교리는 대속과 대속의 충족성과 완결성이라는 복음의 중심된 진리들을 약화시킨다.

따라서 웨스트민스터 회의는 영국교회의 예배의식을 받아들일 수 없는 것으로 간주했다. 그리하여 신학자들은 예배 모범을 작성하는 과정에서 영국교회의 예배의식을 배제하였다. 이로써 『공 예배 지침서』는 목회자 들이 그들의 의무를 이행하는데 믿을 만한 안내자가 되었다.
이 『공 예배 지침서』는 또한 『공동 기도서』(the Book of Common Prayer)보다는 『공공규례서』(the Book of Common Order)에 익숙한 스코틀랜드인들의 영향을 받은 것이다. 우리가 『공 예배 지침서』 자체에 눈을 돌리면, 이 문서가 두 부분, 즉 공 예배(Public

---

[43] "The Directory for the Public Worship of God," *The Confession of Faith* (Edinburgh: D. Hunter Blair and M. T. Bruce, 1836), 527.
[44] *Ibid.*, 527.

Worship)와 성례의 집행(Administration of the Sacraments)으로 구성되었음을 알 수 있다. 전자는 "회중의 소집과 하나님께 드리는 공적 예배에서의 이들의 행동, 거룩한 성경의 공적 낭독과 설교 전의 공적 기도, 설교 및 설교 후의 기도" 등을[45] 기술하였다. 후자는 "세례와 성찬 즉 주의 만찬의 집행, 주일의 구별과 결혼 예식의 거행, 병자 방문과 죽은 자의 장례, 공적인 엄숙한 금식, 그리고 감사절의 공적 준수 및 시편 찬송 문제 등의 주제들을 취급하였다."[46] 그런데도『공 예배 지침서』전체는 무엇보다도 하나님의 말씀에 최고의 권위를 부여하였다. 그리고 한때 봉인된 책이던 성경이 독자 자신의 언어로 낭독되는 것을 들으므로 얻는 유익을 강조하였다. 또한,『공 예배 지침서』는 예배에서『공동 기도서』의 고착된 형태를 대체할 수 있는 몇 가지 지침을 제시하였다. 그리고 교회 정치와 권징(치리)의 문제는 웨스트민스터 회의에서 해결되기 전에 먼저 완성되었다.

(2) 교회 정치의 형태 및 목사들의 성직 수임 문제

영국의 독립교회파와 에라스티안파는 장로교회파와 이견을 보인 교회 정치 및 목사들의 성직 수임에 관한 주제들이 심도 있게 논의되었다. 또한, 스코틀랜드 사람들이 치리 장로가 누리는 권위에 대하여 많은 반대가 있었다. 따라서 장로교회파가 독립교회파의 반대에 직면하여, 어떤 회중(교회)도 성직 수임권을 가질 수 없다는 주장을 관철한다는 것은 그렇게 쉬운 일은 아니었다. 사실 이 문제는 웨스트민스터 총회가 취급한 수많은 문제 중에서 가장 첨예한 의견 대립을 보인 것이다.

① 논쟁의 배경

1644년 1월 15일 벌어진 성직 수임에 관한 논쟁에서, 에라스티안파인 존 셀든(John Selden, 1584-1654)[47]은 다음과 같이 선언함으로 혼란을 초래하였다. 그는 다음과 같이 진술하였다.

> 주교들의 성직 임명권은 결코 영국교회로부터 온 것이 아니다. 성직 수임권을 결정하는 법은 절대 폐기되지 않았다. 그러므로 이것은 두 나라가 상호 보호를 위해

---
[45] *Ibid.*, 528-540.
[46] *Ibid.*, 541-558.

엄숙 동맹과 언약을 지키기로 맹세한 법 중에 하나였다.

셀든의 이 연설은 스코틀랜드 대표들을 격분시켰으나 자신들이 감독으로부터 성직 수임(episcopal ordination)을 받았기에, 이 문제에 민감한 영국의 장로교회파들(English Presbyterians)에게는 상당한 위안이 되었다. 왜냐하면, 당시 성직자들은 거의 절대적으로 주교들에 의해 성직 수임을 받았기 때문이다. 그런데 대부분 주교에 의해 성직 수임을 받은 독립교회파 목사들은 성직 수임권이 회중에 있다고 믿었다.

이러한 사실은 영국 장로교회파가 보인 민감성을 설명하는 데 도움이 되었다. 이 논쟁에서 가장 적극적인 독립교회파 지지자 중의 한 사람인 필립 나이(Philip Nye)는 자신이 주교에 의해 성직 수임을 받은 것은 정당하다고 선언했다.[48] 이같은 나이의 주장에 맞서 스코틀랜드교회의 대표 중 한 사람인 조지 길레스피(George Gillespie)는 웨스트민스터 총회의 참석자 중에 "감독제(Prelacy) 아래서" 성직 수임을 받은 사람들의 명단을 공개하였다.[49]

주교들이 반대 여론을 일으킨 또 다른 요소는 일반 교회 목사들이 행한 선동적인 설교들이었다. 이들은 더욱 급진적인 분파들이 감독의 성직 수임(episcopal ordination)이 죄라고 말하였다고 주장하였다. 사실 모든 사람이 새로운 형태의 성직 수임이 필요하다는 데는 이견이 없었다. 그러나 어떤 형태로 할 것인가를 결

---

[47] 당시 영국을 대표하는 고대 법률학자이자 또한 유대인 율법 학자였다. 1644년 존 밀턴(John Milton)은 셀든(Selden)을 "영국의 유명한 학자들의 총수"라고 칭송하였다. 1628년 셀든은 윌트셔(Wiltshire)의 루저거스(Ludgershall)를 위해 Charles 1세의 세 번째 의회로 돌아와 Charles에 맞서 권리 청원서를 작성하였다. 그는 1640년의 단기 의회는 참석하지 못했으나 그해 가을 소집된 장기 의회에 돌아와 의회파의 일원으로 활동하였다. 그 이유는 Charles가 분명히 불법적으로 행동했기 때문이다. 1643년 소집된 웨스트민스터 총회의 토론에 참여하여 동료 Thomas Coleman과 John Lightfoot, Bulstrode Whitelocke과 함께 에라스티안(Erastian)의 견해를 강력히 피력했으나 스코틀랜드의 젊은 목사 조지 길레스피(George Gillespie)의 반대에 직면하였다. 그는 역작 『십일조의 역사』(History of Tythes, 1618)에서 십일조를 거두는 영국교회의 권리를 합법적인 것으로 용인했지만 십일조의 관행에 대한 신의 권한은 부정하였다. 이후 이 책은 금서가 되었으며, 추밀원은 그에게 이 책의 주장을 철회하게 하였다. 그러나 생애 후반에 그는 왕당파가 되었으며, 공해에 대한 단일 국가의 지배를 정당화하는 내용의 『해양 봉쇄론』(Mare clausum, 1635)을 Charles 1세에게 헌정하였다. 이 책은 휘호 그로티우스의 『해양 자유론』(Mare liberum, 1609)을 반박하기 위해 저술한 것이다.
[48] George Gillespie, "The Ordinance of Parliament Calling the Assembly which met at Westminster," Notes of Debates and Proceedings of the Assembly of Divines and other Commissioners at Westminster, The Presbyterian's Armoury (Edinburgh. 1846), vol. II., vll-vlll.
[49] Ibid., vll-vlll.

정하는 것은 너무나 어려운 문제였기에 자연히 격론이 벌어졌다. 그 결과 웨스트민스터 총회 내에서 의견 분열이 더욱 심화되었다. 독립교회파들과 스코틀랜드 장로교 대표들은 성직 수임은 개별 교회나 개별 회중의 교리 기준에 따라서 개별 교회나 회중에서 이루어져야 한다는 점에서 의견을 같이했다. 그러나 성직 수임의 주체를 둘러싸고는 의견을 달리했다. 그것은 '스코틀랜드교회에서처럼 성직 수임이 노회에 의해 행해져야 하는가' 그렇지 않으면 '독립교회파의 주장처럼 회중에 의해 이루어져야 하는가'의 문제였다. 독립교회파는 이러한 성직 수임 방법이 웨스트민스터 회의의 다수파가 자신들과 그리고 퀘이커파 같은 다른 분파들을 견제하려는 시도임을 깨달았다. 따라서 이들은 총회의 이러한 움직임에 모든 수단을 동원하여 대항하였다.

독립교회파는 장로교파가 주장하는 노회와 대회, 총회 제도를 거부하였다. 그리고 성찬 예식은 앉아서 하며, 모자를 쓰고 설교하고, 모든 사람에게 양심의 자유를 확대한다는 등을 수용함으로써 스코틀랜드 대표자들에게 충격을 주었다. 그러나 길레스피(Gillespie)는 그들의 해석을 "주교에 의한 성직 수임이 그 사람의 목회를 막아서는 안 된다"는 근거 위에서 이에 맞섰다. 결과적으로 이것은 웨스트민스터 총회에서 스코틀랜드 언약도들과 에라스티안파는 물론 영국 독립교회파 사이에서 가장 첨예하게 대립 된 의제 중의 하나였다.

② 웨스트민스터 총회에서 신학자들 간에 벌어진 논쟁

1643년 11일 14일 에라스티안파의 스티븐 마샬(Stephen Marshall)은 "스코틀랜드 위원회(the Committee of Scots), 상하 양 의회들(Houses), 그리고 총회로부터 스코틀랜드 대표자들의 속뜻을 보여 주는 한 보고서를 총회에 제출하였다. 그런데 그 속뜻이란 스코틀랜드 대표자들이 스코틀랜드 위원회에게 알려준 것이다." 이 보고서는 스코틀랜드교회의 직원들과 교회 정치 형태를 기술하였다. 그러나 특별히 이 보고서는 "스코틀랜드교회에는 네 가지 종류의 회의들, 즉 교회회의인 당회(Church Sessions) 또는 노회의 모임 같은 특별한 장로직들, 상보회 보임들(classes of Presbyters), 지역 대회들(provincial Synods), 그리고 국가적 총회들이 있음을 기술하였다."[50]

1644년 1월 24일 독립파 소속의 안토니 버제스(Anthony Burgess)가 노회 문제를 다시 제기한 직후, 스코틀랜드 대표자들은 총회의 회원들 각자에게 "그들 자신의 정치에 관한" 보고서를 제출하였다. 마샬은 이 보고서가 노회 문제를 심의하고 있는 위원회에 보내져야 한다고 주장하였다. 독립교회파들도 또한 장로교회 정치에 관한 소책자를 내놓았다. 그것은 한 "변론문"(Apologetical Narration)[51] 안에 있는바, 교회 정치에 관한 독립교회파의 공식적인 표명으로, 웨스트민스터 총회에 정보를 제공하고 회의의 방향을 제시하기 위한 것이었다.[52] 독립교회파의 탁월한 지도자 중 한 사람인 토마스 굿윈(Thomas Goodwin)은 이 문제에 관해 상당히 길게 다음과 같이 논증하였다.

> 목회자들의 내적 권한뿐만 아니라 외적 권한까지도 제도에 의해 보증되어야만 한다. 하지만, 그렇다면 그들은 이를 포기하고, 또 다른 논쟁을 선택해야 할 것이다. 장로교 정치가 많은 회중들(교회들) 위에 있다는 것은 성경과 일치하지 않을 뿐 아니라 개혁교회로 인정되는 원칙들과도 부합되지 않는다. 한 장로교 정치 아래 연합되어 있는 회중들(교회들)은 스코틀랜드에서처럼 개별적으로 정착된 단체가 되어야 하거나 저 국가들(Low Countries)에서처럼 아무런 차별 없이 한데 섞여야만 한다.[53]

또한 토마스 굿윈은 다음과 같이 덧붙였다.

> 그것(노회)은 직분자들의 합법적인 모임이 될 수 없다. 만일 그들이 이 모든 교회의 장로들이라면, 그들은 이 모든 교회로 선택되어야만 할 것이다. 그렇지 않으면 최소한 이 모든 교회의 동의하에 모여야만 할 것이다. 그러나 다른 교회는 이러한 장로들의 모임에서, 그들의 개별 교회 장로들을 선택하는 그 이상의 권한을 가져야 함에도, 실제로는 아무런 권한도 갖지 못하였다. 왜냐하면, 이것은 노회가 성직 수임권과 파문권을 가지려 하고, 이러한 교회들과 관련된 일들을 행사하려 하기 때문이다.[54]

---

50 W. Beveridge, *op. cit.*, 68-69.
51 이 소책자는 겨우 31페이지에 불과했으며, 제목은 『존경하는 의원들에게 드리는 변론의 글』(*An Apologetical Narration, Humbly submitted to the Honourable House of Parliament*)이었다. By Thomas Goodwin, Philip Nye, Sindrach Simpson, Jer. Burroughs, and William Bridge (London. 1643), *Ibid.*, 70; William Haller, *op. cit.*, 112-128. 143-151.
52 *Ibid.*, pp. 69-70; Robert S. Paul, *The Assembly of the Lord*, *op. cit.*, pp. 121-127; William Haller, "The Word of God in the Westminster Assembly," *Church History*, 1949, Vol. XVIII., No. 4., pp. 210-213; George Yule, *The Independents in the English Civil War* (Cambridge University Press, 1958), pp. 11-12.
53 Thomas Goodwin, "Constitution, Right Order, and Government of the Church of Christ," *The Works of Thomas Goodwin*, vol. XI. (Edinburgh: James Nichol, 1845), 217. (Cf. 225-231); George Gillespie, "Notes of Proceedings of the Assembly of Divines at Westminster," *The Presbyterian's Armoury* (Edinburgh: Robert Ogle and Oliver and Boyd, 1846), vol. II., 10.

조지 길레스피(George Gillespie)는 소책자 『여러 질문에 관한 논문』(*A Treatise of Miscellany Questions*)에서, 성직 수임에 관한 에라스티안파의 견해나 독립교회파의 견해가 모두 성경적이지 않다고 역설하였다. 그는 다음과 같이 말하였다.

"목사는 교회 안에서 그리스도에 의해 영구적인 수임을 받은 자이므로, 초대 교회 뿐만 아니라 지금도 여전히 그리스도의 대사로 받아들여져야 한다."[55]

특별히 길레스피는 장로교 교회 정치에 관한 토마스 굿윈의 비판적 견해를 맹렬히 공격하였다.

> 사람들이 그것을 따르는 것은 많은 연대(聯隊)들이 한 군사 정부아래 있기 때문이 아니다. 다시 말해서 군대의 지휘관들이 전쟁 수행을 위해 한 회의에 결속되어 있기 때문이 아니다. 그러므로 이 총회에서 지휘관들 각자는 다른 연대의 지휘관들과 관계를 맺는다. 연합된 지역들(United Provinces)은 국회와 총회(State-General)가 한 정부 아래 있다. 그러므로 국회의 각 대표자는 각 지역과 관계를 맺는다. 여기서 의회(Parliament)는 모든 지방을 다스린다. 그러나 각 기사(騎士)와 지역 의원(burgess; 이는 영국의 town과 borough를 대표하는 사람이며, 도(country와 city는 대학에서 선출된 국회의원을 말한다)은 각 지방이나 도시와 관계가 없다. 만일 국가 종교회의(national synod)가 한 나라의 모든 교회를 다스린다면, 이 회의의 구성원 각자는 그 국가의 각 회중(교회)의 통치자가 될 것이다. 첫 번째 직유법이 우리의 경우에 가장 적절하다. 왜냐하면, 전쟁을 수행하는 총회의 구성자들이 그들 각자의 연대 또한 다스리기 때문이다.[56]

길레스피는 다음과 같이 덧붙였다.

> 많은 회중(교회)의 장로들이 한 노회에서 모이는 것은 이 모든 회중의 정부가 권위 있는 질서의 힘(*virtute Potestatis ordinis*)으로 혹은 법적 질서의 힘(*virtute Potestatis jurisdictionis*)의 둘 중에 하나를 가지기 위한 것으로 이해될 수도 있다.[57]

길레스피는 이렇게 말하였다.

54　Goodwin, 222(Cf. 145-174); Gillespie, *Ibid*., 11.
55　Gillespie, *Ibid.*, vii; *Notes of Proceeding of the Assembly of Divines at Westminster*, 43.
56　*Ibid.*, 11.
57　*Ibid.*, 11.

우리는 전자가 아니라 후자라고 주장한다. 왜냐하면, 장로회 때문이 아니라 장로들로 구성된 장로회(non quatenus presbyteri, sed quatenus presbyteri in Presbyti) 때문에, 그들은 이러한 많은 회중을 다스리기 때문이다. 이러한 권한은 일인이(uni) 아니라 단일체(unitati)에, 부분적 다수(Pluribus Partitive)에 의해서가 아니라 장로회(cosessui prebyterorum)에 주어진다. 왜냐하면, 그들이 노회의 명령을 바탕으로 많은 회중을 다스린다면, 이것은 각 회중(교회)이 따로 세례를 베푸는 것처럼 각 회중이 전체를 따로 다스릴 수 있기 때문이다.[58]

이러한 원칙을 분명히 하기 위해 길레스피는 다음과 같이 주장하였다.
"국가의 위정자뿐 아니라 기독교 개개인과도 확연히 구분되는 목사 직분은 그리스도에 의해 그분의 교회에서 수임받은 것으로 세상 끝날까지 영구적인 것이다."[59]
길레스피는 이를 증명하기 위하여 성경의 본문들을 제시했다.

> 그가 혹은 사도로, 혹은 선지자로, 혹은 복음 전하는 자로, 혹은 목사와 교사로 주셨으니 이는 성도를 온전케 하며 봉사의 일을 하게 하며 그리스도의 몸을 세우려 하심이라(엡 4:11-13).[60]

따라서 길레스피는 이렇게 단언했다.

> 이런 사람들은 단순히 그 시대의 사도들이나 그리스도의 목회자들을 가리키는 것이라고 볼 수는 없다.[61] 오히려 덧붙여진 약속에 명확히 제시되어 있듯이 세상 끝날까지 모든 세대에서 활동하는 참된 설교자들과 세례 집행자들까지 포함하는 것으로 그 의미가 확대되어야 한다고 하였다.[62]

길레스피는 목사의 올바른 소명을 위한 유일한 필수 조건에 대해서, 그리고 이 소명을 받을 때 안수가 필요한가의 문제에 관해서 언급하였다. 여기서 안수는 초대교회의 실례를 따라서 성직 수임 시에 행해진 일종의 의식이었다. 그러나 성

---

58 *Ibid.*, 11-12.
59 *Ibid.*, vii.
60 마 28:19-20; 엡 4:11-13; 렘 3:15; 23:4; 사 30:20; 62:6-7; 64:21; 겔 34:23; 마 24:13-14; 눅 24:47.
61 Gillespie, *op. cit.*, vii-viii.
62 *Ibid.*, vii.

직 수임의 본질과 실체, 그리고 공식적인 행동은 이와는 별개의 것이었다.[63] 길레스피는 성직 수임 행위와 성직 수임 예식을 구분하고, 독립교회파의 모든 반대 질문에 답하기 위하여 디도서 1:5-7을 인용하였다.

> 내가 너를 그레데에 떨어뜨려 둔 이유는 부족한 일을 바로잡고 나의 명한 대로 각 성에 장로들을 세우게 하려 함이니, 책망할 것이 없고 한 아내의 남편이며 방탕하다 하는 비방이나 불순종하는 일이 없는 믿는 자녀를 둔 자라야 할지라. 감독은 하나님의 청지기로서 책망할 것이 없고 제 고집대로 하지 아니하며 급히 분내지 아니하며 술을 즐기지 아니하며 구타하지 아니하며 더러운 이를 탐하지 아니하며(딛 1:5-7).[64]

길레스피에게 이러한 성경 본문들은 성직 수임이 신적 행위라는 핵심 원리를 세워주었다. 인간은 주교들이나 그밖에 다른 어떤 성직 수임 예식에 의해서가 아니라 하나님에 의해 직접 성직 수임을 받는다. 길레스피는 심지어 사도 바울까지도 데살로니가전서 5:11, 14에서 목사가 특별한 기능을 가졌음을 확신했다고 말한다.

> 그러므로 피차 권면하고 피차 덕을 세우기를 너희가 하는 것같이 하라 … 또 형제들아 너희를 권면하노니 규모 없는 자들을 권계하며 마음이 약한 자들을 안위하고 힘이 없는 자들을 붙들어 주며 모든 사람들을 대하여 오래 참으라(살전 5:11, 14).

길레스피는 목사의 소명에서 성직 수임식이 필수적이라고 주장하는 것은 잘못이라고 경고했는데 여기에 빠지기 쉬운 덫이 있다는 것이다. 즉,

> 개혁교회의 목사들은 참된 목회가 아니라 단지 그런 체할 뿐이며, 로마교회의 목회자—개혁 초기에는 개신교 목사들이 이들로부터 성직 수임을 받았다—는 그리스도의 참된 목회자들이라는 생각이다.[65]

한편 이와 대조적으로 길레스피는 로마교회에서 성직 수임을 받은 목회자들이 "그리스도의 참된 목회자들이 아니라면 그들은 그리스도로부터 그리스도를

---

[63] *Ibid.*, 15.
[64] *Ibid.*, 18-27. 마 10:1; 28:19-20; 막 3:13-15; 눅 9:1; 12:42-48; 롬 10:15; 딛 1:5-7; 시 2:6. 2-3장; "A Dispute against the English Popish Ceremonies." part 3. Digression I, 163-168.
[65] *Ibid.*, 26.

위한 목회자들을 만들 권한을 위임받지 못한 것이다"[66]라고 경고했다. 심지어 사무엘 루더포드(Samuel Rutherford)도 "노회는 지속해서 특별한 장로직으로 다스리지 않지만, 때때로…"라고[67] 주장하였다. 이 문제에 대한 토마스 굿윈의 문제 제기에도 불구하고, 2월 15일까지 벌어진 치열한 논쟁들이 장로교의 타당성을 무너뜨리지 못했다는 것이 길레스피의 결론이었다.

그러면 이제 장로교 교회 정치 형태를 살펴보자. 우리는 장로교 교회 정치가 그리스도께서 당신의 교회 발전과 성도들의 온전케 됨을 위해 교회의 직분자들을 선택하여 지명하셨다는 사실을 강조한다는 것을 알 수 있다. 게다가 장로교 교회 정치는 신약에는 하나의 보편적인 가현적 교회(one general visible church)뿐만 아니라 개별적인 가현적 교회들(particular visible churches)이 있음을 선언하였다. 그리스도의 교회의 발전을 위해 그리스도에 의해 직접 임명된 직분자들에는 "지금은 찾아볼 수 없는 사도들과 복음전파자들(evangelists), 예언자들처럼 대외적인 직분자들과 목사들과 교사들, 그리고 그 밖의 교회 감독자들과 집사들과 같은 일상적이며 영구적인 직분자들이 있다."[68]

그런데 이 중에 목사의 직무는 공적인 기도 및 교인들과 함께 사적인 기도를 드리는 일, 성경의 공적 낭독과 설교, 교리 교육과 성례의 집행, 사람들을 축복하는 일과 가난한 자들을 돌보는 일, 양 떼(성도)를 돌보는 일 등을[69] 수행해야 한다. 목사뿐만 아니라 또한 교사나 학자(doctor)도 말씀을 전파하고 성례를 시행할 권한을 가졌으며, 이것은 특별히 학교와 대학에서 매우 유용했다.[70] 한 회중(교회) 안에 여러 명의 목회자들(ministers)이 있을 때 이들은 목사(pastors)와 교사의 직분으로 적절히 나누어질 수 있다. 오직 한 명의 목회자만 있는 경우, 그는 자신이 할 수 있는 한 모든 목회 상의 직무들을 수행해야 한다.[71] 유대교회(Jewish Church)에서 장로들이 제사장들 및 레위인들과 더불어 교회 정부에서 함께 하였다. 이와 마찬가지로 기독교 교회에서 직분자들—이들은 보통 개혁교회에서 일반적으로 장로들(elders)이라고 불린다—이 함께 교회 정부를 이룬다.[72]

---

66 *Ibid.*, 26.
67 *Ibid.*, 13.
68 George Gillespie, "Notes Proceeding in the Assembly of Divines in the Westminster," *op. cit.*, 2-4.
69 *Ibid.*, 3.
70 *Ibid.*, 3.
71 *Ibid.*, 4.

장로교 교회 정치 형태 및 성직 수임에 관해 언급된 다양한 쟁점들이 성경 본문의 상세한 인용으로 설명되었다. 한때 프리처치칼리지(Free Church of Scotland)의 학장을 지낸 클레멘트 그래함(Clement Graham) 교수의 지적처럼, "교회 정치의 실제 모범"(a Practical Directory of Church Government) 에 대한 승인이 마침내 스코틀랜드 의회원들(Estates of Parliaments)에 의해 이루어졌다. 이 문서는 주로 알렉산더 핸더슨(Alexander Henderson)의 역할과 공적이었으며, 장로교 교회 정치 조직의 원칙에 대한 논쟁보다는 장로교 교회 정치 조직을 규정하는 데 그 내용을 국한하였다.[73]

3) 『웨스트민스터 신앙고백서』(*The Westminster Confession of Faith*)

『공 예배 지침서』의 제정에 관한 동의가 있은 후, 1644년 8월 20일 『웨스트민스터 신앙고백서』의 작성을 위한 위원회가 구성되었다. 이 위원회는 윌리엄 고우즈(William Gouse, 1578-1653)와 토마스 가타커(Thomas Gataker, 1574-1654), 존 애로우스미스(John Arrowsmith, 1602-1656)와 토마스 템플(Thomas Temple, 1599-1661), 제레미아 버로우스(Jeremiah Burroughes, 1599-1646)와 안토니 버제스(Anthony Burges. 1607-1663), 리처드 바인스(Richard Vines, 1600-1656)와 토마스 굿윈(Thomas Goodwin, 1600-1680), 그리고 조슈아 호일(Joshua Hoyle. 1590-1564) 등과 같은 사람으로 구성되었다.

이 위원회에 몇 명의 회원들이 추가되었으며, 스코틀랜드 대표들은 웨스트민스터 총회가 이 일을 완결짓도록 압력을 행사하였다. 그리하여 웨스트민스터 총회의 결과 1645년 4월 17일, 하원(the House of Commons)이 신앙고백서의 작성을 시작하였다.[74] 그리하여 1646년 9월 25일 신앙고백서의 첫 19장이 "국회에 소집된 존경하는 하원 의원들께"(The Honorable the House of Commons assembled in Parliament)라는 제목하에 논의되었고, 신앙고백서의 나머지 부분은 11월 26일에 완성되어 의회에 송부되었다.

그 후 의회는 신앙고백서의 각 조항에 따른 성경적 본문들을 요구하였다. 그리하여 이 일은 1647년 4월 29일 완결을 보았다. 그런데 웨스트민스터 총회는 이 성경적 증거들을 신앙고백서 전체와 비교하면서 성경적 증거들이 책 한 권의

72　*Ibid.*, 5.
73　Clement Graham, "*The Confession of Faith*," *op. cit.*, 35.
74　John H. Leith, *op cit.*, 60.

분량이 될 것으로 생각하였다.

(1) 권징(Censures)과 출교(Excommunication)

장로교 교회 정치에 관한 논쟁 직후, 스코틀랜드 언약도들은 언약신학과 관련하여 교회의 권징과 출교가 장로교 정치만큼 중요하다는 것을 재차 강조하였다. 권징과 출교는 넓은 의미에서 교회의 순결을 위해서 필요했다. 에라스티안파 학자인 마샬(Marshall)에 따르면, 당시에 출교와 관련하여 세 가지 견해가 있었다.

① 회중적 노회(congregational presbytery) 안에서의 출교이다(스코틀랜드 언약도들).
② 회중과 더 큰 집회들(greater assemblies)이 출교를 시행할 수 있다(독립교회파).
③ 개별 회중들(particular congregations)이 출교를 시행할 수 없고 국가의 통치자가 실시해야 한다(에라스티안파).

웨스트민스터 총회에서 논의된 출교 문제는 주로 에라스티안파와 스코틀랜드 언약도들 간의 논쟁이었다.

에라스티안파의 견해는 16세기 스위스 의사 에라스투스(Erastus)의 견해와 유사하였다. 에라스투스에 의하면 목사의 직무는 과학 교사의 직무처럼 단순히 설득력 있는 것뿐이며, 마태복음 16:19[75]의 베드로가 가진 열쇠의 권세는 그에게 주어지지 않았다. 그리고 모든 범죄에 대한 징벌은 관리들만이 내릴 수 있다[76]고 믿었다. 에라스티안파는 출교는 오직 이 땅의 치리자에 의해서만 집행되어야 한

---

[75] "시몬 베드로가 대답하여 이르되 주는 그리스도시요 살아 계신 하나님의 아들 이시니이다 예수께서 대답하여 이르시되 바요나 시몬아 네가 복이 있도다 이를 네게 알게 한 이는 혈육이 아니요 하늘에 계신 내 아버지시니라 또 내가 네게 이르노니 너는 베드로라 내가 이 반석 위에 내 교회를 세우리니 음부의 권세가 이기지 못하리라 내가 천국 열쇠를 네게 주리니 네가 땅에서 무엇이든지 매면 하늘에서도 매일 것이요 네가 땅에서 무엇이든지 풀면 하늘에서도 풀리리라 하시고"(마 16:16-19).

[76] 16세기 스위스 출신 의사 Thomas Erastus의 이름을 딴 것이다. 그에 의하면 만약 사람이 범죄하면 교회가 그를 파문하는 대신 세속적인 국가가 처벌해야 한다는 것이다. 모든 시민이 하나의 종교를 신봉하는 곳에서는 국가가 민법뿐 아니라 교회법까지 처벌할 권리와 의무를 갖는다고 주장하였다. 이러한 에라스투스의 주장은 세속 권력의 우월성을 옹호한 Richard Hooker의 『교회 정치법에 관하여』(Of the Lawes of Ecclesiasticall Politie, 1593-1662)에 기초하였다. 1643년 8월, 런던의 웨스트민스터 총회에서 Erastus의 사상이 장로교 지도자들과 첨예하게 대립하였다. John Lee, Lectures of the History of the Church of Scotland (ed.), William Lee (Edinburgh: William Blackwood and Sons, 1860), vol. II., 302-303.

다고 주장하였다.

반면, 스코틀랜드 언약도들은 마태복음 18:15-17에 기초하여 출교는 교회의 영적인 기능이라고 주장하고 이것을 뒷받침하기 위해 "만일 그들의 말도 듣지 않거든 교회에 말하고 교회의 말도 듣지 않거든 이방인과 세리와 같이 여기라"고 하였다. 따라서 이 주제는 웨스트민스터 회의에서 첨예한 쟁점이었다.

에라스티안파인 법률가요 정치가인 존 셀든(John Selden)[77]은 언약파에 맞서 출교는 공권력(civil power)의 동의와 도움이 필요하다는 것을 증명하였다. 그리고 그는 또한 이 성경 구절은 결코 교회의 사법권을 보증하지 않으며, 유대인들이 그들의 일반적인 시민 법정에서 일상적으로 행하는 일과 관계가 있다는 것을 논증하였다. 셀든의 연설이 끝나자 총회는 그의 놀라운 박식함에 압도되었다. 그러나 총회의 유력한 신학자들이 즉각적으로 자신들의 목전에 서있는 이 적수에게 일제히 반격을 가하였다. 찰스 헐(Charles Herle)과 스티븐 마샬(Stephen Marshall)이 일어나 장황하게 답변했지만, 셀든의 연설을 뒤엎지는 못하였다.

이 같은 상황에서 당시 회의에 참석 중이던 사무엘 루더포드는 길레스피에게 일어나 그의 피로 구속하여 사신 교회의 법을 따라 다스리시는 주 예수 그리스도의 정당하심을 수호하라고 하였다. 길레스피는 자리에서 일어나 먼저 셀든의 논지를 요약하였다. 그런 다음 그는 셀든의 논지를 둘러싸고 있던 모든 학식에서 오는 혼란을 말끔히 제거하고 간략히 논지의 쟁점들을 남겨 놓았다. 그런 다음 그는 특유의 명민함과 강렬함으로 셀든의 논지를 완전히 뒤집었다. 그리고 그는 이 성경 구절이 단순히 시민 법정에 대한 언급으로 해석되거나 설명될 수 없다는 것을 증명하였다.[78]

그런 다음, 길레스피는 일곱 가지의 분명한 논증을 통해 이 구절의 전체 주제는 시민 법정을 인식하는 데 있지 않고 영적인 말씀, 성경에 관한 것임을 증명하였다. 스코틀랜드의 역사가 더글라스(J. D. Douglas)는 다음과 같이 지적하였다.

> [길레스피는] 또한, 유대교회가 영적 권징(spiritual censures)의 권한을 소유히고 또 행사하였음을 증명하였다. 길레스피의 연설 효과는 대단하였다. 결과적으로 그의 연설은 당시 웨스트민스터 총회에 참가한 전 회원을 확신시키고, 이들로부터 찬사를

---

[77] J. D. Douglas, *New International Dictionary of the Christian Church*, 895.
[78] J. D. Douglas, *Light in the North* (The Paternoster Press, 1964), 41.

받을 만했을 뿐만 아니라, 셀든 자신에게는 완패에 대한 자각을 끌어냈다.[79]

당시 총회에서 길레스피는 루더포드와 함께 출교 절차를, 동료들 대부분이 선호한 것 이상으로 더욱 간소화할 것을 강력히 주장하였다. 길레스피는 시종 성경적 기초 위에서 출교의 원리를 추구하였다. 길레스피는 출교가 시민 법정이나 형사 법정이 아닌 교회 안에서 이루어져야 한다고 하였다.[80] 그는 다음과 같이 말하였다.

> 출교당할 만한 그러한 종류의 죄를 명확히 하기 위해 언급되는 모든 것들, 그런 것들은 여러분 앞에 있지 않습니다. … 그러나 여러 종류의 공적인 죄들의 경우에 사용되는 너무나도 다른 과정의 근거를 마련하기 위해서 그러한 근거가 아직은 교회에서 쫓겨나지 않은 사람의 성찬 정지에 투표한 이 회의의 투표 결과에서 나타날 것입니다. 출교에 관한 법이 있습니다. 그들은 근친상간의 죄를 범한 고린도인들이(고전 5장) 가장 먼저 성례 참여 자격을 박탈당해야 한다고 말하지는 않을 것입니다. … 다른 경우에는, 그 경우에서처럼 더 많은 과정이 있습니다. "한 번 또는 두 번의 훈계 이후에 한 이단이…." 그리고 거기에서 "죄는 모든 사람 앞에서 그를 비난하고 다른 사람들은 두려워합니다.[81] 마샬(Marshall)에 따르면, 이 회의에는 세 종류의 견해가 있습니다. 어떤 사람들은 오직 회중적 노회(congregational presbytery)에서만 그것이 시행될 것을 주장합니다. 다른 사람들은 회중과 좀 더 큰 회의들(greater assemblies), 양자 모두가 이것을 시행할 수 있다고 생각합니다. 또 다른 사람들은 개별 회중들(particular Congregations)이 이것을 행해서는 안 된다고 생각합니다. 이러한 말들은 그 속박이 너무나도 강합니다. 이는 그 일이 더 큰 회의에서 행해지도록 하는 데 동의하지 않을 수 없는 그들 모두가 그들 자신의 방법, 그들 자신의 견해들, 그리고 의식을 즐길 수 있게 하기 위해서입니다.[82]

더 나아가 1644년에 스코틀랜드로 돌아가기 전에 행한 연설에서, 길레스피는 관용보다는 출교를 더 선호한다는 점을 강조하였다. 그러나 이 둘 사이의 멋진

---

79 Selden은 상당히 분한 목소리로 외쳤다. "그 젊은이는 이 한 가지 연설로 나의 10년 동안의 배움과 수고를 쓸어버렸다." George Gillespie, *op. cit.*, xxiii; J. D. Douglas, *Light in the North* (The Paternoster Press, 1964), 41. Cf. W. M. Campbell, *op. cit.*, 110.
80 George Gillespie, "Notes of Proceedings of the Assembly of Divines at Westminster," *op. cit.*, 110.
81 J. D. Douglas, *op. cit.*, 41.
82 Alex. F. Mitchell and John Struthers (eds.), *Minutes of the Sessions of the Westminster Assembly of Divines* (William Blackwood and Sons, 1874), 25-26.

조화를 위해 상호 노력을 할 수 있다고 하였다. 그는 이렇게 말하였다.

> 어느 정도의 인내가 있습니다. 그러나 지금은 인내를 말하는 것이 그다지 합당하지 않습니다. 지금은 상호 간의 조화를 위한 노력을 말할 때입니다. 하나님께서 당신의 백성에게 한마음, 한 길을 주시겠다고 약속하셨기 때문에, 이제 여러분이 우리를 위해서 이치에 맞는 다른 어떤 명령들을 내린다면, 우리는 그것에 주의를 기울일 것입니다. 비록 우리가 여러분 곁을 떠나지만, 우리는 영으로 여러분과 함께 있을 것입니다.[83]

이 논쟁을 통해서 에라스티안(Erastian)이라는 말에 새로운 의미가 부여되었다. 에라스투스(Erastus) 자신은 주로 출교에 관심이 많았지만, 이것이 교회의 무기로 사용되는 것은 막으려 했다. 관리들의 역할은 그에게 그렇게 관심의 대상은 되지 못했다. 웨스트민스터 총회 회의에서 장로교회파의 출교에 관한 견해에 반대한 사람들은 에라스티안파와 이 논쟁에 의회가 간섭하도록 하는 데 그럭저럭 성공해 온 몇몇 다른 사람들이었다. 따라서 총회에서 출교 문제는 국가 통제라는 문제를 초래하였다.

길레스피는 단순히 출교와 관련된 곳에서 국가의 간섭뿐만 아니라 모든 형태의 국가 통제를 포함하여 "에라스티안"이라는 말을 사용하였다.[84] 길레스피는 상원에서 에라스티안파의 신학자들 중에 하나인 토마스 콜만(Thomas Coleman)[85]에게 답변한 연설에서 장로교의 출교에 관한 견해를 강력히 변호하였다. 길레스피는 자신의 설교 출판 후 "최근에 출판된 콜만의 욥기 11:20에 관한 설교의 몇몇 구절들에 관한 자세한 연구"(A Brotherly Examination of some passages of Mr. Coleman's late printed Sermon on Job. 11:20)라는 제목의 부록을 추가하였다.

여기서 길레스피는 콜만의 설교를 네 가지 종류로 요약하고, 콜만의 부록을 비판하기 전에 먼저 그의 말을 다음과 같이 인용하였다.

> 모든 시선이 정치에 집중되어 있다. 그들은 정치를 그들의 유일한 도움으로 여긴다. 여기서 지혜를 사용해보라. 규정하는 것은 내 권한 밖이다. 나는 단지 둘 또는

---

83 *Ibid.*, 53-55.
84 W. M. Campbell, *op. cit.*, 63.
85 Thomas Coleman(1598-1647), *Dictionary of National Biography* (London, 1890), vol. IV, 745-746.

세 가지 규칙들을 제안하고자 하며, 이 규칙들은 그 일에나 그 일을 하는 사람들에게 유용할 것이다.
(1) 가능한 한 신의 권한이라는 이름으로 어떤 주장을 하지 않도록 하라.
(2) 신적인 교훈들이라고 주장된 모든 가르침이 분명한 성경적 근거들을 가지게 하라.
(3) 그리스도께서 목회자들에게 분명하게 부가하신 짐 외에 더 이상의 정부의 짐을 목회자들의 어깨에 부가하지 않도록 하라.
(4) 그리스도인 위정자는, 그리스도인 위정자로서, 교회에서 한 감독자(governors)이다.[86]

콜만의 설교를 간략히 설명한 후 길레스피는 계속해서 콜만에 대한 자신의 비판을 다음과 같이 정리하였다.

(1) 교회 정치를 없애는 것이 교회 정치의 개혁은 아니다. 그러므로 언약(covenat)에 의해 감독제(Prelacy)가 개혁되지 않고 폐기되어야 하는 것처럼 똑같은 언약으로, 교회 정치는 폐기되지 않고 개혁되어야 했다.
(2) 교회 정치는 언약에서 공적인 것(civilthing)이 아니라 영적인 것으로 언급되었다. 제3항에서는 종교적 문제들—교리와 예배, 치리와 교회 정치—이 한곳에 놓이며, 그 뒤에 의회의 특권들에 관한 문제가 따라온다.
(3) "하나님의 말씀에 따르면"이라는 구절은 하나님의 말씀이 교회 정치의 개혁에서 우리를 인도하고 이끌어 줄 그런 빛을 주심을 의미한다.
(4) 그리고 그 형제는 최상으로 개혁된 교회는 우리를 그의 길로 인도한다고 말할 것인가? 즉, 시민 정부와 확연히 구별되는 어떤 교회 정치를 가지지 말라고 할 것인가?[87]

우리가 앞에서 고찰한 것처럼 길레스피는 성경에 따라서 기독교 위정자는 교회에서 감독(governor)이라고 주장하였다. 이에 대한 증거를 제시하면서 그는 데살로니가전서 5:12, 17과 같은 몇 가지 성경의 예들을 들었다.

형제들아 우리가 너희에게 구하노니 너희 가운데서 수고하고 주 안에서 너희를 다스리며 권하는 자들을 너희가 알고 … 쉬지 말고 기도하라(살전 5:12, 17).[88]

---

[86] George Gillespie, "A Brotherly Examination," *Presbyterian's Armoury* (Robert Ogale, and Oliver and Boyd (Edinburgh, 1844), vol. I., i.
[87] *Ibid.*, 9-10.

길레스피에 따르면 기독교 관리들은 그리스도 아래서 그리고 그리스도를 위하여 그들의 직무를 수행해야 한다. 중재자이신 그리스도는 교회와 믿는 자들의 머리이시다. 그리고 하나님께서는 당신의 권위를 당신의 아들 예수 그리스도에게 주셨다. 따라서 교회 직분자들은 중재자이신 그리스도로부터 그들의 권세를 부여받았으며, 그리스도 아래서 그리스도를 위하여 그들의 직분을 수행해야 한다. 이러한 의미에서 기독교인들은 "주 예수 그리스도의 이름으로" 모일 수 있고 (마 18:20; 눅 24:47; 행 4:17-18; 5:28, 41; 9:27), "그의 이름으로 세례를 받으며"(행 2:38; 4:12; 16장; 19:5), "그의 이름으로 전파하고"(눅 24:47; 행 5:28, 41; 9:27; 17-18장), "그의 이름으로 파문한다"(excommunicate, 고전 5:5).[89]

> 이러한 것들은 여호와께서 당신의 백성들을 위해 주신 축복이다. 그리하여 길레스피는 여기서 기독교인이 그리스도 안에서 가지는 영적 자유와 특권 그리고 권세를 강조하였다. 그런데도 기독교인들은 우리의 구세주이시요, 교회의 머리이자 온 세상의 왕이신 예수의 이름을 높여야 하는 하나님의 종들이다.[90]

길레스피는 기독교인들은 예수 그리스도의 피 권세를 통하여 자유를 얻었다. "성경에는 위정자들이 주 예수 그리스도의 이름으로 다스리거나, 법을 제정하거나, 그의 직무의 어떤 부분이라도 수행해야 한다는 내용이 전혀 없다."[91]

성경이 예수 그리스도는 모든 만물을 그의 발아래 두셨다고 말하는 것처럼, 이 세상의 모든 나라와 정부들은 그리스도를 중재자로 받았다(빌 2:10-11). 하늘과 땅의 모든 피조물은 예수께 속한 것이다. 이러한 성경적 근거 위에서, 길레스피는 계속해서 "모든 정부, 심지어 시민 정부조차도 그리스도, 즉 중재자이신 그리스도에게 주어졌으며" 이러한 것들은 현재의 삶을 위해 충분하다고 역설하였다.[92]

이 논쟁 후에 토마스 콜만은 곧 『평가에 대한 광범위한 재평가』(*A Brotherly Examination Re-examined*)라는 제목의 소책자를 출판하였다. 그러자 이에 대한 응답으

---

[88] 롬 13:1-2; 히 13:7, 17; 롬 12:8.
[89] Gillespie, *op. cit.*, 10.
[90] *Ibid.*, 12.
[91] *Ibid.*, 12.
[92] *Ibid.*, 13.

로 길레스피(Gillespie)는 『무반응』(Nihil Responses) 이라는 제목의 또 다른 소책자에서 매우 강하고 날카롭게 응수하였다. 길레스피는 콜만의 설교가 세 나라 사이의 언약에 위배되며, 종교개혁에 해롭다고 간주하였다. 그는 콜만의 견해를 신랄히 공격하였다. 그리고 그는 목사들과 치리 장로들(ruling elders)을 포함한 교회 직분자들이 하나님의 언약 말씀을 따라 교회 정치의 교정 구실을 하며 단순히 교리적인 권세가 아니라 치리 권을 가진다고 단언하였다. 그는 실로 뼛속까지 존 칼빈과 존 낙스의 후예로 철저한 장로교 목사였다.

> (1) 하나님의 말씀을 따라 그리고 최상의 개혁교회의 예를 따라 감독제(Prelacy), 심지어는 교황제(Popery) 자체의 개혁에 노력을 기울이기 위해 교회 정치를 없애는 것이 교회 개혁은 아니다." 즉, 하나님의 말씀에 따라 이러한 것들에 대한 우리의 견해를 관철하고, 유죄든지 유죄가 아니든지 간에 대주교들과 주교들 그리고 수도원장들에 의한 교회 정치의 악행들을 조사하겠다고 맹세하는 것이…
> (2) 그의 똑같은 원칙에 의하면, 우리는 교리이든 예배이든 간에 어떤 것이든 가져야 하면서도, 오직 그것들이 성경에 부합되는지를 알아보아야 한다는 우리의 첫 번째 언약조항에 매이지 않는다. 왜냐하면, 교리와 예배, 치리와 정치는 이미 언약 안에 나란히 있기 때문이다.
> (3) 그의 직접적인 비유는 그 속에 그의 주장에 반대되는 요소가 너무 많다. 따라서 그는 교리와 예배, 치리와 정치에 있어서 종교개혁을 위해 노력하겠다고 맹세하였다. 그러나 그는 교회 정치의 이 형태나 저 형태를 싫어할 뿐만 아니라….[93]

길레스피는 교회의 순결에 깊은 관심을 가졌다. 그리고 교회의 순결을 위해서는 가현적 교회의 구성원들에 대한 치리가 필요함을 인식하였다. 이에 대해 길레스피는 다음과 같은 기도로 결론을 맺는다.

> 하나님께서는 당신의 백성들을 올바른 길로 인도하시며, 잘못이 있고 분열을 획책하는 자들을 꾸짖으신다. 그리고 당신의 영으로 우리를 태우시고 모두 진리와 자기 부인으로 인도하신다. 그리고 당신의 종 중에 그 누구도 주 예수 그리스도에 의해 그의 모든 법으로 다스림을 받지 않으려 하는 자들을 용납지 않으신다.[94]

---

93 Gilespie, "Nihil Respondes," *Presbyterian's Armoury* (Edinburgh: Robert Ogle. and Oliver and Boyd, 1844), vol. I., 15-16. 이것은 일반적으로 현재 학계에서 받아지고 있는 수정판이다.
94 *Ibid.*, 19.

이에 대해 콜만은 아무런 대답도 하지 않았다. 그 후 길레스피의 논쟁은 어느 사람도, 심지어 에라스티안주의(Erastianism)의 옹호자들까지도 응답하지 않은 채 완벽하게 승리하였다. 하지만, 여전히 이에 대한 논쟁은 계속되었다.

1646년 출판된 길레스피의 주요 저작인 『아론의 싹난 지팡이』(Aaron's Rod Blossoming)는 이때 완성되지 않았다. 그러나 이 책에서 길레스피는 에라스티안파에 강력히 맞서 출교에 대한 스코틀랜드교회의 전체 상황을 심도 있게 다루었다. 길레스피는 제1권에서 유대교 교회 정치를 다루고, 신실한(godly) 관리에 의한 출교를 지지하는 에라스투스의 주장을 논박하였다.

길레스피는 유대인들에게 출교가 에라스투스 자신이 말한 것처럼 엄숙한 교회 권징의 방법이나 형태라는 것을 인정하였다. 유대인들에게 출교는 공적이며 사법적인 행위였다. 그러나 한 사람과 그의 백성 또는 이스라엘 회중과의 연합, 그리고 그로부터의 분리는 영원한 죽음도, 자식이 없이 죽는 것도 관리들의 손에 의한 물질적 징벌도, 어떤 숨겨진 죄 때문에 하나님의 손에 의해 직접 끊어지는 것도 아니다.

에스겔 10:8에 따르면 이 "끊어짐"은 실제로 회중으로부터의 분리나 출교(excommunication)를 의미하는 것이지 추방을 뜻하는 것은 아니다. 출교는 단지 공적 교제(civil fellowship)에서뿐만 아니라 성별 된 교제 또는 교회의 교제로부터의 분리를 의미하였다.[95] 그러나 길레스피는 사실적 본질로부터 출교(Exnatula rei)가 한 사람의 재산을 하나님께 거룩한 것으로 바치는 것을 의미한다고 생각하지 않았다. 길레스피는 이렇게 말하였다.

> 그렇지 않다. 출교는 한 사람이 이 세상에서 소유하고 있는 재산을 국가의 위정자와 그 지역의 법이 허용하는 그 이상으로는 손상할 수는 없다. 그리고 사도적 교회에도 출교는 있었다. 그러나 거기에도 기독교 관리는 국가가 내린 벌에 또 다른 벌을 덧붙이지 않았다. 스가랴 10장에서 출교당한 사람들의 재산 헌납은 왕들과 통치자들의 권한이었다. 그와 마찬가지로 우리는 그렇게도 긴급한 상황에 대해 다른 어떤 추가적인 보증들이나 본능이 있다고 말할 수 없다.[96]

---

[95] George Gillespie, "Aaron's Rod Blossoming," *The Presbyterian's Armoury* (Edinburgh, 1846), vol. II., 34-35.
[96] Ibid., 34-35.

길레스피는 "내가 책망하고 저주하며 …"(느 13:25)를 인용하면서 이렇게 말하였다.

> 만약 여러분이 저주하는 것이 교회의 권세에 속하는 행위이며 관리에 의해서는 단지 허가되고 지지 될 뿐이라는 이 말씀이 마땅히 갖는 의미를 이해하지 못한다면, 저는 이것을 중요시하지는 않겠습니다.[97]

그러므로 느헤미야가 그들을 하나님의 백성에서 끊어져야 마땅한 사람들로 보고 이에 대항하는 자신의 열심을 표현하고 있는 것으로 보인다. 길레스피는 이렇게 말한다.

> 누가복음 6:22은 그렇게 추방된(cast out) 사람과 관련하여 이는 세상에서 가장 잘못 적용하고 있는 저주이다. 그러나 이 말씀은 유대교의 추방 관습이 그들이 사악하고 고집불통이라고 생각한 사람들에게 적용되었음을 보여 준다.[98] 유대교회의 구성원들은 무질서하고 추잡스러운(scandalous) 길을 걷는 사람들을 그들의 사회에서 분리하기보다는 스스로 이러한 길에서 나오기를 원하였다(행 19:9; 고후 6:17; 갈 2:13-14).[99]

왜냐하면, 하나님께서 장차 의인과 악인을 갈라내실 것이기 때문이다(마 13:49; 25:32). 그러므로 길레스피가 국가가 행하는 분리(civil separation)는 국가가 입은 손해 때문이라는 것을 이해했다는 추론의 정당성이 입증된 것이다. 그러나 이러한 분리는 국가적 손해에 의해 동반되든 그렇지 않든 간에 악한 자와 불경한 자들에게 적용된다.[100] 길레스피가 출교에 대해 에라스티안의 견해를 취하지 않았다는

---

[97] Ibid., 35.
[98] Ibid., 35.
[99] "어떤 사람들은 마음이 굳어 순종하지 않고 무리 앞에서 이 도를 비방하거늘 바울이 그들을 떠나 제자들을 따로 세우고 두란노 서원에서 날마다 강론하니라"(행 19:9-10); 고후 6:17-18; "그러므로 주께서 말씀하시기를 너희는 저희 중에서 나와서 따로 있고 부정(不淨)한 것을 만지지 말라 내가 너희를 영접(迎接)하여, 너희에게 아버지가 되고 너희는 내게 자녀가 되리라 전능하신 주의 말씀이니라 하셨느니라(출 15:13, 17; 시 21:3; 살전 4:17); "남은 유대인들도 그와 같이 외식하므로 바나바도 그들의 외식에 유혹되었느니라. 그러므로 나는 그들이 복음의 진리를 따라 바르게 행하지 아니함을 보고 모든 자 앞에서 게바에게 이르되 네가 유대인으로서 이방인을 따르고 유대인답게 살지 아니하면서 어찌하여 억지로 이방인을 유대인답게 살게 하려느냐 하였노라"(갈 2:13-14).
[100] op. cit., 36.

것은 명확한 사실이다. 길레스피에게는 누구든지 주 앞에서, 때로는 구약과 신약에서처럼 공중 앞에서 자신의 죄를 고백하면(예를 들면, 다양한 제물들—레 5:5; 민 5:6-7; 에 10:10-11; 요 9:24), "만일 우리가 우리 죄를 자백하면 저는 미쁘시고 의로우사 우리 죄를 사하시며 모든 불의에서 우리를 깨끗케 하실 것이요"(요일 1:9)라는 말씀처럼 우리 주 예수 그리스도의 이름으로 용서받을 것[101]이라고 하였다.

제2권은 에라스티안주의(Erastianrm)의 기원과 개념, 그리고 교회 문제에 있어서 관리들이 가지는 권한과 특권에 관해 말하였다. 특별히 길레스피는 에라스티안주의의 간략한 역사와 오류를 강하게 강조하면서 "그것에게 빨라고 내어준 젖꼭지들은 이교도의 의식과 이기심이었다"[102]고 지적하였다. 길레스피는 그들을 벨리알(Belial)의 아들들에 비유하였다. 게다가 길레스피는 교회 정치에 대한 에라스티안파의 공격에 답하여 다음과 같이 주장하였다.

> 교회 공화제(ecclesiastical republic), 즉 가현적인 정치적 교회에서는 아무렇게나 아무나 치리자들 또는 구성원이 되도록 허용되지 않는다. 사도 바울이 감독 또는 장로가 되려는 자들에게 요구한 기준에 따라서(능력들과 대화에) 자격이 있는 사람들 외에는 누구도 노회나 대회를 다스리거나 그 구성원이 되는 것이 허용되지 않았다.[103]

어거스틴의 말처럼, 추문이 있는 또는 불경한 교회 직분자들은 "개나 돼지처럼 가장 나쁜 자들이며 가장 먼저 내어 쫓겨야 할 자들"이었다.[104] 이에 대하여 길레스피도 똑같은 견해를 피력하였다. 에라스티안주의자들의 질문을 받았을 때, 길레스피는 다음과 같이 단언하였다.

> 장로교 정치는 독재적이 아니라 보조적(ministerial)이다. 그것은 지배가 아니라 봉사이다. 따라서 우리는 하나님의 교회의 주인이 아니라(벧전 5:3) 그리스도와 그의 교회의 종들이다(고후 4:5). 심지어 목사들과 장로들에게 주어진 교회 정치의 권세조차도 외면적 인간이 아니라 내면적 인간을 그 대상으로 한다.[105]

---

[101] Ibid., 79. 요일 4:2; 시 51편; 행 19:18; 마 3:16; 딤전 6:5; 딤후 35; 살후 3:6. Gillespie는 여기에서 용서에 대한 다양한 역사적, 성경적 자료들을 제시하였다.
[102] Ibid., 75-76.
[103] Ibid., 80-81.
[104] Ibid., 164.
[105] Ibid., 81.

따라서 길레스피는 "설령 옳게 비교된다고 하더라도, 장로교 정치는 세상의 다른 모든 정부보다 더욱 제한적이고 덜 전횡적이다."[106]

제3권은 그 유명한 "교회에게 말하라"(Tell the Church)라는 구절(마 18:15-17)과 다른 다양한 논쟁들에 관한 해설을 담고 있다. 이 책에서 길레스피는 교회로부터의 출교와 주의 만찬 정지에 관한 영적인 가르침(고전 5:7)에 대해 더욱 자세히 설명하였다. 기본적인 문제는 해석과 적용에 관한 것이었다. 마태복음 18:17-19에 대한 해석에서 길레스피는 에라스티안파인 윌리엄 프린(William Prynne, 1600-1699)[107]의 출교에 관한 견해, 특히 추문 죄들을 어떻게 다룰 것인지의 문제를 신랄하게 공격하였다. 사실 프린(Prynne)은 먼저 이렇게 주장하였다.

> 이 본문은 교회나 회중을 해치는 추문 죄(scandalous sin)에 대하여 전혀 말하지 않으며, 단지 인간과 인간 사이의 사적인 죄(private civil trespasses)에 관해 말하고 있을 뿐이다. 이것은 이 본문이 사용하고 있는 단어에 의해 명확히 드러난다.[108]

길레스피는 이에 반대하여 이렇게 말하였다.

---

106 *Ibid.*, 82.
107 William Prynne은 법률 공부 후, 1627년 청교도 소책자들을 발행하였다. 당시 그는 의식을 지나치게 존중하던 영국 국교회의 관습과 당대의 천박한 오락들을 비판하였다. 그는 자신의 유명한 저서 *Histrio Mastix: The Players Scourge or Actors Tragoedie*, 1633에서 무대 연극이 공공연히 부도덕을 조장한다는 점을 입증하였다. 하지만, 의도와 달리 여배우들을 가차없이 비판한 것이 당시 연극을 좋아한 Charles 1세의 아내를 겨냥한 것으로 받아져 당시 국교회 성직자 William Laud(캔터베리 대주교, 1633-45 재위)에게 체포되어 1633년 2월 수용되었다. 1년 뒤 종신형을 선고받고 양쪽 귀를 조금씩 잘렸다. 그런데도 독방에서 익명으로 계속 소책자들을 써서 로드와 그 외 국교회 고위 성직자들을 비판했으며, 그 결과 더욱 심한 징벌로 두 귀를 모두 잘리고(1637), 볼에는 '선동을 일삼는 모략자'라는 뜻의 's. L' 두 글자 낙인이 찍혔다. 프린 자신은 그것을 '로드의 흔적들'(Stigmata Laudis)이라고 생각하였다. 1640년 11월 장기 의회 때 석방된 뒤 온갖 노력을 기울여 대주교 로드에게 유죄 판결을 내리고 처형하였다(1645.1). 그 뒤 장로교파(온건한 청교도들)와 독립파(과격한 청교도들)로 분열된 의회 의원이 되어 두 파벌을 비판하는 소책자를 쓰고, 왕이 통제하는 하나의 청교도 교회 수립을 요청하였다. 1648년 이 비판으로 독립파에 의해 의회에서 추방되었고, 공화정 정부가 헌법에 위배되고 도덕성이 해이하다며 세금 납부를 거절함으로써 1650년 6월부터 1653년 2월까지 재수감되었다. 1660년 왕이 소집하지 않은 컨벤션 의회의 의원이 되어 Charles 2세의 왕정복고를 지원했으며, 그 대가로 1661년 Charles 2세로부터 런던탑 문서관리소장의 직위를 얻었다. 그 뒤 9년 동안 중요한 공문서들을 편집한 역사서를 기술하였다. 그의 생애는 William Lamont의 『주변인 프린』(*Marginal Prynne*, 1963)을 참고하라.
108 *Ibid.*, 162-163.

그리스도께서는 마치 그가 범죄자의 영혼을 죄로부터 구해 내는 절차를 그러한 틀에 한정시키려는 것처럼, 개인적인 상해가 발생했을 때 적용하는 틀에 관해 말하고 계시는 것이 아니다.[109]

오히려 길레스피는 우리가 인정해야 하는 바에 대하여 다음과 같이 주장하였다.

> 마태복음 18:1-15에서 그리스도께서 추문(scandals)에 관한 교리를 가르치고 계셨으며, 우리에게 그의 작은 자 중에 하나처럼 그렇게 심하게 공격하지 말라고 경고하시고 계신다. 그리고 예수님은 여러 논쟁을 통해서 그렇게 말씀하셨다.[110]

길레스피는 에라스투스가 이 본문이 단지 사적인 손해(private civil injuries)에 관한 것일 뿐임을 증명하기 위해 사용한 주요한 논증을 고찰하였다. 에라스투스는 마태복음 18:17을 해석하면서 다음과 같이 말하였다. "여기에 언급된 죄(trespass)는 다름 아닌 한 형제가 다른 형제에게 용서할 수 있는 그런 것이다."

길레스피는 에라스투스와 프린(Prynne)이 아무런 증거도 없이 마태복음 18:16-17이 누가복음 17:3-4과 평행한 것으로 보았다고 생각하였다. 그는 이렇게 주장하였다.

> 우리는 베드로가 이 사건 직후에 또는 이 사건이 일어났을 때 제기한 이 질문이 담긴 본문으로부터, 15-17절 이전에 어떤 일이 일어났는지를 알 수 없다. 왜냐하면, 거기에는 한 형제에 대한 다른 형제의 용서에 관하여 아무것도 언급되지 않기 때문이다.[111]

윌리엄 M. 캄벨(W. M. Campbell)은 이 책 전체를 "자신의 경우에 대한 질서정연하고 박식한 설명"이라고 간주하였다."[112]
나살과 콜먼 같은 에라스티안주의자들과의 논쟁에서, 길레스피는 당신의 말

---

[109] *Ibid.*, 165.
[110] *Ibid.*, 164.
[111] *Ibid.*, 165.
[112] W. M. Campbell, *op. cit.*, 65.

씀에 따라 당신의 백성과 맺으신 하나님의 언약에 대한 자신의 견해를 강조하였다. 그는 출교에 관한 본문들을 자세하게 설명하였다.[113] 그러나 이렇게 하는 동안에도 그는 전통이나 국왕의 권위에 의존하지 않았다. 교회 권징에 관한 논쟁에서 길레스피는 권징은 반드시 교회 직분자들에 의해 이루어져야 한다고 주장하였다. 왜냐하면, 그들은 국가의 위정자들(civil magistrate)과 다르기 때문이었다.

> (1) 위정자는 그의 백성들이 그 누구든지 간에 악을 행한 자에게는 벌을 내려야 하며, 똑같은 죄에 대해서는 똑같은 벌을 내려야 한다. 그러나 교회의 권징권이 위정자의 손에 있다고 하더라도 그는 그렇게 할 수 없다. 왜냐하면, 교회의 권징(censures)은 오직 교회 구성원들만을 위한 것이며, 모든 백성을 위한 것은 아니기 때문이다(고전 5:10-12).
> (2) 교회의 권징은 그리스도로부터 묶거나 푸는, 죄를 용서하거나 징벌하는 권한을 위임받아 보냄을 받은 자들에 의해, 그리스도의 이름으로(마 18:20; 고전 5:4) 행해져야 한다. 그러나 국가의 위정자(civil magistrate)에게 위임된 그런 권한이 도대체 어디에 있다는 말인가?
> (3) 교회의 권징은 오직 회개할 줄 모르는 죄인들에게만 해당하는 것이다. 그러나 위정자들은 그들이 뉘우치든 그렇지 않든 간에 상관없이 범법자들을 벌해야만 한다.
> (4) 위정자들의 범법자 처벌 권한은 이 땅의 법에 따라 제한된다. 그러면 이 땅의 법으로는 벌할 수 없는 저속한 대화, 간음죄 자체가 증명될 수 없는 곳에서 이루어지는 간음, 공개적인 악의와 질투 속에서의 생활, 화해 거부 그리고 성례와 같은 것들을 받지 않는 것 등과 같은 추문들(scandals)은 어떻게 되는가.[114]

그러나 사무엘 루더포드(Samuel Rutherford)는 웨스트민스터 총회 회의 전체의 "목적은 진리에 대한 어떤 손상이나 침해 없이 교회의 일치와 평화를 이루는 것이므로, 이러한 뜻이 회의에 다시 넘겨져야 한다는 데 동의하였다."[115] 그는 한 걸음 더 나아가 이렇게 말하였다.

> 교회와 더불어 기도에 참여하고 아멘이라고 말하지만, 말씀을 듣지 않는 자는 …

---

[113] Alexander Henderson, *The Government and Order of the Church of Scotland* (London, 1641), 39-45. Henderson은 Gillespie와 Rutherford와 마찬가지로 성경에 기초하여 권징과 출교에 대한 자신의 생각을 피력했다. George Gillespie, *op. cit.*, 110-111.
[114] George Gillespie, *op. cit.*, 111.
[115] Minutes, 32.

목사가 그와 함께 기도할 수는 있어도 그를 위해 기도할 수는 없다. 그러므로 여기에 합리적 조치에 의해서(per ratio) 된 것이 아니다.[116]

루더포드는 『노회의 합당한 권리』(Due Right of Presbyteries)라는 글에서 에라스티안파와 심지어 독립교회파에 맞서 치리의 열쇠가 교회에 주어진 것이 아니라 교회의 직분자들에게 주어졌다는 것을 정교하게 논증했다.[117] 이러한 것들은 웨스트민스터 회의에서 스코틀랜드 대표자들의 업적에 대해 말한 버제스(Burgess) 박사의 연설에서 명확히 드러난다.

> 루더포드가 우리 가운데 그렇게 오랫동안 함께 할 기회를 얻었다는 것이 큰 기쁨이었음을 인정하는 일은 스코틀랜드 대표자들을 기쁘게 했습니다. 나는 이 회의가 그들의 도움을 받은 것을 큰 행복으로 여길 것으로 생각합니다. … 루더포드가 이 회의에서의 보여 준 정중한 표현 때문에, 회의는 진실 된 감사의 마음으로 그의 말을 인정했습니다. … 그것은 경건하며 그리스도인 적인 결말이었습니다. 그의 바람은 우리 모두의 바람입니다.[118]

한편 출교의 범위에 대하여 세 가지 주요한 논쟁들이 있었다. 콜만(Coleman)과 칼라미(Calamy) 그리고 마샬(Marshall)의 입장은 스코틀랜드 언약도들의 입장과 내우 강한 대조를 보였다.[119] 마샬은 이렇게 말하였다.

> 나는 그가 기도에 참여하는 것에 대해서는 더더욱 반대한다. 나는 그가 기도에 참여해야 한다는 사실을 이해하지 못한다. 이것은 내가 기도에 참여하는 것이 단순히 교제의 행위 이상이라고 생각하기 때문이 아니라 다음과 같은 근거 때문이다. 그에게는 성찬이 허용되어서는 안 된다. 그러나 그로 회개하게 하는 수단으로서만 허용된다. 만일 그를 제외하고 거행되는 성찬이 그에게 좋은 효과를 미친다면, 그는 어떤 성찬에도 참여해서는 안 된다. 그러나 설교가 이를 할 수 없으나 기도는 할 수 있다.[120]

---

[116] Minutes, 35.
[117] Samuel Rutherford, *The Due Right of Presbyteries or a Peaceable Plea for the Government of Church of Scotland* (1644), 176-185. 특히 chap. VIII, sect. 7. 177. 179을 참고하라.
[118] Minutes, 28.
[119] Minutes, 34-36.

에라스티안파의 강력한 공격에도 불구하고, 스코틀랜드 언약도들은 웨스트민스터 총회 회의가 『웨스트민스터 신앙고백서』에 "그리스도의 권징에 관하여"(Of Christ's Censures)라는 제목의 한 장을 포함하도록 설득하였다. 비록 웨스트민스터 총회는 거부했지만, 1648년의 스코틀랜드 총회는 출교 법을 채택하였다.

(2) 국가의 위정자들(civil Magistrates)과 사법권

국가의 위정자(시관헌)에 관한 문제는 출교만큼이나 논쟁적인 주제였다. 니일 A. 맥클라우드(Neil A. Macleod)의 글 "교회와 국가"(Church and State)라는 논문에 따르면, 웨스트민스터 회의 기간 중 국가 관리들에 관하여 적어도 네 가지 서로 다른 견해가 있었다.

> (1) 국가는 모든 공적인 일과 영적인 일에서 교회에 복종해야 한다는 견해가 있다. 이것은 교황의 입장이다.
> (2) 이와 반대로 교회가 모든 면에서 국가의 권위에 복종해야 한다는 견해. 이것은 때때로 대륙의 학자들에 의해 비잔틴주의(Byzantinism)라고 묘사되지만 대체로 에라스티안주의(Eranstianism)로 표현된다.
> (3) 임의(자원)주의(Voluntarism)로 알려진 견해다. 이 태도를 보이는 사람들은 국가 영역과 교회 영역, 이 둘 사이의 어떠한 종류의 언약적 관계나 동맹도 혐오하고 포기한다.
> (4) 우리가 교회로서 서명하고, 역사적으로 체제 원칙(Establishment principle)으로 알려진 것에 기초한 견해 등이다.[121]

1590년, 앤드류 멜빌(Andrew Melville)을 머리로 한 스코틀랜드교회 지도자들은 국왕 제임스 6세에게 다음과 같이 말하였다.

> 이 영토에는 두 가지 사법권이 행해지고 있습니다. 하나는 영적인 것이고 다른 하나는 국가적인(civil) 것입니다. 전자는 양심을 존중하고 후자는 외적인 것들을 존중합니다. 전자는 하나님의 말씀과 계명에 대한 직접적인 순종을 추구하며, 후자는

---

[120] Minutes, 36.
[121] Neil A. Macleod, "Church and State." *Hold Fast Your Confession* (ed.), Donald Macleod (Edinburgh: The Knox Press, 1978), 52.

국가법(civil laws)에 대한 순종을 추구합니다. 전자는 영적인 말씀으로 권고합니다. 전자는 그리스도의 몸인 교회의 발전을 영적으로 추구합니다. 후자는 자연의 빛에 그 근거를 두고 있고 사도에 의해 인간의 창조자(Humana Creatura)라고 불리는 하나님으로 비롯된 국가의 정의를 이행하고 국가의 재산과 평화를 추구합니다.[122]

그러나 니일 A. 맥클라우드(Neil A. Macleod)의 주장처럼 "이 두 사법권이 가지는 각각의 경계들과 기능들이 분명히 정의되었을 뿐만 아니라 이들의 상호 관계들과 책임들도 명확히 표현되었다."[123] 그러나 우리가 앞에서 본 것처럼, 에라스티안파는 웨스트민스터 회의 기간 중 국왕의 우위 권에 관한 세 가지 원칙을 강조하였다.

(1) 국가로부터 독립된 교회 정치란 없다. 교회란 국가의 일반적인 기능 중 하나에 불과하기에, 교회의 모든 것들은 국가 권력에 복종해야만 한다.
(2) 따라서 국가의 모든 백성은 교회의 구성원이며, 교회의 모든 특권을 부여받는다.
(3) 목회자들은 단지 말씀을 전파하고 성례를 시행할 권한만을 가진다. 이들에게는 치리 권이 없다. 왜냐하면, 한 사람에게 수찬 정지를 명하는 것은 그로부터 국민 된 권리(Civil rights)를 박탈하는 것이기 때문이다.[124]

한마디로 말하자면, 에라스티안파는 교회 직분자들에게는 전체적이든 부분적이든 간에 그리스도의 집을 다스릴 어떤 진정한 통치권이 있다는 것을 부정하였다. 사무엘 루더포드(Samuel Rutherford)는 이러한 사실을 그의 책 『법과 왕』(Lex Rex)에서 논증하였다. 그에 의하면,

하나님은 국가법들과 교회 정치의 제정자이시다. 그리고 이 속에 담긴 그분의 뜻은 당신의 교회와 백성이 평화로운 삶을 누리고 거룩하게 되는 것과 모든 재판관이 그들의 자리에서 교회의 유모요 아비들이 되는 것이다(사 49:23).[125]

---

122 James Walker, *The Theology and Theologians of Scotland 1560-1750* (Edinburgh: The Knox Press, 1982), 143-144; John Macpherson, *op. cit.*, 171; Thomas Brown, *op. cit.*, 86-88.
123 Neil A. Macleod, *op. cit.*, 53.
124 James Moir Porteous, *The Government of the Kingdom of Christ* (Edinburgh: Johnstone, Hunter & Co., 1873), 179.
125 Samuel Rutherford, *"Lex, Rex." or "The Law and the Prince": The Presbyterian's Armoury* (Edinburgh: Robert Ogle, Oliver and Boyd, 1846), vol. III., 105.

그러므로 국가 위정자의 첫 번째 임무는 개혁주의 신앙고백들이 보여 준 대로 참된 종교를 인식하고 국가의 자원을 가지고 이를 지지하고 보호하며, 발전하고 지속시키는 것이다. 물론 이 모든 신앙고백이 이것이 국가의 위정자의 첫 번째 임무라고 주장하지는 않았다. 그러나 이 고백들은 한 목소리로 이 일이 그의 위정자로서 책임의 주요한 부분이라고 주장하였다. 물론 교회에도 그의 위치에서 국가에 대해 져야 할 책임들이 있다. 예를 들면, 국가의 통치자들을 위해 기도하는 것, 그들에게 영적인 일과 도덕적 일들에서 안내자가 되는 것, 그들의 공적 업무 수행이 하나님의 말씀과 대립 될 때 그들에게 충고하는 것, 그리고 국민의 영적인 안녕을 증진 시키는 모든 것을 지원하는 것 등이었다.

그러나 후에 루더포드는 지금까지 말한 모든 입장, 즉 종교를 발전 시키는 일이 국가의 위정자의 첫 번째 임무라는 자신의 견해를 철회했다는 사실을 주목해야 한다.[126] 『웨스트민스터 신앙고백서』 제20장 4항을 보면, 우리는 여기서 교회와 국가 간의 관계에 대해서 잘 묘사된 한 모델을 발견할 수 있다. 이는 양쪽 모두를 지지하는 것이다.

> 하나님께서는 그가 주신 권세와 그리스도께서 사신 자유를 폐하시기를 원치 않으시며, 다만 이 둘이 서로 세워주고 지켜주기를 원하시기 때문에 거짓된 그리스도인의 자유 위에서 그것이 국가의 권세이든 교회의 권세이든 간에 모든 합법적 권세나 그 권세의 합법적 집행에도 반대하려는 자들은 하나님의 명령에 저항하는 것이다.[127]

23장에서 국가의 위정자 위치는 "국가의 위정자에 관하여"(Of the Civil Magistrate)라는 제목하에 다음과 같이 더욱 분명하게 언급되었다.

> (1) 모든 세계의 대 주재요, 왕이신 하나님께서는 당신 자신의 영광과 공익을 위하여 모든 나라의 백성들 위에 위정자들을 당신 아래 세우셨다. 그리고 이 목적을 위하여, 그리고 선한 자들을 보호하고 권장하며 악을 행하는 자들을 벌하기 위하여 그들을 칼의 권세로 무장시키셨다.
> (2) 그리스도인들이 국가의 관리직을 요청받았을 때 이를 수락하고 수행하는 것은 합법적이다. 특히, 그들이 각 나라의 온전한 법에 따라 경건과 공의와 평화를 유지

---

[126] Neil A. Macleod, *op. cit.*, 53-54.
[127] *The Confession of Faith* (Edinburgh: Hunter Blair and M. T. Bruce, 1836), 121.

해야 할 때 그러하다. 그러므로 이러한 목적을 이루기 위해, 이제 그들은 신약 아래서 정당하고 부득이한 경우들에 합법적으로 전쟁을 할 수도 있다.
(3) 국가의 위정자는 정규 예배 시의 말씀 선포 및 성례 집행권, 그리고 천국의 열쇠를 가지지 못 한다. 그러나 그는 권위를 가진다. 그리고 교회 안에 통일과 평화를 보존하기 위해, 하나님의 진리가 순전하게 보전되게 하려고, 모든 신성모독과 이단들이 억압되고 모든 부패와 예배 악습들이 저지되거나 개혁되게 하려고, 모든 하나님의 거룩한 규례들이 합당하게 정착되고 시행되고 지켜지게 하려고 질서를 유지하는 것이 위정자의 의무이다. 위의 일들이 더욱 효과적으로 이루어지게 하려고 위정자는 교회 회의들을 소집하고, 그 회의들에 직접 참여하며, 그 회의들에서 행해진 모든 것들이 하나님의 마음에 따라 행해진 것이 될 수 있도록 하는 권한을 가진다.
(4) 위정자들을 위하여 기도하고, 그들의 인격들을 존중하며, 그들에게 세금과 기타 마땅히 바쳐야 할 것을 바치며 그들의 합법적인 명령에 순종하며, 양심을 위하여 그들의 권위에 복종하는 것은 백성의 의무이다. 위정자가 비종교인이거나 다른 종교를 가졌다고 해서, 그의 정당하고 합법적인 권위가 무효 되는 것은 아니며, 그에게 순종해야 하는 백성의 의무가 없어지는 것도 아니다. 교인들(ecclesiastical persons)이라고 해서 이러한 의무를 면제받는 것이 아니다. 교황은 위정자들이나 그들의 나라들 또는 그들의 백성들에 대하여 어떤 사법권도 가지지 못 한다. 그리고 설령 그가 그들을 이단이라고 판결 내리려고 할지라도 또는 다른 어떤 속임수로도 그들의 통치권이나 생명을 빼앗을 수 없다.[128]

이렇게 『웨스트민스터 신앙고백서』에 기록된 교리는 교회에 관한 국가 위정자의 의무와 직무를 존중해 주었다. 비록 국가 영역과 교회 영역이 확연히 다르다 할지라도, 이들 사이에 상호 관계와 책임이 엄연히 존재하였다. 영적인 문제에 있어서 교회가 국가에 대한 책임을 지고 있다. 교회는 국가의 공직자를 위해 기도해야 하고 필요할 때는 그들을 인도하고 꾸짖어야 한다.

국가의 문제들(civil matters)에 있어서, 교회는 국가 아래 있다. 반면에 영적인 문제들에 있어서는 국가가 교회 아래 있다. 교회의 영역과 국가적 영역은 각각의 권세를 구성하고 제한하는 권위는 그분 자신의 말씀에 기록되어 있듯이 온전히 그리스도의 뜻이다. 스코틀랜드 언약도들에게 있어서, 교회와 국가 사이의 상호 관계는 그리스도의 머리 되심과 성경의 권위 아래 있었다. 진정으로 스코틀랜드

---

[128] WCF. 139-144.

언약도들에게는 주 예수 그리스도밖에는 교회에 다른 어떤 머리도 없다. 그리스도는 당신의 교회의 유일하신 왕이요 머리이다.[129] 이러한 의미에서 교회법과 국가법 사이에는 아무런 차이도 없다.

제임스 배너만(James Bannerman)의 역작 『그리스도의 교회』(The Church of Christ)에서 다음과 같이 말하였다. "진리는, 하나님의 두 법, 즉 한편에 국가적 권위의 법, 다른 한편에 양심의 법-서로 모순되거나 서로에 대해 파괴적일 수 없다."[130]

하나님의 지명을 받은 대리자들로서 그들은 서로 협력해야 하며, 서로 간에 다툼이나 서로를 무너뜨리는 일은 없어야 한다. 따라서 국가의 권위와 영적 권위에 대한 스코틀랜드 언약도들의 이러한 견해는 『웨스트민스터 신앙고백서』에 주요한 신학적 원칙으로 균형 있게 잘 설명되었다.

4) 『웨스트민스터 신앙고백서』와 언약 개념

성경은 성령의 영감으로 기록되었고 따라서 "신앙과 순종의 유일한 규정과 규칙"이다. 웨스트민스터 회의의 신학자들은 이것을 성경에서 신학으로 옮겨가는 해석 원리로 사용하였다. 성경 해석의 무오한 법칙은 성경 자체가 증거 한다. 그러므로 교리는 성경 속에서 명확하게 가르쳐지거나 성경을 통해서 추론되어야 한다.

> 성경 해석의 무오한 법칙은 성경 자체이다. 그러므로 성경 어느 부분이든지 그 진실성과 완전한 의미에 의문이 일어날 때는, 이에 대해 더욱 분명하게 말하고 있는 성경의 다른 부분들에 의해 찾아지고 알려져야만 한다.[131]

이 원리에 기초하여 웨스트민스터 총회의 탁월한 특징 중에 하나는 성령의 빛에 의해 인정되고 인도되는 인간 이성이 신학적 작업을 수행할 능력이 있다는 확신이었다. 조지 길레스피(George Gillespie)는 『웨스트민스터 신앙고백서』 제20장에 기록된 대로 이러한 신학적 방법에 대하여 명확히 기술하였다.

---

[129] WCF, XXV. 6. 152.
[130] James Bannerman, op cit., 168. 174-185.
[131] WCF, I. 1. 32.

이 사람이나 저 사람, 이 교회나 저 교회가 강력하고 필연적인 결과들이라고 이해하고 믿는 성경으로부터의 잘못된 추론들과 결과들을 이해하려는 목적에서 이러한 주장이 지나치게 확대되어서는 결코 안 된다. 또한, 성경의 어떤 증거도 인정하지 않는 알미니안주의(Arminians)가 하는 것처럼 지나치게 위축되거나 제한적으로 되어서도 결코 안 된다. 그러나 본문에 대한 단순한 설명이나 그로 인한 결과들은 어떤 이에게는 이해되지 않는다(NULLI NON OBVIAE). 그러므로 이성을 가진 (NATIONIS COMPOS) 어떤 사람에 의해서도 반박되지 않으며 반박될 수도 없다. 만일 이 원칙을 받아들인다면,
(1) 우리는 이 원칙에 의해 개혁교회들이 아리안주의(Arians)와 삼위일체 반대론자들(Antitrinitarians), 소시니안주의(Socianians)와 교황주의(Papists)에 맞서서 주장하는 많은 필수적 진리들을 포기해야 한다. 왜냐하면, 이 진리를 증명하기 위하여 성경으로부터 취해진 결과들과 논증들은 이 대적들 때문에 유효한 것으로 인정되지 않기 때문이다.
(2) 나도 그렇게 해야만 했듯이, 이 주장이 의미하는 것은 성경으로부터 결과를 도출하는 인간의 이성이 우리의 믿음과 양심의 근거가 될 수 없음을 전제해야 한다. 왜냐하면, 비록 결과나 논증이 인간의 이성에 의해 도출되었다 하더라도, 그 결과 자체나 결론은 이성의 힘에 의해서는 믿어지거나 수용되지 않지만, 그것이 하나님의 진리요 뜻이기 때문에 믿어지기도 수용되기도 하기 때문이다.
(3) 여기서 부패한 이성과 새롭게 되고 비준된 이성 사이의 구별에 대한 게하르드(Gerhard)의 견해를 살펴보자. "성경으로부터 도출된 결과들과 결론들, 하나님의 영광과 관련된 것들, 그리고 영적이며 신적인 문제들에 있어서 확신하고 만족하는 것은 전자의 이성이 아니라 후자의 이성이다."[132]

이러한 개념은 그 시대의 다른 많은 청교도 신학자들에게 있어서도 일반적인 것이었다.[133] 길레스피도 또한 필연적인 결론들과 단지 유효하거나 가능할 뿐인 결론들을 구별하였다. 그는 성경으로부터 도출된 결론에는 두 가지 종류가 있다고 말하였다.

필연적이고, 강력하며, 확실한 결과들이 있으며, 그는 여기서 이러한 결과들에 대해 언급하였다. 그리고 비록 또 다른 것이, 똑같거나 다른 상황에서, 똑같은 성경

---

[132] George Gillespie, "Treatise of Miscellany Questions," *in the Presbyterian's Armoury*, 3 vols. (Edinburgh: Robert Ogle & Oliver & Boyd, 1846), vol. II., 100-101.
[133] Geoffrey F. Nuttall, *The Holy Spirit in Puritan Faith and Experience* (Oxford: Basil Blackwell, 1947), 35-37.

에 합당한 것으로 증명될 수 있음에도 불구하고 이것 또는 저것이 성경에 합당하고 적절하다는 것을 증명하기에 유효한 결과들이 있다. 후자는 갖가지 것들에서 매우 많이 사용된다.

길레스피는 여기서 이렇게 추론하였다. 하나님은 불변하시기 때문에 인간이 하나님의 계시된 말씀으로부터 도출하는 모든 추론은 하나님의 뜻에 부합된다. 『웨스트민스터 신앙고백서』는 균형 잡힌 성경 무오 교리들이 한편에 자리를 잡고 있다. 그리고 다른 한편에는 인간의 이성이 자리를 잡고 있다. 존 리쓰(John H. Leith)에 따르면 이러한 강조점은 서로 잘 어울린다. 그러나 이러한 것들이 서로 잘 어울리는 것은 논리적 조직체 같은 모양이 아니라 인격적 특징들이 살아있는 사람 안에서 잘 어울리듯이 그러한 모양으로다.[134] 리쓰는 주장하였다.

> 『웨스트민스터 신앙고백서』의 작성자들은 인간의 이성을 매우 중시하였다. 따라서 그들의 신학이 이성적으로 되려고 했음이 틀림없다. 그러나 그들은 결코 이성이 성경과 동등한 지위를 가지도록 의도하지는 않았다.[135]

사실 신앙과 이성의 관계는 교회사에서 초대교회 이후 지금까지 중요한 문제였다. 이것은 『웨스트민스터 신앙고백서』의 작성자들뿐 아니라 이전의 종교개혁자들도 그러했다. 따라서 양쪽 모두에게, 이성은 하나님의 성품과 초월성 그리고 목적의 신비를 꿰뚫어 알 수 없다는 점에서 제한되었다. 하나님의 자기 계시는 하나님에 관한 모든 객관적 진리들을 알아내는 전제 조건이었다. 그러므로 이성은 이성을 해명하고 추천하며 전달하는 이 자기 계시에 복종하는 기초 위에서 활동해야 한다.

『웨스트민스터 신앙고백서』는 또한 하나님의 주권을 확증한다. 이 주권은 세상의 모든 정부를 결정하며, 따라서 하나님은 당신이 창조하신 창조물의 모든 행위와 인류의 영원한 운명들, 그리고 각각의 지적 피조물의 궁극적 운명들을 포함하고 수행하며 결정한다. 자연의 빛이 하나님의 주권을 밝히 드러내 보여 주며 성경이 이를 충분히 선포한다는 사실이 확증된다.

---

[134] John Leith, *op. cit.*, 68.
[135] *Ibid.*, 68.

『웨스트민스터 신앙고백서』 제21장, 제1장과 제2장 1항, 제3장 1항, 제5장 1항, 그리고 제10장 3항에서, 특별히 "효과적인 부르심에 관하여"(Of Effectual Calling)에서 구원에 관한 하나님의 주권이 강조되었다. 하나님께서는 당신의 말씀과 성령으로 예정하신 자들을 효과적으로 부르신다. 하나님의 주권은 자연과 인간과 그의 구원에 대해서 뿐만 아니라 정부에 대해서도 확증한다.

『웨스트민스터 신앙고백서』 제23장 1항은 하나님께서 당신 자신의 영광과 공익을 위해 국가의 위정자들을 당신 아래, 백성들 위에 세우셨다는 사실을 강조한다. 그리고 이 목적을 위하여 선한 자들을 보호하고 고무하며, 악을 행하는 자들을 벌하기 위해서 하나님은 그들을 칼의 권세로 무장시키셨다. 제30장은 다음과 같이 선언하였다. "주 예수 그리스도께서 그의 교회의 왕이요 머리로서 교회의 직분자들의 손에 한 정부를 지명해 주셨으며, 이 정부는 국가의 위정자와 구별된다."

이 시기의 에라스티안파 지도자들은 학식이 풍부하고 민감했지만 이러한 명제의 힘을 제거하는 일은 불가능하다는 것을 통감하였다. 따라서 이것이 의회의 재가를 받는 것을 거부할 수 없었다.

하나님의 주권과 관련하여 언약사상은 『웨스트민스터 신앙고백서』의 두드러진 점 중에 하나이며 기독교의 신학 발전에 중심이 되었다.[136] 그리하여 언약사상은 17세기에 청교도주의(Puritanism)를 태동시켰다. 우리가 제1장에서 보았듯이 언약사상은 스코틀랜드 언약도들의 핵심 사상이었으며, 이 사상을 가진 언약도들은 웨스트민스터 회의에서 청교도 신학자들에게 크게 영향을 끼쳤다.

그런데 『웨스트민스터 신앙고백서』는 두 언약에 초점을 맞추었다. 먼저는 아담에게 주어진 행위 또는 법과 자연(본성, nature) 언약이다. 아담에게 주어진 이 법은 주로 창조 시에 그의 마음에 새겨졌고 부분적으로는 그가 에덴동산에 있을 동안에 언급되었다. 행위언약은 인간의 본성과 하나님의 언약 사이에는 완벽한 친화력이 있었음을 의미한다. 이것은 하나님의 계명에 대한 인간의 순종에 따라 조건적인 영원한 생명의 약속이 인간이 피조된 상황과 완벽한 조화를 이룬다는 것을 가르친다. 행위언약은 인간이 하나님의 형상과 모양대로 창조되었으므로 하나님과의 교

---

[136] Davie B. McWilliams, "The Covenant Theology of the Westminster Confession of Faith and Recent Criticism," *Westminster Theological Journal*, 1991, vol. 53., 109-124; Mark W. Karlberg, "Reformed Interpretation of the Mosaic Covenant," *Westminster Theological Journal*, 1980, vol. 43., 1-57.

제와 그분의 축복 속에서 생명을 소유하고 있다는 것을 강조하였다.

이 언약에서 하나님은 자연적 의무인 완벽한 순종을 조건으로 인간에게 구원을 약속하셨으며,[137] 인간에게 그 법을 성취할 수 있는 능력을 주셨다. 이 언약은 모든 시대, 모든 장소의 모든 사람을 타락 전과 타락 후 모두, 그들이 아담의 후손이라는 이유로 얽어맸다. 만일 아담이 죄를 범치 않았다면, 그의 자녀들은 에덴 언약을 지켜야 했을 것이다. 결과적으로 아담은 타락했다. 그러나 그의 자녀들은 여전히 타락 전의 언약을 지켜야 한다. 『웨스트민스터 신앙고백서』는 이에 대해 이렇게 말한다.

7장 인간과 맺으신 하나님의 언약에 관하여

(1) 하나님과 피조물 사이의 간격은 너무나 넓다. 따라서 이성적인 피조물들이 그들의 창조자에게 합당한 순종을 한다고 하더라도, 그들은 결코 그들의 기쁨과 보답으로서 그분의 열매를 맺을 수 없다. 다만 하나님 편에서 친히 얼마간의 자발적 은혜를 베푸셨으며, 하나님은 언약의 방법으로 이 은혜를 기꺼이 나타내셨다.

(2) 인류와 맺으신 하나님의 첫 언약은 행위언약이다. 이 언약 안에서 완전하고 개인적인 순종의 조건하에 아담과 아담 안에서 그의 후손들에게 생명이 약속되었다.[138]

19장 하나님의 법에 관하여

(1) 하나님은 아담에게 한 가지 법을 주시되 행위언약으로 주셨다. 그 언약은 아담뿐만 아니라 아담의 모든 후손에게 전적으로 개인적이고 정확하게 영구적인 순종을 요구하였다. 이 법을 지키는 조건 하에서 영생이 약속되었고, 이것을 어기는 자에게는 죽을 것이라는 경고가 주어졌다. 그리고 하나님은 아담에게 그것을 지킬 힘을 주셨다.

(2) 이 법은 아담이 타락한 후에도 의의 완전한 규범으로 계속 남아 있었다. 그리고 의의 완전한 규범으로써 시내 산에서 하나님에 의해 십계명으로 주어져서 두 돌판에 기록되었다.

(3) 하나님은 국가로서의 이스라엘 민족에게 여러 가지 재판법을 주셨다. 그 법은

---

[137] *WCF*, VII, 57. Larger Cat., Q 20, 22. Shorter Cat., 12. Cf. Gallican Confession Art, IX에는 이렇게 되었다. "우리는 인간이 하나님의 형상을 따라 순전하고 완전하게 창조되었다고 믿는다." 또한, 『하이델베르크 요리 문답』은 이렇게 되었다. "하나님께서는 인간을 선하게, 그리고 당신의 형상을 따라 창조하셨다. 즉, 인간이 하나님을 그의 창조자로 바로 알며 그분을 진정으로 사랑하고 그분과 함께 영원한 축복 가운데서 그분을 찬양하고 그분께 영광을 돌리며 살 수 있게 하려고 의와 진정한 거룩으로 창조하셨다." *Heidelberg Confession*, Question 6 참조.

[138] *WCF*, VII, 57-58.

그 민족의 국가와 함께 끝났다. 오늘날 아무도 그 법이 요구하는 일반적인 평등성 그 이상을 지키지 않는다.

(4) 도덕법은 의로운 사람들뿐만 아니라 그렇지 못한 사람들에게도 순종을 요구한다. 그리고 도덕법은 거기에 포함된 내용에 대한 순종뿐만 아니라 그 법을 주신 창조주 하나님의 권위에 대한 순종도 요구한다. 그리스도께서도 복음 가운데서 결코 이 의무를 폐지하지 않으셨으며 도리어 강화하셨다.[139]

그러나 행위언약이 인간의 불순종으로 깨어진 후에, 인간은 죄 가운데 죽게 되었으며 영혼과 육체가 완전히 더럽혀졌다. 그런 다음 죄가 그들의 모든 후손에게 전가되었다. 죄가 어떻게 한 세대에서 다음 세대로 전가되는가는 여기서 논할 문제가 아니다. 똑같은 죄가 후손들에게도 있다는 것만으로도 충분하다. "타락"의 결과는 인간 본성의 오염뿐만 아니라 그의 실제적 범죄와 그 징벌에서도 상당한 유사점들을 보여 준다.

원죄는 죄 가운데 죽은 인간 속에 있으며, 그 인간 속에 모든 죄의 씨들을 가지고 있다. 그러나 이것은 인간에게 있는 하나님의 형상이 완전히 파괴되었음을 뜻하지는 않는다. 인간은 여전히 이성적인 피조물이며, 그의 재능들은 여전히 남아 있다. 그리고 그의 오성과 양심 그리고 의지는 선한 것을 추구하는 데 어느 정도까지 여전히 사용될 수 있다.

다른 한편으로 타락한 인간은 타락 전 상태를 회복할 힘도 없고 하나님을 기쁘시게 할 능력도 도무지 갖추지 못하였다.[140] 따라서 인간은 약속된 보상을 받을 자격이 전혀 없다. 그 언약 아래서의 인간의 행위는 단지 일치에 의해서만 가치를 가질 뿐이다. 그것들은 그 자체로는 어떤 고유하고 유익한 가치도 가지지 못하였다. 그러므로 하나님께서 그리스도 안에서 인간과 맺으신 은혜언약은 인간의 타락에서부터 새 창조까지 미쳤다. 그리고 그 상태는 "인간의 운명이 본래 수직적인 상태에 있다는 사상에 의해 궁극적으로 결정되었다."[141] 언약은 구약과 신약의 두 시행(administrations)으로 구분된다.[142]

그러나 이 두 시행은 실체에서 서로 다른 두 은혜언약이 아니라 나튼 두 세대

---
[139] *WCF*, XIX, 110-113.
[140] *WCF*, VI, 6.
[141] Geerhardus Vos, *The Doctrine of the Covenant in Reformed Confession*, 6.
[142] *WCF*, VII, 58-59.

아래서 주어진 하나요 같은 것이라는 사실이 아주 강조되었다. 이 두 시행은 모두 기독론적으로 이해되어야 한다. 비록 그리스도께서 "복음 아래서 드러나셨지만" 그리스도가 그 실체이셨던 오직 한 언약이 있었을 뿐이다.[143] 그러므로 하나님은 인간과 두 번째 언약을 맺으셨다.

> (3) 인간은 타락했기 때문에 행위언약으로는 생명에 이를 수 없게 되었다. 그리하여 하나님은 일반적으로 은혜언약이라고 불리는 두 번째 언약을 기꺼이 맺으셨다. 하나님은 이 언약을 통하여 죄인들에게 예수 그리스도로 말미암은 생명과 구원을 거저 주시면서, 구원을 받기 위해 그리스도를 믿으라고 요청하셨다. …
> (5) 이 언약은 율법 시대와 복음 시대에 각각 다른 형태로 시행되었다. 율법 아래서 이 언약은 유대인들에게 주어졌으며, 장차 오실 그리스도를 예표 하는 약속들과 예언들과 희생 제물들, 할례와 유월절 어린양, 그 밖의 모형들과 규례들에 의해 시행되었다. 그리고 그 시대에, 이것들은 선민들이 완전한 용서와 영원한 구원을 얻는 약속된 메시아를 믿는 믿음 안에서, 성령의 역사를 통하여, 그들(선민)을 양육하기에 충분하고 또 효과적이었다.
> (6) 복음 아래서 실체이신 그리스도께서 나타나셨을 때, 그 속에서 이 언약이 시행되는 규례들은 말씀의 전파(설교)와 세례와 주의 만찬의 두 가지 성례의 시행이었다. 그러므로 두 은혜언약은 그 본질에 있어서 다르지 않으며, 이 둘은 다른 세대에서 시행된 하나의 같은 언약이다.[144]

이 두 시행 간의 차이점들은 계시의 명확성과 구원의 범위와 관계된 것이며, 구원의 방법과는 무관한 것이다. 옛 언약 아래서, 즉 은혜언약의 구약적 시행에서, 여호와께서는 약속들과 모형들과 규례들 속에서 이스라엘에 스스로 계시하셨다. 이스라엘의 구원 경험과 하나님의 계시는 그들에게 있어서 "선민이 완전

---

[143] 그 차이점들은 다음과 같이 요약될 수 있다. (a) 구약 아래서, 메시아가 약속되었다. 신약 아래서 그리스도께서 나타나셨다. (b) 구약 아래서 그리스도께서 희생 제물들과 성례들, 모형들과 규례들 속에서 미리 그 모습이 비쳤다. 신약 아래서, 그리스도께서는 말씀의 선포와 성례들 가운데서 드러나셨다. (c) 신약은 덜 복잡하다. 그리고 신약은 수적으로 적고 덜 화려한 의식들을 가진다. (d) 신약은 더 완전하고 분명한 계시였으며 영적으로 더 효과적이었다. (e) 구약은 유대인들에게만 주어졌다. 신약은 유대인들과 이방 모든 족속에게 주어졌다. 이 모든 것들은 구약이 무효하다고 말하지 않는다. 각 시대에 주어진 계시는 그 시대에 성령에 의해 선택된 자들의 소명과 교훈과 그리고 연단에 적절한 것이었다. 구원과 죄의 용서는 약속된 메시아에 대한 믿음을 통해 주어졌다. 구약 시대의 신자들은 복음 시대의 신자들과 마찬가지로 그리스도를 믿는 신앙에 의해 구원받았다.
[144] *WCF*, VII, 58-61.

한 용서와 영원한 구원을 얻는 약속된 메시아를 믿는 믿음 안에서, 성령의 역사를 통하여, 그들(선민)을 양육하기에 충분하고 또 효과적이었다."[145] 그리스도께서 오신 이후로 구원은 유대인들뿐 아니라 이방인들에게까지 확대되었고, 이 구원은 비록 외관상 덜 영광스럽지만, 더욱 완전하고 효과적으로 누리고 있다.[146]

그런데도 두 세대는 "하나요, 같은" 은혜언약의 세대들이다.[147] 『웨스트민스터 신앙고백서』에서 언약 교리는 하나님에 대한 교리와[148] 그리스도의 중재적 역할의 교리[149] 사이에 중요하게 자리를 잡았다. 인간의 타락한 상태 때문에[150] 하나님께서는 기꺼이 자신을 낮추시고 인간의 요구를 충족시키사 인간과 "언약"을 맺으셨다.[151] 이것이 바로 은혜언약이다. 그리고,

> 하나님은 이 언약을 통하여 죄인들에게 예수 그리스도로 말미암은 생명과 구원을 거저 주시면서, 구원을 받기 위해 그리스도를 믿으라고 요구하셨고, 영원한 생명이 약속된 모든 사람에게 당신의 성령을 부어 주사 그들로 기꺼이 믿고 또 믿을 수 있게 하시겠다고 약속하셨다.[152]

이상에서 본 것처럼 "언약도들의 신학사상은 『웨스트민스터 신앙고백서』를 형성한 중요한 요소였다."[153] 그런데 『웨스트민스터 신앙고백서』뿐만 아니라 요리 문답(Catechisms)도 하나님과 인간 사이의 언약 사상을 강하게 드러내 준다. 우리가 앞에서 보았듯이, 『웨스트민스터 신앙고백서』 제7장은 "인간과 맺으신 하나님의 언약에 관하여"(Of God's Covenant with Man)라는 제목하에 창조자와 피조물 간의 관계를 상세히 설명해 준다.

---

[145] *WCF*, VII, 59.
[146] *WCF*, VII, 60.
[147] *WCF*, VII, 60-61.
[148] *WCF*, II-V, 33-52.
[149] *WCF*, VIII, 62-71. Cf. Andrew A. Woolsey, *Unity and Continuity in Covenantal Thought. A Study in the Reformed Tradition to the Westminster Assembly*, Ph.D., Thesis (Glasgow University, 1988), 57.
[150] *WCF*, VI, 52-56.
[151] *WCF*, VII, 57-61.
[152] Dirk Jellema, "Voetius Gisbertus," *New International Dictionary of the Christian Church* (ed.), J. D. Douglas (Zondervan: Grand Rapid, 1974), 1022.
[153] John H. Leith, *op. cit.*, 94; Sinclair B. Ferguson, "The Teaching of the Confession," *The Westminster Confession in the Church Today*: Papers Prepared for the Church of Scotland Panel Doctrine (ed.), AIasdair I. C. Heron (Edinburgh: The Saint Andrew Press, 1982), 36-39.

처음에는 글라스고우에서, 후에는 에든버러에서 신학 교수를 지낸 데이빗 딕슨(David Dickson, 1583-1663년경)은 『웨스트민스터 신앙고백서』의 주석에서,[154] 1648년 저술한 『치료하는 성례』(Therapeutical Sacra)에서 지적했듯이,[155] 칼빈주의의 언약 체계를 변호하고 설명하였다. 스코틀랜드에서 언약신학을 증진하는 데 가장 큰 공헌을 한 것은 무엇보다도 딕슨의 『구원 지식에 관한 요약』(The Sum of Saving Knowledge, 1650, James Durham과 공저)이었으며, 이 책은 『웨스트민스터 신앙고백서』보다 심지어 더 결정적인 역할을 하였다.[156] 이 책은 일반적으로 사용하기 위해 『웨스트민스터 신앙고백서』와 요리 문답과 함께 묶였는데 언약에 관해서 이렇게 가르친다.

> 우리의 첫 번째 부모들은, 뱀을 통해 말하는 사탄의 유혹을 받아 행위언약을 어기고 금단의 열매를 따 먹었다. 이로써 이들뿐만 아니라, 마치 뿌리 속의 가지들처럼, 이들의 허리에 있었으며 이들과 함께 똑같은 언약에 포함된 이들의 후손들도 영원한 죽음에 빠지게 되었고, 하나님을 기쁘시게 하는 모든 능력 또한 잃어버렸다. 결국, 이들은 자연스럽게 하나님과 모든 영적인 선한 것들의 원수가 되었으며, 단지 계속 악을 행하는 성향만을 가지게 되었다. 이것이 우리의 원죄이며, 우리의 생각과 말과 행동에 있어서 나타나는 모든 실제적 범죄의 비참한 뿌리이다.[157]

존 맥클라우드(John Macleod)에 따르면, 언약사상에 대한 딕슨의 설명은 매우 의미심장하였다. 그는 다음과 같이 기록하였다.

> 우리는 또한 여기서 그가 그 유명한 1638년 11월의 글라스고우 총회 때 교리에 대한 주의 깊은 연설에서 제시한 언약 구조(Covenant Scheme)에 관한 설명을 끌어낼 수 있을 것이다. 이것은 코케이우스(Cocceius)라는 별이 지평선에 떠오르기 전에 그가 사용한 방법이었다. 어쨌든 스코틀랜드 언약신학을 코케티우스주의(Cocceianism)[158]

---

[154] *Truth's Victory Over Error* (ed.), John Reid (Edinburgh, 1684).
[155] James Watson (Edinburgh, 1697).
[156] "Scoto-Calvinism and Anglo-Puritanism: An Irenicum," *The British and Foreign Evangelical Review*, vol. 17, 257-258.
[157] *WCF, The Larger and Shorter Catechisms, with the Scripture Proofs at Large: together with the Sum of Saving Knowledge* (Edinburgh, 1836), 443-478.
[158] 요한 코케이우스(Johannes Cocceius, Coccejus, 1603-1669)는 독일의 브레멘에서 출생한 후 네덜란드에서 활동한 신학자였다. 그는 함부르크 대학교와 프라네커 대학교에서 공부하고 1636년 네덜란드 레이든 대학에서 신학을 교수하였다. 히브리어와 주석을 가르쳤고 언약신학의 창설자로서 주목받았다. 코케이우스의 언약신학은 계시의 명료성, 즉 통찰의 선명성과 의식

라고 말할 수는 결코 없었다. 교리를 도식화하는 데 있어서 선(線)의 역할을 하는 언약의 범주들(Covenant Categories)은 전세기에 이미 인정되고 사용되었으며, 17세기에 비로소 기독교 교육의 뼈대로 사용되기 시작한 것은 아니었다.[159]

결국, 언약은 그리스도에 의해 맺어져 그가 친히 모든 언약을 성취하였다. 왜냐하면, 그와 같은 중재자가 없었다면 어떤 화해도 이루어질 수 없었을 것이기 때문이다. 이 언약은 "값없는 은혜와 자비에 의해 계속 유효할 그런 의무들의 규정들을 고치고, 회복하고 늘리겠다는 은혜롭고, 조건 없는 약속을 한다. 왜냐하면, 은혜언약은 모든 조건을 배제하지만, 또한, 은혜와 함께 계속 유효할 것이기 때문이다."[160] 더욱이 고백서는 또 다른 측면에서 언약을 그리스도인의 생활과의 관계 속에서 인간의 책임을 강조하였다.

『웨스트민스터 신앙고백서』는 제33장으로 구성되었다. 이들 중, 전체의 2/3를 차지하는 제5장에서 제33장까지는 하나님에 의해 구원받은 그리스도인의 삶을 취급하였다. 따라서 『웨스트민스터 신앙고백서』는 힘 있는 그리스도인이 되

판명 성에 있어서 차이라기보다는 은혜언약의 다양한 경륜 속에서 그리고 객관적인 축복에서 제기된 차이였다. 코케이우스는 구약의 구원은 신약 시대보다 객관적으로 더 협소하였다. 이스라엘에는 아직 참되고 영원한 신(vera et permanentia bona)이 없었으나 수많의 백성으로 이 땅에서 긴 삶을 열망하였다. 그러나 또한 여전히 죽음의 공포 안에 사로잡혀 있었다. 거기에는 충만한 죄의 용서보다는 불완전한 용서만 있었다. 동물의 희생은 전혀 화해를 이루지 못했기에 칭의는 불완전하였다. 신자들의 위로도 미약하였고 그들의 양심은 안식하지 못하였다. 마음의 할례는 참으로 없었고 이는 단지 신약에서 예수님이 선물로 주신 것이다. 구약은 모든 것이 현존하였으나 다만 모형과 그림자로 존재하였다. 물론 자체의 실재성이 전적으로 부정되지 않았어도 대부분이 당시에 부정되었다. 코케이우스는 주관적으로가 아니라 객관적으로도, 우연에 있어서(in accidentia)뿐만 아니라 실체에 있어서(in substantia)도 구약은 신약과 다른 것이라고 주장하였다. 코케이우스의 잘못은 은혜언약을 단지 부정적으로 점진적으로 그리고 역사적이며 계속 발전된 행위언약의 폐지로 파악한 것이다. 그리하여 그는 성경이 강조하는 언약사상의 지속적인 성취의 통합을 근절하여, 결과적으로 언약에 대해서 아무것도 남기지 않게 되었다. 이것은 그에게 단지 일시적으로 인간적이며 계속 스스로 변하는 종교의 한 형태였을 뿐이다. 따라서 코케이우스는 개혁신학의 출발점에서 이탈하였다. 김영규 교수는 "코케이우스의 잘못은 언약론 자체에 있었다기보다는 성경을 교의학의 원리와 규범으로 삼지 않고 교의학의 대상으로 삼은 성경적 역사적 교의학이었다. 그는 또한 성경 신학을 전통 신학과 대립시키고 언약을 성경과 대립시키며 역사를 이념에 대립시켰나"고 시작하였다. 그의 이러한 방법론의 위험성은 영원하고 불변하는 언약의 실체를 시간적이고 역사적인 언약 경륜으로 바꾸고 하나님 자체를 이념으로 바꾸었다는 데 있다.

[159] John Macleod, *Scottish Theology* (Knox Press, 1974), 85; Thomas Boston, *A View of the Covenant of Grace from the Sacred Records*, intro. Malcolm H. Watts (Focus Christian Ministries Trust, 1990), i-viii.
[160] John Ball, *A Treatise of the Covenant of Grace* (London, 1645), 15-16; Andrew A. Woolsey, *op. cit.*, 64-66.

기 위해서는 성령 안에서 살아야 한다고 가르친다.

성령은 성경에 계시된 것처럼 그의 완전한 뜻을 통하여 효과적인 소명과 칭의, 양자 됨과 성화 그리고 영화 속에서 지배적으로 활동하신다. 『웨스트민스터 신앙고백서』는 효과적인 소명을 영화에 이르는 기초 단계로 묘사하였다. 그런데 이 소명은 오직 하나님의 말씀과 성령에 의해 성취된다. 더 나아가 『대요리 문답』이 분명히 말하듯이 십계명은 그리스도인의 삶의 중심에 위치하였다. 여기서 신앙은 죄인들이 그리스도와 연합하고 언약의 유대 속으로 인도되는, 소위 하나님께서 선택하신 방법으로 나타난다(사 55:3; 행 16:31; 롬 4:16). 그리고 일단 죄인들이 언약 안에 있게 되면, 이들에게는 언약적인 책임을 완수하라는 요구가 주어진다(신 10:12; 눅 1:68-75; 고후 6:16-18).

3. 요약

지금까지 우리는 1643년의 엄숙 동맹과 언약(the Solemn League and Covenant), 그리고 웨스트민스터 총회가 1643-1649년 신학에 어떤 중요한 의미가 있는가를 살펴보았다. 이 기간에 언약사상이 스코틀랜드교회에서 현저하게 발전하였다. 이 언약신학은 종교적, 정치적 그리고 더 나아가 신학적인 의미를 함축적으로 포함하였다. 즉, 언약신학은 엄숙 동맹과 언약 그리고 『웨스트민스터 신앙고백서』의 사상적 중심이었다.

이러한 문서들 속에서, 교회의 영적 독립이 명확하게 확증되었고, 그 결과 스코틀랜드 사람들은 이스라엘 백성들처럼 스스로 하나님의 "언약 백성이요 민족"(Covenanted People and Nation)으로 간주하였다.[161] 즉, 이들은 자신들을 하나님의 선민이요 언약 백성으로 규정하였다. 그들에게는 "교회의 머리이신 그리스도께서 교회 직분자들의 손에 국가 위정자와 다른 한 정부를 세워주셨다." 『웨스트민스터 신앙고백서』에는 종교에 관하여 국가 위정자를 중요한 위치에 두는 진술들이 포함되었다. 그러나 교회 정치와 실제로 마찰을 일으키는 것은 전혀 없다.

---

[161] 참조. Edwin Nisbet Moore, *Our Covenant Heritage* (Scotland: Christian Focus Publication Ltd., 2000), 18-19, 32.

특히, 교회는 그리스도의 발 아래서 영적 문제에 대한 전적인 결정권을 가진다. 이 권한은 그리스도께서 교회 직분자들을 임명하셨다는 것이 입증한다.[162]

1643년부터 1649년까지 웨스트민스터 총회에서 스코틀랜드 대표들(Scottish Commissioners)은 상당한 위치에 있었다. 총회는 그들에게 개혁교회에 관한 정보 제공과 안내자의 역할을 해 줄 것을 기대하였다. 이 같은 기대에 부응하여 그들은 적은 수에도 불구하고 엄청난 영향력을 행사하였다. 왜냐하면, 그들은 그때까지 영국보다 훨씬 더 불안전하고 제멋대로인 불안정한 사회에서 엄숙 동맹과 언약을 통해서 연합을 도모하며 자신들의 사상을 실현했기 때문이다. 특히, 스코틀랜드 장로교 정치를 사수하기 위해 스코틀랜드 대표들은 한쪽에서는 에라스티안파(Erastians)와, 다른 쪽에서는 독립교회파(Independents)와 맞서 싸웠다. 이들은 논쟁을 해결하기 위해 질문을 받고, 조언도 받고 도움도 받았다. 때때로 스코틀랜드 대표들은 매우 예민하고 혼란한 논쟁들을 명확히 해결할 수 있도록 회의를 이끌라는 요구도 받았다.

웨스트민스터 총회에서 심의된 사항들은 『웨스트민스터 신앙고백서』와 『대소요리 문답서』에 잘 나타나 있다. 이 문헌들은 마침내 스코틀랜드 장로교 신앙의 중요한 표준이 되었다. 따라서 이 문헌들이 처음 모습을 드러냈을 때부터 스코틀랜드 장로교인들은 권위 있는 것으로 채택하였다. 이 총회 기간에 재래의 종교 사상이나 논의를 위한 기회는 거의 없거나 아예 없었다. 그러나 스코틀랜드 언약도들은 혹시 로마를 유익하게 할 수 있을 어떤 교리의 수정이나 모호한 구성에 대하여 매우 싫어하는 자세를 취하였다. 결국, 『웨스트민스터 신앙고백서』는 스코틀랜드뿐만 아니라 이후 세계 모든 장로교인과 장로교회들의 생각을 확고히 지배하였다.

이러한 일은 단지 『웨스트민스터 신앙고백서』가 법률적(statutes)으로 구체화되었기 때문만이 아니라, 이러한 법규들이 종교 사상사에서 차지 하는 위치뿐 아니라 참된 교리를 보존하려는 크나큰 관심 때문이었다. 교회의 이와 같은 초기 신조들(articles)에 대한 확충은 스코틀랜드 사람들이나 상모교인들에 의해 이루어지지 않았다. 오히려 그것은 감독교회(Episcopal Church)의 당대 가장 탁월한 신학자 중의 한 사람이었던 대주교 제임스 어셔(James Ussher)[163]에 의해 이루어졌다. 그는

---

[162] Thomas Brown, *op cit.*, 114.

감독교회 체제 내에 언약사상이 최초로 신앙고백의 형태로 표현된 아일랜드 신조(Irish Article)[164]를 작성했다.

그런데도 웨스트민스터 총회에서 가장 중심적인 의제였던 목사 수임과 권징과 파면, 그리고 교회 정치에 관한 신조들은 스코틀랜드 대표들이 주도하였다. 길레스피(Gillespie)와 루더포드(Rutherford)는 이 신조들을 작성하는 동안 영국의 감독교회 지도자들과 독립파 청교도들과의 논쟁에서 승리하였다. 존 리쓰(John H. Reith)는 "오늘날 우리는 1644-647년에 기록된 것 이상으로『웨스트민스터 신앙고백서』를 쓸 수 없을 것이다"라고 말하였다.[165] 이러한 의미에서 웨스트민스터 총회의 신학적 업적은 주목할 만한 것이었다.

그러나 영국 의회는 1648년 6월『웨스트민스터 신앙고백서』의 검토를 마무리 하였다. 이 신앙고백 문서는 하원(House of Common)에 의해 "신앙고백"(Confession of Faith)에서 "기독교 신조들"(Articles of the Christian Religion)로 바뀌었다. 왜냐하면, 제목이 "나는 고백하노니"(I confess)의 형식으로 기록되지 않았기 때문이다. 그런데 1648년 6월 20일 하원의 출판 명령 판에는 제20장 "기독교인의 자유와 양심의 자유" 관련 1-4항[166] 전체와 제24장 "결혼과 이혼에 관하여" 중에 셋째 문단의 일부

---

163 R. Buick Knox, James Ussher, *Archbishop of Armagh* (University of Wales Press, 1967), 1-193 참조.
164 James Ussher, *A Body of Divinity or The Sum and Substance of Christian Religion* (London: R. B. Seeley and W. Burnside, 1861), 1-548 참조.
165 John Leith, *op. cit.*, 17.
166 WCF, XX. 1-4항 (1) 죄책과 하나님의 정죄하시는 진노, 그리고 도덕법의 저주로부터 해방되는 것과(딛 2:14; 살전 1:10; 갈 3:13) 현재의 이 악한 세상, 사탄의 굴레와 죄의 지배로부터 신자들이 벗어나는 것과(갈 1:4; 골 1:3; 행 26:18; 롬 6:14) 환란과 죽음과 무덤이 주는 고통과 좌절감 및 영원한 형벌로부터 자유케 되는 것과(롬 8:28; 시 119:71; 고전 15:54-57; 롬 8:1) 또한 하나님께 신자들이 자유롭게 나아가는 것과(롬 5:1-2) 노예적인 공포심에서가 아니라 어린애 같은 사랑과 자원하는 마음에서 하나님께 순종하는 것 등이다(롬 8:14-15; 요일 4:18). 이상의 모든 것은 율법 시대의 신자들에게도 있었던 일이다(갈 3:9,14). 그러나 신약 시대에는 그리스도인들의 자유가 더욱 확대되어, 유대교회가 복종하였던 의식법의 멍에로부터 해방되었고(갈 4:1-3, 6-7; 5:1; 행 15:10-11), 더욱 담대하게 은혜의 보좌로 나아갈 수 있게 되었으며(히 4:14, 16; 10:19-22), 하나님의 영과 교통을 율법 시대의 신자들이 통상적으로 누렸던 것보다 훨씬 더 충만하게 누리게 되었다(요 7:38; 고후 3:13, 17-18). (2) 하나님만이 양심을 주관하시는 주님이시며(약 4:12; 롬 14:4), 그는 신앙이나 예배에 관한 일에 있어서(행 4:19; 5:29; 고전 7:23; 마 23:8-10; 고후 1:24; 막 15:9) 자기의 말씀에 조금이라도 배치되거나 혹은 벗어나는 인간들의 교훈들과 계명들로부터 양심을 해방 시켜 주셨다. 그러므로 그러한 교훈들을 믿는다거나, 또는 양심을 범하여 그러한 계명들에 순종하는 것은 양심의 참 자유를 배반하는 것이다(골 2:20, 22-23; 갈 1:10; 2:4-5; 5:1). 또한 맹신(盲信)과 맹종을 요구하는 것은 양심과 이성의 자유를 파괴하는 것이다(롬 10:17; 14:23; 사 8:20; 행 17:11; 요 4:22; 호 5:11; 계 13:12, 16-17; 렘 8:9). (3) 그리스도인의 자유를 구실로 하여 죄를 범하거나,

와 5-6항 전체,[167] 제30장 "교회 권징에 관하여"(Of Church Censures) 1-4항 전체,[168]

정욕을 품는 사람들은 그리스도인의 자유 목적을 파괴하는 것이 된다. 그리스도인의 자유 목적은 우리가 원수들의 손아귀에서 건짐을 받아, 평생토록 주님을 두려움 없이 주님 앞에서 거룩함과 의로움으로 섬기려는 데 있다(갈 5:13; 벧전 2:16; 벧후 2:19; 요 8:34; 눅 1:74-75). (4) 하나님께서 정하여 세우신 권세들과 그리스도께서 값 주고 사신 자유는 양자가 서로 충돌하여 파괴하도록 하나님에 의해 의도된 것이 아니라, 상호 간에 서로를 시인하여 보존되도록 의도된 것이다. 그러므로 그리스도인의 자유를 구실로 하여, 합법적인 권세-그것이 국가적인 것이든 아니면 교회적이든 간에 - 나 그 권세의 행사를 반대하는 사람들은 하나님의 법령을 반항하는 것이 된다(마 12:25; 벧전 2:13-14, 16; 롬 13:1-8; 히 13:17). 그리고 신앙과 예배 또는 시민 생활에 관해 본성의 빛이나, 기독교의 일반 원리나, 또는 경건한 권세에 반대되는 그러한 견해들을 발표하거나, 그러한 행동들을 지속해서 행사하는 경우, 또는 그러한 그릇된 견해나 소행들이 본격적으로나 그것들을 발표하거나 행사하는 방법 면에서, 그리스도가 교회 안에 세우신 외적 평화와 질서를 파괴하는 경우, 그러한 사람들이 책망을 받고, 교회의 견책을 받아 고소당하는 것은 마땅하다(롬 1:32; 고전 5:1, 5, 11, 13; 요이 10-11; 살후 3:14; 딤전 6:3-5; 딛 1:10-11, 13; 3:10; 마 18:15-17; 딤전 1:19-20; 계 2:2, 14-15, 20; 3:9). *The Confession of Faith; the Larger and Shorter Catechisms with the Scripture-proofs at Large: Tother with The Sum of Saving Knowledge* (Edinburgh, 1836), 117-122 참조.

[167] WCF, XXIV, 3, 5-6항 (3) 판단력을 가지고 동의를 표할 수 있는 모든 사람이 결혼하는 것은 합법적이다(히 13:4; 딤전 4:3; 고전 7:36-38). 그러나 그리스도인은 의무적으로 오직 주님 안에서만 결혼하여야 한다(창 24:3-8). 그러므로 참된 개혁신앙을 고백하는 자들은, 불신자, 로마교 신자나 여타 우상숭배 자와 혼인할 수 없다. 또한, 경건한 자들은 삶이 현저하게 악하거나 저주받을 이단을 계속 추종하는 자들과 혼인하여 대등하지 않은 멍에를 매지 말아야 한다(창 34:14; 출 34:16; 신 7:3-4; 왕상 11:4; 느 13:25-27; 말 2:11-12; 고후 6:14-16). (5) 약혼한 후에 간음이나 음행이 혼인 전에 발각되면, 순결한 편은 약혼을 파기할 수 있는 정당한 근거를 갖는다(마 1:18-20). 혼인 후의 간음이 경우, 순결한 편이 이혼소송을 제기하고(마 5:31-32), 이혼 후에는 간음을 범한 편이 죽은 것처럼 다른 이와 재혼하는 것은 합법적이다(마 19:9; 롬 7:2-3). (6) 사람의 부패는 하나님께서 결혼으로 짝지어 준 사람들을 부당하게 나누려는 논거들을 연구해내곤 하지만, 간음 혹은 교회나 국가공직자조차도 대책을 마련할 수 없는 고의적인 유기 외에는 결혼 유대를 파기할 수 있는 충분한 이유가 없다(마 19:8-9; 고전 7:15; 마 19:6). 그 경우 공적인 질서를 따라 절차를 밟아야 하며, 당사자들은 그들 각자의 의지와 분별력에만 내버려 두지 말아야 한다(신 24:1-4). *The Confession of Faith; the Larger and Shorter Catechisms with the Scripture-proofs at Large: Tother with The Sum of Saving Knowledge* (Edinburgh, 1836), 145-148 참조.

[168] WCF, XXX, 1-4항 (1) 교회의 왕이요 머리이신 주 예수께서는 세속의 위정자와는 구별된 교회 직원들의 손에 교회의 정치를 제정해 주셨다(사 9:6-7; 딤전 5:17; 살전 5:12; 행 20:17-18; 히 13:7, 17, 24; 고전 12:28; 마 28:18-20). (2) 이 직원들에게는 천국의 열쇠가 맡겨져 있다. 이 열쇠의 힘으로 그들은 말씀과 권징을 사용하여 죄를 보류시키기도 하고 용서하기도 하며, 회개치 않는 자에게는 천국 문을 닫기도 하고 회개하는 죄인들에게는 복음을 전해 주고 때에 따라 권징을 사면해 줌으로써 천국 문을 열어주는 권세를 가지고 있다(마 16:19; 18:17-18; 요 20:21-23; 고후 2:6-8). (3) 교회의 권징이 필요한 것은 죄를 범한 형제들을 교정하고 잃어버리지 않기 위함이요, 다른 사람들이 그 같은 범죄를 범하지 않도록 막기 위함이요, 전체 덩어리를 오염시킬지도 모르는 누룩을 깨끗이 제거하기 위함이요, 그리스도의 명예와 복음에 대한 거룩한 고백을 옹호하기 위함이요, 하나님의 진노를 미리 막기 위함이다(고전 5; 딤전 5:20; 마 7:6; 딤전 1:20; 고전 11:27-34; 유 23). 그런데 그리스도의 언약과 그 언약의 인 치심을 악명 높고 완악한 범죄자들에 의하여 더럽혀지는 것을 신자들이 묵인하는 경우, 하나님의 진노가 교회에 당연히

그리고 제31장(종교회의), "대회와 총회에 관하여"(Of Synods and Councils) 1-5항 전체가[169] 제외되었다.

신학자들이 웨스트민스터에서 회의를 진행하는 동안에, 영국에서는 다섯 건의 전투가 벌어지고 있었다. 1642년 10월 23일의 Edgehill 전투, 1644년 7월 1일의 Marston Moor 전투, 1645년 6월 14일의 Naseby 전투, 1645년 9월 13일 Philiphaugh 전투, 1648년 8월 18일 Preston 전투 등이다.[170] 이러한 상황에서 올리버 크롬웰(Oliver Cromwell)이 연전연승하면서 영국에서 막강한 세력으로 부상하였다.

스코틀랜드 언약도들이 웨스트민스터 회의에서 경주한 최선의 노력에도 불구하고, 장로교 교회 정치는 크롬웰의 지원을 받은 독립교회파에 그 근거지를 상실하였다. 그리하여 영국에서 장로교의 개혁 프로그램이 안타깝게 자리를 잡지 못하였다. 그 결과로써 1648년부터 1688년 명예혁명까지 스코틀랜드 언약도들과 장로

임하게 되는 것이다. (4) 이러한 목적들을 보다 효과적으로 달성하기 위해 교회의 직원들은 당사자의 범죄와 과실의 성격에 따라서 권계, 일시적인 수찬 정지, 그리고 교회에서의 제명을 할 수가 있다(살전 5:12; 살후 3:6, 14-15; 고전 5:4-5, 13; 마 18:17; 딛 3:10). *The Confession of Faith; the Larger and Shorter Catechisms with the Scripture-proofs at Large: Tother with The Sum of Saving Knowledge* (Edinburgh: 1836), 166-167 참조.

169 원본에는 5항으로 되어 있으나 다음에 전체 내용을 1-4항으로 재정리하였다. 여기서는 최종판에 기초하였다. 1-4항 (1) 더 나은 교회의 정치와 건덕을 위해서는 일반적으로 노회나 총회로 불리는 모임들이 있어야 한다(행 15:2, 4, 6). 교회의 감독자들이나 개교회의 치리자들은(장로) 교회를 파괴하는 것이 아니라 굳게 세우기 위해서 그리스도께서 주신 직책과 권한으로 이런 집회를 결정하며(행 15장), 교회의 유익을 위해서 필요하다고 인정하는 대로 자주 소집할 책임이 있다(행 15:22-23, 25). (2) 노회와 총회는 신앙에 대한 논쟁과 양심에 대한 문제들을 확정하고 하나님께 드리는 공 예배와 하나님의 교회 정치가 더욱 질서 정연하도록 규칙과 지침을 정하며 실책이 있는 경우 불평과 고소를 접수하고 그 같은 것을 권위 있게 결정하는 권한을 갖고 있다. 이렇게 해서 정해진 명령이나 결의 사항은 만일 하나님의 말씀에 일치하는 경우는 그것들이 말씀과 일치되기 때문일 뿐만 아니라, 그 결정을 내린 권한 즉 말씀에서 정해진 권한이기 때문에 경건하게 그리고 복종하는 마음으로 받아들여야 한다(이 정신이 역사적 장로교회의 신앙고백 정신이다. 행 15:15, 19, 24, 27-31, 16:4; 마 18:17-20). (3) 사도 시대 이후로 모든 노회나 총회는 전체적인 회의이든 아니면 개별적인 회의이든 실수를 범할 수가 있으며 실지로 많은 회의에서 실수가 범해졌다. 그러므로 그 회의들을 신앙이나 실제 생활을 위한 규칙으로 여겨서는 안 되고 신앙과 실제 생활면에서 도움을 주는 것으로만 이해해야 한다(이 내용은 주의가 필요하다. 왜냐하면, 역사적 장로교회에서는 신앙고백들을 제2의 규칙으로 삼기 때문이다)(엡 2:20; 행 17:11; 고전 2:5; 고후 1:24). (4) 노회와 총회들은 교회에 관한 것 이외의 것을 다루어서는 안 되고 국가와 관련이 있는 사회 문제를 간섭해서도 안 된다. 다만, 특별한 경우에서 겸허하게 청원하는 형식을 취하거나 위정자의 요구가 있는 경우 양심껏 충고하는 방식을 위할 수가 있다(눅 12:13-14; 요 18:36). *The Confession of Faith; the Larger and Shorter Catechisms with the Scripture-proofs at Large: Tother with The Sum of Saving Knowledge* (Edinburgh: 1836), 168-171 참조.

170 James Bannerman, *op cit.*, 524; James Rinkind, *op. cit.*, 197; William Haller, *op. cit.*, 189-215.

교회는 찰스 2세와 감독교회에 맞서 치열하게 생존 전투를 전개하였다. 그러나 계속되던 박해와 살육의 시기에 언약도들은 교회와 국가의 관계는 물론 그리스도의 신적 권리(The divine right of Christ)에 대해 강력한 신앙적 확신을 했다. 그들의 이러한 확신은 그들에게 스코틀랜드를 위한 언약의 종교적 측면들뿐만 아니라 정치적 측면들을 더욱 강조하였다. 언약사상의 이런 변화 속에서 마로우 맨들(Marrow men)은 언약에 대한 완전한 신앙과 전적인 신뢰, 즉 그것이 제공하는 모든 특권 및 책임들과 함께 하나님과의 영적 관계로 귀의함으로써 신학적 균형을 이루었다.

우리가 제1장에서 보았듯이, 1643-1723년 어간에 언약 개념은 다양한 강조점과 방법을 통해 실제로 적용되었다. 언약 개념의 일차적인 용례는 하나님과 때때로 더 사회적, 정치적 측면들에 더 많은 관심과 중요성이 부여되었다. 그런데도 이 기간 내내 계속된 하나님의 그 자신의 백성 선택과 관계되었다. 이것이 특별히 사실로 드러난 것은 스튜어트 왕조의 국왕들이 그들의 백성에게 자신들의 절대적 통치를 강요하고 스코틀랜드에 감독제(episcopacy)를 강요하려 했을 때였다. 이러한 상황에서 언약도들은 신적 언약의 기초부터 깊은 종교적 중요성과 함축적 의미가 있는 국가적 및 정치적 언약 개념을 발전시켰다.

이러한 형태의 언약이 발전된 한 가지 중요한 이유는 개신교의 개혁신앙이 장로교 정치체제와 더불어 지탱되고 또한 번영했기 때문이다. 스코틀랜드 국가 언약(the Scottish National Covenant, 1638)과 엄숙 동맹과 언약(the Solemn League and Covenant, 1643)은 이러한 관심을 잘 표명하고, 감독주의(episcopalianism)와 로마 가톨릭에 강력히 맞섰다. 이 두 언약은 국가적, 종교적 자유의 민주적 원리들을 지지하였다. 『웨스트민스터 신앙고백서』에는 스코틀랜드 장로교인들을 언약신학 안에, 다시 말해서 하나님께서 아담과 맺으신 행위/율법 언약과 인간의 타락 때부터 시행되어 온 은혜언약 안에 견고히 묶어두는 데 이바지하였다. 여기서 은혜언약은 명확히 구분되지만 서로 연관이 있는 두 기간, 즉 구약 시대와 신약 시대에서 시행되었다.

요리 문답과 더불어 『웨스트민스터 신앙고백서』는 지금 하나님과 구속받은 인간 사이에서 작용하고 있는 언약, 곧 은혜언약을 가장 분명한 용어를 사용하여 재확정했다. 1690년까지 수십 년 동안 존재한 정치적 긴장과 갈등은 신적인 은혜언약으로부터 이루어진 그와 같은 다른 발전들이 가지는 사회-정치적인 함축적 의미를 잘 보여 주었다. 1690년 명예혁명의 체제 확립 후 국교에 대한 반대와 자유주의가 출현했을 때, 목사들과 교회들이 은혜언약의 주요한 특징과 강조점으로 신앙을 되돌리기 위하여 결국 마로우 논쟁(Marrow Controversy)은 불가피하였다.

이제 우리는 웨스트민스터 총회를 뒤이은 기간 중에 언약도들에 의해서, 특별히 정치적 측면에서 널리 사용된 언약 개념의 용례를 추적해 볼 필요가 있다. 1648-1688년은 스코틀랜드 언약도들과 감독제를 시행하여 교회를 국가의 더 강력한 통제하에 두려고 했던 그들의 왕들 사이의 첨예한 갈등의 시기였다. 우리는 이 기간에 어떻게 언약 개념이 신학적인 의미와 함께 정치적인 의미가 있게 되는지를 살피게 될 것이다.

제4장

언약사상에 대한 언약도들의 논쟁과 선언
(1648-1688년 명예혁명)

이 기간에 스튜어트 왕들은 수장권(divine right of kings)을 되찾고 감독교회의 재건에 몰두하였다. 이들은 이 목적을 위해서 언약도들에게 무력을 사용하고 그들을 잔인하게 다루었다. 이렇듯 국왕(국가)과 언약도들 모두는 언약사상에 대한 각각 자신들의 신학적 해석을 고집하였다. 이들은 각자 자신들의 해석이 교회 권위에 적용되는 것이 국가에 유익하다고 주장하였다. 결국, 언약사상에 대한 해석 차이는 국왕과 언약도들 간의 오랜 갈등을 불가피하게 초래하였다. 국가는 비국교도들을 겨냥하여 여러 개의 의회법을 통과시켰다. 이러한 법규들은 언약도들의 활동을 매우 위축시켰다. 이러한 국왕의 조치에 대하여 언약도들은 다음과 같이 대응하였다.

언약도들은 스튜어트 왕들은 자신들이 직접 맹세한 언약들을 불법적으로 어겼다고 주장하였다.[1] 그러므로 언약도들은 정당한 반역, 즉 시민 불복종 교리를 마땅히 적용하는 것이 옳다고 믿었다. 국가를 상대로 한 거룩한 전쟁, 종교개혁은 하나님의 백성을 보호하기 위한 필수불가결한 조치로 정당화되었다. 이 기간에 언약 개념의 정치적인 측면들이 그 어느 때보다 현저하였다.

정당한 반역 교리는 급진적 언약도들을 통해 비밀 집회에서 널리 퍼졌다. 이 교리는 역사적 신앙 선언들이 담긴 몇몇 공식 기록문서에서 다루어졌다. 그뿐만 아니라 사무엘 루더포드(Samuel Rutherford)와 도날드 카길(Donald Cargill), 리처드 카메론(Richard Cameron)과 그리고 제임스 렌윅(James Renwick) 같은 언약도들의 대중

---

[1] Ian B. Cowan, *The Scottish Covenanters, 1660-1688* (London: Victor Gollancz Ltd., 1976), 48-49. Cf. 5.1.2.2 of Chapter Five.

문헌에서 심도 있게 취급되었다. 언약도들은 단호히 어떤 타협도 거부하였다. 이들의 혁명 사상은 다음 세대 동안에 영국의 정치와 종교의 새 시대를 열었다.

우리는 당시의 상황을 좀 더 분명히 이해하기 위해서 이 시기를 둘로 구분해 볼 수 있다. 첫 번째 시기는 1647년부터 1660년까지이다. 이 기간에 스코틀랜드 언약도들의 사상은 발전과 진보를 거듭했다. 그런데도 이때는 갈등과 대립, 내적 분쟁과 분열의 시대였다. 스코틀랜드 언약도들은 대적이 아니라 자신들의 형제들과 투쟁한 것이다. 결국, 언약도들은 온건주의자와 극단주의자로 분열되었다. 두 번째 시기는 1660년부터 1688년까지이다. 이처럼 매우 급한 상황에서 국왕은 국민과 맺은 언약을 파기하고, 오히려 자신의 권력을 동원하여 언약도들을 억압하며 무차별적으로 박해하였다. 그리하여 이 시기 후반기부터 언약도들의 언약사상은 기독교 정치에 심각하게 영향을 끼쳤다.

당시 언약도들은 성경의 역사, 특별히 분열 왕국시대에 선민 이스라엘처럼 남은 자들이 되었다. 이들은 소수의 그루터기가 된 것이다. 하지만, 이들은 마침내 1690년 명예혁명과 함께 자신들의 언약사상이 영국의 국법과 국민의 종교 생활을 위한 국가의 신조가 된 것을 확인하였다. 우리는 본 장에서 언약도들의 언약사상이 어떻게 역사 속에 나타났는가를 살펴볼 것이다. 그리고 이 사상이 국가와의 논쟁 가운데, 무엇보다도 스튜어트 왕조의 박해 아래서 어떻게 발전했는지도 아울러 고찰할 것이다.

1. 언약도들과 국가 간의 논쟁기에 언약사상의 발전(1647-1661)

1) 1647-1648년 "약정"을 둘러싼 논쟁

1643년 엄숙 동맹과 언약(the Solemn League and Covenant)이 비준되었다. 그 후 스코틀랜드 언약도들(장로교인들)은 잠시 영국과 아일랜드 그리고 스코틀랜드에 지대한 영향을 끼쳤다. 찰스 1세는 크롬웰 군에 패하여 스코틀랜드로 도망쳤지만 체포되어 영국의 와이트(Wight) 섬에 유배되었다. 그는 이곳에서 1647년 11월부터 1649년 1월까지 14개월 동안 영국 의회에 의해 캐리스브루크 성(Carisbrooke Castle)

에 수감 되었다.[2] 그러나 스코틀랜드인들은 찰스 1세에 대한 충성심을 버리지 않았다. 그들은 엄숙 동맹과 언약에 명시된 대로 찰스 1세를 위하는 일이라면 무엇이든지 할 기세였다. 1647년 12월 26일, 찰스 1세는 와이트 섬을 비밀리 방문한 라우던(Laudon)과 라우더데일(Lauderdale), 라나크(Larnark) 등 세 명의 스코틀랜드 대표자들에게 자신의 뜻을 내비쳤다. 그것은 일정한 조건이 충족되면 의회법에 따라서 엄숙 동맹과 언약을 기꺼이 비준하겠다는 것이다.[3]

이러한 조건에서 찰스 1세는 다음과 같은 사항에 동의했다. 엄숙 동맹과 언약을 의회가 비준하지만, 왕가는 자신들의 예배 형식을 그대로 유지할 수 있게 허용한다. 그리고 향후 3년간 장로교를 영국 국교로 하며, 3년이 끝나는 때 하나님의 말씀에 따라 교회 정치 형태를 결정하기 위하여 신학자들의 총회를 소집하였다.[4] 이때 찰스 1세와 스코틀랜드 의회원(Estates) 사이에 조약이 맺어졌다. "약정"(Engagement)으로 알려진 이 조약은 총회에 상정되지 않았다. 따라서 의회원들의 정책은 총회의 비난을 피하지 못하였다.

스코틀랜드교회의 최고 법정인 총회는 국왕이 먼저 엄숙 동맹과 언약을 받아들여 장로교인이 되고, 영국 백성들에게 왕을 따르도록 강제하는 그런 협약만을 인정하려 했다. 언약도들을 반대하는 해밀톤 공작(Duke of Hamilton)과 지지자들은 영국의 왕위를 회복하려는 찰스 1세를 돕기 위해 스코틀랜드에서 군대를 소집하였다. 스코틀랜드인들은 필요하다면 군대를 동원하여 국왕을 보호하고 그의 권좌를 회복시키며, 종교를 세우고 지속적인 평화를 정착시켜 약정(Engagement)을 성취하려고 하였다.

1648년 3월, 이 문서를 둘러싼 논쟁은 마침내 스코틀랜드 의회와 교회의 분열을 낳았다. 의회(Etates)는 모든 백성이 약정에 서명케 하는 법안을 통과시켰다. 1648년 7월 총회가 소집되었을 때 총회의 서약(Commission)이 승인되었다. 그리

---

[2] James Rankind, *A Handbook of the Church of Scotland* (Edinburgh and London, 1888), 197-198.
[3] John Beveridge, *The Covenanters* (Edinburgh: T. & T. Clark, 1905), 19; John Macpherson, *A History of the Church in Scotland: From the Earliest Times down to the Present Day* (Alexander Gardner, 1901), 203.
[4] James Renwick, *An Informatory Vindication of a Poor, Wasted, Misrepresented Remnant of the Suffering ... Presbyterian Church of Christ in Scotland* (Edinburgh, 1687), 15-16; James Rankind, *op. cit.*, 198; John Cunningham, *The Church History of Scotland* (Edinburgh: Adam & Charles Black, vol. II, 157; John Lee, *Lectures on the History of Church of Scotland* (ed.), by William Lee (Edinburgh: William Blackwood and Sons, vol. II, 308; William Law Mathieson, *Scotland and the Union: A History of Scotland from 1695 to 1747* (Glasgow: James Maclehose and Sons, 1905), 9.

고 약정에 대한 서명을 요구하는 의회법은 폐기되었다.[5] 언약도들은 두 언약(1638년 국민 언약과 1643년 엄숙 동맹과 언약)에 기초하여, 약정이 국왕의 권력에 영합하려는 목적에서 왕당파들에 의해 오용되고 있다고 주장하였다. 따라서 총회는 스코틀랜드교회의 모든 구성원이 약정의 불법성과 위험을 인식할 것을 경고하였다. 그러나 약정을 지지하는 목회자들과 약정의 죄악성을 경고하기를 망설이는 사람들이 법안을 통과시켰다. 급진적 언약도들은 약정이 왕당파의 정치적 야심을 조장하려는 의도가 있다고 주장하였다. 그리하여 언약도들은 왕에게 서한을 보냈다. 이 서한은 약정의 죄악성을 주장했으며 왕이 약속한 승인들은 모두 부적절하다고 주장하였다. 그리고 언약도들이 왕을 계속 지지하고 보호할 수 있도록 언약도들의 요구에 따를 것을 왕에게 요청하였다.

2) 계급법들(1649-1650)

요하네스 보스(Johannes G. Vos)에 의하면 이 약정의 실패는 향후 스코틀랜드의 정치적 변화의 원인이 되었다.[6] 급진적 언약도들은 약정 지지파들의 수중에 있던 의회를 장악하였다. 1649년 1월 4일 개회한 새 의회는 "계급법"(the Acts of Classes)을 통과시켰다. 이 법안의 목적은 언약(국민 언약과 엄숙 동맹과 언약)을 반대하는 악성적인 왕당원들(Malignants)의[7] 정책을 지지하는 모든 사람을 정도와 관계없이 공직에서 추방하는 것이었다. 이 법안에는 공직에 부적절한 계급들이 열거되었고, 이들은 부적격의 정도에 따라서 자세히 분류되었다. 군대에서는 약정에 참여한 적이 있거나 악성적인 왕당원들(Malignants)로 의심되는 사람들이 추방되었다. 이후 계급법은 무자비하고 비이성적인 것으로 간주되었다.

그러나 이 법안이 제정된 때는 정치적 위기가 고조되던 시대였다. 이 법안의 목적은 국가가 인정한 원칙들을 어기고 국가에 대한 신성한 의무들을 반대한 자들을 밝혀, 그들을 공직에서 추방함으로 국가의 안전을 보존하려는 것이었다. 그런데 계급법의 기초는 영국의 철학자 존 로크(John Locke, 1632-1704)의 기독교 시민 정부의 철학[8]이었다. 다시 말해서 계급법은, 기독교 시민 정부가 공직자들을

---

5 James Renwick, *Ibid.*, 16-24; John Macpherson, *op. cit.*, 204; Johannes G. Vos. *op. cit.*, 48.
6 Johannes G. Vos, *Ibid.*, 49.
7 John Macpherson, *op cit.*, 205.

종교적으로 테스트하는 특별한 규정 없이 사악한 세상에서 존속할 수 없다는 철학에 기초하였다. 계급법에 따르면, 어떤 사악한 권력도 교회와 국가를 다스릴 수 없다. 이로써 계급법은 국가와 교회의 정화가 목표였다. 이 과정에서 찰스 1세는 올리버 크롬웰에 의해 "인민의 적"(Enemy of the People)이라는 죄목으로 1649년 1월 30일 화이트홀(Whitehall)에서 처형되었다.[9] 이 소식은 곧바로 에든버러에 전해졌다. 이처럼 긴박한 상황에서 당시 스코틀랜드 의회는 언약에 기초하여 찰스 1세의 후계자로 찰스 2세(Charles II, 1630-1685)를 추대하기 위해 대표단을 네덜란드로 파견하였다.

언약도들은 국왕과 정부가 언약을 받아들이고, 스코틀랜드에서 언약의 원칙과 요구 사항들을 충실히 이행하겠다는 선언을 해야 한다고 결정하였다. 언약도들은 새로운 왕이 어떤 악성적인 왕당원(Malignant)에게도 공직을 허용하지 않겠다고 엄숙히 약속하고, 약정 지지자들을 공직 부적격자로 간주해야 한다고 주장하였다.

더욱이 언약도들은 새 국왕에게 다음과 같은 사항도 기대하였다. 즉, 국가의 모든 문제들은 의회가 결정하며, 교회의 모든 문제는 총회가 결정하도록 새 국왕

---

[8] 이 사상은 John Locke가 당시 발발한 명예혁명을 정당화할 목적으로 저술한『시민정부론』에 서술되었다. 여기서 Locke는 Thomas Hobbes(1588-1679)의『사회계약설』을 발전시켜 정부가 시민의 재산과 생명, 자유를 계약으로 보장해야 한다고 주장하였다. Hobbes는 사회계약설에서 자연법에 기초하여 왕권신수설을 거부하고, 정부와 국가의 권력이 국민으로부터 비롯되었으며 국민을 위해 존재한다고 역설하였다. 다시 말하면 인간의 자연 상태를 만인에 의한 만인의 투쟁 상태라고 하여 인간은 무질서의 상태를 벗어나기 위해 계약을 바탕으로 국가를 만들었다는 것이다. 따라서 Locke와 Hobbes의 이론은 현대 민주주의 정치체제의 이론적 기초를 놓았다. 하지만, Hobbes는 인간은 악하므로 사회의 평화를 위해서는 방해받지 않는 강력한 권력이 어쩔 수 없이 필요하다고 했으나, Locke는 그러한 사고에서 탈피하여, 본래 인간은 합리적인 존재로, 자연 상태의 인간들이 "공동의 선을 위한 공동체"로 시작한 것이 사회이다. 따라서 여기서 Hobbes와 Locke의 사상적 차이가 현저하게 나타난다. 이를 입증하듯이 Locke는 정부의 권력 남용을 막을 방안으로 2권 분립론을 제시하였다. Locke의 2권 분립론은 1748년 프랑스의 계몽사상가 Montesquieu에 의해 현대의 3권 분립론으로 발전하였다. 대표적인 사회계약론자로는 Locke와 Hobbes 외에 Jean-Jacques Rousseau가 있다.

[9] 당시 Charles는 Cromwell에 패하여 스코틀랜드로 도망하였다. 그때 스코틀랜드 의회는 40만 파운드를 받고 Charles 1세를 영국의 의회에 이양하였다. 그 후 의회는 왕의 처리를 놓고 투표를 시행하여, 68 대 67, 단 한 표 차이로 사형을 결정한 후 곧바로 처형하였다. (덧붙여, 역사 속에 단 한 표 차이로 국왕의 목숨이 결정된 것은 프랑스 대혁명 때 일어났다. 1793년 1월 Louis 16세가 형장의 이슬로 사라졌을 당시 국민공회는 361 대 360, 단 한 표 차이로 사형을 결정하였다). 사형 당시 Charles 1세는 국왕의 품위를 잃지 않고 매우 당당하였다. 이는 조선 500년의 역사가 마감되던 한 말, 1895년, 8월 20일 새벽 5시 30분, 위기에서 나라를 구하려고 몸부림을 치던 명성황후는 일제의 낭인(오카모토와 스즈키, 와타나베가 주도)에 쫓기던 상황에서 경복궁 뜰로 도망하다가 칼에 찔려 사망하였다. 죽으면서 당시 명성황후는 "나는 조선의 국모니라"라고 당당히 외치고 죽었다.

이 허락해야 한다는 것이다.[10] 그리하여 당시 추방되어 네덜란드에 거주하던 찰스 2세는 스코틀랜드 의회에 의해 스코틀랜드와 영국과 웨일즈 그리고 아일랜드 왕으로 선포되었다.

1650년 6월 23일, 마침내 찰스 2세는 두 언약, 국가 언약과 엄숙 동맹과 언약을 수용하겠다고 맹세하였다.[11] 그것은 스코틀랜드에 장로교를 세우려는 목적으로, 따라서 찰스 2세는 이 두 언약에 서명하였다. 이로써 찰스 2세는 두 언약의 원칙을 유지하고 총회와 의회에서 통과된 대로 장로교 교회 정치와 예배 모범과 신앙고백서 그리고 요리 문답들을 지지하게 되었다.[12] 그는 자신과 가족이 이를 지키며, 이에 어긋나는 것은 어떤 행위도 하지 않겠다고 약속하였다. 1651년 1월 1일, 찰스 2세는 스콘(Scone)에서 스코틀랜드 왕위에 올랐다.[13] 1651년 3월, 스코틀랜드 의회는 찰스 2세를 크롬웰의 영국군에 맞서는 군대의 최고 사령관에 임명하였다. 1651년 7월 열린 총회는 다음과 같은 선언의 "결의서"(Resolutions)를 통과시켰다.

> 이렇게 긴급한 상황에서 우리는 방위군을 모집하고, 그들에게 이 나라를 지키기 위해 적과 싸우도록 하지 않을 수 없다. 방위군에는 출교당한 자들이나 재산을 몰수당한 자들, 불경한 자들이나 극악무도한 자들을 제외한 모든 사람이 참여할 수 있다.[14]

1651년 7월부터 언약도들은 결의파(Resolutioners)와 공적 결의서를 비준한 총회의 합법성을 부정하는 항의파(Protesters)로 분열되었다. 결의파는 공동의 적과 싸우기 위해 "Malignant"를 기꺼이 받아들였다. 로버트 더글라스(Robert Douglas)와 데이빗 딕슨(David Dickson), 로버트 블레어(Robert Blair)와 로버트 베일리(Robert Baillie) 등이 결의파 지도자들이었다. 한편 항의파는[15] 패트릭 길레스피(Patrick Gillespie)와 제임스 거쓰리(James Guthrie), 사무엘 루더포드(Samuel Rutherford)가 속하

---

10 John Cunningham, *op. cit.*, 161; Robert Wodrow, *op. cit.*, vol. I, 92.
11 Thomas M'Crie, *Sketches of Scottish Church History: Embracing the Period from the Reformation to the Revolution* (Edinburgh: Johnstone & Hunter, 1841), vol. II., 41.
12 J. King Hewison, *The Covenanters* (Glasgow: John Smith and Son, 1908), vol. II., 27-30.
13 James Kerr, *Ibid*, 385; James King Hewison, *The Covenanters: A History of the church of Scotland from the Reformation to the Revolution (1908)*, vol. II., 27.
14 John Macpherson, *op. cit.*, 212.
15 *Baillie's Letters* (Edinburgh, 1841), vol. III, 248, 245. 258; Thomas M'Crie, "The Marrow Controversy: with Notices of the State of Scottish Theology in the Beginning of last Century," *The British and Foreign Evangelical Review*, vol. II. (Edinburgh, June, 1853), 418-422; *Ibid.*, 212; John Cunningham, *op. cit.*, 168.

였다. 항의파는 "하나님의 성도들" 외에 어떤 사람도 하나님의 전투에 참여할 수 없다고 주장하였다.[16] 8월 찰스 2세는 교황제와 감독제를 폐지하고 엄숙 동맹과 언약을 지키겠다는 선언에 서명하였다.[17] 그 후 1651년 9월 3일, 우스터(worcester)에서 찰스 2세의 군대는 크롬웰의 영국군에게 완패하였다. 찰스 2세는 영국에서 겨우 몇 주를 방황하다가, 1651년 10월 16일 마침내 프랑스로 도피하였다.

3) 결의파(교회파)와 항의파(저항파) 간의 논쟁(1651-1653)

찰스 2세의 군대는 크롬웰의 영국군에 무참히 패배하였다. 그 후 스코틀랜드는 완전히 영국 의회군의 수중에 들어갔다. 영국은 결의파와 항의파가 서로를 이해하는 어떤 노력도 하지 않았다. 의회의 허가가 없는 모든 재판은 금지되었다. 정부가 승인하지 않는 모든 맹세와 언약들도 금지되었다. 1652년 2월 4일, 찰스 2세의 군대는 크롬웰에게 에든버러 전투에서 패함으로 왕권이 무너졌다. 이렇게 되자 영국 의회는 영국과 스코틀랜드의 21인 위원회가 통치한다는 법안을 통과시켰다.

스코틀랜드 국민은 이 통일 국가(Commonwealth)를 매우 강하게 반대했으나 이에 맞서 싸울 힘이 전혀 없었다. 1652년 2월 13일, 양국 대표자들(Commissioners)은 스코틀랜드 국민에게 "완화책"(Tender)을 내놓았다. 이것은 스코틀랜드와 영국의 합병을 제안하는 내용으로 국교회 목사들과 국교회 반대파 목사들 모두가 설교의 자유를 갖는 것이었다. 스코틀랜드 국민 중에 일부는 이 완화책에 호감을 가졌으나, 대부분의 목사들은 반대하였다. 그 결과 "공적 결의"(Public Resolutions)라는 제안이 나왔다. 의회원들(Estates)은 총회와 함께 계급법에 따라 부적격자로 판단된 사람들이 국가와 군대에서 자신들의 위치를 회복할 방안을 상의하였다. 그런데 결의파와 항의파는 계급법의 폐지뿐 아니라 기독교 시민 정부의 원칙과 윤리에 대해서도 견해를 달리하였다.

1652년 항의파의 총회 개회 후 곧바로 총회가 휴회하자 결의파는 단독으로 총회를 열었다. 이렇게 되자 항의파는 결의파 총회를 "불법적이고 강제적이며 부

---

[16] John Macpherson, *Ibid.*, 212-213; John Curmingham, *Ibid.*, 168; John Lee, *op. cit.*, 309; James Rankind, *op. cit.*, 202.
[17] *Ibid.*, 41; James Kerr, "The National Covenant," *The Covenant and the Covenanters* (Edinburgh, 1895), 349-385; George Grub, *An Ecclesiastical History of Scotland* (Edinburgh, 1861), vol. III, 151-153.

당하다"라고 선언하였다. 항의파에게 현재의 총체적 국가 재난은 국가적 범죄에서 기인했다. 따라서 이들은 기독교 시민 정부의 윤리적 정화를 주장하며, 그 성취를 위한 치유책으로 죄의 고백과 회개 그리고 하나님의 말씀에 대한 순종을 역설하였다. 다른 말로 하면 항의파는 현재의 국가적 위기를 극복하기 위해서는 영적 치유책을 사용해야 한다는 것이다. 이와 달리 결의파는 현재의 국가적 재난은 국가의 분열, 즉 하나 되지 못한 데서 비롯되었다고 간주하였다. 따라서 이들은 현재의 난국을 치유하기 위해서는 모든 스코틀랜드 국민이 계급법이 제공한 상처를 치유하고 왕과 나라가 하나가 되어야 한다고 하였다.

그런데 항의파와 결의파의 치열한 갈등과 대립 속에서 이들이 함께 공감한 것은 현재의 국가적 재난을 심도 있게 분석하고 치유책을 제시한다 해도, 현재의 국가적 상황은 매우 긴급한 것이라는 것이다. 따라서 서로 상충 되는 과제들은 일단 제쳐두고 우선 대적에 맞설 수 있는 가능한 모든 조치를 간구하는 것이 급선무였다. 이것은 당시 상황에서 매우 합리적이었으나, 그 후 일어난 몇몇 사건들은 이것이 지나치게 낙관적인 생각이었음을 보여 주었다.

1652년 결의파 총회는 항의파를 비난했으나 항의파는 통일 국가의 보호를 받았다. 1653년 양 진영은 같은 시간에 에든버러의 성 자일즈교회(St. Giles Cathedral)에서 각각 총회를 열었다. 당시 공적 결의(Public Resolutions)하에서 권력의 자리에 오른 많은 사람들이 왕정복고(Restoration)를 지지하였다. 그리고 이들은 1660년 이후 장로교 핍박 자들이 되었다.[18] 언약도들 간의 이러한 분열로 국가의 힘은 매우 약화되었다. 그리고 이러한 분열은 항의파의 새로운 적수인 결의파와 옛 대적인 왕당파가 몽크 장군을 통해 결집하여 1660년 찰스 2세의 왕정복고를 이루어 냈을 때 위기가 더욱 가중되었다.

4) 찰스 2세와 제임스 7세 때의 언약사상의 발전(1660-1688)

찰스 2세는 과거에 자신이 서명하지 않을 수 없었던 언약에 분개하였다. 당시 그가 의회의 대표로부터 왕위를 제안받았을 때, 국가와 교회의 개혁을 도우며 지

---

[18] G. D. Henderson, *The Church of Scotland: A Short History* (Edinburgh: Church of Scotland Youth Committee, 1939), 74.

지하겠다고 엄숙히 맹세하였다. 그러나 찰스 2세는 왕위에 오른 지 불과 얼마 되지 않아서 이러한 약속을 완전히 뒤집었다. 1662년 10월 1일 글라스고우에서 회동한 추밀원(Privy Council)[19] 회의는 주교들에게 성직 추천을 신청하지 않은 모든 목사의 설교와 목회 금지 포고문을 발표하였다. 이 포고문에 의하면, 앞에서 말한 목사들은 당년 11월 1일까지 가족과 함께 각자 자신들의 교구를 떠나야 했다. 따라서 자신들의 노회 관내에 거주할 수 없게 되었다. 추밀원은 모든 목사는 주교들이 소집하는 회의에 참석할 것을 명령하였다. 여기에 참여하지 않는 목사들은 그에 상응하는 처벌을 피할 수 없었다.

이러한 상황에서 충성스러운 언약도가 되는 것은 범죄 행위였다. 이에 편승하여 국왕의 군대는 국민들에게 감독의 신적 권위를 확신시켰다. 찰스 2세는 장로교는 "신사"(Gentleman)를 위한 종교가 아니"라고 생각했기 때문이다. 그의 확고하고 유일한 목적은 자신의 개인적 욕망을 채우기 위해 자신의 왕권을 사용하는 것이었다. 찰스 2세의 조언자들은 백성들의 종교의 자유를 박탈하면서 왕보다 더 확고하였다. 따라서 찰스 2세의 정책은 언약도들을 격분시켰다. 이때부터 언약도들은 국왕에 맞서 기독교사에서 최초로 야외 설교(field preaching)를 시작하여, 이후 많은 사람들에게 강력히 영향을 끼쳤다.[20]

1665년, 추밀원은 비밀 집회 금지 포고문을 발표하였다. 그러나 이 포고문이 미

---

[19] 추밀원은 국왕으로부터 직접 영지를 하사받은 사람들과 궁정관리 및 그 밖에 국왕이 선임한 사람들로 구성된 '쿠리아 레기스'(Curia Regis), 즉 왕실회의에서 유래하였다. 이들은 이후 국왕의 자문위원으로 의회 같은 큰 집단 속에서 정부의 모든 기능을 수행하였다. 헨리 7세 때는 자문위원이 국왕의 손발이었다. 자문위원은 추밀원과 형평법 법원, 성실 법원, 고등 판무국, 지방 관청으로 구성되었다. 역사적으로 국왕이 올바른 사람들을 선택하여 지도력을 발휘했을 때는 이 제도가 잘 운용되었다. 그러나 스튜어트 왕조 시기에는 제 역할을 하지 못했고, 의회 의원들과 관습법 학자들 사이에서 자문위원의 정치활동에 대한 시샘과 분노가 증가하였다. 17세기 중엽에 종교와 헌법에 관한 논쟁으로 자문위원 제도가 사라졌으나 추밀원은 폐지되지 않았다. Charles 2세 때 추밀원이 부활하였지만, 그 후 국왕은 점차 내각을 의존하였다. 1701년 왕위 계승법(하노버 왕가의 왕위 계승)을 통해 추밀원에 권력을 되돌리려는 시도가 있었지만 결국 무산되었다. 조지 1세의 즉위와 더불어 추밀원은 형식적인 기관이 되었다. 1960년 추밀원 위원은 약 300명으로, 대부분은 정치와 사법 및 종교 분야의 전, 현직 고관들로 구성되었다. 때로 과학이나 문학 분야에서 뛰어난 인물이 포함되기도 한다. 여기서 의장은 추밀원의 의사 진행 규정을 만드는 일 외에 광범위한 기능을 맡고 있다. 그 기능은 주로 교육과 연구, 그리고 문학과 과학 및 예술을 진흥시키는 일을 하는 자선단체와 지방 자치단체를 책임이고 살피는 것이다.

[20] *Historical Part of the Testimony of the Reformation Presbyterian Church in Scotland* (Glasgow, 1839), 121-156; Robert Wodrow, *The History of the Sufferings of the Church of Scotland from the Restoration to the Revolution* (Glasgow. 1830), vol. I., 283.

밀 집회들을 막지는 못했다. 1669년, 찰스 2세는 "신교 자유령"(Indulgences)을[21] 발표하였다. 이 신교 자유령은 추방당한 목사 중 일부는 일정한 제한 조건 아래에서 사역을 재개할 수 있다는 것으로 언약도들을 유화시키려는 것이었다. 1670년, 의회는 제2차 비밀 집회 금지법(The Second Conventicle Act)을 통과시켰다. 이것은 이전의 모든 조치가 "선동적인" 모임을 막지 못했기 때문이다. 다른 법규와 함께 통과된 2차 비밀 집회 금지법은 교구 교회 밖에서 열리는 모든 종교적 모임들을 철저히 탄압하고 이런 모임의 참석자와 지지자를 처벌하기 위함이었다.

모든 사람은 성경에 손을 얹고 비밀 집회와 그 참석자들에 대하여 증언을 해야 했다. 증언을 거부한 자들은 벌금을 물거나 투옥 또는 추방되었다.[22] 이러한 증언은 때와 장소를 가리지 않고 공직자에 의해서 시행될 수 있었다. 따라서 언약도들은 사회 울타리 밖으로 내동댕이쳤고 법적 혜택과 보호를 전혀 받지 못하였다.

1681년 8월 13일, 찰스 2세의 스코틀랜드 왕위 계승의 정당성을 다룬 법이 통과되었다. 이 법은 "왕권은 하나님에게서 나오며"[23] 혈통으로 계승되고, 국가를 서약에 대한 파기나 반란으로 몰지 않는 한 바뀔 수 없다는 주장이었다. 게다가 추밀원은 국왕의 이름으로 비밀 집회에 대한 새로운 포고문을 발표하였다. 이 포고문은 다음과 같다.

> 우리 법으로 야외 비밀 집회는 이 나라의 모든 대표자의 보편적인 동의로 반역의 집결지라고 선포되었다. 그러나 이 비밀 집회는 이제 모든 제정신을 가진 사람들의 부인할 수 없는 경험 때문에 다음과 같은 것으로 밝혀졌다. 비밀 집회는 무지한 백성들을 꾀어 가장 무신론적인 현기증에 빠지게 한다. 그리고 비밀 집회는 개신교에게 책망의 대상이며 모든 개인의 안전에도 부합되지 않고 자신들의 주인들과 영주들까지 정죄하는 살인적인 원칙들을 가지고 있다. 그러므로, 우리는 이제 야외 비밀 집회를 포함하여 법규에 따라 다른 비밀 집회로 생각되는 모임이 열리는 즉시 그 비밀 집회 장소의 주인은 이를 3일 이내에 주 치안관에게 알릴 것을 명한다. … 비무장한 채 비밀 집회에 참여한 자는 비밀 집회 참석에 관한 이전의 법규에 따라 처벌될 것이다.

---

[21] Gordon Donaldson and Robert S. Morpeth, *A Dictionary of Scottish History* (Edinburgh: John Donald Publishers LTD., 1977), 104. Cf. Johannes G. Vos, *The Scottish Covenanters: Their Origins, History and Distinctive Doctrine* (Pennsylvania, Pittsburgh: Crown and Covenant Publications, 1980).

[22] W. M. Hetherington, *op cit.*, 432.

[23] John Mackintosh, *The History of Civilisation in Scotland* (Aberdeen. A. Brown & Co. 1884), vol. III, 155.

그러나 무장하고 비밀 집회에 참석한 자는 반역죄로 처벌될 것이다.[24]

그 후 1685년 2월 6일 갑자기 찰스 2세가 사망하였다. 그리고 제임스 7세가 왕위를 계승하였다. 그러나 제임스 7세는 철저한 로마 가톨릭 신자로 언약도들을 강하게 박해하였다. 그의 통치 기간에 의회는 언약도들에 대한 더욱 강력한 법규를 제정하였다. 제임스 7세는 많은 법규를 선포하였다. 그 가운데 대표적으로 1687년 2월 12일, 3월 31일, 7월 5일 그리고 1688년 5월 15일의 법규는 이전의 다른 어떤 법규보다 더욱 강력한 것이었다. 이 법규 중 하나에는 다음과 같은 내용이 있다. "비밀 집회 설교자는 물론 참석자까지도 사형에 처했다. 심지어 가정 예배도 가족 외에 다섯 명 이상 참석할 경우 반역 행위로 간주하였다."[25]

1685-1688년 사이에, 이 박해는 극에 달했으며, 많은 사람들이 법적 절차도 거치지 않은 채 군대에 의해 즉결 처형되었다. 국왕의 군대는 어떤 법적 절차를 거치지 않고도 비밀 집회 참석자들을 누구든지 죽일 수 있었다. 심지어 비밀 집회에 참석했다는 혐의를 받으면, 이는 법적 절차를 거치지 않고 즉결 처형되었다.[26] 이처럼 야외 비밀 집회 금지법들은 "그 권한과 구속력이 절정에 달했다." 왜냐하면, 국왕은 신교 자유령이 발표된 후, 야외 집회에 대한 어떤 변명도 있을 수 없다고 생각했기 때문이다. 그러나 신교 자유령은 급진적인 언약도들을 제외한 대부분의 장로교 목사들이 수용하였다. 이러한 상황에서 급진적 언약도들은 그들의 원칙에 대한 진술과 변호(Informatory Vindication)의 내용을 담고 있는 문서를 발표하였다. 이들은 이 문서에서 시종일관 신교 자유령을 거부하였다.

더욱이 하나님의 계시된 뜻에 따라 하나님을 예배할 수 있는 권리와 같이 인간의 절대적 권리는 세상의 통치자에 의해 허용되거나 제한될 수 있다는 생각은 그들에게 있어서 아나테마(저주)였기 때문이다. 이들은 왕이 이러한 방법으로 종교의 자유를 허용한다면, 그것은 인간의 권리가 아니라 왕이 자의에 의해 줄 수 있고 보류할 수도 있는 왕의 특권이라고 생각하였다. 급진적 언약도들은 신교 자유령을 통하여 다음과 같은 사실을 발견하였다. 그것은 신교 자유령이 본질적으로 성경에 따라 하나님께 예배할 수 있는 인간의 권리를 인정하기보다는, 국왕이 교회 문제

---

[24] W. M. Hetherington, *op. cit.*, 505.
[25] *Ibid.*, 505.
[26] *Wodrow's History*, vol. IV, 417-419.

의 수장이라는 교리에 기초하여 주어진 단순한 동의이거나 왕의 특권 시행에 지나지 않는다는 것이다. 언약도들은 신교 자유령이 완전히 에라스티안적이며 하나님의 법과 인간의 자유를 침해하는 것으로 보았다.

그러므로 이들은 전체 조직으로부터 자신들을 분리했다. 이들은 종교의 자유 허용에 대한 모든 에라스티안적인(교회는 국가에 종속된다는 견해) 제안을 거부하였다. 그리고 이들은 그리스도만이 교회의 머리라는 고결한 원칙을 계속 고수하면서 야외 집회를 계속하였다.[27] 1660년부터 1688년, 왕정복고에서 명예혁명에 이르는 살육의 시기 동안, 총 일곱 개의 신교 자유령이 통과되었다. 찰스 2세와 제임스 7세는 이 신교 자유령을 종교의 자유 허용 형식으로 삼았다. 그러나 언약도들은 국왕의 제안에 전혀 관심을 두지 않았다.[28] 오히려 이들은 두 언약을 굳건히 고수하였다.

2. 역사적 문헌들 속에서의 언약사상의 발전

1) 1679년 5월 29일의 루터글렌 선언(Rutherglen Declaration)

1679년 5월 13일, 정부는 야외 비밀 집회를 "반역의 집결지"(Remdezvouses Rebellion)라고 호칭하며, 모든 비밀 집회 참석자들과 국왕에 맞서 무기를 든 모든 자를 반역자로 선언하는 포고문을 발표하였다.[29] 이 포고문의 발표 전, 언약도들은 야외에 모여 목사들과 설교자들의 말씀을 듣는 일을 매우 즐겼다. 따라서 이들은 자신들이 외부의 공격을 받을 때만 무장한 채 자신들을 방어하였다.

언약도들은 지금이 비밀 집회 금지법에 맞서 자신들의 원칙을 세상에 널리 알릴 때라고 생각하였다. 이를 위해 이들은 비밀 집회파 목사 중에서 토마스 더글

---

[27] 비밀 집회 운동은 성만찬이 시행되는 큰 모임들이 있었던 1677년과 1678년에 최고조에 달했다. Gilfillan은 "그러한 비밀 집회의 한곳에는 약 600명의 무장한 사람들과 수천 명의 비무장한 사람들이 참석했다"라고 주장하였다. Gilfillan, *Martyrs and Heroes*, 78.

[28] Johannes G. Vos, *op. cit.*, 80. Cf. M. Goldie, "James II and the Dissenters Revenge: the Commission of Enquiry of 1688," *Historical Research: The Bulletin of the Institute of Historical Research*, vol. 66, no. 159 (February, 1993), 52-88.

[29] *Wodrow's History*, vol. III., 58-59.

라스(Thomas Douglas)와 언약파 지도자이자 프레스톤의 레어드(Laird of Preston)의 형제인 로버트 하밀톤(Robert Hamilton)을 대표로 무장한 80명의 사람과 함께 글라스고우 근처 루터글렌(Rutherglen)으로 파견하였다. 이렇게 파견된 작은 군대는 루터글렌의 시장 네거리에 집결하였다.

그곳에서 이들은 국왕의 생일과 왕정복고 날을 기념하여 타오르던 장작불을 꺼버렸다. 이들은 또한 두 언약에 맞서 제정된 법규들과 1660년 이후 감독제를 옹호하는 모든 의회법 사본들을 불태웠다. 그 후 사거리에 자신들의 선언서[30] 사본을 내걸었다. 이 선언서의 제목은 다음과 같다.

"1679년 5월 29일 루터글렌에서 공포된, 스코틀랜드의 진정한 장로파의 선언과 증언"(The Declaration and Testimony of Some of the True Presbyterian Party in Scotland, published at Rutherglen May 29th, 1679).[31]

이 선언서는 왕정복고 후에 제정된 여러 법규들을 비난하는 내용이었다. 비난의 대상이 된 법규에는 다음과 같은 것들이 포함되었다. 폐기법(The Rescissory Act), 폐지된 감독제(Prelacy)를 다시 세우기 위한 법규들, 공직에 있고자 하는 자들은 두 언약들(국가 언약과 엄숙 동맹과 언약)을 거부할 것을 요구하는 법(심사법), 1662년에 목사들의 추방을 가져온 법규, 왕정복고 날을 매년 기념일로 정하고 공휴일로 지키도록 요구하는 법규, 왕이 교회 모든 권력의 수장이라고 선언한 1669년의 수상법(the Assertory Act) 등이다.

언약도들은 이러한 법규들을 비난한 것 외에 다시는 전제 군주에 복종하지 않을 것이라고 선언하였다. 이들은 또한 왕의 교회 수장권을 강화하려는 의회의 모든 법규를 비난하였다.[32] 이들은 종교개혁 정신에 위배되는 모든 법적 문서들을 공적으로 불태웠다. 이들은 이렇게 선언했다. "이 법규들이 불공정하게, 배신적인 태도로 그리고 무례하게 자신들의 신성한 언약들을 태워버렸다."[33]

이러한 공적 선언은 하나님의 말씀과 국가 언약 그리고 엄숙 동맹과 언약에 기초한 것이다. 그리고 이러한 공적 선언은 그리스도의 권위를 파괴하려는 국왕의 시도에 대한 공적 비난이었다. 따라서 이 선언은 두 언약을 수호하는 자들에

---

30 *Wodrow's History*, vol. III., 66.
31 *Wodrow's History*, vol. III, 66-67.
32 *Wodrow's History*, vol. III, 66-67.
33 *Wodrow's History*, vol. III, 67; James Renwick, *op. cit.*, 171-173.

대한 거센 박해를 몰고 왔다.

2) 1680년 퀸스페리 문서와 샌퀴아르 선언

1679년 5월 29일, 루터글렌 선언에서 6월 22일 보스웰 브릿지(Bothwell Bridge) 사건 사이의 기간에 언약도들 간에 많은 논쟁이 벌어졌다. 이들은 군대를 모집하는 정당한 이유를 찾기 위해 노력하였다.[34] 이들은 스튜어트 왕가를 신뢰할 수 없다고 선언했다. 따라서 언약도들은 국왕에 맞서 자신들의 공동체 설립을 추진하였다. 이들은 고대 이스라엘을 본뜬 법규체계의 공화제를 채택한 문서를 내놓았다.

언약도들은 종교의 자유를 획득, 이를 실행하기 위해 하나로 결집함으로써 이를 성취하였다. 언약도들과 이스라엘 사이에는 유사성이 있었다. 이스라엘처럼 언약도들도 자신들은 하나님의 선민으로서 그분의 직접적인 통치를 받으며 그분의 확실한 계시의 수혜자들이라고 믿었다. 언약도들은 또한 이 땅의 어떤 사람도, 설령 그가 국왕이라 해도 하나님과 백성의 이러한 독특한 관계를 변경하거나 방해할 수 없다고 주장하였다.[35] 이 문서는 서명자들의 권리와 자유에 대한 침해를 전쟁 포고로 간주할 것이라는 경고로 끝을 맺었다.

그런데 1680년 6월 4일, 에든버러 근처의 사우스 퀸스페리(South Queensferry)에서 체포된 한 엄격한 언약도 하우헤드(Haughhead)의 헨리 홀(Henry Hall)에서 하나의 문서가 발견되었다. 여기서 연유된 이 문서는 후에 퀸스페리 문서(Queensferry Paper)로 밝혀졌다. 이 문서는 아직 서명되지 않은 초고로, 문체가 다소 거칠고 세련되지 못한바, 발표가 목적은 아니었다. 이 문서는 정책에 관한 8개의 조항이 기록되었다. 그런데 각각의 조항들은 서로 다른 의도를 가진 구별된 선언이었으나 국왕에 관한 책임 조항은 전혀 없으며, 단지 교회의 책임을 강조하였다.

문서의 첫 네 개의 조항들은 일반적으로 교회의 상황을 다루었고, 성경과 종교개혁의 원칙들 그리고 장로교 교회 정치와 언약들에 대한 필자들의 충성심을 확증하였다. 그리고 감독제와 에라스티안주의를 타파하겠다는 맹세가 포함되었다. 그리고 나머지 네 조항은, 특히 다섯 번째와 여섯 번째 조항은 그 어조가 매

---

[34] J. D. Douglas, *op. cit.*, 140.
[35] Edwin Nisbet Moore, *Our Covenant Heritage* (Scotland: Christian Focus Publication Ltd., 2000), 18-19, 32.

우 과격하였다. 그중에 다섯째 조항은 세 부분으로 구성되었다. 이 조항의 전제는 다음과 같다.

"국왕들은 하나님의 보좌에 맞서 왔으며, 지금까지 아주 오랫동안 대부분 왕과 통치자들이 종교와 신앙의 정결과 권세, 그리고 하나님의 교회 자유에 역행해 왔다."[36]

다섯째 조항은 "정부의 전제 정치, 압제와 박해와 불의를 거듭 폭로" 하였다. 하지만, 이제 그것은 더는 정부라고 불릴 수 없으며, 정당한 이유로는 차라리 야수보다 더한 잔인함으로 이루어진 강력한 분노였다. 그리고 그들은 더는 통치자들이라 불릴 수 없다. 이들은 "모든 사람이 칼이나 우리 가운데 만연하는 기근이나 전염병에서 벗어나고자 하는 것처럼, 열심히 벗어나려고 애써야 하는 공적인 재판관들이다."[37] 이 문서는 또한 통치자들을 좀 더 나은 길로 이끌 수 있는 희망이 있는가에 대해서도 고찰하였다. 하지만, 이들은

> 그들이 이러한 길에서 돌이킬 것이라는 희망은 꿈꿀 수도 없다. 왜냐하면, 그들은 하나님과 모든 의에 대항하는 그들의 본성과 적의들을 자주 드러내 보였으며, 이러한 길을 계속 유지하려는 자신들의 목적과 약속을 매우 자주 선언하고 갱신해왔기 때문이다.

그런 다음 이 문서에는 다음과 같이 기록되었다.

> 우리는 그들의 행동에 복종하는 것이 엄청난 죄요, 올가미임을 알고 있다. … 그래서 우리는 하나님과 함께 그분이 대적이라고 선언하신 자들과 맞서며, 우리의 규칙에 따라 국왕과 국왕의 제휴 자들을 거부한다. … 그리고 이후 우리는 그들에게 신세를 지거나 복종하지도 않을 것이다. … 이는 그 누구도 우리가 마귀에게 충성한다고 말하지 않고는 우리가 악한 마귀의 섭정인 그들에게 충성한다고 말하지 못하도록 하기 위함이다.[38]

다섯째 조항은 계속해서 더욱 급진적인 사상을 제시한다.

---

36 *Wodrow's History*, vol. III, 208.
37 *Wodrow's History*, vol. III, 208.
38 *Wodrow's History*, vol. III, 208.

우리는 지금 그들에 대한 종교적 의무와 공적 의무들에서 벗어나 있다. 그러므로 우리는 우리 자신과 하나님께서 우리에게 주신 정부와 통치자들의 권세를 하나님의 말씀 위에 세울 것이다. 우리는 우리의 정부와 우리를 위한 법률 제정을 어느 한 사람에게나 그 혈통적 계승자에게 위임하지 않을 것이다. 왜냐하면, 하나님께서 유대인들에게 하신 것처럼 우리를 한 가족으로 예속되게 하지 않으셨기 때문이다. 그리고 슬프고 긴 경험이 우리에게 가르쳐 준 것처럼, 한 사람에 의해 다스려지는 이러한 종류의 정부는 가장 불편하며 전제 정치로 전락해 버릴 가능성이 가장 크기 때문이다.[39]

한편, 이 문서는 왕뿐만 아니라 모든 세습 군주제의 개념도 거부하였다. 여기서 제안된 것은 하나님의 법에 종속되지만, 지금까지 왕으로 군림해 온 국가 위정자가 있는 공화제 형태의 정부였다. 이것은 가히 혁명적이었으며, 정부에 의해 혁명적인 것으로 취급받은 것은 조금도 놀라운 일이 아니었다.

이 문서는 국가 권력을 다룬 후 계속해서 여섯째 조항에서 교회의 상황과 특히 신교 자유령의 폐악을 자세히 다루었다. 이 조항은 "그들의 신성 모독적이고 부당하게 찬탈한 권력이 주는 자유를 받아들인" 모든 목사와 이로 인해 "자신들의 주인들을 바꾸고 그리스도의 목사들에서 사람의 목사들이 되어 그들이 원하는 대로 대답하는 자들"을 강력히 비난하였다. 이러한 목사들은 이와 같은 행동을 통해 그리스도의 목사들이기를 포기한 자들이었다. 그 때문에 이들은 더 지지를 받지 못했다. 성경은 "어떤 형제라도 그릇된 길로 가거든 그를 멀리하라"(사 53:1-8; 창 3:15; 딤전 5:8; 살전 5:14; 빌 2:2-14; 마 7:1-6)라고 명령하였다.

일곱째 조항은 이러한 목사들을 멀리하는 것 이상을 말하였다. 여기에는 "그들의 말을 듣고 그들을 위해 맹세함으로써 고무되고 힘을 얻은 모든 자," "그들과 함께 연합을 꾀한 모든 자를," 그리고 "그들을 대항하는 선언에 형제들과 공적으로 동참하지 않은 모든 자"에 대한 비난이 포함되었다.[40]

마지막으로 여덟째 조항은 그리스도 안에서 형제 됨의 광범위한 의미로 끝을 맺는다.

우리는 하나님께 대한 우리의 예배와 우리의 본질적, 공적, 종교적 권리와 자유를

---

39 *Wodrow's History*, vol. III, 209.
40 *Wodrow's History*, vol. III, 211.

지켜야 한다는 의무를 우리 자신에게 부가한다. 우리는 우리가 승리하거나 우리가 끝낸 곳에서 우리의 후손들이 시작할 수 있도록 논쟁 중인 이 문제들을 후손에게 물려줄 때까지 계속 그렇게 할 것이다. 그리고 우리의 예배 권리와 자유가 더 침해 당한다면 우리는 이를 선전 포고로 간주할 것이다. 그리고 대적에서 취할 수 있는 모든 이익을 취할 것이며, 적의를 가지고 우리를 공격하려는 모든 자를 멸할 방법을 간구할 것이다. 그렇게 하여 우리를 잘못된 길로 인도한 자들에게서 우리를 지키고 건져내며 올바른 길로 인도할 것이다. … 우리는 우리 자신과 우리에게 힘을 주는 정부와 통치자들을 하나님의 법에 따라 세울 것을 선언하였다.[41]

지금까지 살펴본 것처럼 이 문서는 구약과 신약의 영감뿐만 아니라 아버지와 아들과 성령으로서의 하나님을 인정하였다. 이 문서는 또한 스코틀랜드 전체의 교리와 예배와 성직 임명에서 참된 개혁 종교와 의와 치리를 세우겠다는 확고한 결심을 나타내었다. 이 문서는 정부를 "정당한 이유에서가 아니라 야수보다 강한 잔인성으로 통치하는 강렬한 분노"라고 비난하였다. 그리고 찰스 2세는 자신이 왕이 되는 협정을 끌어낸 언약들을 파기했다고 비난하였다. 이 문서는 계속해서 장로교 교회 정치 형태에 대하여, 그리고 교황제와 감독제, 스튜어트 왕조의 죄악상에 대해 논하였다. 이 문서는 복음 사역을 확증했으며, 마지막으로 자유로운 총회의 신적 권리와 자유를 위한 전쟁을 선포하였다.[42] 이 문서는 이들의 원칙에 대한 공적 선언이 된 보다 유명한 샌쿼아르 선언(Sanquhar Declaration)의 초석이었다.

퀸스페리 사건 발생 3주 전, 1680년 6월 22일은 보스웰(Bothwell) 기념일이었다. 리처드 카메론(Richard Cameron)을 포함한 19명의 말을 탄 사람들이 샌쿼아르 마을 사거리로 달려왔다. 그리고 이들은 그곳에서 샌쿼아르 선언(Sanquhar Declaration)의 쪽지 하나를 낭독했다. 그런 다음 이들은 이 쪽지를 샌쿼아르 시장 사거리에 내걸었다. 이 선언의 제목은 다음과 같다.

"감독제를 반대하고 에라스티안주의를 반대하며, 스코틀랜드에서 박해받는 진정한 장로교파의 선언과 증언"(The Declaration and Testimony of the True Presbyterian, Anti-Prelatic, Anti-Erastian, and Persecuted Party in Scotland).

이 선언은 스튜어트 왕조의 찰스가 언약에 대한 서약을 위반하고 전제 정치를 행하며 국민의 종교적 자유를 박탈했기 때문에 왕권을 상실했다고 주장하였다.

---

41 *Wodrow's History*, vol. III, 211.
42 *Wodrow's History*, vol. III, 211-212.

샌퀴아르 선언은 어떤 면에서는 퀸스페리 문서의 압축판이었다. 그러나 샌퀴아르 선언은 훨씬 더 간결했다. 특히, 이 선언은 세습 군주제에 대한 유순한 목사들의 거부와 같은 논쟁적인 문제들을 포함하지 않았다. 이 선언은 신교 자유령을 전혀 언급하지 않고 교회 상황을 일반적으로 다루었다. 이 선언의 주요 방향은 국가 문제에 관한 것이었다.

이 선언 속에서 언약도들은 공공연히 찰스 스튜어트(Charles Stuart)의 권위를 부인하고 그의 서약 위반과 국가 언약의 파기를 비난했다. 언약도들은 폭군이요 찬탈자인 찰스에게 선전 포고를 하였다.

> 우리는 지금까지 이 나라를 통치해 오고 있는, 오히려 영국 왕의 보좌에서 전제 군주로 다스려온 찰스 스튜어트를 거부한다. … 우리는 구원자이신 우리 주 예수 그리스도의 기준을 따라 그와 같은 폭군이요 찬탈자에게 그리고 그를 따르는 모든 사람에게 전쟁을 선포한다. 왜냐하면, 이들은 그리스도와 그분의 권세와 언약들의 원수들이기 때문이다.[43]

그러나 이 선언은 그 결과와 행동 범위에서 퀸스페리 문서보다 한걸음 더 나아갔다. 이 선언은 "지금까지 국왕을 강하게 편들어온 모든 자나 국가적 교회적 전제 정치에서 국왕을 인정하는 모든 방법, 그리고 앞으로 국왕을 강하게 편들어 온 모든 자나 그의 왕위 찬탈과 전제 정치를 인정하는 모든 방법에 맞서는" 행동을 취했다.[44] 여기에는 대적에게 공격을 가하는 적극적이고 군사적인 해결이 포함되었다.

---

[43] *Wodrow's History*, vol. III, 212-213; Hector Macpherson, "The Political Ideas of the Covenanters, 1660-1668" (*The Scottish Church History Society*, 1926), vol. 1., 231; J. H. S Burleigh, *A Church History of Scotland* (Edinburgh: Hope Trust, 1983), 250-251; John Beveridge, *The Covenanters* (Edinburgh: T. & T. Clark, 1905), 100; Thomas M'crie, *Sketches of Scottish Church History Embracing the Period from the Reformation to the Revolution* (Edinburgh: Johnstone & Hunter, 1841), vol. II., 197; George Grub, *An Ecclesiastical History of Scotland: From the Introduction of Christianity to the Present time* (Edinburgh: Edmonston and Douglas, 1861), vol. III., 262; William Stephen, *History of the Scottish Church* (Edinburgh: David Douglas, 1896), vol. II, 389.

[44] *Wodrow's History*, vol. III, 213; James Renwick, *An Informatory Vindication of a Poor, Wasted, Misrepresented Remnant of the Suffering ... Presbyterian Church of Christ in Scotland* (Edinburgh, 1687), 173-177. Cf. Maurice Grant, *No King but Christ* (Evangelical Press, 1988), 122-123; Ian B. Cowan, *Scottish Covenanters 1660-1688* (London: Victor Gollancz Ltd., 1976), 105, *Source Book*, vol. III., 177-179.

이 선언은 왕을 지지하는 하밀톤 선언(Hamilton declaration)과 요크 공작(Duke of York)의 왕위 계승을 거부했다는 점에서 루터글렌 선언의 재확인이었다. 그런 다음 이 선언은 언약도들이 스스로 다루어온 방법 그대로 하나님께서 언약도들에게 기회를 주실 것이기 때문에 그들 중에 누구도 대적에 공격당하지 않을 것이라는 희망과 함께 다음과 같은 말로 끝을 맺는다.

> 그러므로 비록 우리가 하나님의 말씀이 허락하고, 우리의 언약이 허락하는 정부와 통치자들을 위해 존재한다고 하더라도, 우리는 우리 자신과 우리를 지지하는 모든 사람을 위해 참된 장로교 교회와 언약된 나라 스코틀랜드의 대표로서, 우리가 큰 죄 아래 있다는 커다란 위험을 생각하면서 본 문서에 의해 찰스 스튜어트를 거부하는 바이다. 그는 지난 몇 년 동안 소위 스코틀랜드를 다스리는 왕의 권리나 칭호 또는 보좌에 관심을 가지고 영국 왕으로서 다스려 왔다(오히려 우리가 말하는 것처럼 전제 정치를 실행해 왔다). 그러나 그는 여러 해 동안 하나님과 그의 교회에 대한 언약을 어기고 자신의 왕권과 왕적 특권들을 찬탈하였다. 그리고 교회 문제에 있어서 다른 많은 언약을 파기하고 전제 정치를 행하며 국가 문제에 있어서 실정법(*LEGES REGNANDI*)을 어겼다. … 따라서 우리는 그와 같은 폭군과 찬탈자에게 그리고 그를 지지하는 모든 자에 대하여 그를 강하게 편들어온 모든 자에 대해서, 또는 그를 인정하는 모든 방법이나 찬탈이나 폭정과 같은 다른 모든 방법에 대해서, 더욱이 우리의 자유 개혁의 모 교회를 배반하고 적그리스도인 로마 교황의 노예로 만들어 버리려는 자들에 대해 이들을 우리 주 예수 그리스도와 그분의 권세와 언약들의 원수로 여기며 이에 전쟁을 선포하는 바이다. … 또한, 우리는 이러한 분개로써, 공언된 교황주의자이며 지존하신 하나님께 대한 우리의 원칙들과 맹세들에 모순되는 요크 공작(Duke of York)을 거부한다. 우리는 또한 이 선언 때문에 그의 왕위 계승을 거부한다. 그리고 지금까지 하나님께 바쳐진 이 땅에서 우리의 개혁 사업에 편견을 가지고 어떤 일이 일어났건 어떤 일이 시도되고 있건 간에 … 그들이 그들의 범죄 정도에 따라 기꺼이 만족을 준다면, 지금까지 쇠퇴한 어떤 것도 배제하지 않을 것이다.[45]

---

45 *Ibid.*, vol. III, 212-213. Cargill에 의하면 Sanquhar 네거리에서 그 외에도 네 개의 선언들이 선포되었다. 첫 번째는 1692년 8월 10일; 두 번째는 1695년 11월 6일; 세 번째는 1703년 5월 21일; 네 번째는 1707년 5월에 있었다. 그들은 이 선언들로 국가에 대한 자신들의 반역을 세계에 선포했다. "1707년의 선언은 교황의 악의 있는 계략이었다. 그때는 그들 중에서 계획된 반역이 있었다." Richard Cameron, *Some Remarkable Passages of the Life and Death of these three famous Worthies, Signal for piety and zeal, whom the Lord helped and honoured to be faithful unto the Death, viz Mr. John Semple, John Welwood, Mr. Richard Cameron, Minister of the Gospel, according as they were taken off the State: who were all shining Light m this Land, and gave Light to many, in which they rejoiced for a Season* (Edinburgh, 1727), 85-86.

이것은 기독교와 종교적 자유(총회), 그리고 공적 자유(의회)에 대한 선언이었다. 여기서 명확한 것은 감독제가 교회에서만큼 국가에서도 절대왕권 사상과 제휴했다는 것이다. 따라서 카메론파(Cameronians)는 다른 모든 장로교 목사들로부터 멀어져 더욱 극단적인 태도를 보였다. 이들은 자유의 이름으로 원수를 상대로 거룩한 전쟁(Holy War)을 치러야 한다고 주장하였다. 이 선언으로 이들은 신정(神政) 수립을 위한 독재 타도를 정당화하였다. 이 선언 속에는 카메론파를 제외한 스코틀랜드의 다른 어떤 장로교 목사들도 호의적으로 언급되지 않았다. 왜냐하면, 이들은 후에 스스로 잘못을 인정하고 뉘우쳤기 때문이다. 실제로 이들은 이 문서에 인용된 여러 표현을 수정하고 설명하였다. 이것은 찰스 2세에 대한 충성을 거부한 언약도들의 첫 번째 공식 선언이었다. 그러나 더글라스(J. D. Douglas)는 카메론파가 제시한 주요한 이유를 다음과 같이 정리하였다.

> 왕은 자신이 지키겠다고 두 번이나 맹세한 엄숙 동맹과 언약에 대한 맹세를 파기하였다. 왕은 자신이 이전에 하나님의 운동이라고 고백한 그 운동을 핍박했다. 그리고 그의 극악무도하고 비도덕적 행동이 보여 주는 것처럼, 왕은 하나님께 불충했다.[46]

결국, 언약도들의 호소는 하나님과 양심에 대한 것으로 법적인 고려를 초월한 것이다.

3) 스코틀랜드교회의 참된 장로교인들의 변론적 선언 (1682년 1월)

1681년 심사법(Test Act)이 의회에서 통과되었다. 이후 국왕은 언약파 목사들에게 심사법의 수용을 강요하였다. 많은 언약도가 그러겠다고 맹세했으며 비밀 집회파를 비난하고, 용들(dragoons)[47]을 키우기 위한 세금을 내겠다고 하였다. 그러나 수천 명의 언약도들이 이러한 방식의 서약 파기를 거부하였다. 그러나 심사법에 대한 서명 강요는 카메론파 언약도들의 또 다른 저항을 유발하였다. 결국, 이들은 1682년 1월 12일 라나크(Lanark)에 무장한 채 나타나 심사법을 불태우고 엄숙한 선언을 크게 낭독하였다. 이 선언은 루터글렌 선언과 퀸스페리 문서 그리

---

46 J. D. Douglas, *op. cit.*, 150.
47 언약도들을 제압할 특수부대의 양성 비용.

고 샌퀴아르 선언을 재확인하였다. 이들은 국왕에 대한 모든 충성을 거부했으며, 자신들을 국왕과 전쟁 중인 것으로 간주했다. 따라서 카메론파 언약도들은 세금 납부와 에라스티안파 목회자에 대한 지지, 법정의 사법권에 대한 인정을 금지하였다.[48]

이 선언은 또한 국민은 전제 정부의 멍에를 벗어버릴 권리가 있다고 주장하였다. 이 선언은 스코틀랜드 의회가 "법규에 의해 너무 제한을 받기 때문에 국가나 교회의 어느 사람도 거기에 앉아 투표할 자유를 갖지 못한다"고 말하고, 다음과 같이 질문을 던졌다.

> 이러한 극단적 상황에서 국민이 과연 무엇을 해야 할까?
> 국민은 인간으로서 자신들의 이성과 그리스도인으로서 자신들의 양심을 포기하고 (하나님과 그의 백성들에 대한 많은 맹세에도 불구하고), 하나님과 인간을 무시하고 자신의 의지를 자신의 행동과 터무니없는 탐닉의 그리고 백성들의 희망과 행복의 절대적 규칙으로 삼는 자들의 무자비한 완악함과 패악에 그들의 자유와 운명, 종교와 모든 소유를 내어주어야 하는가?
> 정부의 마지막은 나약함과 사악함 그리고 통치자들의 폭정으로 인해 파멸로 끝날 것인가?
> 백성들은 그저 복종하고 비통한 어리석음 속에 빠져 스스로 파괴하고 그들의 후손들을 배반하여, 현세대에게 비난의 대상이, 미래 세대에게 연민과 경멸의 대상이 되어야만 하는가?
> 백성들은 그들이 가진 자연적 본질적인 힘을 사용하여 우리나 우리의 조상도 참을 수 없는 멍에를 벗어버릴 수 있는 아주 좋은 근거가 있지 않은가?
> 이것은 하나님께서(스코틀랜드의 의회원들과 주의 일반적이고 제한적이지 않은 모임에서) 우리에게 행할 영광을 주신 것이다. 이것은 제한되지 않은 구성원들의 모임, 오직 하나님께 영광을 돌리며 목전에 통일 국가의 유익을 생각하는 사람들의 모임, 즉 현재 다스리고 있는 폭군이 고향으로 돌아온 이후로 결코 흉내 낼 수 없었던 그런 모임이다.

이 선언은 앞에서 말한 모임의 특별한 보증을 받아 샌퀴아르에서 공표되었다. 이 선언은 계속해서 앞에서 취한 행동의 근거로서 "지금은 우리의 교회와 국가를 전복하는 왕의 행동에서나 발견되는 수천 가지 폭정 중 몇 가지를 예로 들었

---

[48] *Wodrow's History*, op. cit., vol. III, 213.

다." 여기에는 다음과 같은 것들이 포함되었다.

① 스코틀랜드에서 교회와 국가 조직을 모두 바꾸어 놓은 폐기법(the Rescissory Act)이다.
② 왕이 왕적 특권을 이 나라의 법 위에 둠으로써 그는 "스코틀랜드를 이웃 나라의 웃음거리로 만들었으며 … 따라서, 그들은 스코틀랜드에는 문자적인 법규(the law of letters)만이 있을 뿐 법의 문자적 의미(the letter of the law)는 없다고 비웃었다."
③ 왕은 의회를 전횡적으로 휴회시켰다.
④ 왕은 모든 사람과 권세의 수장이라고 주장했다.
⑤ 과도한 세금, "이는 왕실 유지라기보다는 매춘 굴을 양성하기 위한 것이었다."
⑥ 억압당한 의회와 그에 의해 통과된 심사법(Test Act)으로, "이것은 어떤 개신교도 받아들일 수 없었다."

이 문서는 계속해서 다음과 같이 말하였다.
"우리는 폭군의 멍에에서 벗어나기 위해서, 그리고 우리의 교회와 국가를 1648년과 1649년 상태로 되돌리기 위해 노력하고 있을 뿐이다."
그런 다음 이 문서는 루터글렌 문서와 샌퀴아르 선언을 승인하였다. 그리고 1660년 왕정복고 이래 찰스 2세의 모든 법규를 그리고 특히 7월 28일에 에든버러에서 열린 의회가 제정한 법규를 "폐기하고 무효화하였다." 이 문서는 다음과 같은 마지막 말로 끝을 맺었다.
"우리의 왕 예수여 다스리소서. 그러면 당신의 모든 원수가 흩어지리이다."[49]
이 선언은, 1660년부터 찰스 2세 아래서 통과된 다양한 법규들이 불법임을 강조하였다. 이와 대조적으로 이 문서는 그들의 왕은 예수 그리스도라는 사실을 확증하였다. 그리고 이들 모두는 예수 그리스도의 원수들이 흩어지게 해달라고 기도하였다. 이 문서는 교회와 국가 정부에 대한 스코틀랜드 언약도들의 입장을 천명한 1684년의 변증 선언으로 발전하였다.

---

[49] Hector Macpherson, *op cit.*, 231.

4) 밀고자들과 고발자들에 대한 스코틀랜드의 참된 장로파들의 변증 선언과 훈계적 변호(1684년 11월)

이후 정부의 답변은 추밀원 법규 형태로 나타났다. 이 법규는 다음과 같이 기록되었다.

> 이에 폐하의 추밀원은 다음과 같이 명한다. 최근의 반역적 선언을 인정하거나 맹세로써 부인하지 않는 자는 그 무장 여부를 막론하고 즉결 처형에 처한다. 이것은 항상 두 명의 증인의 입회하에 이루어질 것이다. 그리고 추밀원으로부터 위임받은 사람이 이 일을 집행할 것이다.[50]

이 명령은 결국 재판 없이 군사적 처형이 가능하게 하였다. 또 다른 경우는 15명의 배심원으로 구성된 재판 후에 곧바로 즉결 처형이 집행되었다. 이러한 일은 스코틀랜드 곳곳에서 행해졌다. 추밀원의 이 법규에 맞서, 1684년 카메론파(Cameronians)는 제임스 렌윅(James Renwick)이 작성한 "변증 선언"(Apologetic Declaration)을 발표 하였다. 이 선언은 두 언약을 지지하였다.

> 사법관과 같은 강압적인 판결이나 군대처럼 실제적 행동으로 또는 젠트리처럼 언약도들을 색출하여 대적에게 내주거나, 독사처럼 악의에 찬 주교들과 목사들(curates)처럼 사악하고 의도적으로 언약도들을 밀고하는 방법 등을 통해 언약도들의 피를 흘림으로써 언약도들에 맞서서 손을 뻗는 모든 자, 언약도들은 하나님과 종교개혁의 언약적 사역의 원수들로 간주할 것이며, 우리의 권세와 그들의 공격 정도에 따라 원수로서 징벌될 것이다.[51]

그리하여 언약도들은 찰스 2세의 권위를 전적으로 부정하였다.[52] 이것은 사실상 찰스 2세와 그의 지지자들에 대한 공적 선전 포고였다. 그리고 11월 19-20일 밤, 두 명의 군인이 웨스트 로티안(West Rothian)의 스와인 에비(Swine Abbey)에서

---

[50] James Renwick, *An Informatory Vindication of a Poor, wasted, Misrepresented Remnant of the Suffering ... Presbyterian Church of Christ in Scotland* (Edinburgh, 1687, 189; John C. Johnston, *Treasury of the Scottish Covenant* (Edinburgh: Andrew Elliot, 1887), 144-147.

[51] *Ibid.*, 142-144.

[52] W. H Carslaw, *The Life and Letters of James Renwick* (Edinburgh: Oliphant Anderson & Ferrier, 1893), 106.

술집을 나서다가 살해되었다. 그리하여 적대감이 고조된바, 1684년 11월 22일 추밀원은 이 선언에 화답하는 칙령을 발포하였다. 이 칙령에 의하면, 누구든지 이 선언의 부인을 거부하는 자는 두 명의 증인 입회하에 추밀원이 위임한 사람에 의해 즉결 처형하게 되었다.[53] 카메론파는 핍박으로 거의 미칠 지경에 이르렀을 때 이렇게 선언하였다.

> 우리는 판단과 신념이 우리와 다른 사람들을 살육하는 무서운 원칙을 극도로 혐오하고 싫어한다. 왜냐하면, 이 원칙은 전혀 하나님의 말씀과 올바른 이성에 근거하지 않기 때문이다. 실제로 우리가 피 흘려 언약으로 이룬 개혁을 보호하는 것이 당신의 원수들에 맞서는 그리스도의 권세요 관심이었다.[54]

이 선언에는 그들을 핍박하는 자들에 대한 경고가 담겨 있다. 비록 핍박자들이 이전에 판단과 신념이 우리와 다른 자들을 살육하는 원칙을 거부했다 해도, 우리는 그들을 하나님과 그분의 언약적 사역의 원수들로 생각할 것이며 또 그렇게 징벌할 것이다.[55] 이 선언은 계속해서 다음과 같이 말한다.

> 우리는 여기에서 다음과 같이 선언한다. 우리는 충분한 증인 심사나 피고인의 고백 또는 그의 행동의 악명에 대한 충분한 사전 숙고나 일반적이거나 충분한 동의 없이 어떤 구실에 근거하여 이루어지는 개인적 시도들(재판들)을 증오하며 정죄하며, 버리는 바이다.[56]

이 선언은 언약과 그리스도의 권세를 매우 강조하였다.

> 우리는 우리의 인성과 삶과 자유와 운명 속에서 그분의 영광된 개혁 사업을 수호하고 증진하기 위해 주님과 거룩히 언약 맺어진 백성이다. 그리고 우리는 주님의 일에는 어떤 중립적 태도나 무관심한 태도를 보이지 않겠다고 맹세한 백성이다. 우리의 왕 예수여 다스리소서, 그러면 당신의 모든 원수가 흩어지리다.[57]

---

53 *Wodrow's History*, op. cit., vol. IV, 148.
54 *Wodrow's History*, op. cit., vol. IV, 148.
55 *Wodrow's History*, op. cit., vol. IV, 148.
56 *Wodrow's History*, op. cit., vol. IV, 149.
57 *Wodrow's History*, op. cit., vol. IV, 149.

반역은 폭군 통치자가 연관되어 있었던 조지 버카난(George Buchanan)에 의해 주도된 것보다 훨씬 더 거세었다. 언약도들은 찰스 2세가 왕위에 오를 때 서명한 두 언약에 등을 돌릴 때까지 그의 왕권을 인정하고 지지했다. 그러나 몇 년이 지나지 않아서 전제적 통치자에 대한 언약도들의 거부는 전 국가의 거부로 발전하였다. 그리고 이전까지 반란과 반역으로 불리던 것이 1688년 명예혁명에서는 전 국가의 사려 깊은 행동이 되었다. 그런데 장로교인들은 국가를 교회 문제의 수장으로 인정하기를 거부하였다.[58]

3. 대중적 문서 속의 언약사상 및 정당한 반역 교리에 대한 상호 관계

1) 사무엘 루더포드(Samuel Rutherford, 1600-1661)

17세기의 탁월한 언약파의 성자 사무엘 루더포드는 스코틀랜드 보더스(Borders)에서 자라났다. 그는 에든버러대학교에서 공부한 후 고전학 교수로서 학자 생활을 계속했다. 후에 그는 신학을 공부하고 몇 년간 안워쓰(Anworth)에서 목회 중에 파면되어 애버딘에서 약 2년간 투옥되었다. 그는 투옥 중에 가까운 지인들과 교인들에게 약 365통의 편지를 썼다.[59]

이 편지들은 지금까지 잘 보존되어, 많은 사람들에게 신앙의 영감을 주는 귀중한 자료이다. 석방 후, 루더포드는 1643-1648년, 영국 런던에서 열린 웨스트민스터 총회에 스코틀랜드 총회의 대표자 중에 한 사람으로 참석하였다. 당시 총회에 제기된 문제 중의 하나는 교회 정치였다. 루더포드는 개혁신학의 신학의 두 언약 체계[60] 즉 행위언약과 은혜언약을 믿었다. 그리고 그는 웨스트민스터 총회에서 성경에 기초한 장로교 정치를 강력히 변호하였다.

---

[58] Ian B. Cowan, *The Scottish Covenanters 1660-1688* (London: Victor Gollancz LTD., 1976), 128.
[59] Andrew A. Bonar (ed.), *Letters or Samuel Rutherford* (Edinburgh, 1893); Thomas Smith (ed.), *Letters of the Samuel Rutherford*, Simpkin, Marshall & CO: London, 1876). 루더포드는 1636년 7월부터 1638년 3월까지 1년 8개월 동안 애버딘에 머물며 안워쓰의 이전 교인들과 친구들에게 편지를 썼다. 그는 총 365통의 편지를 썼는데, 그중에 220통이 수감 중에 애버딘에서 쓴 것이다.
[60] Robert Rollock, *Tractatus de vocattione efficaci* (Edinburgh: 1597), English translation (1-288): "A Treatise of God's Effectual Calling," *Select Works of Robert Rollock* (ed.), William M. Gunn (Edinburgh, Wodrow Society, 1849), vol. I, 38.

후에 그는 세인트앤드류스대학교(St. Andrews University)의 세인트메리대학(St. Mary's College) 교수로, 후에는 학장으로 봉직하였다. 루더포드는 1660년 왕정복고 당시 소위 두 번째 감독제에서 시련을 겪지 않고, 1661년 3월 20일 타계하였다. 의심할 바 없이, 1638년 2월의 국민 언약 이후 루더포드는 교회의 정치 형태와 관련하여 언약도들 중에서 가장 유능하고 논리 정연한 신학자 중에 한 사람이었다.

루더포드가 1644년 저술한 책 『법과 왕: 왕과 백성의 정당한 특권에 대한 논쟁의 핵』(Lex, Rex: The Law and the Prince a Disputation for the Just Prerogative of King and People)을 쓴 것은 그가 웨스트민스터 총회에 스코틀랜드교회의 대표로 참석하고 있을 때였다. 『법과 왕』은 성경에 기초하여, 일차적으로 다음의 두 본문에 기초했다.

첫째, 신명기 17:15이다. 이 구절은 "하나님의 적극적인 법으로 지명된 첫 번째 왕"은 백성들에 의해 선택되었으며, 이것이 뒤이은 모든 왕의 패턴이 될 것을 묘사하였다. 그런데 이것은 루더포드가 가장 좋아한 성경 구절이었다. 왜냐하면, 이 구절은 이스라엘에서 군주제를 세우고 유지하는데 필요한 규정들을 명확히 제시하기 때문이다. 루더포드는 첫 번째 왕 사울의 지명과 관련된 이러한 규정들을 자주 언급했다.

둘째, 열왕기하 11:17이다. 이 말씀에서 "여호야다는 여호와와 왕 및 백성들 간에 언약을 맺었다." 이것은 왕을 하나님뿐만 아니라 백성들까지 묶어주는 언약의 모델이 되었다. 루더포드는 본서를 출교당한 로스의 주교 존 맥스웰(John Maxwell)의 논문에 대한 답변으로 저술하였다. 맥스웰의 논문 제목은 "Sacro-Sanctua Regum Majesta," 즉 "기독교 국왕들의 신성하고 왕적인 특권"(The Sacred and Royal Prerogative of Christian Kings)이었다.[61] 여기서 맥스웰은 왕적 권위의 특권은 오직 하나님에게서 나온다는 것을 증명하였다. 그는 왕권신수설을 가장 극단적으로 주장하였다. 이를 근거로 그는 백성들의 왕에 대한 모든 항의나 심지어 개혁에 대한 제의를 반역으로, 그뿐 아니라 신성모독으로 간주했다. 맥스웰의 견해라면 백성들은 주권자 국왕의 뜻에 절대적이고 수동적으로 복종해야 했다.

한편, 루더포드는 기독교 왕들의 왕적 특권을 변호하기 위해서(여기에서 주권은 거룩한 성경에 의해 주어진다) 인간적인 주권의 근본 문제를 논의하였다. 그리고 인간적인 주권은 백성에게서 나온다고 밝혔다. 그런데 왕들은 통치 중에 필요가 증

---

[61] J. D. Douglas, *Light in the North*, op. cit., 50.

가하는 곳에서 그들의 권력을 행사할 권리를 가졌다. 하지만, 루더포드는 종교적 관용을 확장하고 시민의 자유를 수호하기 위하여 『법과 왕』을 저술하였다. 그는 스코틀랜드인들에게 영국을 감독제의 전제 정치에서 건져내고, 영국에게 참된 종교 즉 장로교를 정착시키기 위해서 성전(聖戰) 수행을 요청하였다.

이 책은 출간 후에 웨스트민스터 총회에서 엄청난 파문을 일으켰다. 그러나 이 책의 중요성은 그 시대를 훨씬 넘어 후대까지 지속하였다. 이 책은 다음의 세 가지 사항으로 정리될 수 있다.

① 모든 시민 권력(civil power)은 궁극적으로 하나님에게서 나온다

루더포드는 『법과 왕』에서 교회 정치에 관한 논쟁적인 언약신학을 성경, 특히 구약에서 소급하였다. 그에 따르면 주권은 오직 하나님으로부터 비롯된다. 그것은 결코 왕이나 어떤 인간적인 권위에서 비롯되지 않는다. 루더포드는 로마서 13:1-4과 다른 성경 구절들(딛 3:1; 벧전 2:13-14; 요 19:11)에 선포된 것처럼 모든 시민 권력은 하나님께 속한 것이라고 주장하였다. 루더포드는 또 이렇게 주장하였다.

> 하나님께서 인간을 사회적 피조물로 만드셨다. 그러므로 인간은 다른 인간에 의해 지배되는 경향이 있다. 그렇다면 하나님께서 이러한 권세를 인간 본성에 심어 놓으셨음이 틀림없다.[62]

루더포드에 의하면, 하나님의 창조 목적에는 인간들에게 사회적으로 다른 사람들과 자연스럽게 관계를 맺는 경향이 있도록 하여 인간이 스스로를 위한 적절한 정부를 세우는 것이 포함되었다. 하나님과 자연이 그러한 상황을 의도하였다. 그러므로 그들은 인류에게 이러한 목적을 성취할 힘을 주었다. 이러한 상황에서 모든 사람은 하나님 앞에서 평등하다. 『법과 왕』의 질문 I에서 루더포드는 다음과 같이 말한다.

---

[62] Samuel Rutherford, "Lex, Rex," "The Law and the Prince," The Presbytelian's Armoury, vol. III. (Edinburgh: Robert Ogle and Oliver and Boyd, 1848), 1. Cf. John Eidsmoe, Christianity and the Constitution: The Faith of Our Founding Fathers (Baker Book House, 1987), 24-26; R. Buick Knox, "The Presbyterianism of Samuel Rutherford" (Irish Biblical Studies, vol. 8., July 1986), 143-153.

(1) 나는, 정부 권력(권세)은 일반적으로 하나님에게서 나오는 것이 틀림없다고 주장한다. 왜냐하면, "권세는 하나님에게서 나지 않음이 없나니 모든 권세는 하나님의 정하신 바이기 때문이다"(롬 13:1).
(2) 하나님은 권세에 대한 순종과 양심의 순종을 명하셨다.
"그러므로 굴복하지 아니할 수 없으니 노를 인하여만 할 것이 아니요 또한 양심을 인하여 할 것이라"(롬 13:5).
"인간에 세운 모든 제도를 주를 위하여 순복하되 혹은 위에 있는 왕이나 …"(벧전 2:13). 이제 하나님께서는 당신의 법으로써만 양심에 근거한 인간의 복종을 강화하실 수 있다. 하나님은 인간이 죄를 범할 때 죄 있다 하시고 징벌하심으로 그렇게 하신다. 모든 시민 권력은 직접 하나님에게서 나온다.[63] 그리고 내가 증명하고 싶어서 하는 것처럼, 모든 사람이 평등하게 태어났다면, 한 인간이 다른 사람의 왕이나 주인이 되어야 할 이유가 전혀 없다.[64] 하나님은 백성들의 하나이자 똑같은 행동 중에서, 즉 백성의 자유의사에 의한 찬성과 목소리를 따라 한 사람을 왕으로 세우셨다. 백성들은 왕에서 수동적인 행동을 취하지 않았다. 왜냐하면, 왕은 국가의 허락하에 세워졌으므로, 왕은 처음부터 왕이었던 것이 아니라 사적인 인간에서 공적인 인물이자 왕이 되었기 때문이다(삼하 16:18; 삿 8:22; 9:6; 11:8, 11 등).[65]

루더포드는 모든 인간이 하나님의 창조 원리에 따라서 평등하게 태어난 원칙을 강조하였다. 어떤 인간도 자신의 자연적 출생에 의해서나 가족 또는 부(富)와 같은 것으로 동료 인간에 대한 권위를 주장할 수 없다. 달리 말하면 처음부터 통치를 위해 태어나는 사람은 없다. 오히려 사람들은 스스로 통치자를 지명한다. 이 원칙은 1579년 스코틀랜드 신학자 조지 뷰캐넌(George Buchanan, 1506-1582)의 저서 『스코틀랜드 국(왕)법에 대해서』(De Jure Regni apud Scotos)에서 표명되었다.[66]

---

63 Ibid., 1.
64 Ibid., 2.
65 Ibid., 7.
66 스코틀랜드의 역사가이자 인본주의 학자로, 역사학자 Keith Brown은 Buchanan을 "스코틀랜드에서 출생한 가장 심오한 16세기의 지성"이라고 평가하였다. 버카난은 격동하던 16세기 스코틀랜드 종교개혁에 국왕 James 6세의 폭정에 맞서 저항을 주도한 개혁신학자였다. 그의 사상은 마침내 John Knox와 그 후 그의 계승자들과 언약도들에게 영향을 끼친 가운데 1688년의 명예혁명을 이끌었다. Buchanan은 1579년 De Jure Regni apud Scotos(A dialogue on the law of kingship among the Scots) 논문을 발표하였다. 대화 형태로 구성된 이 논문에서 Buchanan은 학생들에게 건전한 정치 원리와 사상을 가르치려고 저술하였다. Buchanan은 "모든 정치 권력의 원천은 백성이다"라는 하나님의 창조 교리에 기초하여 왕의 최고 권력은 처음으로 그의 손에 위탁 된 조건, 즉 국민과 한 약속에 묶여 있으므로, 왕이 만약 약속을 파기할 경우는 폭군으로 처벌하는 것이 합법적이라고 하였다. 당시 스코틀랜드 왕실은 이 책의

루더포드는 이 원칙을 거의 실제적으로 군주제에 적용했으며, 구약, 특히 신명기 17:15 이하에서 이를 뒷받침할 성경적 근거를 발견하였다. 그는 하나님께서 알맞은 통치자들을 지명할 수 있는 권한을 백성들 모두에게 주셨음을 증명하기 위해 이 본문을 사용하였다.

루더포드의 생각에, 교회 정치는 본질상 사회적 체계라는 사실을 부인하는 왕당파들의 주장은 아무런 근거도 없었다. 왜냐하면, 교회 정치는 하나님에 의해 세워진 것이며, 왕의 권력도 직접, 그리고 궁극적으로 하나님에게서 비롯된 것이기 때문이다. 그는 인간이 자신의 자유를 왕이나 다른 어떤 통치자들에게 양도하는 것은 인간의 본성에 역행하는 것이라고 믿었다. 게다가 질문 IV, "왕의 권력은 오직 그리고 직접 하나님으로부터 비롯될 뿐이며 백성으로부터 비롯되는 것이 아닌가?"라는 데 대한 답변에서 루더포드는 다음과 같이 강조하였다.

> 권력이란 형식적인 제도가 아니라 백성에게서 나온다. 이것은 마치 백성들이 고안된 이성의 행동으로 그러한 권력을 갖는 것과 같다. 하나님께서 권력을 주셨다. 그러나 정부를 전혀 갖지 못한 공동체가 왕이나 귀족을 지명할 수 있다는 점에서 볼 때, 권력은 백성들로부터 실제적 힘으로 주어진다. 목사와 박사의 직무는 오직 그리스도로부터 주어진다.[67]

루더포드는 사울이 비록 하나님에 의해 선택되었지만, 이스라엘 백성들이 그를 승인하기까지는 실제로 왕이 아니었음을 주장하였다. 더글라스(J. D. Douglas)는 『빛은 북쪽에』(Light in the North)라는 책에서 이렇게 말하였다.

> 루더포드의 이론은 절대주의와 관계된 긴급한 문제를 다루고 있어서 어떤 사람들에게는 여전히 "앞선" 것으로 취급될 수 있다. 왕은 법 위에 있는가? 왕은 법을 바꾸거나 법의 지배를 받지 않을 수 있는가? 백성들은 법의 보호 아래서 왕에게 합법적으로 저항할 수 있는가?[68]

출판을 통제하기 위해 다양한 방법을 동원했지만, 오히려 본서의 중요성이 입증되었다. 그리고 Buchanan의 두 번째 역작 『스코틀랜드의 역사』(Rerum Scoticarum Historia)는 1582년 9월 28일 사망(에든버러) 직전에 출판되었다. Buchanan의 기념 스테인드 글라스 창은 에든버러에 있는 그레이프리어스교회(Greyfriars Kirk)의 남쪽 벽에 있으며, 동상은 에든버러의 왕자 거리(Princes Street)의 월터 스콧(Sir. Walter Scot, 1771-1832) 기념탑 서쪽 측면에 있다.

67 Ibid., 6.

루더포드는 이 질문에 답하기 위하여 정부의 기원에 대해 논하였다. 그에 의하면 정부는 하나님으로부터 기원하며 그분의 권위에 의해서만 존재한다. 그러나 특별한 정부 형태는 인간의 자발적 선택 때문에 이루어지기도 한다. 그런데 대부분은,

> 민주 국가나 귀족 국가로 가기보다는 전제 국가로 가려는 것이 모든 통일 국가의 경향이다. 이러한 경향은 설령 이 셋 모두가 하나님에게서 온 것이라고 하더라도 다른 어떤 형태의 정부보다도 군주제 그 자체를 세우려는 백성들의 뜻과 자유를 하나님께서 보증해 주신 결과이다.[69]

② 왕은 백성들의 유익을 위해 다스려야 한다

루더포드는 왕의 직무에 대하여, 이것은 본질상 하나님으로부터 신적 제도에 의해 주어지며, 순수하게 백성들의 승인으로 주어지는 것이 아니라고 말하였다. 참으로 법은 왕 자신의 것이 아니라 신뢰 속에서 왕에게 주어진 것이다. 한 인간을 왕으로 삼을 수 있는 권세는 백성에게서 나온다. 왕이 백성의 동의를 얻지 못하면 다만 그는 찬탈자일 뿐이다. 왜냐하면, 우리는 왕이나 그 가족이 왕위에 대해 다른 어떤 외부로부터의 합법적인 소명을 가진다고 할 수 없으며, 오직 백성들이 부여하는 소명을 가질 뿐이라고 알고 있기 때문이다. 루더포드는 성경으로부터 왕적 직무를 다음과 같이 설명하였다.

> (1) 우리는 아론의 제사장직이 하나님의 제도임을 증명할 수 있다. 왜냐하면, 하나님께서 아론의 계보 출신이며 육체적으로 완전한 자들에게 제사장의 자격과 책임을 부여하셨기 때문이다.
> (2) 우리는 목사직을 하나님의 법과 제도로 여긴다. 왜냐하면, 성령께서 목사의 자격 요건들을 말씀해 주셨기 때문이다(딤전 3:1-4). 마찬가지로 우리는 왕의 권세가 신적인 제도라고 말할 수 있을 것이다. 왜냐하면, 하나님께서 왕을 세우셨기 때문이다(신 17:15, "반드시 네 하나님 여호와의 택하신 자를 네 위에 왕으로 세울 것이며 네 위에 왕을 세우려면 네 형제 중에서 한 사람으로 할 것이요." 롬 13:1, "… 권세는 하나님께로 나지 않음이 없나니 모든 권세는 다 하나님의 정하신 바라").

---

[68] *Ibid.*, 51.
[69] *Ibid.*, 5.

(3) 권력은 하나님으로부터 주어지는 것이 틀림없다. 그러므로 우리는 징벌의 두려움 때문이 아니라 우리의 양심을 위해 권력에 복종해야 한다. 그러나 모든 권력이 그러하다(롬 13장).
(4) 왕의 권력에 저항하는 것은 하나님께 저항하는 것이다.
(5) 왕은 우리의 유익을 위한 하나님의 사자이다.
(6) 왕은 악을 행하는 자들을 보수하기 위해 하나님의 칼을 가지고 있다.
(7) 하나님께서는 다음 구절들에서 분명히 말씀하셨다.
"하나님을 두려워하며 왕을 존대하라"(벧전 2:17).
"인간의 모든 제도를 주를 위하여 순종하되 혹은 위에 있는 왕이나 … 그가 … 보낸 총독에게 하라"(벧전 13-14).
"너는 저희로 하여금 정사와 권세 잡은 자들에게 복종하며 순종하며 모든 선한 일을 행하기를 예비하게 하라"(딛 3:1).[70]

더욱이 루더포드는 왕인 인간(*in concreto*)과 왕의 직무(*in abstracto*)를 구별하였다. 그는 존 낙스의 『종교개혁의 역사』(*History of the Reformation*)를 인용함으로 이 구별을 뒷받침하였다. "하나님께서 주시는 권위와 이 권위를 소유한 인간 사이에는 큰 차이가 있다."[71]

왕의 직무는 전적으로 하나님에게서 비롯된다. 때문에, 국왕 제임스나 찰스는 개인일 뿐, 그들에게 모든 권한을 위탁한 백성들이 진정한 통치자이다. 백성들은 다만 그들이 좋아서 뽑은 이 또는 저 대표자에게 권세를 양도할 수 있다. 그러므로 왕은 백성들을 위해 권세를 수탁받은 자로서 행동하고 법을 집행해야 한다. 법을 만들거나 파기하고 또 법 위에 군림하려고 해서는 안 된다. 더 나아가 왕은 법에 대한 자신의 사적인 해석을 강제해서도 안 된다. 법 해석은 왕의 공적 직분자들인 시민 재판관들의 일이다. 이들은 법 집행에 있어 직접적으로는 하나님께만 책임이 있다.[72]

루더포드는 왕처럼 이러한 "재판관들"의 권위도 하나님에게서 온다고 믿었다. 이들의 양심은 군주(왕)에게 종속되어서는 안 된다. 이러한 가르침은 루더포드의 시민 저항을 이해하는 중요한 열쇠이다. 권위는 왕뿐만이 아니라 이러한 재판관

---

[70] *Ibid.*, 4.
[71] John Knox, *The Reformation of Scotland*, vol. I, 168.
[72] J. D. Douglas, *op cit.*, 51-53; Marcus L. Loane, *op. cit.*, 78.

들과 지도자들에게도 있다. 루더포드에게 전제 군주제는 절대적으로 백성들에 의해 세워지는 것이 아니며 상황적으로 세워진다. 백성들과 의회는 더 높은 권세를 가지며, 왕은 신적인 것이든 인간적인 것이든 결코 법 위에 있지 않다. 루더포드는 절대 군주제를 최악의 정부 형태라고 결론지었다. 절대 군주제와 같은 절대 권력은 자연에 모순되며 비합리적이고 불법적이다. 이러한 경우에 통치 권력에 맞서는 적극적 불복종은 물론이고 수동적인 불복종도 이루어져야 한다.[73]

③ 개인은 부당한 폭력으로부터 자신을 보호할 수 있지만 자기 마음대로 해서는 안 된다

루더포드는 필요한 경우에 왕에게 대항하였다. 왕은 사실 특별한 품위와 지위에 따른 특권들을 가졌다. 그런데도 질문 IX에서 루더포드는 이렇게 말하였다. "나는 귀족들이 의회에서, 하나님의 법으로, 평민들에 대한 어떤 특권도 가지지 않는다고 생각한다."[74]

여기서 루더포드의 주된 관심사는 폭군에 대항하는 합법적 방어력이었다. 루더포드에 따르면 백성은 폭군에게 저항할 권리와 의무가 있다. 그러나 그 저항이 단독 행동으로 나타나거나 그렇지 않으면 혹 불법적인 통치에 대한 저항으로 표현되거나 간에, 루더포드가 저항에 관해 말할 때 그것은 단순히 소극적인 불순종만을 의미하지는 않았다. 오히려 그는 적극적인 저항을 말하였다. 이것은 사도들의 경우처럼(행 4:19; 5:19) 계속해서 외치는 것뿐만 아니라, 악을 제어하고 멈추기 위한 노력까지를 의미한다.

첫 번째 단계는 "저항과 탄원과 변론"이다.[75] 소극적인 불순종은 그 다음 단계이다. 그는 왕은 법에 따라 다스려야 한다고 주장하였다.[76] 루더포드의 판단은 왕의 권력은 백성으로부터 비롯된다. 그러므로 그는 세습 왕보다는 선출된 왕을 선호하였다. 의회가 법을 만들지만, 왕은 단지 이를 집행할 수 있을 뿐이다. 왕의 주권은 법률 위에 있지 않다. 그리고 왕만이 법의 유일한 해석자도 아니다. 루더포드는 시민 권력이 하나님으로부터 비롯된다는 사실을 강조하였다.

---

[73] Samuel Rutherford, *op cit.*, 38. 62.
[74] *Ibid.*, 34.
[75] Samuel Rutherford, *op. cit.*, 160.
[76] *Ibid.*, 141.

> … 전제 정치는 사탄의 사역이다. 이것은 하나님으로부터 비롯된 것이 아니다. 왜냐하면, 습관적이든 고의적이든 간에 죄는 하나님으로부터 비롯되지 않기 때문이다. 모든 권력은 하나님으로부터 비롯된다. 위정자의 직무는 그 본성상 선하며 그 본질적인 목적도 또한 선하다(롬 13:4). 왜냐하면, 위정자는 백성에게 선을 이루는 하나님의 사자이기 때문이다. 그러므로 백성을 억압하는 윤리적, 정치적, 도덕적 권력은 하나님에게서 온 것이 아니다. 그리고 이것을 권력이라고 할 수도 없으며, 권력의 허가된 이탈일 뿐이다. 무엇보다도 이것은 절대 하나님으로부터 비롯되지 않으며, 죄 많은 본성과 옛 뱀, 사탄에서 비롯된 것이다.[77]

다른 언약도들처럼 루더포드도 모든 시민의 권력은 하나님에게서 온다고 주장하였다. 그러나 그들의 직무와 권력은 종종 잘못 사용될 수 있다. 따라서 이러한 경우에 백성들은 그러한 지도자들에게 복종을 거부할 수 있다. 루더포드가 왕과 정부에 대한 저항과 관련하여 사용하고 있는 모든 사상의 저변에 깔려있는 원칙이 있다. 그것은 그 주권은 바로 백성들에 의해 주어진다는 것이다. 그러므로 필요할 때, 백성들은 그들이 지도자들에게 양도한 통치권을 다시 거둬들일 수 있다. 루더포드는 또 다른 주장을 덧붙인다. 백성들의 통일 국가(commonwealth)는 왕보다 더 중요하다는 것이다. 그는 이렇게 썼다.

> 왕과 그의 백성들 사이에는 한 가지 맹세가 있다. 그것은 상호 결속으로 백성은 왕에 대해 왕은 백성에 대해 상호 책임을 진다는 것이다(삼하 5:3; 대상 11:3; 대하 23:2-3; 왕하 11:17).[78] 그러나 백성은 절대적으로 왕보다 위에 있으며 왕보다 더 탁월하다. 그리고 왕은 품위에 있어 백성보다 아래에 있다. … 왜냐하면, 왕은 백성을 위해 세움 받은 수단이기 때문이다. 왕이 세움 받은 목적을 말하면, 왕은 백성들을 구원할 수 있다(삼하 19:9). 그는 백성들을 먹이는 공적 목자이며(시 78:70-73), 백성들을 보호하기 위한 하나님의 기업의 우두머리요 지도자이며(삼상 10:1), 백성의 유익을 위하는 하나님의 사자다(롬 13:4).[79] 모든 권력은 백성들에게서 나오며 그들로부터 빌려 온 것이다. 그러므로 백성들은 자신들의 유익을 위하여 통치자들에게 권력을 허락할 수 있으며, 한 인간이 권력에 심취했을 때는 그것을 거두어들일 수도 있다.[80]

---

[77] *Ibid.*, 34.
[78] *Ibid.*, 54.
[79] *Ibid.*, 78.
[80] *Ibid.*, 62-63.

여기에 루더포드의 입장과 이유가 분명히 언급되었다. 그는 왕과 백성 사이의 언약, 백성들을 섬기고 그들의 유익을 도모하는 것이 왕의 우선된 의무라는 사실, 그리고 왕은 의식적으로든 무의식적으로든 백성들을 위해 "하나님의 사자"가 되어야 한다는 사실 등을 언급하였다. 그런데 루더포드가 『법과 왕』에서 하나님과 국가 사이의 언약 개념을 채용하지 않은 것은 매우 흥미로운 일이다.

신명기 17:16-20을 언급하면서, 루더포드는 대담하게 시민법에 대한 왕의 관계를 다루었다. 왕은 법의 구속을 받는다. 여기에는 두 가지 이유가 있다.

첫째, 모든 적절한 시민법은 하나님으로부터 기원하기 때문이다.
둘째, 시민법의 목적은 분열이 아니라 평화이기 때문이다.
그러므로 국가 지도자들 또한 교회의 안녕에 관심을 가져야 한다.

> 하나님은 왕이 법 위에 군림하도록 하는 어떤 절대적이고 제한 없는 권력도 왕에게 주시지 않으셨다.[81] 하나님은 시민법과 시민 정부의 창시자이시다. 그리고 하나님의 의도는 당신의 교회와 백성의 영원한 평화, 평온한 삶과 거룩함 그리고 모든 재판관이 그들의 위치에서 교회의 양부(養父)가 되는 것이다(사 49:23).[82] 법은 왕 자신의 소유물이 아니며 신뢰 속에서 그에게 주어진 것이다. … 왕은 자기 마음대로 사람들을 처치할 수 없다. 내 생활과 내 종교 그리고 어떤 경우에는 내 영혼까지도 공적 수호자인 왕에게 맡겨져 있다. 이것은 마치 닭이 모이를 주는 사람에게, 도시가 그 야경꾼들에게 맡겨진 것과 같다. 그러나 야경꾼은 적에게 그 도시를 배반할 수도 있다.[83]

루더포드는 한 걸음 더 나아가 하나님 바로 그분을 높였다.

> 이제 하나님 그분만이 분명한 재판관이심이 확실하다(시 75:7). 그리고 하나님 그분만이 왕이심이 확실하다(시 97:1; 99:1). 하나님과 관계하여 모든 인간은 그분의 사자들이요 종들이자 특사들이며 대표자들이다.[84]

루더포드와 다른 사람들이 보기에 왕권신수설은 왕의 위치와 직무를 하나님

---

81 *Ibid.*, 101.
82 *Ibid.*, 105.
83 *Ibid.*, 72.

과의 관계 속에서 적절하게 다루지 못하였다. 인간이 어떤 직무를 맡든 간에, 그들은 항상 하나님 앞에서 종과 청지기로 남는다. 루더포드는 스코틀랜드와 영국에 예시되었듯이 군주제 정부의 개념을 설명하였다.

> 왕이 백성의 생명과 종교를 부당하게 침범했을 경우, 일어나는 저항의 합법성에 대하여 우리는 다음과 같이 주장한다.
> (1) 권력은 백성들의 유익을 위해 정당하고 양심적으로 행해져야 하며, 이러한 상황에서 백성들 위에 있어야 한다.
> (2) 권력이 남용되어 법과 종교와 백성들을 파멸로 몰아넣을 경우, 이러한 권력은 아무런 저항 없이 백성들을 절대적으로 복종케 할 수는 없다. 그러나 모든 법의 권력은 그렇게 의무 지어진다(롬 13:4; 신 17:18-20; 대하 19:6; 시 132:11-12; 89:30-31; 삼하 7:12; 렘 17:24-25).
> (3) 왕에 의해 남용된 권력은 파괴를 가져온다는 것은 분명하다. ① 우리를 하나님께 대한 복종에만 묶는 권세(권력)로부터. ② 권세에 저항하는 것은 하나님의 명령에 저항하는 것이기 때문에. ③ 권세는 선한 일보다는 악한 일에 공포가 되기 때문에. ④ 권세자들은 우리의 유익을 위한 하나님의 사자들이기 때문에, 남용된 권력은 하나님의 것이 아니라 인간의 것이며, 결코 하나님에 의해 주어진 것이 아니다. 이러한 권력은 선한 일에 공포가 될 뿐 악한 일에 공포가 되지 않는다. 이러한 권세자들은 우리의 유익을 위하는 하나님의 사자들이 아니다.[85] 스코틀랜드와 영국에서처럼, 의회들이 왕과 더불어 세 가지 장점들을 모두 가질 때, 내게(루더포드) 제한되고 혼합된 군주제가 최상의 정부처럼 보인다. 이러한 정부는 가장 현명한 자들의 정부의 군주로부터 영광과 질서와 통일을 얻는다. 그리고 이러한 정부는 평민들의 영향력으로부터 안전과 안정과 힘을 얻는다. 이러한 정부는 자유와 특권들과 신속한 순종을 얻는다.[86]

정부에 관한 루더포드의 사상은 주로 스튜어트 왕조의 절대주의에 저항하는 쪽으로 방향이 맞추어졌다. 그러나 절대 권위의 지지자들은 "자유 군주제"(free monarchy)는 왕이 법 위에 있고, 법정 의무에 속박되지 않는다고 주장하였다. 그러한 왕은 법을 자유로이 수정하고 지배하며 폐기할 수 있다. 그러나 루더포드는 그의 시대에 계몽된 정치사상을 특징짓는 한발 앞선 원칙들을 예견하고 두려

---

[84] *Ibid.*, 107.
[85] *Ibid.*, 141.
[86] *Ibid.*, 190-192.

움 없이 주창하였다.[87] 그러므로 그의 저서들이 에든버러 사거리에서 공개적으로 소각되었다는 것은 조금도 놀랄 만한 일이 아니었다.

루더포드는 모든 통치자가 백성을 통해 임명된 하나님의 사자이기 때문에 하나님의 뜻에 따라 백성들의 유익을 위해 통치해야 한다고 결론 내렸다. 통치자들이 그렇게 하지 못할 때, 백성들은 불순종과 저항 그리고 결국에는 무력으로 맞설 수 있다. 통치자들이 자신들의 통치가 전제 정치가 되게 하는 그와 같은 실패를 끝까지 고집하고 하급 통치자들이나 백성들이 필요한 힘을 가지고 있을 때, 전자는 후자에 의해 제거될 수 있다. 루더포드는 목사들과 장로들은 "그리스도의 종으로서 왕들뿐만 아니라 주교들에 대한 목회적 권세(ministerial power)를 가진다"라는 점을 강조하였다. 그는 어느 사람도 설령 왕일지라도, 교회의 권징에서 면제될 수 없다고 주장하였다. 또한, 루더포드는 모든 시민은 신자이건 불신자이건 간에, "미신을 믿는 자들이나 하나님께 대한 예배를 게을리하는 자들을 징벌하는" 왕의 권세에는 복종해야 한다고 생각하였다.

루더포드의 『법과 왕』에서 우리가 특별히 관심을 두는 분야는 언약 개념에 대한 그의 이해와 적용이다. 루더포드는 『법과 왕』에서 개인적 언약 교육을 전적으로 포용하면서 신명기 17:15과 열왕기하 11:17과 같은 구약의 말씀에 기초하여 통치자와 백성 간의 언약을 강조하였다. 그러한 언약은 반드시 문서 형태를 취할 필요는 없다. 왜냐하면, 그러한 언약은 함축적이며, 양 당사자들이 그 언약에 대한 상호 합의를 깨뜨리고 결별하지 않는 한 다음 세대들도 그 언약에 매이기 때문이다.

더욱이 루더포드는 국가 통치자들이 행사하는 권력에 대해 논하면서, 모든 통치자는 하나님 아래서 권위를 행사하는 하나님의 종들이며 따라서 하나님께 대한 책임이 있다는 기본 원칙을 강조하였다. 루더포드는 통치자와 백성의 관계에 관심을 집중하였다. 그리고 이러한 이유로, 그는 "정치적, 시민적 언약"(a Covenant politic and civil)이라는 개념을 광범위하게 사용하였다. 루더포드는 스튜어트 왕조가 절대주의(absolutism)를 주장하기 때문에 통치자와 백성의 관계를 세밀하게 살펴볼 필요가 있다고 생각하였다. 그러므로 국가적(civil), 정치적 언약에 대한 강조는 불가피하였다. 그 시대 상황은 루더포드로 하여금 왕권신수설에 맞서 적극적으로 도전하

---

[87] *Ibid.*, 5.

고 그 부당성을 자세히 논증하지 않을 수 없게 만들었다. 그는 언약에 기초하여 이 일을 초지일관 수행하였다. 그러나 더욱 자세하게는 왕과 백성의 관계와 연관된 언약 개념의 제한된 측면에 기초하여 그렇게 하였다. 언약은 왕과 "재판관들" 그리고 백성들에게 의무를 부과한다. 백성들은 그들의 통치자가 그의 언약적 약속들과 책임들을 지키도록 할 권세를 가지고 있다.

한 걸음 더 나아가 많은 동료와 같이 루더포드에게 그리스도의 중재적 통치는 그리스도 안에서 구속받은 자들에게만 한정되는 것이었다. 우주적 통치는 그리스도에 의해 이행된다. 루더포드에게 있어서 이것은 친히 하나님이요 창조자이신 그리스도에 의해 주권적으로 행해진다. 이것은 루더포드가 국가 위정자가 교회 직원이 될 가능성을 부정했다는 중요한 사실을 암시해 준다.

2) 도날드 카길(Donald Cargill, 1627-1681)[88]

복음선포자 도날드 카길은 1652년 그의 나이 25세 때 목회를 위한 신학 과정을 모두 마쳤다. 그리고 1653년 4월 13일, 세인트앤드류스노회(Presbytery of St. Andrews)에서 목회 자격증을 취득했다.[89] 그로부터 2년 후 그는 글라스고우의 바로니 교회(Barony Church)의 목사로 초빙되어 그곳에서 1660년까지 목회를 했다. 목회 기간에 "카길은 그의 회중들을 당황하게 하기 일쑤였다. 왜냐하면, 그의 생애 초기에 형성된 언약신학이"[90] 당시에 급속히 발전하고 있었을 뿐만 아니라 그는 국가의 혼란한 정치 상황에 대해서 자주 언급했기 때문이다. 카길은 왕의 권위를 부정하는

---

[88] 1988년까지 일반적으로 수용된 Donald Cargill의 출생 연대는 1610년과 1619년이었다. Maurice Grant에 따르면, 그의 출생 연대에 관한 주장이 차이가 크다. 필자는 Grant가 긴 설명을 덧붙여 주장한 연대가 다른 어떤 연대들보다 정확하다고 생각한다. 그래서 필자는 여기서 Grant가 주장한 것처럼 Cargill의 출생 연대를 1627년으로 보았다. 더 자세한 내용은 다음에서 찾아 볼 수 있다. Maurice Grant's No King but Christ; The Story of Donald Cargill (Evangelical Press, 1988), 237-239.

[89] Hew Scott (ed.), *Fasti Ecclesiae Scoticanae* (Edinburgh: Oliver and Boyd, 1915), vol. III., 392; James Kerr, *Sermons delivered by Times of Persecution in Scotland* (Edinburgh: Johnstone, Hunter, and company, 1880), 465.

[90] Grant에 따르면 Cargill의 언약사상의 발전은 그의 생애 초기에 이루어졌다. 그의 언약사상은 그의 가정 배경의 강한 종교적 인상뿐만 아니라 애버딘에서의 생활도 반영했다. 애버딘에서 Cargill은 1636년에 그곳으로 추방된 Samuel Rutherford를 만났다. Grant는 Cargill이 Rutherford가 이끄는 단체의 일원이었을 것이라고 주장하였다. 그 단체를 통하여 Cargill은 삶과 목회에 많은 영향을 받았다. *Ibid.*, 16-18, 23-24.

모임에 가담했다. 이것은 16세기 스코틀랜드 종교개혁 이래 장로교의 원칙들과 실행들과는 거리가 멀었기 때문이다.[91]

찰스 2세의 왕정복고 기념일인 1662년 5월 29일 화요일, 카길은 교인들이 당시에 많은 문제를 초래한 왕정 복고령(the Act of Restoration)에 대해서 강력히 저항하도록 부추겼다.[92] 강단에 올라가면서 그는 이렇게 말하였다.

> 오늘 우리가 여기에 모인 것은 다른 사람들처럼 오늘을 기념하기 위해서가 아닙니다. 전에 우리는 왕이 다시 고향으로 돌아온 이 날을 복된 날이라고 생각했습니다. 그러나 이제 우리가 이날을 저주해야 할 이유가 있습니다. 만일 여러분 중에 누구라도 이날을 경축하기 위해 여기에 오셨다면, 당장 여기를 떠나 주시기 바랍니다.[93] 회중들이 그의 비난에 동의했는지 안 했는지는 기록되어 있지 않다. 그의 진지한 말과 열정적인 태도가 회중들이 그곳에 남아 있게 했을 가능성이 크다. 나는 일상생활 속에서 내 의무에 충실하기를 간절히 바랄 뿐이다. 그렇지 않으면 나는 그 사건에 대해 한마디도 설교하지 않았을 것이다.[94]

카길은 여러 가지 비중 있는 논증들을 들어가면서 왕정복고 경축의 부당성을 상세히 언급하였다. 이러한 논증은 그를 반대하는 악성적인 왕당원들(Malignants)을 극도로 분개시켰다. 스코틀랜드 의회(Scottish Council)가 1662년 10월 1일에 내린 결정에 따라, 카길은 11월 1일부터 스코틀랜드 태이(Tay) 북부지역으로 추방되었다. 그러나 카길은 이를 무시하고 비밀 가정 집회나 비밀 야외 집회에서 계속 설교하였다. 이때부터 죽을 때까지, 카길의 국민 언약사상은 그의 신학의 궁극적인 기초가 되었다. 우리가 앞에서 살펴본 것처럼, 1680년 6월 3일 도날드 카길은 퀸스페리(Queennsferry)에서 캡틴 미들톤(Captain Middleton)과 함께 선언서를 작성하였다. 1680년 6월 4일 선포된 퀸스페리 문서(Queensferry Paper)라는 언약 문서에서, 카

---

91 D. Hay Fleming (ed.), *Six Saints of the Covenant* (London: Hodder and Stoughton, 1901), vol. I., 313.
92 Donald Cargill, *A few of the many remarkable passages of the Long life(being past Sixty years) and at his bloody death, of Mr. Daniel Cargill, a Man greatly beloved indeed, who was born in the North. and was eldest son of a Singular godly Gentleman. and Heritor in the Parish of Rattray, some miles from Dunkeld*. 그는 보통 Donald라고 불렸다. 그러나 그의 세례명은 Daniel이었다. May 29th 1660. 7-8; Ian B. Cowan, *The Scottish Covenanters 1660-1688* (London: Victor Gollancz Ltd., 1976), 51.
93 Donald Cargill, *Ibid.*, 464; John H. Thomson, *A Cloud of Witnesses* (Edinburgh: Johnstone, Hunter, and Company, 1871), 503; John Howie, "Donald Cargill," *The Scots Worthies* (Glasgow and London, 1858), 383; James Barr, *The Scottish Covenanters* (Glasgow: John Smith & Son Ltd., 1946), 77.
94 Maurice Grant, *op cit.*, 48.

길은 이 문서에 서명한 모든 사람들에게 이렇게 말하였다.

> 어둠과 교황과 감독제와 에라스티안주의 왕국을 전복하고, 왕가를 무너뜨리고, 공화제 정부를 세우며, 그리고 쾌락에 빠진 목사로부터, 그들과 교제하는 모든 자로부터 스스로 분리하라는 의무를 부가하였다. … 그리고 우리는 우리 자신이 그것들을 극복하거나 그렇지 않으면 충분히 숙고하여 후손에게 물려주어 우리가 끝낸 곳에서 그들이 시작할 수 있도록 하기까지 해야 할 일이 있다. 그것은 우리가 하나님께 대한 예배와 우리의 타고난 권리와 시민의 권리 그리고 신적인 권리 및 자유 등에서 스스로 보호하도록 우리 자신에게 의무 지우는 것이다.[95]

① 하나님의 권세와 심판 교리에 관한 카길의 견해

우리는 1680년 9월 토우드(Torwood)에서 카메론(Cameron)의 사후 카길이 행한 설교에서 하나님의 권세 및 심판 교리에 관한 그의 견해를 발견할 수 있다. 설교와 토론에서, 카길은 하나님께서 주신 그의 권위라고 생각하는 것에 기초하여 왕과 왕의 권위를 부정했다. 신적 권위에 대한 이러한 깊은 확신 아래 카길은 정부를 부정하고 하나님을 극도로 높였다.[96] 그는 자신이 하나님의 명령에 복종하고 있고 자신의 말은 하나님의 권세에 관한 주장을 담고 있다는 확신 속에서 이 일에 뛰어들었다. 그의 친구들조차 그를 강력히 비난했지만, 정부에 대항하는 그의 미래 사역과 행동이 신적인 권위를 수행하는 것이라는 인정을 받았다는 것은 아마도 자연스러운 일이었다.[97] 이러한 근거 위에서, 카길은 왕이나 통치자의 직무 배후에 존재하는 하나님의 권세를 확증했으며, 왕은 백성들을 의로 다스려야 할 의무가 있다고 주장하였다.[98] 카길은 왕은 오직 인간일 뿐이며 인간의 나약함에 굴복한다고

---

[95] Donald Cargill, *op. cit.*, 466: John C. Johnston, *Treasury of the Scottish Covenant* (Edinburgh: Andrew Elliot. 1887), 134-141; *Wodrow's History*, vol. III., 207-211. Cf. James Barr, *Ibid.*, 55.

[96] James Kerr, *Sermons delivered by Times of Persecution in Scotland*, *op. cit.*, 467; Maurice Grant, *op. cit.*, 137.

[97] *Ibid.*, 138.

[98] "우리는 제국들 왕국들. 나라들 그리고 도시들이 하나님에 의해 분명히 구별되고 성해셨음을 인정하고 고백한다. 권력과 권위에서도 마찬가지이다. 황제들은 자신들의 제국에서, 왕들은 자신들의 왕국에서, 공작들과 방백들은 자신들의 영토에서, 그리고 다른 위정자들은 자신들의 도시들에서 하나님의 거룩한 임명을 받았다. 이것은 하나님의 영광을 나타내며 인류에게 유익과 평안을 가져다주기 위함이다. … 이들은 단지 정치를 위해 지명된 것이 아니다. 이들은 참된 종교를 유지하고 모든 우상숭배와 미신을 타파하기 위해 지명되었다." *Scots Confession*, 1937 (ed.), 93-95.

믿었다. 그는 이렇게 말하였다.

> 통치에 실패할 가능성 없이 통치하는 자는 아무도 없다. 그러므로 만일 통치자들의 모든 실패를 정확하게 따진다면, 하루가 끝날 때까지 통치할 수 있는 사람은 없을 것이다. 그러나 우리는 밤이 오기 전에 통치자들을 물러나게 하려고 그들의 잘못들을 찾을 수도 있다. 그의 백성을 하나님의 법에 따라 다스리는 것은 왕의 본질적인 의무다. 우리는 성경으로부터 이것이 왕의 직무이며 이에 유념하지 않는 자는 더 왕으로 존경받을 수 없으며 하나님의 원수 된 폭군에 지나지 않는다고 확신한다.[99]

하나님의 말씀의 사자인 카길에게 목회 사역은 커다란 권세요 특권이었다. 왜냐하면, 목회 사역은 피조물이 하늘의 권세, 즉 심고 뽑고 파괴할 권세를 가졌음을 의미하기 때문이다(렘 1:10). 핍박은 하나님께 대항하는 것이다. 그래서 하나님의 종은 그들의 주인을 변호하여 무엇인가 선포해야 한다. 카길은 자신을 변호하며 이렇게 말하였다.

> 우리는 그것에 대하여 이렇게 말할 뿐이다. 모든 일이 이루어지기 전에, 훌륭한 사람은 자신들의 행함 가운데서 여호와의 마음을 가졌던 선지자와 사자가 있었다는 것을 알게 될 것이다. 그리고 우리가 저주하고 출교할 때, 여호와께서도 저주하시고 출교하셨다.[100]

하나님은 당신의 종에 의해 당신의 이름으로 세상에서 된 일을 하늘에서 비준하셨다. 또한, 1681년 6월, 이사야 10:3을 본문으로 행한 설교에서, 카길은 압제를 행하고 하나님을 무시하는 법규를 제정하며 자신들에게 복종하도록 백성들을 재판한 일들로 인하여 통치자들이 받게 될 심판에 관해서 말하였다. 카길은 다시 한번 힘주어 말하였다.

> 통치자들은 하나님에 의해 그리고 교회를 통해 출교라는 방법으로 던져졌다. 통치자들이 스스로 하나님의 진노 아래 오려 하지 않을 때, 이 방법은 주저 없이 시행

---

[99] Donald Cargill, *A Lecture upon 2 Chronicles 19:1-2*, 1681, 6.
[100] Maurice Grant, *op. cit.*, 139-140; J. Meldrum Dryerre, *Heroes and Heroines of the Scottish Covenanters*, Scotland: Kilmarnock, 56-70.

되어야 한다. 모두가 자신이 권세자들과 통치자들과 폭군들에게 어떤 복종을 바치고 있는지 살펴보자. 왜냐하면, 그들은 더 통치자들이 아니라 폭군들이기 때문이다. 악한 일들에 대한 순종은 참으로 공포이며 선한 일들에 대한 순종은 칭찬받을 만한 것이다. 법은 정의와 공평을 보증해야 한다. 그리고 인간의 권세는 물론 하늘의 권세를 가져야 한다. 그리고 여러분이 법이 이러한 징표를 가졌는지 전혀 고려해 보지 않고 그 법에 복종한다면, 여러분은 그 법에 복종함으로써 하나님께 불순종하고 있다.[101]

출교에 대한 카길의 판단은 낙스의 『제네바 기도서』(Genevan Service Book)에 기초했다. 다시 말해서 출교는 교회의 협동적 행위이며, 어떤 한 사람에 의해 행해져서는 안 된다는 것이 낙스의 견해였다.[102] 그란트(Grant)가 말한 것처럼, 카길은 그 당시 누구의 지지도 받지 못했다. 따라서 카길은 자기 일을 혼자서 추진했다.[103] 카길은 자신이 하나님의 명령에 따라 일하고 있으며, 따라서 다른 사람들이 무엇을 하든 간에 그 일은 자신이 순종해야 하는 의무임을 확신했다. 카길은 종교개혁 이래 스코틀랜드교회는 당신의 집을 다스리시는 그리스도의 권리를 위해, 다시 말해서 교회가 국가의 간섭을 받지 않고 독립적으로 교회의 일들에 대한 감독권과 재판권을 가질 수 있게 하려고 특별한 방법으로 투쟁해 왔음을 잘 알고 있었다. 이 대원칙은, 다시 말해서 "증인들이 그렇게 부른 것처럼 스코틀랜드교회라는 장식에서 가장 빛나는 진주"는 종교개혁 이후 교회 선언의 핵심이었으며, 스코틀랜드 장로교회의 본질이었다.[104]

국왕은 교회의 자유와 권리를 박탈하고, 오직 그리스도에게 속한 수장권을 자신에게 귀속시킴으로써 이 원칙을 파괴하였다.[105] 그러므로 카길에게 있어서 해석법(Explanatory Act)을 반대하는 것은 조금도 이상 하지 않았다. 왜냐하면, 이 법은 1679년 국왕에게 교회와 국가에 대한 절대적 수장권을 주었기 때문이다. 카길이 보기에 보스웰 브릿지(Bothwell Bridge)에서 싸웠던 사람들은 반역자들이 아

---

[101] Donald Cargill, *A Sermon on the Isaiah 10:3*, 1681, 19. Cf. *Ibid*, 174, Cargill의 주요 관심사는 목회 직무의 의무들과 엄숙한 책임과 시험이었다. 그래서 그는 이 문제에 관해 수없이 설교했다. 사 9:6과 렘 1:10, 그리고 삼하 23:5의 언약에 관한 그의 설교들을 참조하라.
[102] *Knox's Works*, "The Form of Prayers and Ministration of the Sacraments etc.," vol. IV., 205.
[103] Robert Law와 "같은 사람"이 그것에 대해 묘사했다. *Ibid*., 140.
[104] James Kirk, *The Second Book of Discipline* (Edinburgh: The Saint Andrew Press, 1980), 42-45.
[105] Maurice Grant, *op. cit.*, 141.

니었다. 왜냐하면, 그들은 억압에 맞서 일어났기 때문이다. 왕권은 하나이며 분리될 수 없다. 그러므로 왕의 권위가 어떤 의미로는 인정되고 또 다른 의미로는 인정되지 않는 그런 일은 있을 수 없다. 다시 말해서 왕의 권위가 국가 문제에서는 인정되고 교회 문제에서는 인정되지 않는 것은 불가능하였다.

이것은 곧 전자에 대한 부정은 후자에 대한 부정이었으며, 법의 시각에서 볼 때, 이 둘은 똑같이 반역적이었다. 카길에게 있어서 이러한 기본적인 문제를 회피한다는 것은 불가능하였다. 그러므로 타협이나 술책의 여지는 없었다. 그는 이렇게 기록하였다.

> 이것이 내가 거부해 온 위정자의 모습이다. 위정자는 그리스도의 권세를 부여받았다. 그리고 그리스도로부터 취해진 이러한 권세를 보면 이러한 권세는 왕의 영광이며 왕권의 본질적인 부분을 이룬다. … 시민 권력을 인정하는 자의 양심을 하나님께 대한 이러한 신성 모독적 반역의 가담으로부터 자유롭게 하려고 우리가 할 수 있는 어떤 구별도 없다. 그리고 시민 권력을 인정하는 것은 우리의 양심을 속이는 일에 불과하다. 왜냐하면, 그것은 시민 권력이 아니며 왕권의 본질적인 부분을 이룰 뿐이기 때문이다. 그리고 양심이 그처럼 명확할 때는, 우리는 솔직해야 한다. 그렇지 않으면 그것은 우리의 증언을 부정하는 것이며 그의 반역에 동의하는 것이기 때문이다.[106]

카길은, 왕은 예수 그리스도의 권세 아래 있으므로 그리스도에게 순종해야 한다고 믿었다. 카길은, 권세는 그리스도에 의해 주어진다는 것을 확고히 증명하였으며, 이것은 항상 그에게 추진력으로 작용했다. 설교가로서의 카길의 가장 큰 소망은 선지자요 제사장이요 왕이신 그리스도를 선포하는 것이었다. 카길에게는 한 면에서 그리스도의 수장권을 부인하는 것은 모든 면에서 부인하는 것과 같았다. 다시 말해서 왕으로서의 그리스도를 부인하는 것은 제사장이요 선지자로서의 그리스도를 부인하는 것과 같았다.[107] 자신의 권세에 기초하여, 카길은 왕을 신랄하게 비판하였다.

에스겔 21:15-27로부터, 카길은 출교에 앞선 하나님의 심판과 진노하심에 대

---

[106] *Ibid.*, 194, 197-198.
[107] Donald Cargill, *Being the Lecture and Discourse going before, and the afternoon Sermon following.... with the Action of Excommunication itself, pronounced at Torwood September 1680, upon king Charles II*, 3-4.

해 설교하였다. 그는 또한 사악한 왕은 왕위에서 제거돼야 한다고 설교하였다. 그러한 왕은 왕의 권세를 계속 유지하기 위해서는 상당한 피를 흘려야 할 것이며, 그렇게 해서 그러한 통치가 어느 정도는 계속될 수 있을지 모른다. 그러나 그러한 통치는 결국 전복될 것이며, 그러한 왕들은 보좌에서 쫓겨나 영원한 불에 던져질 것이다.[108] 심지어 1681년 7월 15일과 19일의 에든버러 의회(Council)에서 왕과 왕의 전권 대사와 추밀원 의원들 앞에서 자신의 유죄에 대하여 조사를 받을 때, 카길은 왕의 권세를 부인하고 왕을 그의 합법적인 왕으로 받아들이기를 거부하였다. 그리고 의회법 "Anet Supremacy and the Explanatory Act"에 의해 세워진 위정자의 권세도 부정하였다.[109] 권세에 대한 카길의 견해와 태도는 토우드(Torwood)에서처럼 조금도 변함이 없었다. 그는 그 순간 더 이상의 대답을 거부하였다. 왜냐하면, 그는 침묵이 최선의 저항이라고 생각했기 때문이다.

② 출교 교리에 대한 카길의 견해

1680년 9월 토우드(Torwood)에서 행한 설교 후 짧은 강화에서, 카길은 자신의 말과 고린도전서 5:13의 사도 바울의 말, "이 악한 사람은 너희 중에서 내쫓으라"(고전 5:13)와 연결시켰다. 그의 강화의 주제는 교회 때문에 행해지는 궁극적인 징벌, 즉 하나님께 불순종한 모든 자를 보수하시는 하나님의 말씀인 출교였다. 그러나 출교는 항상 시행되어서도 안 되며, 모든 죄에 대해서 시행되어서도 안 되었다.[110] 카길은 출교를 "한 인간에 대해 비록 그가 그리스도인이라는 이름을 가지고 있고 하나님을 두려워하기는 하지만, 사단이 머리이며 그리스도가 머리가 아닌 그런 다른 몸이나 부패함에 속해 있다는 선언이다"라고[111] 정의하였다.

출교는 기독교의 상징을 떼어버리는 것으로 목회적 징벌이며 여호와의 사람의 목회적 선언이었다. 여호와의 사람은 사악한 자들을 공식적으로 추방하며 그들을 교회와 그들이 주장하는 가정 내에서의 자녀들과의 관계에서 끊어버리며,

---

[108] Ibid., 6. Cf. Grant, op cit., 131-133.
[109] Donald Cargill, *The Last Words of Mr. Donald Cargill, when on the Scafford*, July 27th 1681 (Edinburgh, 1719); Grant, Ibid., 187. 193-194. Grant에 따르면 그 날짜는 잘못된 것이다. 그는 9월 12일 일요일이라고 주장하였다. *Lauderdale Papers*, vol. III., 209. Cf. Thomas Houston, *The Life of James Renwick* (Edinburgh, 1987), 10, 33-34.
[110] James Kerr, *Sermons delivered by Times of Persecution in Scotland*, 497.
[111] Ibid., 495.

그들을 사탄에게 내주어 하나님의 뜻대로 시험당하고 고통당하며 징벌받도록 한다.[112] 카길은 또 이렇게 말하였다.

> 그리고 출교 선언이 정당한 곳에서는, 출교는 출교당한 자들이 이전에 가졌던 것과 같은 생명으로 회복시키기 위해 마귀의 권세를 능가한다. 출교당한 후에도, 그들은 최고의 최상의 상황에서 떨어진 사람처럼 마음으로 번민하며 근심하고 있다. 왜냐하면, 이들은 파멸의 상태에 처해 있기 때문이다.[113]

그에게 있어서 출교는,

> 세례를 통해 교회에 들어왔고 불경함으로 타락한 참된 교회의 구성원이었거나 구성원인 사람들의 문제이지 교회 밖의 사람들의 문제가 아니었다. 모든 그리스도인은 이 사람이나 저 사람이나, 훌륭한 사람이나 미천한 사람이나, 평신도나 목회자들이나 할 것 없이 성직자들과 방백들 그리고 왕들도 모두 출교 아래 있다. 출교는 그 이유가 있듯이 백성들이 하나님께 불순종할 때 시행되어야 한다. 그리고 모든 사람에게 공평하게 사람들을 고려하지 않고 시행되어야 한다. 왜냐하면, 이 심판의 명령권자이신 하나님께서 사람들을 고려하지 않고 직접 판단하실 것이기 때문이다.[114]

이러한 궁극적인 징벌의 원인은,

> 신성모독과 우상숭배, 무신론과 살인, 간음과 근친상간, 서약 파기와 안식일을 고의로 범하는 것 등 크고 돌이킬 수 없는 죄들이나 이러한 죄들에 대한 불순종과 회개의 거부 등이었다.[115]

마지막으로 카길은 출교의 목적에 대하여 말한다.

> 출교의 목적은 하나님께 영광을 돌리려는 열심의 표현이다. 이것은 다음과 같은 것들이 자신의 집에 머물지 못하도록 하는 것이다. 출교는 누룩과 같은 사악함을 막을

---

112 *Ibid*, 496.
113 *Ibid*., 496.
114 *Ibid*., 496; John Howie, *Donald Cargill*, 390-391.
115 *Ibid*., 497.

수 있을 것이다. 누룩은 반죽 전체를 부풀게 한다. 그러나 출교는 사악함의 누룩이 다시는 영향을 미치지 못하도록 막는다. 다시 말해서 나머지 사람들에게 영향을 미치려는 자들의 오염이 더 퍼지기 전에 이들을 잘라낼 수 있다. 그리고 출교는 그렇게 해서 죄를 범하는 자들에게 경고가 되며 하나님과 영원한 행복으로부터 축출과 추방의 전조들인 비난자들을 없앤다. 그리고 만약 그들이 회개하지 않는다면 그들과 그들 자신의 무리와 동료로 분류하여 그들이 영원히 함께 있게 할 수도 있다.[116]

출교에 대한 이러한 토론에 기초하여, 카길은 출교자들을 이용하는 자들은 사단의 영향력 아래 있으며 다음과 같은 점에서 찰스 2세와 같다고 믿었다.

(1) 그가 하나님을 극도로 경멸한 것에 관해 말하면, 그가 자신의 죄와 아버지의 죄, 어머니의 우상숭배를 인정하고, 1650년 8월 16일 Dunfermiline 선언에서 이것들에 대항하겠다고 엄숙히 약속했음에도 불구하고, 이전보다 더 뻔뻔스럽게 이러한 죄들을 짓고 있다.
(2) 그의 서약 파기에 관해 말하면, 그는 적어도 두 번 언약에 엄숙히 서명한 후에도 그 언약들을 파기하고 거부하며 교수형 집행인의 손에 의해 불살라지도록 명령했다.[117]
(3) 그가 언약에 약속된 종교와 개혁을 이루기 위한 모든 법을 폐기하고 그에 반하는 법들을 제정했으며, 이 땅에서 교황제를 도입하기 위해 여전히 노력하고 있기 때문이다.
(4) 그는 학정과 억압에 항거하여 자신들의 특권과 권리를 지키기 위해 정당방위를 하는 하나님의 백성들을 쳐부수라고 군대에 명령했으며, 그는 스코틀랜드에서 이전의 어떤 왕들보다, 들판과 형틀에서 그리고 하나님의 백성들 가운데서 종교와 의와 관련하여 더 많은 피를 흘렸기 때문이다.
(5) 그는 국내에서나 해외에서 마찬가지로 여전히 진정한 개신교도들의 적이요 핍박자이며 교황주의자들의 지지자요 조력자이다. 그리고 그는 자신의 모든 권세를 동원하여 언약도들을 거스르는 법을 집행하였다.[118]

국가의 권위에 대한 카길의 태도는 분명히 급진적이었다. 카길이 훨씬 더 급진적이었던 이유는, 그가 "왕의 여섯 명의 지도적 직분자들에 대한 하나님의 말

---

[116] Ibid., 497.
[117] Wodrow's History. vol. I., 243; John H. Thomson, op cit., 507-508.
[118] James Kerr. op. cit., 498-499; John H. Thomson, Ibid., 507-508. 선언은 7부로 되었으며, 그중 대부분(5부)은 그 자신의 권위에 대해 언급하였으나 다른 권위에 대해서는 부정적이었다.

씀의 똑같은 권세를 그리스도의 이름으로" 선포했기 때문이다.[119]

③ 정당한 전쟁과 반역에 대한 카길의 교리적 입장

1681년 7월 처형 직전에 행한 마지막 연설이 보여 주듯이, 카길은 정당한 전쟁 또는 반역 사상에 깊이 빠져 있었다. 우선 카길은 이 사상의 기원을 1650년 8월 16일 찰스 2세의 언약으로 거슬러 올라갔다. 이때 찰스 2세는 잠시 왕위에 올라서 의회원들 앞에서 이 언약에 서명했으며, 후에는 제임스 7세 곧 요크 공작(Duke of York)이 그렇게 했다. 카길은 두 사람을 모두 우상 숭배자라고 비난했다. 카길은 찰스 2세는 그가 지키겠다고 맹세한 언약들에 약속된 종교를 세우고 개혁을 이루기 위한 모든 법을 폐기했다고 선언했다. 그런데 찰스 2세는 이 반대의 것들을 이루기 위한 법들을 제정하였다. 심지어 그는 스코틀랜드에 가톨릭 제도를 도입하려고 하였다. 따라서 찰스 2세는 특별히 다음과 같은 일들로 인하여 비난을 받았다.

> 그는 군대에게 학정과 억압에 항거하여 자신들의 특권과 권리를 지키기 위해 정당방위를 하는 하나님의 백성을 쳐부수라고 명령하였다. 그리고 그는 들판과 형틀에서 그리고 하나님의 백성들 가운데서 종교와 의와 관련하여 이전의 어떤 왕들보다 스코틀랜드에서 더 많은 피를 흘렸다.[120]

카길은 한 걸음 더 나아가 이렇게 말하였다.

---

[119] James Kerr, *Ibid.*, 492-501. 이들의 이름은 다음과 같다. York 공작, Monmouth 공작, Lauderdale 공작, Rothes 공작, George Mackenzie 경과 빈스(Bilms)의 Thomas Dalyell 등이다. Grant가 주장한 것처럼, 그것은 세례를 받은 사람들은 모두 교회의 치리에 복종해야 하며 잠정적으로 교회의 궁극적 징벌에도 복종해야 한다는 스코틀랜드 장로교회의 역사적 원칙들이었다. 이것은 가현적 교회의 본질적 통일과 보편성의 강조였다. 그리고 교회는 높든 낮든 간에 교회 울타리 안에 있는 모든 종교적 동맹들이나 단체들에 대한 사법권을 가진다는 점을 강조했다. 이와 대조적으로 Cargill은 "이전에 하나님께서 남은 자를 한 사람도 버리지 않으실 것이라고 믿었다. 왜냐하면, 하나님께서 영원히 버리지 않으실 것이기 때문이다," 502. *John Knox's Works*, "First Book of Discipline." vol. II., 233. 1596년 파문법(the Order of Excommunication)도 이와 유사했다. "하나님의 법에 의하면 죽어 마땅한 모든 범죄자는 가톨릭교도건 개신교도이건 간에 그리스도의 교회에서도 파문당해 마땅하다. 왜냐하면, 종교의 다양성이라는 허상 아래 그리스도의 가현적 몸(교회)에서 불경이 공개적으로 행해진다는 것은 옳지 않기 때문이다. *Ibid.*, vol. VI, 449.

[120] John H. Thomson, *op cit.*, 508.

왕은 진정한 개신교인들의 적이요 핍박자이며 국내외적으로 교황주의자들의 지지
자요 조력자이다. 그리고 그는 자신의 모든 권세를 동원하여 언약도들을 거스르는
법을 집행하였다.[121]

이처럼 카길이 왕의 행동을 공격한 것은 전쟁으로 왕에 맞서 대항한 스코틀랜
드 종교개혁자들의 신앙적 전통에 서 있었기 때문이다. 그러나 국민 언약사상에
관한 카길과 루더포드의 사상 사이에 본질적인 차이는 없었다. 시련 가운데 있는
백성들에게 성경적 위안을 주는 그들의 설교와 서한문들은 매우 비슷하였다.[122]
그러나 언약도들 간에 강조점의 차이는 있었다. 카길에게 있어서, 백성에 대한
왕의 공격은 일차적으로 인간에 대한 것이 아니라 하나님께 대한 것이었다. 왕을
제거할 칼은 인간의 칼이 아니라 하나님의 칼이었다. 그는 자신의 권세는 하나님
께서 주신 목회적 권세라고 자주 말하였다. 카길은 자신의 전 생애를 통하여 목
회의 직무와 사역을 가장 소중한 것으로 간주하였다.

3) 리처드 카메론 (Richard Cameron, 1648-1680)[123]

언약파의 사자 리저느 카메론은 한때 김독 교구 교회 교시이자 찬송가 선창자
(예배 인도자)였다. 그런데 그는 비밀 야외 집회의 설교자들로부터 너무 큰 감명
을 받고 야외 비밀 집회를 지지하였다. 카메론은 신교 자유령(Indulgence)을 받아
들인 자들은 엄청난 죄를 지은 것이라고 주장하는 장로교의 최 급진파의 운동을
강하게 신봉하였다. 카메론은 샌퀴아르 선언(Sanquhar Declaration)의 서명자들 중
의 한 사람으로서 자신의 신념을 피력하였다. 그는 법적으로 그리고 교리상으로
사무엘 루더포드의 『법과 왕』의 영향을 많이 받았다.[124]

남부 지역에서 야외 설교가로 얼마간을 지낸 후, 카메론은 로테르담(Rotterdam)으
로 갔으며, 그곳에서 목사 안수를 받았다. 1680년 가을에 고향으로 돌아온 카메론
은 더욱 확고한 에라스티안주의(Erastianism)의 반대자가 되었다.[125] 카메론은 이때부

---
[121] Ibid., 508.
[122] Maurice Grant, op cit., 152-153, 162-163.
[123] Ibid., 127.
[124] John Herkless. *Richard Cameron* (Edinburgh and London: Oliphant Anderson & ferrier, 1896), 30.
[125] Richard Cameron, *Some Remarkable Passages of the Life and Death of these three famous Worthies, Signal*

터 9개월 후 세상을 떠날 때까지[126] 비밀 집회파 교회의 회원으로 봉사하였다.[127]

① 신교 자유령에 대한 카메론의 견해

첫 번째 신교 자유령은 1669년 6월, 찰스 2세와 그의 의회에 의해 발표되었다. 이것은 왕의 수장권 사상에 근거하여 다음과 같은 내용을 직접 선포했다. 추방된 목사들을 공석 교구에 재임명하는 권한은 박해의 주범인 의회가 아주 엄격한 조건으로 자유롭게 행사할 수 있도록 허용되었다. 언약도들이 주교들의 권위를 거부할 경우 봉급을 받을 수 없었다. 비록 이들은 연금을 받았으나 단지 목사관과 교회 영지를 가질 수 있었을 뿐이었다. 언약도들이 주교 회의에 참석하지 않을 경우, 이들은 자신들의 교구를 벗어날 수 없었다. 다른 교구의 목사들이 목사 안수를 할 수도 없었으며 어떤 경우에게도 비밀 집회를 열 수 없었다. 이들은 또한 왕의 권위나 정부의 공적인 법안에 반대하는 발언을 할 수도 없었다. 하지만, 이들은 때때로 의회에 대한 평화적인 행동을 보여야 했다.[128]

언약도들은 언제나 충성의 맹세(The Oath of Allegiance)를 거부했다. 왜냐하면, 이것은 왕을 "모든 사람과 모든 권세 위에 있는 이 나라의 최고 통치자로" 인정하는 것이기 때문이었다. 핍박 자들의 권세가 야외에서 복음이 전파되는 것(야외 비밀 집회)을 멈추게 할 수 없었을 뿐만 아니라 스코틀랜드 국민의 영적 자유를 제한할 수도 없었다. 왕이 선포한 신교 자유령(Indulgence)은 장로교인들을 분열시키며, 그들을 유혹하여 눈에 보이는 이익을 위해 궁극적 원칙들을 포기하게 하려는

---

for piety and zeal, whom the Lord helped and honoured to be faithful unto the Death, viz Mr. John Semple, Mr. John Welwood, Mr. Richard Cameron, Minister of the Gospel, according as they were taken off the Stage: who were all shining Light in this Land, and gave Light to many, in which they rejoiced for a Season (Edinburgh, 1727), 39-40, 46; James Kerr, *Sermons delivered by Times of Persecution in Scotland, op cit.*, 377; Patrick Walker. *Biographia Presbyteriana*, 2 vols. (Edinburgh, 1827), vol. I, 193. Cf. Ian B. Cowan, *The Scottish Covenanters 1660-1688* (London: Victor Gollancz Ltd., 1976), 95.

126 Cameron의 머리는 에든버러 거리에 매달렸다. *Wodrow's History*. vol. III., 230-232; Howie, Scots Worthies, 423-424; William Steven, *History of the Scottish Church* (Edinburgh: David Douglas. 1896), 390; Keith L. Sprunger, *Dutch Puritanism* (Leiden: E. J. Brill. 1982), 434.

127 J. Meldrum Dryerre, *Heroes and Heroines of the Scottish Covenanters, Scotland: Kilmarnock*, 84-91; James Renwick, *An Informatory Vindication of a Poor, Wasted, Misrepresented Remnant of the Suffering ... Presbyterian Church of Christ in Scotland* (Edinburgh. 1687), 129-134; James Barr, *The Scottish Covenanters* (Glasgow: John Smith & Son Ltd., 1946), 8.

128 Thomas Houston, *The Life of James Renwjck: A Historical Sketch of his Life Labours and Martyrdom and a Vindication of his Character and Testimony* (Edinburgh, 1987), 29-30.

"우두머리 원수"의 교활한 고안품이었다.[129]

워드로(Wodrow)에 의하면, 카메론은 왕이 신교 자유령을 발표했을 때 처음에는 이를 받아들이는 자들과의 분리를 설교했다.[130] 왜냐하면, 카메론에게 있어 이것은 교회의 정결과 직결된 문제였기 때문이다. 그는 교회가 복음을 전파하고 자신의 증거 사역을 강화하고자 한다면 먼저 교회를 억누르는 악으로부터 스스로 깨끗하게 해야 한다고 생각했다. 카메론은 또한 1678년 봄에 발표된 신교 자유령을 강력히 공격하였다.[131] 카메론은 1680년 5월 20일 행한 설교에서 외쳤다.

> 이 땅의 대부분은 외친다. "우리에게는 케사르 외에는 어떤 왕도 없다. 찰스 외에는 어떤 왕도 없다." 그러나 우리는 이렇게 외쳐야 한다. "우리에게는 그리스도 외에는 어떤 왕도 없다."[132]

이처럼 카메론은 완강히 정부의 그 어떤 허용적인 제안도 거부하였다.

② 정당한 반역(Just Rebellion)에 대한 카메론의 견해

야외 비밀 집회 운동은 1679년 보스웰 브릿지(Bothwell Bridge) 전투 이후 쇠퇴하는 듯했다. 비밀 집회파의 구성원들은 열정을 잃었고 지도자들도 안전을 위해 떠나 버렸다. 그러나 카메론과 카길(Cargill)이 고국으로 돌아와 언약 운동에 참여하면서부터 상황은 바뀌었다. 이 두 지도자는 서로를 고무하며 이 기간에 열심히 일했다. 이들은 여러 비밀 집회 설교 사역에 아주 열심히 참여하였다. 어느 날 카메론의 설교 본문은 호세아 13:9-10이었다.

> 이스라엘아 네가 패망하였나니 이는 너를 도와주는 나를 대적함이라. 전에 네가 이르기를 내게 왕과 방백들을 주소서 하였느니라. 네 모든 성읍에서 너를 구원할 자, 네 왕이 이제 어디 있으며 네 재판장이 어디 있느냐(호 13:9-10).

---

[129] Patrick Walker, *op. cit.*, 195-196; D. Hay FIeming (ed.), *Six Saints of the Covenant* (London: Hodder and Stoughton, 1901), vol. I, 291-292.
[130] Richard Cameron, *Some Remarkable Passages ... Mr. Richard Cameron, Minister of the Gospel. according as they were taken off the State: who were all Shining Light in this Land, and gave Light to many. in which they rejoiced for a Season* (Edinburgh), *op. cit.*, 193; Patrick Walker, *Ibid.*, 193; D. Hay FIeming. *Ibid.*, 333.
[131] Maurice Grant, *op cit.*, 77.
[132] James Barr, *op. cit.*, 55; *M'crie's History*, vol. II, 113.

이러한 상황에서 카메론은 자신은 왕을 인정하지 않는다고 공개적으로 선언했을 뿐만 아니라, 때로는 청중들에게 여기서 한 걸음 더 나아가도록 촉구했다. 카메론은 왕을 "하나님의 원수"요 "사악한 간부"(姦夫)라고 불렀다. 그는 계속해서 이렇게 말하였다.

> 우리는 그리스도 외에는 그 누구도 우리의 왕이 될 수 없다고 외쳐야 합니다. 여러분이 그리스도를 여러분의 왕으로 모시고자 한다면, 여러분은 이 왕과 방백들을 제거하고 유능한 사람을 여러분의 통치자로 세워야 합니다. 다시 말해서 여러분의 통치자들이 하나님의 권세와 유익을 위해서 그들의 권세를 사용할 수 있도록 몸과 마음에 합당한 자격을 갖춘 사람들을 여러분의 통치자로 세워야 합니다. 우리 가운데 하나님을 향한 열심이 있다면, 우리는 그를 우리의 왕이라고 불러서는 안 될 것입니다. 그리고 이 땅의 귀족들과 위정자들에 대해서도, 우리는 이들을 위정자들로 인정하지 않을 것입니다. 나는 이제 여러분에게 말합니다. 만일 여러분 중에 누구라도 현재의 위정자들을 부정하지 않고 스코틀랜드에서 좋은 날들을 보낸다면, 내 말을 더 믿지 마십시오. 나는 이 세대가 이 통치자들을 제거해 버릴지는 알지 못합니다. 그러나 하나님께서 그리스도를 돌이키시고 우리의 시민적 자유와 교회의 자유를 회복하기 위한 도구로 삼으시는 자들은 이 왕과 그 아래 있는 자들을 부정할 것임을 알고 있습니다. 불충한 폭군들인 이 사악한 자들에게 정의와 심판을 할 사람은 진정 없단 말입니까? 하나님께서는 이들에 대한 심판을 시행할 모든 부류, 모든 처지인 사람을 부르고 계십니다. 그리고 그 일이 행해지면 우리는 그 행동을 정당화하지 않을 수 없습니다. 그리고 요엘 선지자처럼 우리에게도 그러한 명령이 주어졌습니다[133]

카메론은 사악한 통치자들에 대항하는 정당한 반역(just rebellion)을 선언했다. 그는 이와 때를 같이하여 세금 납부를 강력히 거부하였다. 카메론은 세금납부자들과 관련하여 이들의 죄는 용서받기 어렵다는 점을 설명하였다. 그는 다음과 같이 주장하였다. "그렇게 악한 세금을 납부한 많은 사람들은 그것이 악이며 죄라는 것을 인정하게 될 것이다."[134]

카메론은 방위군(defence army) 교리와 찰스 2세에 대한 저항을 정당화했다. 그

---

[133] Maurice Grant, *op cit.*, 113-114; William Garden Blaikie, *The Preachers of Scotland from the Sixth to the Nineteenth Century* (Edinburgh: T. & T. Clark, 1888), 172.

[134] James Kerr, *Sermons delivered by Times of Persecution in Scotland*, *op. cit.*, 431; John Herkless, *op. cit.*, 105.

는 샌퀴아르 선언(Sanquhar Declaration)에 명시되어 있는 것처럼 저항에 대한 분명한 논증을 제시했다. 그리고 그는 군대의 자유로운 이용에 대해서도 말하였다.

> 참으로 이러한 이유로 인해서 고통받는 것은 원수들에게 커다란 타격을 주었다. 우리가 값비싼 희생을 치름으로써 결코 아무것도 잃지 않았다. 오히려 이러한 희생을 통해 광야에서 또는 형틀에서 자신의 생명을 잃은 자들은 많은 것을 얻었다. … 그러나 희생에 대해서 말하자면, 사람들은 자신들을 위하여 희생할 광범위한 전복에 희생을 한정할 것이다. 방위군을 무시하는 사람들, 그들은 이런 일이 일어나는 것을 볼 것이다.[135]

카메론은 이러한 방법으로 저항을 정당화했다. 그리고 다음과 같은 영웅적인 결의와 함께 박해자인 권세자들에게 경고하였다.

> 그들은 그들 스스로 주목하도록 내버려 두어라. 왜냐하면, 그들이 우리를 형틀에 매달고 광야에서 우리를 죽일 수 있을지 모르지만, 하나님께서는 그들을 보수할 자들을 일으키실 것이기 때문이다. 우리는 그들과 함께 같은 나라에 살아서 하나님의 영광이 이 땅에서 떠나는 것을 지켜보느니 차라리 죽기를 원한다.[136]

카메론의 주요 관심사는 아직도 주권자로서 부정되지 않은 왕을 제거하는 것이었다.

4) 제임스 렌윅(James Renwick, 1662-1688)

언약파의 마지막 순교자요, 그리스도의 사도이며 전사(戰士)[137]인 제임스 렌윅은 1683년 해외에서 학업을 마치고 후에 카메론파(Cameronians)[138]로 불린 남은 자(the Renmant)의 목사로서 고국으로 돌아 왔다. 렌윅이 학업을 위해 해외로 가기 전에, 스코틀랜드에는 언약도들과 국가 사이에 기독교 정치를 둘러싸고 심각한 대결

---

[135] John Herkless, *Ibid.*, 110-111.
[136] Thomas Houston, *op. cit.*, 34.
[137] Alexander Smellie, *Men of the Covenant* (London: Andrew Melrose, 1911), 483.
[138] James Renwick, *A Choce Collection of very valuable Prefaces, Lectures, and Sermons, preached upon the mountains and muirs of Scotland, in the hottest time of the late persecution* (Glasgow. 1804). vii.

국면이 계속되었다. 렌윅이 귀국한 1683년부터 렌윅은 곧 비밀 집회파의 야외 설교가로 활동했으며, 그 결과 정부의 법에 대한 더 강력한 반역이 전국 각지로 퍼져 나갔다. 약 5년간(1683-1688)에 걸친 목회 사역 동안에, 렌윅은 찰스 2세에 의해 세워진 감독교회 정치에 맞서 싸웠다.[139]

찰스 2세는 자신의 전제적 왕권을 다시 세우려고 노력하였다. 그러나 이것은 국민의 안전과 자유에 부합하지 않는 것이었다. 찰스 2세는 정부의 근본 조직들을 허물고 교회와 국가의 법을 악용하고 파괴하였다. 그리고 16세기 낙스의 스코틀랜드 종교개혁 이래로 이루어진 모든 것들을 파괴해 버렸다. 렌윅은 후기 언약기의 탁월한 지도자 중에 하나였을 뿐만 아니라 1684년 10월 28일 "진정한 스코틀랜드교회 장로파의 변증적 선언과 훈계적 주장"(Apologetical Declaration and Admonitory Vindication of the True Presbyterians of the Church of Scotland)을 내놓은 언약도들의 대표자 중에 한 사람이었다. 그는 1688년 2월 18일 에든버러의 그라스마켓(Grassmarket)에서 처형당했다. 렌윅의 언약사상은 그의 편지들과 여러 저작에서 찾아볼 수 있다.

① 렌윅의 언약사상은 1678년 7월 10일 에든버러에서 제정된 집회법(the Act of Convention)에 의해 세금 납부법에 관한 그의 태도에서 찾을 수 있다

렌윅은 세금 징수의 필요성은 인정했지만, 현재와 같은 이 특별한 경우의 세금 징수는 거부하였다. 왜냐하면, 이것은 하나님의 법에 어긋나는 것이었기 때문이다. 그는 세금은 백성을 섬기는 일에 사용되어야 하지 왕의 유익을 위해 사용되어서는 안 된다고 생각하였다. 이번 세금은 특별히 언약도들과 맞서 싸울 큰 군대를 모집하고 지원하기 위하여, 구체적으로는 비밀집회파(Conventicles)를 탄압할 목적으로 제정되었기 때문이다.

의회원들(estates)은 이 세금 징수를 통해 언약도들이 모이는 장소이며, 그 수가 위험스러울 정도로 증가하고 있는 비밀집회파를 탄압할 의도가 있었다. 의회원들에 따르면 이 세금 법이 제정된 것은 왕의 왕권을 유지하며 백성들을 "사악한 자들"로부터 보호하기 위한 것이었다.[140] 렌윅은 소위 이러한 전쟁 세를 내는 것

---

[139] Alexander Shields, *The Life and Death of James Renwick, with a Vindication of the Heads of hjs Dying Testimony* (Glasgow: Duncan Mackenzie, 1806), 173-174.
[140] *Ibid.*, 174. 당시 의회원들이 5년 동안 거둔 기금은 1,800,000파운드에 달했다.

은 하나님에 대한 실제적인 부정이며 언약(1651)을 파기하는 것이자, 심지어 "복음을 억압하는 것"이라고 생각했다.[141] 렌윅은 이렇게 거둬들인 세금은 핍박을 위한 연료가 된다는 사실을 알고 있었다. 다시 말해서 렌윅은 세금이 진정으로 하나님을 의지하는 비밀 집회파의 형제들을 핍박하는 일에 사용될 것을 알고 있었다. 세금은 참된 종교와 자유를 수호하기 위한 일에만 사용되어야 한다. 그러나 당시의 세금은 전제 정치를 유지하고, 종교와 자유의 파괴를 도모하는 일에 사용되었다.[142] 렌윅은 또한 세금은 교회의 사역을 위해 사용되어야 한다고 주장하였다. 그는 몇 가지 질문을 제기하고 전쟁 세의 납부에 대한 자신의 거부 입장을 다음과 같이 역설하였다.

> 선동자들과 악한들의 도당을 찾아내어 그들에게 합당한 처벌을 내리려는 모든 성실한 노력과 그들을 유지 시키고 고무시키기 위한 세금을 내는 일이 어떻게 양립할 수 있다는 말인가?
> 나라가 확고한 평화와 통일 가운데 계속되는 것과 평화와 진리의 원수들에게 세금을 바치는 것이 어떻게 양립할 수 있단 말인가?[143]
> 느부갓네살 시대에 유대인들이 전제 군주로부터 세 소년을 집어삼킬 풀무 불의 불길을 더하기 위해 연료를 가져오라는 명령을 받았다고 해서 그렇게 하는 것이 합당했는가?
> 왕이 세운 우상에 절하지 않았다고 해서 가난한 자들을 압제하거나 그들의 형제들이 그들의 압제에 도움이 될 수 있는 일을 하는 것이 합당한가?[144]

이 인용을 분석해 보면 납세 거부에 대한 두 가지 중요한 주장을 발견할 수 있다.

첫째, 여기에서 지역 교회와 국가교회의 일들을 맡아보는 왕당파와 감독교회파

---

[141] James Renwick, *A Choice Collection*⋯, *op. cit.*, 595; *An Informatory Vindication of a Poor, Wasted, Misrepresented Remnant of the Suffering...Presbyterian Church of Christ in Scotland* (Edinburgh. 1687), 35; W. H. Carslaw, *The Life and Letter to James Renwick* (Oliphant Anderson & Ferrier. 1893), 257, 260; John Howie, *The Scottish Worthies, Containing a Brief Historical Account of the Most Eminent Noblemen, Gentlemen, Ministers, and Others* (Glasgow and London, 1858), 529; James Dodds, *The Fifty Years's Struggle of the Scottish Covenanters 1638-1688* (Edinburgh: Edmonston and Douglas, 1860), 380.
[142] James Renwick, *A Choice Collection*, 594-595; Alexander Shields, *op. cit.*, 180.
[143] Alexander Shield, *Ibid.*, 180.
[144] W. H. Carslaw, *op cit.*, 257-258.

(Episcopalians)는 "평화와 진리의 원수들"로 간주된다. 이것은 극단적인 표현일 수도 있다. 그러나 이것은 렌윅과 다른 사람들이 주장한 장로교와 그리스도의 왕권에 관한 강력한 확신의 표현이었다. 이들은 왕당파들에 의해 진리가 더럽혀졌기 때문에 국가의 평화와 종교적 평화가 획득될 수 없었다고 생각했다.

둘째, 렌윅은 다소 감정적이지만 구약의 사건을 인용하여 이렇게 주장하였다. 즉, 비록 간접적이기는 하지만 언약도들이 세금을 낸다면, 그들은 실제로 국가 위정자들이 그들을 억압하는 것을 지원하는 꼴이 된다는 것이다. 세금 납부는 이제 더 개인적 자유나 양심의 문제가 아니었다. 언약도들은 동료들이 억압과 박해를 증대시키고 최소한 지속시키는 일에 가담하지 못하도록 막을 필요가 있었다. 언약도들이 스스로 악인들로부터 보호받기 위해서는 원수들에 맞서 방위군을 창설하는 것이 자연스러워 보였다. 1682년 9월 2일 자로 도날드 카길(Donald Cargill)에게 보낸 편지에서, 렌윅은 원수들에게 맞서 군대를 일으키는 것이 불가피하다고 주장하였다.

렌윅에 따르면, 야외에서 복음을 전파하는 자들을 보호하고, 그 본질과 의도 상 적그리스도인 교황의 위협으로부터 스스로 방어하기 위해서는 방위군이 필요했다.[145] 이러한 상황으로, 렌윅은 그를 따르는 자들에게 스스로 보호하고 원수들의 부당한 폭력에 저항하기 위해서 군대를 일으키라고 자연스럽게 가르쳤다.[146] 정부의 법은 비밀 집회들의 모든 설교자를 범법자요, 경제 사범으로 만들었다.[147] 이러한 정부의 법에 맞서 렌윅을 포함한 언약도들은, 거룩한 전쟁은 필수적인 의무라는 것과 부당한 폭력에 맞서 스스로 보호하고 원수들을 물리치기 위해 싸우는 것이 옳다고 선언했다.[148] 왜냐하면, 하나님께서 모든 권세를 주시며, 따라서 하나님을 반대하는 자는 그의 백성의 반대를 받아야 하기 때문이었다.

렌윅은 그리스도의 종들이 스스로 다음과 같은 증언을 의무적으로 부가하는

---

[145] Alexander Shields, *op. cit.*, 191.
[146] *Ibid.*, 157; W. H. Carslaw, *op. cit.*, 258, 260; John Howie, *op. cit.*, 529; James Dodds, *op. cit.*, 381; J. Meldrum Dryerre. *op. cit.*, 108-123.
[147] James Renwick, *An Informatory Vindication*…, 37; Shield, *Ibid.*, 191.
[148] James Renwick, *Ibid.*, 37. 68-69; *The Church's Choice, or, a Sermon on Canticles*, ch. 1., 7 (Glasgow. 1743), 631. 이들이 이렇게 스스로 원수들로부터 보호하는 행동을 취한 데는 두 가지 중요한 이유가 있었다. 첫 번째 이유는 하나님의 법은 정당하지 못한 폭력에 대항하여 스스로 보호하도록 허락하기 때문이다. 두 번째 이유는 그들은 언약들에 대한 파기될 수 없는 의무 때문이었다. 그 의무란 그 증언을 유지하고 수호하며 서로를 똑같이 증진시키는 것이었다.

것은 매우 필수적이라고 주장하였다. 그 증언의 내용은 언약적 고백을 고수하며, 맹세하고 폐기한 감독제를 혐오하고 이 땅에서 순수하게 시행되는 복음의 의식들을 지키려는 사랑과 열심을 가지고 있다는 것이다. 따라서 언약도들은 불가피하게 야외에서 만날 수밖에 없었다. 이렇게 하여 이들은 비밀리에 그러나 안전하게 황야와 산에서 많은 수가 모일 수 있었다. 왜냐하면, 황야와 산과 같은 자연적 장소는 도피하거나 필요할 경우 맞서 싸우기에 더없이 좋은 곳이기 때문이었다.[149] 이들이 만나는 장소는 놀랍게도 언약도들에게 복음을 전파하고 목사의 직무를 행할 수 있는 자유를 제공하였다.

렌윅은 하나님께서 돌로 아브라함의 자녀들을 만들 수 있다는 말씀을 확고히 믿었다. 그리고 그는 또 이렇게 믿었다.

> 하나님은 증거를 원치 않으신다. 그렇다. 이 사람들이 침묵하면 돌들이 외칠 것이다(눅 19:40; 마 18:18). 그러므로 이것이 그들에게 하나님의 권세를 의지하도록 가르쳐야 한다. 왜냐하면, 하나님께서는 공급자이시며 또한 보수자이심을 보여 주실 것이기 때문이다.[150]

이러한 박해의 어려운 시기 동안에 렌윅은 자신의 비밀 집회 회원들에게 용기를 불어넣었다.[151] 렌윅은 알렉산더 고든 경(Sir. Alexander Gordon)에게 보낸 날짜 미상의 편지에서 납세 거부를 정당화했다. 왜냐하면, 그가 속한 총회의 결정이 다른 어떤 회의 결정보다 성실했기 때문이다. 그는 언약들 즉 국민 언약과 엄숙 동맹과 언약이 이러한 행동들을 "교회와 국가의 원수들"의 행동으로 비난한다고 생각했다.[152]

렌윅은 1688년 1월 1일 스코틀랜드 동북부의 파이프(Fife)에서 체포되었다. 그 후 그는 제임스 2세에게 직접 신문(interrogation)을 받았다. 왕의 신문에 대한 답변

---

[149] Alexander Shields, op. it., 157-158, 191-192; John H. Thomson, "James Renwick," *A Cloud of Witness* (Edinburgh: Johnstone, Hunter, and Company, 1871), 485, 489-490; Alexander Smellie, *Men of the Covenant* (London: Andrew Melrose, 1911), 492; Elizabeth Whitley, *The Two Kingdoms, The Scottish Reformation Society* (Edinburgh, 1977), 196-197.

[150] James Renwick, *A Choice Collection* …, 304-305; *The Church's Choice*, 19; W. H. Carslaw, op. cit., 12-14.

[151] W. H. Carslaw, *Ibid.*, 8.

[152] *Ibid.*, 211; The Acts of the General Assembly of the Church of Scotland, June 17th 1646, Sess. 14 and June 28th 1648. Sess. 14.

에서, 렌윅은 자신은 장로교인이며 1640년부터 1660년까지 교회와 국가에 의해 일반적으로 공언된 존 낙스의 종교개혁의 원칙들을 고수한다고 하였다.[153] 렌윅은 제임스 거쓰리 퍼쓰밴트(James Gurthery Pursevant)에 의해 1688년 2월 8일 기소되었다. 기소 이유는 세 가지였다.

첫째, 이 기소장에 따르면 렌윅은 국가의 통치 군주들과 절대 왕들, 재판관들과 통치자들에게 허락된 법규들을 어겼다. 어느 사람도 왕과 왕의 권위를 부정하고 반역을 일으킬 수 없었다. 왜냐하면, 이 나라의 왕관과 왕권은 오직 하나님으로부터 주어지는 것이기 때문이다. 왕이 죽었을 때도 법규들은 합법적인 계승자에게 즉시 인계된다. 이 계승을 방해하는 모든 행동은 반역으로 선언되었다.[154] 그러므로 동맹들이나 언약들에 가담하고 왕에 맞서 군대를 일으키거나 왕이 자신의 정부를 통치하지 못하도록 하거나 백성들의 충성과 복종을 제한하는 모든 행위는 반역으로 선언되었다.

둘째, 기소장은 더 나아가 이렇게 기록되었다.

> 렌윅은 하나님을 전혀 두려워하지 않고 폐하의 권위와 법들을 무시하였다. 그리고 가장 지독하고 해로운 원칙들을 가지고 불충한 행동들을 서슴지 않는 반역자들의 무리에 가담하여 이들의 설교자가 되었다. 그는 아주 결사적으로 악인이 되어 야외에서 공개적으로 설교하였으며, 그의 주권자인 왕의 권위와 정부를 신랄하게 공격했다. 그리고 그는 가장 은혜로운 통치자 제임스 7세를 찬탈자라고 했으며 폐하에게 세금을 바치는 것은 합당하지 않다고 했다.[155]

셋째, 기소장은 이렇게 말한다. 렌윅은 최근의 행동에서 왕이 그의 합법적인 통치자라는 사실을 부인하였다. 이와 동시에 교황 계승은 통치권을 제공하지 않으며, 따라서 왕에게 세금을 내는 것이 필요치 않다.[156] 오히려 렌윅은 백성들이 공격을 당하면 방어를 위해 자신의 모임에 무장하고 모이도록 촉구했으며, 이렇

153　James Renwick, *The Last Speech and Testimony of the Reverend Mr. James Renwick. Minister of the Gospel, who suffered in the Glass-Market at Edinburgh, Feb. 17th 1688, emitted from his own hand the day before his suffering*, printed from the Original Session May 1888, by D. Hay Fleming 1888, 4-5; D. Hay Fleming (ed.), *Six Saints of the Covenant* (London: Hodder and Stoughton, 1901), vol. I., 315.
154　James Renwick, *Ibid.*, 4.
155　James Renwick, *Ibid.*, 4.
156　W. H. Carslaw, op. it., 143; Thomas Houston, *The Life of James Renwick: A Historical Sketch of his Life, Labours and Martyrdom and a Vindication of his Character and Testimony* (Edinburgh, 1987), 41.

게 하는 것이 합법적이라고 주장하였다.

렌윅은 1688년 2월 8일 수요일에 재판정[157]에 섰다. 여기서 그는 자신이 앞서 말한 모든 것들을 고수하였다. 그에게 현재의 왕은 하나님의 말씀이나 이 땅과 계약법들에 의해 합법적으로 왕권을 부여받은 자로 인정될 수 없다.[158] 그는 또한 그러한 목적들을 위해 선언된 법들에 따라서 부과된 납세의 적법성도 부정하였다. 그리고 그는 지금과 같은 환경에서 야외 비밀 집회에서 설교하며 무장을 통해 이 모임을 보호하는 것은 의무이며 중요한 것이라고 확언하였다. 그에게 있어서 왕은 실제로(de fecto)가 아니라 법적으로(de jure)였다.[159]

렌윅은 그렇게 놀란 표정으로 전혀 굽힐 줄 모르는 확신을 하고 선언했을 때, 그는 죽음을 두려워하기보다는 오히려 죽음을 열망한 것처럼 보였다.[160] 그는 하나님을 공격하고 그분의 법을 범하기를 두려워했다. 그리고 그는 이 법정에서 기꺼이 유죄 선고를 받을 각오가 되어 있다고 말하였다. 그는 하나님의 말씀과 언약들과 존 낙스의 종교개혁의 원칙들, 그리고 장로교 교회 정치를 버릴 수 없다고 했다.[161] 재판관들은 렌윅이 개신교 또는 장로교 원칙들을 공언하고 종교개혁의 언약적 사업을 고수했다는 결정을 내렸다.[162]

렌윅은 정부와 법정의 원수들 앞에서 자신에 대한 판결에 대해 스스로 변호하면서 장로교와 장로교의 교회 정치체제를 힘 있게 변호하였다. 렌윅은 1560년의 종교개혁을 확고히 지지했으며 "교황주의자와 주교들과 악성적인 왕당원들(malignants)에 맞서" 자신의 신학을 사수하였다.[163] 렌윅은 두 언약, 즉 1638년의 국가 언약(National Covenant)과 1643년의 엄숙 동맹과 언약(Solemn League and Covenant)을 확

---

[157] Ibid., 144-145; John Howie, op. cit., 530.
[158] James Renwick, The Last Speech…, 4; John Howie. Ibid., 527-528; Thomas Houston, op. cit., 41.
[159] James Renwick, Ibid., 4; The Church's Choice…, 31-32.
[160] W. H. Carslaw, op. cit., 146.
[161] Ibid., 147, 160.
[162] James Renwick, Antipas: or, the dying Testimony of Mr. J. R, 1715, 8-9. 재판관(assizers)들은 고백자들이었고 허용석인 모임에서 탁월했다. 재판관들의 이름은 다음과 같다. 킴머젬(Kimmergem)의 James Jum, 니버웰(Niverwells)의 John Hume, John Martin(공장 노동자), Alexander Martin(점원), Robert Haliburton(상인), Thomas Laurie(상인), Arch Johnston(상인), Thomas Wylie(상인), William Cockburn(상인), James Hamilto(포도주 상인), James Jamilton 2세(문구상), Robert Currie(문구상), Jof Young(상인), John Cunningham(글라스고우의 상인), Ninian Bannatmer(Kaims의 법무관), W. H. Carslaw, op. cit., 148-149.
[163] W. H. Carslaw, op cit., 109.

증하였다. 언약들에 대한 그의 신학에서, 특히 정치적 상황에서 좀 더 공격적인 형태로 전개되는 것처럼, 렌윅은 『웨스트민스터 신앙고백서』를 받아들였다. 렌윅은 누구도 두 언약을 깨뜨릴 수 없으며 하나님께서 모든 거짓 맹세자를 징벌하실 것이라고 단언하였다.[164] 렌윅은 자신의 대적들을 하나님께서 대대에 전쟁을 선포하신 구약의 아말렉에 비유하였다.

렌윅은 한 걸음 더 나아가 하나님께서 당신의 백성들을 위해 당신의 원수들과 싸우실 것이라고 말하였다. 렌윅에 따르면, 세례 때의 맹세들은 하나님과의 언약 행위였다. 따라서 우리는 하나님의 깃발 아래서 마귀와 세상과 육체에 맞서 싸워야 한다.[165] 그러므로 렌윅이 백성들에게 "그들 누구와도 화친하려고 맹세를 깨뜨리지 말라"[166]고 강력하게 촉구한 것은 자연스러운 일이었다.

렌윅의 언약사상은 그가 쓴 여러 편지에서 더욱 자세하게 나타난다. 그러나 렌윅이 강한 확신을 가진 것은 교회와 국가에 대한 언약사상의 관계에 관한 것이었다.[167] 그에게 있어서,

> 절대 권력은, 무한하시며 그분의 뜻이 곧 법인 하나님 외에는 그 누구도 주장할 수 없다. 그러나 현재의 폭군은 이 권력이 자신의 것이라고 주장하고 모든 사람이 종교나 양심, 신분이나 명예와 관계없이 여기에 복종할 것을 요구한다. 그러나 그렇게 되면 모든 사람은 왕의 노예가 되고 만다.[168]

렌윅은 제임스 7세를 언약에 합당한 왕으로 또는 합법적인 통치자로도 인정하지 않았다. 오히려 그는 왕을 범법자로 간주했다. 그러므로 왕에 맞서는 전쟁은 가능했으며, 렌윅은 다음과 같이 단언하였다. "교회와 국가의 군대에서 왕을 위해 봉사하는 자들에게 저항하는 것은 합법적이다."[169]

---

164 James Renwick, *An Informatory Vindication*…, 30-31; John Howie, *op. cit.*, 519, 533.
165 W. H. Carslaw, *op. cit.*, 111.
166 *Ibid.*, 111.
167 *Ibid.*, 108-110, 143, 147. 183, 197, 211. 214-261.
168 James Renwick, *A Choice Collection of Very Valuable Prefaces, Lectures, and Sermons*, Glasgow: S. & A. Gardiner, 1804), 184-185, 567, 633. Cf. Chris Coleborn, "The Second Reformation in Scotland," *Theological Schools of the Protestant Reformed Churches* (Michigan: Grandville, 1981), vol. 14, no. 1., 21-46, no. 2., 12-44.

② 렌윅은 자신이 비밀 집회에 참여하는 것은 하나님께서 어느 곳에서나 당신의 백성들과 함께하신다는 언약교회 교리와 관계있다고 믿었다

그리하여 렌윅은 더욱 하나님을 신뢰하였다. 그리고 이들의 길을 인도하시며 곧게 하실 하나님께 감사드렸다. 렌윅은 이렇게 말하였다.

"오! 당신의 인도하심은 놀랍도다. 오! 당신의 인도하심은 부족함이 없도다. 오! 당신의 인도하심은 언제나 한결같도다."[170]

렌윅은 하나님께서는 형제보다 더 가까이 계심을 느꼈다.

"비록 아버지와 어머니가 나를 버릴지라도 그분은 나를 버리지 않으시리로다. 그는 나를 떠나지 않으시며 나를 버리지 않으시리로다"(시 27:10; 사 49:15; 마 7:11; 요 13:1).[171]

렌윅은 더 나아가 이렇게 믿었다.

> 하나님은 다른 주인들과 다르시다. 그분의 사역과 그분의 보상 사이에는 무한한 불일치가 있다. 그는 아무런 일도 시키지 않으시지만 한결같은 마음과 그 일을 하기에 적합한 모든 도구와 필요한 것들을 주신다. 이것은 다른 주인들은 할 수 없다.[172]

이러한 믿음 때문에, 렌윅은 아버지 하나님 앞에서뿐만 아니라 대적들 앞에서도 담대할 수 있었다. 그러므로 렌윅은 백성들에게 하나님의 길에서 하나님을 따르며 섬길 것을 촉구하였다. 렌윅은 남은 자들은 십자가의 고난을 기꺼이 받아야 할 것이라고[173] 생각하였다.

③ 렌윅의 교회 언약사상 또한 그의 유아세례 교리와 목사 안수에 관한 그의 언급에서 찾아볼 수 있다

1686년 8월 13일, 로버트 해밀톤(Robert Hamilton)에게 보낸 편지에 따르면, 재세례파(Anabaptists)나 분파주의자들(Sectrians)은 야외에서 유아세례를 허용한다는 이

---

[169] James Renwick, *An Informatory Vindication*…, 42-43; Alexander Shields, *op. cit.*, 82-83; John Howie, *op. cit.*, 523 529.
[170] James Renwick, *An Informatory Vindication*…, 56-57; W. H. Carslaw, *op. cit.*, 16, 39.
[171] James Renwick, *Ibid.*, 56-57.
[172] W. H. Carslaw, *Ibid.*, 16-17.
[173] W. H. Carslaw, *Ibid.*, 40.

유로 렌윅을 비난했다. 이에 대하여 렌윅은 유아세례는 성경과 스코틀랜드 종교개혁자들의 증언으로 보증된다는 확신 속에서 이들을 공격하였다. 그러나 렌윅은 부모들이 정당하고 실제적인 방법으로 신앙을 고백하지 않는 한 유아세례를 베풀지 않았다. 유아세례 시에 부모들에게 요구되는 것이 하나 더 있었다. 부모들은 자신들이 죄에 빠져 있으며 죄로 인해 비참한 상태에 있지만, 죄로부터 돌이키기로 했음을 분명하게 보여 주어야 했다. 렌윅은 부모들이 더 죄를 짓지 않겠다고 약속하여 그들의 신실성을 보여 주지 않는 한(그럴 때까지) 세례를 베풀지 않았다.[174] 세례를 하나님과의 언약으로 간주했기 때문이다.[175]

개별 교회의 목사 위임에 관하여, 렌윅은 다음과 같이 주장하였다. 즉 모든 목사는 그리스도를 그들의 머리요 왕으로 삼아야 했으며, 그리스도의 몸이요 왕국인 보편 교회(church catholic)의 일원이 되어야 하며,[176] 위임식은 반드시 의식의 주체에 의존하는 것이 아니다.

렌윅은 또한 이렇게 말하였다.

> 그렇게 성직 수임을 받은 목사들은 그들이 구성원인 교회에서 사람들의 동의를 통하여 받아들여질 것이며 또한 받아들여져야 했다. 그리고 어떤 개별 교회도 그곳에서 목회하도록 허락된 모든 사람을 위임하는 전적인 권리를 교회 자신이 가질 수는 없다.[177]

이 시대는 매우 복잡한 시대였다. 그러나 렌윅은 하나님의 영광을 구했으며 그분과 그분의 목회 사역에 더 헌신하였다.[178] 렌윅은 언약들과 『웨스트민스터 신앙고백서』는 권세자들의 복음전파 사역의 방해에 강력히 맞서야 한다는 목회적 의무를 말하고 있다고 주장하였다. 어떤 목사이건 간에 렌윅과 함께 언약의 결속 아래 있다면, 그들은 무너지고 쇠퇴한 교회의 상황과 관련하여 똑같은 증언

---

174 W. H. Carslaw, *Ibid.*, 187-188.
175 W. H. Carslaw, *Ibid.*, 188.
176 Alexander Shields, *op. cit.*, 50-51.
177 James Renwick, *An Informatory Vindication...*, 43-44; Partrick Walker, *Biographia Presbyteriana*, vol. II (1827), 22-29; Shield, *Ibid.*, 51.
178 W. H. Carslaw, *op. cit.*, 17. Cf. Adam Loughridge, "*James Renwick: Preacher, Pastor Patriot.*" *Reformed Theological Journal* (Belfast, 1988, November), 20-29.

을 해야 할 의무가 있었다.[179]

그렇다면 렌윅의 중심된 신앙은 하나님께서 당신의 백성들과 맺으신 언약에 대한 그의 견해에서 요약될 수 있다. 렌윅에 따르면, 모든 인간은 반역자들이자 범법자들이며 길 잃고 망쳐진 상태에 있다. 그러나 하나님께서 당신의 백성들과 언약을 맺으시고 당신의 독생자를 속죄양으로 주셨다. 렌윅에게 있어, 이 언약은 궁극적으로 그리스도인의 생명을 위한 것이다. 언약은 "모든 것들에서 그리고 확실하게 잘 정리되었다."[180] 그는 언약을 이렇게 믿었다.

> 그 문제에 있어서 필요한 모든 것, 그 방법에 필요한 모든 지혜, 말의 모든 겸손을 하고 있다고 믿었다. 그것은 목적에 있어서 가장 경이적인 것으로, 죄인들에게 평화와 구원을 가져다주는 것이다. 그리고 언약은 가장 필수적이다. 왜냐하면, 그것이 없이는 천국으로의 여행이 전적으로 불가능하기 때문이다.

렌윅은 언약사상을 광범위하게 적용하였다. 우리가 앞에서 본 바와 같이, 렌윅은 언약사상을 납세 거부와 왕에 맞서는 군대의 징병과 관계시켰다. 렌윅은 왕에 대항하는 이 전쟁을 야외 비밀 집회에서 은혜의 복음을 전파하는 자들을 박해하는 자들에 대항하는 "거룩한 전쟁"(Holy War)으로 간주하였다.

렌윅에게 있어서, 비밀 집회들은 언약교회와 관련이 있었다. 반면에 언약은 교회 정치와 세례 때의 맹세들, 그리고 왕권신수설에 강하게 적용되었다. 그러나 왕권신수설은 거부되었다. 왜냐하면, 언약의 하나님만이 절대적인 권세를 소유하고 계시기 때문이다. 언약 개념의 광범위한 적용에도 불구하고, 렌윅은 오직 그리스도 안에서의 구원에 초점이 맞추어진 은혜언약의 영적인 성격과 특권, 의무를 강조했다. 그러나 왕의 행동은 렌윅으로 하여금 왕에게 불복종하고 반역하지 않을 수 없게 만들었다. 왜냐하면, 은혜언약은 그리스도에게 지상의 왕을 다스리는 왕권에 초점이 맞추어져 있기 때문이다. 렌윅은 국민 언약(1638)과 엄숙 동맹과 언약(1643)이 자신의 견해를 지지해 준다고 확신하였다.

---

[179] *Ibid.*, 214.
[180] *Ibid.*, 226.

4. 요약

이 기간에 스코틀랜드 교회사에서 주된 문제는 언약들과 권세와 참된 자유 사이의 관계였다. 우리가 지금까지 살펴본 바와 같이, 왕권신수설에 대한 믿음은 왕이 반대자들을 처형할 수 있다는 의미로 받아들였다. 왕은 백성들의 절대적 복종을 요구하였다. 그리고 왕은 자신이 할 수 있는 데까지 법규를 이용하여 언약도들을 핍박하였다. 이와는 반대로, 언약도들은 인간에게 주어진 모든 권세나 최고 권력은 하나님으로부터만 나온다고 굳게 믿었다(롬 13:10).[181] 하지만, 왕이 성경의 가르침과 반대로 백성들을 억압하면, 그는 하나님의 명령을 거부한 것으로 판단되어야 했다. 언약도들은 찬탈자이며 전제적인 통치자는 하나님에 의해 임명된 것이 아니라고 믿었다. 그러므로 모든 반역은 언약도들의 언약적 선언들로 정당화되었다. 알렉산더 쉴드(Alexander Shield)가 묘사한 것처럼, 그러한 왕은 중재자의 저주 아래 있는 적그리스도의 종이었다(호 8:1-4).[182]

언약도들은 왕당파 군대와 싸울 때, 이들을 대항하는 하나님 백성의 보호를 받을 필요가 있었다. 많은 언약도들이 스코틀랜드교회와 국가는 언약에 대한 맹세를 파기했을 뿐만 아니라 잔인무도한 학정을 행하는 폭군에게 저항하지 않음으로써 죄를 범했다고 확신하였다.

이러한 견해는 지도적 위치에 있는 언약파 목사들, 즉 사무엘 루더포드(Samuel Rutherford)와 도날드 카길(Donald Cargill), 리처드 카메론(Richard Cameron)과 제임스 렌윅(James Renwick)에 의해 담대하게 선언되었다.[183] 그 결과, 여러 선언이 이들의 신앙 수호의 한 상징으로 여러 장소에 내걸렸다. 그중 샌퀴아르 선언(Sanquhar Declaration)이 주된 것이었다.

이러한 선언문들은 스튜어트 왕가의 주권을 부정하고 최고 권력에 대항하는 전쟁을 선포했다. 이들의 전쟁선포 이유는 이러하였다. 왕들은 자신들이 지키겠다고 맹세한 언약적 조항들을 파기해 버린 폭군들이며, 이 조항들에 충실히 하고자

---

[181] Alexander Shields, 165.
[182] Ibid., 164.
[183] Maurice Grant, op. cit., 206; Thomas Houston, *The Life of James Renwick: A Historical Sketch of his Life, Labours and Martyrdom and a Vindication of his Character and Testimony* (Edinburgh, 1987), 33-36; Ian B. Cowan, *The Scottish Covenanters 1660-1688* (London: Victor Gollancz Ltd., 1976), 51.

하는 백성을 죽였기 때문이다.

언약파 지도자들인 카길과 카메론, 렌윅과 이들의 추종자들은 낙스와 루더포드의 다음과 같은 교리에 근거하여 행동하였다. 그 교리의 내용은 백성의 양심과 자유를 짓밟는 왕과 정부는 통치권을 상실한 것이며 백성들에 의해 권좌로부터 추방될 수 있다는 것이었다.[184] 권위의 문제는 또한 양심의 문제와도 연관되었다. 언약도들은 자유와 양심을 지키기 위해 왕에 맞서 싸웠다.

언약도들에 따르면, 그들이 왕에게 맞서 싸운 것은 왕과 백성들 사이의 상호 협약 때문이었다. 이 협약은 자연과 성경의 빛으로부터 증명되는 주권자와 백성의 관계 지속에 필수 불가결한 것으로 여겨졌기 때문이다. 하나님은 계시된 말씀, 성경을 통해서 왕들의 승계를 약속하셨다. 그러나 이것은 단지 조건적 상황에 따라 다시 말해서 계명에 대한 지속적인 순종과 헌신의 여부에 따라 좌우되는 약속이었다(대상 28:7; 대하 6:16). 뷰캐넌(Buchanan)은 『전에 선약으로 제정된 국법에 대해서』(*De Jure regni Jui Prior a Coventis recidit*)에서 이렇게 주장하였다.

> 왕과 백성들 사이에는 한 가지 언약이 있다. 먼저 언약 된 내용을 어기고 그에 반하는 행동을 하는 자는 그 언약을 잃는다. 그리고 왕을 백성과 강하게 결속시켜주던 유대감은 느슨해진다. 이렇게 되면, 왕이 그 언약에 속한 어떤 옳은 일을 하든 그는 그 언약을 잃게 되고 백성들은 더 그 조항에 속박되지 않게 된다.[185]

언약도들은 백성들이 통치자들에 대한 언약적 맹세에서 벗어나게 되는 두 가지 상황이 있다고 생각했다.

첫째, 통치자들이 백성들에 대한 의무를 무시할 때이다.

둘째, 통치자들이 백성들과 상호 언약을 체결했지만 이를 어겼을 때이다.

그러나 더 확실한 때는 통치자가 절대 권력을 소유하고, 따라서 자신이 아무런 의무도 지지 않고 절대적으로 통치하는 왕국을 세우려는 때이다.[186] 그러므로 언약을 통해 세워진 통치자가 자신의 언약의 모든 조항을 어겼을 때, 그는 백성들의 충성을 받을 권리를 상실한 것이다. 이러한 경우에 백성들은 더 이상 왕에

---

[184] *Summary of the Testimony of the Reformed Presbyterian Church of Scotland* (Glasgow: James Heddelwick & Sons, Ltd., 1932), 32-33.
[185] Alexander Shields, 169에서 인용.
[186] *Ibid.*, 169.

게 얽매이지 않게 된다.[187] 이 이론은 1660년부터 1688년까지, 이 박해의 시기 동안에 언약도들에 의해 강하게 실천되었다.

몇몇 언약 문서들이 주장하는 바와 같이, 왕에 대한 주된 비난은 그가 언약을 파기했으며, 따라서 하나님의 권세와 말씀을 거부했다는 것이다. 이럴 때 왕은 하나님의 백성을 공격한 죄도 아울러 범하였다. 루더포드가 『법과 왕』(Lex, Rex)에서 말한 것처럼, 하나님의 백성을 억압하는 모든 권력은 권력의 허가된 이탈이며 하나님으로부터 비롯된 것이 아니라 인간의 죄 많은 본성과 마귀로부터 비롯된 것이었다. 이 기간에 발생한 문제들은 왕의 권력에 대한 서로 다른 견해에서 비롯되었으며, 이러한 문제들은 결국 그 속에서 언약사상이 탁월한 위치를 점한 깊은 신학적, 교회적 차이들을 낳았다.

언약신학은 성경이 가르치는 바와 같이 하나님께서 교회와 국가의 머리라는 교리를 포함하여 하나님의 은혜로운 주권을 강조한다. 언약도들이 원수들과 싸운 것은 바로 이러한 진리 때문이었다. 그러나 그들의 신학은 점차 정치적 상황에 얽혀 들어갔다. 수십 년간의 종교적 자유가 허용된 시기에 언약도들의 확신은 질시와 반목 속에서 그렇게 발전하지 못했다. 하지만, 언약도들은 자신들의 교리를 성경적으로 확증하고 삶을 통해 분명히 하였다. 상당수의 귀족과 성주들에게 있어서 언약들은 이미 쓸모없는 것이었다. 기존의 사회적 계급제도를 위협하고 뒤흔들고 파괴하는 무시무시한 잘못들이 있었다. 처음에는 언약도들의 깃발이 내려지는 것처럼 보였다. 그러나 벌레이(J. H. Burleigh)의 말처럼,

> 그들은 비록 소수의 남은 자들이었다. 그러나 더욱 널리 공유된 확신에 대한 이들의 충성, 특별히 박해 아래서 이들이 지킨 신앙적 절개, 비록 좁은 복음적 신앙이었지만 이들의 뜨거운 열정은 인정되어야 한다. 그리고 이들의 증언이 없었다면 장로교의 승리는 전적으로 불가능했을 것이다.[188]

언약도들은 스코틀랜드 종교개혁자들의 신학을 유지하고 발전시켰다. 제임스 7세는 왕권을 누릴 자격을 잃었다. 그리하여 왕권은 1688년 명예혁명과 더불어 오렌지의 윌리암 3세(William III)와 메리(Marry)에게 주어졌으며, 언약도들의 언약

---

[187] Ibid., 170.
[188] J. H. S. Burleigh, *A Church History of Scotland*, 251.

사상은 교회와 국가의 법이 되었다. 이러한 언약도들의 신학사상은 또한 기독교 신학의 중심이 되었다.

그러므로 다음 장에서 우리는 1688-1690년의 명예혁명부터 1717-1723년의 마로우 논쟁(Marrow Controversy)까지의 기간에 이루어진 언약사상의 발전을 살펴보게 될 것이다. 언약신학 개념은 "마로우 맨"(Marrow men)을 통하여 28년의 살육의 시대를 거치는 동안, 사회-정치적 적용으로부터 그 본질인 영적 및 구원론적 성격으로 되돌아왔다. 정치화되는 측면들은 이제 더 지배적인 위치나 적절한 위치를 차지하지 못하였다. 왜냐하면, 이제는 그렇게 혼란했던 정치적 상황이 변했으며, 더욱 긴급한 문제는 기독교 복음의 성격과 적용이 위협당하고 있었기 때문이다. 이러한 이유로서, "마로우 맨"은 언약신학의 중심을 이루는 주요한 은혜 교리에 관심을 집중하였다. 이제 교회의 생사(生死), 살고 죽는 것은 신본주의냐 인본주의냐, 전적인 하나님의 은혜냐 인간의 공로냐, 정통 개혁신학이냐 아니면 보편주의, 즉 자유주의 신학이냐의 문제였다.

우리가 앞에서 살펴본 바와 같이 언약이라는 말은 다양한 의미로 사용 되었다. 이 말은 개인과 하나님 사이의 개인적 언약을 위해 사용되었을 뿐만 아니라, 하나님과 그분의 교회와 국가 간의 언약을 가리키는 말로도 사용되었다. 여기에서 주목해야 할 중요한 사항이 있다. 그것은 자신들이 어떤 언약의 지지자들이라고 말할 때, 그 의미가 무엇인지 정확한 구별을 할 수 없게 하는 것은 바로 언약 체결의 다른 형식과 다양성, 특별히 언약 체결의 복수성이다.

그중에서 언약의 복수성, 예를 들면, 각양의 개인적 언약을 포함하여 교회와 국가의 언약 등을 주장하는 사람들이 은혜 교리를 각자의 신앙 일부로 받아들였다는 것이다. 그러나 시대적 상황에서 정치적 언약이 점차 강조됨으로써 은혜언약에 대한 실제적이며 경험적인 관심이 줄어들었다.

바로 이것이 마로우 맨들이 이러한 경향에 맞서 교회가 하나님의 주권적 역사, 즉 은혜 중심 교리로 돌아가야겠다고 결단하게 한 중요한 이유였다. 따라서 다음 장에서는 마로우 맨들이 스코틀랜드 장로교회의 본질, 역사직 개혁신학의 회복을 위해서 얼마나 치열하게 투쟁했는지, 그들의 성과를 고찰할 것이다.

제5장

1688-1690년 명예혁명과
1717-1723년의 마로우 논쟁

1. 역사적 상황의 변화와 언약사상의 발전(1688-1723)

16세기 스코틀랜드 종교개혁 이후 언약도들은 수많은 지도자, 특히 존 낙스와 앤드류 멜빌을 포함한 수많은 저술에서 이미 제시한 이유로 언약들(국가 언약과 엄숙 동맹과 언약)을 일시적인 것이나 문제해결 방편 정도로 생각하기를 거부하였다. 오히려 이 두 언약은 국가와 국가 지도자들의 항구적인 의무로 간주되었다.

1688-1717년 사이에 스코틀랜드는 사회와 문화, 정치와 종교에서 매우 중요한 시기였다. 이 시기에 "언약"이라는 말이 새롭게 이해되었기 때문이다. 특별히 이 시기에 언약은 실제로, 특히 개인 구원과 관계된 언약 교리와 교회와 국가에서 그리스도인의 삶에 관한 함축적 의미들이 새롭게 인식되었기 때문이다. 그러나 이 시기는 역사적 상황이 완전히 바뀐 시기였다. 그 때문에 언약사상은 불가피하게 시대에 순응하며 새롭고 중요한 방향으로 나아가게 되었다. 이 방향 속에서 언약사상은 스코틀랜드인들의 시민 생활과 종교 생활에 지대한 영향을 끼쳤다.

이러한 언약사상의 발전을 자세히 고찰하기 전에 먼저 해야 할 일이 있다. 그 것은 1688-1717년에 스코틀랜드에서 일어난 언약사상의 방향 전환을 간략히 개괄하는 것이다. 그것은 다음과 같이 크게 두 가지로 정리할 수 있다.

① **1688-1690년**
스코틀랜드에서는 1688년에 명예혁명이 시작되었다. 이 혁명은 약 2년 동안

계속되었다. 그러던 중에 1690년 장로교가 마침내 국가교회 체제로 회복되는 데서 절정에 이르렀다. 이 사건은 장로교회의 자리매김과 향후 발전에서 매우 중요한 사건이었다. 그리고 이 사건은 또한 스코틀랜드교회에 영구적인 장로교 정치 형태를 보장해 주었다. 스코틀랜드 장로교회는 『웨스트민스터 신앙고백서』를 그들의 중요한 신앙적 기준이자 원칙으로 받아들였다. 『웨스트민스터 신앙고백서』는 이미 1648년 장로교파에 의해 수용되었다.

1720년 마로우 맨(Marrow Men)들은 『웨스트민스터 신앙고백서』를 신학의 정수로 수용한다고 선포하였다. 그러나 정부는 1638년의 국민 언약(National Covenant)과 1643년의 엄숙 동맹과 언약(Solemn League and Covenant)을 1690년의 국가의 법률에 포함하지 않았다. 이에 카메론파(Cameronians)는 이 두 언약에 대한 국가의 수정을 거부하였다. 이러한 상황에서 의회는 극단주의(extermism)를 배격하고 강력히 정치적 안정을 추구하였다. 이에 대해서 카메론파는 매우 실망했으며, 1660년 왕권 복고의 망령이 1690년에 되살아났다고 생각하였다. 이러한 상황에서, 1690년 이후 스코틀랜드 언약사상은 그 강조점의 적용에 있어서 엄청난 변화를 일으켰다. 이러한 변화는 다음의 몇 가지 논제에서 발견할 수 있다.

첫째, 언약에 의하지 않고 세워진 주권에 관한 제도적 법률의 관계, 그리고 교회와 국가 관계에 집중된 언약에 대한 보다 급진적인 접근이다.

둘째, 그리스도를 통한 구원과 개인의 신앙에 대한 강조이다. 이렇게 초점이 이동된 것은 단지 정치적, 종교적 상황의 변화 때문만은 아니었다. 이것은 스코틀랜드교회의 분열을 일으킨 기본적으로 언약 교리에 대한 의견 차이 때문이었다.

셋째, 이러한 강조점의 이동으로 실제적인 결과가 발생하였다. 은혜언약 교리를 유지하는 중에 에라스티안주의(Erastianism)와 자연신학, 특별히 1712년의 '화해법령'(Toleration Act) 이후 일어난 교회의 정치와 치리의 이완과 같은 자유주의적 경향으로부터 은혜언약 교리를 보호하고 계승해야 한다는 자각이 그것이었다.

이 기간에 개인적 언약, 즉 구원과 은혜의 중요성을 무시하고 이를 당연한 것으로 받아들이려는 경향이 있었다. 다른 사람들이 강조한 언약의 정치적 측면들과 존 심슨(John Simson) 교수의 자연신학도 그에 상응하는 결과를 낳았다. 마로우 논쟁이 은혜언약에 초점을 맞추고, 그리스도를 통한 개인 구원과 그리스도인의 거룩한 삶을 강조한 것이 바로 그것이었다. 특히, 자연신학은 1715년부터 글라

스코우대학교에서 그 모습을 드러내기 시작했다. 그러던 중에 1717년 악더라더 노회(Auchterader Presbytery)에서 구원 교리에 대한 의문이 제기되었다. 이러한 일련의 급박한 변화 속에서 마로우 논쟁이 제기한 논제들은 중요한 신앙 교리에 초점이 맞추어진 언약사상의 불가결한 요소였다. 그 후 스코틀랜드교회의 언약신학 내에서 방향 전환이 급속히 이루어졌다.

② 1690-1717년

이 시기에 스코틀랜드교회의 삶은 타협과 교회와 국가의 관계, 자연신학과 값 없는 은혜 그리고 기독교 율법주의(Christian legalism) 등과 같은 서로 다른 수많은 논제로 인하여 매우 복잡한 상태였다. 이 시기에 달라진 것이 있다면, 지금까지 말한 것 중에서 어떤 것들은 스코틀랜드교회 내에서 논의되었다는 것이다. 1733년까지 스코틀랜드교회는 유일한 장로교파였다. 그런데 이때 고교회파(high-flyers)[1] 장로교인들과 야코바이트(Jacobites) 사이의 중도 노선이 필요했다. 게다가 스코틀랜드교회의 몇몇 사람들은 개혁주의 전통 신학에 의문을 제기하였다.[2] 이러한 교리적 논제들은 심슨 사건(Simson Affair)과 마로우 논쟁(Marrow Controversy)에 의해 고조되었다. 이 기간에 다음 연대들이 중요하다.

1707년, 스코틀랜드와 영국의 합병: 이것은 스코틀랜드 장로교파에게는 큰 위협이었다. 왜냐하면, 앤(Anne) 여왕은 독실한 감독교회 신자로서 장로교를 아주 싫어했기 때문이다. 그렇다면 앤 여왕이 교회의 체제 변경을 위해 정치적 연합을 이용할 것인가? 카메론파는 이러한 정치적 연합을 커다란 죄로 간주하였다. 분명한 것은 교회와 국가에 관한 문제들이 여전히 논의 중이었다.

1712년, 목사 후원법(the Act of Patronage)과 타협법령(The Act of Toleration): 국가의 간섭으로부터 자유롭게 자신들의 목회자를 선출할 수 있는 소위 국민의 자유라는 두 언약적 이상이 심각하게 위협당하였다.[3] 이것은 기독교 신앙과 교회 권징의 점진적인 이완을 가져왔다.

---

1 John Macleod, *Scottish Theology* (Banner of Trust, 1974), 155; A. Ian Dunlop, *William Carstares and the Kirk by Law Established* (Edinburgh: The Saint Andrew Press, 1964), 100.
2 Steward Mechie, "The Theological Climate in Early Eighteenth Century Scotland," *Reformation and Revolution* (ed.), Duncan Shaw (Edinburgh: The Saint Andrew Press, 1967), 258-272.
3 Hector Macpherson, *Scotland's Battles for Spiritual Independence* (London: Hodder and Stoughton, 1905), 146.

1715년, 심슨 사건(Simson Affair)과 1717년의 마로우 논쟁: 마로우 맨의 신학은 은혜의 교리를 강조했으며, 이것은 초기 정통 개혁신학의 확증이었다. 하지만, 이와 대조적으로 심슨 교수의 자연신학은 인간의 이성을 강조하였다.

이 기간에 이루어진 언약사상의 발전을 고찰하기 위해서 살펴야 할 것은 다음과 같다.

첫째, 1690년의 기본적인 문서들, 즉 "권리장전"(The Claim of Right)과 "불만 조항들"(The Articles of Grievances) 그리고 1690년의 장로교 교회 정치체제의 정착이다. 그뿐만 아니라 1712년의 아킨소의 선언(Auchinsaugh Declaration)과 여기에 내포된 교회와 국가의 관계 교리에 대한 언약사상 논쟁이 어떻게 발전했는지도 살펴야 한다.

둘째, 우리는 심슨 사건과 "마로우 논쟁"을 평가할 때 교회와 국가 관계를 더욱 자세히 살펴볼 것이다. 심슨 사건과 "마로우 논쟁"은 교리상으로 서로 연결되어 있기 때문이다. 이 두 사건은 또한 같은 장로교 안에서 동시대에 일어났다. 중요한 것은 이 둘 모두가 총회에 의해 취급되었다는 것이다.

1) 장로교 체제 정착 시기의 문헌들

(1) 1690년 4월의 권리장전(Claim of Right)

1688-1689년의 혁명 후, 이전에 영국의 새로운 왕과 왕비가 된 오렌지의 윌리암 3세(William of Orange) 공과 그의 아내 메리(Mary)는 스코틀랜드 의회원들(Estates)과 다음의 문제를 상의하기로 동의하였다. 논의의 내용은 1689년 3월 14일 의회의 소집 때까지 스코틀랜드를 어떻게 다스릴 것인가였다. 이 의회는 주교들을 비난했다. 이 의회는 또한 "권리장전"과 "불만 조항들"(Articles of Grievances)을 승인했는데, 이 둘 모두는 무엇보다도 제도적인 것이었다. 의회가 4월 11일 승인한 "권리장전"[4]에는 다음의 내용이 담겼다.

첫째, 통치자는 개신교 신앙을 견지해야만 한다.
둘째, 의회의 동의 없이는 어떤 세금도 부과할 수 없다.
셋째, 왕의 특권은 엄격히 제한된다.

---

[4] *Acts of the Parliament of Scotland* (1690), IV, 37: *A Compendium of the Laws of the Church of Scotland, Ibid.*, 22-23. Cf. Gordon Donaldson, *Scottish Historical Documents* (Edinburgh: Scottish Academic Press, 1974), 252-258.

넷째, 의회는 정기적으로 소집되어야 한다.
다섯째, 언론의 자유가 보장되어야 한다.

이 선언은 종교와 법(국가적 법률)과 자유라는 세 가지의 중요한 주제들을 강조했다. 그리고 지금까지 감독교회의 정치와 통치하에 제정된 모든 법을 폐기했다. 이 문헌에서 가장 중요한 것 중에 하나는 억압당하고 박해당하는 스코틀랜드교회의 원칙들과 행동을 보증한 것이었다. 권리장전은 다음과 같이 시작된다.

> 신앙을 고백한 가톨릭 신자인 제임스 7세는 왕위에 등극할 당시에 개신교를 견지하고 백성들을 합당한 법에 따라 다스리겠다고 한 법적 맹세를 무시하고 왕권을 행사하였다. 그 결과 사악하고 악한 조언자들의 말을 듣고 이 나라의 근본적인 제도를 침해했으며, 이 나라를 법률이 제한하는 군주제로부터 전횡적인 독재 권력 국가로 바꾸어버렸다. 그리고 공개적인 선언에서 절대 권력과 세금 부과권, 모든 법률을 폐기할 권리, 특히 개신교를 세워주는 모든 법규를 비난하고 개신교를 전복할 권리가 자신에 있다고 주장함으로써 이 나라의 법률과 자유를 파괴했다.[5]

스코틀랜드 신분 의회(Convention of Estates)의 권리장전은 언약도들이 반역자들로 저주받고 핍박받은 선언들과 영적, 신학적으로 동일하였다. 그러나 권리장전과 언약도들의 선언 사이에는 본질적이며 유일한 차이가 있었다. 그것은 언약도들이 종교적 자유를 그들의 중심 원칙으로 삼았다는 것이다. 이것은 독재 정치가 그리스도의 자유로운 영적 나라, 곧 교회의 유일하신 왕이시요, 머리이신 그리스도의 유일한 주권에 도전하고 이를 위협했음을 의미한다. 스코틀랜드 신분 의회는 이전의 모든 선언을 반복하지는 않았다. 그러나 의회는 폭군이 왕권을 상실하는 이유를 똑같이 말하였다.[6]

(2) 1690년의 불만 조항들(Articles of Grievances)

스코틀랜드 신분 의회는 "권리장전"을 받아들인 이틀 후에 "불만 조항들"(Articles of Grievances)을 승인하였다. "불만 조항들"은 왕이 왕위에 등극할 때 열심히 해

---

[5] *Acts of the Parliament of Scotland* (1690), IX, 37: *A Compendium of the Laws of the Church of Scotland* (ed.), Walter Steuart (Edinburgh: Robert Buchanan, 1830), 22-24.

[6] W. M Hetherington, *History of the Church of Scotland, from the Introduction of Christianity, to the Period of Disruption, May 18, 1843* (Edinburgh: Johnstone and Hunter, 1843), 185-186.

모든 이단을 제거할 것을 맹세하도록 했다.[7] 의회 위원회(Parliament Committee)는 이 "조항들" 중에 하나는 "큰 불만"이라고 선언하였다. 그리고 이들은 신분 의원들이 자유롭게 선출한 의회 위원회만 있어야 하며, 그런 다음 이 위원회가 하원에서 일차적으로 나온 제안들에 대해 어떤 행동을 취해야 한다고 주장하였다.[8] 이러한 조항들은 간단하지만 여러 이유로 매우 중요하다.

① 이러한 불만들은 국가 통치자들과 군주들에게 이단 통제의 의무를 또다시 부과하였다.
② 이러한 불만 조항들은 스코틀랜드 국민의 평등을 강조하였다.
③ 목사들을 임명하는 것은 왕의 특권이 아니라 백성의 특권임을 보여 주었다.
④ 이 모든 조항을 강화하고 정당화한 것은 언약신학이었다.

(3) 1690년 6월 장로교 교회 정치의 확립과 교회 정치에 뒤이은 선언들

1690년 6월 7일 열린 의회 의장은 크라우포드 경(Earl of Crawford)이었다. 의회는 찰스 2세와 제임스 7세 치하에서 박해의 실마리가 된 수장령(The Act of Supremacy)을 즉시 폐지하였다. 그런 다음 의회는 비국교도들이 당하는 불이익들과 모든 박해와 압제의 법규들을 폐지하였다. 의회는 『웨스트민스터 신앙고백서』를 "스코틀랜드교회의 공적인 맹세 고백"으로 비준했으며, 장로교를 "그리스도의 교회와 나라의 유일한 정치"로 확립하였다.[9] 이로써 그동안 감독제에 유리하게 제정된 모든 의회법이 폐지되었다. 그리고 장로교 교회 정치가 공동 의회와 노회, 대회와 총회로 부활하였다. 무엇보다도 스코틀랜드 내에서 노회의 구성이 허용되었다. 그리고 "참된 교회의 자유 비준"(Ratification of the Liberty of the True Kirk)[10]

---

[7] *Acts of the Parliament of Scotland* (1690), IX, 45. Cf. Gordon Donaldson, *op. cit.*, 258-259.
[8] *Ibid*, 1690, IX, 45.
[9] Alexander Taylor Innes, *The Law of Creeds in Scotland, A Treatise on the Legal Relation of Church in Scotland Established and not Established, to their Doctrinal Confessions* (Edinburgh: William Blackwood and Sons, 1867), 69-78; *Compendium of the Law of the Church of Scotland*, *op. cit.*, 24-28; Robert Wodrow, *The History of the Sufferings of the Church of Scotland from the Restoration to the Revolution, 1829-1835*, vol. IV., 486; Pearson Madam Muir, *The Church of Scotland: A Sketch of its History* (Edinburgh: R. & R Clark, 1907), 56; A. Ian Dunlop, *William Carstares and the Kirk by Law Established*, *op. cit.*, 71-73, 149-151.
[10] *Acts of Parliament of Scotland* (1690), IX, 133-134. Cf. A Ian Dunlop, *Ibid.*, 149-151; *Historical Part of the Testimony of the Reformed Presbyterian Church in Scotland* (Glasgow, 1839), 156-169; John C.

으로 명명된 1592년의 제임스 6세의 황금 법(Golden Act)이 확증되었다.

게다가 의회는 추방되었던 모든 장로교 목사들이 1661년 1월에 귀국하여 스코틀랜드교회로 돌아올 수 있다고 선언했다. 그리고 기존의 교구에서 감독교회 재직자들을 추방할 것을 명령했다. 의회는 목사 후원제도(patronage)를 폐지하였다. 그리고 장로교 교회 정치가 성경적임을 선포했으며, 당시 생존한 장로교 목사들은 교회가 수용할 수 있는 사람들과 더불어 장로교 교회 정치를 세우고 운영하도록 하였다. 의회는 또한 1690년 10월 16일의 총회 소집을 의결하였다. 제임스 6세의 황금법은 "교회 내의 유일한 권세와 사법권"이 교회의 법관들에게 있을 뿐이며, 국가 위정자들에게 있는 것이 아니라고 선언하였다.[11] 이것은 국민의 주권이 절대주의 왕권 위에 있다는 칼빈주의의 신학적 및 정치적 주권 개념의 승리였다. 다시 말해서 이것은 장로교 체제의 완전한 승리였다.

1560년 존 낙스의 종교개혁과 더불어 시작된 교회와 국가의 길고 격렬했던 싸움은 명예혁명의 체제 정착(Revolution Settlement)과 함께 종식되었다. 교회는 이러한 새로운 환경 속에서 영적 독립을 선언하였다. 예를 들면, 1689년 총회 위원회는 교회의 영적 권위를 거듭 강조하는 "적절한 훈계"(Seasonable Admonition)를 제정하였다. 이 훈계는 이렇게 선언하였다.

> 예수 그리스도는 그의 교회의 유일하신 머리요 왕이시며오, 그의 교회의 직분자들을 세우사 질서와 정부를 세우셨고 인간이나 위정자의 뜻으로나 교회가 마음대로 이를 변경할 수 없게 하셨다. 우리는 이러한 사실을 믿고 받아들인다.[12]

2) 앤 여왕 때의 언약사상의 발전(1702-1714)

1702년 3월 19일, 윌리엄 국왕의 사후, 앤 여왕의 등극으로 스코틀랜드 장로교회의 자유가 보장되는 것처럼 보였다. 1706년 안전법(The Act of Security)은 "장로교 정치가 스코틀랜드 내에서의 유일한 교회 정치"라고 선언하였다.

Johnston, *Treasury of the Scottish Covenant* (Edinburgh: Andrew Elliot, 1887), 152-154.

[11] *Historical Part of the Testimony of the Reformed Presbyterian Church in Scotland* (Glasgow, 1839), 164-165.

[12] Thomas Brown, *Church and State in Scotland* (Edinburgh: MacNiven & Wallace, 1891), 171-172.

그러므로 짐(앤 여왕)은 신분 의회원(Estates of Parliaments)의 조언과 동의로 지금부터 이 교회의 개신교와 예배와 권징과 정치가 아무런 변경 없이 이 땅의 백성들에게 세세토록 세울 것을 확정하는 바이다.[13]

그러나 선언과 달리 앤 여왕은 감독교회 정치 형태만을 인정하였다. 그녀의 관심은 스코틀랜드와 영국을 합병시키는 정치체제를 갖는 것이었다. 이것은 1707년 1월 16일, 에든버러 시민들이 의사당을 둘러싼 가운데 스코틀랜드 의회가 영국과의 합병 안을 가결하였다. 따라서 두 나라는 합병조약(Treaty of Union)[14]에 따

---

[13] *Historical Part of the Testimony of the Reformed Presbyterian Church in Scotland*, op. cit., 170-180; James Barr, *The Scottish Covenanters* (Glasgow: John Smith & Son Ltd., 1946), 60.

[14] 당시 연합(Union)이라는 개념은 새로운 것이 아니었다. J. M Reid, *Kirk and Nation: The Story of the Reformed Church or Scotland* (London: Skeffington. 1960), 105-106. 하지만, 두 나라의 투표 결과는 예상을 깨고 69 대 41로 가결되었다. 이것은 두 나라 모두에게 놀랄만한 표 차이였다. 대부분은 그동안 쌓이고 쌓인 두 나라의 적대 감정 때문에 부결될 수 있다고 전망했기 때문이다. 영국과 숙적관계였던 스코틀랜드가 왜 스스로 합병을 결정했을까? 그것은 두 가지 이유였다. (1) 국왕이 같았기 때문이다. 1603년, Elizabeth 1세가 후손 없이 사망하자, 당시 방계 혈통인 스코틀랜드 국왕이 영국 왕으로 즉위하면서 두 나라는 한 국왕을 모셨다. Oliver Cromwell은 공화정 당시에 군사적 강권으로 스코틀랜드를 강점하였다. 동군연합(同君聯合) 아래 100년 넘는 기간 동안 교류가 증대되며 이질감이 옅어졌다. (2) 두 스코틀랜드의 경제 위기로 당시 파나마 지역에 대규모 식민지를 건설한다는 계획이 실패하면서 경기침체에 빠졌다. 40만 파운드의 해외채무에 시달리던 스코틀랜드에 영국이 빚을 갚아주겠다고 한 것이다. 역사적으로 영국과 스코틀랜드는 본래 같은 종족(켈트족)이다. 로마의 침략 당시 끝까지 저항한 북부가 스코틀랜드로 떨어져 나갔다. 이후 대립과 갈등을 지속하던 두 나라가 통합하게 된 근본적인 이유는 18세기 초반 유럽 정세와 관련이 깊다. 사사건건 프랑스와 충돌하던 영국은 북방, 스코틀랜드의 안정이 급선무였다. 이러한 상황에서 Anne 여왕이 후사를 남기지 못해 독일 하노버 공국의 제후가 영국의 왕위를 승계할 경우, 스코틀랜드의 이탈을 염려한 것이다. 스코틀랜드 내부에서는 이 기회에 영국과 결별하는 대신 프랑스와 동맹 관계를 복원하거나 영국과 관계가 좋지 않던 네덜란드와 연합하려는 움직임도 나타났다. 이때 적극적인 통합찬성론자이자 영국 총리의 밀정이었던 Daniel Defoe는 "스코틀랜드를 얻는 것이 묶어두는 것보다 비용이 훨씬 싸게 먹힌다"라면서 통합이 실패할 때는 전쟁이 발발할 것이라고 경고하였다. 결국, 영국은 더 적극적으로 통합에 나섰다. 스코틀랜드 내부 여론을 조성하고 반대파 의원들에 대한 매수 공작을 펼치며, 통합법에 당근을 많이 삽입하였다. 총 25개 조로 구성된 통합법(Act of Union, 1707) 중에서 15개 조가 경제 관련 조항이었다. 그중의 하나가 스코틀랜드의 채무(39만8,085파운드)를 영국이 갚는다는 내용이었다. 두 나라는 먼저 도량형과 통화, 세금 체계를 단일화하여 경제를 통합시켰다. 스코틀랜드 의회는 통합법 가결 100일 뒤에 영국 의회와 통합하기 위해서 해산하였다. 이후 두 차례의 반란이 발생했으나 왕위승계에 대한 불만의 표출이지 독립운동은 아니었다. 높은 교육수준과 낮은 교육비용을 자랑하던 스코틀랜드는 무수한 인재를 쏟아냈다. 먼저 군대에서 두각을 나타냈다. 7년 전쟁에서 북아메리카 영국군 총사령관인 John Campbell 장군과 최초의 캐나다 총독인 James Murray 장군을 배출하였다. 19세기 내내 영국 의사의 95%가 스코틀랜드 출신이었다. 근대 경제학을 창시한 Adam Smith와 시인 Keats, 셜록 홈스 시리즈의 작가 Conan Doyle도 배출하였다. 이영석

라서 하나로 통합되었다.

이로써 스코틀랜드의 독립적 정치체제는 종식되었다. 하지만, 합병조약은 그 목적과 달리 스코틀랜드의 종교 상황을 바꾸지 못했다. 대부분의 스코틀랜드 국민처럼 스코틀랜드교회, 곧 장로교는 1707년 조약을 좋아하지 않았다. 당시 온건파 지도자 윌리엄 카스테어스(William Carstares, 1657-1751)[15]는 교회가 적극적으로 반대하지 못하도록 모든 영향력을 집중시켰다. 이것은 비록 교회에 안전이 주어졌다고 해서 스코틀랜드와 영국의 합병에 안주할 수 없게 하였다.[16]

1712년 스코틀랜드교회 밖에서 제정된 두 법이 교회 내 투쟁의 촉매 역할을 했다. 1712년의 법은 1690년의 법을 대신하였으며 목사 후원제도(patronage)를 부활시켰다. 의회는 또한 화해법령(The Toleration Act)을 통과시켰다.[17] 이 법은 스코틀랜드교회 정치의 권징 이완으로 향하는 "넓은 문"을 활짝 열었다. 화해법령의 포기 맹세(The Oath of Abjuration)는 목사들이 왕위 계승자가 "영국교회의 성도여야 한다"고 맹세할 것을 요구했다. 그러나 이 포기 맹세는 가장 긴급한 염려를 불러 일으켰다. 그 염려란 빈(공석) 교회에 대한 후원자의 목사 임명권을 부활시키는 것으로, 이는 곧 "적그리스도적 찬탈이며 교회의 유일하신 주요, 입법자이신 주 예수께서 치욕을 당하시는 것"이라는 생각이었다. 목사 후원제도는 그 후 두 세기 동안 갈등과 투쟁의 근거였다.

참으로 언약 기간(covenanting times) 동안 스코틀랜드 국민은 교회 직분자의 선출

---

[15] A. Ian Dunlop, *William Carstares and The Kirk by Law Established* (Edinburgh: The Saint Andrew Press, 1964), 1-157.

[16] 광주대학교 교수(역사학)의 저서 『근대의 풍경』에 따르면 통합 당시 인구비율이 8대1이었지만 1775년 이후 인도 식민지에 파견된 영국 관리의 47%가 스코틀랜드인이었다. 그런데 2016년 6월 23일, 영국이 브렉시트(Brexit) 국민투표를 시행하여, 126만여 표 차이로 EU 탈퇴를 가결하였다. 2018년 11월 25일, 영국의 EU 탈퇴 방식과 조건을 담은 브렉시트 합의안(테리사 메이 총리)이 공식 서명되었으나, 2019년 1월 15일 영국 하원의 1차 투표에서 230표 차로 부결되었고, 3월 12일의 2차 투표에서도 149표 차로, 3월 29일의 3차 투표에서도 58표 차로 부결되었다. 영국이 유럽연합(EU)의 탈퇴를 결정한 이후, 2019년 8월 현재 스코틀랜드에서는 독립의 당위성이 급속히 드러나고 있다. 스코틀랜드가 독립을 추진하는 가장 큰 이유는 "경제적 손실"의식 때문이다. 스코틀랜드의 경제 불안과 영국의 안보 불안감이 310년 전 통합을 이끈 반면, 작금의 영국 경제 불안이 분리를 부채질하고 있다는 것이다. 스코틀랜드와 유럽 대륙과 오랜 동맹 관계가 재복원될지가 초미의 관심사이다.

[16] Andrew J. Camphell, *Two Centuries of the Chuurch of Scotland 1707-1929* (Paisley: Alexander Gardner, 1930), 21.

[17] A. Ian Dunlop, *William Carstares and The Kirk by Law Established* (Edinburgh: The Saint Andrew Press, 1964), 1-157 부록 참조.

권을 양도할 수 없는 국민의 권리로서 국가가 국민에게 부여한 권리라고 주장하였다. 『제2 치리서』(The Second Book of Discipline)의 내용도 이와 같았다. 그리고 주장된 권리는 명예혁명 체제에서 교회에 주어진 제도에서 완전히 승인되었다. 그러나 1712년 교회를 세속화하고 노예화하려는 시도 속에서 국민의 이러한 권리는 박탈되었다. 1712년 제정된 이러한 법규들이 언약도들에게 안겨준 의미는 이러했다. 그들은 자신들이 하나님의 선민으로서 수치를 당하고 있다고 생각하였다.[18]

언약도들은 이렇게 주장하였다. "위정자들은 교회의 자유를 침해했다. 그리고 이 법규들은 국가 언약과 모순되는, 그 언약에 의하지 않은 선언들로서 교회 체제에 대한 감독교회적 지배를 고무시켰다."[19] 언약도들은 이에 항의하였다. 그리고 스코틀랜드가 "제멋대로인 전제 정권"이 아니라 "법적으로 제한된 군주제"라고 선언하였다.[20]

이러한 강력한 비난에도 불구하고, 장로교인들은 여왕의 절대 권력 아래서 고난과 시련을 피하지 못하였다. 따라서 국가가 언약도들에 맞서 취한 조치들은 그리스도의 교회의 수장권, 즉 장로교의 권한을 파괴하였다. 그리고 스코틀랜드 총회는 은혜 교리를 의심스러운 신학으로 치부하며 신학적 갈등과 대립을 부추겼다.

(1) 언약(계약)의 갱신

이러한 상황에서 언약도들은 스코틀랜드교회가 항상 압박 아래서 제한된 자유만을 수용하는 것을 보았다. 그러자 이들의 열기가 고조되었다. 언약도들은 1690

---

18 Andrew Thomson, *Historical Sketch of the Origin of the Secession Church* (Edinburgh, 1848), 7-8. 시간이 지남에 따라서 다양한 수정 과정을 거친 후에 더욱 광범위하게 확대되었다. 그런데 Thomas Boston과 Ebenezel Erskine처럼 모든 위험을 즐겁게 여기고, 심지어 신앙의 위협 속에서 자신들의 재산을 빼앗기는 것까지 즐거이 감내하는 이들도 있었다. Boston's Memoirs, 275.
19 Andrew J. Camphell, *op. cit.*, 32.
20 그러나 주요하게는 국가 언약과 엄숙 동맹과 언약 등 제2의 종교개혁과 관계된 다른 법령들이 회복되지 않았다는 이유로 Settlement를 받아들이기를 거부하는 자들(급진적인 언약도들과 카메론파들)이 있었다. John Eadie 교수는 William은 어떤 교회 정치 형태도 신적인 권리를 가지고 있다고 믿지 않았다고 지적했다. 그는 더 나아가 William 국왕은 Hague에서는 장로교인이었고, Whitehall에서는 감독교회 교인이었다고 말한다. 그러므로 그는 국민이 선호하는 어떤 형태의 영적 사법권이건 왕의 감독과 통제에 복종하는 한 그것들은 국민에게 보증되어야 하였다. Eadie 교수는 혁명 정부 체제의 교회는 타협으로 세워졌다고 주장하였다. John C. Johnston, *Treasury of the Scottish Covenant*, op. cit., 150; J. Moir Porteous, *The Presbyterian Church: Its World-Wide History and Extent* (London, 1888), 158.

년 명예혁명 체제에서 두 언약, 즉 1638년의 국가 언약과 1643년의 엄숙 동맹과 언약이 빠진 것을 매우 불쾌하게 생각하였다. 그 결과 이들은 혁명 정부를 부인하고, 자신들은 오직 두 언약에 근거해서만 국왕을 인정할 수 있다고 주장하였다.

이들은 두 언약에 대해서 참으로 충성했다. 그리고 이러한 충성은 그들이 하나님의 마지막 남은 자들임을 보여 준다고 생각하였다. 그러던 중에 이들은 마침내 스코틀랜드의 종교개혁을 위해 교회의 믿음을 확인하고 공개적으로 증언하는 방법으로 두 언약을 새롭게 할 시간이 이들에게 다가왔다고 믿었다.[21] 그 때문에 이것은 불가피하게 교회와 국가 간의 문제, 특별히 주도권(headship)의 문제를 초래하였다. 이들은 지금까지 이러한 상황들에 충분히 관심을 두지 못했다고 생각하고 여기에 더욱 깊은 관심을 기울였다.

① 이 법규에 대한 언약도들의 반응

목사 후원제도가 다시 도입되었을 때 온건파들(Moderates)은 이를 재빨리 수용하였다. 그 이유 중에 하나는 국가가 목사 후원제도를 바꾸지 않을 것이기에 수용이 불가피했기 때문이다. 또 다른 이유는 자신들의 관점에서 교육받은 사람들을 뽑을 가능성이 유력한 사람들의 손에 목사의 선택권을 맡김으로써 얻을 수 있는 이익 때문이었다. 그러나 반대자들은 목사 후원제도를 대중적 권리의 제한으로 보았다. 그리고 이들은 또한 이 제도가 영적인 교제로서의 교회에 영향을 미친다고 생각하였다.

게다가 이들은, 목사 후원제도가 율법주의적인 목회자들을 마음이 내키지 않은 복음 교회에 임명하려는 수단이라고 보았다. 그리하여 온건파를 반대하는 사람들은 어떤 대중적 지지를 받든 지 간에 소수에 불과했다. 이들은 목사 후원제도가 국가가 교회에 부여한 권리를 침해한다고 항의했다.

그런데도 윌리엄 카스테어스(William Carstares)와 수많은 목사는 법률이 허락하는 마지막 날에 "포기 맹세"를 했다. 혈전으로 확대된 장로교인들 간의 대립과 분열은 설교와 소책자들을 통해 전개되었다. 특히, 에베니젤 어스킨(Ebenezer Erskine)은 포기 맹세에 항의했다. 이러한 그의 행동은 그 후 20여 년 동안 그를 괴롭힌 투쟁으로 몰아넣었다.

---

21   *Historical Part of the Testimony of the Reformed Presbyterian Church in Scotland* (Glasgow, 1839), 201.

② 1712년의 아킨소 선언 (Auchinsaugh Declaration)

카메론파는 한 조치에 항의하기 위해서 샌퀴아르의 "캔터베리"에서 만났다.[22] 이들이 항의한 조치는 "엄숙 동맹과 언약이 스코틀랜드 국가가 근절하도록 한 영국의 감독제도"를 승인했다는 이유로 카메론파가 죄로 간주한 것이었다. 언약도들은 언약에 근거하지 않은 통치를 인정하거나 영국 의회를 인정할 모든 가능성을 배제할 목적으로 1712년 7월 23일에 샌퀴아르에 모였다.[23] 이러한 행동을 취한 상황은 이중적이었다. 이들은 스코틀랜드와 영국의 합병조약(1707)을 거부했다. 그리고 이들은 또한 스코틀랜드에서 감독교회 예배를 법적으로 보호하는 타협(1702)을 거부했다. 이 모임은 사흘 동안 지속되었다. 이 기간에 설교가 있었으며, 뒤이어 국가에 대한 맹세와 언약에 대한 태만, 이 시대의 사조에 대한 맹종 등의 죄가 고백되었다.

존 맥네일(John McNeile) 목사와 존 맥밀란(John MacMillan) 목사의 설교가 언약 갱신에 강한 영향을 미쳤다. 첫째 날 맥네일 목사는 예레미야 50:45을 본문으로 설교를 했다. 이 본문을 통해서 그는 두 가지 요점들을 제시하고 적용했다. 이 구절에 담긴 첫 번째 함축적 의미는 하나님과 언약을 맺고 있는 백성들이 언약을 망각하고 깨뜨릴 수 있다는 것이다.[24] 두 번째 외연적 의미는 하나님과의 언약을 깨뜨린 사람들이 언약 갱신을 위해 해야 할 의무들을 확증해 준다는 것이다.

맥네일의 설교는 다음의 네 가지를 강조하였다.

첫째, 그는 교회와 국가의 모든 부류의 사람들—목사들을 포함하여 스스로 그리스도인이요 비국교도들이라고 공언하는 사람들—이 하나님과의 언약을 깨뜨

---

[22] John C. Johnston, *op. cit.*, 163.
[23] J. M. Reid. *op cit.*, 116.
[24] 전자를 수행함에, 그는 타락의 점차적인 단계에 의해 한 백성이 일반적으로 하나님의 언약을 거짓되게 다루게 되는 과정을 보여 주었다. 그는 이와 관련하여 타락의 일곱 단계를 지적하였다. (1) 언약을 망각함으로써(신 4:23). 망각과 버림, 즉 망각과 하나님의 언약을 거짓되게 다루는 것 사이에는 어떤 연결이 존재한다. 그렇게 해서 교회는 타락하게 된다(시 64:7-8). (2) 언약의 의무를 버리고 맹세 후에 지은 죄에 대한 핑계와 구실을 찾음으로써 (3) 언약의 유대를 경멸함으로써(겔 14:5-9), (4) 언약 가운데 맞서기로 맹세하고 약속된 죄들을 범함으로써(렘 11:10), (5) 신적인 지시를 전혀 고려하지 않고 세워진 사람들의 자격도 검토하지 않은 채, 언약에서 유지하기로 맹세한 정부와 법들을 바꿈으로써(호 8:1. 4; 대하 13:6, 10), (6) 언약의 의무들을 완전히 버리고 무시함으로써(단 11:30). (7) 언약에 대한 공개적인 반대와 언약을 고수하는 자들을 핍박함으로써 엘리야는 이렇게 이스라엘을 정당하게 꾸짖었다(왕상 19:10). *The National Covenant and Solemn League and Covenant: with the Acknowledgement or Sin*: 이것들은 Douglas 근처의 Auchinsaugh에서 1712년 7월 24일에 갱신되었다. vi-viii.

리는 죄를 범했음을 강조하였다.[25]

둘째, 언약 맺음에 대한 맥네일의 이유와 동기들이다. 여기에는 5가지가 있다.[26]

① 언약을 깨뜨린 백성들로부터 하나님의 분노를 제거하는 것이 히스기야(대하 29:10)와 느헤미야(느 9:38) 같이 성경의 선배들이 하나님과의 언약을 갱신하는 동기였다.
② 개혁의 부활과 진전은 개인과 한 국가가 하나님과 진정한 언약을 맺은 결과였다.[27]
③ 이러한 참된 언약 갱신은 하나님으로부터 그리고 영적 현세적 자비로부터 이루어진다.[28]
④ 언약에 대한 악의적인 반대는 또한 언약을 공개적으로 고수하는 동기이다.
⑤ 하나님과의 진정한 언약 갱신은 한 나라를 치유하기 위한 주권적 치료제이다. 언약은 시멘트와 같아서 이스라엘과 유다처럼 개혁의 친구들을 결속시켜준다.

셋째, 하나님과 어떻게 언약을 갱신할 것인가와 관계된다. 맥네일은 다섯 가지 방법을 제시하였다.

① 언약 갱신은 이해와 판단과 더불어 이루어져야 한다(느 10:28-29).
② 언약 갱신은 진실 된 마음으로 이루어져야 한다(수 14장; 시 78:36-37).
③ 언약 갱신은 이 일의 엄숙성에 대한 합당한 인식과 더불어 이루어져야 한다(수 24:19; 렘 34:18; 느 5:12-13).
④ 언약 갱신은 언약적 약속들을 수행할 능력을 얻기 위해 하나님에 대한 전적인 의뢰와 함께 이루어져야 한다(사 27:5; 66:4).
⑤ 언약 갱신은 하나님께 대한 애정과 함께 이루어져야 한다.

---

25 Ibid., viii. 여러 실례가 있다. 신 24장에서 여호수아, 대하 15:1314에서 아사, 왕하 11:17에서 여호야다, 대하 29:10에서 히스기야, 왕하 13:2에서 요시야, 스 10:3과 느 9장과 10:28-29에서 에스라와 느헤미야가 그러했다.
26 Ibid., ix-xi.
27 개인적으로는 시 119:106. 국가적으로는 대하 15:12-19; 29:31; 왕하 11:17-18, 20.
28 영적인 자비들, 신 29:12-13 현세적 자비들: 신 29:9; 대하 15:15.

⑥ 언약에 대해 불성실하거나 언약을 깨뜨리려는 자들이 다시 일으킬 수도 있는 반대와 어려움과 조소에도 불구하고(대하 34:32; 시 119:106)[29] 언약을 지키겠다는 굳은 언약적 서약들의 의무에 대한 인식과 함께 이루어져야 한다(대하 15:12, 15).

맥네일은 이러한 가르침으로부터 마침내 다음과 같은 사실을 추론하였다. 개인적인 세례에서나 주의 만찬에서, 고난과 염려 가운데서, 그들과 선조들에 의해 이루어진 자연적 맹세 또는 언약들에서, 언약 파괴자들은 언약 갱신을 통해 하나님께 다시 돌아가야 한다. 그는 언약 파괴자들이 국민 언약과 엄숙 동맹과 언약의 의무들을 지킬 것을 촉구하였다. 왜냐하면, 이 언약들은 경건하고 정의롭기 때문이었다. 맥네일은 또한 하나님과 세 국가 간에 맺어진 거룩한 언약들도 지킬 것을 촉구했다.

둘째 날 7월 24일, 맥밀란(MacMillan)이 이사야 44:5을 본문으로 설교 했다. 그는 이 본문에서 두 가지를 말하였다.

① 하나님은 때때로 당신의 백성들에게 현저하게 눈에 띄는 표징들을 주시기를 기뻐하신다.[30]
② 당신의 백성에 충분히 부어진 하나님의 성령은 곧바로 그들이 하나님을 받아들이고 언약을 공개적으로 인정하도록 만든다.

---

[29] Ibid., xi-xiii
[30] 다음과 같은 여섯 개의 표징들이 있다. (1) 당신의 백성들에게 당신의 은혜로운 임재와 복음의 은혜의 소나기라는 특권을 부여하시는 시간은 바로 초대와 위로의 시간이다. 여기에서 하나님께서는 당신의 백성들이 그들의 의무를 다하도록 초대하시며, 당신의 성령의 충만한 은혜로 그들의 마음과 영혼을 이끄셔서 그와 그의 계명을 사랑하게 하신다. 이는 그의 백성들이 서로를 하나님의 언약으로 초대하도록 하시기 위함이다. (2) 그러한 시간이 필요하다. 이럴 때 영혼들이 언약과 언약의 중재자이신 예수 그리스도를 사랑하게 되며, 복음의 그물에 사로잡히게 된다. (3) 하나님의 은혜로운 임재가 임하는 시간은 일반적으로 달콤하고 탁월한 해결책이 주어지는 시간이다. 하나님의 백성들은 더욱 정확하고 주의 깊게 새로운 순종의 길을 걷겠다고 결심한다. (4) 이것은 일반적으로 행진의 시간이며 증거 소멸의 시간이다. (5) 이것은 영혼에 대한 하나님 사랑의 풍성함, 특별한 확증의 시간이다. (6) 이것은 하나님께서 당신의 은혜로운 임재를 당신의 백성들에게 베푸시는 시간이며, 하나님이 백성들 가운데서 연합과 치유가 일어나는 시간이다. Ibid., xvi-xvii.

언약도들에게 이것은 열렬한 스코틀랜드의 이스라엘주의[31]라는 인상을 제공하였다. 맥밀란은 올바른 언약 수행을 위한 충고와 조언을 아끼지 않았다. 그는 5가지로 정리하였다.

① 하나님과의 언약은 하나님의 주도하에 이루어져야 한다. 달리 말하자면 새로운 언약에서 하나님과의 개인적 언약을 맺거나 갱신함으로써 그리스도를 받아들여야 한다. 이것은 수용할 수 있는 국민 언약들이 이루어지는 유일한 조건이었다. 마음 없이 손과 혀로만 언약을 맺는 것은 신성모독이다.
② 언약을 갱신하는 사람들은 그 동기에 있어서도 깨끗해야만 한다.
③ 영원한 언약적 행동을 강조하는 것은 다음과 같다.

> 언약은 들어오고 나가는 … 빠지고 밀려오는 모든 세상의 관심을 배제한다. …(그는) 사마리아인처럼 이스라엘의 번영기에만 이스라엘 사람이 되어서는 안 된다. 그는 역경 가운데서도 이스라엘 사람으로 남아 있어야 한다.[32]

④ 그러한 사람들은 언약의 의무들을 영원히 준수하기 위해 치러야 할 대가에 대해서도 확고한 결심을 해야 한다.
⑤ 이들은 분리하고 연합하는 언약의 성격, 즉 동지와 적을 구분하는 언약의 성격에 대해서도 대비해야 한다.

이처럼 맥네일과 맥밀란은 진정한 언약의 갱신과 준수를 거룩한 삶과 거룩한 나라로 향하는 길임을 강조했다.[33] 설교 후에는 죄의 고백서(The Acknowledge of Sins)가 낭독되었다. 맥밀란은 자신의 죄를 인식하는 사람들이 공중 앞에 죄를 고백하게 했고, 언약들과 관련된 자신의 공적인 잘못들을 크게 슬퍼하면서 이를 고백했

---

[31] 언약도들은 하나님의 선민으로서 자신들을 이스라엘과 동일시했다. Hugh Watt, *Recalling the Scottish Covenants* (Edinburgh: Thomas Nelson and Sons Ltd.,), 71. Cf. Andrew Lang. *A History of Scotland from the Roman Occupation* (Edinburgh: William Blackwood and Sons, 1907), vol. 4, 160-162; Edwin Nisbet Moore, *Our Covenant Heritage* (Scotland: Christian Focus Publication Ltd., 2000), 18-19, 32.
[32] *The National Covenant, and Solemn League and Covenant with the Acknowledgement of Sins and Engagement to Duties; as they were Renewed at Auchinsaugh, Near Douglas (24th July, 1712)*, xxv.
[33] Ibid., 24.

으며, 특히 최근의 서약 파기 맹세들과 현재의 죄들을 고백함으로 모범을 보였다.

아킨소의 선언(Auchinsaugh Declaration)은 1690년 혁명에서 빠진 1638년의 국가 언약과 1643년의 엄숙 동맹과 언약에 기초하였다. 이 선언은 언약을 맺은 백성들의 의무는 물론 그들의 죄의 목록들까지 포함하였다. 여기서 언약도들은 스스로 진정한 스코틀랜드교회라고 생각하였다. 이들은 충성과 확신 그리고 포기의 맹세는 물론이고, 스코틀랜드교회의 모든 분열과 교회로부터의 죄악 된 분리에 대해서 저항하였다. 이들은 또한 스스로 감독제와 이와 관련된 의식들 그리고 이단들을 제거하도록 하였다. 이 선언은 죄의 고백과 스코틀랜드 국민의 엄숙한 의무의 두 부분으로 구성되었다. 제1부는 2만 단어 이상이 될 만큼 길었다. 여기에는 스코틀랜드 국민의 모든 집단의 죄들이 언급되었다. 제1부는 여러 집단과 고위 성직자들을 대신하여 하나님의 영광을 인정하고 일반적인 죄의 고백을 한 후 다음과 같이 선언하였다.

"우리는 영원한 타락 때문에 아주 죄악 되고 부끄럽게도 선조들이 하나님과 천사들과 인간들 앞에서 맹세한 국민 언약과 엄숙 동맹과 언약의 모든 조항을 어겼다."[34]

언약도들이 신앙고백을 할 때, 이들은 두 언약에 충실하였다. 그리고 이들은 주요 사상들을 신앙고백의 기초로 가지고 있었다. 여기에 언급된 "죄들"은 주로 에라스티안주의(Erastianism)와 알미니안주의(Arminianism)의 감독제의 허용 등에서 두 언약의 어떤 구절도 덮어줄 수 없는 죄들까지 망라되었다. 이들은 스코틀랜드 국가 권력자들이 교회 총회에 에라스틴안적 수장권을 휘둘러 교회에 대한 그리스도의 수장권과 왕권을 손상함으로써 스코틀랜드교회를 침범하였다고 주장하였다. 게다가 이들은 우상을 숭배하는 군중들과 퀘이커파(Quakerism)와 알미니안주의 선동자들이 국가로부터 아무런 징벌이나 제재 없이 스코틀랜드 여러 곳에서 일어나고 있다고 주장하였다.[35]

언약도들은 시민 정부가 건전한 교리와 전례(典例)를 무시한다고 생각하였다. 이들은 참된 종교와 자유는 백성들과 함께 언약에 서명한 스튜어트 왕조 아래서 이루어졌음을 상기시켰다. 이들은 자신들에게 초점을 맞추면서 자신들의 죄를

---

[34] Ibid., 57.
[35] Ibid., 60.

고백하였다.

> 위험한 시대에, 많은 목사가 설교와 이를 듣는 백성들을 버렸다. 우리는 가정 예배를 계속하지 않고 소홀히 했다. 많은 사람이 가정 예배를 방해하기도 했다. 그리고 우리는 예식에서도 형식적이고 부주의했다. 많은 사람이 성직 수임의 정결성에 만족했을 뿐이며 그 권세는 무시했다. 또 어떤 사람들은 성직의 정결성과 권세에 파괴적인 영향을 미치는 왜곡된 길로 나아갔다.[36]

타협의 죄들이 범해졌다. 그리고 교회와 가정에서 권징이 행해지지 않았다. 교회의 견책도 무시되거나 부분적으로 적용되었다. 추문에 휩싸인 사람들의 자녀들도 유아세례를 받았다. 그리고 이러한 사람들도 그리스도의 법을 존경하지 않으면서 주의 만찬에 참석하였다. 교회의 치리도 의회법에 따라 제한되었다. 이 긴 죄의 고백에 뒤이어 "엄숙한 약정"(Solemn Engagement)이 나왔다. 이 약정은 주로 영국과의 합병 반대에 초점이 맞추어졌다. 카메론파가 가장 적극적인 합병 반대론자였다.[37]

이들에 따르면, 국가의 주권과 독립뿐만 아니라 의회의 권한이 합병조약에 의해 완전히 상실되었다. 이들은 합병조약에 의해 형성된 상황이 언약적 연합(covenanted union)과 일치하지 않으며, 자신들의 자유가 제멋대로인 정부에 의해 침식당하고 있다고 느꼈다. 국민의 양심과 인격과 재산은 교회와 정부에 침묵을 요구하는 모든 맹세와 협약으로 억압되었다.[38]

이들의 관심사는 그리스도인 국민의 자유였다(삼상 14:25; 행 22:25; 25:11; 갈 5:1). 이들은 참된 교회의 순결을 바라고 있었다. 이들의 의무는 그리스도의 복음과 국가의 자유 수호, 정의의 시행, 죄에 대한 징벌, 이 나라의 참된 종교와 법의 수호를 위해 필요한 것이었다. 특별히 국가의 의무는 두 가지였다.

첫째, 언약에 충실하지 않은 사람들이 그들의 죄를 고백하게 하는 것이었다.

둘째, 공적인 죄들이 공적으로 고백되도록 하는 것이었다.

언약도들은 타락의 길을 막는 사람에게 주어지는 의무를 구체화하였다. 주목

---

36 *Ibid.*, 61.
37 *Ibid.*, 74-75.
38 *Ibid.*, 75.

할 만한 부분은 언약에 의하지 않고 세워진 정부에 대한 국민의 충성을 다루는 부분이다. 이 부분은 다음과 같이 시작된다.

> 지금까지 하나님께서 당신의 의로우신 심판으로 그들이 의회와 나라의 권리와 특권들을 영국의 뜻과 욕심에 내맡겨 쓸모없는 목적을 위해, 종교의 자유와 시민의 자유에 관한 관심을 버리도록 그 나라를 자신들 마음의 충고까지 맡겨 놓으셨다. 그러나 우리는 항상 이러한 과정에 반하는 증거들을 품고 그들과 어떤 협력도 하지 않으며 그들의 지지자나 선동자들을 고무하거나 지지하지 않을 것을 목적하며 약속한다.[39]

그러나 "이러한 과정에 맞서서 증언하는 것"만으로는 충분치 않았다.

> 그들은 부패한 법정들과 불의하고 그리스도를 대항하는 전쟁을 위해 모집된 군대를 지원하는 데 사용되는 세금(전쟁 세) 납부 거부를 통해 현 통치를 지지하지 않으려 했다.[40]

또한, 대부분의 다른 약정들도 스코틀랜드교회의 대부분의 충성스러운 구성원들에 의해 취해졌다. 이들은 전심으로 그들의 최후 맹세를 지키려는 자들이었다.

> 그러므로 우리는 우리 자신과 우리 자신의 것들을 부인하고 모든 개인적 관심과 목적들을 제쳐두고, 최우선으로 하나님의 영광과 그분의 권세의 유익과 그분 백성의 풍요를 추구한다. 그리고 혈과 육의 조언들을 버리고 육체적 확신에 의존하지 않고 하나님의 말씀 법에 따라 일하며 하나님 종의 음성을 들을 것이다.[41]

이렇게 언약을 갱신하지 않은 사람은 그 누구도 성찬에 참여할 수 없었다. 이들은 언약을 맺는 것은 그리스도인의 실천적 삶의 질과 깊이 관련된다고 믿었다. 이 선언은 그들이 동의한 언약들의 성취를 위해서는 여러 가지를 마음속에 새겨

---

[39] *Ibid.*, 101.
[40] C. Stewart Black, *The Scottish Church* (Glasgow: William MacLellan, 1952), 203-204; John Macpherson, *A History of the Church in Scotland* (Paisley: Alexander Gardner, 1901), 305.
[41] *The National Covenant and Solemn League and Covenant, with the Acknowledgement of Sins and Engagement to Duties; as they were Renewed at Auchinsaugh (Near Douglas, 24th July 1712)*, 104-105.

야 한다고 주장하였다. 그것들을 간단히 둘로 요약하면 다음과 같다.

첫째, 그리스도인과 거룩한 생활이다.

둘째, 그리스도인의 거룩한 생활과 행함의 구체적인 방법이다.

특히 후자의 경우 어떤 희생이 따르더라도 그들이 언약 속에서 스스로 맹세한 모든 것들을 즐거움과 기쁨으로 행하는 것이 반드시 필요하다. 이러한 언약적 행동은 거룩한 성찬의 준비와 깊이 관계되었다. 그런 다음 언약도들은 자신들이 참된 교회라고 선언하였다. 즉, 자신들은 인간이 아니라 하나님이 세우신 교회라고 선언하였다. 이전의 언약도들이 감독제의 잘못에 맞섰지만, 이들의 계승자들은 장로교의 "타락"에 똑같이 관심을 가졌다.[42] 이들이 관심을 가진 장로교의 타락이란, 언약 지지자들에게 하나님과 맺은 언약을 존중하도록 확신을 심어 주는 의무를 게을리 한 것이다. 다시 말해서 그리스도 안에서 믿음을 통한 구원과 그를 섬기겠다는 약속을 등한시했다는 것이다.

이 모든 항구적인 의무들은 저주 아래서 하나님의 말씀에 따라 개혁을 지속하고 증진하며 이에 반대되는 모든 것들을 제거하는 모든 부류의 백성들과 관계된 국가적 약속들과 맹세들과 언약들 그리고 법들에 분명하게 나타났다. 언약도들은 나라 안에서의 도덕적, 사회적 삶의 완전성에 초점을 맞추었다. 아킨소(Auchinsaugh)에서는 역사적 언약들, 특히 지금까지 여기에서 언급되고 행해진 모든 것들 위에 있는 은혜언약과 함께 "언약들의 갱신"이 이루어졌다. 모인 군중들은 자신들이 하나님과의 개인적 언약을 공개적으로 갱신했음을 느꼈다. 그들이 느낀 지배적인 감정은 그들이 연합된 국가나 적어도 조직된 소수의 한 부분으로서 같은 언약들 속에서 맹세했다는 것이었다.

(2) 교회와 국가에 관한 교리

언약도들에 따르면, 하나님은 당신의 영광과 공공의 유익을 위하는 방법으로 교회와 국가를 다스리신다. 언약도들은 교회와 국가에 대한 하나님의 통치는 두 가지 서로 다른 방법으로 이루어진다고 주장하였다. 창조자 하나님께서는 영원한 법에 따라 당신의 본질적인 나라, 즉 국가를 다스리신다.

그리고 구속자 그리스도께서는 은혜에 따라 당신의 중재적 나라, 즉 교회를

---

[42] W. Stephen, *History of the Scottish Church* (Edinburgh: David Douglas, 1896), 473.

다스리신다. 스코틀랜드에서는 이 두 구별된 통치와 나라가 국민 언약과 엄숙 동맹과 언약으로, 다시 말해서 1651년 스콘(Scone)에서 찰스 2세의 왕위 등극에 의한 언약에서 하나로 통합되었다.[43] 그러나 왕이 왕권을 취한 이후에 상황이 변했다. 말하자면 왕은 더는 자신의 언약을 지키지 않았다.

그러므로 언약도들은 더는 왕을 합법적인 주권자로 인정하지 않았다. 왜냐하면, 찰스 2세는 언약을 위반했으며, 이로써 언약도들의 복종을 명할 수 있는 모든 권리를 상실했기 때문이다. 언약도들은 두 언약을 지키겠다고 맹세하지 않는 어떤 주권자에 대한 복종의 맹세를 거부했다. 그런데도 이들은 언제나 그리스도께서 교회와 국가의 머리가 되신다는 사실과 조화되는 국가 제도와 지도자들을 존경한다는 사실을 확고히 했다. 이와 동시에 언약도들은 감독제(Prelacy), 에라스티안주의(Erastianism) 그리고 신교 자유령(Indulgence) 등에 맞서 국민들의 시민적, 정치적, 종교적 권리들을 지키려 했다. 이들은 스코틀랜드가 1560년 존 낙스의 종교개혁 이래 언약 국가로 남아있다고 생각했다. 교회와 국가에 대한 언약도들의 교리는 그리스도가 교회의 머리라는 그들의 확고한 믿음과 이해에 기초했다.

① 교회와 국가는 하나님의 제도이다

언약도들은 이렇게 주장하였다. 언약 체결은 그 속에서 국민이 시민 정부를 설립할 권한을 갖는 교회나 국가의 환경이며, 따라서 교회나 국가가 수행하거나 반복해야 할 의무이다. 이렇게 볼 때 위정자들이 요구하고 선택하는 것은 하나님의 우주적 주권에서 주어지는 국민의 자연스러운 도덕적 권리이며, 그분의 영원한 법에 대한 의무처럼 보일 수 있다.[44] 시민 정부는 "신적인 호의나 승인 또는 복음의 은혜로부터 직접 주어지는 적극적인 권리가 아니다."[45] 오히려 "국가 위정자 제도는 온 세상의 최고의 주요 왕이신 하나님의 교훈적인 뜻"에 의해 세워진 것이다.[46] 그러므로 정부를 세우고 통치자들을 선택할 수 있는 권리는 "하나님의 법에 대한 복종"이나 "하나님께 대한 복종"이 이루어지는 한 이 땅에서 없

---

[43] James Kerr, *The Covenants and the Covenanters* (Edinburgh, 1895), 389-390.
[44] "Declaration and Defence of the Associate Presbyter's Principles Anent the Present Civil Government" (1744), in Adam Gib, *The Present Truth: A Display or the Secession-Testimony* (Edinburgh, 1774), 334. 여기에서는 "Principle Anent Civil Government"을 인용했다.
[45] *Ibid.*, 334.
[46] *Ibid.*, 333.

어질 수 없다.

시민 정부의 신적인 설립에 대한 언약도들의 이해는 성경과 자연법에 대한 통찰에서 비롯되었다.[47] 이들은 또한 "세상의 모든 정부와 통치자들은 최소한 어느 정도의 질서를 가지고 있다"는 것을 알고 있었다.[48] 따라서 이렇게 결론을 내렸다.

> 하나님은 질서의 하나님이시지 혼돈의 하나님이 아니시다. 그리고 세상의 모든 질서는 하나님에게서 비롯되었다. 그러므로 시민 정부는 하나님의 교훈적 뜻에 부합된다.[49]

언약도들은 시민 정부가 하나님의 주권과 영원한 법으로부터 신적으로 설립되었다고 이해했다. 이들은 이러한 이해에 따라 위정자들의 사법권을 육체적 영역으로 제한하였다. 위정자의 유일한 목적은 "모든 바람직한 사회 속에서 외면적이며 일반적인 질서를 통해 공공의 유익을 도모하는 것이다."[50] 위정자들은 "인간의 양심에 대해 주인 노릇을 하거나 교회의 특권과 사업을 침해해서는 안 된다." 왜냐하면, 위정자들의 직무와 그 직무의 목적은 전적으로 "자연의 원리들 내에" 있기 때문이다.[51] 언약도들도 국가 위정자들의 긍정적 직무를 기술하면서 "본성적 원리"(natural principles)를 언급하였다. 그렇지만 이들은 개개인을 세상에서 불러내셔서 교회로 이끄신 그리스도의 소명에 관한 기술에서는 "본성"(nature)에 대해 부정적 견해를 피력하였다. 언약도들은 "사탄의 나라의 주요한 자리는 자연적으로 모든 사람의 마음"이라고 가르쳤다.[52]

---

47 *Historical Part of the Testimony of the Reformed Presbyterian Church in Scotland* (Glasgow, 1839), 210-211. Associate Presbytery는 국가 위정자들은 하나님에 의해 세워졌으므로 그들의 권위 아래 있는 자들의 복종을 받아야 한다고 주장하였다. 이들은 이러한 주장의 근거로 다음과 같은 성경 구절들을 들었다. 잠 24:21; 전 10:4; 눅 20:25; 롬 13:1-7; 딛 3:1; 벧전 2:13-17. *Ibid.*, 293-321.

48 *Ibid.*, 333.

49 언약도들은 몇몇 사람들이 행한 하나님의 교훈적인 뜻과 섭리적인 뜻의 구별을 거부했다. 이 구별에 따르면, 국가 위정자는 하나님의 섭리에 따라 실제로(*de facto*) 위에 있는 것이지 하나님의 교훈적인 뜻에 따라 법률상(*de jure*) 국가 위에 있는 것이 아니다. 언약도들은 몇몇 위정자들이 통치 능력이 없다는 사실에도 불구하고 모든 위정자의 "직무와 권위"가 똑같이 "하나님의 교훈적인 뜻으로부터" 오기 때문에 "모든 섭리적 위정자들은 또한 교훈적이기도 하다"고 가르쳤다. *Ibid.*, 332.

50 *Ibid.*, 311. Cf. Moncrieff, *Works*, vol. II, 92.

51 *Ibid.*, 311. Cf. *Westminster, Confession of Faith*, Chap. 23. II. and III.

52 James Fisher, *The Assembly's Shorter Catechism Explained by way of Question and Answer* (Edinburgh, 1771), 102. 26. Cf. Ebenezer Erskine, *Works*, vol. II., 155.

에베니젤 어스킨(Ebenezer Erskine, 1680-1754)은 다음과 같이 가르쳤다.

> 모든 인간은 이 세상 나라로부터 자유를 얻어 그리스도의 나라로 들어가 그리스도의 나라의 백성이 되기 전에는 자연적으로 원죄와 타락한 본성이라는 마귀의 제복을 입고 이 세상에 태어나며 근본적으로 지옥의 영역으로부터 나온다.[53]

본성을 마귀와 지옥 그리고 죄와 긴밀히 일치된 것으로 보는 이러한 견해는 "외면적이고 일반적인 질서를 통한 공공의 유익"을 위한 기초로서 "본성의 원리"와 일치되지 않는 것처럼 보인다. 마로우 맨들(Marrow men)은 사탄의 나라와 하나님의 본질적 나라 및 그리스도의 중재적 나라 사이의 관계를 일관되게 말하지 않았다.

시민법(civil Constitution)과는 대조적으로 언약도들은 하나님께서 그리스도 안에서 모든 법과 약속들을 성취하셨기 때문에 그리스도는 "교회의 선임된 왕이요 입법자"라고 가르쳤다.[54] 교회 정치는 주권적으로 그리스도에게 위임되었다. 이것은 "양도할 수 없는 신조," "그리스도와 그분의 영원한 아버지 사이에 평화의 회의가 열렸을 때 맺어진 언약," 그리고 "엄숙한 선택과 임명"의 맹세로 이루어졌다. 그리스도께서는 이러한 나라를 탄생과 사심(생활), 아버지의 약속과 성품 그리고 정복이라는 표제를 통하여 획득하셨다.[55]

교회에 대한 그리스도의 "왕적 직무"는 그리스도의 "성직, 즉 제사장 직무"에 기초했다.[56] 이것의 의미하는 바는 다음과 같다. 교회에 대한 그리스도의 통치는 그의 대속에 기초하며, 제한 속죄라는 언약신학 교리에 따라 제한되는 통치임을 의미한다. 그리스도는 교회를 통치할 권한을 가지신 유일한 분이시다. 이와 마찬가지로 교회 법정은 정부를 위해 그리고 핵심적인 치리들을 시행할 수 있도록 그분의 이름으로 세워지고 그분의 지명에 따라 구성된다.[57]

언약도들은 그리스도께서 당신의 교회를 "특권적 왕권"(prerogative royal)[58]을 통

---

[53] Ebenezer Erskine. *Works*, vol. II, 5; vol. I, 377.
[54] Ebenezer Erskine, *Works*, vol. II, 248. Cf. vol. III, 72.
[55] Ebenezer Erskine, *Works*, vol. ll, a. Cf. Fisher's Catechism 20., 12-19.
[56] Ebenezer Erskme, *Works*, vol. II, 462.
[57] Ebenezer Erskine, *Works*, voI. III, 77. Cf. vol. III, 153.
[58] Ebenezer Erskine, *Works*, vol. I, 63. Cf. vol. II, 345.

해 다스리신다고 주장하였다. 그러나 그리스도의 중재적 나라(국민)는 그의 교회 구성원들 너머까지 확대되었다. 에베니젤 어스킨(Ebenezer Erskine)은 다음과 같이 가르쳤다.

> 천국과 땅과 지옥에 있는 모든 것들은 그리스도 교회의 더 큰 유익을 위해 그리스도의 권세 아래 있다. 그러므로 중재자이신 그리스도의 통치에는 교회에 대한 통치뿐만 아니라 천사와 인간과 마귀에 대한 통치, 그리고 그리스도의 교회를 위해 그리스도의 손에 놓인 보이거나 보이지 않는 모든 것들에 대한 통치가 포함된다.[59]

언약도들도 중재자이신 이들이 어떤 의미로는 시민 정부를 다스린다는 사실을 인정한다. 이들은 이 통치가 "아버지께서 세상 정부의 통치권을 이들의 손에 주셨기 때문"이라고 말한다.[60] 그러나 언약도들은 본질적이며 중재적인 나라에 대한 그리스도의 관계뿐만 아니라 이 두 나라 간의 차이점까지 나타내려고 하였다. 아들은 삼위일체의 제2위로서 모든 시민 정부를 다스리는 자연적이며 빼앗길 수 없는 권한을 가지고 계셨다. 그는 아버지와 동등하시기 때문이었다(요 10:29-30).[61]

> 그분의 본질적 나라는 그분에게 속한 것이다. 다시 말해서 그분의 신적인 본성에 속한 것이다. 그분은 하나님의 아들 곧 영광스럽고 영원한 축복이 되시는 삼위일체의 제2위이시다. … 이렇게 볼 때, 그리스도는 위대한 하나님이요 천지와 그 가운데 있는 만물의 창조자이시다(요 1:1-3). 정부와 임명권이 창조의 권리에 의해 그분에게 속한다. 그러나 내가 말하고자 하는 것은 이러한 절대적이거나 본질적인 그리스도의 나라가 아니다. 내가 말하고자 하는 것은 그분의 인격적이며 중재적인 나라이다. 왜냐하면, 그분은 임마누엘 즉 하나님 인간이시기 때문이다. 그리고 이렇게 생각해 볼 때 그분은 그분에게 주어진 선민의 구원을 위해 아버지께서 주신 권위나 권세를 따라 행동하신다(마 28:18-20).[62]

59　Ebenezer Erskine, *Works*, vol. II, 7. Cf. vol. I, 5; vol. II, 216.
60　Ebenezer Erskine, *Works*, vol. II, 265.
61　Ebenezer Erskine, *Works*, vol. II, 440. "그분의 중재적 왕국이 그분의 아버지에 의해 그에게 위임되었다는 것은 사실이다. 그러나 그분의 본질적 왕국은 아버지 하나님의 왕국만큼이나 독립적이다. 그는 하나님의 본체이시나 하나님과 동등 됨을 취할 것으로 생각지 않으셨다."
62　Ebenezer Erskine, *Works*, vol. II, 444.

언약도들은 중재자이신 그리스도의 통치에서 아무것도 제외할 수 없다는 이유로 하나님-인간(God-man)이신 그리스도께서 어떤 의미로 시민 정부를 다스리신다는 것을 인정했다. 그런데 이것은 이들에게 주요한 딜레마를 낳았다. 이들은 위정자는 "그의 직무를 중재자이신 그리스도로부터 적절하게 부여받았다"라고 가르치는 것을 피하려 하였다. 이를 위해 이들은 "그리스도께서 시민 정부를 어떻게 다스리시는가를 묘사할 타당한 이유를 발견했기" 때문이다.[63] 언약도들은 위정자가 그의 직무를 그리스도로부터 직접 받는다면 위정자는 "복음적이며 (evangelical) 에라스티안적인 직무자가 되지 않을 수 없을 것이다"라고 생각했다. 그러므로 그들은 이렇게 가르쳤다.

> 그리스도의 나라는 이 세상의 나라가 아니다. 그러나 이 땅의 나라들은 가현적 교회 속에서 그의 영적인 나라에 종속되게 할 권리가 중재자이신 그분에게 있다. 그리고 그의 중재적 나라에 복종하여 섭리하는 나라의 경영권이 전 세상을 통하여 시온의 왕의 손에 주어졌다(엡 1:22-23; 마 28:18).[64]

언약도들은 중재자이신 그리스도의 통치에서 벗어날 수 있는 것은 아무것도 없음을 깨달았다. 그러나 언약도들은 하나님께서 시민 정부와 통치자들을 어떻게 세우시는가에 대한 자신들의 이해에 따라 이렇게 주장하였다. 즉, 중재자이신 그리스도께서 직접 국가를 다스리신다면, 그분의 중재적 권세는 직접 국가 위정자들에게 미칠 것이며 위정자들은 가현적 교회에 대한 권위를 합법적으로 주장할 수 있을 것이다.[65] 그러므로 언약도들은 위정자들이 교회에 대한 권위를 행사하지 못하도록 분명하게 선을 그었다. 이들은 중재자이신 그리스도께서 모든 것 위에 계시지만 그의 나라는 영적이기 때문에, 위정자는 그리스도의 바로 아래 있지 않다고 가르쳤다. 그런데도 위정자는 영적인 나라의 육적인 현시, 즉 "가현적 교회" 아래 있었다.[66]

---

63 "Principles Anent the Present Civil Government," *op. cit.*, 333.
64 *Ibid.*, 333. Cf. Moncrieff, *Works*, vol. II, 90.
65 Fisher's Catechism, 26. 21.
66 Cf. Ebenezer Erskine, *Works*, vol. II, 447.

② 교회와 국가는 인간의 제도이다

언약도들은 기독교가 도입된 시민 사회에서 "하나님의 말씀에 따라 운영되고, 예수 그리스도의 영적인 나라에 종속되며, 참된 종교와 교회의 개혁에 관심을 두는" 시민 정부의 설립은 시민 공동체의 권리요, 도덕적 의무라고 가르쳤다.[67] 시민 국가(civil state)가 이러한 의무를 수행하지 않는다면, 이 나라는 "시민의 관심을 소화할 수도 없으며, 복음의 축복으로 부유해질 것을 기대할 수도 없다."[68] 언약도들은 기독교 국가의 이러한 의무를 "유대 나라의 특별한 의무"에 비유하였다.[69]

언약도들은 시민 사회의 이러한 의무를 두 가지로 구체화했다.

첫째, 전 국민은 참된 교회에 참가하고, 모든 개인적, 집합적 능력들을 "참된 종교와 교회의 개혁을 위해" 증진해야 한다.

둘째, 교회 단체가 아니라 정치 단체로 간주되는 이러한 사람들은 "그들의 행동과 시민 기구"를 통해 위정자들에게 함께 종교적 노력을 기울이고, 이러한 목적에 부합하는 법을 통해 다스려야 한다는 의무를 부가해야 한다. 위정자들이 이러한 기준에 미달할 때, 시민 단체는 "마침내 안내로써 개혁을 위해 노력해야 한다."[70]

언약도들은 그와 같은 "시민 개혁"을 이뤄내려는 국민의 성공적인 노력에 대한 예로 스코틀랜드 언약들을 들었다.[71] 특별히 1659년 의회와 1651년 스콘에서의 찰스 2세의 등극으로 이루어진 "시민 기구의 행동"이 찬양되었다. 언약도들은 또한 시민 국가가 교회의 유익에 일치되도록 제도를 정비하는 의무를 이행하지 않을 때 그리스도인들이 겪게 되는 문제들도 숙고하였다. 언약도들은 "어떤 정치 단체와 자유롭게 얽힌" 그리스도인들의 생활은 "하나님께 대한 불순종을 통하지 않고는" 거절할 수 없는 "그들과의 도덕적이며 피할 수 없는 시민적 교제"에 매여 있다고 가르쳤다.[72]

그러나 교제는 합법적이었다. 그래서 이러한 교제는 그리스도인들을 국가적 범죄나 배교 또는 "타락"으로 몰아넣지 않는 범위 내에서 확대되었다. 그 속에서 기독교를 발견할 수 있는 시민 사회는 하나님의 말씀에 따라 그리스도의 영적인

---

67 "Principles Anent the Present Civil Government," *op. cit.*, 280. Cf. Moncrieff, *Works*, vol. II, 99.
68 *Ibid.*, 280.
69 *Ibid.*, 280.
70 *Ibid.*, 282.
71 *Ibid.*, 282.
72 *Ibid.*, 334.

나라의 발전을 위해 시민 정부를 세울 필요가 있다. 이러한 시민 사회는 교회 정부를 세워야 하는 유사한 책임도 아울러 가진다. 언약도들은 이러한 일이 스코틀랜드 종교개혁 때에 이루어졌다고 생각했다. 언약도들은 의회가 교황의 권위를 폐지했을 뿐만 아니라 『제1 신앙고백서』(The First Confession of Faith)를 비준하고 승인한 것에 주목하였다. 이 신앙고백서에는 "교회 정치와 치리는 산에서 보인 형태에 따라 회중 지도자들과 노회와 대회 그리고 총회에 대한 합당한 복종 가운데서 세워졌다."[73]

언약도들은 인간의 제도들, 즉 총회와 의회로부터 나오는 교회의 행동과 제도에 대해 언급했다.[74] 언약도들은 교회의 정치와 치리는 『제2 치리서』(The Second Book of Discipline)에 명시되어 있는 것처럼 의회에 의해 "비준되고 승인되었을 뿐만 아니라" 총회에 의해 "승인되고 인준되었다"라고 가르쳤다.[75] 언약도들은 1638-1650년의 언약 기간을 특별히 높게 평가했다. 이때는 "개혁의 진보"를 위해 "훌륭한 행동들과 제도들"이 총회와 의회에 의해 통과되었다.[76] 언약도들은 이러한 것들이 교회에서 이전에 성취된 개혁들을 파괴한다고 생각했다. 그래서 이들은 이러한 이유로 의회와 총회라는 인간적 제도들을 비난했다.

1690년 의회에 의한 장로교 교회 정부의 설립이 1638-1650년의 언약 기간에 획득된 제도적 안전책에 의해 무시당한 것을 안타까워했다.[77] 언약도들은 스코틀랜드교회의 재판 제도가 올바르게 정립되지 못했다고 보았다. 이러한 생각은 교회 법정이 법률에 따라(de jure)와 실제로(de facto) 세워졌을 때 이들 사이의 철학적 차이점에 기초했다. 이들의 주장은 스코틀랜드교회의 사법관들이 올바르게 세워진 장로교 교회 정치의 성실한 대표자들이 아니라는 그들의 판단에 기초했다.[78]

이들은 이러한 판단에 기초하여 1733년, 세력을 규합하여 연합 노회(Associate Presbytery)를 세웠다. 언약도들은 교회는 인간적 제도라고 이해했다. 이러한 이해는 교회의 순결에 대한 개인적 판단이 교회 제도에 대한 궁극적 시금석이 되는 결과를 초래했다. 이러한 궁극적 시금석 때문에, 언약도들은 총회와 의회가 행한

---

73 *Judicial Testimony*, 55.
74 Ibid., 157. Cf. Ebenezer Erskine, *Works*, vol. II, 347.
75 Ibid., 56.
76 Ibid., 57.
77 "Act for Renewing the Covenant," 230. Cf. *Judicial Testimony*, 86.
78 "*First Testimony*," 46, 48, 67.

것들을 거부했다. 교회가 인간적 제도라는 언약도들의 교리는 시민 교회 기구들의 행동과 교회 단체의 지속적이며 순수한 행동의 합성이었다. 이 모든 것들은 순결에 대한 개인적 판단에 종속되었다.

2. 마로우 논쟁과 언약신학(1717-1723)

1) 마로우 논쟁의 기원과 배경

1712년 앤 여왕과 의회는 목사 후원 제도(patronage)를 부활시켰다. 또한 감독교회파들(Episcopalians)에게 보다 많은 종교적 자유를 제공하는 타협법령(The Toleration Act)도 통과시켰다. 진보적인 휘그당은 허용된 종교적 자유가 야코바이트(Jacobite)의 소란을 불러일으키지 않을 것이라고 확신했다. 그래서 휘그당(Whigs)은 모든 사람이 스튜어트 왕가에서 왕위를 바라는 자(Scottish Pretender)에 대한 충성을 버릴 것을 요구하는 한 가지 맹세를 허용법에 덧붙였다.[79] 많은 장로교인은 이에 민감하게 반응했다. 특히, 국민 언약과 엄숙 동맹과 언약을 아주 중요하게 여기는 사람들의 반응이 그러했다. 이들은 감독교회파 교인이 영국(British)의 왕위에 오르도록 지원하겠다는 맹세에 서명하기를 거부했다.[80]

이러한 상황에서 스코틀랜드 장로교인들은 정부에 적대감을 가지게 되었다. 이제 이들에게 남아 있는 유일한 보호책은 교리의 순결을 유지하는 것이었다. 이것은 다음 세대에 의해 종교적 회의주의로 계승된 초기의 허가되지 않은 세대의 자유주의에 영향을 미쳤다. 옛 칼빈주의 신조는 은혜 교리가 신용을 잃어갈 때

---

[79] Andrew Thomson, *op cit.*, 1-9; Andrew L. Drumond & James Bulloch, *The Scottish Church 1688-1843* (Edinburgh: The Saint Andrew Press, 1973), 17-19. Cf. A. Ian Dunlop, *William Castares and the Kirk by Law Established*, *op. cit.*, 103-105, 136-138, 154-157; David Boorman, "Ebenezer Erskine and Secession," *Diversities of Gifts* (The Westminster Conference Paper, 1980), 90-91.

[80] AGA. 1712. XVI. "우리는 소위 왕국을 바라는 자들(Pretender)과 이전의 포기 맹세(Oath of Abjuration)를 완전히 이해한 다른 모든 사람들에 맞서 성실하게 우리의 힘을 다해 개신교 라인의 왕위 계승을 지지하고 유지하고 수호할 것입니다. 그러나 보시다시피 우리는 폐하를 속일 수 없습니다. 여러 가지 거리낌이 많습니다. 맹세에서 언급된 왕위 계승에 관한 의회법에 언급된 조건들이 그중 하나입니다. 그리고 이러한 조건에서 맹세하는 것이 우리가 알고 있는 원칙에 부합되지 않는 것처럼 보입니다."

형식적으로 공격을 가했다. 그리고 스코틀랜드교회에 합법성의 정신이 도입되었을 때 어느 정도 중화되었다.[81] 이러한 변화를 설명해 주는 두 가지 주요한 논쟁이 발생하였다. 첫째, 심슨 교수의 자연신학(Natural Theology)이며, 둘째, 『현대신학의 정수』(The Marrow of Modern Divinity)에 관한 논쟁이다.

(1) 존 심슨(John Simson) 교수와 자연신학

1715년 에든버러 톨부스(Tolbooth)의 목사 제임스 웹스터(James Webster)는 글라스고우대학의 심슨 교수가 알미니안주의를 가르친다고 비판했다.[82] 그러자 총회는 이 비판을 조사하기 위해서 교리정화위원회를 구성하였다. 이 위원회의 보고서는 1717년에 가서야 나왔다. 1717년 총회는 심슨의 교리적 가르침을 논의하였다. 그러나 심슨 자신은 교회의 신앙고백서에서 벗어난 강의를 할 의도가 전혀 없었다고 선언했다. 심슨에 대한 웹스터의 비난에 의하면, 그에게는 두 가지의 신학적 이탈이 있었다. 첫째, 아담의 언약적 머리(federal headship). 둘째, 삼위일체 교리로 이 둘은 모두 언약신학과 깊이 관련된 것이었다.

『웨스트민스터 신앙고백서』에 따르면, 아담은 하나님과 맺은 언약을 범하였고, 이로써 인류의 언약적 대표(federal representative)로서 인류 역사에 결정적으로 영향을 미쳤다. 아담이 언약을 파괴한 후에, 마침내 그리스도에 의한 대리적 희생이 제공되었다(롬 5:8). 그러나 이러한 섭리를 누릴 수 있는 능력은 오직 택자에게만 주어졌다. 하나님은 자비로우시다는 것을 보여 주기 위해 택자는 구원될 것이다. 하나님께서는 의로우시다는 것을 보여 주기 위하여 그 나머지는 저주를 받을 것이다.[83]

신앙고백과 대조적으로, 심슨 교수는 하나님께서는 인간에게 그렇게 나약한

---

[81] Andrew Thomson, *op. cit.*, 9-11; John Brown, "The Occasion of the 'Marrow', Controversy," *The Marrow of Modern Divinity, Edward Fisher, with notes by Thomas Boston* (USA: Still Waters Revival Books, 1991), 344-345; William Garden Blaikie, *The Preachers of Scotland from the Sixth to the Nineteenth Century* (Edinburgh: T. & T. Clark, 1888), 189. Cf. Stewart Mechie, "The Theological Climate in Early Eighteenth Century Scotland," *Reformation and Revolution* (ed.), Duncan Shaw (Edinburgh: The Saint Andrew Press, 1967), 258-272.

[82] H. M. B. Reid, *The Divinity Professors in the University of Glasgow, 1640-1903* (Glasgow, 1923), 222-223; C. G. M'crie, "Studies in Scottish Ecclesiastical Biography: II. Prof. Simson, the Glasgow Heresiarch," *The British and Foreign Evangelical Review*, XXXIII (1884), 256-258.

[83] William Law Mathieson, *The Scotland and the Union: A History of Scotland from 1695 to 1747* (Glasgow: James Maclehose and Sons, 1905), 225.

대표자를 주셔서 인권을 해친 적이 결코 없다고 주장하였다. 그리고 그는 아담이 언약의 머리(federal head)라는 사상을 거부했다. 따라서 그는 근본적인 신학사상에서 칼빈주의자들과 의견을 달리했다. 그는 인간에게는 구원하는 은혜를 찾을 수 있는 본질상 능력이 있으며, 이교도들은 희미한 복음의 진리를 가지고 있고, 그들이 이러한 "명확한 발견과 제안"을 거부할 때에만 이를 잃게 된다고 주장하였다. 그는 인간의 영혼은 본래 깨끗하게 창조되었으나 아담으로부터 물려받은 육체와 결합함으로써 타락했다고 보았다.

그러나 심슨 교수는 이것이 언약의 머리(federal headship) 때문은 아니라고 생각했다. 그는 또한 모든 유아 사망자들이 구원받을 것이라고 했다. 그러므로 택자들이 저주를 받는 자들보다 많을 것이라고 기대하였다. 따라서 우리의 행복을 증진하려는 열망이 하나님을 섬기는 주요한 동기가 되어야 한다. 징벌은 영원해야 한다. 그러나 그 이유는 손상당한 하나님의 위엄에 대한 의무 때문이 아니다. 그것은 이보다 더 경한 처벌—이것도 충분한 것은 아니지만—은 인간을 죄로부터 결코 떼어놓을 수 없기 때문이다.[84]

더욱이 심슨은 정통적인 삼위일체 개념을 무시했다. 그는 삼위는 실체나 본질에 있어서 수적으로 하나가 아니라고 가르쳤다. 그는 또한 아들이 성육신 이전에 선재 하지 않으셨으며, 최고 신성이란 아버지에게만 적용될 수 있을 뿐, 아들에게 적용될 수 없다고 이해했다.[85] 그는 대화 중에 아들의 독립과 자존 그리고 자생(Self-Origination)은 그가 태어났다는 사실과 부합되지 않는다고 생각하였다.[86] 따라서 총회는 이러한 것들을 신학교에서 가르치지 말라는 경고와 함께 그를 방면했다. 이는 그가 타락한 본성의 힘을 말하면서 받아들일 수 있는 정도 이상으로 자연 이성을 강조하는 경향이 있는 몇 가지 가정들을 받아들였기 때문이다.[87]

---

[84] Andrew Thomson, *op. cit.*, 11; *Wodrow Correspondence*, vol. I., 493; William Law Mathieson, *Ibid.*, 225-226.

[85] H. M. B. Reid, *The Divinity Professor in the University of Glasgow, 1640-1903* (Glasgow, 1923), 223-223. Simson 교수의 가르침은 아리안주의의 입장과 연결되었다. 아리안주의는 아들과 아버지의 신성이 동등함을 부인한다. 이 이름은 4세기에 삼위일체에 대한 이단적 가르침으로 교회를 혼란시킨 아리우스에게서 비롯되었다. *Wodrow' Correspondence*, vol. III., 235, 261. Cf. Thomas Boston, *Human Nature in its Fourfold State* (Edinburgh: The Banner of Truth Trust, 1964(1720년 초판), 23.

[86] William Law Mathieson, *op cit.*, 232.

[87] *Historical Art of the Testimony of the Reformed Presbyterian Church in Scotland* (Glasgow, 1839), 180-181; Thomas M'Crie, "The Marrow Controversy: with Notices of the State of Scottish Theology in the beginning of last Century," *The British and Foreign Evangelical Review*, vol. II. (Edinburgh, June, 1853), 422-423.

심슨 교수가 강의에서 주장한 것은 이러했다. 그는 하나님께서는 모든 사람이 죄를 사하시는 당신의 혜택을 누릴 수 있도록 자연의 빛과 창조 그리고 섭리의 사역을 통해 명확하고 객관적인 복음을 계시하셨다고 주장하였다. 그는 이들이 아직은 교회가 선포하는 복음의 더욱 선명한 빛을 거부하는 죄인들이기는 하지만 결국에는 구원될 것이라고 가르쳤다. 이교도들조차도 화해 방식에 관한 하나님의 지식으로부터 그들이 수용할 수 있는 하나님께 대한 섬김을 반드시 찾을 것이다. 따라서 이교도들도 하나님에 의해 구원받을 것이다.[88]

심슨 교수는 기독교를 교리(dogma)와 신비라는 관점에서 보지 않고 이성의 빛에서 보았다. 심슨 교수는 이때부터 가르치기 시작한 도덕에 대한 새로운 개념들과 완전히 일치하여, 행복이 복음의 주된 목적이요 의도이며, 하나님의 영광은 이차적이며 종속적인 문제라고 선언하였다. 똑같이 호의적인 철학이 그가 이교도의 구원에 대한 희망적인 견해를 취하도록 만들었다. 심슨 교수는, 이교도들도 그들이 가진 빛을 정직하게 따르고 진심으로 구원을 바라면 그리스도에 대한 지식이 없이도 구원받을 수 있다고 선언하였다.[89]

1727년 한층 더 강화된 비난에, 심슨 교수는 이전처럼 알미니안주의와 펠라기안주의의 교리들을 가르쳤을 뿐만 아니라,[90] 삼위일체와 그리스도의 인성에 대하여 아리안주의의 견해를 취했다는 혐의로 고소되었다.[91] 그의 이러한 가르침은 성경과 『웨스트민스터 신앙고백서』가 가르치고 있는 교리와는 분명히 어긋나는 것이었다. 그러나 총회원들은 이러한 자유주의 신학의 가르침이 공정하고 지적인 탐구 방법이라고 생각했다. 그래서 총회는 그에게서 교수직을 박탈하지 않았다. 오

---

[88] Andrew Thomson, *op. cit.*, 11; John M'Kerrow, *History of the Secession Church* (Glasgow, 1841), 7-8.
[89] Andrew Thomson, *Ibid.*, 11. 그는 "이교도들도 그리스도를 통한 구속을 분명하게 발견하였다. 전통을 포함하여 자연의 빛은 인간에게 구원의 길을 가르쳐 주기에 충분하다. 아이들의 영혼은 타락 전 아담의 상태만큼 순결하고 거룩하다. 이들의 영혼이 아담보다 못할 것은 아담이 성숙한 상태로 창조되어 받은 자격들과 습관들에 대해서 뿐이다. 어떤 적절한 행위언약도 그의 후손들을 대표한 아담과 맺어지지 않았다. 하나님을 섬김에 있어서 우리의 행복이 우리의 주된 목적이 되어야 한다. 하나님께서 당신의 바람직한 피조물들의 행동에 관여하고 영향을 미치는 데는 어떤 직접적인 전(前) 과정도 없다. 그리고 최후의 심판 후에는 지옥에서 어떤 벌죄도 없을 것이다"라고 하였다. Cf. Henry F. Henderson, *The Religious Controversies of Scotland* (Edinburgh: T & T. Clark, 1905), 4-5.
[90] T. M. M'Crie, "Account of the Controversy respecting the Marrow of Modern Divinity," *The Edinburgh Christian Instructor* (1831), vol. XXX., 534.
[91] G. D. Henderson, "Arminianism in Scotland," *London Quarterly and Holborn Review*, CLVI., 499-500; John Macpherson, *A History of the Church in Scotland* (London: Alexander Gardner, 1901), 314.

히려 총회는 다음과 같은 선언과 더불어 심슨 교수 사건을 처리하였다.

"그는 신학교에서 반드시 가르치지 않아도 되는 몇 가지 견해들을 가르쳤으며 교육의 발전보다는 투쟁의 기회를 더 많이 제공했다."[92]

하지만, 동 총회는 반대파들, 즉 마로우 맨에게 결정타를 가함으로써 심슨 교수에 대한 비난을 완화하였다.

(2) 악더라더(Auchterader) 노회와 그 신조

심슨 교수에 맞서는 일련의 움직임들이 일어났다. 이러한 움직임들이 빚어낸 결과 중에 하나는 악더라더 노회(Auchterader Presbytery)가 목사 후보생들이 배우는 신학에 관심을 가지기 시작한 것이다. 이들은 비정통적 가르침에 맞서기 위해서 노회에서 목사 안수를 받으려는 사람들에게 부가적인 선언을 요구하였다. 노회는 알미니안 사상의 유입을 막으려는 의도에서 목사 후보생들에게 몇 가지 명제를 내놓고 여기에 동의하도록 촉구했다. 이 명제 중에 하나는 다음과 같다.

> 나는 우리가 그리스도에게 나오기 위해 그리고 하나님과의 언약 가운데 머물기 위해서는 반드시 죄를 버려야 한다고 가르치는 것은 건전하지도 정통적이지도 않은 가르침이라고 믿는다.[93]

노회가 이러한 부가적인 선언을 요구한 목적은 인간 자신의 노력이 은혜를 받을 수 있도록 자격을 갖추어 주고 준비시켜 준다는 알미니안주의와 펠라기안주의 신학에 맞서 정통 신학을 수호하려는 것이었다.

개혁신학에 의하면 죄인은 오직 그리스도의 은혜에 의해 성령의 능력을 통해서만 죄 사함을 받을 수 있다고 가르쳤다. 그런데 악더라더 노회는 제안에 서명을 거부했다는 이유로 목사 후보생 윌리암 크레이그(William Craig)의 목사 안수를 거부하였다. 이때부터 위기가 발생하기 시작하였다. 그러자, 크레이그는 항소를 통해서 이 문제를 1717년 총회에 제출하였다. 총회 법정은 악더라더 노회의 제안이 불건전하다고 생각하고 혐오감을 피력하였다. 이들은 악더라더 노회는 크

---

[92] *Acts of the General Assembly, 1717*, IX; John M'Kerrow, *Ibid.*, 8-9.
[93] Thomas Boston, *Memoirs*, 317; W. M. Hetherington, *History of the Church of Scotland* (Edinburgh: Johnstone and Hunter, 1843), vol. II., 275. Wodrow에 따르면 "이 명제는 엄청난 소란을 일으켰다." Robert Wodrow, Correspondence, vol. II., 269.

레이그에게 목사 안수를 주고 앞으로 그와 같은 표현을 사용하지 말라고 명령하였다. 총회는 "악더라더 신조"(Auchterarder Creed)를 이처럼 경멸하였다.

그러나 총회 위원회는 총회의 이러한 태도를 다음과 같은 교리의 인증으로 보았다. 즉, 인간은 그리스도께 나옴으로써 죄의 사랑과 힘으로부터 구원받을 수 있다는 교리의 인증으로 보았다. 이것은 우리가 그리스도 앞에 모든 죄를 가지고 오면, 우리가 어떤 준비도 하지 않았다 할지라도 우리의 죄를 용서받을 수 있음을 의미하였다. 이것은 율법주의적이고 정통주의적이며 도덕주의적인 철학을 가진 은혜의 교리들을 위협하였다. 이러한 상황에서 악더라더 노회의 제안은 교회 내의 두 맞수 집단들 사이의 심각한 논쟁의 근원이었다. 이제 갈등은 교회와 국가의 관계 즉 절대 왕정과 장로교 체제에 초점이 맞추어지지 않았다. 오히려 갈등은 언약신학의 핵심을 이루는 은혜의 중심 교리에 맞추어졌다. 따라서 마로우 논쟁은 개혁신학의 진수를 보여 주는 불가피한 신앙적 투쟁이었다.

2) 『현대신학의 정수』(*The Marrow of Modem Divinity*)에 대한 논쟁

(1) 마로우의 근원과 스코틀랜드 신학자들에게 주는 의미

웨스트민스터 총회가 열리던 기간인 1645년 영국 옥스퍼드대학교 Brazenose College[94]의 석사 에드워드 피셔(Edward Fisher, 1627-1655)는 『현대신학의 정수』(*The Marrow of Modern Divinity*)라는 소논문을 발표하였다.

이 책은 원판이라기보다는[95] 유명한 신학자들의 "정수"(精髓) 구절들을 모아 놓은 것이다. 이 책은 17세기 영국에서 출판되었다. 이 무렵 영국에는 시민전쟁(Civil War) 기간에 일어난 많은 기독교 신학의 논쟁적 표현들이 있었다. 이 책의

---

[94] 1333년 11월-1334년 3월경에 설립된 Brazenose 대학은 당시 몇몇 불만스러운 학생과 석사가 Oxford에서 Lincolnshire 타운으로 이주하는 과정에서 Stamford Schism과 외견상으로 연관되었다. 당시 열악한 대학운영으로 교수들과 학생들이 이곳저곳을 옮겨 다니면서 강의하였다. 중세 건물이 철거된 후 1688년에 새로운 건물이 Brazenose에 세워졌다. Brazenose 홀은 이후 College, Hartley and Rogers라고 불렸다. 1704년 3월 Howgrave에 자선 학교에 배정되기까지 수년 동안 어렵게 운영되었으며, 1739년에 타운 하우스가 되었다. 1890년 미스 콜린스(Miss Collins)와 미스 데이비스(Miss Davies)는 1891년부터 1898년까지 소녀 학교를 운영하였고, 1898년 미스 켈렛(미스 A. M, 아마도 언니)에 이어 1914년부터 1927/28년까지 미스 에블린 토마스가 운영하였다. 거의 40년 동안 소녀 아카데미로 운영되던 Brazenose House는 1929년 Stamford School이 인수한 후, 현재는 Oxford College가 관리하고 있다.

[95] Thomas Boston, *Human Nature in its Fourfold State* (Edinburgh: The Banner of Truth Trust, 1964), 26.

의도는 복음적 구원은 완전히 값없이 주어진다고 말하고, 율법주의자들과 반율법주의자들 사이의 "중도 노선"을 펴는 것이었다. 구원의 확신, 율법과 복음, 복음의 값없는 제공 등의 다른 중요한 교리들도 "은혜와 개혁자들의 저작에 대한 이들의 관계 속에 표현되었다."[96]

이러한 상황에서 토마스 보스톤(Thomas Boston)과 제임스 혹(James Hog), 에베니젤(Ebenezer)과 랄프 어스킨(Ralph Erskine), 그리고 다른 사람들은 스코틀랜드교회를 종교개혁 전통으로 되돌려 놓기 위해서, 하나님의 값없는 은혜 교리(sola gratia)를 강조하였다. 이렇듯 복음주의자들은 에드워드 피셔의 『현대신학의 정수』에서 신학적 자극을 받아 활동했으므로 "마로우 맨"(Marrow men)으로 불렸다. 사람들은 마로우 맨들이 이 시대에 정확한 "율법적인 가르침"을 제공했다고 생각하였다.

(2) 에드워드 피셔(Edward Fisher)의 『현대신학의 정수』

이 책은 대화 형태로 모두 두 부분으로 구성되었다. 제1부는 행위언약과 은혜언약을 다루었다. 여기에는 이 두 언약이 구약과 신약에서 어떤 목적으로 어떻게 사용되었는지도 함께 취급되었다. 대화는 복음의 사역자인 이반젤리스타(Evangelista)와 율법주의자인 노미스타(Nomista), 반율법주의자인 안티노미스타(Antinomista), 그리고 젊은 그리스도인 네오피투스(Neophytus) 사이에서 이루어진다.

제2부는 그리스도인들이 율법을 어떻게 사용하고 행하는지가 이반젤리스타와 네오피투스 그리고 율법에 관한 재잘거림를 대표하는 노모로지스타(Nomologista) 간의 대화를 통해 다루었다. 전체 책의 목적은, "복음이 완전히 값없이 주어지는 것임을 확고히 하며, 의로 향하는 문들을 활짝 열어젖히며, 죄인들을 곧바로 구원자에게로 이끌며, 그를 죄인이요, 멸망하는 자로 소개하여 그가 한순간도 머뭇거리지 않고 곧게 뻗어진 하나님의 자비의 손을 움켜쥐도록 설득하는 것"이었다.[97]

---

[96] Edward Fisher, *The Marrow of Modern Divinity, with notes by Thomas Boston* (U.S.A: Still Water Revival Books, 1991), 6, 20; Andrew Thomson, *Historical Sketch of the Origin of the Secession Church, op. cit.*, 14; William Garden Blaikie, *The Preachers of Scotland from the Sixth to the Nineteenth Century, op. cit.*, 190. Cf. David C. Lachman, *The Marrow Controversy 1718-1723* (Edinburgh: Rutherford House, 1988), 5; Thomas M'Crie, "'The Marrow' Controversy: with Notices of the State of Scottish Theology in the beginning of last Century," *The British and Foreign Evangelical Review*, vol. II. (Edinburgh, June, 1853), 426-427.

[97] Thomas M'Crie, "'The Marrow' Controversy: with Notices of the State of Scottish Theology in the beginning of last Century," *The British and Foreign Evangelical Review*, vol. II. (Edinburgh, June, 1853), 427.

이 책의 서론은 종교와 율법의 다양한 차이들이 소개되었다. 성경에서 율법은 세 가지 형태로 분명하게 구별되었다. 행위의 법과 믿음의 법, 그리스도의 법이 그것이다(롬 3:27; 갈 6:2).[98] 십계명(또는 도덕법)은 행위의 법과 그리스도의 법의 실체를 형성하였다.[99] 이 두 법 사이에 다음과 같은 차이점들이 있다.

첫째, 행위의 법으로서 십계명은 의무와 짐 그리고 저주와 더불어 믿지 않은 자들에게 직접 주어졌다.

둘째, 그리스도의 법으로서의 십계명은 십계명의 모든 의무를 완수하시고 모든 짐을 지셨으며 모든 저주를 받으신 그리스도 안에서 그리스도를 통하여 신자들에게 주어졌다. 그러므로 십계명은 신자들에게는 아무런 위협이나 요구가 없이 생명의 법으로 주어졌다. 신자들은 징벌에 대한 두려움이나 보상을 바라는 마음에서가 아니라 그리스도에 대한 감사하는 마음으로 이 생명의 법(십계명)을 따라야 한다.

본론 제1장에서 발견되는 율법에 대한 삼중적 구분은 이후 나머지 세 장의 전개에 기초가 되었다. 행위의 법과 그리스도의 법은 그 본질에 있어서 하나로서 도덕법을 포함한다. 행위의 법과 믿음의 법이 구별된다는 사실은 부인 될 수 없다. 왜냐하면, 사도가 이를 분명히 구분했기 때문이다(롬 3:27). 그러나 대화가 진행됨에 따라, 이반젤리스타는 네오피투스에게 이러한 구별을 통하여 올바른 믿음의 중간적 근거를 가르친다. 『현대신학의 정수』의 결론에서 노미스타는 회심하게 되며, 그리고 안티노미스타는 율법의 적절한 기능을 인정하였다.

① 제1장 행위의 법 또는 행위언약에 관하여

우리는 이 논문의 제1장에서 언약 개념의 역사적 발전에 대해 살펴보았다. 거기에서 동맹신학(federal theology)은 언약에 대한 이 신학의 강조와 더불어 17, 18세기 스코틀랜드교회가 수용하였다. 그러나 언약신학 내에서 다양한 표현들과 견해들이 있었다. 예를 들면, 대부분의 동맹신학자들은 행위언약이 아담과 맺어졌으며 은혜언약은 택자를 위하여 그리스도와 맺어셨다고 가르쳤다. 그러니 어떤 사람들은 은혜언약을 둘로 구분함으로써 별도의 제3의 언약이 있었다고 주장하

---

98 *Marrow*, 22-23.
99 *Marrow*, 22.25. 율법에 대한 Boston의 언급. Cf. Ralph Erskine, *Beauties of Rev. Ralph Erskine* (Glasgow: A. Fullarton & CO., 1840), vol. II., 250-254.

였다. 이들은 세상이 창조되기 이전에 아버지와 아들 사이에 맺어진 구속 언약(covenant of redemption)과 시간 속에서 택자와 맺어진 은혜언약을 구분하였다.[100] 그런데 마로우 맨들은 언약을 묘사하면서 다양한 개념들을 사용하였다.[101]

한편 『현대신학의 정수』는 하나님이 타락 전에 아담과 맺으신 언약의 중요성을 자세히 기술하였다. 하나님께서 맺으신 언약은 은혜언약이었다. 왜냐하면, 하나님께서는 아담에게 영원한 행복을 제공하시고 약속하셨으며 그에게 온전한 순종을 요구하셨기 때문이다. 우리는 이것을 창세기 2:17의 하나님의 말씀에서 발견할 수 있다.[102]

하나님께서는 당신의 형상을 따라 창조된 아담에게 당신의 은혜를 베푸셨다. 그러므로 이 언약은 하나님의 공평과 은혜로 이해되지 않을 수 없다. 그리고 이 언약은 하나님의 공평과 은혜를 진심으로 인정하고 포용하고 받아들이며 이에 동의

---

[100] James Durham, *The Sum of Saving Knowledge in The Confession of Faith; the Larger and Shorter Catechisms, with the Scripture proofs at Large: together with Sum of Saving Knowledge* (Edinburgh: 1836), 445-478; Herman Witsius, *The Economy of the Covenants between God and Man Comprehending A Complete Body of Divinity* (Escondido, Calofornia: The den Dulk Christian Foundation, 1990 (edition of 1822, London), vol. I., 41-455, vol. II., 1-444. 그러나 Boston에게 이 교리는 그의 저작에서 두 가지 언약적 용어로 사용되었다. "첫째 아담은 그의 모든 자연적 씨의 머리요 대표자로서 하나님과 첫 번째 언약에 들어갔다. 그리고 거기에서 제안된 말들과 조건들과 함께 약속을 받았으며, 그는 이를 성취하겠다고 약속했다. 이와 마찬가지로, 우리 주 예수 그리스도께서는 두 번째 아담이자 잃어버린 인류의 구체적인 사람들 각자의 머리요 대표자로서, 당신의 영적인 씨로서 당신에게 주어진 사람들을 당신의 이름으로 선택하여 생명을 주시사 당신의 아버지와 두 번째 언약에 들어가셨다. 그리고 거기에 제안된 말들과 조건들과 함께 약속을 받으셨으며, 이들을 위해 이를 성취하시겠다고 약속하셨다. 그렇게 해서 은혜언약이 아버지와 둘째 아담 그리스도 사이에 영원히 맺어졌다. 이것은 존재에 있어서는 첫째이지만 세상에서의 순서와 나타남에서는 두 번째 언약이다"(고전 15:47). Samuel M'Millan, *The Beauties of Thomas Boston* (Christian Focus Publication, 1979), 491-493. Cf. Sinclair Ferguson, *The Doctrine of the Christian Life in the Teaching of Dr. John Owen (1616-1683)*, Ph. D., thesis (Aberdeen University, 1979), 484. "구속 언약의 필수성은 언약으로서의 인간과 하나님의 본래의 관계를 보고 이를 조건적인 용어들로 정의하는 데서 오는 논리적 결과이다." Cf. *Testimony, by the Reformed Presbyterian Church in Scotland* (Glasgow, MDCCCXLI, 125-126; John Macleod, *Scottish Theology* (The Banner of Truth Trust, 1974), 147; Andrew A. Woosley, *Unity and Continuity in Covenantal Thought: A Study in the Reformed Tradition to the Westminster Assembly*, Ph. D., thesis (Glasgow University, 1988), 66.

[101] *Marrow*, 20, 31. 예를 들면, 율법과 자연 언약, 행위의 법, 믿음의 법, 도덕법, 은혜의 법, 복음의 언약, 말씀의 언약, 믿음의 언약, 그리스도의 은혜와 법. Edward Fisher는 "A Catalogue of those Writer, names, out of which I have collected much of the matter contained in this ensuing Dialogue"에서 64명의 신학자를 언급했다.

[102] *Marrow*, 27-28; Ralph Erskine, *Beauties of Rev. Ralph Erskine* (Glasgow: A Fullarton & Co., 1840), vol. I., 157, 516-522; Andrew L. Drummond and James Bulloch, *The Scottish Church 1688-1843* (Edinburgh: The Saint Andrew Press, 1973), 7; Ralph Erskine, *Works*, Free Presbyterian Publications, 6 vols., 1991 (ed.), of (1865), vol. I., 133.

했다. 왜냐하면, 하나님께서는 아담의 영혼을 지성으로 채우셨기 때문이다. 이 지성에 의해 아담은 선과 악, 빛과 어둠, 옳은 것과 잘못된 것을 구별할 수 있었다.[103]

그러나 첫 번째 인간은 자신의 길을 선택할 수 있는 피조물이었다. 그는 하나님께서 그와 맺으신 언약을 통해 바람직한 방법으로 하나님을 섬길 수 있었다. 아담의 삶은 본래 그의 창조자께 순종함으로써 즐거운 교제를 나누는 삶이었다.[104] 아담은 하나님께서 그와 맺으신 이 언약을 기꺼이 받아들였다. 분명히 그는 이 언약을 거부하지 않았다. 그러나 우리는 하나님께서 이 언약을 맺으실 때 당신의 뜻을 계시하셨으며, 한 걸음 더 나아가 아담이 하나님의 은혜를 더 많이 누릴 수 있도록 아담을 당신의 말씀에 묶어 놓으신 것으로 이해해야 한다.

행위언약은 구원을 위한 요구 사항으로 이해되어서는 안 된다. 오히려 행위언약은 하나님의 선하심에 대한 아담의 자연적인 반응으로 이해되어야 한다. 행위언약의 성격을 논한 후에, 이 책의 제1장은 계속해서 행위언약의 언약적 이해를 밝힌다.

> 아담은 자신의 자유로운 선택으로 하나님께 불순종하고 언약을 깨뜨렸다. 아담의 언약 파기로 인해서 모든 인류는 비참한 상황에 부닥치게 되었다. 행위언약은 어떤 혁신도 가져올 수 없는 언약이었다. 왜냐하면, 아담은 행위언약을 깨뜨림으로써 자신을 하나님으로부터 소외시키고, '자신이 이전에 가졌던 순종의 능력을 상실했으며'. 인간은 이 언약에서 실패한 사람이기 때문이다. 그러나 "순종의 의무"는 여전히 존재한다.[105]

② 제2장 믿음의 법 또는 은혜언약에 관하여

『현대신학의 정수』에 따르면 은혜언약은 반드시 필요하다. 왜냐하면, 아담이 죄를 범함으로 인하여 행위언약이 깨어졌기 때문이다. 율법에 따르면 구원은 하나님의 정의가 만족할 것을 요구했다. 이에 따라 하나님과 그리스도 사이에 한 특별한 언약이 맺어졌다. 그리스도께서는 "아담이 맺은 행위언약으로 들어가셨다."[106]

---

[103] *Marrow*, 30. Cf. Ralph Erskine, *Works*, vol. l., 453; J. B. Torrance, "Covenant or Contract? A Study of the Theological Background of Worship in Seventeenth-Century Scotland," *Scottish Journal of Theology* (1970), vol. XXVI.
[104] *Marrow*, 31-32.
[105] *Marrow*, 39.
[106] *Marrow*, 43.

그러나 행위언약의 측면들이 은혜언약으로 바뀔 때, 그리스도께서는 당신의 육체 가운데서 하나님의 진노를 자유로이 그리고 자발적으로 담당하셨다. 그리스도께서는 "택자를 위한 언약의 보증"으로만이 아니라 언약 그 자체라고 불리셨다.[107]

하나님께서는 죄에 대한 당신의 진노를 그리스도께 내리셨다. 이것은 하나님께서 정의로우시며 예수를 믿는 불의한 자들을 의롭게 하시는 분이 되기 위해서 친히 신적인 정의의 요구들을 만족하게 하기 위함이었다(롬 3:26). 그리스도께서는 아버지께서 그에게 맡기신 자들을 구원하시려고 아담이 맺은 바로 그 행위언약으로 들어가셨다. 이것은 하나님의 은혜 때문이었다. 그리스도께서는 이들을 대신하여 언약을 성취하셨다. 이는 이들이 구원받기 위한 조건이었다(갈 4:4-5).

그리스도의 측면에서 보면 이것은 분명히 행위언약이었다. 왜냐하면, 그리스도께서 택자들을 대신하여 행위언약을 적절하게 그리고 실제적이고도 완전하게 만족하게 하셨기 때문이다. 그러나 인간들 즉 택자들의 측면에서 볼 때, 이것은 가장 풍성한 은혜언약이다. 왜냐하면, 하나님께서 보증의 만족을 받아들이셨기 때문이다. 그리스도께서는 언약으로 들어가셔서 인간을 위한 보증이 되셨다. 또 그렇게 해서 인간의 빚을 갚으셨다.[108] 이것은 그리스도가 아담이 실패한 언약 가운데서 성공하심으로써 인간을 위하여 하나님께 온전히 순종하셨음을 의미했다.

『현대신학의 정수』는 창세기 3:15을 은혜의 첫 약속이라고 불렀다. 그리고 또한 그 약속은 아브라함과 그의 씨와의 언약으로 바뀌기 전까지는 족장들의 유일한 위안이라고 했다. 후에 피셔(Fisher)는 하나님께서 시내 산에서 모세에게 십계명을 주신 것을 이렇게 묘사했다. "행위언약의 새로운 판이며, 택함 받은 불신자들 (the elect unbelievers)을 그리스도께 나오도록 하는 선진(sooner)이다."[109]

그러나 이반젤리스타는 노미스타에게 이러한 행위언약의 갱신은 하나님께서 요구하시는 의를 인간에게 보여 주는 의의 법이라고 조심스럽게 주장하였다.[110] 시내 산 언약의 목적은 인간이 영원한 생명을 얻도록 하는 것이 아니었다. 오히려

---

[107] *Marrow*, 42.
[108] 은혜언약에 대한 절대적이고 일방적인(unilateral) 표현은 하나님의 아들이자 사람의 아들이신 그리스도께서 죄 된 세상에서 죄인들을 위해 완전하고 자발적인 순종을 하셨음을 강조한다. 이렇게 하시는 동안에 그리스도께서는 아버지에 대한 당신의 사랑뿐만 아니라 인간을 위한 하나님의 사랑도 증명해 보이셨다. 그리스도께서 성취하신 것은 믿음에 의해 값없이 받아들이도록 인류에게 값없이 주어졌다.
[109] *Marrow*, 57-65; Ralph Erskine, *Beauties of Rev Ralph Erskine, op. cit.*, vol. I., 156-174.
[110] *Marrow*, 59-63: Ralph Erskine, *Ibid.*, 178-181.

시내 산 언약의 목적은 "인간이 자신으로부터 탈피하여 그리스도께 나아가도록 하는 것이었다."[111]

『현대신학의 정수』는 또한 구약에 나타난 은혜언약의 계시와 이 계시에 대한 신약의 성취 사이의 관계에도 주목하였다. 그리스도께서 오시기 전에 약속들은 이미 "모형과 인물들 속에서 그분의 피로 인증되었다."[112] 율법은 그리스도께서 율법의 마침이 되심을 미리 예견해 주는 "언약궤로부터 왔다."[113] 구약의 신자들은 믿음으로 메시아를 받아들였다. 이 정도까지 "이들은 징벌에 대한 두려움이나 보상에 대한 희망에서가 아니라 자발적으로 율법에 순종하였다."[114]

토마스 보스톤(Thomas Boston)은 『현대신학의 정수』에 대해 언급하면서, 피셔가 구약과 신약의 은혜언약에 관해 지적한 한 가지 요점을 설명하고자 하였다.[115] 피셔는 "두 조건 모두를 믿음"이라고 불렀다.[116] 보스톤은 이것이 "엄격하고 적절한 의미에서 조건으로 이해되어서는 안 된다고 응답했다." 왜냐하면, "그리스도께서 순종과 죽음을 통해 율법을 완성하셨으며, 이것만이 은혜언약의 유일한 조건이기 때문이다."[117] 마음속의 율법주의적 경향은 은혜언약을 구약과 신약 모두에서 꼭 필요한 것으로 만들었다. 이반젤리스타는 루터를 인용했다.

"율법은 인간의 이성에 너무나도 깊게 뿌리를 내리고 있다. 그리고 모든 인류는 율법 속에 너무나 깊숙이 묻혀있는 나머지 그로부터 거의 벗어날 수가 없다."[118]

어떤 사람들은 그리스도의 필요성을 깨달은 후에, 그리스도께서는 믿는 자의 부족을 채우실 뿐이라고 결론 내렸다. 이로써 이들은 율법주의적 경향에서 율법과 은혜를 뒤섞었다.[119] 노미스타는 이렇게 말하였다.

"인간이 할 수 없는 데서, 하나님께서는 행동하실 것이다. 그리고 인간이 부족함을 느끼는 곳에서 그리스도께서는 우리를 도우실 것이다."

---

111 *Marrow*, 63.
112 *Marrow*, 67-68, 71.
113 *Marrow*, 67.
114 *Marrow*, 70-72.
115 *Marrow*, 71.
116 *Marrow*, 72.
117 *Marrow*, 72. Boston은 웨스트민스터 기준들을 "더 넓고 부적절한 의미로" 사용된 조건이라고 해석했다. *Larger Catechism*, Quest, 32.
118 *Marrow*, 85-86.
119 *Marrow*, 91.

이반젤리스타는 이것은 로마교회의 교리라고 대답하면서 이렇게 말하였다.

"인간이 자신의 모든 능력을 발휘하고 율법을 성취하기 위해 최선을 다한다면, 하나님께서는 그리스도를 위하여 그의 모든 죄를 용서하시고 그의 영혼을 구원하실 것이다."[120]

피셔는 극단적인 반대 의견을 제시했다. 즉, 그는 의에 관한 관심 부재를 논박함으로써 율법과 은혜의 균형에 대한 자신의 관심을 피력했다. 이반젤리스타는 안티노미스타에게 이렇게 말하였다.

"진정한 믿음은 하나님의 비밀스러운 능력에 의해 조금씩 조금씩 생성된다. 그래서 때때로 참된 신자는 진정한 믿음이 언제, 어떤 방법으로 이루어질지 알지 못한다."

이반젤리스타는 안티노미스타에게 또한 이렇게 경고했다.

"진정한 믿음이란 삶의 거룩함을 이루어 낸다. 그러나 당신의 삶은 그렇지 못한 것 같다."[121]

이 장의 셋째 부분에서 피셔는 "약속의 이행에 관하여"(Of the Performance of the Promise)를 말하면서 일곱 개의 표제들을 취급하였다.

① 그리스도께서 택자를 대신하여 율법을 성취하심: 『현대신학의 정수』는 그리스도께서 인간의 보증으로서 스스로 행위언약 아래 두신 것으로 묘사했다. 그리스도께서는 이러한 대리적 사역을 통하여 신자의 구원의 모든 부분을 완성하셨다. 그러므로 믿는 자들이 완수해야 할 일이란 전혀 남아 있지 않다.[122]

② 행위언약으로서의 율법에 대해 죽은 신자들: 이반젤리스타는 노미스타에게 이렇게 설명했다. "모든 참된 신자들은 (율법에 대하여) 죽었으며, 율법은 이들에 대하여 죽었다. 왜냐하면, 이들은 그리스도 안으로 연합되었으며, 따라서 율법이나 행위언약이 그리스도에게 행한 것은 곧 그들에게 행한 것이기 때문이다."[123]

---

[120] *Marrow*, 92.
[121] *Marrow*, 97.
[122] *Marrow*, 101-108.
[123] *Marrow*, 89-125. Cf. Ralph Erskine, *Beauties of Rev. Ralph Erskine* (Glasgow: A. Fullarton & Co., 1840), vol. I., 58-73.

『현대신학의 정수』가 이러한 부제를 요약한 것은 그리스도께서 주신 구원이 완전한 것임을 보이기 위함이었다.

> 그렇다면 행위의 법에 대해서는 아무것도 듣지도 않고 알지도 않고 행하지도 않으며 다만 예수 그리스도께서 아버지께로 가셨으며 하나님 우편에 앉아 계시되 재판관으로서가 아니라 여러분의 하나님이요, 지혜요, 의요, 성화요, 구속되셨다는 사실만을 알고 믿는 것이 완벽한 의입니다. 바울과 실라가 간수에게 말한 것처럼, 나도 당신께 말합니다. 주 예수 그리스도를 믿으라 그러면 구원을 받을 것이다. 즉, 참으로 예수 그리스도가 당신의 것이라고 당신의 마음이 설득되면, 당신은 그에 의해 생명과 구원을 얻을 것입니다. 그리스도께서 인류의 구속을 위해 무엇을 하시든 간에, 그분은 당신을 위해 그것을 하시는 것입니다.[124]

『현대신학의 정수』에서 피셔의 목적은 이 시점에서 그리스도께서 은혜언약의 모든 조건을 어떻게 충족시키셨는지를 보여 주는 것이었다.

③ 그리스도를 믿는 보증: 모든 개인은 이제 그리스도를 믿으면 구원을 받을 것이라는 말을 들을 수 있다(요 3:16; 요일 3:23). 이러한 복음의 값없는 제안은 "선물의 행동"과 "그리스도를 믿는 보증"으로 표현되었다.[125]

④ 복음적 회개는 믿음의 결과이다. 『현대신학의 정수』는 인간이 믿기 전에는 회개의 능력을 갖추지 못한다고 가르쳤다. 구원을 받은 후에 "인간은 죄에서 떠나고 자신의 옛길을 버릴 것이다. 왜냐하면, 그것은 하나님을 슬프게 하는 것이며 자신을 기쁘게 하는 것이기 때문이다."[126]

⑤ 신자들은 영적으로 그리스도와 결혼한 관계이다. 개인들은 그리스도에게 나올 힘이 없다. 그리스도께서 그들이 그리스도를 받아들이겠다는 결심을 하게 하시며, 또한 그리스도에게로 나올 수 있도록 하셔야 한다.[127] 네오피투스가 이 보증을 적용하기로 했을 때 이반젤리스타는 그가 신자가 되었다고 선언하면서 그에게 이렇게 말하였다.

---

[124] *Marrow*, 118.
[125] *Marrow*, 126-142.
[126] *Marrow*, 145-146.
[127] *Marrow*, 150.

그리스도와 당신과의 결혼을 통한 연합은 당신의 마음의 숨김없는 개념이나 이해와는 다릅니다. 왜냐하면, 그것은 특별하고 영적이며 실제적인 연합이기 때문입니다. 그것은 그리스도의 본성 즉 하나님과 인간 즉 당신과의 연합입니다. 그것은 당신의 생각을 구원자와 연합시키는 것일 뿐만 아니라 당신의 영혼을 구원자와 연합하는 것입니다.[128]

⑥ 믿음이 논박되기 이전의 의(justification): 안티노미스타를 바로 잡으면서 이반젤리스타는 개인은 그리스도를 믿음의 눈으로 보기 전에는 의롭게 될 수 없다고 말하였다. 이반젤리스타는 이렇게 말하였다. "그러므로 하나님의 명령을 존중하여, 그는 영원으로부터 의롭게 되었다는 것은 사실이다. 그리고 그는 그리스도의 죽음과 부활에서 의롭게 되었다. 그러나 실제로 그는 그리스도를 믿기까지는 의롭게 되지 않았다."[129]

⑦ 신자들은 행위언약의 권세 명령과 저주에서 벗어난다. 그런데 스코틀랜드 국가교회는 1720년 총회가 준비한 제5법령(Act V)에서 이 소 제목하에 실린 구절들을 비난했다. 그 이유는 이 구절들이 "거룩은 구원에 필수적이지 않으며, 신자들은 생명의 법으로서의 율법 아래 있지 않다"라고 가르친다는 것이다.[130] "믿음의 법 또는 은혜언약에 관하여"의 결론 부분은 신자들을 위로할 의도가 있었다. 이제 신자들은 그리스도와 결혼한 관계이다. 그러므로 신자들은 그에게 유익도, 해도 가져다줄 수 없는 율법에 대해 죽었다.『현대신학의 정수』는 반율법주의(Antinominianism)를 옹호하지 않았다. 이것은 제3장에서 명확하게 나타난다.

③ 제3장 그리스도의 법에 관하여

제2장은 신자가 행위언약으로서의 율법에서 자유롭다고 결론 내렸다. 그렇다면 제3장의 목적은 율법에 대한 신자의 새로운 관계를 규명하는 것이었다. 일반적으로 도덕법으로 불리는 십계명은 신자의 삶에서 중요한 자리를 차지한다. 왜냐하면, 십계명은 "하나님께서 의의 진실 되고 영원한 규범으로 주신 것이기 때

---

[128] *Marrow*, 152.
[129] *Marrow*, 156-157.
[130] AGA. 1720, V. Cf. *Calvin's Institutes*, IV. XV. 12.

문이다."[131] 거룩을 무시하고 그리스도의 법인 율법을 경멸하는 것은 아직 그리스도 안에 있지 못하다는 것을 보여 주는 통렬한 표징이다(사 33:22).[132] 성화나 상징들에 대한 자기 성찰을 통한 의(justification)를 증명하기 위해서는 십계명이 신자의 삶에서 적절한 자리를 차지해야 한다. 그러나 『현대신학의 정수』는 개인들이 상징들로부터 다음과 같은 결론을 내리지 말라고 경고했다.

> 상징들이 그 사람에게 있으나 예수 그리스도에 관하여 아무런 언급도 없이 도출된다면, 그것들은 뿌리요 기초로서 거짓된 상징들이다. 그러나 예수 그리스도에 대한 언급과 더불어 상징들이 나타난다면, 그 상징들은 거짓된 것이 아니며 그리스도를 믿는 믿음의 참된 증거들이다.[133]

제3장은 이기심과 같은 회개의 부적절한 동기들을 폭로하고, "인간은 그리스도를 믿는 믿음에 의해서만 그리스도인의 모든 은혜를 올바르게 사용할 수 있는 능력을 갖추게 된다"는 사실을 강조하는 데 관심이 쏠렸다.[134] 피셔는 다음의 대화에서 모든 부적절한 동기들을 배제하였다.

> 노미스타: "당신은 신자들이 지옥이 두려워서 또는 천국의 희망을 위해 악을 피하고 선을 행하도록 하시겠습니까?"
>
> 이반젤리스타: "아니오. 절대 그렇게 하지 않겠습니다. 나는 어떤 신자에게도 그렇게 하지는 않겠습니다. 왜냐하면, 그렇게 하는 이상 그들의 순종은 이기적인 것에 불과하기 때문입니다."[135]

다른 모든 은혜는 "그리스도의 죽음과 삶으로부터 믿음이 가져다주는 초자연적인 효력에 의존한다. 이러한 점에서 믿음이 중심임을 알 수 있다. 이러한 효력을 통해 믿음은 신자의 마음을 '변모시키고'(변화시키거나 바꾸고, 롬 12:2), 창조하여 그가 새로운 행동 원리들을 가지게 한다."[136]

---

[131] *Marrow*, 172.
[132] *Marrow*, 186.
[133] *Marrow*, 187.
[134] *Marrow*, 194.
[135] *Marrow*, 200. 또한, 이에 대한 Boston의 관주를 참고하라. 200-203.

마로우 논쟁 동안에 율법주의적 설교가들(legal preachers)은 피셔가 묘사한 사람들과 같았다. 피셔는 이러한 사람들은 "죄인들이 죄에 대해 더 많은 자유를 갖지 않게 하려고, 그들의 삶이 개혁되기 이전에도 그들의 죄는 용서되었다"라는 것을 열심히 권고하고 이해시키지 않음으로써 "믿음의 신비"를 알지 못하는 자들이라고 하였다.[137]

그러나 믿음의 충족성이 이렇게 강조된다고 해서 믿음의 성장에서 은혜의 수단들이 배제되는 것은 아니다. 이것은 "수단들이 성령이 없이는 아무런 효력도 발휘하지 못하는 것처럼, 성령께서도 수단들이 사용될 수 있는 곳에서는 수단들을 통하지 않고는 아무런 것도 행하지 않으시기 때문이다."[138] 논의의 시점에서 노미스타는 이반젤리스타에게 한 가지를 요구하였다. 그것은 행위언약으로서의 율법과 그리스도의 법으로서의 율법에 대한 구분을 적용함으로써 『현대신학의 정수』에서 설명되고 지켜진 여섯 개의 반율법주의 패러독스(Antinominian Paradoxes)[139] 속에 담긴 진리가 무엇인지를 보여 달라는 것이었다. 그는 『현대신학의 정수』로부터 거칠고 공격적인(Harsh and Offensive) 아홉 개의 표현들을 발견했다고 불평하였다.

피셔는 반율법주의의 모순에 관해 언급하였다. 그런 다음 그는 계속해서 제3장에서 자신의 신념들을 설명했다. 그는 신자는 그리스도 안에서 그리스도를 통하여 율법과 새로운 관계를 맺게 된다고 믿었다. 신자는 더 행위언약의 약속들과 위협들에 관심을 가지지 않는다. 그렇다고 하더라도 신자는 "그리스도의 법이 순종될 때 주는 약속들을 바라고 … 불순종될 때 주는 저주들을 두려워해야 한다."[140]

『현대신학의 정수』는 약속들을 하나님과 교제를 즐기는 약속으로, 저주들을 교제의 상실과 "율법을 어김으로써 주어지는 세상의 고통"으로 묘사했다.[141] 신자는

---

[136] *Marrow*, 210.
[137] *Marrow*, 213.
[138] *Marrow*, 217.
[139] 반율법주의 역설들(Antinomian Paradoxes)은 다음과 같다. "그는 나를 설득하려고 노력했다. (1) 신자는 율법 아래 있지 않고, 모두 율법으로부터 해방되었다. (2) 신자는 죄를 범하지 않는다. (3) 하나님은 신자에게서 아무런 죄도 발견하지 못하신다. (4) 하나님은 더 신자의 죄를 노여워하지 않으신다. (5) 하나님은 신자에게 그의 죄를 호되게 꾸짖지 않으신다. (6) 신자는 죄를 고백하거나 하나님께 자신의 죄를 용서해 달라고 갈망해야 할 이유도 없다. 자신의 죄로 인하여 하나님 앞에서 금식이나 탄식 또는 자신을 낮출 이유도 없다." *Marrow*, 217; *Acts of the General Assembly* (1720), 534-536: John Cunningham, *op. cit.*, 251.
[140] *Marrow*, 222.

일단 자신의 믿음을 "그리스도 안에서의 하나님의 약속"이라는 굳건한 기초 위에 올려놓은 이상 자신의 믿음에 대해 "어떤 의문도 품어서는 안 된다." 그 대신에 신자는 "직접 그리스도를 붙드는" 신앙의 직접적인 행동을 통해 "확신에 이르러야 한다."[142] 일단 인간이 그리스도 안에서 주어진 하나님의 약속 위에 자신의 믿음을 기초 놓으면, 반성은 "당신이 믿고 있다는 사실을 믿는 데" 유용한 기초가 된다.[143] 신자가 외연적 증거들을 얻지 못할 때 "다시 확신하게 되는" 방법은 "그리스도를 보는" 것이다. 다시 말해서,

> 말씀과 약속으로 나아가 당신의 믿음의 진리를 따져 보기 위해 잠시 멈추고, 그런 다음 이전에는 전혀 그렇지 않았던 것처럼 당신의 가슴이 믿음에 대해 작용하도록 하는 것이다.[144]

그런 다음 이 장은 그리스도께서 "당신의 선지자적, 제사장적, 왕적인 직무들"을 수행하심으로써 신자들에게 스스로 어떻게 확신시키셨는지를 보여 주는 것으로 결론을 맺는다.[145]

④ 제4장 마음의 행복 즉 영혼의 안식에 관하여

이 책의 마지막 장에서 에드워드 피셔(Edward Fisher)는 앞의 세 장의 교리에 기초하여 복음적 선언을 했다. 인간의 영혼은 하나님께 나아가기 전에는 결코 안식할 수 없다. 그러나 인간은 타락과 우매함으로 인해서 하나님을 알지 못하며, 그의 "영혼은 폭력(부패나 무질서)에 의해 적절한 중심, 심지어는 하나님 바로 그분으로부터 멀어져 있다."[146] 영혼들은 하나님으로부터 멀어져 있으며 사탄에게서 진정한 안식을 찾고 있다. 그런데, "사탄이 음란의 고기 가마들에 의해 우리를 애굽에 잡아놓을 수 없다면, 그는 우리가 종교적이며 합리적인 격식이라는 광야에서 방황하게 할 것이다."[147]

---

[141] *Marrow*, 226.
[142] *Marrow*, 235.
[143] *Marrow*, 235.
[144] *Marrow*, 240.
[145] *Marrow*, 240.
[146] *Marrow*, 247.
[147] *Marrow*, 250.

『현대신학의 정수』는 죄책감을 느낀 노스타의 말에서 절정에 이르렀다.
"그러면 내게는 그리스도 안에서 이해되는 하나님이 인간의 영혼을 위한 유일한 안식처인 것 같습니다"(마 11:28; 히 4:3).[148]

『현대신학의 정수』에 담긴 모든 주요한 교리들은 언약에 대한 혼돈으로 촉진되는 율법주의적 가르침과 첨예한 대조를 이룬다. 토마스 보스톤(Thomas Boston)이나 어스킨(Erskine) 형제들과 같은 복음주의자들은 값없는 은혜와 믿음의 도구에 대한 『현대신학의 정수』의 강조는 그들의 시대가 필요로 하는 올바른 가르침이었음을 인정하였다. 『현대신학의 정수』는 개인의 구원과 관계된 은혜 교리를 강조했다. 이것은 구속에서 중심된 조건이며, 교회와 국가에 있어 이와 같은 다른 언약들의 필수적 기초인 하나님과의 개인적 언약을 재강조할 필요가 있음을 확증해 주었다.

(3) 토마스 보스톤(Thomas Boston)과 『현대신학의 정수』

보스톤은 이 책이 영적인 위안과 유익으로 가득 차 있음을 발견하였다. 그리고 그는 총회에서 악더리더(Auchterader) 논쟁이 있는 동안, 이웃들에게 이 책이 그 문제를 충분하고 훌륭하게 다룬 책이라고 찬사를 아끼지 않았다.[149] 『현대신학의 정수』는 이후 존 드루몬드(John Drumond)의 손으로부터 제임스 웹스터(James Webster)와 제임스 혹(James Hog)의 손으로 건네졌다. 1718년 보스톤의 친구인 카녹(Carnock)의 제임스 혹은 이 책에 훌륭한 주석을 덧붙인 서언과 함께 제1부를 새로 출판하였다.[150]

(4) 마로우 논쟁의 전개

1718년 이 책이 재출판되자 논쟁이 벌어졌다. 이 논쟁은 그 후 6년간 계속되었다. 이것은 16세기 존 낙스의 종교개혁 이후 스코틀랜드교회 내에서 서로 다

---

[148] *Marrow*, 254.
[149] Boston은 John Drummond에게 "복음에 대한 나의 감각이 제공한다"라고 설명했다. *Thomas Boston, A General Account of My Life* (London, 1908), 219; Andrew Thomson, *Historical Sketch of the Origin of the Secession Church, op. cit.*, 15-16.
[150] *Marrow*, 7. Hog의 서문은 다음과 같이 시작된다. "이 책이 내 손에 들어온 것은 자비롭고 전혀 기대하지 않았던 섭리였다. 나는 이 책을 읽으면서 아주 만족했다. 이 책은 계시의 정수와 복음의 진리를 많이 다루고 있다."

른 신학적 전망 간의 갈등의 초점이었다. 이 책은 세인드 앤드류스(St. Andrews)의 Principal Hadow가 '파이프 종교회의'(the Synod of Fife)에서 전한 설교에서 공격하기 이전에는 거의 배포되지 않았다.[151] 마로우의 대중성은 마침내 1719년 총회가 이를 위원회에 위임하는 데까지 이르렀다.

> 그들은 악더라더 노회 및 다른 곳에서 금지 사항(prohibition)이 어떻게 지켜져 왔으며, 노회에 의해 발효되었고, 1717년 총회에 의해 비난을 받은 금지 사항이 어떻게 해제되었는지를 조사할 것이다. 그리고 이들은 『웨스트민스터 신앙고백서』와 일치되지 않는 비난 받는 제안을 퍼뜨리고, 그와 관계된 견해들을 증진하려는 의도를 가진 책과 팸플릿의 출판과 배포를 조사할 것이다.[152]

위원회는 이러한 지시들을 보충하기 위해서 교리정화위원회(Committee for Preserving Purity of Doctrine)를 구성하였다.[153] 제임스 혹(James Hog)과 다른 사람들이 이 위원회에 소환되었다. 1720년 총회가 열렸을 때, 교리정화위원회는 『현대신학의 정수』로부터 뽑은 다양한 것들을 담고 있는 한 보고서를 이들에게 내놓았다. 이 보고서에 따르면 『현대신학의 정수』는 비성경적인 것들을 가르치고 있었다. 총회는 『현대신학의 정수』가 다음과 같은 "다섯 가지 잘못된 것들"[154]을 가르쳤다고 비난했다.

① 그리스도인이 되는 데는 구원의 확신이 필수적이다. 이것은 구원하는 믿음은, "그리스도는 그의 것이며 그를 위해 죽었다"라는 신자의 확신임을 의미한다.

---

[151] James Hadow, "The Record of God and the Duty of Faith Therein Required" (April, 1710). 이후 소책자 전쟁이 시작되어 수년간 계속되었다.
[152] *Acts of the General Assembly*, 1719. XI.
[153] *Acts of the General Assembly*, 1719. XI. M'Crie는 이 위원회가 "그 구성에 있어서 완전히 일방적이었다"라고 말했다. C. G. M'Crie, "Studies in Scottish Ecclesiastical Biography: III. Rev. James Hog of Carnock and Principal Hadow of St. Andrews," *The British and Foreign Evangelical Review* (1884), vol. XXXIII., 694.
[154] *Acts of the General Assembly*, 1720, act V; Andrew Thomson, *Historical Sketch of the Origin of the "Secession Church," op. cit.*, 19; John M'Kerrow, *History of the Secession Church* (Glasgow, 1841), 9-20: *Wodrow's Correspondence*, vol. II., 269-271; Robert Herbert Story (ed.) *The Church of Scotland* (London: William Mackenzie. 1890), 621; William Stephen, *History of the Scottish Church* (Edinburgh: David Douglas, 1896), vol. II., 487.

② 그리스도의 대속과 하나님의 용서는 보편적이다.
③ 구원받기 위해서는 거룩한 삶을 사는 것이 필수적이다.
④ 미래의 징벌에 대한 두려움과 영원한 보상에 대한 희망은 신자의 삶과 행동을 규제하는 정당한 동기들이 아니다.
⑤ 신자는 사람의 규범으로서의 하나님의 율법 아래 있지 않다.

또한, 이 위원회는 총회의 관심을 "여섯 개의 반율법주의 모순들"(Six Antinominian Paradoxes)[155]로 이끌었다. 그런데 이것은 『현대신학의 정수』가 행위의 법과 그리스도의 법의 구별을 적용함으로써 옹호한 것들이다. 총회는 이 비난들이 증명되는 것을 보았다. 그리고 총회는 이 책의 가르침이 불건전하고 비성경적이며 거룩한 성경과 『웨스트민스터 신앙고백서』 모두에 위배되는 것을 가르친다고 선언하는 법령을 통과시켰다. 총회는 교회 목사들이 청중들에게 이 책을 추천하거나 이 책에 대해 호의적으로 말하는 것을 금지했다. 그리고 이들에게 다음과 같이 명령했다. "이 책을 가지고 있는 사람들에게는 이 책을 읽거나 사용하지 못하도록 경고하라."[156]

1720년 총회가 교리정화위원회(Committee for Preserving Purity of Doctrine)와 위원회(the Commission)의 충고에 기초하여 『현대신학의 정수』에 대해 내린 결정은 매우 비판적이었다.[157]

이 결정으로 인해서 마음이 상한 열두 명의 목사들로 이루어진 그룹은[158] 『현대

---

[155] 각주 139을 보라.
[156] Charles G. M'Crie, *op. cit.*, vol. 33., 696-697; Henry F. Henderson. *op cit.*, 27.
[157] *Marrow*에 대한 비평은 이러했다. "앞에서 언급된 교리의 다섯 가지 조항들과 연관된 구절들과 인용들이 성경과 우리의 신앙고백과 요리 문답에 맞지 않는다. 그리고 앞에서 언급한 반율법주의적 역설들을 변호하기 위해 저자가 율법을 행위의 법과 그리스도의 법으로 구분하고 적용한 것도 모두 근거가 없다. 이 책에서 나타나는 다른 표현들도 지나치게 거칠고 공격적이다. 그러므로 총회는 이제 교회의 모든 목회자에게 이 책을 전파하거나 쓰거나 출판하거나 추천하거나 대화 중에 이 책에 호의를 보이는 모든 행동을 금할 것을 엄중히 경고한다. 다른 한편으로 이들은 이 책을 가지고 있는 그들의 백성들에게 이를 사용하거나 읽지 말라고 경고하도록 요구받았다." Boston에 따르면 이 법규는 Anti-Marrow men에 의해 엄격히 시행되었다. Boston's Memoirs, 420. John Brown, "The Occasion of the 'Marrow' Controversy," *The Marrow of Modern Divinity*, *op. cit.*, 344-355.
[158] 열두 명의 목사들은 보통 12 사도로 불렸는데, 이들의 명단은 다음과 같았다. Carnock의 the Rev. Messrs. James Hog, Etterick의 Thomas Boston, Torphichen의 John Bonar, Inveresk의 John Williamson, Qieensferry의 James Kid, Maxton의 Gabriel Wilson, Portmoak의 Ebenezel. Erskine, Dundemline의

신학의 정수』를 "달콤하고 유쾌한 복음의 진리들의 꾸러미"라고 불렀다.[159] 그리고 이들은 매우 강한 어조로 자신들의 주장을 내세웠다. 이 주장 가운데서 이들은 총회의 보고서에 도전했다. 그리고 그들이 국민 언약과 엄숙 동맹과 언약, 『웨스트민스터 신앙고백서』에 충실하다는 것을 보였다. 이들은 1720년의 법령이나 현재의 법령에 대한 복종을 거부하였다. 이들은 이러한 법령들로 "금지된 진리를 전파하기로" 결심하였다. 이들은 『현대신학의 정수』를 거부하는 것은 하나님의 말씀을 거부하는 것이며 교리와 언약의 기준들을 거부하는 것으로 생각하였다.[160]

총회의 결정에 맞서, 에베니젤 어스킨(EbenezerErskine)은 총회에 제출할 "주장과 탄원"(Representation and Petition)을 준비하였다.[161] 이것은 총회 법령 의 기초를 이루고 있는 오해들을 분명히 밝혔다. 이 보고서에서 대표자들(Representers, 즉 어스킨과 그와 뜻을 같이하는 사람들)은 다음과 같이 말하였다. "우리는 양심에 따라 우리에게 슬픈 이 문제들을 숭엄한 총회에 제출 한다."

이들은 또 다음과 같이 믿었다. "하나님의 진리가 고난받아 왔으며, 적절한 치유책이 마련되지 않는 한 앞으로 더욱 고난을 겪게 될 것이다."[162]

"주장과 탄원"은 마로우에 관한 1720년 총회의 제5법령(Act V)과 제8법령(Act VIII), 즉 "Preaching Catechetical Doctrine"의 폐지를 강력하게 요구하였다.[163] 게다가 이 보고서 속에서 마로우 맨들은 다음과 같이 복음을 수호했다.

아버지께서는 그리스도에 대해 그리고 모든 사람의 구원에 대해 값없고 제한 없는 제안을 하셨다. 이 제안으로 복음을 듣는 모든 사람은 하나님의 제안에 대한 보증을

Ralph Erskine, Dunfermline의 James Wardlaw, Galashiels의 Henry Davidson, Orwell의 James Bathgate, Lilliesleaf의 William Hunter, Boston, *A General Account of My Life*, 250-254; John M'Kerrow, *op cit.*, 14; W. M. Hetherington, *History of the Church of Scotland* (Edinburgh: Johnstone and Hunter, 1843), vol. II., 286-287; William Cunningham은 마로우 맨들을 "현대신학의 열두 사도"라고 요약했다. *Historical Theology* (The Banner of Truth Trust, 1979), 252.

[159] John M'Kerrow, *Ibid.*, 10.
[160] Andrew Lang, *A History of Scotland from the Roman Occupation* (Edinburgh: William Blackwood and Sons, 1907), vol. IV., 287; *Wodrow's Correspondent*, vol. II., 652-654.
[161] Boston, *A General Account of My Life*, 250-254.
[162] "Representation and Petition," 1721. 3-5.
[163] AGA, 1722. VII. Cf. AGA. 1720. VIII. 이 책은 '목사들은 우리의 신앙고백을 따라 위대하고 궁극적인 진리들을 주장했다'라고 했다. 그리고 이러한 진리 중에서 마로우 논쟁에서 쟁점이 된 "오직 믿음으로 받아들인 우리의 복된 확신이신 주 예수 그리스도를 통한 값없는 의"와 "영원한 행복을 얻기 위한 거룩한 삶의 필요성" 두 가지를 언급했다.

가지며 구원을 자신의 영혼에 적용할 수 있다. 하나님 약속의 진실성에 대한 확고한 믿음은 복음 속에서, 특별히 한 인간의 자아에 관하여, 구원에 이르게 하는 믿음의 성격에 포함된다. 신자의 거룩함은 결코 그의 구원의 값이나 조건이 될 수 없다. 신자들은 삶의 규칙으로서의 율법에 복종함으로써 천국에 대한 희망이나 지옥에 대한 두려움의 영향을 받지 않도록 해야 한다. 신자는 어떤 경우에게도 행위언약으로서의 율법 아래 있지 않다. 그리고 행위언약으로서의 율법과 삶의 규범으로서의 율법을 그리스도의 손안에서 구별하는 것은 올바르고 성경에서 말하는 구별이다.[164]

더욱이 이들은 이 보고서가 『현대신학의 정수』로부터 인용한 것은 매우 선택적임을 지적하고 총회의 결정 번복을 촉구하였다. 이들에 의하면 총회는 이미 믿음의 정결에서 떠났으며, 공공연한 오류의 지지자들은 아니더라도 적어도 진리의 힘에 대해서는 무관심한 자들이 되었다고 생각하였다. 이러한 위기 상황 속에서 열두 명의 목사들은, 오류가 더 확대되는 것을 막기 위해서 그리고 사람들에게 건전하고 성경에서 말하는 교리를 더욱 광범위하게 퍼뜨리기 위해서 모든 노력을 결집하였다.

그러나 1721년 총회는 개회 며칠 후, 왕의 전권 대사의 병환으로 인해서 휴회되지 않을 수 없었다. 총회 위원회는 그 후에 다시 모여 "주장과 탄원"과 다른 미해결 사항들을 토의하였다. 이 위원회 앞에서 에베니젤 어스킨은, "주장과 탄원"에서 『웨스트민스터 신앙고백서』와 성경에 위배되는 모든 것들을 기꺼이 철회하겠다고 선언했다.[165] 1721년 위원회는 대표자들과 함께 여러 차례 모였다. 여기에서 "주장과 탄원"의 내용을 재검토하고, 1722년 총회에 제출할 안건들을 준비하기 위해 별도의 위원회가 구성되었다. 8월에 모인 이 위원회는 12명의 형제에게 물을 열두 개의 질문들을 내놓았다.[166]

에베니젤 어스킨과 맥스톤(Maxton)의 윌슨(wilson)이 여기에 대한 대답을 준비하였다. 이들은 이 답변을 1722년 3월에 소집된 위원회에 제출하였다.[167] 그러나

---

[164] Andrew Thomson, *Historical Sketch of the origin of the Secession Church*. *op. cit.*, 19-20; John M'Kerrow, *op. cit.*, 14.
[165] Lachman, *op. cit.*, 297-303.
[166] *Marrow*, 345-370. 마로우 맨들이 그들의 서약을 진지하게 숙고했다는 사실은 다음과 같은 Boston의 추론에 나타난다. "그들은 마치 쫓겨난 것처럼 그들의 형제들과 헤어질 각오까지 하고 있었다. 그리고 이 사건에서, 그렇게 하는 것이 진리를 위해서나 우리의 명성을 위해서 가장 안전한 것 같았다." Thomas Boston, *Memoirs of the Life Time. and Writings of the Reverend and Learned Thomas Boston* (Edinburgh 1899), 364 Lachman, *Ibid.*, 303-313.

이들의 대답은 이들의 불복종을 비난하는 총회에 의해 거부되었다. 총회는 이전의 결정을 재확인하였다. 그리고 총회는 자신들은 법령에 따를 능력이 없다고 선언한 마로우 맨들의 항의서 수용을 거부하였다.[168] 대표자들은 절대복종하지 않을 것을 분명히 하였다. 이들은 총회로부터 충고와 질책을 받았다. 그 후 이들은 다음과 같은 선언을 담은 항의서를 제출하였다. "우리가 비난받은 진리를 증언하고 공언하고 가르치는 것은 합법적이며 하나님의 말씀과 기준에 부합된다."[169]

이렇게 한 후에 이들은 진리를 위한 자신들의 의무를 다했다고 느끼며, 더는 어떤 교회적인 행동도 취하지 않은 데 대해 만족하였다. 총회가 설사 항의서를 무시했다고 하더라도, 이것이 "대표자들은 자유롭게 마로우 교리를 전파해도 좋다"는 암묵적인 동의는 아니었다. 총회는 위원회에 "우리의 신앙고백과 일치하지 않은" 책들과 팸플릿들에 대한 출판을 조사하고 그러한 견해들이나 책들을 조장하는 자들을 소환하라고 명하였다.[170]

이 논쟁의 주제는 1730년대에도 계속되었다. 참으로 마로우 맨들 중에 어떤 사람들은 마침내 주된 교파로부터 분리하여, 1733년 제1차 분리 교회(First Session Church)를 세웠다. 이들은 마로우의 신학을 자신들의 신학 원리로 채용하였다.[171] 이들이 이렇게 한 것은, 마로우가 『웨스트민스터 신앙고백서』와 대조된다는 것을 받아들였기 때문이 아니었다. 그것은 총회와 위원회가 그늘에게 가하는 교회적 압력 때문이었다.

---

[167] John M'Kerrow, *op. cit.*, 15.

[168] M'crie in the Christian Instructor for 1831 and 1832; William Law Mathieson, *Scotland and the Union: A History of Scotland from 1695 to 1747* (Glasgow: James Maclehose and Sons, 1905), 230.

[169] Thomas Boston, *A General Account of my Life, op. cit.*, 260. M'Kerrow는 이 주장(Representation)에서 마로우 맨들은 총회가 복음의 진리에 대해 경멸하고 불건전한 태도로 엄청난 타격을 가한 데 대한 슬픔을 표현하였다고 주장하였다. (1) 아버지 하나님께서는 복음 가운데서 그리스도와 구원을 값없이 그리고 무제한으로 모든 인류에게 주셨다. 따라서 복음을 듣는 모든 사람은 하나님의 제안을 받아들이고 이를 자신의 영혼에 적용할 수 있는 보증을 받은 것이다. (2) 복음 가운데서 하나님 약속의 진리에 대한 확실한 설득은, 특별히 개인의 자아에 대해, 구원하는 믿음의 본성에 속한다. (3) 신자의 거룩은 결코 구원의 값이나 조건이 아니다. (4) 신자들은 생명의 법으로서의 율법에 순종하는 가운데 천국에 대한 희망이나 지옥에 대한 두려움에 영향을 받지 않도록 해야 한다. (5) 신자는 결코 행위언약으로서의 율법 아래 있지 않다. (6) 그리고 행위언약으로서의 율법과 그리스도에게 있는 삶의 규범으로서의 율법을 구분하는 것은 정당하고 성경적이다. John M'Kerrow, *History of Secession Church, op cit.*, 18.

[170] AGA. 1722. art. viii.

[171] David C. Lachman, *The Marrow Controversy 1718-1723* (Edinburgh: Rutherford House, 1988), 1; John L. Carson, *The Doctrine of the Church in the Secession*, Ph. D., thesis (Aberdeen University, 1987), 15.

3) 마로우 논쟁과 그 교리적 문제들

1717년부터 1723년에 이르는 칠 년에 걸친 논쟁 기간에 "마로우 맨"과 "교리정화위원회" 양 진영 모두는 『현대신학의 정수』를 옹호했다. 마로우 맨들은 이를 전적으로 지지했다. 반면에 "정화위원회"는 구원을 위한 필수품과 같은 자격 요건들과 더불어 이를 지지했을 뿐이다. 이러한 이들의 태도는 마로우 맨들에 의해 거부되었다. "정화위원회"의 영향을 받은 1720년과 1722년 총회는 스코틀랜드 신학에는 행위언약과 은혜언약이라는 이중적 언약 구조 사이에 본질적인 긴장이 존재한다는 결정을 내렸다.

앞에서 본 것처럼, 교리적 논쟁은 1720년 총회의 결정에서부터 비롯되었다. 교리를 머리로 하여 그 아래서 제5법령(Act V)은 『현대신학의 정수』로부터 열한 구절들을 인용했다. 그리고 다른 여러 구절에 대해서도 언급했다. 이 열한 개의 인용 구절 중에 여덟 개는 『현대신학의 정수』의 제2장의 3항에서 인용한 것이다.

에드워드 피셔의 개요와 전개를 무시하면서 유죄법령(The Act Condemnatory)은 이러한 구절들이 알미니안주의와 반율법주의 원칙들을 가르치고 있다고 비난하였다. 따라서 쌍방의 논쟁은 불가피했고, 이 논쟁에 가담한 단체는 "정화위원회"와 "마로우 맨"이었다. 논쟁에서 이 두 집단은 상대방이 상대적으로 진리를 왜곡했다고 비난했다. 두 집단 모두는 서로 성경과 『웨스트민스터 신앙고백서』의 지지를 받고 있다고 주장하였다. 이 논쟁의 탁월한 인물들 가운데는 제임스 하도우 학장(Principal James Hadow)과 제임스 혹(James Hog)이 있었다. 이 논쟁에서 논의된 문제들은 다음과 같이 다섯 가지로 정리될 수 있다.

(1) 대속 교리: "보편 속죄와 용서"

1617년 화란에서 열린 도르트 회의 이후 전 세계 대부분의 개혁주의와 칼빈주의 신학자들은, 칼빈 신학의 중심은 하나님의 주권이라고 주장해 왔다. 하나님의 주권 교리 아래서 대속 교리는 칼빈의 계승자들에 의해 논의되고 발전해 왔으며, 신학의 중심 논제 중에 하나가 되었다. 도르트 총회가 끝난 지 한 세기 후, 1717년에 대속 교리는 다시금 스코틀랜드교회의 총회원들에 의해 논쟁의 대상이 되었다. 이때부터 대속 교리를 포함하여 "마로우" 논쟁이 시작되었다.[172]

이제 마로우 논쟁으로 논의의 중심을 옮기면서 우리가 반드시 주목해야 할 것이 하나 있다. 그것은 비록 『현대신학의 정수』 제2장 3항의 부제가 하나님의 값없는 은혜에 기초하여 "그리스도께서 택자들을 대신하여 율법을 완성하심"이라고 되어 있지만, 총회는 보편주의를 가르친다는 이유로 이 책의 여러 표현을 비난했다는 것이다.

> 하나님 아버지께서는 잃어버린 인류에 대해 당신의 아들 예수 그리스도 안에서 오직 당신의 값없는 사랑으로만 행동하셨다. 그리고 모든 인간에게 은혜로 행하셨다. 그러므로 누구든지 그의 아들을 믿는 자는 멸망치 않고 영생을 얻을 것이다. 이는 예수 그리스도께서 막 16:15에서 그의 제자들에게 이렇게 말씀하셨기 때문이다. "너희는 온 천하에 다니며 만민에게 복음을 전파하라." 즉 가서 모든 사람에게 예외 없이 전하라. 여기에 너희를 위한 좋은 소식이 있다. 그리스도께서 너희를 위하여 죽으셨다. 만일 너희가 그와 그분의 의를 받아들이면 그도 너희를 받아들이실 것이다.[173]

마로우를 반대하는 총회의 논지는 구원 제의는 "그리스도의 죽음의 범위"에 대한 확실한 견해에 기초해야 한다는 것이다. 이들은 모든 칼빈주의자가 강력히 주장하는 하나님의 값없는 은혜와 한없는 사랑은 다만 실제로 구원받은 사람들, 즉 바로 그 목적을 위해 하나님께서 선택하시고 분리하신 사람들에게만 해당한다고 보았다. 총회는 이러한 방법으로 하나님께서 당신의 선민들에게 베푸시는 특별한 사랑보다 하나님의 일반적인 사랑을 가치가 덜하며 덜 중요한 것으로 만들었다.

한편 마로우 맨들은 죄인들이 그리스도를 믿어야 한다고 선언했다. 다시 말해서 그리스도의 제안은 보편적이며, 그의 은혜의 선물은 모든 사람에게 해당하는

---

[172] 최근에 Calvin and English Calvinism의 저자인 R. T. Kendal은 돌트 회의(the Synod of Dort) 이래로 받아 져온 전통적 견해를 부정하고, Calvin이 신앙과 확신 교리와 관련하여 보편 속죄를 견지했다고 주장하였다. R. T. Kendal, *Calvin and English Calvinism to 1649* (Oxford. 1979), 13. Cf. Iain H Murray, *D. Martyn Lloyd-Jones: The Fight of Faith 1939-1981* (The Banner of Truth Trust, 1990), 721-726. 그 이후로 Kendal의 이러한 견해에 대한 세 편의 논문이 나왔다. R. W. A. Letham, *Saving Faith and Assurance in Reformed Theology. Zwingli to the Synod of Dort*, Ph. D., thesis (Aberdeen University, 1979); Paul Helm, *Calvin and the Calvinists* (Edinburgh: The Banner of Truth Trust, 1982); A. N. S. Lane, "Calvin's Doctrine of Assurance," *Vox Evangelical*, 11, 1979. 그리고 Kendal을 지지하는 두 개의 논문이 곧바로 나왔다. M. Charles Bell, Quarterly, 1983, vol. LIV., no. 4, 115-123: *Calvin and Scottish Theology: The Doctrine of Assurance* (Edinburgh: The Handsel Press, 1985).
[173] *Marrow*, 101-102, 126. AGA, 1720, V. "Of Universal Atonement and Pardon." 이것은 "여기에서 보편 구속이 추구되는 것으로 단언 되어 있다."

것임을 선포하는 것이 필수적이라고 주장하였다. 이것은 그리스도께서 구원을 위한 하나님의 법이 되시기 위해 십자가에 죽으셨음을 필연적으로 암시한다. 여기에 인류의 접근이 허용되었다. 복음의 사역자들은 구원자와 그분 안에 있는 모든 구원의 유익한 것들을 받아들이도록 예외나 어떤 자격 심사 없이 모든 사람을 초대하라는 보증을 받았다.[174] 복음의 일반적인 부르심에 기초를 두는 권위적인 근거는 하나님의 명령이다. 그리스도께서는 모든 피조물에 복음을 전파하라고 우리에게 명령하셨다.

확실한 말씀 가운데서 주어졌건 그렇지 않으면 성경의 예들과 비유들 속에 감추어져 있건 간에, 이러한 명령은 우리가 모든 죄인에게 "타락한 천사들"(딛 3:4),[175] 이 아닌 그리스도를 통한 구원의 제안을 말할 수 있는 우리의 적절하고 유일한 보증이다. 선택은 비밀이며 계시 되지 않았다. 그 때문에 스스로 믿지 않음으로써 스스로 제외한 사람 외에는 어떤 사람도 외부적인 부르심에서 제외될 수 없다. 이러한 복음주의자들은, "언약에 대해 믿음으로 동의하려는" 모든 사람은 "세상이 창조되기 전에 선택되었다"(딤후 1:9; 디 1:2)라고 믿었다.[176]

---

[174] Boston이 제안했듯이, 우리가 선포해야 할 메시지는 다음과 같다. "모든 사람에게 그리스도가 그를 위해 죽은(died) 것이 아니라 모든 사람에게 그리스도는 그를 위해 죽어있다(dead). 즉, 그를 위해 오셨으니 믿으라. 한 구원자가 그를 위해 제공되었다. 그를 위해 십자가에 못 박히신 그리스도 곧 잃어버린 사람의 구원을 위해 제공되었다. 그를 위해 십자가에 못 박히신 그리스도, 곧 잃어버린 사람의 구원을 위한 천국의 법이 있다." *Marrow*, 127-128; *Beauties of Rev, Ralph Erskine* (ed.), Samuel M'Millan (Glasgow: A. Fullarton & Co., 1840, vol. I., 287-297; *The Beauties of Thomas Boston, op. cit.*, 594-600; William Garden Blaikie, *The Preachers of Scotland from the Sixth to the Nineteenth Century, op. cit.*, 191-194. Cf. Thomas M'crie, *The Story of the Scottish Church: From the Reformation to the Disruption* (London: Blackie & Son, 1875), 459; David Boorman, "Ebenezer Erskine and Secession," *Diversities of Gifts* (The Westminster Conference, 1980), 87-103; John Colquhoun, "The Free Offer of the Gospel," *The Free Presbyterian Magazine*, vol. 97., no. II., Nov. 1992, 337-343 and vol. 98., No. 1. Jan. 1993, 17-23; Herman Hanko, *The History of the Free Offer of the Gospel, Theological School of the Protestant Reformed Churches* (Grandiville, Michigan, 1989), 1-190.

[175] Thomas Boston, *A View of the Covenant of Grace from the Sacred Records* (Focus Christian Ministeries Trust, 1990), 31; Ralph Erskine, *Ibid.*, vol. I., xxi, and 183-198.

[176] *Marrow*, 126-127; *Ralph Erskine's work*, I., 134-142; Thomas Boston에 따르면, "하나님께서는 모든 인류가 죄의 상태에서 멸망하도록 버려두지 않으셨으며 모두를 영원부터 선택하사 영원한 생명을 주시고 이들을 구속자에 의한 구원의 상태로 이끄셨다." Boston's Works, vol. l., 302. 그리고 Boston은 또 이렇게 말한다. "그리스도께서는 구속자의 직무를 수용하셨다. 그리고 당신을 죄를 위한 대속 물로 주셨다. 그는 그와 아버지 사이에 있는 이 사역을 기쁨으로 감당하셨다. 그는 택자들의 편에 서기를 기뻐하셨으며, 의를 이루시기 위해 자신을 복종시키셨다." *Ibid.*, 310. 그러므로 Boston은 복음을 전파하고 모든 사람을 그리스도에게로 초대했다. Samuel M'Millan, *The Beauties of Thomas Boston* (Christian Focus Publication, 1979),

이러한 행동과 은혜에 근거하여, 이들은 완전하고 자유로운 "오직 믿음으로"(Sola Fide)가 그리스도의 제안과 은혜와 의와 구원을 받아들일 수 있는 보증이라고 주장하였다. "일반 구원자"(common Savor)이시며, 그의 구원은 "일반 구원"인 그리스도를 받아들이는 모든 사람에게는 보증이 주어진다.[177] 피셔(Fisher)에 대한 언급에서, 보스톤(Boston)은 그가 보편 속죄가 아니라 모두를 위한 그리스도 희생의 충족성을 주장했음을 분명히 했다. 그는 모든 사람을 위한 복음 제안의 적합성을 강조했다. "은혜에서 어떤 사람도 예외가 없다."

이렇게 주장하는 것과 더불어 그는 구원자는 택자를 위해서만 죽었고 이들의 죄만을 대신 지셨음을 강조했다. 보스톤은 이렇게 증언했다.

> 이것은 죄인들에게 그리스도를 믿는 보증을 밝혀주는 좋은 옛 방법이다. 그리고 이것은 모두를 위한 그리스도의 희생 충족성을 담고 있다. 그리스도께서 십자가에 못 박히신 것은 모든 인류의 구원을 위한 하나님의 명령이다. 이를 믿는 자만이 구원받을 수 있다. 그러나 이것은 보편 속죄나 대속은 아니다.[178]

마로우 맨들은 보편 구속(universal redemption)을 가르친다는 비난을 받지 않을 수 있도록 제한 속죄(particular atonement)를 믿었다.[179] 이들은 선택 교리를 굳건히 믿었다. 그리고 구속의 획득과 적용은 아버지께서 그리스도에게 주신 택자들에게 한정된다는 점을 확실히 했다. 그러나 이와 더불어 이들은 하나님 아버지께서는 누구든지 그의 아들을 믿는 자는 멸망치 않고 영생을 얻을 수 있도록 상실한 인간들에게 은혜를 베푸셨다고(요 3:16; 17:3) 가르쳤다.[180] 목회적 적용의 측면에서 이해되어야 할 것은 복음의 값없는 제안이었다.

그러나 총회는 은혜 교리들에 대한 마로우 맨들의 견해를 이해하지 못했다. 마로우 맨들은 자신들이 제한 속죄와 그리스도께서 모든 인류를 구원하지 않으신다는 것을 믿는다고 주장하였다. 그런데도 총회는 이들이 보편주의를 주장한

491-493.
[177] Ralph Erskine, *Beauties of Rev. Ralph Erskine, Ibid.*, vol. II., 226; *The Beauties of Thomas Boston, Ibid.*, 491-493.
[178] 이에 대한 Boston의 각주를 보라. *Marrow*. 126.
[179] Thomas Boston, *A View of the Covenant of Grace from the Sacred Records, op. cit.*, 32-33.
[180] *The Westminster Confession of Faith*, chap. 7., art. 3; *Larger Catechism*, quest. 63; Use of Saving Knowledge, 446-447 in *the Confession*.

다고 계속해서 비난했다. 그러나 총회와 대조적으로 마로우 맨들은 하나님의 약속에 기초한 제안은 전혀 값없이 주어지는 것이라고 주장하였다.[181]

(2) 확신의 교리: "구원하는 믿음의 성격에 관하여"

제5법령(Act V)이 『현대신학의 정수』로부터 처음으로 인용한 문장은 다음과 같았다.

"그가 할 일은 더 없었다. 그는 오직 그리스도께서 그를 위해 모든 것을 이미 다 해놓으셨음을 알고 믿기만 하면 된다."

그러나 이 인용은 다음과 같은 『현대신학의 정수』의 원 문장 중 앞부분을 빠뜨렸다.

> 그리고 이 언약에서 인간이 스스로 행해야 할 어떤 조건이나 법도 없다. 그가 할 일은 더 없었다. 그는 오직 그리스도께서 그를 위해 모든 것을 이미 다 해놓으셨음을 알고 믿기만 하면 된다.[182]

그러나 총회는 『웨스트민스터 신앙고백서』와 신조들은 확신이 믿음의 필수 조건이라고 가르치지 않는다고 주장하였다.

마로우 맨들은 자신들의 가르침이 스코틀랜드교회의 이러한 교리적 기준들과 모순되지 않는다고 주장함으로써 총회의 이러한 논지를 반박했다. 전체 문장을 상황 속에서 살펴볼 때 "마로우 맨들"은 구원이 그리스도와 은혜언약의 충족성에 대한 전적인 믿음을 통해 주어진다고 말하였다. 믿음을 정당화하는 가운데 "마로우 맨들"은 그리스도가 구원을 위해 충분하다는 확신과 그리스도가 그의 것이라는 적절한 확신, 그리고 이 확신에 대한 적용이 있어야 한다고 주장하였다.[183] 이것은 모든 개혁교회와 신앙고백들이 주장한 믿음의 적절한 확신이다.[184] 그들의 신학에서 완전한 확신에 대한 가르침의 자리를 찾고 이를 재확증한 것은 "마로우 맨들"이었다. 그러나 이들은 이 확신이 믿음의 본질이라고는 생각지 않았다.

---

181 Queries, VIII-X in the Marrow, Edward Fisher, *The Marrow of Modern Divinity*, Thomas Boston이 각주를 달았다. (U.S.A: Still Water Revival Books, 1991), 358-368.
182 *Marrow*, 116.
183 *The Beauties of Thomas Boston, op. cit.*, 592-594.
184 Ralph Erskine, *Beauties of Rev. Ralph Erskine, op. cit.*, vol. I., xxi; Charles G. M'crie, *op. cit.*, vol. 33., 710-711.

하지만, 유죄법령 제5법령(Condemnatory Act V)은 여러 성경 구절들을 인용하여 다음과 같이 말함으로써 제1항(Head I)을 요약하였다.

> 모든 구절은 확신이 믿음의 본질이 아님을 보여 준다. 오히려 『현대신학의 정수』 등에서 인용된 구절들은 이와 반대되는 주장을 하는 것 같다. 이 구절들은 구원하는 믿음은 복음 안에서 인간에게 그리스도가 그의 것이며 그를 위해 죽었다는 확신을 가질 것을 명령했다. 그리고 이러한 확신을 하지 않는 모든 자는 복음의 부름에 대답하지 않는 것일 뿐만 아니라 참된 신자도 아니다.[185]

총회는 마로우 맨들의 확신에 관한 주장을 잘못 이해하였다. 그래서 총회는 마로우 맨들이 덕행을 파괴하고 경의의 기초들을 적어도 보통 사람들 가운데서 무너뜨려 버렸다고 비난했다.

그러나 사실은 이와 달랐다. "마로우 맨들"이 확신에 관해 주장할 때, 이것은 종교를 형식이나 관습이 아니라 실체로 보려는 열망에서 비롯되었다. 이들은 그리스도만이 죄인들을 구원할 수 있다고 믿었다. 이들은 믿음의 확신과 감각적 확신(assurance of sense)을 구별했다.[186] 이들이 주장하는 믿음의 확신은 객관적 형태의 확신(또는 직접적인 믿음의 행동)이었다. 이에 의해 신자는 그리스도를 자신의 구원자로 인정하게 된다. 이것은 그리스도에게 하나님의 약속과 언약으로 보인다.[187] 감정적 확신은 주관적 형태의 확신이다. 이에 의해 신자는 그리스도를 자신의 믿음의 간접적이거나 투영적인 행동으로 알게 된다.

총회는 두 가지 확신이 있다는 것을 인정하지 않았다. 이 경우 총회는 믿음에 동요를 일으키고 웨스트민스터 문서들이 "무너질 수 없는 확신"이라고 부른 것

---

[185] APA, act. V.
[186] Ebenezer Erskine, *Works*, I., 136; Ralph Erskine, *Works*, vol., 163. Ralph Erskine, *Beauties of Rev. Ralph Erskine*, vol. I., *op. cit.*, 91-94, 150-154, 332-338, 455-478. Ralph Erskine은 주의 깊게 두 확신을 구분했다. 믿음의 확신은 그 본성상 신뢰적 확신이다. 그러나 감각적 확신은 사건적 확신이며, 믿음에 부대적이며 적절한 믿음이 아니며 단지 감각일 뿐이다.
[187] 이렇게 되어 있다. "이것은 나의 구원 전부다. 하나님께서는 당신의 거룩하심으로 나는 기뻐할 것이라고 말씀하셨다." 인간의 은혜들과 성취들 그리고 경험들과 같은 후자는 하나님의 사역에서 내면적으로 보인다. 그리고 또 이렇게 되어 있다. "나는 그분이 나의 것임을 느낀다. 그분은 나를 빛으로 인도하셨다. 나는 그분의 의를 본다." Ralph Erskine, *Beauties of Rev. Ralph Erskine, Ibid.*, vol. I., 94-102; *The Beauties of Thomas Boston, op. cit.*, 600-616; *Testimony, by the Reformed Presbyterian Church in Scotland* (Glasgow, MDCCCXLI), 126-127.

(또는 마로우 맨들이 "감각적 확신"이라고 부른 것)을 받아들이지 않는 사람들에게 합법적인 관심을 표명할 수도 있었을 것이다.

그러나 그렇다 하더라도 믿음에 대한 총회의 이해에는 여전히 의문이 남는다. 총회는 믿음의 성격에 대한 『현대신학의 정수』의 가르침을 비난하였다. 그러면서 총회는 구원이란 믿음에다 "또 다른 무엇" 예를 들면, 행위나 거룩한 삶이 더해져서 이루어진다고 주장하였다.[188] 또한 "마로우 맨들"은 모든 죄인은 죄를 버리도록 가르침을 받아야 하며, 죄를 버리지 않고는 어떤 죄인도 그리스도에게 나올 수 없다고 주장하였다. 악더라더 노회(Auchterader Presbytery)의 선한 사람들의 의미는 분명하다. 이들은 죄인이 그리스도에게 나오기 위해서는 회개가 필수 불가결한 조건이라고 주장하는 일련의 율법주의적 가르침에 맞서 스스로 지키려 했다.

복음의 부르심에서는 첫째를 차지하는 회개가, 죄인들의 순종에서는 마지막에 위치한다. 하나님께서는 "사악한 자들이 그의 길을 버리고 불의한 자가 그의 생각들을 버리도록" 초청하신 것으로 시작하셨다. 그렇지만 하나님께서는 또한 이들 중에 그 누구도 그의 귀에 들려지는 말씀들에 한 발자국도 다가갈 수 없고, 믿음의 반응을 충족시킬 수 없다는 것을 잘 알고 계신다. 그에게는 "자비가 풍성하므로 용서도 또한 풍성할 것이다."[189]

죄인들을 구원자에게, 즉 홀로 "죄의 회개와 용서를 베풀 수 있는" 분에게로 인도하는 것이 복음 사역자의 궁극적인 목적이어야 한다. 심지어 복음 사역자가 죄인에게 죄를 버리라고 요구할 때도 그러하다. 이것은 인간이 자신에게서 그리스도께 나아오려는 어떤 기초도 모색해서는 안 된다는 것을 의미한다. 자신이 죄인이며 비참한 상태에 있다는 것을 깨닫기 전까지는 어떤 사람도 구원자에게 나올 수 없다는 것은 사실이다. 그러나 그렇다 할지라도 어떤 인간도 확신을, 구원을 위해 그리스도께 나아오기 위한 보증이라고 보아서는 안 된다.[190]

그러므로 스스로 구원하기 위해서 인간은 자신에게서 무엇인가 유망한 것을 발견할 때까지 스스로에 대하여 생각하고 점검하는 일에 시간을 허비해서는 안 된

---

[188] Queries II in *the Marrow, op cit.*, 349-350. *Erskine's Beauties, Ibid.*, vol. I., 113.
[189] *Ibid.*, vol. I., 323-325, 338-344; vol. II., 148-159.
[190] *Ibid.*, 180-183, 198-213, Cf. John Colguhoun, *Repentance* (Edinburgh: The Banner of Truth Trust, 1965), 9-159.

다. 자신 속에서 그리스도께 나올 수 있는 보증이 될 만한 것을 찾느라 고생하지 말고, 오히려 자신의 죄와 비참함을 발견하고 곧바로 그리스도의 은혜와 자비로 나와야 한다.

영혼의 눈에는 죄와 비참한 상태 그리고 그리스도의 넘치는 은혜와 의와 비교되는 절대적인 결핍밖에는 아무것도 보이지 않는다.[191] 그러므로 영혼은 죄와 허물을 찾기 위한 율법의 행위에 대한 어떤 예비적 확신 없이도 은혜로써 그리스도를 받아들일 수 있다. 그러나 그리스도를 믿기 위한 용기나 동기를 발견하기 위한 어떤 준비를 구하는 것은 잘못된 것이다.[192] "마로우 맨들"은 왕이신 하나님을 나타냈다. 왕이신 하나님께서는 선포하셨고, 이 선포가 당신의 나라 전역에 알려지게 하셨으며, 모든 반역들에게 특사를 보내셔서 그들을 멸하셨다. 만일 그들이 무기를 버리고 평화롭게 집으로 돌아가는 데 동의하면, 이에도 불구하고 선택과 예정의 문제가 나타나서 우리의 모든 생명을 어둡게 하면 이름들이 숨겨지는 한 용서는 모든 사람에게 제공된다는 것이 마로우의 대답이었다.

> 어떤 사람이건 간에, 나는 택함을 받지 못한 것 같으며, 따라서 나는 그것을 받아들이거나 그리스도에게 가지도 못할 것이라고 말하는 것은 매우 어리석은 일이다. … 나는 택함을 받지 못한 것 같으며, 따라서 나는 그리스도를 믿지 않는다고 말하지 마십시오. 오히려 나는 그리스도를 믿으며, 따라서 택함을 받았다고 말하십시오. 그리고 하나님의 비밀들을 알기 위하여 당신의 마음을 점검하며 그의 숨겨진 위로를 위하여 기도하십시오. 그리고 당신이 이 시점에서 한 것 이상을 넘어가지 마십시오. … 그때는 이렇게 말하십시오. 내가 굳건한 믿음으로 당신을 구합니다. 예수 그리스도의 의는 모든 믿는 자들에게 속합니다. 그러므로 나는 그 의가 내게 속하였다고 믿습니다. 나는 바울처럼 이렇게 말합니다. "나는 나를 사랑하사 나를 위하여 자기 몸을 버리신 하나님의 아들을 믿는 믿음으로 삽니다." "그는 내 안에 계십니다." "사악한 것이 그분에게서 멀어집니다. 그러나 선한 주님께서는 나에게 자비를 베푸시고 이 자비로 나를 사랑하십니다. 그렇습니다. 나를 너무나 사랑하셔서 그분은 나에게 자기 몸을 주셨습니다. 그러면 나는 누구입니까? 파괴되고 저주받을 죄인이지만 나는 하나님 아들의 너무나 귀한 사랑을 받았습니다. 그분은

---

[191] Ibid., 115-116. 인간의 비참함에 대해서는 『하이델베르크 신앙고백서』 제1장 1절을 참조하라.
[192] Ibid., 297-302; The Works of the Rev Hugh Binning (Edinburgh: White and Co., 1840), vol. I., 285-287.

나를 위해 자기 몸을 내어주셨습니다."¹⁹³

"마로우 맨들"이 1722년 위원회에 제출한 답변에서 상황은 명확하게 제시되었다. "마로우맨" 중의 하나인 윌슨(Wilson)에 따르면, 그들의 구원 교리는 스코틀랜드의 초기 종교개혁자들의 구원 교리와 같았다. 그뿐만 아니라 『웨스트민스터 신앙고백서』와 요리 문답에 기술된 구원하는 신앙의 방법과 같았다. 그것은 이전에 가르쳤던 교리와 같았다. 그 교리는, "구원을 위해 그리스도를 받아들이고 그분께 의지하는 것"은 신학자들이 위탁이나 신앙의 적절한 확신이라고 일반적으로 표현했던 확신임을 암시한다는 것이었다.¹⁹⁴

총회가 제기한 또 다른 질문은 "믿는 사람은 창조자의 권위에 의해 의롭게 되기 위해서는 아니라고 하더라도 도덕법에 매이지 않는가?"였다. 이에 대한 마로우 맨들의 대답은 이러했다.

> 인간은 새로운 피조물이 됨으로써 피조물이기를 멈추는 것이 아니다. 인간은 그의 창조자이신 아버지와 아들과 성령의 권위에 의해 십계명이라는 법에 대해 개인적으로 순종해야만 한다.¹⁹⁵

(3) "구원에 필수적이지 않은 성결"

> 이반젤리스타: "율법이 당신에게 구원을 얻으려면 선한 일을 행하고 계명을 지켜져야 한다고 말한다면, 당신은 이렇게 대답하십시오. 나는 당신이 오기 이전에 이미 구원받았습니다. 그러므로 나는 당신의 존재가 필요 없습니다. 그리스도는 나의 의요 보물이요 내 일이 되십니다. 나는 고백합니다. 오 율법이여! 나는 거룩하지도 의롭지도 않습니다. 그러나 나는 그분이 나를 위해 거룩하며 의롭다는 것을 확신합니다. 그리고 선한 일들은 길 그 자체가 아니며 오히려 신자가 영원한 행복의 길을 걷고자 할 때 요구될 수 있는 것입니다."¹⁹⁶

---

193 *Marrow*, 131-133; Henry F. Henderson, *The Religious Controversies of Scotland*, op. cit., 39.
194 Henry F. Henderson, *Ibid.*, 30-31.
195 *Ibid.*, 32.
196 Cf. *Calvin's Institutes*, III. xviii. 4. "우리는 삶의 거룩이 천국의 영광으로 인도하는 길이라고 생각하지만, 천국의 영광 그 자체를 주는 것은 아니라고 생각한다. 그러나 하나님의 택하심을 입은 자들은 이에 의해 천국의 모든 것으로 인도된다."

이 제목 아래서 법령이 『현대신학의 정수』에서 첫 번째로 인용한 것은 그리스도의 완성된 사역(요 14:6; 골 2:6)에 관한 부분이었다. 그리스도는 신자들을 위해 모든 것을 해놓으셨다. 그러므로 신자들은 죄와 사망의 법에서 자유를 얻었다. 그러나 실제 상황을 무시하고 이 부분만을 따로 떼어 놓았으므로, 이 진술들은 율법을 경멸하고 거룩함을 망치는 것처럼 보였다. 상황 속에서 살펴보면 이들은, 그리스도가 인간을 위해 놓으신 것은 인간이 스스로 할 수 없는 어떤 것이었으며, 구원은 선행이나 개인적 의와 같은 인간의 노력으로 결코 보충될 수 없는 것이라고 고백했음을 알 수 있다.[197]

총회는 다음과 같이 주장하였다.

"이 교리는 사람들이 거룩을 부지런히 추구하지 않도록 만들려는 경향이 있다."

그러나 마로우 맨들은 성령이 그리스도의 죽음을 신자의 영혼에 적용하여 신자가 믿음의 행위를 할 수 있도록 하기까지는 어떤 거룩도 있을 수 없다고 믿었다.[198] 마로우 맨들은 죄인들의 구원에서 인간에게 어떤 자격이나 조건들을 요구하는 것은 하나님의 영광을 감하는 것이라고 가르쳤다. 에베니젤 어스킨(Ebenezer Erskme)은 거룩함이 구원에 필수적인 조건이 아니라는 견해를 견지할 필요성을 느꼈다.

> 만일 새로운 법이 믿음과 회개를 명령한다면, 우리가 그에 복종하기 위해서는 새로운 힘을 풍부하게 줘야 마땅하다. 그리고 그렇게 해서 복음을 듣는 모든 사람에게 주어진 펠라기안적 보편은혜가 도입되었다.[199]

『현대신학의 정수』의 마지막 장인 "믿음의 법 또는 은혜언약에 관하여"의 결론 부분에는 신자를 위로할 목적이 있다. 신자는 이제 그리스도와 결혼한 관계이다. 그러므로 신자는 그를 유익하게도, 해롭게도 하지 못하는 율법(즉, 이전 남편)

---

[197] *Calvin's Institutes*. III. xiv. 21. Calvin은 비록 선행이 때로는 신적인 은혜의 원인인 것처럼 언급되지만 "참된 원인이 언급될 때마다 하나님께서는 우리가 행위에 피난처를 마련하도록 허용치 않으시며 전적으로 당신의 자비를 생각하도록 하신다"고 가르쳤다.
[198] *Ralph Erskine's Works*, vol. V, 419; Ralph Erskine, *Beauties of Rev. Ralph Erskine, op. cit.*, vol. I, xxii.
[199] Ebenezer Erskine, *Works*, vol. I, 454. Ebenezer Erskine은 이점에 있어서 혼란은 교황주의자들과 펠라기안들. Baxterians과 다른 일반적인 잘못들이 한데 결합하였다고 믿었다. Queries III, IV, VI, and VII in *the Marrow*, 350-358.

에 대해 죽었다.

> 그것을 믿으십시오. 하나님께서는 인간에게 영원한 생명을 주신 후에 결코 영원한 사망을 주시겠다고 위협하지 않으셨습니다. 절대 그렇지 않으셨습니다. 사실 하나님께서는 그리스도를 통하지 않고 신자들에게 말씀하시는 법이 없으십니다. 그리고 하나님께서는 그리스도 안에서라도 행위언약에 관해서는 전혀 말씀하지 않으셨습니다. 그리고 율법이 당신의 양심에 파고들려고 하면 … 이렇게 대답하십시오. "오 율법이여! 나는 이제 그리스도와 결혼한 몸이다. 그러므로 나는 피난처 아래 있다. 네가 나를 비난하려 한다면, 너는 내 남편 그리스도를 대항하는 행동을 취해야만 할 것이다. 왜냐하면, 아내는 율법을 고소할 수 없으나 남편은 할 수 있기 때문이다."[200]

(4) "징벌에 대한 두려움과 보상에 대한 희망: 신자의 순종 동기들로 허락되지 않음"

넷째 교리에서도 제5법령(Act V)은 상황을 무시한 채 『현대신학의 정수』를 또 다시 인용하였다.[201] 마로우 맨들은 지옥의 두려움과 천국에 대한 희망을 신자의 순종 동기에서 제외시켰다. 그런 다음 이들은 계속해서 이러한 순종 동기가 "노예적임"을 설명하였다.[202] 마로우는 순종과 아들 됨의 올바른 동기를 밝히기 위해서 탕자의 비유를 실례로 들었다.

> 이반젤리스타: "믿음의 눈으로 볼 때 그들은 그리스도 안에서 그들의 하늘 아버지의 자비와 용서가 그들을 만나고 포용하는 것을 본다. 나는 그와 함께 그들이 더는 고용된 종의 길을 걷지 않도록 할 것이다(눅 16장)."[203]

---

[200] *Marrow,* 162-163; Ebenezer Erskine, *Works,* vol. I., 101; *Ralph Erskine's Works,* 109-128; 손석태, 『여호와, 이스라엘의 남편』 (서울: 솔로몬, 2006), 9-191. "참으로 신자들은 의무의 규범으로서의 율법 위에 있지 않고 있을 수도 없다. 그러나 생명의 조건으로서 순종의 빛을 요구하고 불순종 시에는 영원한 진노가 있을 것이라고 위협하는 행위언약으로서의 율법을 생각해 볼 때, 신자는 참으로 우리의 신랑이신 그리스도의 의에 의해 율법 위에 있다. 그리고 율법이 어느 때건 신자들을 자신의 노예로 삼고자 한다면, 그는 그리스도께서 그에게 값없이 주신 자유를 굳건히 붙잡아야 한다."

[201] *Marrow,* 200-207. Cf. *Calvin's Institute,* III. xviii. 2; *The Westminster Confession of Faith,* on Adoption Chap. 12; Lar. Cat. 74, Liberty. chap. 20 art. 1 & 3, and Justification, Lar. Cat. 77.

[202] *Marrow,* 200.

[203] *Marrow,* 202-203.

그러나 신자의 순종 동기에 대한 총회의 견해는 논리적으로 볼 때 앞의 교리에서 비롯되었다. 셋째 교리에서 총회는 신자가 "구원을 얻으려면" 반드시 율법에 순종해야 한다고 암시적으로 말하였다. 여기 넷째 교리에서 총회는 신자들은 천국을 얻고 지옥을 피하려고 선한 일을 하도록 동기를 부여받는다고 암시적으로 말하였다. 이러한 일련의 사고의 전개를 따라 총회는, 다섯째 교리에서 신자는 "행위언약의 명령적이고 조소적인 힘에서 벗어나지 않는다"라고 확정적으로 말하였다. 총회의 신학은 논리적으로 일관된 것이었으나, 은혜의 기초에서 벗어났다. 결국, 이들의 일관성은 자신들을 점점 더 깊은 율법주의로 돌이킬 수 없게 만들었다.[204]

(5) "생명의 법으로서의 율법 아래 있지 아니한 신자"

여기서 제5법령(Act V)은 신자들에게 있어서 율법은 "삶의 규범"이 아니라는 『현대신학의 정수』의 확증을 무시하였다.[205] 총회는 다른 신학적 견해로부터 삶의 규범을 정의하고 마로우의 진술을 타당한 것으로 받아들이지 않았다.[206] 마로우 맨들의 의도는 신자들이 은혜언약을 받아들인 후에는 행위언약에 대해 죽었다고 말하는 것이었다. 그러므로, 이반젤리스타는 율법이 신자들에 대한 생명의 약속이나 사망의 위협을 포함하고 있다는 것을 부인했다.

그러나 율법은 그리스도 안에서 그리스도를 통하여 은혜언약이 신자들에게 주어진다. 그러므로, 이반젤리스타는 신자들이 삶의 규범으로서 그리스도의 은혜에 대한 반응으로 십계명에 순종해야 한다고 확언하였다.[207] 율법적인 복종에 맞서서 이반젤리스타는 이렇게 말하였다.

> 당신은 하나님께서 그렇게 명령하셨다는 오직 그 한 가지 이유로 그분을 기쁘시게 하려는 목적에서 하나님께서 명령하신 것을 행할 것이다. 그리고 하나님께서 금하

---

[204] Queries III & IV; Ralph Erskine, *Beauties of Rev. Ralph Erskine*, vol. I., 132-135, vol. II., 191-193, 202-205. Cf. Boston은 믿는 자들의 보상을 언약과 그들의 순종의 과정에서 보았다(시 19:11) *The Beauties of Thomas Boston, op. cit.*, 578-583.
[205] *Marrow*, 177; Ralph Erskine, *Ibid.*, 58-73, 126-131.
[206] 이것은 "Of Universal Atonement and Pardon"이라는 제목 아래서 *Marrow*에 맞서 취해진 행동과 똑같은 것이었다. 총회는 복음의 값없는 제공은 보편 속죄를 요구한다고 주장하면서 *Marrow*의 주장을 거부했다.
[207] *Marrow*, 177-183.

신 것은 단지 그분이 금지하셨다는 그 한 가지 이유로 그분을 노엽게 하지 않기 위해 그것을 행하지 않을 것이다.[208]

총회가 상황을 전혀 고려하지 않고 인용한 말들은 쉽게 율법을 경멸하는 반율법주의적 진술로 해석되었다. 그러나 상황 속에서 보면 그것은 최고의 동기에서 율법에 대한 순종을 고무하는 진술이었다. 그러나 총회는 마로우 맨들의 여섯 개의 반율법주의적 패러독스들을 비난하였다. 이러한 표현들은 매우 논쟁적이었다. 그렇지만 토마스 보스톤(Thomas Boston)은 각 항이 성경의 지지를 받을 수 있다고 보았다.[209]

하지만, 유죄법령은(Act Condenmatory) 역설들이 제시된 상황을 무시함으로써 『현대신학의 정수』를 잘못 해석하였다. 역설들이 언급된 직후에 이반젤리스타는 이렇게 말하였다.

> 당신이 지금 말한 이러한 요점들은 불필요하고 성과 없는 많은 논쟁을 불러일으켰습니다. 그리고 인간들이 자신들이 말한 것을 이해하지 못했거나 자신들이 확언한 것을 공표하지 않았기 때문에, 어떤 의미로 그것들 모두는 참으로 확증될 수도 있고 또 다른 의미로는 참으로 부인될 수도 있습니다. 이에 관해 진실을 분명하게 이해하고자 한다면, 우리는 행위의 법으로서의 율법과 그리스도의 법으로서의 율법을 반드시 구분해야 합니다.[210]

마로우 맨들은 1720년 총회는 거룩의 의무를 강조하려는 과정에서 "율법의 행위로" 의를 추구하려는 "인간 마음의 자연적 심연"의 위험성에 "충분한 주의를 기울이지 못했다"라고 믿었다. 그러므로 이들은 1721년 총회에 1720년 총회의 "이 교회에서 다른 많은 사람을 넘어지게 하는" 제5법령(Act V)의 여러 부분을 세밀히 밝혀주는 항의서(Representation)를 제출하였다.

이 항의서는 제5법령의 순서에 따라 기록되지는 않았다. 대신에 이 항의서는 『현대신학의 정수』를 바르게 이해하는 데 중심이 되는 율법에 대한 삼중적 구분의 강조가 그 첫 부분에 놓였다. 1720년 총회의 제5 법령에서 대표자들(Represen-

---

208 *Marrow*, 185-231.
209 *Marrow*, 217.
210 *Marrow*, 233.

taters)을 비탄에 빠뜨린 다섯 가지 중에 세 가지는 구체적으로 이 법령이 율법에 대한 『현대신학의 정수』의 삼중적 구분을 올바로 이해하지 못했다는 것과 관계가 있었다.

① 신자는 행위언약으로서의 율법에서 벗어난다.[211]
② 『현대신학의 정수』의 "그리스도의 법으로서의 율법 구분"은 근거가 없다. 비록 신자가 행위언약 아래 있지 않다고 하더라도 항의서는 이것이 "가장 엄격하게 순종해야 한다는 피조물의 피할 수 없는 의무에 대해 어떤 선입견도 주지 않는다"고 주장하였다.[212]
③ "규범으로서의 거룩한 율법에 대한 복음적 순종의 참된 기원." 여기에서 마로우 맨들은 다음과 같이 강조했다.
"신자들이 그리스도와 연합되어 있으며 … 구원의 조건으로 율법이 그들에게 요구하는 행위는 없어졌다."[213]
④ 믿음의 본성에 대한 개혁자들의 개념, "이 개념으로 인간은 이전에는 복음의 제안 속에 공통으로 있던 것을 개인적으로 전용했다."[214]
⑤ "그리스도를 영접하는 모든 자에게 그리스도를 주는" 근거이다.[215]

이 시점에서 대표자들은 자신들이 왜 총회에 탄원서를 제출하지 않을 수 없었는지를 밝혔다. 여기에는 "진리에 관한 관심과 비난받은 책에 관한 관심이 아주 밀접하게 연결되었다." 그런 다음 대표자들은 "항의서"의 나머지 반에서 자신들이 부당하다고 믿는 다섯 가지 비난들을 나열하였다.

① "신자는 삶의 규범으로서의 율법 아래 있지 않다. … 이것은 율법이 삶의 규칙이 아니라 행위언약이기 때문이다."
② 구원에 필수적이지 않은 거룩의 유지에 대한 비난. 이때 저자는 "구원을 얻

---

[211] Queries III & IV; "A Friendly Advice, For preserving the Purity of Doctrine and Peace of the Church," AGA. 1721, 18. 여기서부터는 "Friendly Advice"라고 약기 할 것이다.
[212] "Friendly Advice," 26. 34. Cf. Marrow, 197-199.
[213] "Friendly Advice," 42.
[214] "Friendly Advice," 50.
[215] "Friendly Advice," 82.

기 위한 선행에 대한 율법의 요구에 대한 대답으로 신자에게 그리스도의 순종을 변호하라"라고 가르친 것이었다.
③ "신자의 순종 동기들로 허용되지 않은 징벌에 대한 두려움과 보상에 대한 희망." 이때 저자는 이러한 것들이 그 자체 하나님과는 상당한 거리가 있는 것임을 강조한 것이다.
④ "그들이 비난한 문제들에 대해 언급하지 못한 총회의 잘못."
⑤ 『현대신학의 정수』가 "구원에 대한 거룩의 필수성"을 부인했다는 총회의 비난. 이때 『현대신학의 정수』의 제2부는 "십계명에서의 거룩한 율법의 설명과 적용"을 기록하였다.

결론 부분에서 대표자들은 1720년 총회의 조치는 "실수"였다고 그들의 신념을 피력하였다. 그러나 "우리 가운데 남겨진 종교를 도덕으로 바꾸려는 이 시대에 커지는 우스꽝스러운 일"을 볼 때 그들은 때에 맞는 치유책을 찾지 않을 수 없다고 느꼈다. 그러므로, 이들은 1721년 총회에 1720년의 제5 법령과 제7 법령의 두 구절의 폐지를 탄원하였다.[216]

마로우 맨들은 진정한 거룩은 그리스도를 통해서만 이루어질 수 있으며, 이것만이 유일하게 참된 거룩이라고 주장하였다. 이들에게 있어서 거룩은 천국이었으며, 천국은 곧 거룩이었다.[217] 존 워커(John Walker)가 기술한 것처럼 "구원받은 자들에게 거룩이 필요한가를 물어보는 것은 그들에게 인간이 구원받음이 없이 구원받을 수 있는가, 인간이 황금성(Golden City)에 들어가지 않고 천국을 누릴 수 있는가라고 물어보는 것과 같다."[218] 이러한 사람들이 거룩을 고무하고 경멸하지 않으려 했다는 것은 의심할 여지가 없다. 그러나 이들의 언어는 오해의 소지가 많았다. 헨리 F. 헨더슨(Henry F. Henderson)은 총회의 견해들을 가리켜 도덕과 종교의 통합이라는 반합리주의(semi-rationalism)에 기초했다고 결론지었다.

하나님께서는 아신다. 그러나 나는 그분의 영광을 위하여 이 땅에서 무엇인가를 행한다. 그리고 나는 이 땅에서 죄악 된 삶을 사느니 차라리 상실의 고통을 견딘다.

---

[216] Query VII.
[217] Ralph Erskine, *Beauties of Rev. Ralph Erskine, op. cit.*, vol. I., 340-341.
[218] *Ibid.*, 512-522; Walker, *Theologians of the Nineteenth and Eighteenth Centuries*, 174.

그러나 다음 나는 영원히 대속의 기쁨을 누린다.[219]

3. 요약

   1688-1690년의 명예혁명 기간에 언약파의 주요한 임무는 영국(Britain)에서 장로교를 확립하는 것이었다. 언약도들은 이것이 안전하게 이루어질 것이라고 확신하였다. 이들은 스스로 1660년 왕정복고 이전에 존재한 스코틀랜드 장로교회의 합법적인 대표자들이요 계승자들이라고 생각했다. 이들은 자신들의 믿음을 16세기 종교개혁의 전통에 입각한 것으로 정의하고, 국가에 대해[220] 선민 이스라엘처럼 하나님의 언약 백성으로서 강력히 호소하였다. 이들은 또한 자신들의 언약사상과 신학적 전통의 포기를 거부하고, 이 원칙에 근거하여 찬탈자들을 비난하였다.
   더욱이 명예혁명은 스코틀랜드 장로교에게 개신교 국가를 정착시키는 이른바 새로운 시대를 열었다. 또한, 혁명은 스코틀랜드의 정치적 분위기만이 아니라 기독교의 분위기마저 바꾸어 놓았다. 때문에, 스코틀랜드 언약사상은 스코틀랜드 국민의 종교 생활의 중심이 되었다. 스코틀랜드에서 장로교의 확립은 언약사상이 마침내 스코틀랜드 국민과 국가에 크게 영향을 미쳤음을 잘 보여 준다. 앤드류 맥고완(Andrew McGowan) 박사의 지적처럼, 이 시기에 "언약들과 언약신학"은 치열한 투쟁 속에서 한데 얽혔으나 장로교의 승리는 또한 언약사상의 승리를 의미하였다.[221] 그러나 안타깝게도 무혈혁명으로 이룩한 개혁신학의 정착은 향후 누가 스코틀랜드교회를 다스릴 것인가를 둘러싸고 전개되는 전투의 한 장에 불과하였다.
   앤 여왕의 치세 기간에, 리처드 카메론(RichardCameron)을 따랐던 언약도 들 중에 소수는 혁명 정부를 인정하지 않았다. 이들은 언약에 근거한 통치자 외에는 어떤 통치자도 인정할 수 없다고 끝까지 주장했다. 오히려 이들은 이러한 통치자를 인정하는 것은 하나님과의 영원한 언약에 참여한 조상들과 그들이 그외 백성

---

[219] Henry F. Henderson, *op cit.*, 42.
[220] Edwin Nisbet Moore, *Our Covenant Heritage* (Scotland: Christian Focus Publication Ltd., 2000), 18-19, 32.
[221] Andrew McGowan, *The Federal Theology of Thomas Boston*, Ph. D. thesis (Aberdeen University, 1990), 26.

으로 생각하는 하나님께 대한 불충이라고 생각했다.

더욱이 이 시련기 동안 이들은 교회와 국가에 관한 교리를 전개하였다. 1712년 이들은 이전의 두 언약을 받아들이고, 아킨소우(Auchrsaugh)에서의 언약 갱신을 위한 그들의 믿음을 재확정하였다. 하지만, 동시에, 전통적인 믿음과 신학은 스코틀랜드교회 내의 몇몇 구성원들에 의해서 재고되었다.

어떤 교리들은 자유로운 학문적 방법으로 논쟁 되었으며, 이러한 논쟁은 심슨 교수의 자연 신학과 "마로우 논쟁"에서 시작되어 15년 후 심슨 교수에게서 종결되었다. 이 논쟁 동안에, 전통 신학은 총회에 의해 재확인되고 잘못 이해되었다. 논쟁의 요점은 하나님의 주권과 구원 사역에서의 인간의 책임 그리고 인류를 위한 하나님의 값없는 은혜였다.

마로우 맨들은 초지일관 하나님의 값없는 은혜를 강조했다. 반면에 이들의 대적들은 구원을 얻고 이를 준비하기 위해서는 무엇인가를 해야만 한다고 주장하였다. 마로우 맨들은 그리스도 안에서의 은혜의 약속들과 더불어 모든 사람에게 값없이 주어지는 은혜언약을 "약속"(testament)이라고 불렀다.

그리스도 안에서의 확신과 신자의 순종은 사랑과 감사의 반응으로 생각되었다. 이들의 대적들은 언약을 상호 간 책임의 수반이며, 오직 "준비된" 자들에게만 제안되는 복음이 수반되는 언약으로 보았다. 이 점에 있어서 마로우와 그 지지자들은 1650년 이전의 종교개혁 전통과 한층 조화를 이루었으며 웨스트민스터 기준들과도 균형을 이루었다. 반면에 이들의 대적들은 종교개혁 사상을 전체적으로 반영하기보다는 17세기 후반의 개혁신학의 율법주의적 경향들을 반영하였다.[222]

한마디로, 이 논쟁에서 마로우 맨들이 생각한 것은 당신의 값없는 은혜로 당신의 백성들을 선택하시는 분은 하나님이시라는 것이었다. 정확하게 말하면 마로우 맨들은 종교개혁의 커다란 진리인 "오직 은혜로"(Sola Gratia), 즉 구원은 오직 하나님의 선물이라는 것을 재강조하였다.

그러나 우리가 살펴보는 이 혼란기 동안에 일어난 모든 문제는 스코틀랜드 국가의 일들-정부 조직-뿐만 아니라 장로교의 종교적 체제 확립에도 상당한 영향

---

[222] David C. Lachman, "Marrow Controversy," *Encyclopedia of the Reformed Faith* (eds), Donald K. McKim and David F. Wright (Saint Andrew Press, 1992), 236-237.

을 끼친 『웨스트민스터 신앙고백서』와 깊은 관계가 있다. 장로교의 확립과 정착, 권리장전(The Claim of Light), 불만 조항들(The Article of Grievamces), 1712년의 아킨소 선언(Auchisaugh Declaration), 그리고 심슨 교수 사건과 "마로우 논쟁" 등이 우리에게 보여 주는 바가 있다. 그것은 스코틀랜드인들의 마음에 성경적 사고 형태로 영향을 미친 것은 언약사상이었다는 것이다.

초기 시기가 스코틀랜드에서 사회적, 정치적으로 교회의 국교화와 독립에 초점이 맞춰졌다면, 후기는 성경적, 신학적으로 그리스도인 각자의 구원과 개인 종교의 더 강한 보호와 열망에 초점이 맞추어졌다. 1648년 스코틀랜드 장로교 총회는 『웨스트민스터 신앙고백서』를 교단의 신앙적 기준의 원칙으로 승인하였다. 이후 『웨스트민스터 신앙고백서』는 논쟁에서 중요한 역할을 했다. "마로우 맨들"은 이것을 "마로우"와 같은 신학으로 믿고 이 토대에 굳건히 섰다.

마로우 맨들은 인간은 행위가 아니라 믿음에 의해 의롭게 된다고 주장했다. 그래서 온건파들(Moderates)은 마로우 맨들이 하나님의 선택은 어떤 도덕 법에 의해서도 제한되지 않는다고 주장하는 이단인 반율법주의를 의심했다. 언약 시대의 열심주의자들에게 있어, 이것은 매우 큰 실제적 위험이었다. 하지만, 모든 파벌이 『웨스트민스터 신앙고백서』를 "정통의 기준"[223]으로 수용했다는 것과 이 고백서의 궁극적 교리들이 언약사상에 기초했다는 데는 전혀 의심의 여지가 없다는 사실은 매우 흥미롭다. 그러나 "마로우 맨"의 교리는 비성경적이며 성경과 『웨스트민스터 신앙고백서』에 모순되는 것으로 경멸 되었다. 이러한 비난은 부분적으로 이 책의 실체에 있기보다는 저자가 사용한 역설적 스타일에 있었으며, 이 책을 출판한 사람들의 성격에서 부분적인 이유를 찾아볼 수 있다.

역사가 보여 주는 것처럼, 마로우 맨들이 반율법주의자들이라는 총회의 주장은 사실이 아니었다. 왜냐하면, 이들은 모든 사람이 지켜야 하는 하나님의 율법에 대한 의무를 부인하지 않았기 때문이다. 마로우 맨들은 택자가 영원으로부터 의롭게 된다고 가르치지 않았다. 다시 말해서 이들은 신자들은 그들에게 유입되거나 요구되는 거룩이 없이 그들에게 돌려진 그리스도의 거룩에 의해서만 거룩하게 된다거나, 죄 없는 완전함이 이 땅의 삶에서 성취될 수 있다고 가르치지 않았다.

---

[223] Andrew McGowan, *op. cit.*, p. 78.

마로우에 관한 논쟁은 스코틀랜드 국민을 매우 흥분시켰다. 이 논쟁의 영향은 논쟁이 끝났을 때도 멈추지 않았다. 이 논쟁의 한층 더 직접적인 영향들은 교회 전체를 통한 목회자들의 관심이 즉각적으로 확대되어, 파벌 간의 교리적 논의와 분리를 주도하는 자들에게 전환된 것이다.

하지만, 이후 많은 목회자가 계시된 진리의 체계에 대하여 더 명확한 이해를 할 수 있었다. 또한, 이들은 값없는 은혜 교리를 좀 더 잘 이해하고 더욱 성실히 전파하였다. 결과적으로 국민 중에서 이들의 목회 사역은 한층 큰 성공을 거두었다.[224] 아무런 결과도 없이 끝난 "마로우" 논쟁은 이후 별도의 회의(마침내 1773년에 열렸다)가 불가피하였다. 총회는 마로우 맨들이 제도적으로 그리고 정당하게 주장한 신앙의 자유를 절대 허용하지 않았다. 야심적인 열심파(enthusiasm)들은 그 부주의한 이름만큼이나, 그리고 후에 다소 좋지 않은 의미로 불린 온건파(Moderation)는 각각의 길을 갔다.[225]

대체로 당시 심슨 사건은 신학에서 합리주의가 발로하고 있음을 보여 주었다. 그리고 "마로우"에 관한 논쟁은 온건파와는 대조적으로 복음주의파가 부상하고 있음을 보여 주는 최초의 상징이었다.[226]

당시 총회를 장악하고 얼마 안 있어 온건파로 알려진 파벌은 매우 다른 이유로 복음주의자들에게 우호적인 태도를 보이지 않았다. 그들이 어떤 개인적인 평가를 하든 간에, 명확한 합리주의(rationalism)는 원치 않는 논쟁을 초래한 전통적 교리에 대한 공개적인 공격이었다. 그리고 복음주의 운동은 온건파들이 몹시 싫어하는 대중적 성격을 갖게 되었다. 이들은 17세기의 논쟁들과 분열들은 그 참여자들이 생각한 것만큼 기독교 복음과 그렇게 큰 관계가 있었던 것은 아니라고 주장했다. 이들은 회중들의 마음이 신학적 논쟁이나 교리가 아니라 그리스도인의 삶의 실제적인 의무들로 전환되어야 한다는 데 관심을 가졌다. 이들은 교회는 무식쟁이들의 선입견들이 교회를 어지럽히도록 허용해서는 안 된다고 생각했다. 그리고 이들은 또한 교육받은 사람들의 충성을 보장하는 사려 깊은 시도가 꼭 필요하다고 생각하였다.[227]

---

[224] John M'Kerrow, *op. cit.*, 17; *Ibid.*, 39.
[225] Henry F. Henderson, *The Religious Controversies of Scotland, op. cit.*, 34-35.
[226] Andrew L. Drummond and James Bulloch, *The Scottish Church 1688-1843* (Edinburgh: The Saint Andrew Press, 1973), 37.
[227] *Ibid*, 37.

언약사상은 1688-1723년 사이에 엄청나게 발전했지만 "마로우" 논쟁에서 새롭고 주요한 방향을 잡게 되었다. 1690년 장로교 제도의 확립에 뒤이어, 더욱 급진적이지만 소수의 언약도들은 계속해서 언약을 부정하는 통치권자에 관한 제도적인 법률에 관심을 가졌다.

1690년 이후 지금까지 스코틀랜드 장로교회는 자연 신학, 값없는 은혜 그리고 율법주의에 관한 수많은 교리적 논쟁들로 혼란을 겪고 있다. 한편 교회가 더욱 분열되었고, 다른 한편 자유주의적 경향 속에서 죄와 은혜, 대속과 믿음, 그리고 확신 등 언약사상의 중요한 개념들과 궁극적 교리들을 심도 있게 논하고 숙고하며 이를 위해 피 흘리기까지 싸워야 할 분명한 동기와 이유가 있었다.

"마로우" 논쟁을 통하여, 교회는 교회와 국가 문제에 대한 논의에서 그리스도 안에서의 하나님과의 관계에 대한 인간의 권리를 다룬다는 점에서 급속히 방향이 전환되었다. 달리 말하자면, 유명론(nominalism)과 합리주의적인 사상보다는 거룩함에서 문제가 되는 건전하고 경험적인 종교의 필요성이 "마로우" 논쟁과 언약신학 모두에서 그 중심을 차지하였다. "마로우 논쟁" 이후 계속되는 역사 속에서 16세기 종교개혁자들의 신학 전통을 계승한 장로교회와 언약도의 후예들은, 오늘날 천사의 얼굴을 한 채 무차별적으로 도전하는 어둠의 세력들, 통칭 인본주의와 자유주의 신학에 맞서 오직 성경만의 신앙으로 하나님의 절대주권과 그리스도의 구원을 이루어야 할 것이다. 이러한 요청은 "마로우 논쟁" 약 125년 후, 1834년부터 1843년까지, 그 10년의 치열한 투쟁 속에서 스코틀랜드 자유교회와 토마스 찰머스(Thomas Chalmers, 1780-1847)가 이룩하였다.[228]

---

[228] 더 자세한 것은 Yohahn Su, "A Study on the Theological Traditions of the Free Church of Scotland-10 years conflict from 1834 to the Disruption of 1843-," *Chongshin Review* (2013); 서요한, "제5장 스코틀랜드 자유교회의 신학적 전통," 『스코틀랜드교회와 한국 장로교』 (서울: 그리심, 2015), 117-147과 "제6장 토마스 찰머스의 생애와 사상," 『개혁신학의 전통』 (서울: 그리심, 2014), 189-217을 참고하라.

제3부

결론 및 평가

제6장

결론 및 평가

지금까지 살펴본 것처럼 1643년부터 1723년까지, 웨스트민스터 총회로부터 마로우 논쟁까지 스코틀랜드교회의 신학적 중심 주제는 언약사상이었다. 이 시기에 논의된 다양한 주제들, 예를 들면, 왕권과 교권, 국가와 교회, 기독교 예배 형태, 교회 정치와 화해법령, 목사 후원제도(Patronage)와 "마로우 논쟁 등은 격동기 스코틀랜드 언약도들의 신앙적 및 신학적 중심이었던 "언약"에서 비롯되었으며, 다른 모든 주제도 이와 긴밀히 연관되었다.

1560년 존 낙스가 스코틀랜드에서 종교개혁을 성취한 1세기 동안, 이 중심 주제는 열심히 전파되었으며, 교황제의 잘못들을 효과적으로 지적하였다. 또한, 언약신학은 개신교 운동을 증진하고 단결시키는 데 있어 크게 영향력을 행사하였다.[1] 그러나 언약사상은 또한 스코틀랜드교회의 내적 갈등과 반목의 기반이었고 신학적 문제들의 원인이었다.

이렇듯 지금까지 우리가 살펴본 1643-1723년은 언약사상에 관한 주요한 논쟁의 시기였다. 이 시기는 "언약"의 의미와 적용이 1638년에서 1723년 사이에 어떻게 바뀌었는지, 그 과정에서 무엇을 성취했는지를 분명하게 보여 주는 매우 중요한 시기였다. 이 논문에서 취급한 약 80년의 스코틀랜드교회의 정통 신학, 언약도들의 투쟁의 역사, 1643-1723년은 다음과 같이 간략히 세 시기로 정리할 수 있다.

① 1643-1648년

이 시기는 본서가 다루는 첫 번째 시기이다. 이 시기는 웨스트민스터 총회가 열

---

[1] Ralph Erskine, *Beauties of the Rev. Ralph Erskine* (Glasgow, 1840), viii.

렸던 기간으로 교회 정치를 포함하여 언약 교리의 성경적, 역사적, 정치적, 신학적 측면들의 성격과 깊이 연관되었다. 이 기간에 언약도들은 그들의 교회 정치 형태가 성경적 기초를 가지며, 그리스도께서 교회에 주신 권위를 올바르게 행사할 수 있는 유일한 형태라고 주장하였다. 이들은 언약신학으로부터의 모든 이탈은 그리스도의 교회의 머리 되심과 교회 정치 전체에 관한 교리들에 심각한 타격을 입혔다고 주장하였다. 이러한 타격들은 이미 본서의 처음 몇 장에서 고찰되었다.

언약도들은, 하나님께서는 주권적으로 당신의 계시된 뜻과 말씀의 순종에 따라서 인간과의 언약을 은혜로 세우셨다고 주장하였다. 1643년 8월, 런던에서 열린 웨스트민스터 총회에 참석한 스코틀랜드 신학자들의 주된 목적은 하나님의 백성이 은혜와 행위라는 두 가지 중요한 요소들과 함께 이 언약 가운데 있다는 사실의 중요성과 함축적 의미들을 밝히는 것이었다. 여기서 행위는 하나님께서 그리스도 안에서 인간에게 부어주신 분명한 은혜에 대한 반응으로 간주되었다. 스코틀랜드인들은 언약신학의 여러 면에 관하여 영국의 청교도들과 독립교회파(Independents), 에라스티안파와 약 6년여 동안 치열한 논쟁을 벌였다. 이들은 영국의 청교도들과 성공적으로 싸웠으며, 이후 스코틀랜드인들에게 자신들의 결과를 의미 있게 제공하였다.

스코틀랜드 언약도들은 『웨스트민스터 신앙고백서』와 함께 1638년의 국가 언약, 1643년의 엄숙 동맹과 언약을 받아들였다. 이로써 이들은 자신들의 영적 독립을 재확인했으며, 스코틀랜드 사람들이 스스로 선민 이스라엘처럼 하나님과의 관계에서 언약 백성이요 언약 국가로 간주하도록 용기를 불어넣었다.[2] 당시 호국경 크롬웰의 출현과 독립교회파의 지지는 영국에서 장로교의 정착을 약화하는 결정적인 계기였다. 그러나 스코틀랜드에서는 장로교가 더욱 강화되었다. 하지만, 이후 40여 년 동안 스코틀랜드 언약도들은 국왕의 철저한 보호를 받는 감독교회에 맞서 정말 치열하게 싸웠다. 그런데 이 싸움을 지원하며 동기를 부여한 것은 언약신학이었다.

이 기간에 "언약"이라는 말은 일차적으로 하나님께서 당신의 백성들과 맺으신 은혜언약을 지칭했다. 언약이라는 말의 이러한 용례와 더불어, 장로교 교회 정치와 관련하여 그리스도만이 교회의 유일한 머리시라는 사상이 강하게 주창

---

[2] Edwin Nisbet Moore, *Our Covenant Heritage* (Scotland: Christian Focus Publication Ltd., 2000), 18-19, 32.

되었다. 언약 개념에 대한 이러한 이해는 교회와 국가 관계에 대한 중요한 함축적 의미가 포함되었다. 그리고 언약도들은 1648-1688년 사이에 감독제와 맞서 싸우는 동안 언약의 정치적, 사회적 측면들을 강조하였다.

② 1649-1688년

이 시기, 1649년에서 1688년까지는 본서가 다루는 두 번째 시기이다. 이 시기에는 박해와 살육의 시기가 포함된다. 언약도들은 예배와 치리에 관한 형식적 문헌들을 승인하였다. 그러나 이들은 언약사상에 대한 충성을 버리지 않았다는 이유로 교회와 고향에서 쫓겨나야 하는 슬픔과 고난의 시기를 맞아야만 했다.[3] 1664년의 비밀 집회 금지법(Conventicle Act)[4]에도 불구하고 언약도들은 멀리 떨어진 야외에서 예배를 드렸다. 이들은 또한 이 기간에 언약에 관한 몇 가지 선언들을 내놓았다.

첫째, 1679년 5월 29일의 '루터글렌 선언'(Rutherglen Declaration)이다.

둘째, 1680년의 '퀸스페리 문서'(Queensferry Paper)와 '샌퀴하르 선언'(Sanquhal Declaration)이다.

셋째, 1682년 1월의 '스코틀랜드의 참된 장로교인들의 법령 및 변증적 선언'(Act and Apologetic Declaration of the True Presbyterians of the Church of Scotland)이다.

넷째, 1684년 '스코틀랜드의 참된 장로교인들의 변증적 선언 및 훈계적 주장'(The Apologetical Declaration and Admonitory Vindication of the True Presbyterians of the Church of Scotland)이다.

---

3 특별히 1660년 Charles 2세의 왕정복고로 영국에서는 2,000명의 청교도 목사들과 스코틀랜드에서는 400명의 언약파 목사들이 교회에서 추방되었다. Alexander Smellie, *Men of the Covenant* (London: Andrew Melrose, 1903), 176; 서요한, "제2장 청교도 운동의 역사적 개요"와 "제4장 청교도 운동의 기원과 발전(2)," 『청교도 유산』(서울: 그리심, 2016), 51-65, 89 116.

4 영국의 성공회 밖에서 5명 이상의 사람들이 별도로 갖는 종교 집회를 금지하는 법령이다. 이 법은 비 협조주의를 막고 성공회의 입지를 강화하기 위해서 제정되었다. 이 법은 통 Clarendon 제1백작 Edward Hyde가 입안하였으며, 이 밖에도 1662년의 균등 행위로 교회 예배 시에 공통 기도서에 기록된 모든 의식과 예식을 실천하는 것이며, 또한 1665년의 Five Mile Act가 있다. 이는 반대자들이 공인 된 마을에 함께 살지 못하도록 한 것이다. 1689년 명예혁명 시에 William of Orange는 Conventicle Act와 Five Mile Act를 폐지하였다.

이처럼 다양한 선언들을 통해서 스코틀랜드인들은 기독교인의 정치 참여는 물론 이 조항들을 통해서 자신들의 언약사상을 널리 공포하였다. 이렇듯 이 기간에 "언약"은 서로 관계된 다양한 의미로 사용되었다. 예를 들면, 많은 사람들이 하나님과의 개인적 언약이라는 상황에서 이 용어를 사용하였다. 그리고 이 용어는 교회가 갖는 하나님과의 언약 관계를 가리키는 말로도 사용되었다. 언약이라는 말은 또한 루더포드(Rutherford)의 『법과 왕』(Lex, Rex)에서는 통치자들과 백성들의 관계를 가리키는 의미로 사용되었다. 특별히 여기서 이 용어는 납세 거부와 왕과의 "거룩한 전쟁"을 위해 군대를 일으키는 과정에서 광범위하게 채용되었다. 이처럼 언약이라는 말은 이 기간에 상황에 따라서 서로 다르게 사용되었다. 그러므로 백성들이 언약이라는 말을 정확하게 어떤 의미로 사용하였는지를 알아내기는 쉽지 않다.

그러나 언약 개념의 복수성, 즉 개인적, 교회적, 국가적 의미를 주장하는 사람들도 은혜 교리를 그들의 언약신학의 중요한 부분으로 받아들였다. 무엇보다도 이 기간에 언약은 점차 정치성이 강조되었다. 그 결과보다 중요한 은혜언약의 영적, 경험적, 신학적 측면들에 대한 국민의 관심이 감소하였다. 교회를 은혜언약의 중심 교리로 되돌리기 위해서는 마로우 맨들의 노력이 필수적이었다.

③ 1688-1723년

셋째 시기는 1689년에서 1723년까지로, 이 기간에 언약신학은 더욱 개인주의적인 방법으로 확대되었다. 이러한 경향은 마로우 맨들이 신학을 적용하는 상황에서 더욱 두드러지게 나타났다. 총회의 지지를 받는 대적들과 달리 마로우 맨들은 수적으로 열세였다. 그런데도 이들은 이 기간 내내 언약신학을 버리지 않았으며, 각자의 목회지에서 수년 동안 언약신학을 발전시켰다. 이들은 하나님께서 당신의 백성들을 죄로부터 구원하시는 값없는 은혜를 위해 싸웠다. 그리고 이들은 하나님의 주권과 그분의 복음 제공뿐만 아니라 그리스도를 믿는 구원하는 믿음에 대한 확신의 필요성도 담대히 강조하였다.

이 기간에 교회와 국가의 관계들과 교회 내의 정치 문제들은 변화된 정치적 상황과 거의 관련이 없었다. 이제 관심은 하나님의 주권적 은혜와 구원, 믿음의 확신에 초점이 맞추어졌다. 이 기간에 언약사상은 은혜언약과 관련된 순수한 영적, 신학적 문제들에 관심이 집중되었다. 그리하여 마로우 맨들로 인하여 상황이 완전히 바뀌었다. 이제 은혜언약의 영적인 측면들에 대한 종교개혁자들의 지배적인 강조로 급속히 방향이 전환된 것이다.

1. "그리스도의 왕권과 언약을 위하여"

언약도들이 혁명기에 국가와 맞서 싸운 대 명제는 "그리스도의 왕권과 언약을 위해서"(For Christ's Crown and Covenant)였다. 이것은 또한 "그리스도의 영광과 그분의 말씀을 위해서"(For the Glory of Christ and His Word)이기도 했다. 이 명제와 함께 당시 교회의 관심은 성경의 최고 권위, 교회의 영적 독립, 통치하시는 중재자의 홀(忽)에 대한 통치자들과 국가 입법의 종속 등과 같은 문제들은 서로 떼어놓을 수 없을 정도로 밀접히 연관되었다. 이러한 근거 위에서 이들은 악명 높은 통치자들을 거부했을 뿐만 아니라 왕의 수장권을 비난하고 거부했다.

스코틀랜드 종교개혁자들은 언약사상을 그들의 개혁의 궁극적인 원칙으로 발전시켰다. 수장권과 그리스도의 머리 되심에 대한 교리적 갈등은 스코틀랜드 언약사상에 원천적으로 담겨 있는 본성과 은혜 교리에 기초하였다. 이러한 투쟁을 통하여, 언약도들은 성경과 스코틀랜드 종교개혁의 전통에 따라서 자신들의 행동을 확증하는 지각 있는 노력을 기울였다.

이 기간에 특별히 박해의 기간에 언약도들은 그리스도의 왕국과 그들의 나라를 위해 진리의 깃발을 높이 들었다. 언약도들은 불의에 맞서 기꺼이 저항하고 고난받을 각오가 되어 있었다. 언약사상은 주로 언약신학의 해석과 적용에서 당시의 기존 견해와 맞서 싸운 마로우 맨들에 의해 발전되었다. 여기서 필자는 스코틀랜드인들의 언약사상이 그들의 신앙과 삶에 어떤 공헌을 했으며, 또한 영향을 미쳤는지를 간략히 몇 가지로 정리하였다.

1) 교회와 국가에 대한 그리스도의 머리 되심

먼저 이들의 주된 논제 중에 하나는 교회와 국가에 대한 그리스도의 머리 되심이었다. 대륙의 어떤 개혁교회들은 16세기의 감독교회 체제에서 어떤 해로운 점도 발견하지 못했으며, 영국교회는 종교개혁 이래로 언제나 에라스티안 교회로 존재해 왔다. 하지만, 스코틀랜드에서는 이러한 사상이 매우 중요한 논쟁적 이슈였다. 사실 존 낙스 때부터 스코틀랜드 교회사는 시민 권력에 대한 에라스티안파의 침입에 맞서 교회의 영적 독립과 그리스도만이 교회의 머리가 되신다는 원리를 사수하기 위한 투쟁의 역사였다. 언약도들은 그들의 선배 개혁자들의 사상을 그대로 수용하였다. 그리고 이들은 하나님께서 주권적으로 교회와 국가를 다스리신다는 것을 핵심 교리로 주장하였다.

언약도들은 중재자이신 그리스도께서 교회의 직분자들로 하여금 국가의 간섭 없이 교회를 다스리도록 명령하셨다는 사실을 열렬히 주장하였다. 그와 동시에 이들은, 스코틀랜드는 장로교와 종교개혁의 원칙들을 유지하겠다고 맹세하신 왕(King)의 언약 국가라고 생각하였다.

그러므로 이들은 하나님과 그분의 백성들과는 언약 관계에 있는바, 국가 위정자에게 교회 직분자들이 연구 중에 해석한 하나님의 말씀으로, 가현적 교회(church visible)에 대한 외적 권한을 부여했다고 믿었다. 또한, 교회 직분자들에게는 불가현적 교회(church invisible)를 그리스도에게 이끌기 위해서 가현적 교회에 대한 내연적, 목회적 권한도 부여되었음을 믿었다. 언약도들이 남긴 유산은, 인간 통치자들은 당신의 교회를 다스리시는 직분자들, 오직 그리스도에게만 속한 그들의 특권을 빼앗아서는 안 된다는 것이었다.

교회와 국가라는 두 기관에 대한 하나님의 통치는 두 가지 각기 다른 방식으로 시행되었다. 창조자 하나님께서는 영원한 법에 따라 세상을 다스리셨다. 그리고 구속자 그리스도께서는 은혜를 따라 당신의 중재적 왕국(교회)을 다스리셨다(이것은 앤드류 멜빌과 사무엘 루더포드 그리고 조지 길레스피의 견해였다). 이러한 사상을 통해서 스코틀랜드는 신성한 언약적 유대에 의해서 하나의 기독교 개혁 국가로 세워졌다. 언약도들의 주장은, 언약들이 교회와 국가를 결속시킨다는 것이었다.

스코틀랜드에서는 이처럼 분리된 두 왕국이 국민 언약과 엄숙 동맹과 언약으로 하나로 결속되었다. 이 두 언약은 다음 세대를 대신하여 스코틀랜드 국민에 의해 그리고 심지어는 언약의 왕 찰스 2세에 의해 1651년에 맹세 되었다. 그러므로 언약도들은 당시 스코틀랜드가 언약 국가로 남아 있다고 생각하였다.[5]

그럼에도 불구하고 언약도들은 에라스티안파와 국왕에게 그리스도께서 교회의 유일한 머리라는 원칙을 확신시킬 수 없었다. 스튜어트 왕들은 교회와 국가를 똑같이 다스리기를 소망하였다. 언약도들의 성경 이해에 따르면 최고 권력은, 왕이 아니라 국가, 즉 국민을 대표하는 자유로운 의회에 의해 표현되는 국가의 뜻에 속한 것이었다. 언약도들은 국왕의 전제 독재가 아니라 의회 정부를 지지한다는 사실을 거듭 강조하였다.

언약도들은 그리스도의 머리 되심, 즉 "divine right of Christ"는 성경으로부터 끌어낸 궁극적인 원칙 중에 하나라고 확신하였다. 교회와 국가 관계에 대한 언약도들의 견해는, 이 둘 모두가 성경에 기록된바, 신적 제도들이며 각각은 서로 독립되었고, 각각은 각자의 영역에서 최고의 권위를 가지며 상호 지원과 협조에 있어서는 하나라는 것이었다. 교회는 국가에 국가 위정자에 대한 기독교 교리를 가르치고, 국가는 적절한 입법으로 교회를 세우며 국가의 재원으로 교회를 재정적으로 지원하는 것이다.

> 그러나 교회는 국가로부터 구별되고 독립적인 영역과 사법권을 가진다. 왜냐하면, 예수 그리스도만이 교회의 유일한 왕이요 머리이시며, 다른 모든 외부적 권위는 신적인 위엄에 대한 찬탈이요 반역이기 때문이다. 그리스도의 주권 아래서 모든 목회자는 지위와 권한에 있어서 평등하며, 교황제든 감독제든 어떤 종류의 것이든 간에 모든 지배는 비성경적이며 적 그리스도적이다. 예배에서 상징적 의식들을 시행하는 사람들은 자신들이 하나님의 은혜의 시혜자들이라고 믿었다.[6] 교회에는 예수 그리스도 외에는 다른 어떤 머리도 없다. 로마 교황은 결코 교회의 머리가 아니다. 그는 교회에서 그리스도와 하나님을 대적하여 스스로 높인 적그리스도요, 죄 많은 인간이자 예언의 아들이다.[7]

그러므로 왕까지도 하나님을 인정하고 당신의 백성에 대한 하나님의 통치에 복종해야 한다. 왕은 교회와 국가의 수장이 아니다. 그는 다만 이 두 기관의 종일

---

[5] John L. Carson, *The Doctrine of the Church in the Secession* (University of Aberdeen, 1987), Ph. D. Thesis, 167-168.

[6] James Dodds, *The Fifty Years' Struggle of the Scottish Covenanters 1638-1688* (Edinburgh: Edmonston and Douglas, 1860), 14.

[7] G. D. Henderson, *The Claim of the Church of Scotland* (Hodder and Stoughton Ltd., 1951), 15. Cf. R. W. Dale, *History of English Congregationalism* (London: Hodde1, and Stoughton, 1906), 111.

뿐이다. 이것은 왕이 백성들 위에 군림할 수 없고, 다만 그의 백성들과 동등할 뿐이라는 사실을 의미한다. 한마디로 말하자면, 절대 권력이란 없다는 것이다. 따라서 왕은 하나님의 종으로서 그의 백성들을 잘 보살펴야 한다.

2) 교회 정치와 그리스도인의 삶

언약도들은 예배와 교회 치리의 형식을 포함하여 교회 정치의 중요성을 강조하였다. 이들은 그것을 『웨스트민스터 신앙고백서』와 『장로교 정치 규례』(The Form of Presbyterian Church Government)에서 일목요연하게 정리하였다. 언약도들은 웨스트민스터 문서들에서 그리스도의 머리 되심과 장로교 교회 정치를 강조하였다. 이들의 이러한 견해는 예배와 치리에 있어서 개혁교회 예전의 중심을 차지했으며, 특히 1690년 장로교 교회 정치체제 확립 이후에 그러하였다. 언약도들은 스코틀랜드를 민주 국가보다는 이스라엘처럼 신정 국가로 만들려고 노력하였다.

요하네스 보스(Johannes G. Vos)는 이렇게 지적했다. "언약도들의 주된 관심사는 인간의 권리로 여겨지는 시민적, 종교적 자유들이 아니었다."[8]

이들은 순전히 정치적인 기초에서 시민의 자유를 위해 싸우지 않았으며, 오늘날 모든 신조에서 따르고 있는 보편적 자유라는 의미에서 이해되고 있는 것처럼 종교적 자유를 위해 싸우지도 않았다. 이들의 주된 원칙은 정치적이거나 인간적인 것이 아니라 오로지 신정적(神政的)이었다. 이들은 하나님이 성경에 계시하신 권리들을 인정했으며, 국가와 교회를 비롯하여 삶의 모든 영역에서 이러한 권리들이 실제 인정되고 존중되기를 열망하였다.[9] 이들은 하나님께 순종하느냐 그렇지 않으면 국왕에게 순종하느냐 둘 중에 하나를 선택하지 않으면 안 되었다. 그러므로 이 시대에 팽배한 적의와 불관용은 모두 신학적 증오에서 비롯되었다기보다는 오히려 왕과 그의 백성들 사이에서 발생한 대립과 반목, 전쟁의 불길 속에서 생겨난 정치적 열정에서 비롯되었다.

스코틀랜드에서 언약도들은 절대주의에 맞서 그리고 대중적인 대표자들에 의한 제한 군주제와 정부를 상대로 싸웠다. 결사적인 전투에서 신학적으로뿐만 아

---

8 Johannes G. Vos, *The Scottish Covenanters: Their Origins, Hisory and Distinctive Doctrines* (Pennsylvania: Crown and Covenant Publications, 1980), 118.
9 *Ibid.*, 119.

니라 정치적으로도 큰 타격을 입은 이들의 대적자들은 로마주의자들(Romanists)과 영국교회의 감독교회파와 독립교회파였다.[10] 언약도들은 국왕이 교회와 국가에서 절대적인 권력을 가진다고 믿는 교황 수장권과 감독교회주의(Episcopalianism)에 맞섰다. 언약도들에게 있어, 장로교 교회 정치는 그리스도께서 당신의 집에 세우시고 성경에서 가르치신 유일한 형태였다.[11] 이들은 스코틀랜드의 신앙고백서들과 언약들 그리고 국가적, 교회적 권위들에서는 물론이고 성경에서 이처럼 확실한 결론에 대한 지지를 발견하였다. 그들에게 그리스도의 나라 형태는 선택적인 것이 아니라 일방적이자 명령적인 것이었다. 따라서 장로교의 신적인 권리를 옹호하지 않는 사람들은 그리스도와 교회의 원수로 간주되었다.

언약도들은 교회에 대한 자신들의 공식을 하나의 참된 교회와 일치시켰다.[12] 에라스티안파가 왕권신수설을 주장했지만, 언약도들은 지속적으로 장로교의 신적 권리를 강조하였다. 언약도들은 다른 교회들을 무시하고 장로교의 신적 권위를 강조하였다. 그뿐만 아니라 그들의 언약 개념은 교회라는 상황 속에서 신자들과 그들의 자녀들까지 포함되었다. 이러한 언약 개념은 사무엘 루더포드(Samuel Rutherford)에 의해 옹호된 연합 회중(mixed congregation)을 받아들이는 데까지 이르렀다.

> 세례를 받긴 했지만, 비 언약자의 대중들을 가현적 교회(Visible Church)로부터, 대영제국에 있는 은혜언약으로부터, 그리고 모든 개혁교회로부터 출교시키는 것은 하나님께서 성경에서 인정하신 방법이 될 수 없다. 그리고 당신이 판단하기에 그들이 구원을 위해 선택된 자들이 아니라고 해서 이 모든 사람을 부르시는 하나님의 은혜로운 부르심의 문을 닫는 것도 또한 그러하다.[13]

그리고 루더포드는 계속해서 다음과 같이 말한다.

> 가현적 교회가 비록 검고 흠투성이라 할지라도, 우리는 이 가현적 교회를 그리스도가 주시요 의사이시자 주인이신 병들고 지친 사람들을 위한 병원이요 여관이라

---

10 James Dodds, *op. cit.*, 15-18.
11 Alexander Moncrieff, *The Practical Works of the late Reverend Alexander Moncrieff* (Edinburgh, 1779), vol. II, 28.
12 John L. Carson, *The Doctrine of the Church in the Secession*, Ph. D. thesis (Aberdeen University, 1987), 23.
13 *Letters of Samuel Rutherford* (ed.), A. A. Bonar (New York: Robert Carter and Brothers, 1861), 552-553.

고 생각한다. 그리고 우리 주님께서 여러분과 우리를 기다리셨듯이 우리도 아직 그리스도 안에 있지 못하는 자들을 기다릴 것이다.[14]

이것은 독립교회파들에 의해 수용된 "가현적 성도들"(visible saint) 개념과는 명확한 대조를 이루었다. 후자도 또한 언약 개념으로 받아들여졌다. 그러나 이 개념은 구성원들이 하나님 앞에서 서로 언약을 맺을 때 지역 교회 상황에서 적용되었다. 이들 중 대부분은 1660년까지 언약적으로 국가교회 개념을 기꺼이 받아들였다.

3) 그리스도인과 양심의 자유

언약도들은 스코틀랜드에서 장로교의 승리를 보고자 했다. 따라서 이들은 양심의 자유를 위해 열심히 싸웠다. 언약들과 언약도들이 의식적 또는 무의식적으로 목표한 것은 시민의 종교적인 자유였다. 이것은 1638년의 국민 언약 운동으로부터 1688년의 명예혁명에 이르는 50년에 걸친 이들의 투쟁목표였으며, 1661년에 시작된 왕정복고 이후 28년간의 고난 끝에 1688년 명예혁명으로 마침내 성취해낸 것이었다.

국왕은 그의 권위로서 하나님의 백성을 무시해서는 안 되며, 어떤 순간에도 국가적 문제이건 종교적 문제이건 간에 압제와 박해가 있어서는 안 되었다. 언약도들은 독재적 통치자들로부터의 자유와 공동체 국가(Commonwealth)를 위협하지 않는 모든 목적의 통합적 자유를 보증하였다. 이것을 정착시키기 위해서 이들은 스코틀랜드가 하나님의 말씀에 대한 반대가 없어야 하며, 정직한 양심에는 어떠한 공격도 가해져서는 안 된다는 것을 이해하도록 고무시켰다.

더욱이 언약도들은 그들의 용기와 인내와 믿음에 의해 절대 왕정을 끝장내고 국가의 독립과 자유와 평화를 지켰을 뿐만 아니라 종교적 자유까지 쟁취하였다. 의회가 『웨스트민스터 신앙고백서』를 교회의 보충적 기준으로 받아들이고, 교회의 영적 독립을 선언한 것은 1690년의 명예혁명 체제 확립 때였다.[15] 『웨스트민스터 신앙고백서』는 국가에 의해 마련되어 교회에 강요되었다는 주장이 때때로 제기되었다. 그러나 이러한 주장을 뒷받침할 만한 어떤 실제적인 근거가 없

---

[14] *Ibid.*, 553.
[15] Thomas Brown, *Church and State in Scotland* (Edinburgh: Macniven & Wallace, 1891), 164.

다. 오히려 인간은 그가 믿는 바에 대해서 하나님께만 책임이 있으며, 그의 양심이 그에게 허락하는 방법으로만 그의 창조자를 예배할 수 있다고 선언되었다.[16]

언약도들은 로마교회의 지배권과 에라스티안파의 침입과 공격에 맞서 개혁 신앙을 지키고, 전제적인 압제에 항거하여 국가의 제도적 법률들과 모든 백성의 자유를 수호하기 위해 열심히 노력하였다.[17] 따라서 이들의 정치 참여는 이들의 양심의 자유와 믿음을 지키고 유지하기 위해서는 꼭 필요한 것이었다. 이들은 성경에 분명히 계시된 하나님의 뜻을 발견하고, 이에 적극적으로 순종하고 따라야 한다고 믿었다.

명예혁명 이후 존경받는 교회 목회자들의 작은 집단이 신앙 양심에 역행하여 행동할 수 없다는 이유로 교회 정치에 반대하는 모임을 하는 것을 국가가 처음으로 발견한 것은 바로 마로우 논쟁에서였다. 그러나 이들은, 자유롭게 예배하는 퀘이커파와 같은 분파들에게 신앙의 자유를 허용한 올리버 크롬웰(Oliver Cromwell) 만큼 멀리 나가지는 않았다.

마로우 논쟁이 즉각적인 분열을 초래하지 않은 것이다. 그런데도 마로우 논쟁은 국민들에게 분명히 긴장 관계를 형성했으며 분열의 가능성을 내포하였다. 그 후 이것은 다음 40년 동안의 고귀한 회의들을 어느 정도 준비하기 위한 것이었다.[18] 마로우 맨들은 하나님의 주권적 은혜와 그리스도를 믿는 믿음이 개혁신학의 주된 강조점들이라고 주장했으며, 이것들은 하나님께서 값없이 주시는 선물임을 강조하였다. 이들은 형제들에게 비난당했지만, 자신들의 신념을 절대 버리지 않고 후대에 개혁신학의 정수를 상속하였다.

4) 스코틀랜드 국민과 언약신학

이 기간에 일어난 모든 사건은 간략히 "스코틀랜드 국민과 언약사상에 대한 이들의 전통"으로 요약될 수 있다. 이 기간 전체에 걸쳐 이중적인 언약 구조, 즉 일방적(unilateral)이고 쌍무적인(bilateral) 언약 구조는 종교에서뿐만 아니라 정치에서도

---

16   John Beveridge, *The Covenanters* (Edinburgh: T & T. Crack, 1905), 135.
17   *Ibid.*, 136; G. N. M. Collins, "The Scottish Covenanters," *The Christian and the State in Revolutionary Times* (The Westminster Conference Paper, 1975), 45-59.
18   Thomas Boston, *Human Nature in its Fourfold State* (Edinburgh: The Banner of Truth Trust, 1964), 30.

사용되었다. 우리가 앞의 여러 장에서 살펴본 바와 같이, 언약 개념의 성경적 본래 의미는 일방적이며 쌍무적이다. 다시 말해서 언약은 하나님께서 관계하시며 하나님께서 중심이 되신다. 그리고 언약 개념은 또한 하나님의 값없는 은혜를 강조한다. 이러한 언약 개념이 언약도들이 직면한 역사적 상황에 적용되었을 때, 언약 개념은 국민에 의해서 다양하게 채색되었다. 그리고 이러한 언약 개념이 종교적 상황에 적용되었을 때, 언약 개념은 하나님의 값없는 은혜와 주권을 강조하였다.

언약 개념이 인류에게 적용되었을 때는 하나님의 계시된 뜻에 대한 순종을 의미했다. 따라서 언약도들은 성경적 교리에 위배되는 모든 종류의 인간적인 의식과 예식들을 거부하였다. 언약도들에게 있어 속죄 교리와 구원하는 신앙의 본성 및 의로운 저항의 원리 등은 언약신학의 중심이었다. 언약도들은 구원이란 오직 하나님의 주권적 은혜에 달려 있다고 주장하였다. 복음은 값없이 주어졌다. 그렇지만 이것은 모든 사람이 하나님의 가족임을 의미하는 것은 아니었다. 택자들은 그분의 영원한 계획과 은혜에 의해서만 구원받는다. 이것은 당신의 백성들에 대한 관계에서 하나님의 전적인 주권의 강조였다.

언약도들은 장로교 교회 정치 형태와 그리스도를 믿는 믿음에 의한 하나님과 그의 백성들 간의 언약 관계는 하나님의 말씀에 기초하는 것이 틀림없다고 믿었다.[19] 자신들의 권위를 통합적으로 행사하는 가운데, 직분자들은 "피차 서로 복종해야 하며, 이들 모두는 주 예수 그리스도께 복종해야 했다." 또한, 하위 장로교회 법정, 예를 들면, 당회와 노회, 대회는 총회와 같은 상위 법정에 복종해야 했다. 예를 들면, 공동 의회는 노회에, 노회는 총회에 복종해야 했다.[20] 이들은 이러한 언약들에 의해서 자신들이 복종해야 하는 이러한 장로교 교회 정치도 국가적, 교회적 권위들에 의해 세워졌음을 강조했다.[21] 윌리암 윌슨(William Wilison)은 이렇게 말하였다.

> 우리는 새로운 신앙고백이나 기준이 아니라 스코틀랜드의 언약 기준을 위해 있습니다. 그리고 당신이 스코틀랜드교회의 언약적 질서를 보는 곳에서, 나는 당신이 그리스도의 기준을 볼 수 있다고 거리낌 없이 말합니다. … 나는 당신이 우리가 취하는 모든 단계를 밟아야 한다고 말하지는 않습니다. 그러나 언약적 질서만이 아

---

19 Ebenezer Erskine, *Works*, vol. III, 68.
20 William Wilson, *Sermons* (Edinburgh, 1748), vol. IV, 5, 8.
21 Ebenezer Erskine, *Works*, vol. II, 347.

니라 스코틀랜드 언약교회가 정부에 분명한 태도를 보이고 이에서 이탈하는 잘못을 범하지 말라고 말하는 것입니다.[22]

스코틀랜드 언약도들은 "언약"이라는 말을 그리스도와 국가뿐만 아니라 각자 그리스도인의 삶과 예배를 포함하여 교회 정치의 권징 체계까지 결합하는 하나님의 주권을 강조하는 것이 성경적 주제라고 주장하였다. 언약은 교회와 국가 간의 전체적인 싸움과 교회 안에서의 은혜 교리들에 관한 싸움에서까지 그 기초 역할을 하였다. 따라서 언약은 교회의 바른 중심에서 교회에 크게 영향을 끼쳤다. 특별히 마로우 맨들은 교회 신학의 방향을 새롭게 설정하려고 노력하였다.

그러나 이들의 이러한 노력은 오히려 이들을 총회 지도자들과의 갈등으로 몰아넣었다. 널리 인정되고 있듯이 이들의 반응들은 과다한 열심 때문에 크게 망가졌다. 그러나 이 기간에 스코틀랜드교회가 펼친 운동의 중심에는 성경적 은혜 교리에 관한 관심이었다. 이들은 값없는 은혜는 그리스도께서 인간 구원의 모든 부분을 완성하시고 그리스도를 믿도록 인간을 부르셨음을 확증하고 선포했다고 생각하였다.[23]

위원회는, 복음은 택자들에게만 제공될 수 있으므로, 개인들은 확신을 두고 복음을 수용할 수 있기 전에 자신들 속에서 선택의 증거들을 발견해야 한다고 주장하였다. 은혜를 조건적인 것으로 만들 뿐만 아니라 은혜의 선포를 제한하는 것은 율법적인 전파였다. 이와는 대조적으로 마로우 맨들은 복음의 값없는 제공을 위해 투쟁하였다. 그리스도는 모든 사람에게 전파되어야만 한다. 이것은 요한복음 6:37에 기록된 말씀과 같이 그리스도 바로 그분의 명령이다.

> 아버지께서 내게 주시는 자는 다 내게로 올 것이요 내게 오는 자는 내가 결코 내쫓지 아니하리라(요 6:37).

말씀대로라면 택자들은 응답하고 구원을 받을 것이다.[24] 모든 마로우 맨들은 하나님께서 값없이 주시는 은혜와 값없는 복음의 전파를 옹호하였다. 이들이 주

---

22 William Wilson, "The Day of a Sinner's believing in Christ a most remarkable Day" (Edinburgh, 1741), 59.
23 Ralph Erskine, *Works*, vol. 1, 137.

장하고자 하는 바는 은혜의 교리가 일련의 갈등 원인이었다는 것이다. 이 모든 기간에 신학의 중심된 연결 패턴이 『웨스트민스터 신앙고백서』에서 형성되었다. 이 신앙고백서는 스코틀랜드 총회에 의해 받아들여졌다. 또한, 이 신앙고백서는 살육의 시기 동안에도 언약도들의 지지를 받았으며, 1690년에는 법으로 다시 확립되었다. 그리고 이 신앙고백서는 또한 마로우 맨들에 의해 그들의 신학적 기준으로 수용되었다.

『웨스트민스터 신앙고백서』의 중심 신학은 제3장에서 이미 우리가 살펴본 것처럼 언약신학으로 알려졌다. 그리고 스코틀랜드 언약도들은 하나님을 믿는 그들의 믿음을 나타내기 위해서 이 주제를 사용하였다. 이들은 스스로 언약적 상황속의 이스라엘 백성들과 동일시하였다.[25] 스코틀랜드 언약도들은, 스코틀랜드가 언약 국가로서 나라의 물질적, 영적 풍요를 위해 함께 일하는 교회와 국가에서의 하나님의 통치의 "신정적 목적"을 깨닫기를 간절히 열망하였다.[26]

그러나 교리를 전개하는 과정에서, 이들은 많은 사람이 그랬듯이, 특별히 개혁자 존 낙스처럼 구약을 많이 의존하였다. 이들은 또한 정상적인 그리스도인이라면 그들의 가르침을 받아들일 것으로 생각하는 이상주의적인 성향도 갖고 있었다. 그 결과 반대자들의 도전으로 어려움을 겪기도 하였다.

2. 적용과 평가의 몇 가지 요점들

지금까지 우리가 살펴본 언약도들의 신앙적 삶과 고난은 그리스도의 신부로서 거룩과 순결을 잃어버린 채, 특징 없이 타협적이며 세속적이고 다원화되어 가는 현대 교회들에 커다란 도전이 아닐 수 없다. 그들은 하나님과 그리스도와 성경 그리고 그들의 교회와 예배를 사랑하였다. 그들은 영국의 통합된 세 나라에 통일된 장로교를 심으려고 노력하였다. 이들은 그리스도 안에서 사람들은 개인

---

[24] Ebenezer Erskine, *The Whole Works of the late Rev. Ebenezel Erskine* (Edinburgh, 1871), vol. II, 283.
[25] Edwin Nisbet Moore, *Our Covenant Heritage* (Scotland: Christian Focus Publication Ltd., 2000), 18-19, 32.
[26] Alexander Moncrieff, *The Practical Works of the late Reverend Alexander Moncrieff* (Edinburgh, 1779), vol. II, 92 "이 정부들은 비록 서로 다르고 평행하며 서로 다른 것이지만, 서로 모순된 것은 아니다. 그리고 이 둘은 모두 하나님이 세우신 것이므로 서로에 대한 배타적이지 않으며, 서로 협력하고 강하게 해 준다."

적 신념들을 체현한 기관으로 교회를 대표하는 총회에 의해 통과된 법들의 통치를 받아야 한다는 확신을 했다.[27] 사람들은 오직 그리스도를 예배하고 그만을 섬기기 위해서 영적 독립과 자유를 보증받아야 한다고 믿었다.

그들을 반대하는 자들과 달리 언약도들과 마로우 맨들은 적은 수에 불과했으며, 형제들로부터 거친 광야로 내어 쫓김을 당하였다. 언약도들과 마로우 맨들의 고난은 국가를 위한 열정과 하나님의 영광과 그의 나라를 위한 특심을 보여 준다. 이들을 지지하는 사람들은 순간적인 안전과 세상적인 희망이 확신과 양심의 대체물이 될 수는 없다고 주장하였다. 그들이 직면한 상황들을 어떻게 극복할 수 있었는지를 살펴보는 것도 바람직하다. 그러므로 결론적으로 언약사상에 관한 이러한 연구를 현재 우리가 처한 상황에 적용하며 그와 동시에 스코틀랜드 언약도들의 사상과 방법을 평가하는 것이 시의적절하다. 더 자세한 설명을 위해서는 네 가지 영역들이 필요한바, 이에 대해서 다음과 같이 간략히 정리하였다.

첫째, 하나님과 당신의 백성 사이의 관계와 하나님과 예배에 대한 스코틀랜드 언약도들의 태도이다. 하나님과의 언약 관계 때문에, 언약도들은 그리스도인들이 참된 예배의 본성과 그리스도인의 믿음의 본질을 숙고하는 것이 꼭 필요하다고 생각했다. 이러한 점에서 언약도들은 하나님과 하나님의 나라와 하나님의 영광을 위한 삶에 대단한 열심을 확실히 가졌다. 언약도들에게 경건은 그들의 종교적 삶의 확연한 특징이었다. 게다가 언약도들은 결코 비성경적인 종교들이나 정치 조직들을 감내하려 하지 않았다.

하지만, 언약도들이 불관용으로 인해 비난을 받는다면 이들의 잘못은 그 속에서 그들의 대적들과 다른 분파들이, 더 많이는 아니라고 하더라도, 그들만큼이나 깊이 연관된 "그들의 시대에 대한 우매함"이었다.[28] 하지만, 언제나 관용의 필요성은 있었다.[29] 특히, 믿음의 가정에서 그러했다. 언약도들은 불의한 통치자를 폐위시키기 위해서 준비하였다. 그러나 이것은 항상 신앙 수호와 연관되었다. 교회와

---

27 James Dodds, *The Fifty Years, Struggle of the Scottish Covenanters 1638-1688* (Edinburgh: Edmonston and Douglas, 1860), 392-393.
28 *Ibid.*, 52.
29 Knox 교수가 제시한 것처럼, 여기에서 관용은 한쪽이 허용된 다른 쪽의 정책들을 인정한다는 것을 의미하지 않는다. 관용은 다른 쪽이 그 정책이 사회 질서와 안녕에 해로울 것이라는 두려움이 있다 할지라도 존재하고 조직을 갖출 권리가 있다는 데 동의해야 하고 또 동의하지 않을 수 없다는 것을 의미한다. R. Buick Knox, "A Scottish Chapter in the History of Toleration," *Scottish Journal of Theology*, vol. 41, 57.

정부는 손에 손을 맞잡고 나갔다. 그러나 우리는 이러한 질문을 던질 필요가 있다.

시민 정부는 신앙의 순수성과 관련된 문제들에 관여하지 말아야 하지 않는가?

우리는 말로만 신앙을 수호해서는 안 되지 않는가?

어떤 의미로 종교가 정당한 전쟁을 일으킬 수 있는가?

우리 시대에 많은 근본주의 집단들이 그들이 유일한 종교라고 믿는 것을 위해 싸우는 것과 같이 소위 "의로운"(just) 전쟁이 있다. 이러한 집단들은 힌두교와 이슬람, 개신교 그리고 로마 가톨릭이 될 수도 있다.

스코틀랜드 언약도들은 의심할 바 없이 이에 대한 그들의 반응이 의로운 것이라고 믿었다. 교회와 국가는 모두 하나님에 의해 통치되지만 분명하게 구분된다. 그리스도께서는 교회의 유일한 머리이시다. 이것은 교회에 감독제를 강요하여 그리스도의 왕권을 위협하거나 파괴함으로써 교회를 통치하려는 군주들이 그리스도의 권위 찬탈자라는 것을 의미했다. 언약도들은 이러한 일은 결코 용납될 수 없으므로 무력으로 왕에게 저항하는 길 외에 다른 어떤 선택은 있을 수 없다고 생각하였다.

둘째, 그리스도인의 신앙에 있어서 다양성과 통일성의 원리에 관한 것이다. 우리가 본서 전체를 통해 살펴본 바와 같이, 언약도들은 "언약" 교리와 원칙을 확고히 고수했다. 그러나 이들은 언약 국가에서 그리스도의 몸 안에서 그리스도인의 다양성과 통일성의 포괄적인 원리를 보지 못했다. 필자는 존 커닝햄(John Cunningham)의 다음과 같은 주장이 옳다고 생각한다.

> 교회 정치와 종교적 자유에 대한 좁은 식견이 오랫동안 스코틀랜드를 지배하였다. 지금 이러한 좁은 식견들이 영국의 영향에 의해 강제적으로 확대되는 것도 당연하다.[30]

우리는 물론 이 기간에 일어난 어려운 상황들을 이해한다. 교회와 국가는 모두 교리적, 정치적 문제들에 직면해 있었다. 언약도들은 그들이 비성경적이라고 생각하는 다른 기독교 집단들과의 교제를 용납할 수 없었고 하지도 않으려 했다. 언약도들은 하나님의 말씀이나 언약은 그리스도인의 삶의 전 영역에 미친다고 생각했기 때문이다. 따라서 이들은, 예를 들면, 우상을 숭배하거나 압제적인 통

---

[30] John Cunningham, *The Church History of Scotland* (Edinburgh Adam & Charles Black, 1859), vol. II, 355.

치자의 제거를 정당화하였다.

그러나 이들의 가르침은 라틴 아메리카에서 시작된 현대 해방신학과는 거리가 멀었다. 해방신학은 사회적, 정치적 자유라는 측면에서 복음을 급진적으로 해석한다. 해방신학은 아마도 20세기의 가장 영향력 있는 신학적 조류 중에 하나이며, 현대 기독교 사회에서 가장 널리 논의되고 있는 신학 경향이다. 해방신학은 남아메리카를 필두로 아프리카와 아시아의 여러 국가적 상황 속에서 다양한 형태로 표현되었다.

하지만, 해방신학이 태동하고 자유의 메시지를 끊임없이 선포한 것은 라틴 아메리카의 착취 받는 대중들 가운데서였다. 아프리카에서는 해방신학을 기술하기 위해서 다양한 용어들을 사용하였다. 해방신학은, 예를 들면, 정치 신학 또는 유럽 신학자들과 철학자들의 정교화와 막시즘의 다소간의 수용과 더불어 라틴 아메리카의 역사에 굳건히 뿌리를 두고 있는 혁명 신학으로 묘사되었다. 이것은 20세기 중반 한국에서, 지금은 아득한 과거요 전설이 되어버린 군사 독재에 맞서 항거한 민중신학(Minjung Theology)[31]이었다. 표면적으로는 스코틀랜드 언약도들과 라틴 아메리카의 해방신학자들 사이에는 몇몇 유사성이 존재한다.

예를 들면, 두 진영은 모두 보통 사람들에 관심을 가졌으며 국민(민중)의 목소리를 존중하며, 그들이 주도적 위치를 갖기를 소망하였다. 또한, 이 두 집단은 모두 사회와 교회에 영향을 미치는 핵심적인 문제들을 만족하게 다루지 못했다는

---

[31] 해방신학이 라틴 아메리카의 상황 신학이라면 민중신학은 한국적 상황 신학으로 1960년대 이후 한국 사회의 산업화와 도시화 과정에서 생긴 여러 가지 사회적 문제를 선교과제로 수용하는 실천 속에서 형성된 신학이다. 이들은 민중을 무지몽매한 계몽이나 사회봉사의 대상이 아닌, 역사의 주체와 사회의 실체로 보는 것이 특징이며, 과거 군사독재정권 시절, 신학자들의 사회운동 즉, 기독교적인 민중운동에 기초하였다. 당시 민중신학의 형성에 핵심적 역할을 한 사람들은 조직신학자 서남동과 성서신학자 안병무, 기독교 윤리학자 현영학 등이다. 1960년대 한국신학의 특성은 토착화 신학의 모색과 세속화 신학의 유행이었다. 그런데 민중신학은 토착화된 세속화 신학을 배경으로 1970년대에 정치 신학과 해방신학으로 발전하였다. 이것은 마침 1972년 박정희의 영구 독재를 위한 유신헌법이 통과된 후 한국교회는 체제와의 갈등을 겪었다. 1973년 초에 새로운 한국적 신학을 형성하는 '한국 그리스도 선언'이 선포되었다. 서남동은 이 선언에서 "억눌린 자에게 자유를 얻도록 하고, 그들과 함께 실며 성령이 우리의 품성을 변화시키도록 하겠다"라고 밝혔다. 이는 유신체제 하에서의 한국교회의 신앙고백이자 한국적 민중신학의 출발점이었다. 따라서 민중신학은 정신적, 심령적 구원보다는 역사적, 정치적 구원을 지향하였다. 그는 하나님의 선교를 해석하는 작업으로 사회경제사 또는 문화사회학의 방법을 적용했다. 그는 또한 '출애굽'과 '십자가 사건'을 해방과 구원의 근거로 삼았다. 방법론으로는 판소리와 탈춤 등을 통해 민중 운동사의 내면적인 혼을 고려하고, 동시에 기독교 민중사와 한국민중사를 통합 선교에 합류하였다.

이유로 정치적, 영적 지도자들에게 신랄한 비판을 가했다. 두 집단은 또한 자신들의 신념들을 뒷받침하려는 목적에서 성경을 사용하였으며, 성경을 특별하게 해석하여 스스로 다른 사람들로부터 구별시켰다.

또 한 가지, 양 집단들은, 모두 각자가 우선적인 대상들이라고 생각한 것을 지키기 위해 교회의 행동뿐만 아니라 혁명적, 정치적 행동을 준비했다. 더욱이 한쪽에서는 로마 가톨릭이 주도적인 역할을 했으며, 또 다른 쪽에서는 개신교와 장로교가 주도적인 역할을 했다. 그러나 두 집단은 모두 그들 각자의 교회에 관심이 있었으며, 혼란된 교회와 국가 관계에서 야기된 상처들을 각기 다른 방법으로 치유하려고 했다. 이 밖에도 이 둘 사이에는 또 다른 유사점들이 있을 수 있다. 그러나 스코틀랜드 언약신학과 해방신학 사이의 차이점은 더욱 두드러진다. 예를 들면,

첫째, 스코틀랜드 언약신학자들은 성경의 정통적인 교리들, 즉 16세기 종교개혁의 신학적 전통에 아주 충실했지만, 해방신학자들은 로마 가톨릭 지도자들의 분노와 반대의 상황들을 일으키기 위하여 이러한 교리들을 급진적으로 해석하였다.

둘째, 성경에 대한 이 두 집단의 견해와 접근 방법도 매우 달랐다. 이러한 차이는, 예를 들면, 아주 다른 해석학적 접근에서 찾아볼 수 있다. 라틴 아메리카 해방신학의 창시자인 구스타포 구티에레쯔(Gustavo Gutierrez)는 성경을 해석하는 초점으로 현존하는 사회적, 정치적 상황들을 선택했다. 이 점에 있어서, 이것은 처음부터 편견적 이었으며, 이 경우 믿음은 거의 절대적으로 정치적 영역이나 역할에서 주어졌다. 이와는 대조적으로 스코틀랜드 언약도들은 그들의 해석학적 방법론에서 완벽하지 않았음에도 불구하고, 성경의 영감과 계시 구조를 배경으로 순수하게 성경을 해석하였다. 달리 말하면 이들은 하나님과 절대 주권, 구원의 은혜와 믿음의 실천을 그리스도와 성경으로부터 현존하는 상황들로 나아갔을 뿐, 현재의 다양한 견해들을 성경에 유입하여 성경을 해석하지 않았다.

이처럼 이 둘 사이에는 미묘하지만 중요한 초점과 방법론의 차이가 존재하는 것이다. 게다가 언약도들은, 구원은 전적으로 하나님의 은총에 의해 믿음을 통해 주어지며, 반역은 오직 특수한 경우에, 성경이 허락하는 특별한 경우에게만 정당화된다고 선포하였다. 언약도들은 성경을 하나님의 말씀으로 믿고 확고하게 사수했으며, 인간 구원에 절대 필수적임을 강조하였다.

그런데도 왜 언약도들은 그리스도인의 통일성과 사랑의 은혜를 무시했는가?

그들은 교회의 문을 지나치게 활짝 열고 모든 것을 받아들이는 것은 위험하다고 생각했기 때문이다. 그러나 우리는 여기서 정통(orthodox)은 전통제일주의(traditionalism)가 되기 쉽다는 것을 알아야 할 것이다. 마틴 로이드 존스(D. M. Lloyd-Jones)는 그리스도의 신성과 구원의 방법과 같이 교회를 통해 고수되어야만 하는 일차적 진리들이 있지만,[32] 다른 한편으로 세례와 교회 정치처럼 통일성의 장애가 되어서는 안 되는 이차적 진리들이 있다고 하였다.

그러나 스코틀랜드 언약도들은 이를 전혀 허용하지 않았다. 그래서 이들은 그들이 최고의 위치에 둔 이차적 진리들을 매우 중요시하였다. 이런 사고는 오직 장로교 제도만이 성경이 보증하는 제도이며, 따라서 다른 어떤 형태도 비성경적으로 전혀 용납될 수 없다는 그들의 확신에서 연유한 것이다.

셋째, 언약도들은 거의 절대적으로 언약신학에 초점을 맞춘 특별한 해석학적 원리를 가지고 있었다. 교리와 예전과 관계된 모든 것들은 언약이라는 관점에서, 특별히 구약의 언약신학이라는 관점에서 관찰되었다. 결과적으로 이들은, 예를 들면, 하나님의 주권, 하나님의 이름과 구속 사역 등과 같은 주제들에 응축된 성경의 다른 주제들을 소홀히 하였다. 게르할더스 보스(Geerhardus Vos)와 월터 카이저(Walter Kaiser)에 따르면, 성경을 단 하나의 배타적인 방법으로 해석하는 것은 잘못이다. 많은 주제가 구약의 통일성에 이바지하고 또 통일성을 구성해야 한다.[33] 이는 곧 하나님께서 당신의 백성을 다루시는 모습과 같은 주요한 해석학적 원리들이 다양하게 사용될 수 있다는 것이다. 보스는, 성경의 중심 주제는 언약이 아니라 역사 속에서의 하나님의 구속 사건들이라고 주장하였다.[34]

이 시점에서 논의를 확대할 필요가 있다. 유일하고 통일된 주제를 구약 신학이나 신약 신학 어디라도 적용하여 이를 정당화하는 것은 매우 어려우며 불가능하기까지 하다는 것을 인식할 필요가 있다. 16세기 종교개혁자들도 하나의 합의된 해결책을 내놓지 못하였다. 이러한 사실은 루터와 칼빈에 의해 받아들여진 서로 다른 접근법들에서 발견된다. 루터에게 있어서 통일적인 원리는 율법과 비교하여 믿음을 통한 은혜에 의한 구원이었다. 반면, 칼빈에게 통일적인 원리는 언

---

[32] 고전 1:17; 2:2; 5:10.
[33] Geerhardus Vos, *Biblical Theology* (1977), 7; Walter C. Kaiser, Jr. *Toward an Exegetical Theology* (Michigan, Grand Rapids: Baker Book House, 1981), 17-40.
[34] Geerhardus Vos, *Ibid.*, 5-6; Peter Misselbrook, "The Importance of Biblical Theology" (Foundation, 1979), 10-19.

약 개념에 대한 강조와 더불어 그리스도 중심이었다. 최근의 성경 신학 연구에서 조차도, W. 아이히로트(W. Eichrodt) 같은 신학자는 "언약"이 구약의 지배적인 개념이라고 주장하였다.[35]

더 나아가 조금 다르기는 하지만 둠브렐(W. Dumbrell)의 『언약과 창조』(Covenant and Creation)에서도 그 지지를 발견할 수 있다.[36] 이러한 접근법은 보편적인 지지를 얻지 못했다. 오히려 그 반대였다. 예를 들면, 하젤(G. Harsel)은 그의 저서 『구약 신학: 현대 논쟁의 기본적인 이슈들』(Old Testament Theology: Basic Issues in the Current Debate)[37]에서 현대신학자들에 의해 받아들여진 다른 주제들을 설명하였다. 그는 언약이 아니라 "하나님"을 성경의 통일적이며 지배적인 원리로 선택하였다.

언약이 구약의 지배적 원리라는 주장에 대한 한 가지 주요한 반대는, 이것이 잠언(Proverbs)과 솔로몬의 노래(the Song of Solomon)와 같은 성경 외적인 자료들에 맞지도 않고 이를 설명할 수도 없다는 것이다.[38] 여기에서 한 가지 중요한 문제는 구약성경 신학의 통일성과 다양성 사이의 관계에 대한 정확한 이해이다.

구약성경 신학에 "중심"이 있는가?

혹 있다고 해도 그 목적 파악은 매우 어려워 보인다. 맥콘빌(McConville)은 한 가지 방법을 제안하였다. "하나님"을 구약 신학의 "중심"으로 정의하는 것은 썩 내키지 않는다. 그러나 구약성경을 더욱 올바르게 대하는 방법으로 "몇몇 복합 개념들이나 '중심들'을 가정하는 것이 더 나은 것 같다"라고 하였다."[39]

---

[35] W. Eichrodt, *Theology of the Old Testament* (London, vol. I, 1961, vol. II, 1967. Cf. "The Hermeneutics of the Reformers," *Calvin Theological Journal*, 121-152.
[36] William J. Dumbrell, *Covenant and Creation; A Theology of Old Testament Covenants* (New York: Thomas Nelson Publishers, Exeter, 1984).
[37] Grand Rapids, 1972.
[38] G. Hasel, 79를 보라. 또한, 다음도 보라 "*Using Scripture for Theology: Unity and Diversity in Old Testament Theology*," J. E. McConville, 39-51; *The Challenge of Evangelical Theology: Essays in Approach and Method* (ed.), Nigel M. de. s. Cameron (Rutherford House, 1987).
[39] McConville, *Ibid.*, 55. 스코틀랜드 언약도들에 대한 또 다른 비평이 J. B. Torrance 교수에 의해 제기되었다. 그는 언약과 계약 사이의 혼란이 있었다고 주장한다. 비평은 두 가지였다. 첫째, 동맹신학(federal theology)의 발전에 있어서 역사적 상황은 분명히 형성되었다. 봉건 제도의 몰락과 왕권신수설의 등장 그리고 그 결과로 일어난 자유를 위한 투쟁과 더불어, 스코틀랜드 국민은 그들의 자유를 지키고 국왕과의 관계에서 국민의 권리를 보존하기 위해 "언약"을 맺었다. 이러한 신학적 논쟁의 배후에는 "자연법"에 기초한 "인간의 권리"라는 이론과 더불어 "사회 계약," "정부 계약" 등과 같은 사회 정치 철학의 등장이 있었다. 이러한 철학은 이성에 의해 인도되었으며 신적 계시로 확증되었다. 둘째, Torrance 교수는 "동맹 구조는 언약과 계약 사이의 깊은 혼란 위에, 다시 말해서 하나님과 우리 주 예수 그리스도의 아버지를 계약의

우리는 이로부터 다음과 같은 결론을 내릴 수 있다. 다시 말하면, 성경을 오직 한 가지 방법으로 해석하거나 언약도들이 했던 것처럼 하나의 지배적인 해석 원리를 사용하는 것은 위험하다는 것이다. 하나님의 도구들을 더 폭넓은 상황에서 보는 것이 중요하기 때문이다. 우리가 제1장에서 살펴본 것처럼 "언약"은 성경의 중요한 주제 중에 하나이다.

그러나 성경에는 "사랑," "희생," "예배," "구원," "천국," "하나님" 등과 같은 다른 많은 주제가 있다. 그런데 언약도들은 "언약"을 성경 해석의 지배적인 원리로 선택하였다. 이에 대해 현대신학자들이 의문을 제기할 수 있을 것이다. 그러나 그들의 시대에 이것은 전혀 타협할 수 없는 그들의 확고한 신학으로, 성경적이며 통일적이며 매우 적절한 것이었다. 이것은 바로 그들의 조상들, 16세기 종교개혁자들의 가르침이었기 때문이다. 이 전통을 자신들의 상황에 정착시키려 한 것이다.

마지막으로 우리는 국민 언약과 엄숙 동맹과 언약, 그리고 『웨스트민스터 신앙고백서』가 종교와 정치에 깊숙이 파고들었으며, 그 후 수백 년 동안 서로 불가분리의 관계를 지속했음을 인정해야 할 것이다. 이런 상호 관계는 먼저 하나님의 은혜에 기초한 구원에 뿌리를 두었고, 이 기초 위에서 스코틀랜드인들은 국가 정치에 깊이 관여하였다.

그런데 마로우 논쟁은 언약신학을 기독교 신학의 중심으로 삼는 데 많은 도움을 주었다. 마로우 논쟁의 주된 목적은 하나님께 영광을 돌리며 그리스도를 믿는 신앙으로 하나님의 백성을 보호하는 것이었다. 스코틀랜드교회는 모든 사람에게 제공된 값없는 은혜에 대한 종교개혁의 위대한 강조를 다시 부여잡을 필요가 있었다. 오늘 "그들은 그들이 참된 개혁주의 전통이라고 믿은바, 물론 올바르게 생각한 그 전통으로 돌아가기를 간절히 열망하였다"[40]라고 말할 수 있는 것

하나님이 아닌 언약의 하나님으로 알지 못한 채 세워졌다고 주장하였다. 언약에는 의무 조항들이 있으며 약속과 경고가 포함되었다. 그러나 은혜의 의무 조항들이 은혜의 조건들은 아니다. 도덕적 의무를 계약 용어로 표현하는 것은 기독교 신학의 오류이다. 그렇게 하는 것은 마로우 논쟁에서 나타나고 있는 은혜의 부조건적 무료성(treeness)을 보호하게 하는 것이다. 이러한 것들이 바로 우리가 주목해야 할 중요한 요점이다. 그러나 우리는 또한 그의 의도가 전통적인 스코틀랜드 언약신학을 파괴하려는 것이었다는 사실에도 주목해야 한다. 그의 글 "Calvin and Puritanism in England and Scotland some basic concepts in the development of "Federal Theology," 264-277을 보라. *Calvinus Reformer* (Potchefstroom University for Christian Higher Education, 1982).

40　David C. Lachman, *The Marrow Controversy 1718-1723* (Edinburgh: Rutherford House, 1988), 491.

은 마로우 맨들에 대한 경애심 때문일 것이다.

끝으로 필자는 1643년부터 1723년까지, 웨스트민스터 총회로부터 마로우 논쟁까지 약 80년 동안 언약도들의 신앙적 목적과 삶의 방법과 정신은 1560년의 스코틀랜드 신앙고백서 서문에 잘 나타나 있다고 믿는다. 따라서 필자는 이 글을 인용함으로 본서 언약사상사를 마무리할 것이다.

> 어떤 사람이라도 우리의 이 신앙고백에서 하나님의 거룩한 사역에 위배되는 조항이나 문장을 발견한다면, 그것은 그의 온화함으로 그를 기쁘게 할 것이며, 우리는 그리스도인의 자비를 위해 그 조항을 삭제할 것이다. 그리고 우리는 우리의 명예와 충성을 걸고 하나님의 은혜로 그가 하나님의 입으로부터, 다시 말해서 그분의 성경으로부터 그리고 그가 틀렸다고 증명할 다른 개혁들로부터의 만족을 약속한다.[41]

이러한 감정들은 언약도들의 신앙적 삶 속에서 철저하고 진지하게 표현되었다. 그런데 스코틀랜드 언약도들이 이러한 자신들의 기준을 통해서 현재 우리에게 요구하는 것이 무엇인가?

우리는 그들이 일관되게 추구한 것들을 우리의 삶 속에서 잘 적용하고 있는가?

끝없는 시련과 무차별적인 도전에 직면하여 우리는 격동기 스코틀랜드 언약도들이 정통 장로교와 칼빈주의적인 개혁신학의 계승을 위하여 불의와 불법과 맞서 싸우며 마침내 죽어간 선배들의 신앙적, 신학적 대 명제, "그리스도의 왕권과 언약을 위하여"(For Christ's Crown and Covenant), 이것은 또한 "그리스도의 영광과 그분의 말씀을 위하여"(For the Glory of Christ and His Word)를 잘 계승해야 할 것이다.

이를 위해서 우리에게 요청되는 것은 초지일관 일편단심, 일사 각오의 순교 정신이다. 주님의 지상명령, 마태복음 28:19-20; 마가복음 16:15; 사도행전 1:8에 따라서 오늘도 하나님의 나라 확장과 이 땅에 참된 교회, 즉 교회다운 교회를 열망하며 전심전력하는 모든 이들에게 주님의 크신 은총을 기원한다.

---

[41] "Preface of the Scottish Confession of 1560," *Shaff's Creed of Christandom*.

부록

부록 1   스코틀랜드 자유교회의 신학적 전통 소고
         -1834년부터 1843년까지, 그 10년간의 투쟁-
부록 2   토마스 찰머스의 생애와 신학사상 소고

부록 1

스코틀랜드 자유교회의 신학적 전통 소고
-1834년부터 1843년까지, 그 10년간의 투쟁-

1. 서론

1560년 스코틀랜드의 종교개혁 이후 교회는 대내외적으로 긴장과 대립에 직면하였다. 특별히 1843년 당시 스코틀랜드 상황은 국가가 교회의 주권을 침해하고 간섭하여,[1] 교회만의 독립성과 영적 지휘권을 빼앗아 감으로 위기에 처하였다. 당시 스코틀랜드 자유교회는 뜻과 달리 그들 자신을 위해 자산과 소유재산을 유리하게 만들어 불공정한 법적 결정과 잘못 제정된 법의 사악한 이점을 얻은 교회로 인식되었다.[2] 그 과정에서 당시 영국 정부는 스코틀랜드를 비난하며 그들의 독립 억제를 결정하였다.

이러한 상황에서 영국의 정당들은 혼란을 이용하여 그들의 편익을 도모하였고 특별히 스코틀랜드에 대한 내부 규제 규칙과 규범을 제정하였다. 그러나 당시 영국의 스코틀랜드 자유교회(Free Church) 고위 성직자들의 비하(卑下)는 정치에 기독교를 묶어 두려는 것으로, 징계와 규제의 확증에도 불구하고 성직자들은 개혁을 힘 있게 전개하였다.

오늘날 전 세계의 전통적 개혁교회는 모든 것을 상대화하는 포스트모더니즘(post-modernism)적 상황에서 사회적, 경제적, 정치적, 심지어 문화적 그리고 종교적 문제에 직면하였다. 사람들은 안타깝게도 세속적 이상과 성공의 추구에 익숙해 있으며, 심지어 교인들마저도 역사적 기독교 신앙의 수용과 실천을 망설이고

---

[1] William Storbar, *Scottish Identity: A Christian Vision* (Edinburgh: The Handsel Press Ltd., 1990), 36
[2] Alexander Stewart & J. Kennedy Cameron, *The Free Church of Scotland: The Crisis of 1900* (Edinburgh: The Knox Press, 1989), 1-16.

있다. 그러나 이 같은 사태는 오히려 교회의 본질과 사명을 급속히 퇴보시킬 뿐이다. 그러므로 오늘 교회는 이 같은 문제와 다양한 도전에 맞서 역사적 신앙과 실천적 가르침을 따라 적절히 행동해야 할 것이다. 이러한 결단은 초대교회로부터 계승된 역사적 개혁주의, 특별히 16세기 종교개혁 이후 스코틀랜드에 모범적으로 정착된 장로교 전통으로부터 배워야 할 것이다.

본 연구에서 필자는 16세기 종교개혁 이후 개혁신학의 전통을 계승한 스코틀랜드교회, 특별히 자유장로교회(the Free Church of Scotland)에 초점을 맞추었다. 이를 기초로 어떤 교훈과 실천이 한국 장로교를 포함한 전 세계교회에 반영될 것인지를 역사적, 신학적, 실천적 관점에서 취급하였다.

2. 역사적 배경

스코틀랜드에서의 정치적, 종교적 갈등과 대립을 올바로 이해하기 위해서 우리는 당시 교회의 역사를 고찰해야 할 것이다. 우리가 아는 대로 스코틀랜드교회는 1560년 종교개혁자 존 낙스(John Knox, 1514-1572)의 주도 아래 제1차 종교개혁의 신학적 기초를 놓았고,[3] 1638년의 제2차 종교개혁기에는 왕권에 맞서 그리스도의 주권과 통치를 주창하며 강력한 개혁과 정화 운동을 전개하였다. 그리고 1660년 왕정복고로 정체성 상실의 위기를 맞았으나 지속적인 노력과 투쟁으로 1689년 장로교의 성공적인 정착을 완수하였다.

하지만, 이후 권력의 대립 속에 뜻밖에 다른 운동이 촉발된바, 하나는 영국에서의 보수주의 운동이며 다른 하나는 스코틀랜드에서의 엄격한 혁신 운동으로, 둘은 각각 서로 다른 결과를 배태하였다.[4] 소위 1707년 "통합법"(the Treaty of Union)에 따라서 스코틀랜드는 영국 의회로부터 그들의 독립권을 통해 교회를 방어하였다. 그러나 1712년 앤 정부의 토리당(Tory party)은 왕권 회복을 꿈꾸는 스코틀랜드의 제임스 II세, 소위 제수이트 시시자들을 만나 자신들의 목시 임명권

---

[3] William Macleod, *Steadfast in the Faith* (Edinburgh: The Publications Committee of the Free Church of Scotland, 1943), 1.
[4] 예를 들면, 영국 측은 보수적인 성향을 띠고 조심스럽게 움직이는 데 반해, 스코틀랜드는 가장 역동적이고 혁명적인 성향을 나타낸다. Chrles Sanford Terry, *A History of scotland* (Cambridge: At the University Press, 1920), 485.

인 관용법(Act of Toleration)을 통과시켰다.[5] 이 법안은 장로교 성직자가 지주에 대한 독립성을 강화하는 것이었다. 교회는 이 악명 높은 법안이 복음주의 당을 자극하고 탄압할 때까지 비효과적이 되도록 항거하였다. 복음주의 당은 영국 국교로부터 탈퇴한 스코틀랜드 장로교회와 정부의 지원을 받는 영국교회와 합병을 이루었다. 이러한 사태는 결국 스코틀랜드 장로교회의 대분열까지 계승되어[6] 이른바 별도의 분리된 구원교회를 창설하였다.

1) 최초의 장로교 분립총회

1690년 장로교회의 정착 이후 1712년 목사 임명권의 회복은 기존의 목사들이 회중들의 소청에 맞서는 태도를 보이는 근거였다. 이로써 사람들의 불평과 불만은 탄원과 호소를 초래했으나, 1730년 총회는 그들을 염두에 두지 않고 무시해 버렸다. 이렇듯 회중을 무시하는 시도는 복음주의파 목사들의 분노를 일으켰다. 1730년 에베니젤 어스킨(Ebenezer Erskine)은 의회와 교회의 영적 상태를 신랄하게 비판하였다.[7] 나날이 고조되는 분위기에 회중들의 불만을 잠재우기 위한 위원회

---

[5] 목사임명권과 관련된 후원제도는 역사적으로 오래된 관습으로, 스코틀랜드교회의 설립 초기부터 시행되었다. 1649년 폐지되고, 1661년 부활하였으며, 1690년 다시 폐지되었다. 그러나 1690년 목사를 임명할 수 있는 권리가 부유한 평신도, 지주와 장로들에게 이양되면서 교회의 평화는 파괴되었고, 결국 교회 분열의 원인이 되었다. 1733년 분리 이후 스코틀랜드교회는 복음주의자(Evangelical)와 타협주의자(Moderate)로 나뉘었고 후자가 우세하였다. 전자와 후자는 완전히 다른 성향을 띠었다. 이러한 경향은 설교 방식에서 시작하여 음주 법까지 달랐는바, 사실 이러한 차이는 평신도 목사임명권의 수용과 신학적 차이 때문이었다. 타협주의자는 합리주의의 영향으로 평신도의 목사 이명을 쉽게 용인했지만, 복음주의자는 엄격한 Calvin의 교리를 따라 정통적으로 모든 사람에게 자유로운 복음을 제공하고 선교에 열정적이었다. 이는 1843년의 불가피한 갈등을 초래했고, 결국 1866년부터 평신도 목사임명권 폐지를 위한 움직임이 시작되었다. 그리고 1874년, 평신도 목사임명권은 성공적으로 폐지되었다. Gordon Donaldson/Robert S. Morpeth, *A Dictionary of Scottish History* (Edinburgh: John Donald Publishers Ltd., 1988), 169; G. D. Henderson, *The Church of Scotland* (Edinburgh: The Church of Scotland Youth Committee), 104-105; Church Interests Committee, *The Defence of the Church of Scotland, Fact, Arguments and Answers to Opponents* (Edinburgh: J. Gardner Hitt, 1895), 23.

[6] Thomas Brown, *Annals of the Disruption: With Extracts from the Narratives of Ministers who left the Scottish Establishment in 1843* (Edinburgh: Macniven & Wallace, 1884), 1-796; Alexander Stewart, *The Free Church of Scotland 1843-1910* (Edinburgh & Glasgow: William Hodge and Company, 1910), 1-405; David E. Wright/Gary D. Badcock, *Disruption to Diversity* (Edinburgh: T&T Clark, 1996), 29-289.

[7] Elizabeth H. F. Kirk, *Annals of Erskine* (Erskine 250, 1987), 1-142; *The Whole Works of the Late Rev. Ebenezer Erskine* (Edinburgh: Ogle & Murray, 1871), 3 vols; A. R. MacEwen, *The Erskines* (Edinburgh:

가 설립되었고, 그 위원회는 이러한 비평과 비난을 심사한바, 어스킨을 징계에 부쳤다. 이들은 또 다른 12명의 지원자를 총회에 제소하고, 위원회를 떠받들어 처벌을 시행할 수 있게 총회에 명하였다.

당시 어스킨을 지지한 사람들은 12명 중 3명에 불과한바, 그들이 일어나 총회의 결정에 탄원서를 제출하였다. 총회는 분노하였고, 교회에서 출교 압력을 행사하기 위한 위원회의 결성 전에 그들의 주장 철회를 명령하였다. 그러나 이들이 복종 대신에 항의문을 쓴 결과 교회로부터 출교되었다.

그리하여 이 일단의 목사들은 이후 스코틀랜드 장로교단을 결성하고, 진정한 칼빈주의 교리로부터 일부가 칼빈주의 찬동파와 반대파, 즉 시민파(burgers)와 반시민파(anti-burgers)로 나누인 채 놀랍게 부흥하였다. 특별히 이들은 하나님을 두려워하며 그 하나님이 자신들을 인도하심을 믿고, 엄숙한 신앙적 태도와 회원들의 견고한 특성을 확고히 견지하였다.[8]

2) 구원교회

어스킨과 그의 동조자들의 추방 후 총회는 목사 임명권에 관해 불합리한 법률에 복종할 것을 이전보다 더 압박하고 통제하였다. 당시 던펌린(Dunfirmline) 노회는 인버키딩(Inverkeithing) 교구에서 불평하는 목사들, 즉 평판이 좋지 못한 목사들을 잘 관리할 것을 하달받았다. 그런데 이 목사들이 규칙 수용을 거부하자 총회 위원회가 이 문제를 재판에 회부하였다. 총회가 위원회를 불신하는 중에 총회가 직접 그 사안을 총회 앞에서 해당 노회를 드러내어 명령함으로 판례 규정을 결정하였다.

정족수 부족으로 회의가 성립되지 않을 시에 토마스 길레스피(Thomas Gillespie, 1708-1774)[9]와 다른 5명의 위원이 상급 법원의 명령을 따르지 못하게 된 이유를 진술하였다. 이 6명의 위원은 각각 따로 호출을 받은 중에, 어떤 사람은 흔들리

Oliphant Anderson & Ferrier, 1900), 9-160; Ronald Selby Wright, *Fathers of the Kirk* (London: Oxford University Press, 1960), 106-118.

[8] John Macleod, *Scottish Theology* (Edinburgh: The Banner of Truth Trust, 1974), 167-266.

[9] Kenneth B. E. Roxburgh, *Thomas Gillespie and the Origins of the Relief Church in 18th Century Scotland* (Peter Land, 1999), 1-251.

고, 어떤 사람은 굴복하고, 어떤 사람은 묵비권을 행사했으나 길레스피는 용감하게 자신의 신앙을 방어하였으며 다시 진정서를 의회에 상정하였다. 그 후 불공정한 재판의 속회로 안타깝게 그는 징계를 받았고 다른 사람들도 그와 운명을 같이하였다. 오래지 않아 그 구원교회는 스코틀랜드 자유교회의 설립에 기초를 놓으며 교회 성장과 부흥의 초석이 되었다.

1834년 이 구원파, 소위 복음주의 당은 총회에서 특별한 위치에 서게 된바, 1690년 제정한 교회의 안전 상속 권리를 주장하는 거부권법(Veto Acts)을 통과시켰다. 그 법은 목사가 성도들의 의지에 맞서 어떤 회중에도 강요하는 일을 해서는 안 된다는 것을 선언한 것이다. 하지만, 이 법은 곧바로 교회와 국가 간의 분쟁을 일으켰다. 이는 유명한 악터라더(Auchterarder) 조항인바, 사람들의 항거에도 불구하고 회중을 위해 목사임명을 국가가 정하였다.[10] 이 같은 무도한 전제 군주적 탄압은 사법관할권과 교회의 당회 제도가 충돌할 때까지 계속되었고, 당시 목사들은 예외 없이 모든 교구에서 설교를 금지당하였다.

그러나 최후 결정은 영적인 문제로 교회가 합법적인 권리와 특권, 그의 독립성을 인정하도록 요청하는 권리청원(Claim of Right)을 정부에 제출하였다. 그런데 이 법안이 거절되자 많은 수의 성직자들이 스코틀랜드 국교를 떠났고 정부로부터 자유롭게 활동하는 교회를 구성하였다.

그러나 목사들이 줄지어 나가게 됨과 동시에 국교회의 탁상 위에는 항의문이 그대로 남아 있었으며, 한편 여전히 교회의 설립과 재산 기증 문제와 지금까지 이해한 대로의 스코틀랜드교회의 신앙고백과 기준을 유지하는 문제가 지속되었다. 그러므로 자유교회와 정부 사이에는 교리와 실천의 정체성에 대한 각각의 절대적 태도를 고수한바, 1874년 마침내 쌍방 간에 합리적인 타협을 이루었다.[11] 그리하여 목사 추천권의 폐지는 교단 연합으로 통합되었다.

---

10 Alexander Stewart, *The Free Church of Scotland 1843-1910*, 1-7. 보다 자세한 것은 본서 제2부 제5장 2. 1) (2) "악더라더(Auchterader) 노회와 그 신조"를 참조하라.
11 1847년 연합조약에도 불구하고 115개의 노회는 서로 다른 성격을 띠며 분열하였는데, 1733년의 분리 교회의 설립, 그리고 1761년 구원교회 설립이 그 대표적인 예이다. 그들은 원칙적으로 국교회와 같은 교리와 원칙을 고수했다. 그러나 "자발적인 성금에 의한 지원은 바람직하다. 그러나 국가의 지원은 부도덕한 것이다"라는 주장에 견해를 달리하면서 교회는 여러 갈래로 분열하였다. John B. Orr, *Scottish Church Crisis: Full Story of the Modern phase of the Presbyterian struggle* (Glasgow: John M'neilage, 1905), 9-10; Gordon Donaldson/Robert S. Morpeth, *A Dictionary of Scottish History* (Edinburgh: John Donald Publishers Ltd., 1988), 181.

3. 스코틀랜드 자유교회의 형성

수백 년의 세월에도 스코틀랜드교회는 아직 해결되지 못한 몇몇 논제가 있는 바, 이는 신학도들이 관심을 두고 연구해야 할 과제이다. 영국과 마찬가지로 당시 스코틀랜드에서도 정부, 즉 의회와 교회에 개혁의 필요성이 긴급히 요청되었다. 예를 들면, 1707년 영국 의회에 스코틀랜드가 합병되었음에도 여전히 그 나라 자치와 시민법이 1833년까지 낡은 상태로 남아 있었다. 그러나 이러한 문제들은 향후 일어난, 소위 1843년의 대분열 사건과 연관되었다. 일찍이 나타난 이런 현상은 교회의 객관적 증거의 연속성을 위해 간략한 정리가 요청된다.

역사적으로 스코틀랜드 자유교회는 10년 동안 투쟁이 지속된 19세기 초로 거슬러 올라간다. 당시 국교로부터 독립된 자유교회는 형성 이전 오랫동안 심각한 갈등을 피하지 못하였다.[12] 1843년대 분열은 국교로부터 그 원인을 찾는바, 소위 정부 주도의 교회가 복음주의라는 명칭 사용 권리를 허락한 후, 정부 주도의 교회와 복음주의 교회가 연합한 것이었다. 그런데 개혁이 성공에 이르렀을 때, 스코틀랜드의 관심사는 국교와의 분열로, 당시 국교는 10년 동안 지속해서 계약 내용을 가지고 속박하였다. 그 후 논쟁점으로 전환되었고 결국 국교로부터 분열되었다. 이 사건은 국가의 세속적인 행동으로 다음과 같은 두 가지 탐구에 근거한다.[13]

1) 목사 후원제도

이는 스코틀랜드의 초기 역사, 가톨릭교회로부터 시작되었다. 그런데 이 법안은 1649년 청교도 혁명기에 폐기되었다가 1661년 다시 복원되었다. 1690년 목사 임명권의 권리가 토지 소유주와 시장, 지사와 그리고 장로들에게 이전되었으나[14] 개인의 권리는 1712년 목사 임명권의 법적 선언으로 복고되었다가 1874년 다시 폐기되었다. 그 과정에서 스코틀랜드교회의 탈퇴와 분열이 반복적으로 발생하였다.[15] 그런데 목사 임명권의 부활은 과거 악독한 스튜어트 왕국(Stuart Dynasty)의 관

12　Alexander Stewart/J. Kennedy Cameron, *The Free Church of Scotland 1843-1910* (Edinburgh: William Hodge and Company, 1910), 1; Alexander Stewart, *The Free Church of Scotland 1843-1910* (Edinburgh & Glasgow: William Hodge and Company, 1910), 1-16.
13　Charles Sanford Terry, *A History of Scotland* 612.
14　A. R. MacEwen, *The Erskines* (Edinburgh: Oliphant Anderson & Ferrier, 1900), 45.

습으로 귀의하는 경향을 보였다. 당시 온건파로 알려진 타협주의파가 힘을 얻은 바, 그 파의 신학적 방종은 교회가 국가에 종속되어 감투를 쓰는 일에 기꺼이 음모를 시도하는 일을 양산하였다.

수년 동안 목사 임명권은 악한 압력적인 느낌은 없었다. 따라서 목사 임명권을 가진 단체나 노회들은 사람들이 수납할 수 있는 사역자들을 지명하는 일을 행하였다.[16] 설교자들은 사람들로부터 소명(召命)이 있다는 것을 이해하고 표현하는 것을 수납할 수 있도록 주의를 기울였다. 약 20년 후 목사 임명권이 부활했을 때 소명은 필수 조건이었다. 이것은 교회 내부에서 일어난 일이지만 처음부터 목사 임명권에 관한 내용을 싫어했던 사람들이 있었다. 그들은 지속해서 두 가지의 절대적인 원리에 옛 교회의 이념을 주장하게 된바, 하나는 국가의 간섭으로부터의 자유와 다른 하나는 목사 선출의 자유를 누리는 것이었다.[17]

에베니젤과 랄프 어스킨 형제를 중심으로 한 복음주의파는 타협주의파 와 팽팽한 대치를 이루었으나, 후자보다 그 규모가 훨씬 작았다. 그러나 1715년 초 갈등 속에 에베니젤은 다음과 같이 선언하고 노회를 옮겼다. 사람들에 대한 목사의 관계는 선거, 선택, 또는 사람들의 자유로운 의견 일치를 명백히 알아낸 후 성도들이 자신들의 목사를 자기 손으로 선택하는 자유를 행사하지 않고는 결정할 수 없다.[18]

그러나 이 문제는 총회가 열린 1731년까지 심각한 상태에 이르지 않았으나, 그것들은 총회가 주로 타협주의파들을 포함시키는 일, 공석으로 있는 교회를 사용하여 새로 개척하는 일에 관한 활동을 승인하는 일, 공석인 교회를 지명하여 노회 안으로 들어올 때 선언하는 일, 또 선거는 부동산 소유자와 프로테스탄트 교인들과 그리고 장로들이 의무적으로 함께 참여하는 것이었다. 여기에 기념비적인 진행이 있었는바, 사실 지금까지 교회는 영적 독립성에 관해 정부와 투쟁을 해 왔으나 교회는 스스로 타협주의파를 통해 교회의 영적 독립성에 마치 시련처럼 혹독한 타격을 입게 되었다.

1834년 8월 월뜨셔(Pwerthshire) 교구에서 로드 키놀(Lord Kinnoull) 경 자치구에

15　Gordon Donaldson/Robert S.Morpeth, *A Dictionary of Scottish History* (Edinburgh: John Donald Publishers Ltd., 1988), 169.
16　Hector MacPherson, *Scotland's battles for Spiritual Independence* (London: Hodder and Stoughton, 1905), 145-147.
17　Hector MacPherson, 146.
18　A. R. MacEwen, *The Erskines* 37-38.

무감독교회가 세워졌다. 키놀 경은 젊은 강도사 로버트 영(Robert Young)을 교회 대표로 보냈다. 그리고 교회는 그의 사역에 서명하도록 교구 사람들을 초청하였다.[19] 330명의 대표가 모인 중에 5/6의 287명이 특별한 이유 없이 영국 국교에 반대하였다. 총회의 통보를 기다린 후 악터라더(Auchterader) 노회가 1835년 7월 영(Young)의 교회 대표성을 거절하였다.

따라서 목사 후보생과 목사의 추천을 받은 이들이 노회의 거부에 맞서 법원에 제소하였다. 1837년 모든 재판 위원들 앞에서 논쟁이 벌어졌다. 연구자들에 의하면 1592년의 황금 법은 자격을 갖춘 후보생들을 승인하여 노회를 지속시킬 것을 인용하였다. 다른 한편 그의 미래 양 무리에 대한 수용이 질적인 요소를 내포하는바, 그것은 순수한 초청으로 교회론적 조례여야 한다. 그런데 그것은 국가의 권위가 요청하는 것이 아니며 또한 사법권의 시행에 의한 것도 아니어야 한다. 그리고 "초청"을 부활시키는 데 있어 단지 거부권 조항이 무시된 실천을 다시 회복하는 것이었다.

결국, 그들의 관점은 재판에서 설득력을 잃어버렸다. 1838년 13명 중 8명의 판사가 첫 재판을 제외하고는 영(Young)을 거절하는 판결을 내렸다. 악터라더 노회는 법 조례를 불법적으로 적용한 채 그들의 의무를 저버렸다.[20] 그 결정은 근래의 복음적 성장을 비틀거리게 하는 회오리가 되었으며 교리적 안정을 기하는 일에 채찍을 가했다.

그 다음 총회가 교회의 영적 독립을 주장하는 소용돌이 때문에 소집되었는데 지방 재판에 대항하여 주님의 집에 호소하였으며 그로 인하여 1839년 5월 더욱 명확하고 황당한 판단을 불러일으켰다. 재판부의 판단이 지지를 적게 받은 것뿐 아니라 어떤 근거에서도 목사 후보자를 거절하는 노회의 무능력과 경쟁력 없는 진술뿐이었다. 그 후, 1842년 복음주의자들은 더 강해지고 결심이 확고해졌다.[21] 윌리암

---

[19] Charles Sanford Terry, *A History of Scotland* 622.
[20] Alexander Stewart, *The Free Church of Scotland 1843-1910* (Edinburgh & Glasgow: William Hodge and Company, 1910), 1-16.
[21] 악터라더 사건은 결코 우연히 일어난 일이 아니었다. 1837년 Lethendy와 Kinloch 목사의 경우를 보면, 재임 기간에 사망한 성주를 대신하여 그의 직위를 계승하는 것은 목사였다. 그러나 대다수의 성도가 동의하지 않자, 노회는 자신들이 지명한 두 번째 후계자에게 왕관을 넘겨주었다. 이는 악터라더 사건의 원인이 된 첫 번째 후계자 지명으로 인한 항소법원의 파문을 무릅쓰고 한 용감한 행동이었다. 이로 인해 1839년, 노회는 법정으로부터 엄청난 비난과 질책을 받았고, 다시 한번 이러한 행동을 반복할 때는 투옥될 것이라는 위협까지 받았다. 그

커닝햄 박사(Dr. William Cunningham, 1805-1861)[22]는 현재 교회가 어려움에 부닥친 것은 평신도 목사 임명권 때문이라고 지적하고 폐지 운동을 전개하였다.[23]

2) 자유주의 신학

스코틀랜드의 종교적 삶은 혁명적인 개혁 정착과 함께 놀라운 변화를 이끌었다. 국가의 이념과 힘은 정해진 교회론적 통로와 함께 정해진 노선을 따라 산업, 상업, 문학, 그리고 철학 등 다양한 분야로 확장되었다. 과거 인간 중심의 신학적 교리와 타락의 결과는 인간 중심의 새로운 자연신론의 교리와 인간의 타고난 선의 교리 앞에서 줄달음치기 시작했다.

결론적으로 기독교에 있어 자연주의는 초자연주의를 계승하는 것이었다.[24] 사람들이 필요한 것은 그렇게 많은 새로운 자연주의를 이식하는 것이 아니라 전통적 신앙, 즉 옛 자연주의를 잘 배양하는 것이었다. 실로 근대주의의 갑작스런 발흥은 교회에서 채찍질을 당해야 함은 의심의 여지가 없다. 신정정치의 이념을 집행하려는 노력에 있어 교회는 신학적 분야 밖에 놓여 있는 모든 종류의 발전에 대해 얼굴을 찌푸리고 있다.[25]

사이, Marnoch의 Moray 종교회의에서 비슷한 사건이 발생했는데, 바로 평신도들이 1837년 사망한 재임 자를 대신할 사람을 직접 뽑은 것이 그것이다. Yohann Su, *The Contribution of Scottish Covenant Thought to the Discussions of the Westminster Assembly(1643-1648) and its Continuing Significance to the Marrow Controversy(1717-1723)* (University of Glamorgan, Ph.D theses, 1993), 68-123, 287-333.

22 스코틀랜드 자유교회의 신학자로, 해밀턴에서 태어났으며 에든버러대학교에서 공부했다. 그는 1830년 Greendonk의 Middle Church에서 사역을 시작했고, 1834년 에든버러의 트리니티 대학으로 옮겼다. 1844년, 그는 Free Church 교단 신학교의 첫 신학과 교수가 되었고, 1845년에 기독교 역사를 가르치기 시작하였다. 1847년 토마스 찰머스의 자리를 이어받아 New college의 총장이 되었다. 1859년에는 Free Church 교단의 총회장으로 선출되기도 했다. 그의 두 권의 역작 "역사신학"과 "교회 역사 강의"는 걸작으로 간주된다. 그는 조직신학의 형성에 크게 영향을 끼친 학자였다. Donald Maclead, "William Cunningham," *Dictionary of Scottish Church History & Theology*, David F. Wright/David C. Lachman, Donald E. Meek(eds.) (Edinburgh: T&T Clark, 1993), 229-231.

23 G. D. Henderson, *The Church of Scotland: A Short History* (Edinburgh: The Church of Scotland Youth Committee), 139.

24 John Macleod, *Scottish Theology* (Edinburgh: The Banner of Truth Trust, 1974), 267.

25 Hector MacPherson, *Scotland's battles for Spiritual Independence* (London: Hodder and Stoughton, 1905), 165; William Macleod, *Steadfast in the Faith: The Witness and Principles of the Free Church of Scotland* (Edinburgh: The Publications Committee of the Free Church of Scotland, 1943), 67-68.

심각한 노선은 성스런 것과 세속적인 것 사이의 선을 긋는 것이다. 거룩한 것을 지지하지 않는 어떤 것도 신정정치의 이념에서 멀리 떨어져 취급받아야 한다. 앞에서 언급한 대로 1834년 이후 100년간 투쟁이 이어져 왔다. 영(Young)이라는 목사 후보생이 수여식의 기회를 얻은 때부터 100년간 투쟁이 계속되었다. 이 사건이 주님의 집 즉 교회에 제소되었으며, 1839년 법원은 종교를 국가에 종속시키는 에라스티안파(Erastian)의 손을 들어 주었다.[26] 이 사건 이후 논쟁은 두 주장 사이에서 더욱 갈등이 심화되었다. 그것은 영적 기능의 본질에 있어 어떤 다른 재판부로부터 교회가 가지고 있는 자유에 관하여 문제가 발생하였다.

한편 교회가 국가와의 관계에서 인정하고 있는 법적 권위에 맞서 반항하는 단체로 간주되었고 다른 한편 국가는 주님의 교회에 대한 신성을 범하는 단체로 간주되었다. 이런 상황에서 스코틀랜드교회가 법적으로 판단해야 할 시간이 다가왔다. 재판 결정 수개월 후 총회가 열렸을 때 총회는 교회를 정죄한 해결 방안을 통과시켰다.

시민의 권리에 관한 한 일반법의 재판소에서 단독적으로 인정함과 그 분야에서 통과된 모든 결정에 순종할 것을 동의함과 동시에 교회에 관한 법으로 교회는 방어 차원에서 그들의 재판을 영적 판결과 유일한 그리스도의 머리와 최고의 주권을 주장하였다. 주의 집 즉 교회에서 결정한 후 이를 널리 알려지도록 했는데, 이듬해 총회에서 다수에 의해 결정한 유사한 내용을 수용하게 되었다.[27]

---

[26] Thomas Erastus(1524-1583), 독일 하이델베르크의 의학 박사로 교회는 국가 조직의 한 부분이 되어야 한다고 주장하였다. 그에 따르면 교회는 하나의 국가 기관에 불과하다. 따라서 별도의 정치제도가 필요 없고 국가의 직접적 통치를 받아야 한다. 또한, 국가의 정치적 이득을 위해 교회의 법령은 언제든지 삭제되거나 새로 만들어질 수 있다. 한편 교회의 권징도, 국가가 최종 통치권을 행사할 것과 교회를 국가의 한 부속 기관으로 만들 것을 주장하였다. 그의 주장은 교회 주권을 위험에 빠트렸으며 사람들이 교회는 "국가의 피조물"일 뿐이라는 것을 강력하게 인식시켰다. 토마스와 그의 제자들은 후에 에라스티안파의 창시자가 되었다. James Moir Porteous, *The Government of the Kingdom of Christ* (Edinburgh: Johnstone, Hunter & Co., 1873), 178-179; R. W. Dale, *History of English Congregationalism* (London: Hodder and Stoughton, 1906), 265.

[27] 갈등의 범위는 점차 확대되었다. 던켈노회는 항소법원의 파문을 무릅쓰고, 국가가 레센티 성의 성주로 임명한 클라크라는 사람을 거부했다. 그리고 던켈노회에서 직접 선택한 케센을 성주로 임명했다. 결국 던켈노회는 국가의 권위를 무시했다는 이유로 항소법원에 소환되었으며 간신히 투옥을 면했다. 마녹성의 사태는 더욱 심각했다. 스트라스보기노회의 일곱 목사들은, 법원의 금지명령과 정직 처분 상태임에도 불구하고 공석 교구에 에드워즈를 안수하고 그를 취임시켰다. 국가는 점점 도를 넘어가는 교회의 불충 행위를 더 용납하지 않았다. 보통 임명된 목사는 일곱 명의 지지자의 동의만 있으면 자신의 교회와 교구 내에서 설교할 수 있는 권리를 부여받았는데, 시저 황제는 이러한 조항마저 철회시키고, 스트라스보기 노회의 목사들을 한 명씩 법정으로

4. 신학적 주제와 위치

1833년 이래 자유교회는 자연주의와 자유주의 신학을 저지해 왔으며 정부 주도의 국가교회로부터 떠나 자유로운 교회에 따라 충성할 위치에 놓였다. 따라서 모든 옛 장로교회의 성경적 원리에 의한 이념과 예배 형태를 유지하였다. 그것은 마치 옛 언약의 파란 깃발이 성직자로부터 특별한 열정과 함께 수년 동안 휘날리는 것과 같았다. 교회의 바른 기준으로부터 어떤 잘못 기울어진 내용을 조사하려는 강한 결정은 "이교도를 사냥하는 교회"로 불리는 곳으로 인도되었다.[28]

목사들은 후대(後代)에 안전한 신앙적 계승을 위해, 그리고 역사와 교리를 젊은이들에게 올바로 교육하기 위해 가르침을 받았다. 1844년 이러한 가르침은 모범 신뢰 행동(Model Trust Deed)으로 명명되었다. 그러나 이 기간에 옛 파란 깃발(Old Blue Banner)이란 증명되지 않은 새로운 파가 독일 신학의 영향하에 배태되었다. 그들은 안식일을 지키는 일과 오직 안식일 날짜만을 주장하는 기독교를 내세우며 권위 있는 공 예배 형식을 강조하였다. 이 파는 매우 급진적인 파로 기존의 시편(psalms)을 찬송가(hymns)로 대체하였다.

설교 역시 변화 과정을 거치는데, 심오한 신학적 가르침보다는 쉽게 이해될 수 있는 가벼운 담화들로 구성되었다. 설교의 주제 역시 죄에 대한 심판보다는, 사람들이 관심을 두는 문제나 때로 유명한 사건들에 초점을 맞췄다. 즉, 영혼과 지성에 호소하던 예배가 감각과 느낌에 의존하는 예배로 바뀐 것이다. 이러한 변화 역시 지속적인 투쟁의 결과였다. 이들의 반대편에는 전통적인 교리와 옛 예배 형식을 목숨보다 귀히 여기는 사람들이 있었다. 그들은 이러한 시대의 변화를 거부했으며, 진보당의 움직임을 어떻게든 저지하려고 했다. 그들은 후에 합법적인 입헌주의자(constitutionalists)들로 알려졌다.

소환했다. 이러한 환란의 시기에도 교회는 한 치도 흔들리지 않았다. 그들은 18세기 전, 유대 최고 법원에 외롭게 서 있었던 한 남자를 기억했다. 당시 예수 그리스도가 대법정의 판결에 두려워하지 않은 것은, 그 모든 것이 한낱 인간의 명령에 불과했기 때문이다. 예수가 모든 환란과 핍박을 이겨낼 수 있었던 것은, 그는 목숨보다 하나님의 지상명령을 더 귀히 여긴, 더 높은 차원에 매여 있는 자였기 때문이다. 예수 그리스도의 깊은 영성이 수세기에 걸쳐 전해져 내려와, 교회가 국가에 끝까지 맞서게 한 원동력이었다. Alexander Stewart/J. Kennedy Cameron, 5-6; Professor Eadie, *Tytler's History of Scotland* (Edinburgh: William Mackenzie), vol. 2, 332-360.

28 William Storbar, *Scottish Identity: A Christian Vision* (Edinburgh: The Handsel Press Ltd., 1990), 42-43.

부록 1 스코틀랜드 자유교회의 신학적 전통 소고-1834년부터 1843년까지, 그 10년간의 투쟁- 397

1843년 자유교회는 4가지의 특별한 순수성을 유지한바, 성경 무오설, 공 예배의 형태, 교회의 영적 독립, 그리고 교회의 역할과 책임을 믿는 것이었다. 교회의 이러한 새 출발은 처음 2년까지는 추적이 가능하지만, 그 후부터는 시대별로 뚜렷한 변화가 없어 구분이 쉽지는 않다.

1) 성경의 무오성

개혁파 신학에 맞서는 두 가지 도전은 특별히 성경을 둘러싸고 제기된 문제였다. 하나는 성경의 진리에 대한 회의론적 입장이다. 17세기 초 유명한 프랑스의 철학자 데카르트(Decartes)는 수 세기 동안 종교와 신비에 관해 열매 없는 중세 스콜라주의자들의 방법론을 버리고 새롭게 철학 연구를 시도한 사람이었다. 그는 인간의 의무와 종착점에 관한 진정한 진리를 발견하려는 열정적인 욕망에 있어 의심될 만한 모든 것을 버리기 시작했다. 이런 그의 제거 과정을 통해 그는 의심할 나위 없는 하나의 사실 "나는 생각한다. 그러므로 나는 존재한다"(*cogito ergo sum*)로부터 출발하였다. 그는 이제 어떤 것을 받아들이기 전에, 먼저 질문하고 생각해 보도록 하는 방법적 회의를 제시하였다.[29]

이 원리에 따르면, 사고하는 법, 즉 이성이 절대적인 위치를 갖는다. 반면, 물질적인 권위나 명예는 아무것도 아니다. 데카르트에게 성경은 근세 철학의 범위를 넘어 어떤 신적인 권위를 지닌 책이었다.[30]

데카르트의 추종자들은 카르티시안 이성주의자들(Cartesian Rationalists)로 불렸으며 서유럽에 있어 사상적으로 많은 영향을 끼쳤다. 새로운 사고방식을 알게 된 프랑스 사람들은 지식의 근본은 오직 감각일 뿐이라고 주장하였다. 지극히 인간적이고 파급적인 사상에 성경적으로 맞서기 위해 자유교회의 두 인물, 토마스 찰머스(Thomas Chalmers, 1780-1847)[31] 박사와 제임스 뷰캐넌(James Buchanan, 1804-1870)

---

29 서요한, "제10장 현대교회사의 구분과 역사석 말선," 『근현내교회사』 (시울 : 그리심, 2018), 360-364.
30 G. R. Cragg, *From Puritanism to the Age of Reason: A Study of Changes in Religious Thought within the Church of England 1660-1700* (Cambridge University Press, 1950), 48-49, 119; Christopher Hill, *Puritanism and Revolution* (England: Penguin Books, 1990), 270.
31 서요한, "제6장 토마스 찰머스의 생애와 신학사상 소고," 『개혁신학의 전통』 (서울: 그리심, 2014), 189-217 참조.

박사가 전면에 나섰다. 찰머스는 "천문학적 담론"(Astronomical Discourses)으로 뷰캐넌은 "하나님 신앙과 무신론의 비교"(Faith in God and Atheism compared)를 통해서 반박하였다.[32]

독일에서는 데카르트의 제자들이 더욱 주관주의 관점으로 빠져들었다. 진리란, 감성을 통한 심령과의 대화를 대신하며, 내재성을 더 주장하여, 경험과 이성을 더 요구하게 되었다. 그들은 "진리란 이성을 통해 찾을 수 있고 인간의 마음은 모든 진리에 대한 결정자이다"라고 믿었다. 독일에서는 철학과 종교는 아주 가까운 손안에 있는 것이고 철학적 영역은 종교의 신앙을 안내하는 것으로 생각했다. 그러므로 같은 원리로 볼 때 하나님과 기독교인들은 큰 틀에서 인간의 개념과 이성으로부터 추론하게 되었다. 교리는 성경을 받아 수납하는 대신 논리적 논증의 산물이 되어야 믿게 된다고 주장하였다. 그들은 기독교의 사건과 교리는 인간의 이념에 따라 종속되어 진다고 믿었다.

기독교의 역사적 대 사건들은 인간의 지적 평가로 들어온 것이다. 창조가 창세기에 기록된 것은 하나의 시적 예증으로 받아들여져야 하며 기적들은 인과 관계의 이론을 무시하였기 때문에 배제되었다. 그리스도는 하나님의 아들로서 인정을 받는 대신 특별히 단지 도덕적 지적 성취 자로만 고려되어야 하며 또한 예수님은 인격적이 아닌 이념 자로 간주되어야 했다. 이로 인해 독일에서는 많은 사람이 구약과 신약의 역사적 진리를 부정하는 데 아주 열정적이었다. 영국에서는 독일 문학을 연구한 악명 높은 콜리지(Samuel Taylor Coleridge, 1772-1834)와 칼라일(Thomas Karlyle, 1795-1881)이 성경을 비판하기 시작했다. 이에 맞서기 위해 스콧(Sir Walter Scot, 1771-1832)이 나섰는바, 그는 어린 시절부터 뛰어난 논리력과 민첩한 두뇌를 가진 자였다.

하지만, 그는 날카로운 성경적 지식으로 '성서비평'을 즐기는 시대적 흐름에 맞섰으나 결국 포기하였다. 흥미롭게도, 이단 사냥 교회(Heresy-hunting church)라 불린 자유교회는 이러한 파괴적인 일에 적극적으로 동참하였다. 이에 대해 맨 처음 체계적으로 아이디어를 낸 사람이 데이비슨 교수(Davidson, 1831-1902)[33]이다.

---

[32] N. R. Needham, "James Buchanan," *Dictionary of Scottish Church History & Theology*, David F. Wright/David C. Lachman, Donald E. Meek(eds.) (Edinburgh: T&T Clark, 1993), 107-108.

[33] 뛰어난 구약 학자로, 스코틀랜드 신학의 선두자이다. 1849년 애버딘대학교에서 수학을 전공, 최고 학위로 졸업했다. 그는 신학과 교리에서 논리보다는 지각과 경험에 의존했으며,

그는 면직 위험을 무릅쓴 채 가장 중추적인 역할을 맡아, 그만의 미묘한 인용 기법을 이용하여 성경의 무오류성을 비판하고 이를 젊은 학생들의 사고에 심어 주었다. 그뿐만 아니라 전통 교리를 버린 학생들 몇몇을 골라 직접 가르쳤다. 다음의 인용문은 헨리 드루몬드(Henry Drummond, 1851-1897)[34] 교수가 쓴 "이상적인 삶"(The Ideal Life)의 도입 부분에서 발췌한 것으로, 자유교회의 지지자이자 영국「위클리 매거진」의 편집장이었던 로버슨 니콜(W. Robertson Nicoll, 1851-1923)[35]이 쓴 것으로, 나름의 타당성을 갖는다.

> 구약 신학의 대가로 불리는 데이비슨 박사의 문체는 창의적이고 절묘하며, 열정적이고 독특합니다. 그는 조용한 듯 보이나 엄청난 열정을 갖고 학생들을 가르쳤는데, 계시록에 대한 전통적 견해를 비판하고, 이는 반드시 수정되어야 한다고 주장했습니다. 데이비슨 박사 자신은 성경을 고치는 일에 관여하지는 않았지만, 당시 자유교회 성직자들이 성경의 오류를 비판하며 즉결에서 고쳤던 일이 빈번했던 것으로 보입니다. 데이비슨 박사의 학생들은 독일에서 어학연수 기회를 받았으며 편협한 사고에서 벗어나 넓은 시야를 갖췄습니다. 미국의 선교사 무디(Moody)가 말했듯이, 이러한 위험한 사고는 교회의 위기이며, 어쩌면 교회를 단숨에 산산조각 내버릴 수 있는 무기였습니다.[36]

『웨스트민스터 신앙고백서』의 예정론을 비판했다. 데이비슨은 자유교회 전 신학생들을 비평학에 매료되게 할 만큼 영향력 있는 교사였다. David F. Wright, David C. Lachman, Donald E. Meek(eds.), *Dictionary of Scottish Church History & Theology* (Edinburgh: T & T Clark Ltd., 1993), 235.

[34] 저명한 작가이자 뛰어난 선견지명을 갖춘 지질학자이다. 그는 에든버러대학교과 자유교회대학, 그리고 튀빙겐에서 연구했으며, 에든버러의 Barclay 교회의 부목사로 섬기다가 후에 Marcus Dods(1834-1909) 목사를 도와 글라스고의 Possilpark 지역에서 노동자들을 돕는 사역을 했다. David F. Wright, David C. Lachman, Donald E. Meek(eds.), *Dictionary of Scottish Church History & Theology* (Edinburgh: T & T Clark Ltd., 1993), 258.

[35] 헨리 니콜의 아들로, Lumsden, Aberdeenshire의 자유교회 목사를 담임했으며, Achindoir Parish School, Aberdeen Grammar School, Aberdeen University and Aberdeen FC Divinity School을 졸업했다. 그 후, Dufftown, Banffshire(1874-1877), 그리고 Kelso, Roxburghshire(1877-1885)의 자유교회 목사로 임명되었다. 악화한 건강으로 목사직을 내려놓은 후, 런던으로 간니가 The Expositor(1885-1923)와 The British Weekly(1886-1923), The Bookman(1891-1923)의 편집장이 되었다. 그는 평생 목사와 편집장으로서 성실한 삶을 살았다. D. W. Bebbington, *Dictionary of Scottish Church History & Theology*, David F. Wright/David C. Lachman, Donald E. Meek (ed.) (Edinburgh: T&T Clark, 1993), 627.

[36] William Macleod, *Steadfast in the Faith* (Edinburgh: The Publications Committee of the Free Church of Scotland, 1943), 1-10.

성경에 대한 불신의 씨앗이 젊은 목사들 마음에 비밀스럽게 뿌려졌고, 교묘하게 뿌리내리기 시작했다. 데이비슨 박사와 그의 제자들은 자신들이 노출되어 수사 당할 위험을 대비하여 신학 수업을 창설하고 학교를 방패로 삼았다. 그들의 목적을 위해 경건하게 성실하게 일하되, 교회가 알지 못하도록 비밀스럽게 행동했다.

따라서 로버트 머레이 맥체인(Robert Murray Cheyne, 1813-1843),[37] 토마스 찰머스(Thomas Chalmers, 1780-1847),[38] 그리고 모든 자유교회 선조들을 지지해 온 소위 "편협한 지협주의자들"인 청교도들, 장로교인들, 개혁신앙인들, 그리고 초대교회 교인들의 마음을 사로잡은 소위 무지하고 선입견주의 출신들로부터 무엇을 믿어야 하며 무슨 설교를 해야 할지도 모르는 황당한 독일의 비평적 신학자들로 변한 학생들이 사악한 임무를 위해 유학길에 올랐다.[39]

후에 19세기 유명한 설교가 스펄전(C. H. Spurgeon, 1834-1892)[40]은 스코틀랜드의 자유교회는 새로운 신학이 밀려오는 순간을 맞을 때 가장 불행한 시기로 간주하였다. 그것은 신학이 아니고 주님의 말씀에 정 반대되는 것이었기 때문이다. 그리고 그는 믿음에 있어 건전한 내용과 순교의 정신이 충만한 신앙에 처한 교회가 가장 영광된 교회이며 다른 잡다한 신앙고백을 떠나 성경 교리를 주장한 교수들이 목회 사역을 훈련하도록 위탁받을 때 교회의 모든 영광이 나타날 것이라고 하였다.[41]

---

[37] Andrew a. Bonar, *Memoir and Remains of the Rev. R.M.M'Cheyne* (Edinburgh & London: Oliphant Anderson & Ferrier, 1892), 3-622.

[38] William Hanna, *Memoirs of Thomas Chalmers* (Edinburgh: Thomas Constable and Co., 1894), 2 vols; Hugh Watt, *Thomas Chalmers and the Disruption* (Edinburgh: Thomas Nelson and Sons Ltd., 1943), 1-359; Ronald Selby Wright, *Fathers of the Kirk* (London: Oxford University Press, 1960), 129-142; W. Beveridge, *Makers of the Scottish Church* (Edinburgh: T. & T. Clark, 1908), 183-195.

[39] John B. Orr, *Scottish Church Crisis: Full Story of the Modern phase of the Presbyterian struggle* (Glasgow: John M'neilage, 1905), 18-19.

[40] J. C. Carlile, *C. H. Spurgeon: An Interpretative Biography* (London: The Religious Tract Society and the Kingsgate Press, 1934); *Spurgeon: The Poeple's Preacher* (London: Walter Scott Ltd); Iain H. Murray, *The Forgotten Spurgeon* (Edinburgh: The Banner of Trust Trust, 1966); Arnold Dallimore, *Spurgeon: A New Biography* (Edinburgh: The Banner of Trust Trust, 1985); James J. Ellis, *Charles Haddon Spurgeon* (London: James Nisbet & Co., Ltd); W. Y. Fullerton, *C. H. Spurgeon: A Biography* (London: Williams and Norgate Ltd., 1934); R. Shindler, *From the Usher's Desk to the Tabernacle Pulpit: The Life and Labours of Pastor C. H. Spurgeon* (London: Passmore and Alabaster, 1892).

[41] 1890년 혼란 이후, 독일의 비평론이 교회를 장악하기 시작했다. 저명한 작가인 Robertson Smith, A. A. Bruce, C. H. Dods, 그리고 이들을 이끄는 George Adam Smith 교수가 새로운 학교의 대표가 되었으며, 이들의 "자유주의"는 지대한 영향력을 끼치기 시작했다. Adam Smith에 따르면 창세기는 신화와 전설로 이루어진 이야기일 뿐이다. 또한, 십계명은 모세에 의해 기록되거나 모세로부터 기인한 것이 아니다. 그의 비평학에 의하면, 사무엘과 열왕기상은

따라서 교회는 어떠한 사법적 구조와 체제를 만날지라도 변함없이 하나님의 말씀의 무오한 진리와 하나님의 권위가 되는 신구약 성경을 믿는 신앙을 직무자들이 수납하고 확언하는 일을 가르치는 자들과 함께 그 약속을 성실히 이행했다.[42]

그러므로 자유교회의 젊은 목회자들은 이와 같은 선언을 해야 했으나 오직 자기 직업을 받기 위하여 그들은 퇴색해 가는 미신적 행위를 믿도록 가장하였다.[43] 이것은 1904년 연합자유교회의 형태로 인도되어 목회 사역에 있어 치욕을 피할 수 없게 되었다. 그러나 1843년의 자유교회는 자유교회의 본질적인 신학을 보존하였으며 그것은 의심할 여지 없이 자유교회의 진정한 기반이 되었다.[44]

2) 공 예배의 형태

16세기 종교개혁 이후, 우리가 계시의 비범한 통로로 지칭하는 것이 있는데 그것은 모세와 선지자들과 사도들이다. 그들은 하나님의 뜻을 사람들에게 전하는 자들로 불리는바, 이제는 그 일이 영구적으로 중단된 것이다. 하나님이 몸 된 교회에 전달하신 진리를 더 잘 보전하고 전파하기 위해 성경을 온전하게 기록하도록 그들에게 위탁하셨는데 그것은 지금 교회가 구약과 신약의 형태로 보전하고 있다.[45] 그러나 공 예배의 형태에 관해 개혁파 전통을 따르는 기독교인들은

내러티브 형식으로 되었기 때문에 연구할 가치가 충분하다. 이러한 이유로 Adam Smith는 엘리야, 다윗, 룻, 요나, 시편, 그리고 이사야를 제외한 채 구약을 설교했다. 당시 저명한 학자들과 교수들 역시 그의 입장을 지지했고, 이들의 사상은 성경의 권위를 약화했을 뿐 아니라 '신'보다 '인간의 이성'에 초점을 맞추게 하였다. 그들의 사상은 거룩한 성경을 바탕으로 하지 않고 인간 이성의 점진적 발전과 사고의 진화에 중심을 둔 것이었다. John B. Orr, 21-22.

[42] William Macleod, *Steadfast in the Faith: The Witness and Principles of the Free Church of Scotland* (Edinburgh: The Publications Committee of the Free Church of Scotland, 1943), 3, 11-20.

[43] 가장 그럴듯하고 순수해 보이는 문서가 사실은 모호하고 불명확한 법이다. 이러한 선서는 교회 법령에 제한되지 않으려는 자유분방한 목사 및 교수진들의 숙련된 묘책이었고, 사람들 눈에는 변한 것 없이 지켜지는 원칙처럼 보였다.

[44] Thomas Chalmers는 "다만 우리는 어둠 속을 걸을 뿐이다. 우리 발의 등이요 힘이요 능력과 권세 되시는 하나님의 말씀 외에 우리는 어떠한 권위에도 굴복하지 않는다"라고 말했다. 사무처를 받는 조건으로 같은 계약을 체결하는 스코틀랜드 자유교회 목사와 공무원들의 선서는 지금도 계속되고 있다, "… 나는 대 의회와 교회로부터 승인을 받은 이 신앙고백서에 담긴 경건의 교리를 전심으로 따르기 원하고, 하나님의 진리 말씀을 사모하기 원하며, 이것이 곧 내 믿음의 고백이 되기를 기도한다. 성서의 말씀은 인간이 쓴 것이 아니라 오직 하나님의 임재로 완성된 것이므로 내가 믿고 순종해야 할 신성한 책임이 분명하다. 나는 성경의 가르침에 어긋나는 모든 신조와 통설들을 차단할 것이며, 내가 본향에 가기까지 지녀야 할 것은 오직 성경뿐임을 고백한다." John B. Orr, 25.

『웨스트민스터 신앙고백서』에 명백히 기록된바, 교회의 봉사와 신자의 삶으로 특별히 받들어야 할 분야인 하나님의 말씀에 허락된 것이다. 그들은 오직 믿음과 순종의 법칙으로 하나님의 말씀을 바라보고 있다.[46] 말씀을 읽거나, 가르치거나, 그리고 하나님의 성령에 의해 축복을 허락하심으로 죄인이 회심하게 되고 효과 있는 확실한 은혜의 수단이 되며 나아가 그들을 성화에 이르게 한다.

이전에는 종교적 논쟁이 해결되고 교회의 법이 점검받고 고대의 선조들이 기록한 문서들의 견해까지도 점검을 받고 사람들의 교리와 개인의 영적 문제까지도 사정을 받는 곳이 법정이었다. 그러나 말씀은 역시 교회의 예배를 규정하고 있다. 우리가 관찰한 대로 어떤 것도 성경에 진술되지 않은데도 하나님에 대한 예배를 소개하는 교리가 있어서는 안 된다.[47] 이렇게 개혁주의 신자들이 말씀에 권위를 부여한 것은, 예배 형식을 규정하는 데 실제적 영향을 미쳤을 뿐 아니라 여러 교회를 연합시키는 데 성공하였다. 이러한 진술에 동의하는 장로교인들이 있는 것은 사실이다.

그러나 그러한 비평주의는 교회 건물의 열악함으로 인하여 부추겨져 왔으며, 예배의 양상을 지배하였으며, 예배의식의 기본적 특성을 일방적으로 유지하였으며, 보는 앞에서의 활동을 강하게 저지시켰으며, 또한 교회 사역자들의 생생한 복장을 저지시켜 왔다. 하나님의 말씀은 하나님을 예배하는 규율을 제정한다. 물론 그 하나님 말씀의 규율은 실제로 모든 기독교회에 의해 신앙고백을 요구한다. 로마교회도 예외가 아니다.[48]

문제는 하나님의 말씀에 "하나님을 예배하는 데 대해 어느 정도 또한 어느 범위로 규정하고 있느냐?"이다.

그 궁극적인 단계가 어디인가?

---

[45] 성경에 대해 웨스트민스터 고백서는 '그것이 새로운 성령의 계시든, 인간의 교리든 이 이후로는 어떠한 것도 더해지지 않았으며'라고 기술하고 있다.

[46] *The Confession of Faith: The Larger and Shorter Catechism, with the Scripture proofs at large: Together with the Sum of Saving Knowledge, contained in the Holy Scriptures, and Held forth in the said Confession and Catechism, and Practical use thereof; Covenant, National and Solemn League; Acknowledgment of sins, & Engagement to duties; Directories for Publick and Family Worship; Form of Church Government, &c, of Publick Authority in the Church of Scotland, with Acts of Assembly and Parliament, Relative to, and Approbative of, the Same* (Edinburgh: D. Hunter blair and M. T. Bruce, 1836), 519-592.

[47] 신 12:32; 마 15:9.

[48] Clement Graham, *Crown Him Lord of All, Essays of the Life and Witness of the Free Church of Scotland* (Edinburgh: The Knox Press, 1993), 59.

칼빈의 제자들로서『웨스트민스터 신앙고백서』를 고백하는 기독교인들은 지금까지 그렇게 해 왔는데 그들은 "하나님의 말씀에 기록되었으면 받아들이고 그렇지 않으면 배제한다"라고 주장해 왔다. 모든 개혁파 신자들은『웨스트민스터 신앙고백서』를 고백한 신앙인들이 이전 개혁파 신앙인들의 발자취를 따라온 것처럼 모든 필요한 교리를 가르쳐 왔는데 특별히 "성경이 기록되어 있는 그것이나 선한 것과 필요한 것은 그 결론이 성경으로부터 유추되어야 한다"[49]는 것이었다.

우리가 오래전부터 보아온 대로 개혁교회에서는 하나님의 말씀이 강대상과 성찬상과 교인들의 참여와 찬양과 다양한 신앙적 활동, 그리고 국가에 이르기까지 실천적인 방법에서 기독교인들의 생활과 깊이 관련되었다. 그러나 이러한 문제로 어느 자유교회 지도자들이 가장 넓은 범위 쪽으로 방향을 돌려 돌아섰고, 이러한 원리들의 개발을 통하여 철저하게 돌아섰는데 특별히 교회 찬양에 있어 그랬다. 자유교회 지도자들 가운데 예배에 있어서 악기에 관해 신학적으로 반대되는 수준이 아주 주목할 만한 정도에 이르렀는데 옛날에 쓰던 전통적 방법과는 구분하는 것이 더 좋다는 것이었다. 다양한 사람들이 있었는데, 어떤 사람은 시편 찬송가에 대한 고전적 장로교회의 입장에 대해 소위 지식이 있다는 변증가들로부터 웨스트민스터 문서가 말하고 있는 자료가 없다는 식의 저변으로부터 문제를 걸고넘어지려고 하는 의도를 가지고 참여하는 사람들이 있었다.[50]

한편 교회의 화평에 대한 술어를 생각하고 있는 사람들이 있었는데 교회의 연합을 최고의 주제로 삼아 다른 교회와 합하는 것을 생각하는 사람들이었다. 그리고 예배의 형태로 인해 분리되는 것이 교회 연합을 위협하는 것처럼 느끼는 사람들은 예배에 관해 그들 자신의 주장에 참여하는 새로운 교회에 각 교회 회중들의 참여로 인하여 모든 문제를 개방하는 방법으로 새로운 연합을 결정할 수 있다고 믿는 사람들이었다.[51]

---

[49] John Calvin, *Institutes of the Christian Religion*, vol. 1, trans. by Henry Beveridge (London: James Clarke & Co., Ltd., 1953), 84-89.

[50] Clement Graham, *Crown Him Lord of All, Essays of the Life and Witness of the Free Church of Scotland* (Edinburgh: The Knox Press, 1993), 64-65.

[51] Candlish 박사와 같이 악기를 제외한 예배 규정의 원칙을 엄격히 준수하는 사람이었다. 그는 신약성경의 자유로움을 주장하며 찬송가를 도입하려 했다. 그러나 이 주제에 대해 직접적인 언급을 하지 않은 William Cunningham은 종교개혁 지도자들을 가깝이 따르며 갈등의 소재에 대해서 철저한 신학적인 검토를 했다. 그뿐만 아니라 다양한 의견과 주장 속에 자신만의 독특한 생각을 집어넣어 대안을 제시하기도 했다. Clement Graham, 66.

3) 교회의 영적 독립

영적 독립에 관한 문제는 1843년 자유교회의 분리에 대한 주된 원인이었을 뿐만 아니라 교회의 신학적 문제와 국가에 대한 정치적 문제에 관한 결과를 가져왔다. 분리된 자유교회 교인들은 영적 독립을 강하게 주장하였다. 그들은 그리스도 교회를 올바로 상속해 주는 자유교회야말로 주님의 말씀에 계시된 대로 주님의 뜻에 합당한 영적인 일을 안내하고 지도해야 하는 자유를 주장하였다.[52] 교회의 영역 안에서 교회는 오직 하나님의 말씀 때문에 제한을 받아야 하는 자유를 가지고 있다고 했다. 이 자유는 교회를 후계에 상속해 주는 일과 동떨어진 것이 아니다. 그것은 국가와 상관이 있든지 없든지 간에 영적 상속의 자유를 가져야 한다. 그것은 결코 상속의 자유를 감소시키는 것이 아니다.

교회는 예수님의 말씀 외에 어떤 것에도 굴복해서는 안 된다.[53] 이는 분열에 관한 인간의 주장을 반영하는 것이 아니다. 이것은 스코틀랜드 개혁자들이 그 교리를 지켜온 것이다. 앤드류 멜빌(Andrew Melville)이 한때 제임스 6세(King James VI) 왕에게 이렇게 말하였다.

> 스코틀랜드에는 두 왕과 두 왕국이 있는데 그 하나는 제임스 왕인데 이는 연방 국가의 머리이며 또한 다른 왕은 예수님인데 교회의 머리이며 그분은 제임스 6세의 주권자이다. 제임스 6세의 왕국은 진정한 왕국이 아니며 주님도 아니고 왕국의 한 사람이다.[54]

자유교회는 그들이 따르는 교리가 옳다는 것을 보여 주기 위해 그들이 직접 증거 자가 되는데, 이는 특별히 하나님께서 주신 독특한 소명이었다. 그들은 교회의 영적 독립권은 시온으로부터 온 영광의 유산인 동시에, 세상에서 받는 고통과 핍박의 이유라고 생각했다. 토마스 찰머스 목사는 자유교회를 지지하며, "우리가 절

---

52 마 22:15-22; 막 12:16-17; 눅 20:22-25; 롬 13:1.
53 Alexander Stewart/J. Kennedy Cameron, *The Free Church of Scotland 1843-1910* (Edinburgh & Glasgow: William Hodge and Company, 1910), 1-2.
54 Thomas M'crie, *Life of Andrew Melville*, 181; Robert Pitcairn(ed.), *The Autobiography and Dairy of Mr. James Melvill* (Edinburgh: The Wodrow Society, 1842), 368-372; John Cunningham, *The Church History of Scotland* (Edinburgh: James Thin, 1882), vol. 1, 432-433; Patrick Walker, *Six Saint of the Covenant*, vol. 1., 303.

대 잊어선 안 될 것은, 교회의 영역이 그 어떤 것으로도 침해될 수 없다는 것이다. 어떠한 권력도, 어떠한 높은 직위도 거룩한 교회의 영역을 침범할 수는 없다. 예를 들어, 외부의 힘이 어떤 탐욕스러운 자를 목사임명권 소유자로 만들 수는 있다. 그러나 그 외부의 힘이 교회의 신성한 영역을 침범할 수는 없으며, 그를 스코틀랜드의 교회의 목사로 안수할 권리 역시 없다. 독립으로 우뚝 서 영생의 힘을 가진 교회에, 국가가 견제할 방법이라고는 세속적인 방법으로 무력화하는 것 외에는 아무 것도 없다"라고 선포하였다.

그 후 교회는 굳건히 자신의 위치를 지켰고, 역사상 가장 위대한 영성을 소유했을 뿐만 아니라 도덕적으로 가장 훌륭한 모범이 되었다. 후에 교회의 영향력이 줄어들긴 했지만, 전례 없이 강한 모습을 유지하며 국민에게 버팀목이 된 것은 괄목할 만하다. 시간이 흘러 교회는 더 이전의 명성을 갖지 못했고, 우위적인 위치에 속하지도 않았다. 그러자 판사를 비롯한 기득권층 역시 교회를 보호해 주려고 하지 않았다. 그러나 영적 재판은 그들의 독자적 담당이었고, 그 거룩한 영역만큼은 빼앗기지 않고 이전의 위치를 고수했다. 우위적인 입장을 갖고 말고를 떠나서, 교회가 어느 쪽에도 속박당하지 않고 신성과 거룩함을 지킨 것은 주목해야 한다.[55]

정부는 교회의 영역을 침범하기 위해 끊임없는 시도를 벌였고, 계속해서 신앙적 문제에 간섭하고 통제하려고 들었다. 그리고 국가의 이러한 시도는 스코틀랜드의 분열을 이끈 가장 큰 원인이 되었다. 시저 왕은 교회에 합법적인 국가 권위를 행사하는 것을 넘어 하나님의 성전을 무작위로 침해할 수 있는 법안을 공포하기에 이른다. 왕의 이러한 행동에 영향을 받은 시민들은 자신들도 교회 내부의 노회에 대한 간섭권을 얻으려고 했고, 수시로 교회 재판소의 권위를 무시했다. 교회만의 신성한 기능을 통제당한 채, 교회는 정부의 감시를 받기 시작했다.[56] 이는 1842년 캠헬 경(Lord Camphell)의 발언을 통해 당시 상황과 정부의 목적을 짐작할 수 있다.

> 기득권 층에 남아 있던 사람은 모두 국가가 채용해 주었고, 국가의 월급을 받았나. 대신 그들은 법에 이용당하며 국가의 명령에 무조건 순종해야 했다. 반면 구원교회나 burgher church는 그들의 독립성을 유지했고 그들의 자치적인 법으로 운영되

---

[55] Alexander Stewart/J. Kennedy Cameron, 3.
[56] John Macleod, *Scottish Theology* (Edinburgh: The Banner of Truth Trust, 1974), 54.

었는데, 그 대가로 자급자족하며 스스로 생존할 방법을 찾아야 했다.[57]

교회에 성도들이 늘어나면서 예배당 확장이 불가피하게 되자, 1834년 예배당에 관한 법안과 함께 거부권(veto act)이 통과되었다. 법안에는 목사 이명을 수용하지 않는 자는 노회, 대회, 총회를 포함해 어떠한 관직도 받을 수 없다는 내용을 담고 있었다. 이 부당한 법은 곧 제거되었다. 법안을 근거로 1839년 어바인 노회(Presbytery of Irvine)가 스튜어트 왕조의 권력을 나눠 가지려고 했기 때문이다. 부유한 후원자와 지주들의 반대 가운데, 스코틀랜드 최고 민사법원은 법안의 불합리함을 표명했을 뿐만 아니라 주 총회의 새로운 예배당 형성계획 역시 적합하지 않다는 판결을 내렸다. 이는 국가 기관과 교회 모두를 충족시킬 수 있는 입법안이 있다면, 두 집단이 합의될 수 있다는 뜻이기도 했다.

한편, 민주주의 원칙을 따른 양보로 거부권(Veto Act)을 지지한 휘그당은 이를 입법시켜 실행할 준비가 되지 않았다. 이때 토리당이 기회를 잡았고, 1840년 5월, 애버딘 영주가 스코틀랜드에서 목사임명권에 대한 의심을 제거하기 위한 법안을 제출하였다. 그는 성직에 추천되는 사람들의 자격 요건을 정하는 권리를 교회에 보장하기를 원하면서도, 또한 총회의 치솟는 요구들을 잘라내는 것도 필요하다고 생각했다. 그 여름이 지나가는 중에, 철회된 조처 때문에 커다란 반감이 폭발하였다.

1841년 아길 공작(Duke of Argyll)이 도입한 법안은, 거부법을 보존하되 안전장치 아래 두자고 제안한 것인데, 총회는 만족하게 했으나 상원을 통과하지는 못했다. 이러한 교회적 혼란 가운데 장로교회의 순수성을 유지하려는 운동이 스코틀랜드 장로교 신학의 대부인 토마스 찰머스를 통해 일어났다.[58]

찰머스는 먼저 중도주의자들의 사상을 비판함으로 장로교의 신학의 정체성을 회복하고자 하였다. 정부가 교회의 주권을 침해하자, 그는 이를 교회에 대한 심각한 도전으로 보고 교회의 자유를 보장할 만한 장치를 마련하고자 하였다. 그는 교회의 머리는 오직 예수 그리스도 외에 다른 이가 없다고 말하였다. 교회의 머리요, 왕이신 예수 그리스도는 세상 관원과 구별하여 교회 직원들이 다스리도

57　Alexander Stewart/J. Kennedy Cameron, 3-4.
58　서요한, "제6장 토마스 찰머스의 생애와 사상," 『개혁 신학의 전통』 (서울: 그리심, 2014), 189-217.

록 교회 정부를 세웠고, 이 정부는 오직 그리스도의 법에 따라 치리하며, 백성의 자유에 따라 운영되며 섬기도록 세워졌다는 것이다. 그는 자기의 주장을 토대로 1842년 의회에 교회의 자유 보장을 재차 요구하였으나 찰머스의 이러한 요청은 무위로 끝났다.

이후 나라가 위기에 직면하였다. 토마스 찰머스는 "전쟁은 끝났다"라고 말하며 그의 모든 시위와 대항을 그만두려고 했다. 그러자 사람들이 찰머스를 도와 위험을 무릅쓰고 공적으로 목사임명권 폐지를 지지하고 나섰으나 정부는 흔들림이 없었다. 평신도 목사 임명권은 국회로부터 허가받은 것이므로, 계속해서 유지되어야 한다는 것이 국가의 입장이었다. 이는 목사임명권이 유지되는 한 교회와 정부의 갈등은 계속될 것임을 확인할 수 있는 대목이다.

찰머스는 1842년 다시 목사임명권 폐지를 주장하며 교회의 자유를 보장할 만한 장치를 마련하고자 했고, 이에 의회 대다수가 찰머스를 지지하며 성명서에 승인할 것을 요구했다. 이 성명서의 주제는 "주장하고, 선포하고, 항의해라"로, "권리장전"(claim of right)에서 인용된 것이다. 성명서에는 최근 교회가 자유와 주권을 침해당하고 있으며 교회가 해산될지도 모른다는 위협까지 느끼고 있으므로 교회에 자유를 달라는 내용이 담겨 있다. 그뿐만 아니라 끝에는 아무리 국회를 거쳐 통과된 법일지라도, 교회에 관한 법이 교회의 동의 없이 통과된 것은 무효라며 국가의 행동을 강하게 비판하였다.

이처럼 한 가지 논쟁에 대한 대답이 나올 수 있다. 1843년 3월 각료가 아닌 한 의원이 권리 주장 문서를 조사하기 위해 위원회로 지명되어 의회로 초청이 되었다. 상하 의회의 휘그당(Whigs)과 토리(Torries) 당원들은 단호하게 성명서의 주장을 비난하였다. 당시 로버트 필(Sir. Robert Peel, 1788-1850)[59] 경은 만약에 그들이 서로 양보하여 이 문제를 토의했다면 복음이 범위를 넓혀 스코틀랜드 국경을 넘어 퍼져 나갔을 것이라고 진술하였다. 그는 국가의 시민 법정 위에 영적 주권을 강조하기 위해 안건을 발굴해 냈고 그가 두려워하는 내용의 진술은 다음과 같았다.

---

[59] As a statesman, the son of a manufacturer and MP, he was educated at Harrow and Christ Church, Oxford. He entered parliament in 1809. He was Conservative Prime Minister(1834-1835, 1841-1846), in 1846 repealing the Corn Laws and splitting his party. His insistence on the existing rights of patrons was one of the factors contributing to the Disruption. D. W. Bebbington, "Robert Peel," *Dictionary of Scottish Church History & Theology*, David F. Wright/David C. Lachman, Donald E. Meek(eds.) (Edinburgh: T&T Clark, 1993), 651.

"기초를 놓은 종교개혁의 원리가 느슨해지면 그 나라의 시민과 종교의 자유는 멸망할 위치에 놓이게 될 것이다."

어느 정부도 시민법의 주권과도 맞지 않고 또한 변하기 쉽고 무책임한 군중에다 목사 임명권의 권리를 이양하는 것은 더 불합리한 요구를 만족하게 할 수 없는 일이다. 결국, 그 활동은 다수결에 의해 거절되었다. 2개월 후 찰머스 박사에 의해 소집하자는 소식에 따라서 올바른 정신을 가진 성직자들 모두가 참석한 회의 소집이 이루어져 에든버러(Edinburgh)에서 총회가 열렸고 그 재판의 판결에 불복하여 교단을 탈퇴하기로 하고, 동역자들과 함께 새로운 자유교회를 설립하였다.

1843년 5월 18일 마지막으로 스코틀랜드교회의 분리 이전 상태에서 재판을 위해 마지막 총회가 열리었다.[60] 총회 회관에서 개회 기도를 한 후 총회를 구성하는 대신 200명 이상의 이름으로 서명한 기록문서를 마지막 사회를 집행하는 사회자가 읽었는데 교회의 권리를 침범하는데 대항하며 국교의 그늘로 말미암아 그들에게 거절된 자유를 찾아내기 위해 행동하고 있는 자를 지원하는 자들을 모집하는 것이었다.

이때 400명 이상의 목사들이 동조하였고 교구장의 1/3 이상과 전 교회의 많은 정직한 자가 동조함으로 그 내용을 승인할 수 있도록 이미 준비된 것을 총회 장소에서 모든 사람에게 나누어 주었다. 대 찬성으로 찰머스 박사는 스코틀랜드 새 자유교회의 의장이 되었고, 첫 예배에서 그는 시편 43:1-5로 소망과 확신의 기도를 강조하였다. 1843년 5월 23일 396명의 목사와 교수들의 합세로 회원 수는 474명으로 불어났으며 국교 아래 유지해 오던 정부로부터 받은 모든 녹(사례)을 받아온 것을 포기하고 정교분리의 법안에 서명하였다.[61]

4) 교회의 책임과 역할

루이스 벌코프는 "교회는 진리를 전파해야 할 신성한 직무를 가지고 있다"라고 말하였다. "그것은 누구든지 교회 안에서든 밖에서든 어떤 사람에게나 증인이 되어야 할 교회의 의무다"[62]라고 말하였다. 정직하게 말하면 교회는 이러한 신성한

---

60 Charles Sanford Terry, *A History of Scotland*, 626.
61 William Macleod, *Steadfast in the Faith: The Witness and Principles of the Free Church of Scotland* (Edinburgh: The Publications Committee of the Free Church of Scotland, 1943), 21-50.

마음 상태의 의무를 항상 유지하지 못하였다. 그러나 정직하게 말해 이전의 교회는 전파의 의무에 대해 진지하게 생각하지 않았다. 자유교회 덕분에, 이제 복음을 전파하는 것은 교회의 필수적인 의무가 되었다. 1843년, 선교사 파송을 꿈꾸는 스무 명의 선교사들이 전통교회에서 자유교회로 옮겨왔다. 자유교회가 스코틀랜드 내에서 그들의 첫 기반을 다지는 것만큼이나 안 믿는 나라에 복음을 전파하는 것을 중요시했기 때문이다. 이는 곧 국내 교회의 소망과 비전이 되었고, 믿음 생활의 척도가 되었으며, 해외의 선교사들에게 안정감과 확신을 심어 주었다.

교회가 수많은 목사, 교사, 의사, 간호사, 예술인들을 배출하여 학교, 고아원, 병원, 신학대학교, 그리고 교회 등지에서 섬기도록 했음에도 불구하고, 해외 선교는 그 중대성에 비해 인력이 항상 부족했다. 선교사업의 범위와 다양성은 복음화되지 않은 지역을 향한 사랑의 깊이를 나타내는 척도이다. 그들은 선교지의 복지와 생활의 개선을 위해 노력하는 것이 곧 불신자들의 구원을 간절히 바라는 선교사들의 열정을 나타내는 것임을 알았다. 찰머스와 거스리를 비롯한 스코틀랜드 자유교회의 지도자들이 불우한 이웃들을 향해 보냈던 사랑의 정신이 후대의 마음속에 숨 쉬고 있었다.

5) 선교사역

자유교회 총회의 대표자들은 18세기 부흥 운동이 전국에 크게 영향을 끼치게 되자 중국 선교사 파송을 결정하였다.[63] 이러한 분위기는 스코틀랜드 의회가 해외 선교에 대한 정확한 명분을 제공하였다. 존 어스킨 박사(Dr. John Erskine, 1791-1803)[64]는 어두움과 사망의 그늘에 있는 자들에게 복음을 전파하는 것은 기독교

62　*Systematic Theology* (Edinburgh: the Banner of Trust, 1987), 597.
63　Isaac Watts와 John Newton의 부흥 시대였다. 하나님은 놀랍고 위대하신 방법으로 유럽과 스칸디나비아반도, 영국과 북아메리카를 움직이셨다. 세기 말엽 수많은 선교협회와 성경연구회의 설립은 하나님이 살아계심을 나타내는 강력한 증거가 되었으며, 하나님이 자신의 교회를 얼마나 놀랍게 축복하셨는지를 확인할 수 있었다. 이는 근대 선교의 태동이 되었으며, K. S. Latourette은 이를 "교회의 전성기"로 명명하였다. W. D. Graham, "Beyond the Borders of Scotland: The Church's Missionary Enterprise," *Crown Him Lord of All*, Clement Graham (ed.) (Edinburgh: Knox Press, 1993), 91. 그레이엄에 따르면, Wesley와 Whitefield, Charles Simeon와 Jonathan Edwards, Moravian Brethren,
64　그는 18세기 후반 스코틀랜드교회의 복음주의파 지도자였다. Erskine 목사는 복음주의파임에도 불구하고 Calvin 교리의 지지자였다. 또한, 그는 학생 시절 조지 Whitefield의 열렬한 팬으로,

인만의 특권이라고 주장하였다.⁶⁵

그런데도 당시 교회는 선교의 중대성을 깨닫지 못한 채, 총회 산하 교회가 이 의무를 심도 있게 받아들이기까지 30년의 세월이 흘렀다. 그러나 일부 스코틀랜드교회의 많은 사람들이 전국을 통해 설립된 여러 단체를 통해 선교 봉사를 위해 스스로 자신들을 헌신하기에 이르렀다. 글라스고우(Glasgow)선교회와 에든버러(Edinburgh)의 스코틀랜드선교회는 1796년 조직되었는데 이들 선교회를 통해 선교사들은 인도, 자메이카, 그리고 남아프리카로 선교사역을 펼치게 되었다.

또한, 여러 스코틀랜드 성도들이 찰머스 박사의 지원을 받아 런던선교회를 통해 주님을 위해 선교사역을 감당하였다.⁶⁶ 이후 자유교회는 사회를 깊이 인식하는 구조를 가지고 활력이 넘치는 신학적 정통성을 함께 한 틀을 형성한 뛰어난 특성을 가지고 구성되었다. 당시는 많은 사람들이 미지의 세계로 나가는 것에 관심을 두던 때였다. 궁핍과 굶주림의 시대이자 식민지 확장의 시대였고, 음지에 하나님의 소명을 전해야 한다는 사명의 시대였다.⁶⁷

분열 교회의 선조들은 보편적 정신의 소유자였고, 이러한 영향은 영국과 유럽의 자유교회에 선도적인 움직임을 가져왔다.⁶⁸ 대표적으로 1843년은 가장 많은 선교사가 파송된 해이다. 또한, 1827년은 스코틀랜드교회가 선교사업을 시작한 이래, 교회의 지원으로 알렉산더 더프(Alexander Duff, 1806-1878)⁶⁹라는 첫 목사를 파송한 해이다. 인도 캘커다(Calcutta)에서 더프의 사역은 전 세계로 알려졌고, 이는 다른 동료들에게 큰 힘과 격려가 되었다.⁷⁰ 1843년 분열 전까지 스코틀랜드교

1742년 시국을 고려하여 팜플렛을 만들기도 했다. 이는 Whitefield를 비방하는 사람들로부터 그를 옹호하기 위해서였다. N. R. Needham, "John Erskine," *Dictionary of Scottish Church History & Theology*, David F. Wright/David C. Lachman, Donald E. Meek (eds) (Edinburgh: T&T Clark, 1993), 300-301.

65 John Macleod, 279-281.
66 Hugh Watt, *Thomas Chalmers and the Disruption* (Edinburgh: Thomas Nelson and Sons Ltd, 1943), 149-150. At that time their slogan was "We want more churches, and pledge ourselves to pay for them."
67 Gordon Donaldson, *Scotland: The Shaping of a Nation* (London: David & Charles, 1974), 194-196.
68 John Roxborough, *Thomas Chalmers: Enthusiast for Mission* (Paternoster Press: Rutherford Studies in Historical Theology, 1999), 2-242.
69 1830년 선교사로 캘커타에 도착하자마자 Ram Mohan Roy의 도움을 받아 힌두학교 'Brahmo Samai'를 설립하였다. 그는 신속히 가장 높은 카스트 계급의 학생들을 개종시켰다. 후에 더프 대학교로 개명되었으며, 인도에서 가장 규모가 큰 미션스쿨로 성장했다. Hugh Watt, *Thomas Chalmers and the Disruption*, 77, 149-150; David F. Wright, David C. Lachman, Donald E. Meek (eds), *Dictionary of Scottish Church History & Theology* (Edinburgh: T & T Clark Ltd., 1993), 259.
70 John Macleod, 279-281.

회는 20명의 해외 선교사들을 파송했는데, 이들 중에는 특별히 유대인의 구원을 위해 달려간 사역자들도 있었다.[71] 이렇게 스코틀랜드 자유교회는 정통 개혁신학의 요람으로, 또한 복음 전도의 열정이 있는 교회로 성장해 나갔다. 자유교회는 스코틀랜드교회의 신학적 전통과 신앙적 발자취를 밟았고, 그 결과 깊은 영성을 물려받은 상속자들이 되었다.

위에 열거한 대로 1843년 스코틀랜드 자유교회에서 동조자들과 함께 일어난 동기유발의 요인은 다음과 같다.

첫째, 우리가 아는 대로 『웨스트민스터 신앙고백서』의 기준이 그 행동의 원인이 되었다. 이 고백서는 "이 천국 복음이 모든 민족에게 증언되기 위하여 온 세상에 전파되리니 그제야 끝이 오리라(마 24:14)"는 구절을 통해 교회들을 고무시키고, "모든 열방이 참된 진리 앞에 나아오게 하소서"로 끝맺었다. 후에 1647년, 주 의회가 "복음을 모르는 자들을 향해, 특히 유대인을 향해" 복음을 전파하려고 계획하는 과정에서, 다른 교회의 문서들에 『웨스트민스터 신앙고백서』와 마태복음을 기반으로 한, 즉 자유교회와 같은 정신을 지녔음을 발견하게 된다.

둘째, 성경의 권위와 성경 말씀의 선포이다. 초기 자유교회 선교사에 대한 자료를 살펴보면, 흥미롭게도 그들이 해외 선교뿐만 아니라 국내 전도도 담당했음을 알 수 있다. 기독교 암흑기를 거치고 있던 자국을 포함하여 국·내 외 할 것 없이 이 모든 곳을 복음전파의 사역 지로 삼았다.

셋째, 영혼 구원을 향한 사랑이었다. 이 사랑은 초창기 자유교회가 선교 사명을 감당해 낼 힘을 주었다. 선교사들은 특히 교육기관, 초등학교, 중학교에 초점을 맞춰 선교를 시작했는데, 이는 영혼들과 만남을 사모했던 그들의 모습을 알 수 있게 한다. 오직 하나님이 부어 주시는 은혜로, 그가 주시는 사랑을 안고 세계 복음화를 위해 나아갔다.[72] 선교에 대한 열정은 식을 줄을 몰랐다. 대부분의 사역이 현지의 교육기관을 통해서 이루어졌는데, 대표적인 예가 인도에 설립된 더프 박사의 학교이다. 그의 학교 설립 목적은 깊은 영성을 갖춘 기독교 거장들을 배출하는 것이었고, 실제로 그의 선교기관에는 수많은 사역자가 서쳐 가며 보살핌을 받았다.[73]

---

[71] 자유교회의 해외 선교사 파송은 스코틀랜드의 분리 교회, 개혁 장로교회, 그리고 연합 장로교회 등 수많은 교회에 거대한 영향력을 행사했다. 전국의 교회들은 선교의 사명에 응답했고 1843년, 대 붕괴 이후에도 파송을 멈추지 않았다. W. D. Graham, 92.

[72] W. D. Graham, 96.

[73] Elizabeth G. K. Hewat, *Vision and Achievement 1796-1956* (1960), 69.

더프 박사는 현재 인도의 모습은 암울하지만, 훗날엔 선교사를 배출하고 사명을 이행하는 나라가 될 것이라고 말하였다. 남아프리카의 러브데일(Lovedale)에 선교사로 파송된 제임스 스튜어드 박사(James Stewart, 1831-1905)[74] 역시 뛰어난 사명의식이 있었다. 그는 "'기독교 영성'은 복음을 모르는 현지인이 알아야 할 교육의 가장 기본 원리이며, 복음이 들어가지 않고서는 절대 그 지역은 문명화될 수 없다." 그렇기에 "선교사역의 주목적은 현지인들이 영적 변화를 경험하고 영생을 얻도록 하는 것이 되어야 한다"라고 말하였다.[75]

이들의 모습은 각종 교회와 여러 선교기관의 공동 목표가 되었다. 호주와 뉴질랜드의 개혁 장로교회와 노회들의 지원을 받는 선교사업은, 아프리카, 인도뿐만 아니라 남해 제도의 여러 섬 곳곳에서도 시작되었다.

마지막으로 복음 전도는 유대인들에게 증거 하는 일에 초점을 맞추는 일이다. 이미 언급한 대로 스코틀랜드교회는 유대인들에게 복음을 전파하는 데 대한 소명을 심각하게 고려하기 시작하였다. 유대인들에 대한 기독교 복음 전도를 게을리하는 것은 주 예수 그리스도에게 불복종하는 것과 같은 것이기 때문이다.[76] 그러므로 기독교인들은 육신적으로 예수님과 같은 피를 나눈 동족에게 구원의 복음을 같이 나누도록 특권과 기회를 소중하게 제공하도록 해야 한다.

5. 결론

1) 평가

본 장에서 우리는 스코틀랜드 자유교회에 관해 신학적 전통의 역사를 살펴보았다. 스코틀랜드교회는 유럽에 있는 모든 개신교 국가에 있어 교회 위에 국가의

---

[74] 자유교회의 선교사이자 교육자로, 에든버러에서 출생하여 그곳 대학의 예술 과정을 마쳤다. 1855년 뉴 칼리지에서 신학을 연구했으며, 1859년에는 의학 박사 과정을 이수하였다. 1862년부터 1864년까지 스코틀랜드로부터 선교지 탐험을 명령받아, 데이빗 리빙스턴 선교사와 함께 아프리카 잠베지 지역을 탐험했다. 그는 1899년 교단의 총회장으로 선출되었다. David F. Wright, David C. Lachman, Donald E. Meek(eds.), *Dictionary of Scottish Church History & Theology* (Edinburgh: T & T Clark Ltd., 1993), 794-795.

[75] James Wells, *Stewart of Lovedale* (1919), 257.

[76] Hugh Watt, *Thomas Chalmers and the Disruption* (Edinburgh: Thomas Nelson and Sons Ltd, 1943), 152.

우위 권을 행사한 하나의 나라로서 가장 공개적으로 그리고 가장 투쟁적으로 대항하여 성공적으로 항거한 나라였다.[77] 사실, 종교개혁 이후 그러한 주장은 그리스도가 교회의 유일한 머리이며 시민의 우두머리인 정부는 교회를 간섭하거나 지배할 권리가 없다는 것을 강조한다.[78]

스코틀랜드교회의 역사를 정리해 보면 스코틀랜드의 제1 종교개혁 시대로 볼 수 있는 "교회와 국가에 관한 교황제도를 주장하는 교회의 우위권주의인 천주교의 결정을 1592년 거절하는 것이었다." 제2 종교개혁 시대는 1649년으로 볼 수 있는데 "스코틀랜드의 교회와 국가는 이미 이전에 천주교 교황제도를 포기했으나 아직도 남아 있는 계급적 고위 성직자 제도를 거절하는 것이었다." 그리고 제3차 종교개혁은 1843년 "교회는 국가가 목사 후보생 추천권을 맹세코 버림으로 교회의 영적 독립권을 쟁취할 때 완성된 것으로 볼 수 있다." 스코틀랜드의 독립교회는 스코틀랜드의 자유교회를 지칭하며 그 교회는 조상들의 교회이다.

그리고 이 교회의 제1차 총회는 스코틀랜드교회 제3의 종교개혁의 완성을 표시하고 있다.[79] 그것은 스코틀랜드교회가 1843년 제3의 종교개혁 사역을 역사적으로 시작하였고 1851년 그 법안과 개혁의 선언을 확증하였다고 기록하여야 할 것이다. 자유교회의 근본 원리는 교회의 지도자들이 부와 평안과 특권과 사회적 원칙[80]을 저버리고 교회의 정체성을 구체화하는 일을 진정으로 소중하게 생각하는 소명을 받은 자들이어야 한다[81]는 것이다. 특별히 제1조항은 스코틀랜드 자

---

[77] Clement Graham, "The Headship of Christ in a Pluralist Society," *Crown Him Lord of All*, Clement Graham (ed.) (Edinburgh: Knox Press, 1993), 136-152.

[78] Alec R. Vidler, *The Church in an Age of Revolution* (Penguin Books Ltd., 1981), 57, 60.

[79] William Macleod, *Steadfast in the Faith: The Witness and Principles of the Free Church of Scotland* (Edinburgh: The Publications Committee of the Free Church of Scotland, 1943), 3; G. D. Henderson, *The Church of Scotland: A Short History* (Edinburgh: The Church of Scotland Youth Committee), 142.

[80] 원칙의 내용에는 교회의 성격이 서술된바, 이는 교회가 삼위일체이신 하나님을 믿으며, 개신교이자 Calvin의 교리를 따른다는 것이다. "칼빈주의의 기본은 하나님의 절대 주권으로, 인간은 하나님으로부터 받은 것을 관리하는 관리인에 불과하다. 이는 Calvin 교리의 기초이자 가장 강조되는 내용이지만, 그만큼 사람들이 자주 잊어버리는 것이기도 하다. Calvin의 개인적 모토인 코람 데오는, 그가 얼마나 하나님의 임재 중에 깨어있었는지, 자신은 그저 관리인에 불과하다는 사실을 자각하고 있었는지를 알 수 있다. 한 칼빈주의 학자에 따르면, 모든 인간은 그가 소유한 재능, 시간, 소유, 재산, 노동 등의 관리인이다. 어떤 인간도 통치하거나 다스릴 수 없다. 하나님 그분만이 다스리시고 통치하신다. 자유교회는 Calvin의 교리를 바탕으로 '교회의 머리'는 오직 예수 그리스도 외에 다른 이가 없다'라는 내용을 기반으로 삼았다." William Macleod, 9-10.

[81] The Constitution of the Free Church, in which her Principles are embodied, is plainly stated and well defined in historic documents. See William Macleod, 4-10.

유교회의 설립 당시, 첫 장로회가 1843년 투쟁 중에 기록된 것인데, '장로회의 동의를 거쳐 통과된 교회의 법은 어떠한 것에도 영향을 받을 수 없다'라며 교회의 독립적인 면모를 강조하고 있다. 이렇게 분열 이후 스코틀랜드 자유교회의 신앙 전통은, 후대의 신앙인들이 어떻게 살아야 하는가에 대한 지침이 되었다.

2) 제안

우리가 위에서 보아온 대로 자유교회 지도자들은 어렵고 곤란한 시대에 살고 있었는데도 그들은 믿음을 확고하게 하고 개혁자들의 신앙을 가지고 그들의 전철을 따랐다. 거기에는 오늘날 우리의 상황을 고려할 때 자유교회의 신학적 원리와 신앙적 전통을 깊이 생각하고 실천해야 할 요소들이 있다.

첫째, 진리의 하나님 말씀 보전이다.

스코틀랜드 자유교회의 전통은 16세기 종교개혁을 따르는 다른 교회와 보조를 맞추었다. 그것은 특별히 요한 칼빈과 데오도르 베자(John Calvin and Theodore Beza)에 의해 구성된 교리이다.[82] 이는 성경과 교회 정치에 있어 종교개혁자들의 신학을 말하는데 개혁파 영역과 자유교회의 후기 지도자들에게 잘 승계되고 전수된 신학을 가리킨다.

이러한 교회들은 모두가 교리, 예배, 교회 정치, 그리고 훈련에 있어 그 안내를 따르는 특별함과 결심에 있어 성경에 대한 경외심을 가지고 있다. 때로는 이러한 교회들이 서로 도우며 함께 주님의 일을 잘 감당해 왔다. 라틴어를 사용하는 모든 대학이 학생들에게 자기의 국가에서 다른 국가로 여행할 수 있도록 하였고 자기들의 국가에서 공부한 것과 똑같이 불편 없이 외국에 가서 공부할 수 있도록 하였다. 자유교회에 속한 모든 교회는 그들이 신앙하는 바를 간직하기를 간곡히 원하였고 비성경적 가르침에 대항하여 싸우기를 주저하지 아니했다. 이는 다양한 교회들의 지도자들이 동일한 경험, 지식, 그리고 신념을 가지게 된 결과였다.

둘째, 신학적 전통의 정체성 계승이다.

자유교회 목사들은 교회와 국가의 관계에 있어서 교회의 영적 독립성을 견지하였다. 그들은 16세기 종교개혁자들이 행한 것과 같이 투쟁의 시대에 살면서도

---

[82] Beza's Icones, *Contemporary Portraits of Reformers of Religion and Letters* (London: The Religious Tract Society, 1909), 3-249.

개혁파 전통 유지를 지속적으로 준행했던 것처럼 성경의 모범에 따라 살고 실천하였다. 역시 그들이 살고 있었던 시대는 오늘 우리가 사는 시대와 같이 매우 어려운 시대였다. 한 예로, 자유주의 신학, 세속주의, 그리고 후 근대주의가 만연한 시대였다. 그러나 자유교회 지도자들은 확고하게 16세기 개혁파 교회의 전통을 유지하며 그 신앙을 굳건히 지켰다.

셋째, 생활 속에 신학의 실천이다.

지극히 세속적인 삶 속에서 말씀을 실천하고 사는 것, 이것은 아마도 세계의 모든 교회가 직면하고 있는 문제일 것이다. 자유장로교회의 지도자들은 직접 솔선수범하여 올바른 경건의 방식을 보여 주었다. 당시 탄압과 압제로 극소수의 신자들만 남았을 때도, 그들이 꿈꾸는 성경적 교회를 바라보며 굳건히 버티었다. 일시적이 아니라 일관되게, 외부적으로 자랑하기 위해서가 아니라 인격 속에 자리 잡은 거룩한 열정은 그들이 어려움을 이겨내는 동력이었다. 이들이 후대에 그토록 강한 영향력을 행사할 수 있었던 것은 이러한 이유 때문이었다.

10년 동안의 치열한 저항은 결국 1843년 교회의 분열을 가져왔고 마침내 개혁교회의 탄생을 알렸다. 이렇듯 자유교회 목사들의 열정은 경건하게 살고자 노력하는 성도들에게 지금도 면면히 흐르고 있다고 확신한다. 그리고 이제 세속화의 거센 물결과 비기독교적 혼합주의 문화에 포로가 되어버린 세계 여러 나라의 성도들에게 물려주어야 할 가장 소중한 신앙 전통이기도 하다. 그러므로 교회는 어렵게 지켜온 신앙 전통을 소중히 여기며, 주님 재림하시기까지 복음전파와 영혼구원의 사명을 잘 감당해야 할 것이다.

130년 전 우리나라에 북미와 캐나다, 웨일스와 그리고 스코틀랜드로부터 선교사들이 입국하여 여러 지역과 장소에서 복음 사역을 전개하였다. 이로써 하나님의 말씀이 온 땅에 급속히 퍼졌다. 그런 가운데 오늘날 특별히 한국 장로교는 하나님의 크신 은총에도 불구하고 많은 문제에 직면한바, 시급히 해결해야 할 과제들이 산적해 있다.

그러므로 오늘 우리는, 특별히 칼빈의 개혁신학을 지향하는 보수 장로교회는 스코틀랜드 자유교회(Free Church of Scotland)를 통해서 어떻게 계시된 진리의 말씀을 수호하며 간직하고 신학적 전통의 정체성을 계승하며 또한 생활 속에 실천해야 하는지를 배워야 할 것이다. 그리하여 우리는 종교개혁자들의 신학에 기초하여 바른 신학, 바른 교회, 바른 생활을 이 시대에 실현해야겠다. 하지만, 이 모든 것들은 결국 하나님의 사랑이 없이는 아무것도 할 수 없음을 깨닫게 한다. 우리는 살아계신 하나님께 우리의 마음을 열고, 엎드려 구하되, 그분의 자비를 구해야 할 것이다. 이 방법 외에는 달리 우리에게 소망이 없기 때문이다. 더욱 겸손한 마음과 자세로 하나님께 찬양과 경배로 나가기 바란다.

부록 2

토마스 찰머스의 생애와 신학사상 소고

1. 서론

교회사가 케네스 S. 라토렛 교수의 지적처럼 19세기는 실로 "위대한 세기"(the Great Century)[1]였다. 그런데 동 세기 스코틀랜드의 영적 운동은 17세기 영국의 청교도 운동처럼 자유의 외침을 통해 시작되었다. 당시 스코틀랜드교회에 많은 지도자들이 있었지만 토마스 찰머스(Thomas Chalmers, 1780-1847)에 비견할 지도자는 없었다. 역사적인 1843년 5월, 토마스 찰머스에 의해 설립된 자유교회(the Free Church of Scotland)의 신학적 전통은 그의 사후 동료와 지지자들에 의해 계승되었다.[2] 찰머스는 다른 사람들이 갖지 못한 특별한 은사를 갖고, 그 은사를 활용하

---

[1] Kenneth Scott Latourette, *A History of the Expansion of Christianity, The Great Century: Europe and the United States* (Michigan: Grand Rapids: Zondervan, 1978, vol. 4), 1-33. 라토렛에 의하면 1815년부터 1914년까지 100년은 기독교 역사에서 가장 주목할 만한 시대였다. 그 이유는 한편 프랑스 혁명(French Revolution)과 함께 서구 제국주의의 출현과 영국의 산업 혁명, 그리고 미국의 세계 정치의 주도권 행사와 더불어 국제 질서의 재편, 다른 한편 평화와 번영으로 인류가 전쟁의 재난에서 해방된 시대였기 때문이다. 이를 바탕으로 기독교는 역사상 가장 광대한 지역들, 예를 들면, 북미, 남미, 호주, 아프리카, 그리고 아시아의 각 부족에게 전파되었다. 이처럼 놀라운 확장에는 도처에서 일어난 다양한 부흥운동이 영향을 끼쳤다.

[2] G. D. Henderson, *Heritage: A Study of the Disruption* (Edinburgh: Oliver and Boyd Ltd., 1943), 5-158; Donald Macleod, *Hold Fast Your Confession. Studies in Church Principles* (Edinburgh: The Knox Press, 1978), 11-216; John MacLeod, *Scottish Theology: In Relation to Church History since the Reformation* (Edinburgh: The Banner of Truth Trust, 1974), 255-331; 서요한, "제5장 스코틀랜드 자유교회의 신학적 전통 소고," 『스코틀랜드교회와 한국장로교』(서울: 그리심, 2015), 117-147. 당시 동료 계승자들은 스코틀랜드교회를 선도하던 신학자요 목회자들로, William Cunningham(1805-1861), George Smeaton(1814-1889), 휴 마틴(Hugh Martin, 1821-1885), 데이비드 브라운(David Brown, 1803-1897), 제임스 버카난(James Buchanan, 1791-1868) 등이었다.

여 강단을 새롭게, 그리고 교회를 갱신시켰으며 나아가 사회운동가로 변혁을 주도하였다. 무엇보다도 찰머스는 국가에 대한 교회의 간섭이 노골화 되던 때에 교회의 독특성과 영적 자율성을 강력히 설파하였다.³ 그리고 교육과 사회 개혁을 통해 중간계층에게 호소하고, 직접 거리에 나가 기독교인을 설득하였다.

따라서 찰머스는 참된 목회자요 개혁 신학자, 그리고 사회 운동가로 한 시대를 주도하였다. 그는 칼빈주의 전통 혹은 정통 개혁주의, 장로교 특별히 정통 장로교 계열에서는 빼놓을 수 없는 탁월한 지도자이다. 하지만, 그의 교회사적 중요성에도 불구하고 한국의 보수 계통에서 아직까지 그에 대한 연구가 시도되지 않았다.

따라서 필자는 본 논문을 통해 혼란했던 19세기 자유주의와 국교회주의에 맞서 오직 말씀의, 말씀과 함께, 말씀을 위하여 생애를 헌신한 토마스 찰머스의 생애와 신학을 간략히 상고할 것이다. 이로써 오늘처럼 혼란한 한국교회, 특별히 개혁주의 헌신자들과 지도자들에게 신학적 이상과 실천적 삶을 재정립하는 계기가 되기 바란다.

2. 역사적 상황

1) 사회 정치적 상황

스코틀랜드 장로교 중심의 기독교 전통은 1689년의 명예혁명과 함께 의회의 여러 법령들의 입법화로 정착되었다. 1660년부터 1688년까지 전개된 28년간의 박해와 살육의 시대를 거치는 중에 스코틀랜드교회는 오렌지의 윌리엄(William of Orange, 1650-1702)의 도착과 함께 자유를 얻었다. 그러나 스코틀랜드는 여전히 많은 문제에 직면하였다. 특히, 1707년 스코틀랜드와 영국 의회의 통합과 함께 스코틀랜드 의회의 법 개정, 아일랜드 이민, 선거개혁운동, 가톨릭의 해방, 시험과 협력 법안의 폐기, 옥수수 법령과 자유무역, 교육 등 자국의 중대한 문제들을 영

---

3   Donald Macleod (ed.), *Hold Fast Your Confession*, 45-90; William Macleod, *Steadfast in the Faith* (Edinburgh: The Publications Committee of the Free Church of Scotland, 1943), 1-80; G. N. M. Collins, *The Heritage of our Fathers* (Edinburgh: The Knox Press, 1974), 89-95; Clement Graham, *Crown Him Lord of All* (Edinburgh: The Knox Press, 1993), 37-70.

국 런던에서 다루어야 했다. 그러나 1714년 스튜어트 왕가의 앤 여왕(Queen Anne, 1662-1694)의 사망과 함께 독일의 하노버가가 들어오면서 상황이 급변하였다. 스튜어트가의 영국 왕위를 지원한 프랑스는 1756년부터 1763년까지 영국과 7년 전쟁을 치렀다. 이 전쟁으로 영국은 인도와 캐나다를 식민통치하며 해향권을 장악하였다. 그러나 이것은 1588년 스페인 함대, 아르마다(Armada)[4]가 영국을 침략했던 것처럼 프랑스는 매우 위협적이었다. 18세기 말 프랑스 혁명기에 영국은 다행히 프랑스 군대가 자국을 침략할 힘을 갖지 못한 것에 위안받았다. 토마스 찰머스(Thomas Chalmers)는 이처럼 급박한 시기인 조지 3세와 4세, 윌리엄 4세와 빅토리아 여왕의 통치 기간을 살았다.[5]

2) 종교적 상황

1707년 앤(Anne) 여왕의 즉위와 함께 통치기인 1712년 후원 제도의 부활 법안이 국회에 상정되었다. 이것은 지주들이 자신들의 교구를 위해 목회자를 선택할 수 있는 권한을 부여받은 대신 지주는 그의 생계를 지원하였다.[6] 당시 스코틀랜드의 지주들은 대부분 감독교회에 속한 자들로 교구에 제공해야 할 권한 사용을 두려워하였다. 장로교 총회는 즉시 앤 여왕에 항거했으나 런던 상하 양원은 제재를 승인하였다.

이 후 후원 제도 논쟁은 토마스 찰머스에게 매우 중요한 문제가 되어 곧바로 1843년 자유교회가 스코틀랜드교회로부터 분리하는 근본 원인이었다.[7] 한편 당

---

[4] Duff Hart-Davis, *Armada* (London: Bantam Press, 1988), 11-242; J. R. Broome, *Reformation and Counter-Reformation* (England: Gospel Standard Trust Publications, 1988), 1-28.

[5] 1789년 발발한 프랑스 혁명은 사회폭동 이상의 군사 조치가 요청되었다. 1796년 나폴레옹의 혁명군은 유럽의 해군력 중에 가장 힘 있고 잘 훈련된 프랑스와 화란, 스페인을 장악 했으나 매우 위험한 상황에 직면하였다. 1797년 말 다행히 침략은 피할 수 있었으나 또 다른 위험이 실재하였다. 1804년 여름 동안 100,000명의 군대가 볼롱에 상주하였고, 약 700개의 침략자들이 해협 건너로 이동하였다. Frank Orna-Ornstein, *France* (England: European Missionary Fellowship, 1971), 14-122; W. M. Mackay, *Thomas Chalmers* (Edinburgh: The Knox Press, 1980), 3.

[6] Gordon Donaldson/Robert S. Morpeth, *A Dictionary of Scottish History* (Edinburgh: John Donald Publishers Ltd., 1988), 169; Canon Tony Meakin, *A Basic Church Dictionary and Compendium* (Norwich: The Canterbury Press, 1992), 55; K. R. Ross, "Patronage," *Dictionary of Scottish Church History and Theology*, ed. by Nigel M. de S. Cameron (Edinburgh: T & T Clark, 1993), 649-650; John Macpherson, *A History of the Church in Scotland from the Earliest Times Down to the Present Day* (London: Paisley, Alexander Gardner, 1901), 307-398.

시 교육은 재정적 증가에도 불구하고 필요를 채우지 못하였다. 16세기 개혁자 존 낙스의 교육 관련 정책이 이후 제대로 실습되지 못한 것이다. 물론 교회에 교구 학교, 그리고 글라스고우, 세인트앤드류스, 애버딘, 에든버러 등의 대학이 있었으나 새로운 필요에 대응하지 못하였다. 이 과정에 가장 큰 암초는 교회가 모든 패악을 주도한 것이다. 따라서 총회는 교육위원회를 설치하고, 치하에 총회학교, 교구학교, 교회 주일학교를 두어 교육케 하였다.

3. 토마스 찰머스의 생애[8]

토마스 찰머스는 태어나 죽기까지 67년의 삶 중에 44년을 공적 봉사에 바쳤다. 그 중에 20년은 세 교회의 목회자로, 24년은 각기 다른 세 기관의 장 겸 교수로 섬겼다. 그는 이 기간 동안 웅변가요 설교가, 경제인이요 박애사업가였다. 교육가 및 교회 정치인이었으며 무엇보다도 그의 동료들에게 동기를 부여한 사람으로, 우정을 매우 중시한 신학자요 목회자였다.[9] 영국 옥스퍼드대학교[10]는 설립

---

[7] W. M. Mackay, *Thomas Chalmers*, 5; Lefferts A. Loetscher, *A Brief History of the Presbyterians* (Philadelphia: The Westminster Press, 1978), 37-56; St Giles' Lectures, *The Scottish Church from the Earliest Times to 1881* (Edinburgh: W. & R. Chambers, 1881), 193-288.

[8] William Hanna, *Memoirs of Thomas Chalmers* (Edinburgh: Thomas Constable and Co., 1854), 2 vols; Adam Philip, *Thomas Chalmers: Apostle of Union* (London: James Clarke & Co., Ltd., 1929), 15-224; W. M. Mackay, *Thomas Chalmers* (Edinburgh: Knox Press, 1980), 3-46; Mrs. Oliphant, *Thomas Chalmers* (London: Methuen & Co. 1893), 1-255; *Scottish Divines* (Edinburgh: Macniven and Wallace, 1883), 273-315; W. Beveridge, *Makers of the Scottish Church* (Edinburgh: T. & T. Clark, 1908), 183-195; J. R. Fleming, *The Burning Bush* (Edinburgh: T. & T. Clark, 1925), 99-104; John Mackintosh, *The History of Civilization in Scotland* (Aberdeen: A. Brown & Co., 1888), vol. iv., 231-234; Andrew Monaghan, *God's People?* (Edinburgh: Saint Andrew Press, 1991), 180-182; Andrew L. Drummond/James Bulloch, *The Scottish Church 1688-1843* (Edinburgh: The Saint Andrew Press, 1973), 161-265; A. C. Cheyne, "Thomas Chalmers," *Dictionary of Scottish Church History & Theology*, eds., David F. Wright/David C. Lachman/Donald E. Meek (Edinburgh: T. T. Clark, 1993), 158-160; Mrs. Oliphant, *Thomas Chalmers: Preacher, Philosopher and Statesman* (London: Methuen & Co., 1893), 1-255; C. Silvester Horne, *A Popular History of the Free Churches* (London: James Clarke & Co., 1903), 372-381; Adam Philip, *Thomas Chalmers: Apostle of Union* (London: James Clarke & Co., 1929), 15-224.

[9] Donald Macleod, "The Spiritual Life of Thomas Chalmers," *The Evangelical Library Bullentin* (1980, Spring, No. 64), 2.

[10] 서요한, "제14장 중세대학의 형성과 역사적 발전," 『중세교회사』 (서울: 그리심, 2010), 429-459.

이후 찰머스에게 스코틀랜드 목회자 중에 최초로 신학박사 학위를 수여하였다. 그러나 갑작스런 그의 죽음은 스코틀랜드인들의 슬픔이었다. 그의 가르침은 교리를 포함하여 다양한 저술을 통해 나타났으나 무엇보다도 영적 생활은 더욱 현저하였다. 학문뿐 아니라 실제 생활에서 매우 경건하였다.

이해를 위해 필자는 찰머스의 생애를 3시기로 정리하였다. 제1기는 출생에서 목회자가 되기까지 신학 공부와 목회자의 소명, 세인트앤드류스대학교의 수학 담당 조교수로 봉직하던 시기, 제2기는 킬마니와 글라스고우에서 목회자로 섬긴 시기, 제3기는 후원제도 문제로 국가와 야기된 갈등 상황에서 교회 개혁을 위해 앞장선 교수와 개혁자로서의 모습이다.

1) 제1기: 준비기

토마스 찰머스는 1780년 3월 17일 스코틀랜드 파이프 주 근교의 한 작은 항구 안스트러터(Anstruther)에서 출생하였다.[11] 부친은 읍내의 중산층 사업가였고 찰머스는 14명(9명의 형제와 5명의 자매)의 형제들 중에 6번째였다.[12] 그의 부모는 종교심이 매우 강한 칼빈주의 자들로 자녀들이 사회에 진출하여 기독교인으로 각자의 위치에서 헌신하기를 소원하였다. 그러던 중 12세 때 모든 과정을 이수하고 세인트앤드류스대학교에 입학하였다. 이때 찰머스는 세인트앤드류스대학교에서 가장 어린 학생으로 한 살 위 형 윌리암과 같이 지냈다. 처음 2년 동안은 별다른 능력을 보이지 않았으나 3학년 때 지적 능력이 빛을 발하였다.

1795년 15세 때 대학 졸업 후 신학에 입문하였다. 이때 조나단 에드워드(Jonathan Edwards, 1703-1758)를 통해 하나님의 주권적 지식을 깨닫고 학교 활동에 적극 참여하였다. 세인트앤드류스 시절 다른 친구들처럼 대학의 특권을 누리며 교회생활에 정진하였다. 당시 세인트앤드류스대학교는 도덕주의의 함양, 번영 신학 증거자들이 적극 활동하였다. 1798년 18세에 신학을 마치고, 이듬해 11월 세인트앤드류스대학교 교수 추천으로 스코틀랜드교회의 목회자(당시 총회 규정은 21세로 규정)[13]로 부름받아 고향 근교 킬마니(Kilmany)와 위간(Wigan)과 리버풀(Liver-

---

11 Hugh Watt, *Thomas Chalmers and the Disruption* (Edinburgh: Thomas Nelson and Sons Ltd, 1943), 13.
12 보다 자세한 것은 William Hanna, *Memoirs of Thomas Chalmers* (Edinburgh: Thomas Constable and Co., 1854), vol. 1., 3을 참조하라.

pool)에서 처음으로 설교하였다.¹⁴ 1802년 겨울 세인트앤드류스대학교의 수학과 교수직이 공석임을 알고 그곳을 방문하여 마침내 교구 목사와 교수직을 겸하게 되었다. 1803년 5월 23세에 목사 안수와 교수 취임식을 동시에 하였다.

2) 제2기: 목회자와 교수로서의 사역기

찰머스는 자신이 목회자로 소명 받은 1803년부터 1847년 사망 시까지 약 44년 동안 공적 사역에 헌신하였다. 44년 중에 20년은 파이프의 킬마니와 글라스고우의 트론교회, 그리고 성 요한 세 교회에서 목회하였다. 그리고 24년은 세인트앤드류스대학교의 도덕 철학 교수와 에든버러대학교 신학부 교수, 후에 뉴 칼리지(New College)로 알려진 에든버러의 자유교회신학연구소(Free Church Theological Institution, 현재는 자유교회대학[Free Church College of Scotland]) 신학 교수로 봉직하였다.

① 1803-1815년 킬마니에서 목회 사역

찰머스의 첫 목회는 쿠파르 노회의 목사 안수와 함께 1803년 5월 12일 시작되었다. 이즈음 찰머스는 존 뉴톤(John Newton, 1725-1807)¹⁵의 설교에 감명을 받고 목회에 주력하였다. 그런데 이 때 찰머스의 형 조지(George)—당시 29세로 찰머스보다 3살 위 형임—와 5살 위 누나 바라라가 갑자기 사망하였다.

생전에 조지는 매일 찰머스에게 존 뉴톤의 설교를 낭독하며 위로해 주었다. 조지의 확신에 찬 믿음은 찰머스에게 커다란 도전이었다. 그의 누이 바라라는 조지와 같은 질병으로 고통을 받았으나 죽음 앞에서 확신에 찬 신앙을 보여 주었

---

13 1582년 4월 24일, Andrew Melville이 활동했던 총회 법령에 의하면 특별한 경우 당시 목회자의 최소 연령은 25세였다. 이를 근거로 Chalmers는 당시 19세로 자격 미달이었으나 동료들과 교수들의 예외적인 천거로 목회 지망을 하게 되었다. Hugh Watt, 18.
14 W. M. Mackay, 10.
15 "놀라운 은혜"(amazing grace)의 저자인 뉴톤은 한때 부친을 따라 항해를 하던 중 장성하여 아프리카에서 흑인 노예를 싣고 미국으로 가는 노예선 선장 겸 상인이었다. 1748년 3월 10일 항해 중 거센 풍랑을 만나 침몰 위험에서 하나님께 매달리며 "주여 우리에게 자비를 베풀어 달라고 기도하였다. 그 후 지난 날 자신이 범한 모든 죄악들을 돌아보고 비인도적인 노예사업을 포기하였다. 이교도였으며 탕자였고 아프리카 노예상이었던 뉴톤은 성직자의 소명 후 부음의 순간까지 16년 버킹검 교회와 27년 올리 교회에서 회개를 외치며 헌신하였다. John Newton, *The Complete Works of the Rev. John Newton* (Edinburgh: Peter Brown and Thomas Nelson, 1831), 1-919 참조.

다. 이런 가정 내 두 사건은 찰머스의 사고 틀을 바꾸었다. 이때 찰머스는 에든 버러대학교 백과사전에 기고할 글을 부탁받았다. 글을 마무리 할 즈음인 1809년 총회 연설이 예정되었으나 갑자기 병으로 누었다. 당시 찰머스는 처절한 실패를 경험하며 18개월 동안 독방 생활을 하였다. 하지만, 병환 중에 그는 보이지 않는 영원한 세계를 바라보았다.[16]

당시 찰머스는 영국의 사회 개혁자 윌리엄 윌버포스(William Wilberforce, 1759-1833)[17]의 『실천적 견해』(Practical View),[18] 리차드 백스터(Richard Baxter, 1615-1691)의 『회심』(A Call to the Unconverted), 그리고 프랑스의 천재 과학자 블레즈 파스칼(Blaise Pascal, 1623-1662)의 『팡세』(Thoughts), 수상록을 통해 영적 성숙에 도움을 받았다. 찰머스는 신학적 기초를 재점검하고, 하나님께서 자신의 마음을 다스리고자 하시며, 자신의 삶이 그분께 복종토록 명령하신다고 인식하였다.

후에 그는 "이것을 행하고 살라"는 율법적 체계로서는 이 세상 어느 곳에서도 평화와 진리를 찾을 수 없다. 오직 주 예수 그리스도를 믿으면 구원을 얻으리라고 주장했다. 그는 심방과 가정교육에 힘을 쏟았다. 교회 밖에 많은 사람들이 그의 말씀을 듣기 위해 방문했고 회심자가 증가하였다. 그는 성경을 배우려는 진지한 학생으로, 일주일 중 5일을 개인 성경공부와 영성 개발에 주력하였다.

결국, 킬마니의 목회 사역은 스코틀랜드교회 역사에 좋은 본보기가 되었다.[19] 이때 영국은 나폴레옹과 전쟁 중이었는바, 자원 군목으로 봉사하였다. 그 후 킬마니 이임 전, 1812년 8월 4일 찰머스는 그레이스 프라트(Prace Pratt)와 결혼하였다.

---

[16] 이때 Chalmers는 친구에게 보낸 편지에서 "나의 한계는 곧 시간의 무의미성에 대한 매우 강력한 인상으로 내 마음에 고정되었다. 내가 확신하는 그 인상이란 바로 내가 다시 나의 전성기 때의 건강에 다시 이른다 해도 단념치는 못할 것이다"라고 하였다. W. M. Mackay, 14.

[17] 정치인의 삶은 하나님의 소명이라고 믿고 대영 제국의 악법과 맞서 싸웠다. 그는 선한 일을 실현하고 정치가 부패하지 않으려면 참된 믿음을 배양해야 한가고 믿었다. Wilberforce는 자신의 탁월한 웅변력을 통해 이같은 이상을 실현하고 특별히 노예해방을 촉구한 박애주의자로 해외 선교에도 기여하였다. 그는 총체적 혼란과 부패 속에서 신앙과 정의를 포기하지 않은 영국의 양심이었다. John Pollock, *Wilberforce* (Constable London, 1977), 3-309; G. N. M. Collins, *Men of the Burning Heart* (Edinburgh: Knox Press, 1983), 78-85.

[18] 이 책은 이 세상 사람이 아닌 일을 하는 사람에 관한 것으로, Wilberforce는 참으로 부름받은 기독교인의 빛 안에서 기독교인의 삶을 묘사해 주었다. 특별히 그는 인간은 본질상 전적으로 부패했다고 보고 인간은 구속이 필요하며 그 구속을 통해 그리스도를 영접해야 하고, 인간은 성령의 거룩하게 하시는 역사를 힘입어야 한다고 주장하였다. W. M. Mackay, pp. 14-15.

[19] Hugh Watt, *Thomas Chalmers and the Disruption* (Edinburgh: Thomas Nelson and Sons Ltd, 1943), 27.

② 1815-1823년 글라스고우에서의 목회 사역

글라스고우 목회 동안 찰머스는 먼저 교구 목사로서 그리고 전원 교회의 노동 문제에 대해 알게 되었다. 따라서 그는 시내 교회의 어려운 문제를 해결하기 위해 노력하였다. 글라스고우에서 찰머스의 목회 사역은 2시기로 구분되는바, 첫째, 트론교회(Tron Parish)와 둘째, 성 요한교회(St.John's Church)이다.

첫째, 1815-1819년 트론교회의 목회 사역이다.

이 기간 동안 설교를 듣기 위해 많은 사람들이 운집하였다. 찰머스는 직분자를 세워 심방 계획을 실천하였고 주일 저녁에는 학교를 개설하였다. 처음 13명으로 개교한 학교는 성장하여 2년 내에 1,200명이 되었다. 1816년 한 해 동안 격월로 목요일 오후 강좌를 개설하여 발전시켰다.

같은 해 찰머스는 글라스고우대학교로부터 신학박사 학위를 받았으며, 장로교 총회의 대표 위원 설교를 부탁 받고 참석했으나 후원 제도에 대해서는 불만이었다. 찰머스는 모든 일중에 말씀과 기도가 급선무라고 생각하고 교회 일에 집중하였다. 그의 강의를 듣기 위해 많은 사업가들이 몰려왔다. 그러나 트론 시위원회는 사회 개혁을 위해 찰머스의 도움이 필요함을 인식하고 그를 위원으로 선출하였다. 특별히 1817년 5월 런던 방문 시 행한 설교로 그는 청중들을 감동시켰다. 그의 설교를 듣기 위해 당시 교회 의자와 통로, 강단 계단과 창가 등에 인산인해를 이루었다.[20]

둘째, 1819-1823년 성 요한교회의 목회 사역이다.

찰머스에게 트론은 지역적 한계로 어떤 것도 하지 못할 형편이었다. 이 때 글라스고우시 위원회는 찰머스로 하여금 성 요한교회를 개척케 하였다.[21] 그런데 그가 개척한 곳은 공장 노동자들이 많은 가난한 지역이었다. 그러나 찰머스는 이곳을 자신이 섬기고 변화를 주어야 될 사역지로 간주하였다. 이곳에서 목회하는 동안 찰머스는 당회를 구성하여 가난한 교구민들을 책임지게 되었다.

1822년 9월과 10월 찰머스는 영국을 방문하여 빈민 구호법으로 유명해졌다. 그는 이때 매주 50통의 편지를 썼고 자신이 영적으로 더욱 겸손히 하나님께 헌

---

20 이 때 몇 몇 귀족과 국회의원들, 사회 지도급의 젊은 귀 부인들, 숙녀들이 창가에 매달렸으며 특별히 신사들은 커다란 충격 속에 그를 살인자라고 불렀다. 이런 예는 와트의 지적처럼 예배 중에 좀체 나올 수 없는 광경이었다. Hugh Watt, 48; Adam Philip, *Thomas Chalmers: Apostle of Union* (London: James Clarke & Co., 1929), 39-42.

21 Hugh Watt, *Thomas Chalmers and the Disruption* (Edinburgh: Thomas Nelson and Sons Ltd, 1943), 54.

신해야 한다고 믿었다. 결국, 그의 글라스고우 성 요한교회 사역은 모든 계층에 영향을 끼친 사역이었다. 그의 사역으로 많은 사람들이 기독교 봉사에 헌신하였다. 그는 목회자로서 장로와 집사의 역할을 분담하고 교사들의 책임과 중요성을 강조하였다.[22]

마침 세인트앤드류스대학교에서 그에게 도덕 철학 교수직을 제안했을 때 그곳에서 좀 더 폭넓은 사역을 기대하였다. 그는 존경받는 지도자요 그 공동체의 신실한 종이었다. 한편 1823년 그의 교구 소속 설교 센터에서 당시 에드워드 어빙(Edward Irving, 1792-1834)[23]이 협력하였다. 많은 사람들에게 감동을 준 찰머스의 설교는 그가 성 요한교회를 떠나던 때 1,700명 좌석에 3,000명이 몰려 성황을 이루었다.[24]

③ 1823-1828년 세인트앤드류스대학교의 도덕 철학 교수

찰머스는 1823년 11월 9일 글라스고우의 성 요한교회에서 고별설교를 했다. 그리고 곧바로 당월 14일 세인트앤드류스대학교 교수로 임명된 다음 날 취임 강의를 하였다. 그는 도덕 철학은 곧 의무 철학(philosophy of duty)으로 순수히 윤리적

---

[22] Hugh Watt, 54-69.
[23] 방언과 통변, 예언과 치유, 환상을 비롯한 오순절 현상을 굳게 믿은 당시 예언자 학파의 중심으로 어빙주의 운동(그리스도의 재림이 급박함을 강조하며 이를 대비하기 위해 초대 사도 교회의 조직을 추구)을 창시하였다. 1830년 출간한 『열려진 성육신 교리』(*Doctrine of the Incarnation Opened*)에서 그리스도의 인성을 훼손한 것 때문에 교회 법원에 고소되어 노회에서 출교되었다. 그리고 스코틀랜드교회로부터도 목사 면직 되었다. 1832년 첫 번째 사도로 드러먼드가 임명되었고 35년 12명의 사도단을 결성하였다. 종교의식은 로마 가톨릭과 정교회, 성공회 전통을 통합하여 실시했으나 1901년 마지막 사도의 사망 후 쇠퇴하였다. Arnold Dallimore, *The Life of Edward Irving: The Fore-Runner of the Charismatic Movement* (Edinburgh: The Banner of Truth Trust, 1983), 3-179; *Scottish Divines* (Edinburgh: Macniven and Wallace, 1883), 225-272; N. R. Needham, "Edward Irving," *Dictionary of Scottish Church History and Theology*, ed. by Nigel M. de S. Cameron (Edinburgh: T & T Clark, 1993), 436-437; T. B.. W. Niven, *The Church of Scotland: The Church from the Revolution to the Present Time* (London: William Mackenzie, 1890), 760-773; Robert Herbert Story(ed.), *The Church of Scotland, Past and Present* (London: William Mackenzie, 1890), vol. iv., 289-290; John Cunningham, *The Church History of Scotland from the Commencement of the Christian Era to the Present Time* (Edinburgh: James Thin, 1882) vol. II., 445-446; W. Stephen, *History of the Scottish Church* (Edinburgh: David Douglas, 1896), 591-596; Andrew J. Campbell, *Two Centuries of the Church of Scotland* (Paisley: Alexander Gardner, Ltd., 1930), 192-196; Henry F. Henderson, *The Religious Controversies of Scotland* (Edinburgh: T. & T. Clark, 1905), 111-146; Andrew L. Drummond/James Bulloch, *The Scottish Church 1688-1843* (Edinburgh: The Saint Andrew Press, 1973), 193-219.
[24] W. M. Mackay, 18.

이라고 했다. 강의의 핵심은 지상에서 인간과 인간과의 관계, 그 도덕성이 어떻게 하늘과 관계되는가였다. 이와 관련하여 자연 철학에도 관심을 가진바, 도덕적 책임은 특별 계시의 빛을 활용할 때 재 역할을 한다고 했다. 찰머스는 3년 되던 해에 아담 스미스(Adam Smith, 1723-1790)의 『국부론』(Wealth of Nations)[25]을 강의했는데 교수들도 경청하였다. 찰머스는 학교 안에 학생선교위원회를 구성하여 시내의 초교파적인 선교단체와 협력하였다.[26] 마침 1827년 말 에든버러의 시 관청과 위원회는 만장일치로 그를 에든버러대학교 신학부 교수로 선출하였다.

④ 1828-1843년 에든버러대학교 신학교수

1828년 11월 10일 오전 11시 취임 연설이 있던 날, 마침 눈이 많이 왔으나 사람들을 오전 9시부터 학교 입구부터 강의실까지 모여들었다. 그는 연설에서 타락한 인간의 모습과 그리스도 안에서 인간에게 요구되는 하나님의 섭리를 다루었다. 그리고 자연 윤리는 오히려 인간에게 도덕적 본질에 무질서를 야기시킨다고 보고 이런 인간은 하나님과 관계에 결함이 있다고 보았다.

찰머스는 이러한 타락한 인간을 통해 신학을 다루고 인간의 치료를 위해 하나님께 헌신하며 그와 교제해야 할 당위성을 역설하였다. 이때 학생 중에 로버트 맥체인(Robert McCheyne, 1813-1843)[27]이 강의를 들었다. 1830년 조지 4세 영국 왕

---

[25] 저자 아담 스미스는 근대 경제학의 아버지로 원제는 『각국 국부의 본질과 원천에 대한 탐구』(An Inquiry into the Nature and Causes of the Wealth of Nations)이다. 이 책은 원 제목에서 보듯이 한 나라의 부의 본질과 원천에 대한 고찰로 고전경제학을 대표한다. 모두 모두 5편으로 1.2편은 경제이론, 3편은 경제사, 4.5편 은 경제정책으로 구성되었다. William Law Mathieson, Church and Reform in Scotland: A History from 1797-1843 (Glasgow: James Maclehose and Sons, 1916), 17-18; John Mackintosh, The History of Civilization in Scotland (Aberdeen: A. Brown & Co., 1888), vol. iv., 50-67.

[26] 이 선교회에 관여 한 사람들이 후에 아프리카와 인디아의 선교 개척자가 되었다. 1829년 찰머스는 동료 알렉산더 더프(Alexander Duff, 1806-1878)를 스코틀랜드교회의 인디안 선교사로 파송하였다. Hugh Watt, 77.

[27] 23세에 소명받아 29세에 요절하기까지 사회, 정치, 종교적으로 혼란했던 당시 상황에서 영적 각성을 촉구한 말씀의 사람이었다. 사망 2년 전인 1842년 12월 30일 맥체인은 자신이 기획한 성경읽기 표를 사랑하는 교인들의 신앙을 위해 소개하였다. 20세기 영국이 낳은 설교가 Dr. 마틴 로이드-존스 목사와 최근에 작고한 Dr. 존 스탓트 목사가 애용했으며, 한국교회는 약 20년 전에 소개되었다. 2012년 6월 로고스성경사역원 신대현 대표가 이 표의 활용 방안을 정리하여 책으로 출간하였다. Andrew A. Bonar, Memoir and Remains of the Rev. Robert Murray M'Cheyne (Edinburgh & London: Oliphant Anderson & Ferrier, 1892), 3-174.. Cf. 신대현, 『영감 넘치는 맥체인 성경읽기』(LBM, 2012), 1-202.

위의 취임과 함께 찰머스는 스코틀랜드를 대표하는 궁정 목사가 되었다.

1832년 런던 주교는 왕립 연합회의 대표에게 찰머스를 초청하여 창조적 사역에 서 하나님의 지혜와 자비를 입증하기 위해 책자를 준비시켰다. 그 책은 곧바로 출판되었고 바로 그해 스코틀랜드교회의 총회장이 되었다.[28] 하지만, 그는 후원법을 둘러싸고 시민 법정과 10년 동안 투쟁하였다.[29] 1835년에는 옥스퍼드대학교로부터 뜻밖에 명예 법학박사 학위를 받았다.[30] 그런데 그의 명성은 그가 영국의 시민 최고 법정의 권위를 인정치 않고 국교로부터 분리했을 때 나타났다. 당시 정부는 교회가 새로운 교회를 조직할 권한을 갖지 못하며 또한 목회자들에게 교회 성직자로서의 신분을 허용하지 않았다. 이는 교회를 떠난 성직자들을 교회가 다시 목회자로 받을 수 없기 때문이다. 설상가상 정부는 교회의 영적 자유와 권위 회복을 위해 마땅히 존중되어야 할 영적 주도권을 거부하였다.[31]

따라서 1832년 1843년 5월 18일 항의를 위한 의안이 총회에 상정되었다. 이 때 증경 총회장 데이비드 웰쉬(Dr. David Welsh, 1793-1845) 박사[32]는 국교회에 속한 447명의 목회자들과 400명의 장로들을 이끌고 거리를 행진하였다.[33] 그리하

---

[28] Hugh Watt, *Thomas Chalmers and the Disruption* (Edinburgh: Thomas Nelson and Sons Ltd, 1943), 115.

[29] 후원법(patronage)은 스코틀랜드교회 역사에 뜨거운 감자로 1890년 장로교 정착 시에 폐기되었으나 1712년 재주인 되었다.

[30] Hugh Watt, *Thomas Chalmers and the Disruption* (Edinburgh: Thomas Nelson and Sons Ltd, 1943), 154-155. 당시 옥스퍼드대학의 박사학위 수여 근거는 4가지로, (1) 그의 방대하고 탁월한 저술들, (2) 뛰어난 웅변력, (3) 당시 낙후된 글라스고우 성 요한 교회의 분립과 확장, (4) 무엇보다도 스코틀랜드교회의 역사적 전통과 수호의 열정적인 방어 때문이었다. 이 때 박사는 프랑스 왕립 연구원으로 위촉받았으나 4년 후 1838년 여름, 그곳을 방문하여 예배당을 가득 매운 개혁교회에서 2주일 설교하였다. 찰머스는 프랑스 파리뿐 아니라 북부와 중부에서도 환영을 받았다.

[31] 1843년 5월 대 붕괴는 10년간의 국가와 교회 간의 갈등 결과였다. William Law Mathieson, *Church and Reform in Scotland: A History from 1797-1843* (Glasgow: James Maclehose and Sons, 1916), 1-373; Alexander Stewart/J.Kennedy Cameron, *The Free Church of Scotland 1843-1910* (Edinburgh and Glasgow: William Hodge and Company, 1910), 1-405.

[32] 찰머스와 함께 자유교회 연구소를 설립하여 신학생들에게 교회사를 가르쳤다. 이후 자유교회의 교단 신학교 New College 설립에 기여했으며, 임종 후 그의 경건과 학문, 열린 자세는 자유교회를 대표하였다. D. F. Wright, "David Welsh," *Dictionary of Scottish Church History & Theology*, eds.., David F. Wright/David C. Lachman/Donald E. Meek (Edinburgh: T. T. Clark, 1993), 860.

[33] Thomas Brown, *Annals of the Disruption; with Extracts from the Narratives of Ministers who Left the Scottishk Establishment in 1843* (Edinburgh: Macniven & Wallace, 1892), 1-796; Hugh Watt, *Thomas Chalmers and the Disruption* (Edinburgh: Thomas Nelson and Sons Ltd, 1943), 299; Pearson Madam Muir, *The Church of Scotland: A Sketch of Its History* (Edinburgh: R. & R. Clark, Ltd., 1907), 76-97; Andrew Herron, *Kirk by Divine Right: Church and State: peaceful co-existence* (Edinburgh: The Saint Andrew Press, 1985), 89-108; John Mackintosh, *The History of Civilization in Scotland*

여 국교에서 이탈, 교회의 영적 자유를 부르짖으며 자유교회 교단(Free Church of Scotland)을 태동시켰다.

3) 제3기: 1843-1847년 개혁자로서의 황금기 및 최후 임종기

1843년 5월 스코틀랜드 자유교회 총회는 폭동과 피 흘림이 없이 대 붕괴를 이끌었다.[34] 하지만, 떠나는 자나 남는 자, 자유교회(Free Church)나 국가교회(Established Church) 모두 상대를 비방하지 않고 있는 자리에서 각각 서로를 존중하였다.[35] 이들의 이 같은 태도는 179년이 지난 2014년 2월 현재까지 계속되고 있다. 찰머스의 사역은 이후 임종까지 자유교회 신학대학의 학장과 신학교수로 섬기던 4년 동안 절정에 이르렀다. 자유교회는 계속되는 목회자 훈련이 없이는 미래가 위태롭다고 판단하였다. 그리하여 자유교회신학연구소를 개설하였고 찰머스를 초대 학장 겸 신학 교수로 임명하였다. 1846년 6월 4일 마침내 새 신학교 기초를 놓았다. 그는 연설에서 다음과 같이 말하였다.

> 우리는 다른 사람들에게 이 세상의 열정과 정치를 떠맡기고 … 모든 인간의 영혼은 본질적으로 동등하며, 우리의 영혼은 보다 높은 영원한 세계를 인식해야 하며, 기본적으로 가난한 어린이들의 영혼을 존중하고 이들이 우리나라에서 가장 위대

(Aberdeen: A. Brown & Co., 1888), vol. iv., 50-67, 519-525; St Giles' Lectures, *The Scottish Church from the Earliest Times to 1881* (Edinburgh: W. & R. Chambers, 1881), 321-352. 당시 그 행렬에 세인트앤드류스대학교를 제외한 에든버러대학교 신학생 100명 포함 총 200여 명과 글라스고우대학교 신학생 3/4, 그리고 애버딘대학교 신학생 대부분이 참가하였다.

[34] Thomas Brown, 1-796; Robert Buchanan, *The Ten Years' Conflict: History of the Disruption of the Church of Scotland* (London: Blackie and Son., 1852), 2 vols; Alexander Stewart/J.Kennedy Cameron, *The Free Church of Scotland 1843-1910, A Vindication* (Edinburgh and Glasgow: William Hodge and Company, 1910), 1-405; W. Stephen, *History of the Scottish Church* (Edinburgh: David Douglas, 1896), 622-624; J. H. S. Burleigh, *A Church History of Scotland* (Edinburgh: Hope Trust, 1983), 350-362; Andrew J. Campbell, *Two Centuries of the Church of Scotland* (Paisley: Alexander Gardner, Ltd., 1930), 250-276; John Highet, *The Churches in Scotland Today* (Glasgow: Jackson Son & Company, 1950), 22-26; Charles Sanford Terry, A History of Scotland: From the Roman Evacuation to the Disruption 1843 (Cambridge: At the University Press, 1920), 596-628.; G. D. Henderson, *Heritage: A Study of the Disruption* (Edinburgh: Oliver and Boyd Ltd., 1943), 5-158; Thomas M'crie, *The Story of the Scottish Church from the Reformation to the Disruption* (London: Blackie & Son., 1875), 423-568.

[35] John Mackintosh, *The History of Civilization in Scotland* (Aberdeen: A. Brown & Co., 1888), vol. iv., 526.

하고 고상한 사람들로 하늘의 눈매를 생각하게 해야 한다.[36]

분리되어 나온 목회자들을 위해 찰머스는 많은 시간을 투자하였다. 1842년 말까지 영적 독립을 위해 헌신하였다.[37] 마침내 찰머스의 지도 아래 약 700개의 새 교회와 목사관이 건립되었다. 그는 스코틀랜드를 인구 비율로 20개 지역으로 구분하고 심방과 교육, 구제에 힘을 썼다. 1845년에 250명의 학자들이 그 학교에 참여하였다. 도서관, 저축 은행, 세탁소, 여성 산업학교를 마련하였다.[38]

1847년 학기말 찰머스는 교회의 업무 차 런던에 갔다. 그리고 5월 28일 총회 준비 전날 자택 모닝사이드(Morningside)에서 사망하였다. 그의 장례는 그 주간 금요일인 6월 4일에 있었고, 총회의 모든 업무는 장례 후로 연기되었다. 시관청과 위원회, 총회의 회원들, 신학교의 교수들, 목회자들, 집행 유예 자들, 학생들, 고등학교 교목과 교장들, 그리고 수많은 사람들, 특별히 어느 왕족에 못지않은 애도 속에 영면하였다.[39] 그는 자신의 집 근교의 그랜지 세미테리(Grange Cemetery)에 묻혔다.

4. 찰머스의 신학사상

찰머스는 매우 해박한 지식을 소유한 목회자요 수학자였고 정치가요 교회 지도자였으며 또한 사회 운동가였다. 그러나 무엇보다도 그의 명성은 신학자로서 그가 끼친 영향력에 있었다. 찰머스는 신학자로서 어떻게 자신이 깨달은 신학을 자신의 말씀을 청종하는 사람들에게 이해시킬 수 없을지 고심하였다.

① 신학개요

찰머스의 신학은 그의 『신학 개요』(Institute of Theology)[40]에 기술되었다. 그의 신

---

[36] W. M. Mackay, 24.
[37] Henry F. Henderson, *Religion in Scotland* (Paisley: Alexander Gardner, 1920), 27-28; Thomas Brown, *Church and State in Scotland: A Narrative of the Struggle for Independence from 1560 to 1843* (Edinburgh: Macniven & Wallace, 1891), 207-244.
[38] Henry F. Henderson, *Religion in Scotland* (Paisley: Alexander Gardner, 1920), 171-193.
[39] W. Beveridge, *Makers of the Scottish Church* (Edinburgh: T. & T. Clark, 1908), 183-195; Hugh Watt, *Thomas Chalmers and the Disruption* (Edinburgh: Thomas Nelson and Sons Ltd, 1943), 344.
[40] Thomas Chalmers, *Institutes of Theology* (Edinburgh: Sutherland and Knox, 1869), 2 vols.

학은 몇 가지로 정리되는 바, 먼저 기독교 계시론에서 하나님에 관한 교리로 시작하지 않고 인간 연구에서 시작한다. 그는 당시 데이비드 흄 사상으로 학생들이 이해에 어려움을 겪을지도 모른다고 판단하고 흄의 사상을 조심스럽게 분석하고 인간 문제로부터 그의 강의를 시작하였다. 그리고 그는 철저히 역사의 시험과 신약의 합리적인 외적 증거에 기초하여 바른 기독교의 진리에 대한 이해를 위해 기적적 증거들을 다루었다.[41] 여기서 그는 성경의 자아 충족적인 내적 증거와 참된 기독교의 경험적 증거를 통해 설명하였다. 그리고 성경의 정경론과 영감, 성경 계시의 권위로 끝맺었다.

　토마스는 자연에 계시된 신학의 기본 원칙 아래 하나님과의 평화를 요청하는 성령의 갈망과 접촉하는 것으로 규정하였다.[42] 그에 의하면 자연 세계에 나타난 증거는 하나님의 특별한 섭리 속에 조화되었다. 그런데 그 조화는 특수한 부분 내지 환경에 따라서 비밀스럽게 화합되었다. 하나님은 당신이 창조한 모든 만물을 각기 다르게 그러나 당신이 계획하고 헤아린 목적을 따라 다자인 하셨다.[43] 하나님의 창조는 우연히 마치 소경 상태에서 순식간에 하나님의 열망을 찬양하듯 선포하였다. 이것은 복잡하지만 그러나 유기적인 구조 속에서 물질세계와 통합되었다.[44]

　한편 신약에서 예수님의 제자들이 가르침을 따라 성결, 즉 그리스도를 닮고자 열망했을 때 누구든지 그는 곧 낙원의 기쁨을 쟁취할 동반자가 될 수 있다고 주장했다. 그리고 성도들과 학자들의 논의 보다 고차원적이고 초월적인 주제들이 전 기독교 체제에 영광을 발하게 된다고 하였다. 따라서 찰머스의 신학은 하늘로부터 빛과 생명을 가져다주는 하나님 중심의, 철저히 성경에 기초한 신학이었다.[45]

　찰머스가 이처럼 자연 신학을 취급한 목적은 인간이 어떤 학문이나 상황 속에서 변명할 이유나 근거가 없도록 하기 위함이었다. 찰머스는 하나님의 목적과 인간의 미래적 운명의 불확실성을 하나님의 성령에 의해 기록된 성경으로 입증하였다. 이 중심 사역을 성령이 직접 조명하시는 바, 그러나 그 성령은 단지 말씀과 함께, 말씀에 의해서만 조명하신다. 지성에 진리의 계시자로서 그의 이 직무로

---

[41] *Institutes of Theology*, vol.1., 1-8.
[42] W. M. Mackay., 27.
[43] *Institutes of Theology*, vol.1., 99.
[44] *Institutes of Theology*, vol.1., 99.
[45] *Institutes of Theology*, vol.1., 130-136.

인하여 하나님은 성경을 떠나서 우리에게 어떤 것도 말씀하지 않으신다.[46] 그는 단지 오직 성경에 명시된 것만 이루시고 우리에게 영감을 주신다. 또한 그는 우리에게 신구약 말씀 외에 다른 것을 말씀하지 않는다.[47] 특별히 신비주의와 관련하여 찰머스는 성령은 항상 말씀에 의해, 말씀과 함께 역사한다. 성령은 결코 말씀을 떠나서는 역사하지 않는다.[48] 그러므로 성경을 깊이 연구하려면 헬라어로 기록된 고대 교부 아타나시우스의 저술과 신약 성경, 칠십인 경을 읽어야 하며, 아울러 라틴어도 공부해야 한다고 하였다.[49] 그리고 찰머스는 기독교의 주된 문제를 토론했을 때 다음의 세 가지를 역설하였다.

첫째, 질병의 회복을 위해 복음적 치유가 제시되어야 한다.
둘째, 복음적 치료를 규명하는 방법이다.
셋째, 복음적 치유의 범위이다.[50]

찰머스는 학생들에게 복음이 직접 미치는 영향에 대해 논의하고 설교자들의 책임은 그것을 더욱 분명하게 하는 것이라고 했다. 그의 신학 강의는 단지 강의실만이 아니라 그것이 설교와 특별한 이유 없이 구별될 필요가 없다고 주장했다. 그는 적어도 목회자가 설교를 통해 신학을 강의 할 수 있다고 믿었다. 설교는 곧 신학의 총합이기 때문이다.

② 영성과 목회

토마스는 다음과 같이 기도하였다.

> 하나님이여 내 안에 현존하소서. 그리하여 내가 당신을 사랑하고 내 이웃을 사랑하게 하소서. 그렇게 되면 모든 것이 바르게 될 것입니다.
> 오 하나님이여! 내가 그리스도를 더욱 솔직히 닮아가게 하소서. 나는 나 자신의 부인을 위하여 기도합니다. 그리고 나의 십자가를 날마다 지게 하시고 나를 값 주고 피로 사신 그분의 헌신된 종으로서 살게 하소서.[51]

---

46 *Institutes of Theology*, vol. 1., 117.
47 Ibid., 28.
48 Nicholas R. Needham, *The Doctrine of Holy Scripture in the Free Church Fathers* (Edinburgh: Rutherford House Books, 1991), 4-5.
49 Nicholas R. Needham, 4-5.
50 W. M. Mackay., 28.
51 Charles Walker, *Thomas Chalmers* (B.T.)., 80.

토마스는 또한 그의 부모와 형제들이 그리스도 안에서 풍성한 은혜를 누리기를 소원하였다. 그는 글라스고우 큰 교회의 부름을 받고 처음에는 망설였으나 마침내 1815년 그곳으로 이전하였고 트론교회의 목회자가 되었다. 당시 35세였고 그 후 8년 동안 트론과 성 요한교회에서 사역하였다. 그는 탁월한 웅변력으로 트론교회에서는 처음에 1,400명을 수용했으나 비좁아 교회 안의 모든 통로와 설교강단 위에 청중들이 앉았으며 혹 교회에 들어가지 못한 사람들은 밖에서 설교를 들었다.[52]

한편 그는 먼저 다른 사람들의 영혼과 자신의 목회 심방(당시 심방은 1년에 2주간 실시됨)을 위해 기도하고 또한 자신의 가정 식구들을 위해 하루에 2차례 기도하였다. 그리고 심방은 규칙적이고 정직하게 실시되었으며 인내심이 없는 임종 자들에게 눈물로 경고하였다. 그리고 그가 지금까지 좋아하던 책들을 뒤로하고 웨스트민스터 신앙고백서와 조나단 에드워드, 존 오웬과 존 칼빈, 존 뉴톤과 성경을 사랑하였다. 그의 사위인 윌리암 한나는 다음과 같이 지적하였다. "그의 회심의 효과는 곧 규칙적이며 정직한 마음으로 성경을 연구하는 데서 나타났다."[53]

토마스의 설교는 매우 감동적이고 인간이 실존적으로 죄 된 상태를 실제적으로 표현하였다. 이처럼 찰머스의 목회가 많은 감동과 영향력을 발휘하는 동안 윌리암 케리의 친구였던 앤드류 풀러(Andrew Fuller)는 킬마니를 방문, 찰머스의 설교를 들었다. 그리고 그는 말하기를 "만약 저 사람이 강단에 있는 그의 설교 노트를 멀리 던져 버린다면, 그는 아마도 스코틀랜드의 왕이 될지도 모른다"고 극찬하였다.[54]

1814년 찰머스의 목회는 킬마니에 있는 약 150 가정에서 스코틀랜드의 심장인 글라스고시에서 놀랍게 전개되었다. 그는 여기에 모인 사람들과 함께 정열적으로 8년간을 목회하였다. 성경에 근거하지 않은 후원법 같은 교회법을 그는 지푸라기와 같이 무가치한 것이라고 했다. 그리고 그는 그의 청중들에게 복음을 증거하고 무엇보다도 전혀 교회에 나가지 않은 사람들에게 관심을 가졌다. 그의 첫 목회 하던 해에 20,000권의 설교가 팔렸다. 그는 이곳에서 다음 세대를 위해 준비하였다.

---

[52] Charles Walker, *Thomas Chalmers* (B.T.), 80.
[53] *Memoirs of the Life and Writings of Thmas Chalmers* (1850), vol. 1., 262.
[54] Thomas Chalmers and the Revival, 8. 원문을 그대로 인용하면 다음과 같다. "If that man would but throw away his papers in the pulpit, he might be king of Scotland!"

③ 사회사업

찰머스의 사역 중 그가 글라스고우로 옮긴 후 제일 먼저 놀란 것은 그곳의 수많은 사람들이었다. 이들은 너저분한 곳에서 생활하며 대부분 교회 가는 것을 생각지 않았다. 이러한 상태에서 목회자들은 자신들이 이토록 많은 사람들의 문제를 해결할 방도를 생각지 못하였다. 그러나 찰머스는 사역 초기부터 이러한 목회자들의 견해를 받아들이지 않았다.

당시 그의 교구에는 11,000명이 살았는데 찰머스는 그의 사역 1-2년 동안 그 사람들을 개인적으로 방문할 것을 결심했다. 그의 방문은 짧았으나 사람들의 필요가 무엇인지 파악하는 데는 충분하였다. 그는 교회 교구를 여러 개로 분리하고 분리된 교구별로 매 주일에 주일학교를 개설하였다. 이것으로 부족하여 그는 최소한의 경비로 공부할 수 있도록 주간 학교를 개설하고 또한 장학회를 설치하였다. 하지만, 찰머스는 이 학교가 자선학교가 되는 것을 원치 않았다. 그는 교육이란 자선이 되어서는 안 되며 반듯이 그에 대한 어떤 대가가 지불되어야 한다고 믿었다. 동시에 교육은 어떤 사람들이 하는 것처럼 특정인에게만 실시되어서도 안 되었다. 이유는 모든 학교는 공평해야 하기 때문이었다.

찰머스는 매일 학생들의 집을 방문하는 열정을 보였다. 그리고 학교 사역에 자신의 시간과 정력을 쏟아 부었다. 그리고 그는 교구 소속 가난한 교인들을 구제하기 위해 구제부를 조직하였다. 이러한 교회 활동은 18년 동안 실시되었고 여기에 소요된 경비는 교회의 특별 헌금으로 충당하였다.

찰머스의 모든 열정은 편협적으로 그가 머물고 있던 글라스고우에 한정되지 않았다. 찰머스는 자신이 구상한 사회 개혁을 위하여 목회를 통해 회심한 사람들을 중심으로 그의 주변에 헌신된 사람들을 모았다. 그리고 그는 그 헌신된 사람들과 함께 개혁운동을 주도하였다. 집사의 직무란 스코틀랜드교회에서는 이전부터 별다른 일을 하지 않았다. 이에 찰머스는 그런 전통을 개편하고 가난한 자들을 위한 구제부를 다스릴 수 있는 사람들을 집사로 임명하였다. 그는 젊은이들을 장로로 임명하였고 그 중에 일부는 주일학교를 남낭하였다.

④ 새로운 지교회 개념

찰머스는 기독교 국가로서 자국에 대한 큰 비전을 갖고 스코틀랜드가 주의 말씀으로 복음화 되기를 기다렸다. 이것을 위해 각 지역의 교회는 그 지역 사회를 위해 최선을 다해야 하며, 성경에 명시된 것처럼 그리스도의 말씀과 복음의 빛을 나타내야 한다고 믿었다. 그의 생애에서 보았듯이 그는 킬마니, 트론, 성 요한교회와 세인트앤드류스대학교와 에든버러대학교에서 이러한 그의 비전을 성취하기 위해 노력하였다. 이것은 비록 그가 지역교회의 목사가 아니었을 때도 마찬가지였다.

찰머스는 이것을 실천하기위한 방법으로 하나님의 말씀을 증거하는 일이 가장 중요한 일이라고 믿었다. 이와 함께 성도들은 주일이나 다른 휴일에 가정에서 자녀들과 예배하고 서로서로 도와주며 격려하는 일에 힘써야 할 것을 주장했다. 찰머스 자신은 이것을 효과적으로 실천하기 위해서 말씀을 깊이 묵상하고 준비하였다.

목사와 장로들은 지 교회에 속한 회원들을 방문하는 일에 책임을 지고 있다. 그리고 그들이 필요한 것을 위해 영적인 일과 도덕적인 문제들을 도와야 한다. 자연히 그의 업무는 과다하였다. 그러나 교회의 장로들이 그를 도와서 일들을 잘 수행할 수 있었다. 목회를 잘 하기 위해서 찰머스는 그의 교인 개개인의 상황을 잘 알아야 했다.[55] 그는 효과적인 목회를 위해 집사들이 자신들의 교구의 상황을 목사에게 말하고 혹 물질이 필요한 사람들을 구제하고 도울 수 있도록 했다. 따라서 찰머스는 주일학교에 빈민자들의 자녀들을 위해 학교를 개설하였고, 주부들이 직장 얻도록 하기 위해 공부를 시켰다. 그는 이처럼 지교회에서 영적인 일과 물질적인 복지를 위해서 힘썼다.

⑤ 교회개혁의 성취 원리들

스코틀랜드 종교 정착을 위한 이상은 당시 많은 사람들에게 반감을 줄지도 모른다. 이와 관련하여 교회와 국가의 분리는 이때 많은 사람들이 고려해야 할 문제였다. 찰머스는 이를 위해 자신의 저술을 통해 왜 교회가 정착되고 확장되어야 하는지를 논박하였다. 그리고 교회 확장을 위해 성경적 설교와 성경적 정서가 보급되어야 한다고 믿었다. 그에게 종교적 정착은 종교적인 사역들을 위하여 국가적인 법적 준비를 요한다고 믿었다. 그렇게 함으로써 교회와 국가는 상호 긴밀한 협력관계를 갖을 수 있다.

---

[55] W. M. Mackay, 30-31.

그러나 이런 관계는 항존적이지 않고 단지 잠정적일 뿐이라고 했다. 교회는 교회로써 갖는 특징이 있고 국가는 국가만이 갖는 특징이 있기 때문에 두 기관은 상호 의존적이다. 그러나 찰머스는 여기에서 교회가 모든 가정에 복음을 증거하기 위해서는 국가는 교회를 도와야 한다고 믿었다. 그렇게 함으로서 국가교회의 대 이상을 실현할 수 있다고 믿었다.

찰머스는 한 국가의 기독교화는 근본적으로, 원초적으로 선교적 사역이라고 보았다. 따라서 이일이 얼마나 잘 성취될 수 있느냐는 이 원리의 실천에 있다고 생각했다. 따라서 모든 교인들은 주일에 목사님의 설교를 듣고 전도하고 목회자는 한 주간 내내 분주하게 활동하고 여러 교인들의 가정을 돌며 이 운동이 확산되게 해야한다. 찰머스는 기독교의 진리가 각 지교회 상황에서 신중히 고려되어야 할것을 주장했다.

⑥ 해외선교

찰머스 비전은 조국 스코틀랜드에 머물지 않고 해외로 확산되었다. 그에게 성경적 그리스도 교회란 구원받은 모든 나라와 방언과 백성들로서 하나님의 백성을 의미했다.[56] 사실 이러한 영국인의 영적 각성은 1793년 윌리암 케리의 인도 선교를 통해 이미 시작되었다. 이때 성경 위원회가 구성되었고 영국 정부는 해외로 파송되는 군인들에게 성경과 함께 파송하였다.[57] 영국 내외성경 위원회가 1804년에 창립되었고 많은 사람들의 관심과 지원을 받았다. 그는 말씀을 통해 아직 복음을 듣지 못한 가난한 사람들에게 전파해야 한다고 믿었다. 찰머스는 1813년 윌리암 케리의 선교사역을 돕고 앞으로 20년 동안 인디아 선교를 할 수 있도록 입국 금지를 해제할 것을 요청했다. 그리고 그는 당시 영국 국회에서 지도자 중에 한 사람인 윌버포스의 지원을 얻어 이 안을 제출했다.

1817년 5월 14일 오전 11시, 찰머스는 런던 시티선교회에서 기념 설교를 했다. 찰머스는 이때 모라비안 선교사들을 도울 것을 결심하고 또한 유태인 선교를 위해 실제적인 관심을 가졌다.[58] 찰머스는 자신이 세인트앤드류스대학교에 있는

---

56 W.M.Mackay, Thomas Chalmers, *op. cit.*, 34.
57 John Robson, *Outlines of Protestant Missions* (Edinburgh: T. & T. Clark, n.y.), 26-29; C. Silvester Horne, *A Popular History of the Free Churches* (London: James Clarke & Co., 1903), 312-338; Ernest Marshall Howse, *Saints in Politics: the 'Clapham Sect' and the growth of Freedom* (London: George Allen & Unwin Ltd, 1952), 3-185; Elizabeth G. K. Hewat, *Vision and Achievement 1796-1956* (1960), 69.

동안 대학선교위원회에서 선교의 역사와 필요성을 강의했다. 그의 재직 기간 동안 선교운동은 크게 확산되었고 알렉산더 더프는 인도 선교사로 파송받았다. 이와 같이 찰머스는 새 교구 조직과, 국가교회의 원리의 규정, 교회 확장과 해외선교를 위해 그의 생애를 헌신했다.

⑦ 경제 사회의 이상

이미 앞에서 살펴본 것처럼 19세기 스코틀랜드는 커다란 변화가 시작되었다. 산업의 발전과 도시의 성장, 유럽에서의 전쟁 등은 스코틀랜드 시민들의 경제와 사회생활 전반에 영향을 미쳤다. 찰머스는 교구 목사 개인으로서뿐만 아니라 대학 교수로서 도덕 철학 강의를 통해 그 중요성을 강조하였다. 그는 에든버러대학교과 자유교회대학에 정치 경제학과를 개설하고 일주일에 한차례씩 강의했다. 그는 이 강의를 통해서 대중들의 인구 증가에 이들의 필요를 어떻게 충족시킬 수 있는가에 관심을 가졌다. 그는 국부론이란 인구론과 관련해서 시험되어야 한다고 보고 여기에 반듯이 요구되는 것은 경제와 도덕문제의 상호라고 했다. 그 이유는 학문이란 일반 국민들 사이에서 그 가치를 드러내야 하기 때문이다.

그 밖에도 찰머스는 강의에서 식량 공급, 실업문제, 투자 혹은 자본, 인구와 생산의 비교, 과잉생산의 가능성문제, 국내 해외무역의 한계, 세금의 효과, 십일조, 생산적이고 비생산적인 노동에 관한 구분, 이민, 빈자들을 위한 의무적 준비와 기독교 교육 등을 다루었다. 그는 강의를 통해 고용자와 피고용자의 질 높은 삶에 관심을 가졌다.

찰머스는 일반 노동자들의 임금을 높여야 하며 그들의 삶이 질적으로 향상되어야 한다고 믿었다. 또한 노동 조합을 구성하여 노동자들의 권리와 노고를 격감시킬 것을 알았다. 혹 노사 간에 갈등이 있을 때 반란적인 행동이 있을 때를 제외하고 정부는 절대로 개입해서는 안 된다고 보았다.[59] 무엇보다도 찰머스의 관심은 빈곤주의에 있었다. 그가 여기에 관심을 갖게 된 것은 그가 킬마니와 글라스고에서 목회하는 동안 주민들의 생활을 가까이서 보아왔기 때문이었다. 따라서

---

[58] Hugh Watt, *Thomas Chalmers and the Disruption*, 77, 149-150; David F. Wright, David C. Lachman, Donald E. Meek(eds.), *Dictionary of Scottish Church History & Theology* (Edinburgh: T & T Clark Ltd., 1993), 259.

[59] W.M.Mackay, *op. cit.*, 38.

찰머스는 자원자들의 기부금을 통해 빈민구제를 위한 조직을 만들었다. 이러한 자원 구제제도는 개 교회 당회에서 의결토록 하였다.

⑧ 찰머스의 목회원리

찰머스의 초기 목회관은 당시 타협파들과 일치했다. 그에게 목회란 이 세상에서 오직 하나의 이름을 들어내기를 원하는 자를 도와주는 전문직이었다. 그가 킬마니에서 목회하던 첫 7년 동안 그곳 사람들과 별로 교제하지 않았다. 그러던 중 1808년 그의 계획이 바뀌었다. 런던 방문 시에 사랑하는 누이의 사망, 그리고 이듬해 삼촌의 사망을 통해 목회자로 거듭났다. 찰머스는 이 기간 동안 겸손을 배웠다.

이때 찰머스는 세월의 덧없음과 무의미성, 그리고 영원한 세계가 가까워 옴과 그 놀라운 세계를 설교하였다. 그는 이전까지 시간의 짧음을 생각지 못하였고 영원의 위대함을 생각지 못했다. 죄의 느낌에 대한 괴로움과 함께 찰머스는 다음과 같이 기도하였다.

"오 하나님, 가련하고 어두우며 무지하고 당신의 말씀의 사역자로서 아직도 방황하는 이 피조물을 받아주시옵소서."[60]

그런데 이때부터 그에게 그리스도의 구속 안에서 믿음에 의한 구원의 길이 새롭게 열렸다. 그리고 이 후 확신의 기쁨 속에 전적으로 주님께 위탁하였다. 이때 그는 다음과 같이 기도했다.

"오 하나님이여! 내가 걷고 있는 기반 위에 확고히 서 있음을 느끼게 해 주십시오. 그리고 나로 하여금 온전히 당신의 말씀에 내 모든 생각을 투자할 수 있게 해 주십시오."[61]

무엇보다도 그는 자신이 주님으로부터 단 1인치라도 물러서지 않도록 해달라고 기도하였다. 그는 전적으로 주님을 의지하게 되었다. 찰머스의 이러한 결단에 대하여 당시 온건파 목사들은 그를 비웃으며 정신없는 자라고 했다.[62] 이와 달리 복음주의자들은 찰머스를 매우 유명한 철학자이자 동시에 기독교의 교리들을 특별히 경멸하는 사람으로서 오랫농안 알아왔다. 그러나 시금은 그가 확신과 따뜻한 마음으로 그가 한때 파괴했던 신앙을 설교하였다. 그는 매우 신중히 주님과

60　Iian H. Murray, *Thomas Chalmers and the Revival of the Church* (BTT., 1980, March, No. 198), 7.
61　Ibid., 7.
62　Ibid., 7.

대화를 나누었으며 그렇게 온순하고 겸손한 그런 초능력의 사람에 놀라게 되었다. 그는 어린아이와 같이 회심한 것으로 평가 하였다.[63]

특별히 목회에서 설교는 결정적이었다. 찰머스는 지금까지 누구도 시도하지 않은 천문학 설교(Astronomical Sermons)를 도입하여, 설교사에 새로운 지평을 열었다. 그가 글라스고우에 오기 전에 그의 설교는 단지 유명 인사였다. 다른 말로하면 그의 설교는 이전에 누구도 접근하지 않은 스타일에 덕 있고 열광적인 정도였다. 하지만, 그의 과학적인 접근 방식은 복음에 무게 감을 한 층 고조 시키며, 사람들의 관심을 이끌어냈다. 여기에 전 에너지를 쏟는 논리적 전달은 청중들을 매료시키며 때로 공포감과 거룩하신 분에게 사로 잡히게 하였다.

찰머스가 도출한 주제들은 수학이나 천문학처럼 이례적이었다. 그는 과학을 그리스도의 복음에 접목 시킨 최초의 설교자였다.[64] 천문학 설교집을 출간한 이후 찰머스가 처음 런던에 나타났을 때 그곳의 통상 설교는 주일 오전 11시였다. 그런데 그의 설교를 듣기 위해 오전 7시에 성도들이 몰려와 4시간을 기다렸다. 그 다음 주일에 찰머스는 스월로 가(Swallow Street)에 있는 스코틀랜드교회에서 설교하였다.

그런데 그가 그곳에 이르렀을 때 수많은 사람들이 교회 안으로 들어가기 위해 몰려 있는 것을 목격하였다. 그곳에는 윌버포스를 포함한 많은 정치인들과 사회 저명 인사들, 그리고 문학 동우회원들이 함께 하였다. 그는 1시간 반 동안 설교하였다. 당시 그를 존경하던 한 작가는 인간이 가진 모든 은사를 전무후무하게 유감없이 쏟아냈다고 평가하였다. 그의 지성적 설교는 작가에게 마치 눈으로 보는 듯 그렇게 생생하였다. 모인 성도들의 눈동자는 찰머스의 행동과 모션을 따라 숨죽인 채 일사 분란하게 움직였다.[65]

당시 예배에 참석한 모든 스코틀랜드인들의 마음을 사로잡으며 눈물의 도가니가 되게 하였다. 그 후 몇 년이 지나서 찰머스는 다시 하노버 광장의 대형 홀에서 강의하였다. 이는 선택받은 마치 작은 총회의 모습과 같았다. 홀에는 실로 많은 왕족들과 주교들, 수백 명의 양하 정치인들로 매워졌다. 그의 설교는 마치 마술을 부리는 것과 같이 사람들을 사로잡았다.[66] 그의 영혼은 오직 설교 주제에

---

63 Ibid., 7.
64 Donald Macleod, "Thomas Chalmers," *Scottish Divines* (Edinburgh: Macniven and Wallace, 1883), 289-290.
65 Donald Macleod, 291.

몰입한 채 모든 청중들을 변화시켰다. 그는 위대한 설교가요 그리고 위대한 작가였지만 무엇보다 애국적인 교회 지도자였다.

5. 종합적 평가

고찰한 대로 찰머스의 67년의 생애, 그리고 소명 후 44년의 헌신적 봉사는 당대 그 어느 누구에 비견할 수 없을 정도였다. 그의 생애와 신학은 매우 폭넓게 전개되었지만 아래와 같이 세 가지로 정리하였다.

① 목회적 소명

찰머스는 20년의 목회를 통해 하나님의 통치와 능력을 실증하는데 혼신을 다하였다. 이를 위해 하나님의 능력과 임재의 확신은 그에게 절대적이었다. 따라서 그는 유동적인 열악한 목회 상황에서 말씀의 묵상과 기도, 선포로 헌신하였다. 전적으로 자신에게 맡겨진 일에 충성하였다. 찰머스가 당시 목회자로서 해야 했던 과제 중에 하나는 세상적인 일을 절제하고 교회 일에 관여하는 것이었다. 특별히 말씀연구와 기도하는 것을 가장 중요하게 생각하였다.

찰머스는 한 친구에게 보낸 편지에서 목회자는 기도를 통해 자신의 마음속에 계시는 주님의 역사를 진행하기 위해 기도를 쉬어서는 안 된다고 했다. 하나님께서 완전하시듯이 완전하게 되기 위해 사모해야 한다고 했다. 결코 자신의 열망을 따라 가지 말라고 했다. 완전을 향해 가는 것을 중단하지 말고 완전하게 되기 위해서 우리는 자신들의 구하는 것이나 자기 확신을 버려야 한다. 우리는 그의 흠 없고 순결한 의를 받아들여야 한다고 하였다. 개인적 경건과 기도하는 삶, 그리고 보다 성결한 삶을 위한 열망은 그의 삶 바로 그것이었다.[67]

특별히 찰머스에게 설교는 아직 믿지 않는 자들에게는 경고로 이미 믿는 성도들에게는 신앙 부흥을 통한 영적 성숙을 이끌어 냈다. 때문에 그는 청중들을 피하지 않고 그들의 마음과 양심에 호소하였다. 청교도 중에 한 사람인 알레인이 경고했듯이 당대 사람들이 회개 설교를 좋아하지 않는 불신에 직접적으로 도전하였다.

---

[66] Donald Macleod, 292.
[67] The Banner of Truth, *op. cit.*, 15.

찰머스는 목회자 후보생들에게 지리적인 것과 성경적인 사이에서 바른 양심을 가지고 사역에 임할 것을 당부하였다. 성경을 통해 그들이 죄와 죄인임을 깨우치고 죄를 범함으로 인간에게 파멸이 왔고 오직 순결하신 예수님만이 이러한 죄 된 본성에 경고를 줄 수 있다고 했다. 이를 실현하기 위해 찰머스는 하나님 앞에서 자신의 의무를 철저히 이행하였다. 그는 스스로 하나님께서 자신에게 말씀하시는 것이 무엇인지를 인식한 실천가였다. 따라서 그에게 설교는 단순히 선포가 아닌 개인적 경건에 힘쓰는 것이었다. 찰머스는 기도와 말씀에, 항상 자신의 영적 성숙을 추구하였다. 찰머스는 하나님으로부터 받은바 은사를 갑절로 활용하며 충성하였다.

② 신학자로서 소명

목회 헌신 중에 찰머스는 후기 24년 중 4년을 세인트앤드류스대학교, 20년을 에든버러대학교와 자유교회대학에서 교수로 헌신하였다. 찰머스는 목회도 중요하지만 미래의 사역을 위해 대학교에서 사역하는 것이 옳다고 판단하였다. 그는 대부분의 목회자들이 대학을 졸업하고 일선에 나설 텐데 교수로서 그들을 바르게 교육하는 것이 크고 더 영향력 있는 시급한 일로 간주했기 때문이다. 따라서 그는 당시 대학에 확산되고 있던 도덕 철학에 맞서 투쟁하였다. 그에게 도덕 철학은 반듯이 신학과 연관되어야 하였다. 이는 마치 율법이 복음과 관계하고 세례 요한의 설교가 주님의 설교와 관계하듯이 도덕 철학이 신학과 관계해야 하였다.[68]

찰머스는 한때 글라스고우 장로들과 집사들에게 도덕 철학은 신학이 아니다. 그러나 그것은 신학의 입구에 서있다. 그러므로 모든 인간 학문은 바른 안내를 하도록 최선의 노력을 해야 하였다. 그는 철저히 자신이 무엇을 가르치며 학자로서 이 시대에 완수해야 될 사명과 책임을 명확히 인식하였다.[69]

당시 그의 제자 중에 한 사람이었던 윌리엄 커닝햄(William Cunningham, 1805-1861)은 찰머스의 강의를 통해 시온에 영광이 이른 것처럼 하나님의 영광과 현존을 경험했다.[70] 그리고 데이빗 마손(David Masson)은 찰머스의 강의실을 에든버러 대학교 내에 있는 "신학 강당"(the Divinity Hall)으로 대단히 매력적이었다고 했다.

---

68 The Banner of Truth, *Ibid.*, 10.
69 Correspondence, 196.
70 The Banner of Truth, *op. cit.*, 11.

특별히 1843년 5월 대 붕괴 이후 찰머스 박사를 섬긴 존 던칸(John Duncan, 1866-1945) 박사는 찰머스를 하늘의 가르침을 주던 사람으로 부족함이 없었다고 평가하였다.[71]

찰머스는 학생들을 사랑과 헌신으로 감동시켰고 그의 입술로부터 터져 나오는 열정은 학생들을 사로잡았다. 찰머스는 교수 동안에 그가 처음 킬마니 목회 시절에 다짐했던 것처럼 주님의 축복이 이곳에 함께 하도록 간구하였다.[72]

③ 사회운동가

살펴본 것처럼 19세기 스코틀랜드는 변화의 시대였다. 산업의 발전과 도시의 성장, 유럽에서 발발한 전쟁 등은 스코틀랜드 시민들의 경제와 사회생활 전반에 영향을 미쳤다. 찰머스는 교구 목사 개인으로만 아니라 대학 교수로서 도덕 철학 강의를 통해 이것의 중요성을 강조하였다. 그는 에든버러대학교과 자유교회대학에 정치 경제학과를 개설하고 일주일에 한차례씩 강의했다. 그는 강의를 통해서 인구 증가에 따른 변화, 이들의 필요를 어떻게 충족시킬 수 있는지에 관심을 가졌다. 그는 아담 스미스의 국부론은 팽창하는 인구와 관련하여 시험되어야 한다고 믿고 여기에 반듯이 요구되는 것은 경제와 도덕문제의 상호 조화라고 했다. 이유는 학문이란 일반 국민들 사이에서 그 가치를 드러내야 하기 때문이다.

그 밖에 찰머스는 강의에서 식량 공급, 실업문제, 투자 혹은 자본, 인구와 생산의 비교, 과잉생산의 가능성문제, 국내 해외무역의 한계, 세금의 효과, 십일조, 생산적이고 비생산적인 노동에 관한 구분, 이민, 빈자들을 위한 의무적 준비와 기독교 교육 등을 다루었다. 그리고 강의들을 통해서 고용자와 피고용자의 질 높은 삶에 관심을 가졌다. 그는 일반 노동자들의 임금을 높여야 하며 그들의 삶이

---

71 Colloquia Peripaterica, Conversations with John Duncan, 1897, 27-28. "How did you and Dr. Chalmers get on?" a friend once asked Duncan in later years. "Oh, nobly. Though very inferior, I took the liberty of differing with him sometimes about doctrine. One day, when he came down to my house for a little refreshment, I found fault with his definition of faith. Ah! my doctrine about faith was better than hi-but he went to prayer, and his faith was better than mine," *Life of J. Duncan* (David Brown, 1872). 484.

72 Chalmers는 18세기의 유명한 목회자들, 예를 들면 Jonathan Edwards, Thomas Boston, John Newton, Philip Doddridge, 성공회 목사였던 Charles Bridges를 좋아했고, 청교도들 중에는 Joseph Alleine, John Owen, William Guthrie와 Richard Baxter를, 전기로는 Matthew Henry와 Henry Venn을 좋아했다. Chalmers는 이 중에 특별히 Owen의 저작을 평생 가까이 하며 읽었다. 그는 학생들에게 John Owen의 글을 읽었느냐고 질문하곤 했는데 그가 마지막으로 추천하고 싶은 책은 John Owen이었다.

질적으로 향상되어야 한다고 믿었다.

찰머스는 또한 노동조합을 구성함에 있어 노동자들의 권리와 그들의 노고를 격감시킬 것을 인식하였다. 혹 노사 간에 갈등이 있을 때 반란적인 행동이 있을 때를 제외하고 정부는 절대로 개입해서는 안 된다고 보았다.[73]

무엇보다도 찰머스의 관심은 빈곤주의였다. 그가 여기에 관심을 갖게 된 것은 그가 킬마니와 글라스고우에서 목회하는 동안 주민들의 생활을 가까이서 보았기 때문이다. 따라서 찰머스는 자원자들의 기부금을 통해 빈민구제를 위한 조직을 만들었다. 이러한 자원 구제 제도는 개 교회 당회에서 철저히 검토한 후 실시하였다. 변화하는 혼란의 시대, 목회자요 신학자인 그는 동시에 사회사업가 혹은 운동가로서 목회적, 사회적, 영적 변화를 이끈 인물로 헌신이었다.

6. 결론

자유교회대학의 학장 제임스 데니(James Denney, 1856-1917)는 찰머스를 존 낙스 이후 가장 위대한 사람으로 지목하였다.[74] 실제로 토마스는 19세기가 낳은 스코틀랜드의 가장 위대한 영적 사람이었다. 그는 스코틀랜드의 그 누구도 갖지 못한 위대한 심장을 가진 당대의 모세였다. 그는 능력의 사람이자 탁월한 지성이었다. 결국, 그의 사망으로 에든버러 시민들은 그들이 사랑하는 지도자와 친구를 잃었다. 하지만, 그의 장례식은 어느 왕의 영예에 못지않은 스코틀랜드 국민의 애도 속에 진행 되었다.[75]

찰머스는 실로 그 시대가 요구한 지도자로 평생을 교회와 부흥, 사회개혁을 위해 헌신하였다. 그는 자유교회에 소속한 목사였으나 결코 그 교단에 억매이지 않고 영향력을 행사하였다. 그의 이런 관심은 비단 스코틀랜드에 국한되지 않는 범세계적인 것이었다. 그는 스코틀랜드의 장로교의 재발견, 정착과 발전을 위해 일생을 헌신하며, 그것은 마침내 1843년의 대붕괴와 함께 자유교회를 태동시켰다.

---

[73] W.M.Mackay, *op. cit.*, 38.
[74] Adam Philip, *Thomas Chalmers: Apostle of Union* (London: James Clarke & Co., 1929), 16.
[75] Thomas Chalmers and the Revival of the Church (B.T., 1980), March, No., 198, 1; Donald Macleod, "Thomas Chalmers," *Scottish Divines* (Edinburgh: Macniven and Wallace, 1883), 315.

토마스 찰머스는 목회자와 교수로 부름 받은 후 항상 말씀을 의지하며, 분에 넘치도록 충성하였다. 생전에 자연 신학을 포함하여 기독교의 증거, 도덕 철학, 교회 확장, 정치, 경제 등 전 분야에 걸쳐 다양한 분야의 책을 저술하였다. 그리고 그의 사후 사위 윌리엄 한나(William Hanna)가 9권의 책을 묶어 출간하였다.[76] 그의 책 전체의 특징은 열정과 정직, 그리고 설명에 대한 탁월한 묘사이다.[77] 그의 저술에는 신학은 물론 폭넓게 문학과 과학까지 포함하였다. 책에는 스코틀랜드인들의 생활 풍습, 지성과 습관, 느낌까지 기술되었다.

찰머스는 특별히 성도들의 영적 생활을 위해 매일의 묵상을 기술하면서 항상 다음과 같이 기도하였다.

"오 하나님 나에게 사람을 낚는 어부, 그리고 영혼을 얻는 지혜를 주소서."
"내 심령에 당신의 충만한 그리고 자유로운 말씀으로 채우소서."
"신적 계시의 위대한 말씀에 따라 믿음으로 행하게 하소서."
"만약 하나님께서 불경건한 자를 심판하시면 나는 무엇을 하겠습니까?"[78]

그리하여 그의 저술은 당대 목회자들뿐 아니라 학자들이 즐겨 읽었다. 오늘 한국교회의, 특별히 보수적인 목회자들은 토마스 찰머스를 통해 오직 교회의 본질 회복과 영적 성장, 사회적 기여와 변화를 목표로 일생을 바친 그의 삶을 닮아야 할 것이다. 이를 위한 통렬한 자기 반성과 깨달음, 실전적인 헌신이 요청된다 할 것이다.

Soli Deo Gloria!

---

[76] Chalmers의 저술 목록은 다음과 같다. Vols 1-2 *Natural Theology*, 3-4 *Evidences of Christianity*, 5 *Moral Philosophy*, 6 *Commercial Discourses*, 7 *Astronomical Discourses*, 8-10 *Congregational Discourses*, 11 *Sermons on Public Occasions*, 12 *Tract and Essays*, 13 *Introductions to Select Authors*, 14-16 *Polity of a Nation*, 17 *Church Establishment*, 18 *Church Extension*, 19-20 *Political Economy*, 21 *The Parochial System*, 22-25 *Lectures on the Epistle to the Romans*, 추가 9권 vols. 1-3 *Daily Scripture Readings*, 4-5 *Horae Biblicae Sabbaticae* 혹은 *Sabbath Scripture Readings*, 6 *Posthumous Sermons*, 7-8 *Institutes of Theology*, 9 *Lectures on Butlers' Analogy* 등이다. Adam Philip, *Thomas Chalmers: Apostle of Union* (London: James Clarke & Co., 1929), 107-108 참조.

[77] Donald Macleod, 274-275; John Mackintosh, *The History of Civilization in Scotland* (Aberdeen: A. Brown & Co., 1888), vol. iv., 233; C. Silvester Horne, *A Popular History of the Free Churches* (London: James Clarke & Co., 1903), 381.

[78] Adam Philip, *Thomas Chalmers: Apostle of Union* (London: James Clarke & Co., 1929), 111-113.

참고문헌

1차 자료

The Acts of the General Assembly of the Church of Scotland 1638-1842, ed. the Church Law Society.

The Acts of the Parliaments of Scotland, ed. Thomas Thomson, 12 vols., Edinburgh, 1816-1874.

The Acts and Proceedings of the General Assemblies, Bannatyne Club, Edinburgh, 1839-1845.

The Acts of the Privy Council, ed. David Nassib, Edinburgh, 1881.

Anderson, William., *The Scottish Nation: or the Surnames. Famillies, Literature. Honours and Biographical History of the People of Scotland*, A. Fullarton and Co., 3 Vols., 1864.

Augustine, "The Confession of St. Augustine," *A Select Library of the Necene and Post-Nicene Fathers of the Christian Church*, ed. Philip Schaff, Edinburgh: T. & T. Clark, Vol. III., 1886 (reprinted in 1988).

_____. "City of God," *A Select Library of the Nicene and Post-Nicene Fathers of the Christian Church*, ed. Philip Schaff, Edinburgh: T. & T. Clark, Vol. III., 1886 (reprinted in 1988).

_____. "St. Augustine's City of God and Christian Doctrine," *Select Library of the Nicene and Post-Nicene Fathers of the Christian Church*, ed. Philip Schaff, Edinburgh: T. & T. Clark, Vol. II., 1886 (reprinted in 1988).

_____. "De Baptismo," *A Select Library of the Nicene and Post-Nicene Fathers of the Christian Church*, ed. Philip Schaff, Edinburgh: T. & T. Clark, Vol. IV, VI, VII, and XVIII., 1886 (reprinted in 1988).

_____. "Aeneid," *A Select Library of the Nicene and Post-Nicene Fathers of the Christian Church*, ed. Philip Schaff, Edinburgh: T. & T. Clark, Vol., 1886 (reprinted in 1988).

_____. "Answer," *A Select Library of the Nicene and Post-Nicene Fathers of the Christian Church*, ed. Philip Schaff, Edinburgh: T. & T. Clark, Vol. II and III., 1886 (reprinted in 1988).

_____. "Letters of St. Augustine," A Select Library of the Nicene and Post-Nicene Fathers of the Christian Church, ed. Philip Schaff, Edinburgh: T. & T. Clark, Vol. I., 1886 (reprinted in 1988).

Baillie, Robert., "Original Letters and Papers," *Baillie's Letters and Journals*, ed. David Laing, Edinburgh, Vol. II., 1841.

_____. *The Letters and Journals of Robert Baillie*, ed. David Laing, Edinburgh: Bannatyne Club, Vol. I-III., 1841-1842.

_____. *A Dissuasive from the Errours of the Time*: wherein the Tenets of the Principall Sects, especially of the Independents, are drawn together in one Map, for the most part, in the words of their ownAuthours, and their main principles are examined by the Touch-Stone of the Holy Scriptures, Authority, London, November, 1645.

_____. *An Historical Vindication of the Government of Church of Scotland*: From the manifold base calumnies which the most Malignant ofthe Prelats did invent of old, and now lately have been published withgreat industry in two Pamphlets at London, Samuel Gellibrand, London, 1646.

_____. *The Life of William Lord Arch-Bishop of Canterbury*, examined (London), 1643.

Ball, John., *A Treatise of the Covenant of Grace*, London, 1645.

Bettenson, Henry (ed.), *Document of the Christian Church*, Oxford University Press, 1967.

Beza's Icones, Contemporary Portraits of Reformers of Religion and Letters, Int. C. G. M'Crie, London: The Religious Tract Society, 1909.

Blaikie, William Garden., *The Preachings of Scotland*: From the Sixth to the Nineteenth Century, Edinburgh: T. &. T. Clark, 1888.

Boston, Thomas., *The Works of Thomas Boston*, 12 vols., ed. Samuel McMillan, Aberdeen, 1848-1853, reprinted by Richard Owen Roberts Wheaton 1980.

_____. *A View of the Covenant of Grace* from the Sacred Records wherein the Parties in that Covenant, the making of it, its parts, conditionary and promissory, and the administration thereof are distinctly considered together with the trial of a Saving Personal Inbeing in it, and the way of instating sinners therein, unto their eternal salvation, Focus Christian Ministeries Trust, 1990.

_____. *The Marrow of Modern Divinity*, with notes by Thomas Boston, Still Waters Revival Books, 1991.

_____. *A General Account of My Life…* printed for the first time from the Original Manuscript, London, 1908.

_____. *Memoirs of the Life of Thomas Boston of Ettrick*, Edinburgh, 1813.

_____. *Queries to the Friendly Adviser*, to which is Prefix'd a letter to a friend, concerning the affair of the Marrow, N. D., 1722.

_____. *The Life and Death of the Reverend Mr. Thomas Boston*, late minister of the Gospel at Ettrick, with an Elegy upon him and his son Thomas Boston, late minister of the Gospel at Jedburgh; who died 13th of February 176'?, being about the 54th year of his age, and 34th of his ministry, to which is added, A Funeral Sermon, preached on that occasion, Falkirk, 1782.

Browne, Robert and Robert Harrison., *The Writings of Robert Harrison* and Robert Browne, Peel, Albert and Carlson, Leland II (eds.), London: George Allen and Unwin LTD., 1953.

Buchanan, George., *De Jure Regni Apud Scotos: A Dialogue concerning the rights of the Crown in Scotland*, trs, R. MacFarlan, Edinburgh, 1843.

Bullinger, Henry., *The Decades of Henry Bullinger*, ed. Thomas Harding, Cambridge: The Parker Society, 4 Vols., 1848-1851.

_____. *Sermons of the Sacraments*, Cambridge University Press, 1840.

Calderwood, David., *The History of the Kirk of Scotland*, ed. T. Thomson, Wodrow Society, Edinburgh, Vols. I-VIII., 1842-1849.

Calvin, John., *John Calvin on God and Political Duty*, ed. John T. McNeill, New York: The Liberal Arts Press, 1950.

_____. *The Sermons of M. Iohn Calvin upon the Fifth Book of Moses called Deuteronomy*: Faithfully gathered word for word as he preached there in open pulpit; together with a preface of the Minister of the Church of Geneva, and an admonishment made by the Deacons there, tran. by Arthur Golding, London: Henry Middleton, 1583, reprinted by the Banner of Truth Trust in Edinburgh, 1987.

_____. *Commentary on the First Book of Moses Called Genesis*, Grand Rapids, Michigan, 1979.

_____. *The Institute of the Christian Religion*, Edinburgh, Vol. IIV., 1865.

_____. *Institutes of the Christian Religion*, Embracing almost the whole sum of piety, & whatever is necessary to know of the doctrine of salvation: A work most worthy to be read by all persons zealous for piety, and recently published. 1536 Edition, Trans. Ford Lewis Battles, Eerdmans Publishing Company, 1989.

_____. *Commentary on Daniel*, Edinburgh: The Banner of Truth Trust.

_____. *Concerning the Eternal Predestination of God*, trans. J. K. S. Reid, London: James Clarke & Co. LTD., 1961.

Cameron, James K (ed.), *The First Book of Discipline*, Edinburgh: The Saint Andrew Press, 1972.

_____. (ed.), Letters of John Johnson and Robert Howie, Edinburgh: Oliver & Boyd, 1963.

Cameron, Richard., *Some Remarkable Passages of the Life and Death of these three famous Worthies, Signal for piety and Zeal. whom the Lord helped and honour'd to be faithful unto the Death, viz Mr. John Semple, John Welwood, Mr. Richard Cameron, Ministers of the Gospel, according as they were taken off the Stage; who were all shining Lights in this Land, and gave Light to many, in which they re-

joiced for a Season, Edinburgh, 1727.

_____. *An Essay to Discover who are the true Fools and Fanaticks in the World*, 1708.

Cargill, Donald., *A few of the many remarkable Passages of the Long life (being past sixty years) and at his bloody Death. of Mr. Daniel Cargill, a Man greatly beloved indeed, who was born in the North, and was eldest son of a Singular Godly Gentleman. and Heritor in the Parish of Rattrav, some miles from Dunkeld*. He was commonly called Donald, but his baptized Name was Daniel, May 1660.

_____. *The Last Word of Mr. Donald Cargill*, when on the Scaffold July 27 1681, Einburgh, 1719.

_____. *Lectures and Sermons Preached at Different Times* by Mr. D. C., Concerning Jehosaphat, his Association with Achab, and Difficulty where to make Recourse, when staged before the Tribunal of God, Edinburgh, 1681.

_____. *A Letter ... to his Parish of the Barony-Kirk in Glasgow*, to which are added two Letters by Mr. John Dickson, Edinburgh, 1734.

_____. *Some Remarkable Passages in the Life and Death of Donald Cargill*, Edinburgh, 1732.

_____. *Being the Lecture and Discourse going before, and the afternoon sermon following; which the Action of Excommunication itself, pronounced at Torwood September 1680 upon king Charles II*, Edinburgh, 1741.

_____. *A Collection of Lectures and Sermons. Preached upon Several Subjects, mostly in the time of the Persecution, Wherein a Faithful and Doctrinal Testimony is Transmitted to Posterity for the Doctrine. Worship, Discipline and Government of the Church of Scotland, against popery, Erastianism*, Kilmarnock, 1809.

_____. *Some Remarkable Passages in the Life and Death of that Singular Exemplary holy life. zealous and faithful unto the death, Mr. Daniel Cargill*, Edinburgh, 1732.

Carslaw, W. H., *The life and letter to James Renwick*, Oliphant Anderson & Ferrier. 1893.

Cartwright, Thomas., *Cartwrightiana*, (eds.), Albert Peel and Leland H. Carlson,

London: George Allen and Unwin LTD., 1951.

Chambers, Robert., *Biographical Dictionary of Eminent Scotman with Numerous Authentic Portraits*, Blackie and Son, Vols. I-III., 1855.

_____. *Domestic Annals of Scotland*, Edinburgh: W&R Chambers, 1874.

Charnock, Stephen., *The Works of Stephen Charnock*, Nichol's series of standard divines, puritan period, Vol. V.

_____. *Discourse of God's being the author of Reconciliation*, Nichols edition of the Puritans, Vol. III.,

Crooksank, William., *The History of the State. and Sufferings of the Church of Scotland from the Restoration to the Revolution*, Perth: James Dewar and Son, 2 Vols., 1846.

Dale, R. W., *History of English Congregationalism*, London: Hodder and Stoughton, 1906.

A Declaration of the Faith and Order owned and practical in the Congregational Churches in England; agreed upon and Contented unto by their Elders and Messengers in their Meating at the SAVOY, October 12, 1658, London.

Defoe, Daniel., *Memoir of the Church of Scotland*, Perth: James Dewar, 1844.

Dering, Master., "A Sermon Preached before the Queen's Majesty," *M. Dering's Works*, London, 1597.

Dickinson, William Crift and Donaldson, Gordon (co-eds.), *A Source Book of Scottish History*, Edinburgh: Nelson, 4 Vols., 1961.

"Directory for the Public Worship of God," *The Confession of Faith*, Edinburgh: D. Hunter Blair and M. T. Bruce, 1836.

Disruption Portrait of the Reformed Presbyterian Church of Scotland, Glasgow, 1863.

Donaldson, Gordon., *Scottish Historical Documents*, Edinburgh: Scottish Academic Press, 1974.

Earl of Rothes, John., *A Relation of Proceedings Concerning the Affairs of the Kirk of Scotland from August 1637 to July 1638*, Edinburgh: Bannatyne Club,

1830,7: 3-4.

Elton, G. R., *The Tudor Constitution: Documents and Commentary*, Cambridge, 1972, p. 356.

Erskine, Ebenezer., *Being the Substance of three Sermons Preached in the New Church of Bristow, at Edinburgh, at. and after. tIL Celebration of the Sacrament of the Lord's Supper there. October 10.11 and 17 1742.*, Glasgow, 1743.

_____. *The Whole Works of the late Rev. Mr. Ebenezer Erskine Minister of the Gospel at Stirling consisting of Sermons and Dis ourses on the most important and interesting subjects*, Edinburgh, 3 Vols., 1798.

Erskine, Ralph., *The Sermons and Other Practical Works of the Late Rev. Ralph Erskine*, Aberdeen 7 Vols., reprinted 1991.

_____. *Beauties of the Rev. Ralph Erskine*, ed. Samuel M'millan, Glasgow, 2 Vols., 1840.

Fairweather, Eugene R., *A Scholastic Miscellany: Anselm to Oackham*. The Library of Christian Classics: Ichthus Edition, Philadelphia: The Westminster Press, 1956.

Fisher, E., *The Marrow of Moderne Divinity: Touching both the Covenant of Works and the Covenant of Grace ... In a Dialogue*, London, 1645.

Foxe, John., *The Acts and Monuments of the Church: Containing the History and Sufferings of the Martyrs: Wherein is set forth at large the whole race and course of the Church. from the primitive age to these later times, with a preliminary dissertation, on the difference between the church of Rome that now is and the ancient church of Rome that then was.*, ed. M. Hobart Seymour, London: printed for Scott, Webster, and Geary, (revised), M. Hobart Seymour, 12 Vols in one., 1838.

Gillespie, George., "Memoir of the Rev. George Gillespie," *Presbyterian's Armoury*, Vol. I., 1844.

_____. "An Assertion of the Government of the Church of Scotland," *The Presbyte-*

rian's Armoury, Edinburgh, Vol. I., 1846.

_____. "A Dispute Against the English Popish Ceremonies," *The Presbyterian's Armoury*, Edinburgh: Robert Ogle and Oliver and Boyd, Vol. I., 1846.

_____. "A Brotherly Examination," *Presbyterian's Armoury*, Robert Ogle, and Oliver and Boyd, Edinburgh, Vol. I., 1844.

_____. "Nihil Respondes," *Presbyterian's Armoury*, Robert Ogle, and Oliver and Boyd, Edinburgh, Vol. I., 1844.

_____. "The Ordinance of Parliament Calling the Assembly which met at Westminster," *Notes of Debates and Proceedings of the Assembly of Divines and other Commissioners at Westminster*, The Presbyterian's Armoury, Edinburgh, Vol. II., 1846.

_____. *Notes of the Debates and Proceedings of the Assembly of Divines and other Commissioners at Westminster*, February 1644 to January 1645, ed. David Meek, Edinburgh: Robert Ogle and Oliver and Boyd, 1846.

_____. "Aaron's Rod Blossoming," *The Presbyterian's Armoury*, Edinburgh, Vol. II., 1846.

Gillespie, Patrick., *Ruler, sins the cause of National Judgements, or a Sermon*, Glasgow, 1711.

_____. *An Assertion of the Government of the Church of Scotland*, Edinburgh, 1641.

Goodwin, Thomas., *The Works of Thomas Goodwin*, Vol. XI., The Constitution, Right Order, and Government of the Churches of Christ, Edinburgh: James Nichol, 1845.

Gordon's Scots Afairs 1637-1641, Aberdeen, Vols. I-III., 1861.

Guthrie, James., *A cry from the dead: or, the Ghost of the famous Mr. James Guthrie appearing being the last sermon he preached in the pulpit of Stirling, before his Martyrdom at Edinburgh*, June 1661, Glasgow, 1738.

Guthrie, John., *A Sermon preached upon Breach of Covenant*, 1710.

Hadow, James., *The Antinomianism of the Marrow of Modern Diyinit Detected*, Edinburgh, 1721.

_____. "The Record of God and the Duty of Faith Therein Required," April, 1719.

Henderson, Alexander., *The Government and Order of the Church of Scotland*, London, 1641.

_____. *The Covenant: with a Narrative of the Proceedings and Solemn manner of Taking it by the Honourable House of Commons, and Reverent Assembly of Divines, the 25th day of September, at Saint Margaret in Westminster*, London, 1643.

_____. *A Solemn League for Reformation, and defence of Religion*, London, 1643.

_____. *Reformation of Church Government in Scotland*, cleared from some mistakes and prejudices, by the Commissioners of the General Assembly of the Church of Scotland, London, 1644.

_____. *Sermons. Prayers, and Pulpit Addresses*, 1638, Edinburgh: John Maclaren, ed. R. Thomson, Martin, 1867.

Henderson, G. D (ed.), *Scots Confession 1560*, Edinburgh, 1960.

Hetherington, W. M., *History of the Church of Scotland: From the Introduction of Christianity to the Period of the Disruption, May 18, 1843*, Edinburgh: Johnstone and Hunter, 2 Vols., 1852.

Hewitt, George R., Scotland under Morton 1572-1580, Edinburgh: John Donald Publishers Ltd., 1982.

Historical Part of the Testimony of the Reformed Presbyterian Church in Scotland, Glasgow, 1839.

Hobbes, Thomas., *Leviathan*, London, 1962.

Hog, James., *Abstract of Discourses on Psalm XLI. 4.*, Edinburgh, 1716.

_____. *The Memoirs of the Public Life of Mr. James Hog, and of the Ecclesiastical Proceedings of his Time; Previous to his Settlement at Carnock*, Edinburgh, 1798.

Howie, John., A Collection of Lectures and Sermons, Glasgow, 1779.

_____. *The Scots Worthies. containing a brief historical account of the most eminent noblemen, gentlemen, ministers, and other, who testified or suffered for the cause of reformation in Scotland, from the beginning of the sixteenth century, to the year 1688*, Glasgow and London, 1858.

Hutchison, Henry., *Scottish Public Educational Documents*, The Scottish Council for Research in Education, Series 3, No. 1., 1973.

Irenaeus., "Irenaeus Against Heresies," *The Ante-Nicene Fathers: Translations of the Writings of the Fathers down to A. D. 325*, ed. Alexander Roberts and James Donaldson, Michigan: Grand Rapids: Eerdmans Publishing Company, Vols. I-IV., 1979.

Johnston, John C., *Treasury of the Scottish Covenant*, Edinburgh: Andrew Elliot, 1887.

Kenyon, J. P (ed.), *The Stuart Constitution 1603-1688: Documents and Commentary*, London, Cambridge University Press, 1966.

Kerr, James., *Sermons delivered by Times of Persecution in Scotland*, Edinburgh: Johnstone, Hunter, and company, 1880.

_____. *The Covenants and The Covenanters: Covenant, Sermons, and Documents of the Covenanted Reformation*, Edinburgh, 1895.

Kirk, James (ed.), *The Second Book of Discipline*, Edinburgh: The Saint Andrew Press, 1980.

Kirkton, J., *The Secret and True History of the Church of Scotland*, ed. by Sharpe, Edinburgh, 1817.

Knox, John., *The Works of John Knox*, ed. David Laing, 6 Vols., Edinburgh: Wodrow Society, 1846-1848.

_____. *The History of the Reformation of Religion in Scotland*, with which are included Knox's Confession and the Book of Discipline, ed. Cuthbert Lennox, London: Andrew Melrose, 1905.

_____. *John Knox's History of the Reformation in Scotland*, ed. William Croft Dickinson, Edinburgh: Thomas Nelson and Sons LTD, 2 Vols., 1949.

_____. *Select Practical Writings of John Knox*, Edinburgh, 1845.

_____. *The Political Writings of John Knox*, ed. M. A. Dreslow, Washington, 1984.

Lightfoot, John., *The Journal of the Proceedings of the Assembly of Divines. from January 1st, to December 31. 1644*, and letters to and from Dr. Lightfood, ed. John Robers Pitman, London: J. F. Dove, 1824.

_____. *The Whole Works*, 13 Vols, ed. J. R. Pitman, London, 1822-1825.

Lumsden, John, *The Covenant of Scotland*, Paisley: Alexander Gardner, 1914.

Luther, Martin., *The Works of Martin Luther*, eds. J. Pelikan and H. T. Lehman, St. Louis and Philadelphia, Vol. 25 and 35., 1963.

_____. *Commentary of the Epistle to the Romans*, Michigan: Grand Rapid: Kregel Publications, 1982.

MacKenzie, George., *Memoirs of the Affairs of Scotland from the Restoration of King Charles II to 1691*, Edinburgh, 1821.

The Martyrs and Wrestlers: their Testimony and declarations at Rutherglen Sanguhar and Lanak, together with the bond of mutual defence which was found upon Mr. Cameron at Airdsmoss after he was killed also the Queensferry Paper. for the Truth and royal prerogatives of Jesus Christ King of Saints and Nations, Glasgow, 1770.

Maxwell, Willam D., *John Knox's Genevan Service Book 1556: The Liturgical Portions of the Genevan Service Book, Used by John Knox while a minister of the English Congregation of Marian Exiles at Geneva, 1556-1559*, Edinburgh: Oliver and Boyd, 1931.

McKerrow, John., *History of the Secession Church*, Edinburgh and Glasgow, 1841.

M'Crie, C. G., *Beza's Icones, Contemporary Portraits of Reformers of Religion and Letters*, Intro. C. G. M'Crie, London: The Religious Tract Society, 1909.

M'Crie, Thomas., *Life of Andrew Melville*, Edinburgh: William Blackwood and Sons., 1855.

_____. *Lives of Alexander Henderson and James Guthrie*, Edinburgh, 1866.

Minutes of the Sessions of the Assembly of Divines: from August 4, 1643 to April 24, 1652, in three volumes.

Mitchell Alex. F and Struthers, John (co-eds.), *Minutes of the Sessions of the West-*

minster Assembly of Divines, while engaged in writing their Directory for Church Government, Confession of Faith, and Catechisms*, Edinburgh: William Blackwood and Sons, 1874.

____. *Cathechisms of the Second Reformation*, London: James Nisbet and Co., 1886.

Moncrieff, Alexander., *The Practical Works of the late Reverend Alexander Moncrieff*, Edinburgh, 1779, Vol. II.

The National Covenant and Solemn League and Covenant with the A Solem Acknowledgement of Publick Sins, and Breaches of the Covenant and A Solemn Engagement to all the Duties contained therein, namely these which do in a more special way relate unto the dangers of. these times, March, 1689.

The National Covenant, and Solemn League and Covenant: with the Acknowledgement of Sins and Engagement to Duties: as they were Renewed at Auchinsaugh. Near Douglas, 24th July. 1712.

Neal, Daniel., *The History of the Puritans or Protestant Non-Conformists from the Reformation in 1517 to the Revolution in 1688*, 2 Vols, Yew York: Harper & Brothers, Publishers, 1856.

Ogg, David., David Ogg, *The Reformation*, London: Ernest Benn Ltd., 1927.

Owen, John., "The Everlasting Covenant the Believer's Support under Distress," *The Works of John Owen*, Edinburgh: The Banner of Truth Trust, 1985.

____. *Salus Electorum. Sanguis Jesu: or, The Death of Death in the Death of Christ*, Goold's edition, Vol. X.

Peden, Alexander., *Some Remarkable Passages of the Life and Death, of Mr. Alexander Peden*, Glasgow: James Duncan, 1734.

Perkins, William., *The Work of William Perkins*, ed. Ian Breward, The Courtenay Library of Reformation Classics 3, Abingdon, 1970.

Peterkin, Alexander (ed.), *Records of the Kirk of Scotland: Containing the Acts and*

Proceedings of the General Assemblies, 1843.

Pitcairn, Robert (ed.), *The Autobiography and Diary of Mr. James Melvill*, Edinburgh: The Wodrow Society, 1842.

Preston, John., *Treatise on the New Covenant; or, the Saint's Portion*, London, 1645.

Raleigh, Thomas., *Annals of the Church in Scotland*, Humphrey Milford, Oxford University Press, 1921.

Reid, H. M. B., *The Divinity Professors in the University of Glasgow, 1640-1903*, Glasgow, 1923,

Renwick, James., *A Prophecy Concerning the Lord's return to Scotland, by a plentiful out-pouring of the Spirit upon his Church and Land, in these Prophetical Sermons*, Edinburgh: W. Gray, 1746.

_____. *An Informatory Vindication of a Poor. wasted. misrepresented Remnant of the suffering... Presbyterian Church of Christ in Scotland*, 1687.

_____. *The Church's choice, or. a sermon on Canticles. ch. 1.*, Glasgow, 1743.

_____. *A Choice Collection of Very Valuable Prefaces, Lectures, and Sermons, preached upon the mountains and muirs of Scotland, the hottest time of the late persecution*, Glasgow, 1776.

_____. *The Last Speech and Testimony of the Reverend Mr. James Renwick, Minister of the Gospel, who suffered in the Glass-Market of Edinburgh, February 17th 1688, emitted from his own hand the day before his suffering*, printed from the Original Secession May, 1888, ed. D. Hay Fleming, Glasgow, 1888.

_____. *Antipass: or, the Dying Testimony of Mr. J. R..* Edinburgh, 1715.

_____. *The Saint's Duty in evil times, in two sermons preached from Isaiah XXVI. 20.*, Edinburgh: D. Duncan, 1745.

_____. *Some notes or heads of a preface and sermon at Lintoch — Steps in the Parish of Stenous in Clydsdale by that great man of God, and now glorified Martyr Mr. James Renwick*, General Assembly Library, September, 1687.

_____. *A Sermon Concerning the Lord's return to Scotland*, General Assembly Library, 1729.

_____. *Some notes or heads of a sermon preached in Fyfe. Psalm 45:10*, Jan. 24. 1688.

_____. *The Testimony, of some persecuted Presbyterian Ministers of the Gospel. unto the Covenanted Reformation of the Church of Scotland, and to the present experiences of containing to preach the Gospel in the Fields, and against the present Antichristian Toleration in its nature of design*, Edinburgh, Jan. 17. 1688.

Rollock, Robert., Tractatus de vocatione efficaci (Edinburgh, 1597), English translation: "A Treatise of God's Effectual Callings," *Select Works of Robert Rollock*, ed. William M. Gunn, Edinburgh, Wodrow Society, Vols. I-II., 1849.

Ross, William., *Glempses of Pastoral Work in the Covenanting Times*, London, 1877.

Row, John., *The History of the Kirk of Scotland. from the Year 1558 to August 1637*, with a Continuation to July 1639, by His Son, John Row, Edinburgh: Wordrow Society, 1842.

Rutherford, Samuel., "Sketch of the Life of Samuel Rutherford," *The Presbyterian's Armoury*, Edinburgh, Vol. III., 1846.

_____. "*Lex, Rex*," or "The Law and the Prince"; *The Presbyterian's Armoury*, Edinburgh: Robert Ogle, Oliver and Boyd, Vol. III., 1846.

_____. *Letters of Samuel Rutherford*, ed. Andrew Bonar, Edinburgh, 1863.

_____. *Letters of Samuel Rutherford*, ed. Thomas Smith, London: Simpkin, Marshall, & Co., 1876.

_____. *The Due Right of Presbyteries or a Peaceable Plea for the Government of the Church of Scotland*, 1644.

Scott, Hew (ed.), *Fasti Ecclesiae Scoticanae: Synod of Lothian and Tweeddale*, Edinburgh, Oliver and Boyd, 9 Vols. 1915-1928.

Sermons delivered in Times of Persecution in Scotland, by Sufferers for the Royal Prerogatives of Jesus Christ, Edinburgh: Johnstone, Hunter & Company, 1880.

Sharp, Philip., (ed.), *The Creeds of Christendom*, New York: Harper & Brothers, 3 Vols., 1878.

Shield, Alexander., *Some Notes or Heads of a Preface and of a lecture*, preached at

Distinckorn-Hill in the Parish of Glasgow by Mr. Alexander Shields, preacher of Gospel, April, 1688.

_____. *The History of Scotch-Presbytery: Being an Epitome of the Hired let loose*, London, 1642.

_____. *An elegy upon the death of Mr. James Renwick*, 1688 (reprin. 1723).

_____. *An iniquity into Church-Communion, or, a treatise against seperation from the Revolution-Settlement of this national Church, as it was settled anno 1689 and 1690*, Edinburgh, 1747.

_____. *A History of the Scotch-Presbyterians from the year 1570 to the year 1692*, London.

_____. *A Letter Concerning the due boundaries of Chrstian fellowship ... written to the Prisoners for Conscience, it Dunnottar-Castle, who then were many, in Summer 1685*, Edinburgh, 1726.

_____. *The Scots Inquisition: brief description of the persecution of the Presbyterians in Scotland*, Edinburgh, 1745.

_____. *A hind let loose, or an historical representation of the Testimonies of the Church of Scotland, for the interest of Christ, with the true State thereof in all its Periods*, Glasgow, 1770.

_____. *The Life and Death of that eminently Pious, free, and faithful minister and martyr of Jesus Christ, Mr. James Renwick: with a vindication of the heads of his dying testimony*, Glasgow, 1806.

Some Considerations Contributing unto the Discovery of Dangers that threaten Religion, and the Work of Reformation in the Church of Scotland, Glasgow: William Duncan. 1738.

A solemn League and Covenant For Reformation and Dgfence of Religion, The Honoured and Happinesse of the King and Peace and Safety of the Three Kingdomes of England. Scotland and Irrand, London, 1643.

Sohn, Seok-Tae, *Yhwh, The Husband of Israel: The Metaphor of Marriage between YHWH and Israel* (Oregon: Wipf and Stock Publishers, 2002).

Spalding, J., *The History of the troubles and Memorable Transactions in Scotland and*

England, ed. J. Skene, Bannatyne Club, Edinburgh, 2 Vols., 1828-1829.

Spottiswood, John., *History of the Church of Scotland: Beginning the year of our Lord 203, and continued to the end of the reign of King James the VI.*, Edinburgh, 3 Vols., 1847.

Steuart, Walter (ed.), *A Compendium of the Laws of the Church of Scotland*, Edinburgh: Robert Buchanan. 1830.

Summary of the Testimony of the Reformed Presbyterian Church of Scotland, Glasgow: James Hedderwick & Sons, LTD., 1932.

The Testimony of the Reformed Presbyterian Church in Scotland, Paisley, 1838.

A Testimony to the Truths of Christ, agreeably to the Westminster Standards, as Received by the Reformed Church of Scotland, and in Opposition to Defections from the Reformation Sworn to in Britain and Ireland: together with an Act for Renewing the Covenants, and a Formula, Paisley: J. and R. Parlane, 1877.

Terry, Charles Sanford., *The Scottish Parliament 1603-1707*, Glasgow: James MacLehose and Sons, 1905.

Thomson, Andrew., *Historical Sketch of the Origin of the Secession Church*, Edinburgh, 1848.

Thomson, John H., *A Cloud of Witnesses for the Royal Prerogatives of Jesus Christ: Being the Last Speeches and Testimonies of those who have suffered for the Truth in Scotland since the Yeat 1680*, Edinburgh: Johnstone, Hunter, and Company, 1871.

Tyndale, William., *Doctrinal Treatises and Introductions to Different Portions of the Holy Scriptures*, ed. Henry Walter, Cambridge: The Parker Society, Vols. I-II., 1848.

_____. *Tyndale's Works, The Parable of the Wicked Mammon*, ed. Henry Walter, Parker Society, Vol. I., 1848.

_____. *Table Expounding Certain Words in Genesis*, ed. Henry Walter, Parker Society, Vol. I., 1848.

_____. *William Tyndale*, The Courtenay Library of Reformation Classics, ed. G. E.

Duffield, England: The Sutton Courtesy Press, 1964.

Ursinus, Zacharias., *The Commentary of Dr. Zacharias Ursine on the Heidelberg Catechism*, trs. G. W. Willard, Grand Rapids, 1954.

Usser, James., *A body of Divinity or the Sum and Substance of Christian Religion*, London: R. B. Seeley and W. Burnside, 1861.

Walker, Patrick., *Six Saints of the Covonant*, London: Hodder and Stoughton, 2 Vols., 1901.

_____. *Biographia Presbyteriana, containing the lives of Donald Cargill, Richard Cameron and James Renwick*, Edinburgh, 2 Vols., 1827.

Welsh; John., *The Great Gospel sumons to close with Christ, under the pain of the Highest Rebellion against the God of Heaven; being the substance of a Preface and Sermon at Hamphlar-bank in the Parish of Lanrick. Feb. 20. 1676.*

_____. *The Churches Paradox: or the Substance or a Sermon*, preached at the place of Cumbusnethen in a Barn, in the parish of Cumbusnethen in Clydsdale.

The Westminster Confession of Faith, Edinburgh: Hunter Blair and M. T. Bruce, 1836.

Whyte, Alexander., *Samuel Rutherford and Some of his Correspondents*, Oliphant Anderson and Ferrier, 1894.

Witsius, Herman., *The Economy of the Covenants between God and Man: Comprehending a Complete Body of Divinity*, Utrecht, 1693, Translated from the Latin and carefully revised by William Crookshank, London, 2 Vols., 1822.

Wodrow, Robert., Wodrow's Correspondence, Wodrow Society, 3 Vols., 1841.

_____. *The History of the Sufferings of the Church of Scotland from the Restoration to the Revolution*, Glasgow, 4 Vols., 1841.

Zwingli, Huldrych., *Zwingli and Bullinger*, Selected Transtations with Introductions and Notes by G. W. Bromiley, The Library of Christian Classics, Vol. XXIV., London: SCM Press LTD., 1953.

_____. *Writings*, 2 Vols., trs. E. T. Furcha and IH. W. Pipkin, Allison Park, Pa, 1984.

2차 자료

Agnew, David C. A., "Presbyterian Covenanting," *Catholic Presbyterian*, June, 1881.

Ahlstrom, Sydney E., *A Religious History of the American People*, London: Yale University Press, 1972.

Aikman, James., *Annals of the Persecution in Scotland from the Restoration to the Revolution*, Edinburgh: Hugh Paton. 1842.

Ainslie, J. L., "The Scottish Reformed Church and English Puritanism," *The Scottish Church History Society*, Vol. VIII., 1942.

_____. "The Church and, People in Scotland 1645-1660: Influences and Conditions." *RSCHS*, Vol. 9., 1947.

_____. *The Doctrines of Ministerial Order in the Reformed Churches of the 16th and 17th Centuries*, Edinburgh: T. & T. Clark, 1940.

Aiton, John., *The Life and Time of Alexander Henderson, giving a history of the second reformation of the Church of Scotland, and of the Covenanters, during the reign of Charles I.*, Edinburgh, 1835.

Allen, J. W., *A History of Political Thought in the Sixteenth Century*, London: Menthuen & Co. LTD., 1928.

Anderson, J., *The Ladies of the Covenant*, Glasgow: Blackie & Son. 1857.

Anderson, Marvin W., "William Tyndale: A Martyr for All Seasons," *The Sixteenth Century Journal*, Vol. 17., 1986.

Ashley, Maurice., "King James II and the Revolution of 1688: Some Reflections on the Historiography," *Historical Essarys 1600-1750*, eds. H. E. Bell and R. L. Ollard, London: Adam & Charles Black, 1963.

Avis, Paul D. L., *The Church in the Theology of the Reformers*, London: Marshall

Morgan & Scott, 1981.

Aylmer, G. E., *The Struggle for the Constitution, England in the Seventeenth Century, 1603-1689*, London, Blandford Press, 1963.

Baker, David L., *Two Testament, One Bible*, Apollos, 1991.

Baker, J. Wayne., *Heinrich Bullinger and the Covenant: The Other Reformed Tradition*, Ohio University Press, 1980.

Bannerman, James., *The Church of Christ*, Edinburgh: The Banner of Truth Trust, 2 Vols., 1974.

Bartlet, J. Vernon and Carlyle, A. J. (co-eds.), *Christianity in History: Study of Religious Development*, London: Macmillan and Co.. LTD., 1917.

Bell, M. Charles., *Calvin and Scottish Theology*, The Handsel Press, Edinburgh, 1985.

Berkhof, Louis., *Systematic Theology*, Edinburgh: The Banner of Truth Trust, 1984.

Berryman, Phillip., *Liberation Theology: The Essential Facts about the Revolutionary Movement in Latin America and Beyond*, Tavris, 1987.

Berveridge, John., *The Covenanters*, Edinburgh: T. & T. Clark, 1905.

Beveridge, W., *A Short History of the Westminster Assembly*, Edinburgh: T. & T. Clark, 1904.

Bicknell, E. J., *A Theological Introduction to the Thirty-Nine Articles of the Church of England*, London: Longmans, Green and CO., 1947.

Bierma, Lyle D., "Federal Theology in the Sixteenth Century," *WTJ*. 45., 1983.

Blair, William., "During the Secession," *Religious Life in Scotland: From the Reformation to the Present Day*, London, 1888.

Boersma, Hans., "Calvin and the Extent of the Atonement." *The Evangelical Quarterly*, Vol. LXIV., 1992.

Bonner, Gerald., *St. Augustine of Hippo: Life and Controversies*, London: SCM Press, 1963,

Boorman, David., "Ebenezer Erskine and Secession," *Diversities of Gifts*, The Westminster Conference, 1980.

Bouwsma, William J., *John Calvin: A Sixteenth Century Portrait*, Oxford University Press, 1988.

Bozeman, Theodore Dwight, "Federal Theology and the 'National Covenant': An Elizabethan Presbyterian Case Study," *The American Society of Church History*, Vol. 61, December, No. 4., 1992.

Bray, Gerald., *Creeds, Councils & Christ*, I. V. P, 1984.

Brinsmead, Robert D., "Covenant" (part 1), *Present Truth*, California, Nov. 1976, Vol. 5, No. 7., pp. 13-57.

_____. "Covenant" (part 2), *Present Truth*, California, Vol. 5. No. 8., pp, 6-20.

Bromiley, Geoffrey W., *Historical Theology: An Introduction*, Edinburgh: T&T. Clark LTD., 1978.

_____. (ed.), *The International Standard Bible Encyclopedia*, Grand Rapids, Michigan, 4 Vols., 1980 (second edition).

_____. *The Illustrated Bible Dictionar*, Inter-Varsity Press. 3 Vols., 1988.

Brotherstone, Terry (ed)., *Covenant, Charter, and Party: Traditions of Revolt and Protest in Modern Scottish History*, Aberdeen University Press, 1989.

Brown, Colin., *Christianity and Western Thought: From the Ancient World to the Age of Enlightenment*, Illinois: I. V. P. Vol. I., 1990.

_____. *The New International Dictionary of New Testament Theology*, The Paternoster Press, 3 Vols., 1975.

Brown, Harold O. J., *Heresies: The Image of Christ in the Mirror of Heresy and Orthodoxy from the Apostles to the Present*, Grand Rapids, Michigan: Baker Book House, 1988.

Brown, John., *The English Puritans*, Cambridge, 1910.

Brown, P. Hume., *John Knox*, London: Adam and Charles Black, 2 Vols., 1895.

Brown, Thomas., *Church and State in Scotland: A narrative of the Struggle for Independence from 1560 to 1843*, The third series of Chalmers lectures, Edinburgh: Macniven & Wallace, 1891.

Buchan, John., *The Kirk in Scotland*, Dunbar: Labarum Publications LTD., 1985.

Buchanan, Robert., *The Ten Years' Conflict: Being the History of the Disruption of the*

Church of Scotland, Glasgow: Blackie & Son., 1852.

Buckroyd, Julia., *Church and State in Scotland 1660-1681*, Edinburgh: John Donald Publishers LTD., 1980.

Burger, Pierre., "Spymaster to Louis XIV: A Study of the Papers of the Abbe Eusebe Renaudot," *Ideology and Conspiracy: Aspects of Jacobitism, 1689-1759*, ed. Eveline Cruickshanks. Edinburgh: John Donald Publishers Ltd., 1982.

Burleigh, J. H. S., *A Church History of Scotland*, Edinburgh, Hope Trust, 1983.

Burrell, Sidnew A., "The Covenant Idea as a Revolutionay Symbol Scotland 1596-1637," *Church History*, No. 27., 1958.

Calvinism in Europe 1540-1610: A Collection of Documents, eds. Alastair Duke, Gillian Lewis and Andrew Pettegree, Manchester University Press, 1992.

Cameron, James K., "The Cologne Reformation and the Church of Scotland," *The Journal of Ecclesiastical History*, Cambridge University Press, Vol. 30., 1979.

_____. "Theological Controversy: a Factor in the Origins of the Scottish Enlightenment," *The Origins and Nature of the Scottish Enlightenment*, eds. R. H. Campbell and Andrew S. Skinner, Edinburgh: John Donald Publisher LTD., 1982.

Campbell, Andrew J., *Two Centuries of the Church of Scotland: 1707-1929*, Paisley: Alexander Gardner, 1930.

Campbell, W. M., *The Triumph of Presbyterianism*, Edinburgh: The Saint Andrew Press, 1958.

_____. "The Scottish Westminster Commissioners and Toleration," *RSCHS*, Vol. 9., 1947.

Carlyle, Thomas., *Heroes. Hero-Worship and the Heroic in History*, London: Chapman and Hall LTD., 1897.

Carruthers, S. W., *The Everyday Work of the Westminster Assembly*, with a Foreward by Thos. C. Peers, Jr.. Philadelphia: The Presbyterian Historical Society, 1943.

Carson, D. A., "Reflections on Christian Assurance," *The Westminster Theological*

Journal, Pennsylvania: Philadelphia, Vol. 54, No. 1., 1992.

Chapman, Geoffrey (ed.), *Dictionary of Biblical Theology*, London, 1973.

Cheyne, A. C., *The Transforming of the Kirk*: Victorian Scotland Religious Revolution, Edinburgh: The Saint Andrew Press, 1983.

Chisholm, Peter M., *Defence of Reformation Principles in Relation to the Free Presbyterian Church Student Case*, Glasgow and Edinburgh: William-Hodge & Company, -1913.

Christie, G., "Scripture Exposition in Scotland in the Seventeenth Century," *RSCHS*, Vol. 1., 1929.

Clark, Gordon H., *Faith and Saving Faith*, Jefferson, Maryland: The Trinity Foundation, 1983.

_____. *What do Presbyterians believe?: The Westminster Confession: Yesterday and Today*, Philadelphia, Pa: The Presbyterian and Reformed Publishing Co., 1965.

Clark, Ivo Macnaughton., *A History of Church Discipline in Scotland*, Aberdeen, 1929.

Clark, James., *The Life and Works of Samuel Rutherford*, Edinburgh, 1986.

Clebsch, William A., *England's Earliest Protestants 1520-1535*, Yale University Press, 1964.

Clifford, Alan., "The Westminster Directory of Public Worship (1645)," *The Westminster Conference Paper*, 1989.

Coleborn, Chris., "The Second Reformation in Scotland," *Theological School of the Protestant Reformed Churches*, Michigan: Grandville, 1981, Vol. 14., No. 1-2.

Collins, G. N. M., *The Heritage of Our Fathers: The Free Church of Scotland: Her Origin and Testimony*, Edinburgh: The Knox Press. 1974.

_____. "The Scottish Covenanters," *The Christian and the State in Revolutionary Times*, The Westminster Conference Paper, 1975.

Collinson, Patrick., *The Elizabethan Puritan Movement*, Berkeley, 1967.

Colquhoun, John., *Repentance*, Edinburgh: The Banner of Truth Trust, 1965.

_____. "The Free Offer of the Gospel," *The Free Presbyterian Magazine*, Vol. 97.

No. 11., Nov. 1992 and Vol. 98. No. 1. Jan. 1993.

Cook, Faith., *Samuel Rutherford - Faithful Pastor and True Friend*, The Edinburgh: The Banner of Truth Trust, No. 291, Dec. 1987.

Cook, George., *The History of the Church of Scotland from Establishement of the Restoration to the Revolution*, 4 Vols.. Edinburgh, 1815.

Cossar, James., *Contending for the Faith*, The Annual Lecture of the Evangelical Library, 1959.

Cowan, Henry, *John Knox: The Hero of the Scottish Reformation*, London: G. P. Putnam's Sons., 1905.

Cowan, I. B., "The Five Articles of Parth," *Reformation and Revolution*, co. ed. Duncan-Shaw, Edinburgh, 1967.

_____. *The Renaissance and Reformation in Scotland*, co. eds. Duncan Shaw, Scottish Academic Press, 1983.

_____. "The Covenanters: A Revision Article," *SHR*, Vol. 47, 1968.

_____. *The Scottish Covenanters 1660-1688*, London: Victor Gollancz LTD., 1976.

_____. "The Apocalyptic Vision of the Early Covenanters," *The Scottish Historical Review*, Vol. XLIII., No. 135., 1964.

Cox, G. S. R., "Henry Barrow," *The New International Dictionary of the Christian Church*, ed. J. D. Douglas, Zondervan, 1981.

Coxon, Francis., *Christian Worthies*, Zoar Publications, 2 Vols., 1980.

Cragg, Gerald R., *The Church and the Age of Reason 1648-1789*, Penguin Books, 1985

Cunningham, John., *The Church History of Scotland*, Edinburgh: Adam and Charles Black, 2 Vols., 1886.

Cunningham, William., *Historical Theology*, Edinburgh: The Banner of Truth Trust, 2 Vols., 1988.

_____. *The Reformers and the Theology of the Reformation*, Edinburgh: The Banner of Truth Trust, 1985.

Custance, Arthur C., *The Sovereignty of Grace*, Baker Book House, Grand Rapids, Michigan, 1979.

Daniel, Evan., *The Prayer Book: its History, Language, and Contents*, London: Wells Gardner, Darton & Co., LTD., 1905.

Davies, Andrew., "The Significance of the Toleration Act of 1689," *The Evangelical Magazine of Wales*, 1990, Vol. 28, No. 6.

Davies, Horton., *The Worship of the English Puritans*, Westminster: Dacre 1948. Press

Domaus, Robert., *William Tindale*, London: The Religious Tract Society, 1871.

Dick, John., *A Testimony to the Doctrine, Worship, Discipline, and Government of the Church of Scotland and Covenanted Work of Reformation*, Edinburgh, 1984.

Dickinson, W. Croft., *Scotland from the Earliest Times to 1603*, ed. Archibald A. Duncan, Oxford: At the Clarendon Press, 1977.

_____. *The Dictionary of National Biography*, London, Vol. IV., 1890, Vol. 25., 1891.

Dodds, James., *The Fifty Years' Struggle of the Scottish Covenanters 1638-1688*, Edinburgh: Edmonston and Douglas, 1860.

Donaldson, Gordon., *Scotland: James V to James VII*, Edinburgh: Oliver and Boyd, 1965.

_____. *The Making of the Scottish Prayer Book of 1637*, Edinburgh University Press, 1954.

_____. *Scotland: Church and Nation Through Sixteen Centuries*, London: SCM Press, 1960.

_____. *Reformed by Bishop*, Edinburgh: Edina Press, 1987.

_____. "The Polity of the Scottish Church 1560-1600," *Records of the Scottish Church History Society*, Vol. XI., 1953.

_____. Morpeth, Robert S, (co-eds.), *A Dictionary of Scottish History*, Edinburgh: John Donald Publishers LTD., 1988.

_____. *Scottish Church History*, Edinburgh: Scottish Academic Press, 1985.

Donnachie, Ian and Hewitt, George (co-eds.), *A Companion to Scottish History: From the Reformation to the Present*, London: B. T. Batsford LTD., 1989.

Douglas, J. D., *Light in the North*, The Paternoster Press, 1964.

_____. *The New International Dictionary of the Christian Church*, ed. The Paternoster Press, 1974.

Doyle, Ian B., "The Doctrine of the Church in the Later Covenanting Period," *Reformation and Revolution*, ed. Duncan Shaw, Edinburgh: The Saint Andrew Press, 1967.

Drummond Andrew L and Bulloch, James., *The Scottish Church 1688-1843*, Edinburgh: The Saint Andrew Press, 1973.

_____. *The Kirk and the Continent*, Edinburgh: The Saint Andrew Press, 1959.

Dryerre, J. Meldrum., *Heroes and Heroines of the Scottish Covenanters*, Scotland: Kilmarnock, pp. 56-70.

Dumbrell, William J., *Covenant and Creation: A Theology Old Testament Covenants*, New York: Thomas Nelson Publishers, 1984.

Dunlop, A. Ian., *Wiliam Castares and The Kirk by Law Established*, Edinburgh: The Saint Andrew Press, (The Chalmers Lectures), 1964.

Edgar, Andrew., *Old Church Life in Scotland: Lectures on Kirk-Session and Presbytery Records*, London: Alexander Gardner, Paisley, 1886.

Eidsmoe, John., *Christianity and the Constitution: The Faith of Our Founding Fathers*, Baker Book House, 1987.

Eliade, Mircea., *The Encyclopaedia of Religion*, MacMillan Publishing and Company, Vol. 4., 1987.

Elton, G. R., *The Tudor Constitution: Documents and Commentary*, Cambridge, 1972.

Emerson, Everett H., "Calvin and Covenant Theology," *Church History*, Vol. 25., 1956.

Erskine-Hill, Howard., "Literature and the Jacobite Cause: Was There a Rhetoric of Jacobitism?," *Ideology and Conspiracy: Aspects of Jacobitism, 1689-1759*, ed. Eveline Cruickshanks, Edinburgh: John Donald Publishers LTD., 1982.

Fairbairn, Patrick., *The Imperial Bible-Dictionary, Historical, Biographical, Geo-*

graphical and Doctrinal, Edinburgh: Blackie and Son, LTD., 6 Vols., 1890.

Fairweather, Eugene R., "An Excerpt from Eight Questions on the Power of the Pope," *A Scholastic Miscellary: Anselm to Ockham*, The Library of Christian Classics: Ichthus Edition, Philadelphia: The Westminster Press, 1956.

Feinberg, John S., *Continuity and Discontinuity: Perspective on the Relationship Between the Old and New Testaments*, Crossway Books, Westchester, Illinois, 1988.

Fensham, F. C., "The Covenant as giving expression to the Relationship between Old and New Testament," *The Tyndale House Bulletin*, ed. A. R. Millard, Vol. 22., 1971.

Ferguson, Sinclair B., "The Teaching of the Confession," *The Westminster Confession in the Church Today*: Papers Prepared for the Church of Scotland Panel on Doctrine, ed. Alasdair I. C. Heron, The Saint Andrew Press, Edinburgh, 1982.

_____. *Christian Life of John Owen*, Edinburgh: The Banner of Truth Trust, 1987.

Ferguson, William., *Scotland: 1689 to the Present*, Oliver & Boyd, 1978.

Fielder, Geraint D., "Luther and Salvation," *EMW*, 1983, Vol. 22, No. 5.

_____. "Luther and the Authority of Scripture," *EMW*, 1984. Vol. 22, No. 6.

Figgis, J. N., *The Divine Right of Kings*, Cambridge, 1896.

_____. "The Great Leviathan," *Churches in the Modern State*, London, 1913.

Fleming, D. Hay., *The Story of the Scottish Covenants in Outline*, Edinburgh, 1904.

_____. *The Reformation in Scotland: Causes, Chracteristic, Consequences*, London: Hodder and Stoughton, 1909.

Fleming, J. R., *The Burning Bush*, Edinburgh: T. & T. Clark, 1925.

Foster, Walter R., *Bishop and Presbytery*, London, 1958.

_____. *The Church before the Covenants*, Edinburgh, 1975.

French, Allen., *Charles I and the Puritan Upheaval: A Study of the Causes of of the Great Migration*, Boston: Houghton Mifflin Company, 1955.

Fuhrmann, Paul T., *An Introduction to the Great Creeds of the Church*, The Saint Andrews Press, Edinburgh, 1960.

Fuller, Thomas., *The Church History of Britain, from the Birth of Jesus Christ until year MDCXLVIII*, London, 1842, Vol. iii.

Furgol, Edward M., "The Military and Ministers as Agents of Presbyterian Imperialism in England and Ireland, 1640-1648," *New Perspectives on the Politics and Culture of Early Modern Scotland*, co-eds. John Dwyer, Roger A. Mason and Alexander Murdoch, John Donald Publishers LTD.

Gaer, Joseph and Ben Siegel, *The Puritan Heritage: America's Roots in the Bible*, U. S. A.: Mentor Book, 1964.

Gardiner, Samuel R., *History of the Great Civil War 1642-1649*, 4 Vols. New York: AMS Press, Inc., 1965.

Gehman, H., *New Westminster Dictionary of the Bible*, 1970.

"General Assembly of 1638," *The Biblical Repertory and Princeton Review*, Philadelphia, Vol. 10, No. 3., 1938.

George, Timothy., *Theology of the Reformers*, England: Apolos, 1988.

Gibellini, Rosino (ed.), *Frontiers of Theology in Latin America*, London: SCM Press Ltd., 1980.

Gilfillan, George., *The Martyrs, Heroes, and Bards of the Scottish Covenant*, London: Albert Cockshaw, 1852.

Gillespie, George., "Memoir of the Rev. George Gillespie," *Presbyterian's Armoury*, Edinburgh: Robert Ogle and Oliver and Boyd, Vol. I., 1844.

Glasse, John., *John Knox: A Criticism and an Appreciation*, London: Adam and Charles Black, 1905.

Glover, Janet R., *The Story of Scotland*, London: Faber and Faber, 1977.

Goldie, Mark., "The Nonjurors, Episcopacy, and the Origins of the Convocation Controversy," *Ideology and Conspiracy: Aspects of Jacobitism, 1689-1759*, ed. Eveline Cruickshanks, Edinburgh: John Donald Publishers LTD., 1982.

_____. "James II and the Dissenters Revenge: the Commission of Enquiry of 1688, Historical Research": *The Bulletin of the Institute of Historical Research*, Vol. 66, No. 159., February 1993.

Golding, Peter E., "The Development of the Covenant": "An Introductory Study in Biblical Theology," *Reformed Theological Journal*, Belfast, Northern Ireland, 1993, Vol. 9.

Goldsworthy, Graeme., *According to Plan: The unfolding revelation of God in the Bible*, England: I. V. P., 1991.

Graham, Clement., "The Confession of Faith," *Hold Fast Your Confession: Studies in Church Principles*, ed. Donald Macleod, Edinburgh: The Knox Press, 1978.

Graham, H. G., "King, Kirk and Covenant," *Scottish History and Life*, ed. James Paton, Glasgow: James MaClehose & Sons, 1902.

Gray, John S., *Theodore Beza's Doctrine of Predestination*, Bibliotheca Humanistica & Reformatorica, Vol. 12., 1975.

Greaves, Richard L., *Theology and Revolution in the Scottish Reformation: Studies in the Thought of John Knox*, Michigan: Grand Rapids, Christian University Press, 1980.

_____. "John Knox and the Covenant Tradition," *Journal of Ecclesiastical History*, No. 24., 1973.

_____. "The Origins and Early Development of English Covenant Thought," *The Historian*, Vol. 31., 1968.

Gregg, A. C., Moffett, M. J., and Tweed, J. Boyd (ed.), *Tercentenary of the National Covenant of Scotland 1638-1938*, Blackie and Son Limited, 1939.

Grierson, Elizabeth., *Our Scottish Heritage*, London: Society for Promoting Christian Knowledge, 1917.

Grub, George., *An Ecclesiastical History of Scotland*, Edinburgh: Edmonston and Douglas, Vols. I-IV., 1861.

Guhrt, J., "Covenant," *The New International Dictionary of N. T Theology*, ed. Colin Brown, The Paternoster Press, 1975.

Guthrie, Charles J., "The Solemn League and Covenant. of the Three Kingdoms of England, Scotland, and Ireland," *The Scottish Historical Review*, Glasgow, Vol. 15., 1918.

Gutierrez, Gustavo., *The Power of the Poor in History*, London: SCM Press Ltd., 1983.

Hagen, Kenneth., "From Testament to Covenant in the Early Sixteenth Century," *Sixteenth Century Journal*, Vol. III., No. 1., 1972.

_____. "The Problem of Testament in Luther's Lectures on Hebrews," *Harvard Theological Review*, Vol. LXIII., 1970.

_____. A Theology of Testament in the Young Luther: The Lectures ol Hebrews, Studies in Mecieval and Reformation Thought, Vol. 12., Leiden: E. J. Bill.

Hague, Dyson., *The Story of the English Prayer Book*, London: Church Book Room Press LTD., 1949.

Haller, William., "The Word of God in the Westminster Assembly," *Church History*, Vol. XVIII., No. 4., 1949.

_____. *The Rise of Puritanism*, New York, 1957.

_____. *Liberty and Reformation in the Puritan Revolution*, Columbia University Press, New York, 1963.

Hamilton, Ian., *The Erosion of Calvinist Orthodoxy Seceders and Subscription in Scottish Presbyterianism*, Edinburgh: Rutherford House Books, 1990.

Hamilton, Ronald., *A Holiday History of Scotland*, London: The Hograrth Press, 1986.

Hanko, Herman.. "The Doctrine of Predestination in Calvin and Beza," *Protestant Reformed Theological Journal*, Grandville, Michigan, April, Vol. XXI. No. 2., 1988, November, Vol. XXII. No. I., 1988, April, Vol. XXII. No. 2., 1989, November, Vol. XXIII. No. 1., 1989.

_____. *The History of the Free Offer*, Theological School of the Protestant Reformed Churches, Grandville, Michigan, 1989.

Haller, William., *Liberty and Reformation in the Puritan Revolution*, Columbia University Press, 1963.

Harris, R. Laird (ed.), *Theological Wordbook of the Old Testament*, Moody Press, Vol. I., 1986.

Harrison, G. S., "The Covenant, Baptism and Children," *The Tyndale House Bulletin*, ed. A. R. Millard, Vol. 9., 1961.

Hart, Trevor A., *Thomas Erskine*, Edinburgh: Saint Andrew Press, 1993.

Hastings, James (ed.), *Encyclopaedia of Religion and Ethics*, T&T. Clark, Vol. IV.

_____. (ed.), *A Dictionary of the Bible, dealing with its language, literature, and contents including the Biblical Theology*, Edinburgh: T. & T. Clark, 1904 (six edition).

Hawkes, R. M., "The Logic of Assurance in English Puritan Theology," *WTJ.*, Vol. 52. No. 2., 1990.

Healey, Robert M., "John Knox's 'History': A 'Compleat' Sermon on Christian Duty" *Church History*, Vol. 62, No. 3., 1992.

Helm, Paul., "Calvin and the Covenant: Unity and Continuity," *The Evangelical Quarterly*, ed. I. Howard Marshall, Vol. LIV., 1983.

_____. *Calvin and the Calvinists*, Edinburgh: The Banner of Truth Trust, 1982.

Henderson, Henry F., *The Religious Controversies of Scotland*, Edinburgh: T. & T. Clark, 1905.

_____. *Religion in Scotland: Its Influence on National Life and Character*, Paisley: Alexander Gardner, 1920.

Henderson, G. D., "The Covenanters," *Religious Life in 17th Century Scotland*, Cambridge, 1937.

_____. *The Claims of the Church of Scotland*, Hodder and Stoughton, LTD., 1951.

_____. *The Scottish Ruling Elder*, London: James Clarke & Co., LTD., 1935.

_____. *The Church of Scotland*, The Church of Scotland Youth Committee, Edinburgh, 1939.

_____. "The Idea of the Covenant in Scotland," *The Burning Bush*, Edinburgh: The Saint Andrew Press, 1957.

_____. *Presbyterianism*, Aberdeen, The University Press, 1955.

_____. *Why we are Presbyterians*, Church of Scotland Publications, Edinburgh.

Henderson, Ian., *Power Without Glory: A Study in Ecuinenial Politics*, Hutchinson of London, 1967.

Hendriksen, William., *The Covenant of Grace*, Michigan: Grand Rapids, Baker Book House, 1978.

Herron, A., *Kirk by Divine Right*, Edinburgh: The Saint Andrew Press, 1985.

Hetherington, W. M., *History of the Westminster Assembly of Divines*, Edinburgh: John Johnstone and Hunter, 1843.

Hewison, James King., *The Covenanters: A History of the Churcis of Scotland from the Reformation to the Revolution*, Edinburgh, 2 Vols., 1908.

Hill, Christopher., *Puritanism and Revolution*, 1969.

_____. *Society and Puritanism in Pre-Revolutionary England*, 1969.

_____. "Covenant Theology," *A Turbulent. Seditious. and Factious People: John Bunyan and his Church 1628-1688*, Oxford University Press, 1989.

Hill, Ninian., *Story of The Scottish Church*, Glasgow, 1919.

Historical Part of the Testimony of the Reformed Presbyterian Church in Scotland, Glasgow, 1839

Hodge, A. A., *A Commentary on the Confession of Faith*, 1878.

Hodge, Charles., *Systematic Theology*, 3 Vols., 1873.

Hoekema, Anthony A., "The Covenant of Grace in Calvin's Teaching," *Calvin Theological Journal*, No. 2., 1967.

Hopkins, Paul., "Sham Plots and Real Plots in the 1690s," *Ideology and Conspiracy: Aspects of Jacobitism, 1689-1759*, ed. Eveline Cruickshanks, Edinburgh: John Donald Publishers LTD., 1982.

Horne, A. S., *Torchbearers of the Truth*, The Scottish Reformation Society, 1968.

Houston, Thomas., *The Life of James Renwick: A historical sketch of his life, labours and martyrdom and a vindication of his character and testimony*, Edinburgh, 1987.

Hunt, R. N. Carew., *Calvin*, London: The Centenary Press, 1933.

Hunter, A. Mitchell., *The Teaching of Calvin*, London: James Clarke & CO. LTD., 1950.

Hutchison, Matthew., *The Reformed Presbyterian Church in Scotland, 1680-1876*, Paisley, 1893.

Innes, Alexander Taylor., *The Law of Creeds in Scotland, A Treatise on the Legal Relation of Churches in Scotland Established and not Established, to their Doctrinal Confessions*, Edinburgh: William Blackwood and Sons, 1867.

_____. *John Knox*, Edinburgh: Oliphant Anderson and Ferrier, 1896.

_____. *Church and State*, Edinburgh: T. & T. Clark, 1870.

Innes, D. J., "Thomas Boston of Ettrick," *Faith and a Good Conscience*, Puritan Papers, 1963.

The Interpreter's Dictionary of the Bible, Abingdon Press, 1862.

Jinkins, Michael., "Theodore Beza: Continuity and regression in the Reformed Tradition," *Evangelical Quarterly*, ed. I. Howard Marshall, Vol. LXIV. No. 2., April, 1992.

Jocz, Jakob., *The Covenant: A Theology of Human Destiny*, Grand Rapids, Michigan: William B. Eerdmans p. C., 1968.

Johnston, John c., *Alexander Peden*, Mourne Missionary Trust, 1988.

Johnson, James T., "The Covenant Idea and the Puritan View of Marriage," *Journal of the History of Ideas*, Vol. 32., 1971.

Johnston, James., *Pioneers of Protestantism*, London: Marshall Brothers LTD.

Kaiser, Walter C. Jr., *Toward an Exegetical Theology*, Michigan, Grand Rapids: Baker Book House, 1981, pp. 17-40.

Kamen, Henry., *European Society 1500-1700*, Routledge: London, 1992.

Karlberg, Mark W., "Covenant Theology and the Westminster Tradition," *The Westminster Theological Journal*, Pennsylvania: Philadelphia. Vol. 54, No. 1., 1992.

_____. "The Original State of Adam: Tensions Within Reformed Theology," *The Evangelical Quarterly*, Vol. LIX, No. 4., 1987.

_____. "Covenant and Common Grace," *WTJ.*, Vol. 50. No. 2., 1988.

_____. "Reformed Interpretaton of the Mosaic Covenant," *WTJ*, 1980, Vol. 43.

Keddie, Gordon J., "The Reformed Presbyterian Church of Scotland and the Disruption of 1863," *Scottish Bulletin of Evangelical Theology*, Vol. 11. No. 1., 1993.

Keen, Ralph., "The Limits of Power and Obedience in the Later Calvin," *Calvin Theological Journal*, Vol. 27., 1992.

Keller, Adolf., *Church and State on the European Continent*, London: The Epworth Press, 1936.

Kennedy, John., *Presbyterian Authority and Discipline*, Edinburgh: The Saint Andrew Press, 1960.

Kendall, R. T., *Calvin and English Calvinism to 1649*, Oxford, 1979.

Kerr, J., *First International Convention of Reformed Presbyterian Churches*, Glasgow: Alex. Malcolm & Co., 1896.

Kerston, G. H., *Reformed Dogmatics: A Systematic Treatment of Reformed Doctrine*, Netherlands Reformed Book & Publishing Committee, 1980.

Kevan, Ernest F., *The Moral Law*, Sovereign Grace Publishers, 1963.

_____. *The Grace of Law: A Study in Puritan Theology*, Soli Deo Gloria Publications, 1993.

Kirby, Ethyn Williams., "The English Presbyterians in the Westminster Assembly," *Church History*, co-eds. Robert M. Grant, Martin E. Marty, Jerald C. Brauer, Vol. 33., 1964.

Kirk, J. Andrew, *Liberation Theology: An Evangelical View from the Third World*, Basingstoke: Marshall Morgan & Scott, 1979.

Kirk. James., *Patterns of Reform: Continuity and Change in Reformation Kirk*, T&T Clark, Edinburgh, 1989.

_____. "The Influence of Calvinism on the Scottish Reformation," *The Scottish Church History Society*, Vol. 18., 1974.

Kitchen, Kenneth A., "The Fall and Rise of Covenant, Law and Treaty," *The Tyndale House Bulletin*, ed. A. R. Millard, Vol. 40., 1989.

_____. *Ancient Orient and Old Testament*, London: The Tyndale Press, 1966.

Kittel, Gerhard (ed.), *Theologycal Dictionary of the New Testament*, Grand Rapid, Michigan, 10 Vols., 1968-1976.

Kittelson, James M., *Luther The Reformer: The Story of the Man and His Career*, Minneapolis: Augsburg Publishing House, 1989.

Kline, Meredith G., "Canon and Covenant," *WTJ.*, Vol. 32. No. 2., 1970; Vol. 32. No. 2., 1970; Vol. 33. Nol. 1., 1970.

Knappen, M. M., *Tudor Puritanism: A Chapter in the History of Idealism*, Chicago, 1936.

Knox, R. Buick., *James Ussher Archbishop of Armach*, Cardiff: University of Wales Press, 1967.

____. "The Presbyterianism of Samuel Rutherford," *Irish Biblical Studies*, Vol. 8., July 1986.

____. "A Scottish Chapter in the History of Toleration," *Scotish Journal of Theology*, Vol. 41.

____. "Establishment and Toleration during the Reigns of William, Mary and Anne."

Lachman, David C., *The Marrow Controversy 1718-1723: An Historical and Theological Analysis*, Edinburgh: Rutherford House, 1988.

Lane, James., *The Reign of King Covenant*, Robert Halevin, 1956.

Lane, Tony., *The Lion Concise Book of Christian Thought*, A Lion Book, 1984.

Lane, William L., "Covenant: The Key to Paul's Conflict with Corinth," *The Tyndale House Bulletin*, ed. A. R. Millard, Vol. 33., 1981.

Lang, Andrew., *A History of Scotland from the Roman Occupation*, Edinburgh: William Blackwood and Sons, 1907, 4 Vols.

Lee, John., *Lectures on the History of the Church of Scotland*, ed. William Lee, Edinburgh: William Blackwood and Sons, Vol. II., 1860.

Lee, Maurice Jr., "Scotland and the 'General Crisis' of the Seventeenth Century," *The Scottish Historical Review*, Vol. LXIII., No. 176., 1984.

Leith, John H., *Assembly at Westminster: Reformed Theology in the Making*, John Knox Press, Virginia, 1973.

Lenman, Bruce., "The Scottish Episcopal Clergy and the Ideology of Jacobitism,"

Ideology and Conspiracy: Aspects of Jacobitism, 1689-1759, ed. Eveline Cruickshanks, Edinburgh: John Donald Publishers LTD., 1982.

Lennox, Cuthbert (ed.), "The Book of Discipline," *The History of the Reformation of Religion in Scotland*, London: Andrew Melrose, 1905.

Letham, Robert., "The Foedus Operum: Some factors according for its Development," *The Sixteenth Century Journal*, Vol, XIV. No. 4., 1983.

Lewis, J., *The Reformation Settlement being a Summary of the Public Acts and Official Documents relation to the Law and Ritual of the Church of England from 1509 to 1666*, Cambridge: Deighton, Bell And CO., 1885.

Lillback, Peter Alan., "Ursinus' Development of the Covenant of Creation: A Dept to Melanchthon or Calvin," *WTJ.*, Vol. 43. No. 2., 1981.

_____. "The Reformers' Rediscovery of Presbyterian Polity," *Pressiman Toward the Mark*, eds. Charles G. Dennison & Richard C. Gamble, Philadelphia: Orthodox Presbyterian Church, 1986.

Lindsay, T. M., "The Covenant Theology," *The British & Foreign Evangelical Review*, London, Vol. 28., 1897.

Livingston, John., *A Brief Historical Relation of the Life of Mr. John Livingston*, ed. T. Houston, John Johnston, 1848.

Loane, Marcus., *Makers of Religious Freedom*, I. V. F. 1960.

_____. *Sons of the Covenant*, Sydney: Angus & Robertson, 1963.

Locher, Gottfried W., *Zwingli's Thought: New Perspectives*, Leiden: E. J. Brill, 1981.

Louden, R. Stuart, *The True Face of the Kirk*, London: Oxford University Press, 1963.

Loughridge, Adam., "James Renwick: Preacher, Pastor, Patriot," *Reformed Theological Journal*, Belfast, Northern Ireland, 1988.

Lucas, E. C., "Covenant, Treaty, and Prophecy," *Themelios*, ed. David Wenham, September Vol. 8. No. I., 1982.

Lyall, Fransis., *Of Presbyters & Kings: Church & State in the Law of Scotland*, Aberdeen University, Press, 1980.

_____. "Of Metaphors and Analogies: Legal Language and Covenant Theology," *Scottish Journal of Theology*, Vol. 32., 1979.

_____. "Metaphors, Legal; and Theological," *Scottish Bulletin of Evangelical Theology*, Vol. 10. No. 2., Winter 1992.

Macdonald, Fraser., "Causes and Progress of the Scottish Reformation until the year 1560," *Quater-Centenary of the Scottish Reformation: as commemorated by the Synod of the Free Frestyterian Church of Scotland, at Edinburgh. Ma 1960. by the reading of paters of the Reformation of 1560*, Glasgow.

Macgregpr, Janet G., *The Scottish Presbyterian Polity: A Study of its Origins in the Sixteenth Century*, Edinburgh: Oliver arid Boyd. 1926.

Macinnes-Allan I., "Scottish Gaeldom, 1638-1651: The Vernacular Response to the Covenanting Dynamic," *New Perspectives on the Politics and-Culture of Early Modern Scotland*, co-eds. John Dwyer, Roger A. Mason and Alexander Murdoch, John Donald Publishers LTD.

_____. *Charles I and the Making of the Covenanting Movement*, Edinburgh: John Donald Publisher LTD., 1981.

MacKenzie, Robert., *John Brown of Haddington*, Edinburgh: The Banner of Truth Trust, 1964.

MacKelvie, William., *Annals and Statistics of the United Presbyterian Church*, Edinburgh: Oliphant and Company, and Andrew Elliot, 1873.

Mackintosh, James., *Calvin and the Reformation*, London: Longmans, Green, and CO., 1936.

Mackintosh, John., *The History of Civilisation in Scotland*, Aberdeen: A. Brown & CO, Vol. III., 1884.

Maclean, Donald., *Aspects of Scottish Church History*, Edinburgh: T. & T. Clark, 1927.

Macleod, Donald., "The Westminster Confession Today," *B. O. T.*, 101, 1972.

_____. "Federal Theology - An Oppressive Legalism? ", *B. O. T.*, 125, 1974.

_____. "Covenant," *B. O. T.*, 139, 141 of 1975.

_____. "Faith as Assurance," Monthly record of the Free Church of Scotland, Edinburgh, May, 1988.

_____. Hold Fast Your Confessions: Studies in Church Principles, Edinburgh, 1978.

Macleod, John., Scottish Theology: In relation to Church History since the Reformation, Edinburgh: The Banner of Truth Trust. 1974.

Macleod, Neil A., "Church and State," Hold Fast Your Confession: Studies in Church Principles, ed. Donald Macleod, Edinburgh: The Knox Press, 1978.

MacMillan, D., John Knox: A Biography, London: Andrew Melrose, 1905.

Macpherson, Hector., The Covenanters Under Persecution, Edinburgh, 1923.

_____. Scotland's battles for Saititual Independence, London: Hodder and Stoughton, 1905.

_____. "The Covenanters: Their Fight for Freedom," The Evangelical Quarterly, London: James Clarke and Company, Vol. 4., 1932.

_____. "The Political Ideals of the Covenanters 1660-1688," Records of the Scottish Church History Society, Vol. I., 1926.

Macpherson, John., The Doctrine of the Church in Scottish Theology, ed. C. G. M'crie; Edinburgh: Macniven and Wallace, 1903.

_____. A History of the Church in Scotland: From the Earliest Times down to the Present day, Paisley: Alexander Gardner, 1901.

_____. The Confession of Faith, T&T. Clark, 1881.

Makey, Walter., The Church of the Covenant - 1637-1651, John Donald Publishers Ltd., Edinburgh, 1979.

_____. "Presbyterian and Canterburian in the Scottish Revolution," Church, Politics and Society: Scotland 1408-1929, ed Norman Macdougall, Edinburgh: John Donald Publishers LTD., 1983.

Marshall. G., Presbyteries and Profits: Calvinism and the Development of Capitalism in Scotland 1560-1707, Oxford: Clarendon Press, 1980.

Martens, E. A., Plot and Purpose in the Old Testament, I. V. P., 1981.

Martin, Hugh., The Atonement: in its Relations to the Covenant. the Priesthood, the Intercession of our Lord, Edinburgh: Knox Press, 1976.

Martin, W. Stanley., *I will Maintain: The Story of Glorious Revolution*, Testimony Books, 1991.

Mason, Roger A., "Covenant and Commonwealth: the language of politics in Reformation Scotland," *Church. Politics and Society Scotland 1408-1929*, ed. Norman Macdougall, John Donald Publishers LTD., Edinburgh, 1983.

____. "Rex Stoicus: George Buchanan, James VI and the Scottish Polity," *New Perspectives on the Politics and Culture of Early Modern Scotland*, co-eds. John Dwyer, Roger A. Mason and Alexander Murdoch, John Donald Publishers LTD.

Mathieson, William Law., *Politics and Religion: A Study in Scottish History from the Reformation to the Revolution*, Glasgow: James Maclehose and Sons, Vols. I-II., 1902.

____. *Scotland and the Union: A History of Scotland from 1695 to 1747*, Glasgow: James Maclehose and Sons, 1905.

Maxwell, Thomas., "The Church Union Attempt at the General Assembly of 1692," *Reformation and Revolution*, ed. Duncan Shaw. Edinburgh: The Saint Andrew Press, 1967.

Maxwell William D., *A History of Christian Worship: An Outline of Its Development and Forms*, Baker Book House, Michigan, 1982.

McADOO, H. R., *The Spirit of Anglicanism*, Charles Scribner's Sons: New York, 1965.

McComiskey, Thomas Edward., *The Covenats of Promise: A Theology of the Old Testament Covenants*, Grand Rapids: Baker Book House, 1989.

McCoy, Charles S:, "Johannes Cocceius: Federal Theologian," *The Scottish Journal of Theology*, Vol. 16., 1963,

McCoy, F. N., *Robert Baillie and the Second Scots Reformation*, University of California Press, Berkeley, Los Angeles, London, 1974.

M'Crie, C. G., *The Church of Scotland: Her Divisions and Her Re-Union*, Edinburgh: Macniven & Wallace, 1901.

____. *Scotland and the Revolution 1688*, Edinburgh: Andrew Elliot, 1888.

_____. "The Covenanting Times," *Religious Life in Scotland: From the Reformation to the Present Day*, London, 1888.

_____. *The Confession of the Church of Scotland The Confession of the Church of Scotland*, Edinburgh: Macniven & Wallace, 1907.

M'Crie, Thomas., *Sketches of Scottish Church History*, Edinburgh, 2 Vols., 1846.

_____. *The Story of the Scottish Church: From the Reformation to the Disruption*, London: Blackie & Son, 1875.

_____. "'The Marrow' Controversy: with Notices of the State of Scottish Theology in the beginning of last Century," The British and Foreign Evangelical Review, Vol. II., Edinburgh, June, 1853.

McEwen, James S., "How the Confession came to be Written," *The Westminster Confession in the Church Today: Papers Prepared for the Church of Scotland Panel on Doctrine*, ed. Alasdair I. C. Heron, The Saint Andrew Press, Edinburgh,. 1982.

_____. *The Faith of John Knox*, London: Lutterworth Press, 1962.

McFarland, H. S. N., *The Book of Discipline*, Aberdeen Journal: Aberdeen University Press, Vol., 38., 1959-1960.

McFetridge, N. S., *Calvinism in History*: Calvin Classics Volume 1, Still Waters Revival Books, 1989.

McGiffert, Michael., "William Tyndale's Conception of, Covenant," *Journal of Ecclesiastical History*, Vol. 32. No. 2., 1981.

_____. "Covenant, Crown, and Commons in Elizabethan Puritanism," *Journal of British Studies*, Chicago: University of Illinois, Vol. 20., 1980.

McGoldrick, James Edward., "Patrick Hamilton, Luther's Disciple," *The Sixteenth Century Journal*, Vol. XVIII. No. 1., 1987.

McGowan, Andrew T. B., "Federal Theology as a Theology of Grace," *The Scottish Bulletin of Evangelical Theology*, Edinburgh: Rutherford House, 1984.

McGrath, Alister E., *A Life of John Calvin*, Basil Blackwell, 1990.

_____. *Reformation Thought: An Introduction*, Basil Blackwell, 1988.

_____. *Justitia Dei, A history of the Christian doctrine of Justification, the Beginnings* to the Reformation and from 1500 to the present day, Cambridge University Press, 2 Vols, Vol. I of 1989, Vol. II of 1993.

McKay, W. D. J., "The Westminster Assembly and the Solemn League and Covenant," *Reformed Theological Journal*, Belfast, Northern Ireland, 1993, Vol. 9.

McKim, Donald K., *Encyclopedia of the Reformed Faith*, Edinburgh: Saint Andrew Press, 1992.

McMillan, D., *The Aberdeen Doctors: Hastie Lectures*, London, 1909.

McMillan, William., *The Worship of the Scottish Reformed Church*, 1550-1638, Edinburgh: The Lassodie Press, LTD., 1931.

McNair, Alexander., *Scots Theology in the Eighteenth Century*, London: James Clarke and Co., 1928.

McNeill, John T., "Calvin and Civil Government," *Readings in Calvin's Theology*, ed. Donald K. McKim, Michigan: Grand Rapids, 1984.

McWilliams, David B., "The Covenant Theology of the Westminster Confession of Faith and Recent Criticism," *WTJ*., Vol. 53. No. 1., 1991.

Mechie, Stewart., "The Theological Climate in Early Eighteenth Century Scotland," *Reformation and Revolution*, ed. Duncan Shaw, Edinburgh: The Saint Andrew Press, 1967.

Meeter, H. Henry., *The Basic Ideas of Calvinism*, Baker Book House, 1990.

Milward, Peter., *Religious Controversies of the Jacobean Age*, London: The Scholar Press, 1978.

Misseblrook, Peter., "The Importance of Biblical Theology," *Foundation*, 1979, pp. 10-19.

Mitchell, Alexander F., *The Scottish Reformation: Its Epochs. Episodes, Leaders. and Distinctive Characteristics*, ed. D. Hay Fleming, Edinburgh: William Blackwood and Sons, 1899.

Mitchison, Rosalind., *A History of Scotland. Methuen & CO LTD*., 1970.

Moir, Porteous J., *The Presbyterian Church: Its World-Wide History and Extent*, London, 1888.

Moller Jens G., "The Beginnings of Puritan Covenant Theology," *The Journal of Ecclesiastical History, No. 13., 1963.

Monaghan, Andrew., *God's People?: One hundred and ten characaters in the story of Scottish Religion*, Edinburgh: The Saint Andrew Press, 1991.

Morrill, John (ed.), *The Scottish National Covenant in its British Context 1638-51*, Edinburgh University Press, 1990.

Morris, E. D., *Theology of the Westminster Symbols: a Commentary, Historical, Doctrinal. Practical on the Confession of Faith and Catechisms and the Related Formularies of the Presbyterian Churches*, Columbus, 1900.

Morris, Leon., *The Apostolic Preaching of the Cross*, London, The Tyndale Press, 1965.

____. *The Cross in the New Testament*, Exeter, 1967.

____. *The Atonement: Its Meaning and Significance*, I. V. P, 1983.

Morton, Alex. S., *Galloway and the Covenanters or the Struggle for Religious Liberty in the South-West of Scotland*, Paisley, 1914.

Muir, Edwin., *John Knox: Portrait of a Calvinist*, London: Jonathan Cape, 1930.

Muir, Pearson M'Adam., "Samuel Rutherford," *Scottish Divines - 1505 to 1872*, Macniven and Wallace, Edinburgh, 1883.

Mullan, David George., *Episcopacy in Scotland: The History of an Idea 1560-1638*, Edinburgh: John Donald Publishers LTD., 1986.

Muller, Richard A., *Christ and the Decree: Christology and Predestination in Reformed Theology from Calvin to Perkins*, Grand Raphid, Michigan, 1988.

____. "Covenant and Conscience in English Reformed Schools," *WTJ.*, Vol. 42. No. 2., 1980.

Murray, Alexander., "The Church from which the Reformation delivered Scotland," *Papers Commemorating the Quater-Centerary of the Scottish Reformation*, W. S. Bissett and Son, The Free Presbyterian Church of Scotland, Edinburgh, 1960.

Murray, Iain., "Ruling Elders -A Sketch of a Controversy," *The Banner of Truth Trust*, Edinburgh, April. No. 235., 1983.

____. (ed.), *The Reformation of the Church*, Edinburgh: The Banner of Truth Trust, 1965.

_____. *The Puritan Hope: A Study in Revival and the Interpretation of Prophecy*, London: The Banner of Truth Trust, 1971.

Murray, John., *The Covenant of Grace: A Biblico-Theological Study*, London, 1954.

_____. "Covenant," *The New Bible Dictionary*, ed. J. D. Douglas, London, 1962.

_____. "Covenant Theology," *The Encyclopedia of Christianity*, ed. P. E. Hughes, Delaware, 1972.

_____. "The Theology of the Westminster Confession of Faith," *Scripture and Confession*, ed. J. H. Skilton, Philadelphia, 1973.

_____. *Calvin on Scripture and Divine Sovereignty*, Grand Rapids,. 1960.

_____. "Church and State: Establishment and Spiritual Independence," *B. O. T.*, No. 32., December 1963.

_____. *The Presbyterian Form of Church Government*, London: Evangelical Presbyterian Fellowship,

Nash, Ronald (ed.), *Liberation Theology*, Baker, 1988.

Nichols, Robert Hastings., "The Tercentenary of the Westminster Assembly," *Church Histor*, ed. Robert M. Grant, Martin E. Marty, and Jerald C. Brauer, Vol. XIII., 1944.

Nicholson, Ernest W., *God and His People: Covenant and Theology in the Old Testament*, Clarendon Press, Oxford, 1986.

Niesel Wilhelm., *The Theology of Calvin*, Translated by Harold Knight, Lutterworth Library, Lutterworth Press, London, Vol. XLVIII., 1956.

_____. "The Sacrament," *Readings in Calvin's Theology*, ed. Donald K. McKim, Michigan: Grand Rapids, 1984.

Nunez, Emilio A., *Liberation Theology*, Moody Press, 1985.

Nurrall, Geoffrey F., *Visible Saints: The Congregatinal Way 1640-1660*, Oxford: Basil Blackwell, 1957.

_____. *The Holy Spirit in Puritan Faith and Experience*, Oxford: Basil Blackwell, 1947.

Ogg, David., *The Reformation*, London: Ernest Benn Ltd., 1927.

Ogilvie, J. N., *The Presbyterian Churches; Their Place and Power in Modern Christendom*, Edinburgh: R&R Clark, 1896.

Oliver. Robert., *The Assembly of the Lord: Westminster Assembly*, Banner of Truth Trust, Edinburgh, Vol. 293,1987.

Orr, Sheriff Robert Low., *Alexander Henderson - Churchman and Statesman*, Hodder and Stoughton, 1919.

Osterhaven, M. Eugene., "Calvin on the Covenant," *Readings in Calvin's Theology*, ed. Donald K. McKim, Michigan: Grand Rapids, 1984.

Ouston. Hugh., "York in Edinburgh: James VII and the Patronage of Learning in Scotland, 1679-1688," *New Perspectives on the Politics and Culture of Early Modern Scotland*, co-eds. John Dwyer, Roger A. Mason and Alexander Murdoch, John Donald Publishers LTD.

The Oxford Dictionary of the Christian Church, ed. F. L. Cross. Oxford, 1966.

Packer, J. I., *Among God's Giants: Aspects of Puritan Christianity*, Eastbourne: Kingsway Publications, 1991.

Parker, T. H. L., *John Calvin*, London: J. M. Dent & Sons LTD., 1975.

_____. (ed.), *English Reformers*, The Library of Christian Classics, Vol. 26, London: SCM Press LTD., 1966.

Parker, T. M., *Christianity and the State in the Light of History*, Adam and Charles Black, London, 1955.

Patrick, Dale., "Law and Covenant," *Old Testament Law*, SCM Press LTD., 1985.

Paul, Robert S., *The Assembly of the Lord: Politics and Religion in the Westminster Assembly and the 'Grand Debate'*, Edinburgh: T. & T. Clark, 1985.

_____. "The Atonement: Sacrifice and Penalty," *Readings in Calvin's Theology*, ed. Donald K. McKim, Michigan: Grand Rapids, 1984.

Payne, D. F., "The Everlasting Covenant," *The Tyndale House Bulletin*, ed. A. R. Millard, Vols. 7-8., 1961.

Payne, J. Barton., *The Theology of the Older Testament*, Grand Rapids, Michigan:

Zondervan Publishing House, 1972.

Pearson. A. F. Scott., *Thomas Cartwright and Elizabethan Puritanism 1535-1603*, Cambridge, 1925.

_____. *Church and State: Political Aspects of Sixteenth Century Puritanism*, Cambridge: At the University Press, 1928.

Pelikan, Jaroslaw., *The Christian Tradition: History of the Development of Doctrine*, Vol. IV., Reformation of Church & Dogma (1300-1700), The University of Chicago Press, 1984.

Percy, Lord Eustace, *John Knox*, Hodder and Stoughton, 1937.

Perks, Stephen C., "The Origins of the Federal Theology in Sixteenth-Century Reformation Thought" (Review article), *Calvinism Today*, Vol. III., No. 4, 1993.

Philip, James., *The Westminster Confession of Faith: an Exposition*, 2 Vols., Edinburgh, 1974.

Pollock, R., *Tales of the Covenants*, Edinburgh: Oliphant, Anderson Ferrier.

Porteous, James Moir., *The Government of the Kingdom of Christ*, Edinburgh: Johnstone, Hunter, and Co., 1873.

Prestwich, Manna., *International Calvinism 1541-1715*, Clarendon Press, Oxford, 1986.

Provand, W. S., *Puritanism in the Scottish Church*, Paisley: Alexander Gardner, 1923.

Pryde, G. S., *Scotland from 1603 to the Present-Day*, Edinburgh: Thomas Nelson & Sons LTD., 1962.

Raitt, Jill., "Beza, Guide for the Faithful Life," *Scottish Journal of Theology*, 1986, Vol. 39.

_____. *The Person of the mediator: Calvin's Christology and Beza's Fidelity in Occassional Papers of the ASRR*, 1, December, 1977.

Randell, Keith., *John Calvin and the Later Reformation*, London: Hodder & Stoughton, 1990.

Rankin, James., *A Handbook of the Church of Scotland*, Edinburgh: William Blackwood and Sons, 1888.

Reardon, Bernard M. G., *Religious Thought in the Reformation*, Longman House, 1981.

Reed, Kevin., *Biblical Church Government*, Dalls: Presbyterian Heritage Publication, 1983.

Reenen, G. Van., *The Heidelberg Catechism*, Eerdmans: Grand Rapids, Michigan, 1979.

Reid, D., *The Party-Coloured Mind*, Edinburgh: Scottish Academic Press, 1982.

Reid, James., *Memoirs of the Westminster Divines*, The Banner of Truth Trust, 1982, Reprinted from Paisley of 1811.

Reid, J. M., *Kirk and Nation: The Story of the Reformed Church of Scotland*, London: Skeffington, 1960.

Reid, W. Stanford., "The Covenant Interpretation of Culture," *The Evangelical Quarterly*, Vol. 24., 1954.

_____. "Justification by Faith according to John Calvin," *WTJ*, 1980, Vol. 42.

Ridley, Jasper., *John Knox*, Oxford: At the Clarendon Press, 1968.

Riley, P. W. J., *King William and the Scottish Politicians*, Edinburgh: John Donald Publishers LTD., 1979.

Robbins, R. D. C., "Life and Character of Theodore Beza," *Bibliotheca Sacra & Theological Review*, Vol. 7., No. 7., Andover, 1850.

Robertson, O. Palmer., *Covenant: God's way with the people*, Philadelphia: Great Commission Publications, 1987.

_____. *The Christ of the Covenants*, New Jersey: Presbyterian and Reformed P. Co., 1980.

_____. "Current Reformed Thinking on the Nature of the Divine Covenants," *WTJ.*, Vol. 40., No. 1., 1977.

Rogers, Jack Bartlett., *Scripture in the Westminster Confession*, William B. Eerdmans Publishing Company, Grand Rapids, Michigan, 1967.

Rolston, Holmes., *John Calvin versus the Westminster Confession*, John Knox Press,

Virginia, 1972.

Russel, C., "The Scottish Party in English Parliament, 1640-1642," *Historical Research: The Bulletin of the Institute of Historical Research*, Vol. 66, No. 159., February, 1993.

Rutherford, Samuel., "Sketch of the Life of Samuel Rutherford," *The Presbyterian's Armoury*, Edinburgh, Vol. III., 1846.

Ryle, J. C., *James II and the Seven Bishops*, Focus Christian Ministries Trust, 1988.

Sands, Lord., "The Historical Origins of the Religious Divisions in Scotland," *Records of Scottish Church History Society*, ed. W. J. Couper & Robert M'kinlay, Edinburgh, Vol. III., 1929.

Scott, P. H., *1707: The Union of Scotland and England*, Chambers: The Saltire Society, 1979.

Scott, Walter., *Tales of a Grandfather being the History of Scotland from the Earliest Times*, Edinburgh: Adam and Charles Black, 1869.

Scott-Craig, T. S. K., "On Christian Instruction," *A Companion to the Study of St. Augustine*, ed. Roy W. Batternhouse, Michigan: Grand Rapids, Baker Book House, 1979.

_____. "Samuel Rutherford," *Scottish Divines: 1505-1872*, Edinburgh: Macniven and Wallace, 1883.

Sefton, Henry., "'Neu-lights and Preachers Legall': some observatins on the beginnings of Moderatism in the Church of Scotland," *Church, Politics and Society: Scotland 1408-1929*, ed. Norman Macdougall, Edinburgh: John Donald Publisher LTD., 1983.

_____. *John Konx*, Edinburgh: Saint Andrew Press, 1993.

Sell, Alan P. F., *The Great Debate: Calvinism. Arminianism'and Salvation; Studies. in Christian Thought and History*, H. E. Walter, LTD., 1982.

Sharp, Larry D., "The Doctrine of Grace in Calvin and Augustine," *The Evangelical Quarterly*, ed. F. F. Bruce, Vol. LII., 1980.

Sharp, Philip (ed.), *A Religious Encyclopaedia*, 4 Vols., New York: Funk and Wagnolls Company, 1891.

Shaw, Robert., *The Reformed Faith*, 1845.

_____. *An Exposition of the Confession of Faith of the Westminster Assembly of Divines*, Edinburgh, 1853.

Shedd, William G. T., *Calvinism: Pure and Mixed. A Defence of the Westminster Standards*, Edinburgh: The Banner of Truth Trust, 1986.

A Short Account of the Old Presbterian Dissenters, under the inspection of the Reformed Presbyteries of Scotland. Ireland, and North America, published by authority of the Reformed Presbytery in Scotland, 1819.

Simpson, John C., *The Banner of the Covenant*, Edinburgh: John Johnston, 1847.

Small, Robert., *History of the Congregations of the United Presbyterian Church 1733-1900*, Edinburgh: David M. Small, 2 Vols., 1904.

Smellie, Alexander., *Men of the Covenant*, London: Andrew Melrose, 1909.

Smith, G. Barnett., *John Knox and the Scottish Reformation*, Edinburgh: The Religious Track & Book Society of Scotland, 1905.

Smith, Thomas (ed.), "Preface," in *Letters of the Rev. Samuel Rutherford*, Simpkin, Marshall, & CO, London, 1876.

Smout, T. C., *A History of the Scottish People 1560-1830*, Collins / Fontana, 1973.

Spalding, James C., "Sermons before Parliament (1640-1649) as a Public Puritan Diary," *Church History*, ed. Robert M. Grant, Martin E. Marty, and Jerald C. Brauer, Vol. 36., 1967.

Spear, Wayne R., "A Brief History of the Westminster Assembly," *Evangel*, Edinburgh: Rutherford House, Autumn, 1993.

Sprunger, Keith L., *Dutch Puritanism: A History of English and Scottish Churches of the Netherlands in the Sixteenth and Centuries*, Leiden: E. J. Brill, 1982.

Seventeenth Stalker, James., *John Knox: His Ideas and Ideals*, London: Hodder and Stoughton, 1904.

Stephen, W., *History of the Scottish Church*, Edinburgh: David Douglas, 2 Vols., 1896.

Stevenson, David., *The Covenanters: The National Covenant and Scotland*, The

Saltire Society, 1988.

_____. *The Scottish Revolution 1637-1644: The Triumph of the Covenanters*, David & Charles: Newton Abbot, 1973.

_____. *Revolution and Counter-Reformation, in Scotland 1644-1651*, London: Royal Historical Society, 1977.

_____. (ed.), *The Government of Scotland under the Covenanters 1637-1651*, Edinburgh: Clark Constable, 1982.

_____. "The Financing of the Cause of the Covenanters 1638-1651," *SHR*, Vol. 51, April, 1972.

Stephens, W. P., *The Theology of Huldrych Zwingli*, Oxford, 1986.

Stewart, David., "The Aberdeen Doctors and the Covenanters," *Record of the Scottish History Society*, Vol. 22., 1986.

Story, Robert Herbert (ed.), *The Church of Scotland: Past and Present*, London: William Mackenzie, 4 Vols., 1890.

Strehle, Stephen., "The Extent of the Atonement and the Synod of Dort," *WTJ.*, Vol. 51. No. 1., 1989.

Struthers, John., *The History of Scotland from the Union to the Abolition of the Heritable Jurisdictions in 1758*, Glasgow, Vol. I., 1827.

Summary of the Testimony of the Reformed Presbyterian Church of Scotland, Glasgow: James Hedderwick & Sons, LTD., 1932.

Sutherland, Denis., "The Interface Between Theology and Historical Geography," *Scottish Bulletin of Evangelical Theology*, Vol. 11. No. 1., 1993.

Taylor, J., *The Scottish Covenanters*, Hodder & Stoughton, 1889.

Thomas, Geoffrey., *Becoming A Christian-Covenant Theology: A Historical Survey*, The Westminster Conference, 1972.

Thomson, Andrew., *Thomas Boston of Ettrick: His Life and Times*, London, 1895.

_____. *Historical Sketch of the Origin of the Secession Church*, Edinburgh: A. Fullarton and Co., 1848.

Thomson, D. P., *George Wishart: The Man who roused Scotland*, Edinburgh.

Thomson, G. Webster., "Alexander Henderson," *The Evangelical Succession*, A course of lectures delivered in St. George's Free Church, Edinburgh 1882-1883, Second Series, Macniven & Wallace, 1883.

Thomson, T. A., "The Significance of the Ancient Near Eastern Treaty Pattern," *The Tyndale House Bulletin*, ed. A. R. Millard, Vol. 13., 1963.

Tiller, John., "Robert Bolton," *The New Dictionary of the Christian Church*, ed. J. D. Douglas, Zondervan, 1981.

Todd, A. D., *Covenanting Pilgrimages and Studies*, Edinburgh: Oliphant, Anderson & Ferrier, 1911.

Toon, Peter., *Puritans and Calvinism*, Pennsylvania: Reiner Publications, 1973.

Torrance, J. B., "Covenant or Contract?: A Study of the Theological Background of Worship in Seventeenth-Century Scotland," *Scottish Journal of Theology*, Vol. 23. No. 1., 1970.

_____. "The Covenant Concept in Scottish Theology and Political and its Regacy," *Scottish Journal of Theology*, Vol. 34.; 1981.

_____. "The Incarnation and 'Limited Atonement'," *The Scottish Bulletin of Evangelical Theology*, Edinburgh: Rutherford House, 1984.

Torrance, Thomas F., *The School of Faith: The Catechisms of the Reformed Church*, London: James Clarke & Co., 1959.

Trenchard, Ernest H., "Grace, Covenant and Law," *The Evangelical Quarter*, ed. F. F. Bruce, Vol. 24, No. 3., 1957.

Trevor-Roper, H. R., "Scotland and the Puritan Revolution," *Historical Essays 1600-1750*, eds. H. E. Bell and R. L. Ollard, London: Adam & Charles Black, 1963.

Trinterud, Leonard J., "A Reappraisal of William Tyndale's Debt to Martin Luther," *Church History*, Vol. 39., 1962.

_____. "The Origins of Puritanism," *Church History*, Vol. 20., 1951.

_____. (ed.), *Elizabethan Puritanism*, New York, 1971.

Van Zandt, A. B., "The Doctrine of the Covenants considered as the Central Principle of Theology," *The Presbyterian Review*, New York, 1882.

Visser, Derk., "The Covenant in Zucharias Ursinus," *The Sixteenth Century Journal*, Vol. XVIII. No. 4., 1987.

Vos, Geerhardus., "Covenant," *A Dictionary of Christ and the Gospel*, ed. James Hastings, Edinburgh: T&T Clark, Vol. I., 1906.

_____. "Covenant" or "Testament?," *Redemptive History and Biblical Interpretation: The Shorter Writings of Geerhardus Vos*, Presbyterian and Reformed Publishing Co., New Jersey: Netley, 1980.

_____. *Biblical Theology*, Edinburgh: The Banner of Trust Trust, 1975.

Vos, Johannes G., *The Scottish Covenanters: their origins, history and distinctive doctrines, Crown and Covenant Publications*, Pennsylvania, 1980 (second printing).

Waar, C. van der., *The Covenantal Gospel*, Neerlandia, Alberta: Inheritance Publications, 1990.

Walker, John., *The Theology and Theologians of Scotland*, Edinburgh: T. & T. Clark, 1888.

Walker, N. L., *Scottish Church History*, T&T. Clark, Edinburgh, 1882.

Wallace, Robert., *George Buchanan*, Famous Scots Series, London: Oliphant Anderson & Ferrier, 1899.

Wallace, Ronald S., *Calvin Geneva and the Reformation*, Scottish Academic Press, 1988.

Warfield, Benjamin Breckinridge., *The Westminster Assembly. and Its Work*, Mark Publishing Company, 1972.

_____. *Selected Shorter Writn&s of Benjamin B. Warfield*, New Jersey: Nutley, Presbyterian and Reformed Publishing Co., Vol. II., 1973.

Warren, Miss., *John Knox and His Times*, London: James Nisbet.

Watt, Hugh., *Recalling the Scottish Covenants*, Thomas Nelson and Sons Limited, London, 1946.

Watt, Lauchlan Maclean., "The Scottish Covenanters," *The Evangelical Quarterly*, London, Vol. 7., 1935.

Wedgwood, C. V., "The Covenanters in the First Civil War," *SHR*, Vol. 39., 1960.

_____. *The King's Peace 1637-1641*, London, Collins, 1978.

Wendel Francois, "Justification and Predestination in Calvin," *Readings in Calvin's Theology*, ed. Donald K. McKim, Michigan: Grand Rapids, 1984.

Wenham, G. J., "Legal Forms in the Book of the Covenant," *The Tyndale House Bulletin*, ed. A. R. Millard, Vol. 22., 1971.

Westerkamp, M. J., *Triumph of the Laity*, Oxford University Press, 1988.

Whale, J. S., *The Protestant Tradition*, Cambridge: At the University Press, 1960.

Whitley, Elizabeth., *The Two Kingdoms*, The Scottish Reformation Society, 1977.

_____. *Plain Mr. Knox*, London: Skeffington, 1960.

Williams, C. Peter., "Robert Browne," *The New International Dictionary of the Christian Church*, ed. J. D. Douglas, Zondervan, 1981.

Williams, Robert., "Patterns of Reformation in the Theology of William Tyndale," in *Christian Spirituality Essays in Honour of Gordon Rupp*, ed. Peter Brooks, London: SCM Press LTD., 1975.

Williamson, Arthur H., "Scotland, Antichrist and the Invention of Great Britain," *New Perspectives on the Politics and Culture of Early Modern Scotland*, co-eds. John Dwyer, Roger A. Mason and Alexander Murdoch, John Donald Publishers LTD.

Wormald, Jenny., *Court. Kirk, and Community: Scotland 1470-1625 The New History of Scotland*, Edward Arnold, 1981.

White, Peter., *Predestination, Policy and Polemic: Conflict and Concensus in the English Church from the Reformation to the Civil War*, Cambridge University Press, 1992.

Wylie, J. A., *The History of Protestantism*, London: Cassell and Company LTD., 3 Vols., 1899.

Yule, George., *Puritans in Politics: The Religious Legislation of the Long Parliament 1640-1647*, The Courtenay Library of the Sutton Courtenary Press, 1981.

_____. *The Independents in the English Civil War*, Cambridge University Press, 1958.

Zandt, A. B. Van., "The Doctrine of the Covenants Considered as the Central Principle of Theology," *The Presbyterian Review*, New York, Vol. 3., 1882.

Zens, Jon., "An examination of the presuppositions of Covenant and Dispensational Theology," *Studies in Theology and Ethics*, Brem, Inc., 1981.

_____ Is there a "Covenant of Grace"? & Crucial Thoughts on "Law" in the New Covenant, Brem, Inc., 1981.

학위 논문

Achilles, Marvin Keith., *The Solemn League and Covenant: An Experiment in Religious Uniformity*, Suracuse University, New York, 1970.

Carson, John L., *The Doctrine of the Church in the Secession*, Ph. D. Aberdeen University, 1987.

Holley, Larry Jackson., *The Divines of the Westminster Assembly: A study of Puritanism and Parliament*, Ph. D. Yale University, 1979.

Letham, Robert W. A., *Saving Faith and Assurance in Reformed Theology: Zwingli to the Synod of Dort*, Ph. D. Aberdeen University, 2 Vols., 1979.

McGowan, Andrew. A. B., *The Federal Theology of Thomas Boston*, Ph. D. Aberdeen University, 1990.

Shaw, Mark R., *The Marrow of Practical Divinity: A Study in the Theology of William Perkins*, Westminster Theological Seminary, 1981.

Stewart, David., *The "Aberdeen Doctors" and the Covenanters*, Th. M. Aberdeen University, 1978.

Su, Yohahn., *A Study of the Scottish Covenanters on Church Government from 1638 to 1648*, Th. M. Aberdeen University, 1990.

Weir, David Alexander., *Foedus Naturale: The Origins of Federal Theology in Six-

teenth Century Reformation Thought, Ph. D. St. Andrews University, 1984.

Woolsey, Andrew A., *Unity and Continuity in Covenantal Thought: A Study in the Reformed Tradition to the Westminster Assembly*, Ph. D. Glasgow University, 1988.

Worthington, Douglas H., *Anti-Erastian Aspects of Scottish Covenanter Political Thought 1637 to 1647*, Ph. D. University of Akron, 1978.